杨虎城将军旧部抗日烈士述略及史实考证

王松龄

（上）

王忙有　王晓征　著

中国文史出版社

仅以此书献给

中国人民抗日战争胜利七十五周年！

杨虎城将军旧部抗日殉国的烈士们！

勿忘國恥

楊虎城題

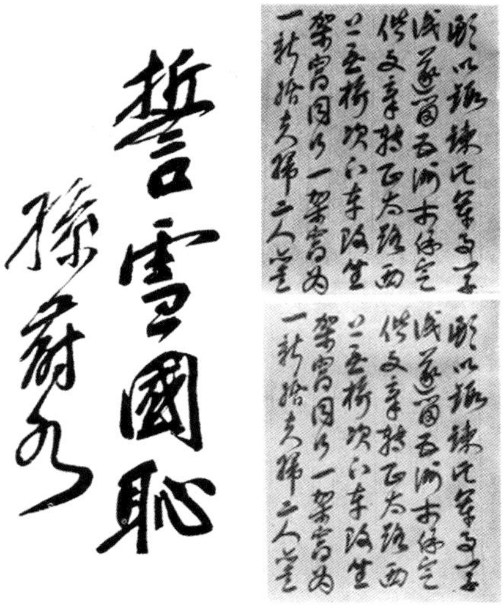

1932 年 9 月 18 日，孙蔚如任 38 军军长第三天为九・一八事件一周年题词及文稿手迹

声援第二十九军芦沟桥抗战电

（1937 年 7 月 13 日）

北平宋委员长明轩兄、秦市长绍文兄、并请转冯主席仰之兄、张市长荩忱兄、刘主席子亮兄：

敌预谋启衅，藉口兴戎，攻我宛平，扰我平郊。我同胞坚守抗战，屡挫凶锋，逖听风声，既佩且奋。溯自“九·一八”以后，彼方席卷囊括，侵略无已。我疆有限，敌欲难盈。刀俎惨加，鱼肉滋痛。今日之事，以至忍无可忍，最后一着，只有再接再厉，弗屈弗扰，以戢恶氛，而保疆土。本军全体将士，同仇夙赋，敌忾咸殷，枕戈待命，誓为后盾。特电布悃，敬希照察。

弟 孙蔚如　赵寿山　李兴中同叩　元（13 日）忝印

（原载《民意报》1937 年 7 月 13 日）

取自靳英辉、李长林编著的《孙蔚如将军》

声援第二十九军芦沟桥抗战电

（1937 年 7 月 12 日）

强邻蛮横，故意挑衅，公等誓从正义，决不屈服，伸党国之天威，作正当之防御，血战桥头，与城俱存，无任钦佩。本路将士，原作后盾。同仇敌忾，灭此朝食。临电神驰，顺颂勋祺。

弟 冯钦哉　柳子俊　武士敏同叩　文（12 日）印

（原载《西京日报》中华民国二十六年七月十三日）

此件为冯寄宁提供

血铸丰碑

1938 年夏山西高平县为赵寿山十七师修建的抗日阵亡烈士纪念碑

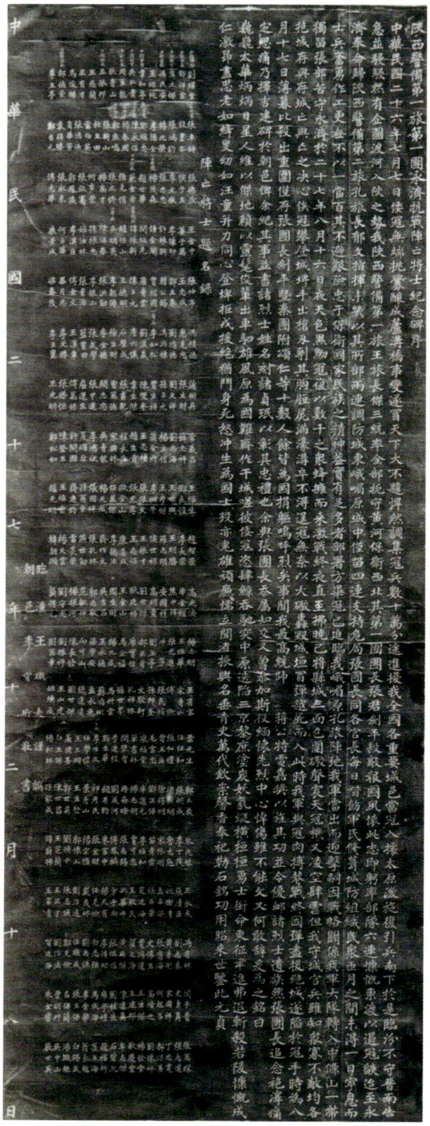

1938 年 12 月，王竣部建于原朝邑的《陕西警备第一旅第一团永济抗战阵亡将士纪念碑》碑阴碑文（碑帖拍摄）

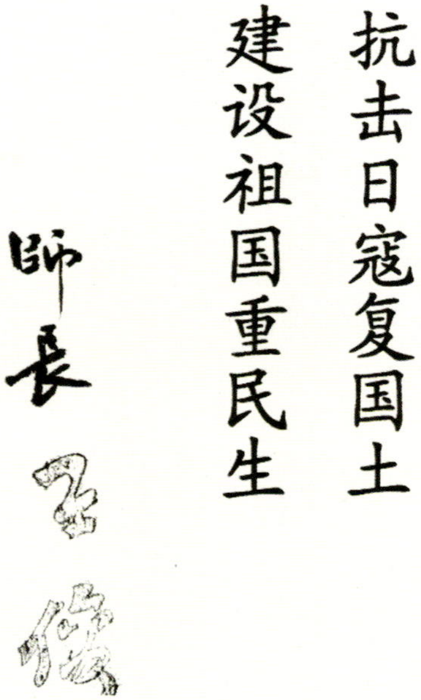

1940 年夏新编第二十七师师长王俊将军为所部工兵连在朝邑县西门外修建的“抗建公园”大门口题写的对联

血铸丰碑

1938 年 4 月，陆军第一六九师建于山西祁县来远镇的子洪口抗日战役阵亡将士纪念碑

第一六九师子洪口抗日战役阵亡将士纪念碑背面一部分（上边是烈士姓名下边是籍贯）

1939 年元月，建于平陆西郑村的一七七师第一〇五九团第三营阵亡将士纪念碑

1939 年 4 月建于平陆坑底村的一七七师一〇五九团步炮连阵亡将士纪念碑

血铸丰碑

1943 年 7 月修建的新三十五师抗战阵亡官兵纪念碑（后移于郑州邙岭）

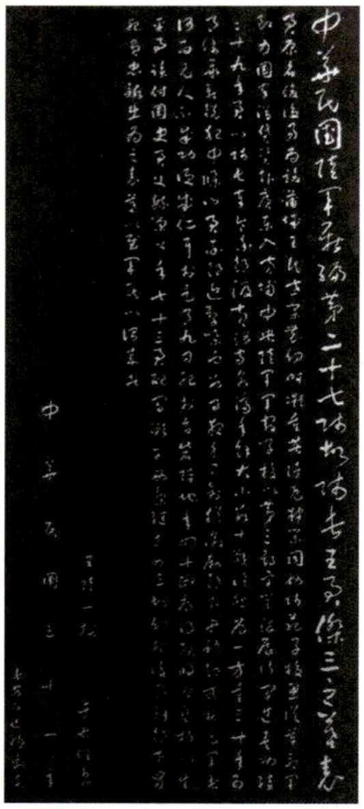

1942 年建于长安县的新编第二十七师故师长王君杰三之墓表（王晓征根据高陵书法协会编印的《于右任学书集》由电脑制作而成）

1984 年 9 月，山西省人民政府在太行太岳烈士陵园修建的武士敏将军墓

武士敏将军墓碑碑阴碑文

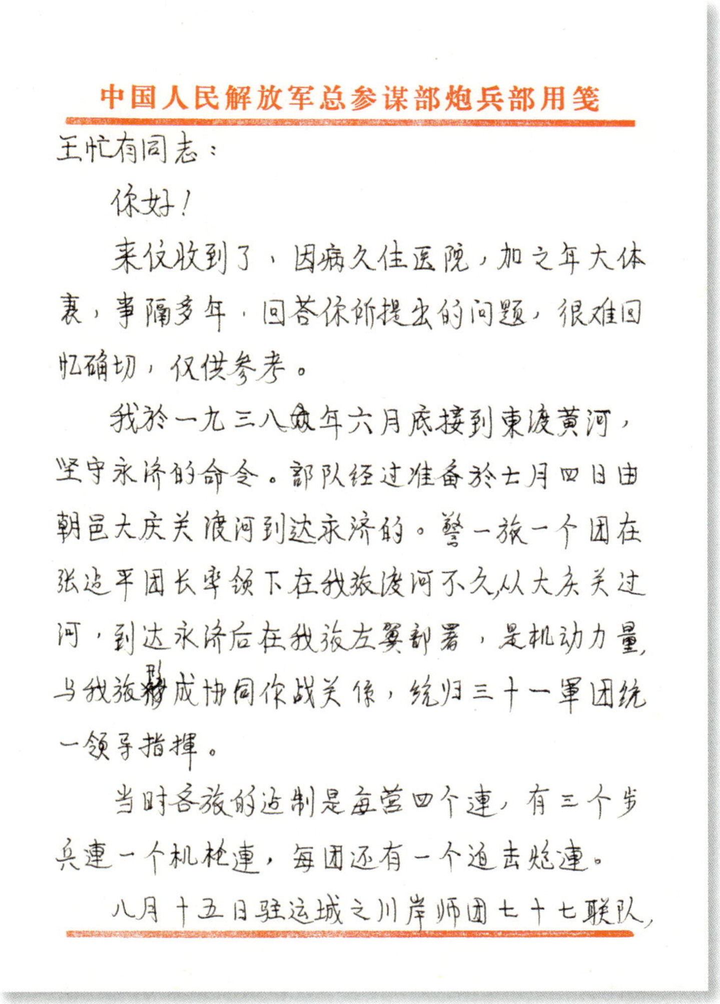

中国人民解放军总参谋部炮兵部用笺

王忙有同志：

你好！

来信收到了，因病久住医院，加之年大体衰，事隔多年，回答你所提出的问题，很难回忆确切，仅供参考。

我於一九三八年六月底接到東渡黄河，坚守永济的命令。部队经过准备於七月四日由朝邑大庆关渡河到达永济的。警一旅一个团在张追平团长率领下在我旅渡河不久，从大庆关过河，到达永济后在我旅左翼部署，是机动力量，与我旅形成协同作战关系，统归三十一軍团统一领导指挥。

当时各旅的编制是每营四个連，有三个步兵連一个机枪連，每团还有一个迫击炮連。

八月十五日驻运城之川岸师团七十七联队，

1988 年 5 月 3 日，孔从洲将军就血战永济复笔者信影印件

中国人民解放军总参谋部炮兵部用笺

三仟余人，配有炮兵四个中队、坦克三个中队，装甲車十余辆、飞机六架，兵分三路，向永济围攻。敌主力从正北方向进攻我阵地正面，一路沿同蒲铁路功我右翼，另一路从西北方向向我左翼迂回。当时我四十六独立旅辖三个步兵团，共五千余人。敌八月十六日始攻永济，日寇进攻猛烈，芜王台、孟明桥等阵地数次易手，失而复得。八月十七日敌用十二门火炮，將永济城東北、東城轰倒数处，营长邓祥云此役陣亡，是否就是邓岗请查核（我无法提供细节）。我旅傷亡五百余人，毙伤敌千余人。此役苦战六昼夜，俗称"血战永济"。

信中所提我在朝邑大寨子作动员，是发动軍民树立守河决心，坚决与日寇对抗到底，阻敌突破河防，表达寸土必守的决心。我八月十

中国人民解放军总参谋部炮兵部用笺

三日在普救寺的动员，是战前动员，动员与永济共存亡，以壮守城决心，增强抗日信心。此时赵寿山同志正在晋东南抗日战场，不可能来孟明桥动员。孙蔚如是七月廿二日晚由[illegible]富民村渡河到达中条山西端南侧六官村的。

信中提到的张这平已去台湾，当时的情况可接省参事室付主任王子伟同志了解，当时他是警一旅的付旅长，到西安去也方便。

此复

祝好

孔[illegible]洲

五月三日

序

在中国抗日战争胜利67周年纪念日来临前夕，王忙有先生及其子晓征撰著的《杨虎城将军旧部抗日烈士述略及史实考证》(上册)一书即将出版。抗日战争研究和杨虎城旧部抗日研究又添新成果，值得庆贺!

杨虎城将军和张学良将军发动西安事变是为了逼迫蒋介石“发动全国之整个抗战”。但蒋介石回到南京，在扣押张学良将军的同时，对杨虎城将军先是撤职留任，接着又逼迫辞职出国。杨将军回国后，又被蒋介石长期囚禁。杨虎城的第十七路军，由于蒋介石的策动，出现了极大的分化。但不论是西安事变一爆发就离杨附蒋的冯钦哉第四十二师，还是西安事变后离杨附蒋的王劲哉第四十九旅，抑或是1939年夏被蒋鼎文和胡宗南扣留改编的王竣陕西警备第一旅，绝大多数官兵由于长期的革命实践锻炼、中国共产党的影响和杨虎城将军爱国思想的熏陶，都先后奔赴抗日前线，以数万官兵的伤亡谱写了催人泪下的抗日壮歌。

由于历史的原因，杨虎城将军旧部抗日的史实，没有完整写进抗日战争史中，仅散见于一些书内。上世纪末，姚杰先生写了一本《抗日战争中的第十七路军》，是第一本全面记述杨虎城部队抗日的专著，实为难能可贵。此书主要写孙蔚如部八年抗日的概况，对许多战事和英烈基本是概述。不仅如此，对孙部外的冯钦哉等部的抗日史实或轻描淡写，或只字不提。不能不说是一个缺憾。

渭南师范学院王忙有先生从1987年开始，在繁忙的教学工作之余，以高度的历史责任心和对当代青年进行爱国主义教育的热情，自费跋山涉水，搜集史料，走访亲历者，退休之后，仍退而不休，年逾古稀，还笔耕不辍。经过20多年的潜心钻研，数易其稿，终于与其子完成了《杨虎城将军旧部抗日烈士述略及史实考证》（上册）一书。

该书分两大部分：第一部分，为抗日烈士述略。收录了1939年以前，杨虎城旧部在各个战役中为国捐躯的400多位英烈（只是部分）。其中10位写了较翔实的生平事略，10位有比较简要的生平概略，其余是英名录。第二部分，是史实考证。对许多抗日史实和人物，作了令人信服的考证，填补了很多史书空白，匡正了流传谬误。

总览全书，有几点需要特别指出：首先，该书比较系统全面。尽管记述的是杨虎城将军旧部部分抗日烈士的述略与史实考证，却全面反映了孙蔚如、冯钦哉、王劲哉和王竣等部在各个战役、战斗中的抗日史实与抗日英烈。这一点，可以和姚杰先生之书相媲美，也是对姚书的一个补充。其次，姚书侧重写战事，该书则侧重写英烈，比较翔实地记叙抗日烈士的生平事略，刻英名于丰碑；书中英烈，以“刑天舞干戚”的猛志与暴日血战，爱国精神，永垂青史，是后辈学习的楷模，是爱国主义的教材。最后，该书尊重历史，客观真实。书的第二部分对民国时期和解放后的相关文章，绝不盲从，不管什么人写的，作者都能从诸多资料中，反复考证，去伪存真，揭示历史原貌。本书在记述英烈事迹时，以裴松之注《三国志》的方法，把对人物或事件的考证都在脚注中予以说明，可以说述略时有考证，考证时有述略，唯恐以假乱真。书中附录了不少档案资料、当年时文、碑文，颇有史料价值。该书史料丰富，披露了不少鲜为人知的史实；考证严密，结论严肃，对有关历史，有补白匡谬之功。

祝贺《杨虎城将军旧部抗日烈士述略及史实考证》(上册)这个婴儿的临世，特向广大读者推荐；同时也期望它“下册”弟弟能尽早出版，以飨读者。

靳英辉

2012年5月于西安交通大学

目　录

烈士述略

史实考证

烈士述略

抗日殉职　百世流芳

——陆军少将石杰三烈士事略

石杰三

石杰三（1899—1938），名国章，字杰三①。清光绪二十五年（1899）生于陕西省渭南县（今渭南市临渭区）官路乡东官路村一个农民家中。稍长入本村私塾读书，后考入陕西省立第二师范学校（校址在大荔县）。在二师上学期间，他对袁世凯称帝的倒行逆施，坚决反对。1919 年 5 月中旬，“五四”运动的消息传到大荔，他受爱国民主新思想的影响，多次组织同学们上街宣传演说，被校方开除。旋转入渭南下邽景贤书院学习。毕业

① 石杰三的字究竟为何？是“三”还是“山”？1941 年 5 月王志诚等 11 人送的木匾上写为石杰山。录以备考。

后在家乡任教数年。此时军阀混战，民不聊生。石杰三认为要救国必须打倒军阀，遂于 1926 年毅然投笔从戎。旋由部队保送到西安冯玉祥将军创办的西北军事政治学校学习。结业后分配到杨虎城将军第十路（军），历任排、连长职务。后杨虎城部队升编为第十七路军，他升任孙蔚如十七师王劲哉四十九旅程鹏九补充团营长。

1935 年奉命由西安经耀县、宜君、洛川、富县直抵延安，“围剿”红军。在延安驻防期间，因受中共抗日民族统一战线政策的感召，坚持杨虎城将军联红抗日的指示。在延安前线和红军互不侵犯，并遵令将一些物资送给红军。

1936 年 12 月 12 日西安事变发生后，奉命随部开回西安，旋开赴临潼赶筑工事，准备迎击亲日派中央军进犯。

西安事变和平解决后，由于张学良将军被蒋介石扣留，杨虎城将军被撤职留任，其旅旅长王劲哉[①]认为十七路军没有前途了。在 1934 年离杨附蒋的杨部原四十九旅旅长杨渠统[②]等的鼓动收买下，于 1937 年 2 月 4 日晚带领所部李俊彦九十八团和补充团一部分官兵近 2000 人，开往子午镇，离杨附蒋。石杰三碍于与王劲哉乃渭南同乡的情面，

① 王劲哉（1897—1968），陕西省渭南市今临渭区人。早年入杨虎城部，历任排、连、营、团长等职。1932 年秋，在平定马青苑叛乱时勇猛冲杀，战功卓著，军中称其为“王老虎”。1935 年，升任杨部孙蔚如第十七师第四十九旅旅长。驻防陕北时，曾与红军达成一定程度的谅解与合作。西安事变时，开始力主杀蒋；但“二二”事件后，他认为十七路军没有前途了，带领部分部队离杨附蒋，被改编为新编第三十五师，他任师长。1938 年春，参加兰封会战后，率部参加了武汉保卫战。所部改为第一二八师，王劲哉任中将师长。后率部进入敌后，在湖北沔阳一带建立抗日根据地，不听蒋介石的指挥，也不与共产党合作，只打日本。在四年多时间，与日军屡次激战，斩获颇多。1943 年 8 月下旬，兵败被日军俘虏，宁死不投降。抗战胜利后，辗转到延安，毛主席委任王劲哉为陕西自卫军司令，并为中共特别党员。解放后，曾任渭南军分区司令员等职。

② 杨渠统，籍贯生卒年不详。历任军职。1930 年任杨虎城第十七师补充第四旅旅长、杨虎城第十七路军孙蔚如第十七师第四十九旅旅长，兼任兰州警备司令。1932 年改兼陇东绥靖司令。后离杨附蒋，升为第五十军军长。

只好随大流。不久，所部即遵蒋介石命令开往河南省杞县整训。后经河南绥靖公署主任刘峙检阅，所部被改编为陆军新编三十五师。所部改编后，石杰三升任一团团长，辖雷世聪、李钰亭、吕慎轩3个营。杰三治军恩威并济，宽严有度，深为部下爱戴。提升干部，不徇私情。其侄儿石崇温乃西安绥靖公署步兵训练班第三期毕业，成绩优异，本应担任排长，但他只准任司务长代理排长。经过一段时间锻炼，才让担任。

所部改编后不久，日寇发动卢沟桥事变，向我国全面进攻。杰三立即请缨，要求开赴前线抗日。旋奉命随部扼守郑州以北黄河铁桥两侧。其间石杰三团长对全团官兵反复进行爱国主义教育，并向驻地群众大力宣讲日寇烧、杀、奸、抢兽行。激励官兵与群众同仇敌忾，共赴国难。同时厉兵秣马，加紧战斗训练，枕戈待命。

1938年春，日寇于攻占南京后，立即渡江北上，与华北南下日军疯狂进攻，夹击徐州，拟打通津浦铁路，使华北与华东连成一片。5月上旬，石杰三奉命随部开赴山东郓城，增援鲍刚的第二十七师，由第三十二军军长商震指挥，参加豫东会战。5月11日，日军土肥原贤二第十四师团在由济宁袭攻郓城的酒井旅团掩护下，由濮县附近过黄河，连陷郓城、鄄城、菏泽、曹县，直逼兰封，切断了第一、五战区的联络。当石杰三团随部开至距郓城20里时，郓城陷落。所部奉命折回，参加反攻曹县，掩护城内被围的第二十三师撤出。

5月16日，雷电交加，风狂雨暴。王劲哉师长亲临石杰三第一团指挥攻城。石团官兵士气高昂，冒着敌人的枪林弹雨，冲锋陷阵。石团长选派雷世聪一营三连石安邦排、李钰亭二营四、五连两个排、吕慎轩三营八连石崇温排，组成先遣队，占领村庄，阻击增援之敌，掩护师右侧背的安全。10时许，我先遣队到达该村北边，日寇骑兵百余从 2000 米外向该村扑来，企图袭扰新三十五师侧背。这时，石崇温把情况报告石杰三团长。石团长当机立断，即令石崇温带兵向该村南边攻击。石排迅速占领该村。鬼子先头部队如入无人之境，目空一切，昂首前进。待敌距该村约百米时，石团长一声令下，我军的枪炮猛烈开火，毙伤敌大部。敌后续部队全力猛攻，不断爬墙，悉被我军打退。

5 月 16 日午后，石杰三团长奉命率部向曹县外围村庄的日寇发动猛攻。他命令二、三营进攻，一营为预备队，并派二连支援三营由侧翼围攻，阻击敌人的增援部队。一时枪炮声大作。石团长身先士卒，带领全团官兵冒着枪林弹雨，向前冲锋。日寇凭借着优势武器负隅顽抗。空中又有敌机狂轰滥炸。战场上炮火连天，硝烟滚滚。二连连长和连附闵尚志带领全连官兵用机枪集中火力狙击日寇增援部队，使鬼子不能越雷池一步。激战直到天黑，双方仍胜负未分。石团长下令包围了敌人的 3 个据点。入夜，敌机仍不断对我阵地扫射、轰炸。石团伤亡很大。第二营营长李钰亭也负了伤。

鉴于此，石杰三团长亲到最前线指挥。他命令官兵："必须完成全歼敌人的任务。只许胜利杀敌，不准畏敌后退。违者就地正法。"一团健儿，乘着黑夜向敌据点再次发起猛攻，彻夜争夺，战况至烈。三营营长吕慎轩亲率敢死队攻入敌人一个据点。其营八连连长张辙率部一马当先，全营官兵紧紧跟随攻入该村，与敌展开激烈巷战，毙敌百余人。我亦付出了惨重代价，八连连长张辙、排长蒲松龄同大多数官兵为国捐躯。全营只剩下营长和 30 余名战士。拂晓，我第二营第五连经过激战，也攻入敌人据点。巷战中毙敌 30 余名，但朱连长和许多战士也壮烈牺牲。此役给敌人以沉重打击，使残敌退入工事内固守。

17 日石团又冒着敌机轰炸、敌炮轰击，与敌激战竟日。黄昏时奉命向考城转进。

18日拂晓，石杰三团长[①]率部行抵河北省东明县大黄集（今属山东省菏泽市牡丹区）附近，接到情报，说日军机械化部队正向南急进，企图抢占兰封，断我从徐州西撤大军的后路。奉师部命令，石杰三率全团固守大黄集，阻止敌人汽车南进。该村乃南北交通要冲，为敌我必争，幸有坚固城墙，便于固守。全团进入该村后，石团长即给各营布置了阻敌任务。接受任务后，各营立即赶筑工事，准备痛击南下之敌。工事尚未修好，日寇的汽车队已向南飞驰而来，在距该村约1里以外停车侦察。第一营第二连扼守城北一线，已挖好工事，准备狠狠打击敌人。敌人先头部队百余人，发现我军阻其南下，便向我发起猛攻。鬼子以小炮和机枪向我猛烈进攻。二连沉着应战，一枪不放。等敌人进至200米以内时，即以机枪、小炮的炽烈火力狠狠还击，打得鬼子嗷嗷乱叫。此时，石团长预先派出迂回敌后的埋伏部队也从后面发起猛攻，焚毁敌汽车数辆，毙伤鬼子无数。日军腹背受到攻击，火力又被石团压倒，死40多人，慌忙退守附近一个村庄。

石团长正准备率部全歼这股敌人时，敌机数十架向我阵地不断扫射、投弹。同时，敌南北两路援军也赶到了。正午前后，敌从三面向我合围。战场情况瞬息万变。正当石杰三团长召集各营、连指战员部署歼敌任务时，突接上级电令："设法脱离战场，速到兰封接受新任务。"因情况变化，石团长即向各指挥官下达命令："我们先以炽烈火力狠狠打击鬼子，然后再迅速脱离战场。下午5时突围。二连和机枪连掩护。一连和三连一部迂回到敌炮兵阵地后方袭扰，伺机杀敌，待全团突围后突围。"接着他斩钉截铁地说："军人的天职是保国卫民，英勇

① 石杰三殉国时为新编第三十五师第一团团长，闵尚志回忆文中说是第一二八师团长，明显有误。所部改编为一二八师，在武汉会战之后，这时石杰三已阵亡快半年了。

杀敌。杀敌而死，死亦无憾。希望大家牢记杨虎城将军‘要上下一心，全力杀敌’的叮嘱和王劲哉师长‘要与日寇拼死命’的要求，为国争光，争取胜利。”

此时，敌人的飞机更加疯狂地向我阵地扫射、投弹，枪炮声响成一片，战况极其激烈！一营营附王自忍到二连督战，见到闵尚志连附，只讲了一句：“团长命令要狠击日寇……”即中弹阵亡。战斗胶着之时，石杰三团长命令迅速突围，并亲率一部，准备先行撤出，再指挥全团冲出敌人的封锁线。硝烟滚滚，炮火连天！石杰三团长带头冲杀，不幸中弹，以身殉职，时年40岁。全团官兵听到石团长殉国的噩耗，悲愤填膺，遵照石团长的命令，殊死拼杀，终于冲出了重围。二连最后突围，史志刚排长与十多名战士牺牲，连附闵尚志和十多名战士负伤。

一团官兵到达兰封后，王劲哉师长令石崇温连附派李生秀（陕西省华阴市人）、张杰仁（今渭南市临渭区下邽人）返回收殓石团长忠骸。李、张2人到大黄集佘寨村找到掩埋石杰三团长的知情人佘化元父子，询问详情后，即买棺木、衣服，重新洗涤穿衣入殓，就地安葬。

南京中国第二历史档案馆馆藏石杰三的档案复印件

石杰三团长殉职上报后，

国民政府特准晋升为少将从优抚恤，一次恤金1500元，年抚金600元[①]。石杰三团长殉国三周年纪念时，其部下王志诚、皎耀安等送木质大匾一个，上书“抗日阵亡烈士陆军少将石杰三三周纪念”，正中4个大字“百世流芳”为王劲哉题写。王志诚等11人送的另一木匾右边上书：“中央陆军新编三十五师第一团少将团长石杰山三周年纪念”，正中4个大字“名流没世”，下边写着王志诚等11人仝鞠躬。左边写着：“中央陆军一百二十八师中将师长王劲哉敬题”。左边写着：“中华民国三十年五月吉日”。

1994年元月陕西省人民政府批准追认石杰三为革命烈士。石杰三追认革命烈士后，1994年清明节石杰三儿子崇恭、崇让等在其母亲坟前修建了“陆军少将石国章烈士暨夫人李素贞纪念碑”，碑楼前横额上镌刻“雄风千秋”4字，右边镌刻“爱国浩气昭后世”，左边镌刻“留得丹心照汗青”。碑文记述了石杰三的生平事略和夫人李素贞的简况。

①《死亡官兵调查表·石杰三等》，中国第二历史档案馆藏档案。

附：本文主要参考资料

一、闵尚志：《记一二八师石杰三团长为国殉职事》，渭南市（今临渭区）政协文史资料研究委员会编《渭南文史资料》第二辑。

二、渭南市人民政府文件

渭政字〔1992〕4号　签发人　张解放

渭南市人民政府

关于追认石杰三为革命烈士的报告

省人民政府：

石杰三，男，生于一八九九年，渭南市官路乡官路村人。少年时期曾就读同州省立第二师范、渭南下吉景贤书院。毕业后在乡里教书数年。一九二六年参加国民党部队后，被保送到西安冯玉祥主办的"军政学校"上学。毕业后被派往杨虎城部工作。后又调十七师王劲哉部四十九旅补充团任营长。一九三五年驻陕北延安洛川一带，受中国共产党抗日统一战线政策的感召，坚决执行杨虎城将军爱国抗日指示，和我军互不侵犯。一九三六年西安事变时，该部调防临潼。事变结束后，该部改为新编三十五师，石杰三任团长，开赴抗日前线，他率部多次与日奋战屡建战功。

一九三八年五月十八日晨，企图抢占兰封，断绝抗日部队退路的日军，被石杰三团阻击在河北省东明县大黄集（今山东省）。日军以陆空联合的优势向石团疯狂发动进攻。石团则凭借城墙的有利地势，多次击退敌人的强攻。正在歼敌的有利时机，约十二时左右，石团突然接到师长王劲哉的命令："设法脱离战场，速到兰封接受新任务。"石杰三在率部突围中不幸牺牲。牺牲后，国民党中央军政部追赠石杰三团长为"陆军少将"军衔。

根据民政部〔1983〕优46号文件第一条"为了有利于开展对台工作，有利于团结各方面人士，对参加辛亥革命、北伐战争、抗日战争，确因对敌作战牺牲的国民党人和其它爱国人士，其遗属主动提出申请，并有可靠证明者，经省、自治区、直辖市人民政府获民政部批准，可以追认为革命烈士，其家属享受革命烈士家属的待遇……"之规定，申请追认石杰三同志为革命烈士。妥否，请审批。

附：

1. 石崇浪〔让〕关于追认其父石杰三为革命烈士的申请；

2. 政协官路乡学习组石兆杰、赵健、路正声等编写的《记爱国将领石杰三团长生平和抗日殉职事迹》一份；

3.《渭南文史资料》第二辑一份；

4. 王劲哉、客金余、石安邦、石崇温证明各一份；

5.《渭南县烈士调查登记表》一份；

6.《木质匾》照片一张。

一九九二年八月八日

渭南市人民政府办公室一九九二年八月十二日印发

共印 15 份

三、渭南市民政局文件

渭政民发〔1994〕015 号

关于追认石杰三为革命烈士的通知

官路乡人民政府：

经呈报省人民政府，省民政厅受省人民政府委托，以陕民优发〔1994〕5 号文件批准追认石杰三为革命烈士。其家属享受革命烈士家属待迂〔遇〕。

特此通知。

渭南市民政局（印） 一九九四年元月二十二日

抄报：地区民政局

四、《死亡官兵调查表·石杰三等》，中国第二历史档案馆藏档案。

五、访问李玉亭谈话记录。

王屋铭记　黄河致哀

——抗日英烈呼品一

呼品一

呼品一（1908—1938），原名庆朝，学名新民，字品一，以字行。1908 年生于河北省大名县大呼庄村。中国共产党党员。1923 年，未读完大名一高即投笔从戎，考入大名的一所军事学校[①]。毕业后入国民军任排长。后入杨虎城将军部队，历任多职。曾随部转战鲁豫。于河南镇平驻防时在补充旅王茂云营任职[②]。后随部回陕。西安事变和平解决后，蒋介石背信弃义，在扣押张学良将军的同时，逼迫杨虎城的第

① 邯郸新闻网称，1923 年，呼品一考入国民第三军在大名创办的一所军事学校。此说恐有误。1924 年 10 月首都革命后，才有国民第三军。

② 刘威诚《我在十七路军工作的片断回忆》，中共陕西省委党史研究室编：《中国共产党在国民党第十七路军中的活动》，陕西人民出版社 1993 年 5 月版，第 158 页。

十七路军缩编为第三十八军（军长仍为孙蔚如）。呼品一任孙部赵寿山第十七师耿子介第四十九旅李维民第九十七团第二营营长。

1937 年卢沟桥事变后，呼品一随部开赴华北抗日前线。先后参加扼守保定、保卫娘子关等战役。其团伤亡甚多。11 月 5 日到达太原附近，已不足两营。6 日，又遇敌骑约 100 名、敌步骑约五六百名激战数次，部队大部被冲散。胡品一营长仅率残留之官兵百余名西渡汾水[1]。经过碛口整训，部队精神面貌大变，呼品一随部再上战场杀敌。

1938 年春，呼品一随部由洪洞县经浮山、阳城等地，进入晋东南太行区的晋城县，后转入高平，归朱德总司令和彭德怀副总司令指挥。在朱、彭总统一指挥下所部在晋东南屡挫敌锋，并配合八路军收复了上党 19 县。

是年 6 月，所部第三十八军改编为第三十一军团。孙蔚如升任军团长。赵寿山升任第三十八军军长仍兼第十七师师长。孙蔚如亲率在陕各部东渡黄河，开赴晋西南三角地带永济等县准备迎击日寇。此时，正在高平县城附近休整的呼品

一所部十七师接八路军总部电示，令即开往晋西南三角地带，归还孙蔚如三十一军团建制。旋，随部经由高平西面的端氏镇、阳城、横河镇开至河南省济源市的王屋镇。在此宿营一二日，参加了和王屋八路军冀、鲁、豫办事处进行的联欢。不几日，接到八路军总部电令：盘踞豫北博爱、济源之敌，企图再犯晋东南，扫荡太行山区，打通济源、垣曲到侯马的交通。

接电令后，赵寿山师长连夜命令所部，在王屋镇以东的封门口南北之线，占领阵地，赶筑工事，准备迎击日寇。呼品一奉命带领全营和柏方彬第一营把守公路阻遏日寇西进。济源西进之敌，约四五千人，

① 本文附录二《陆军第十七师太原附近各战役战斗详报》,《中国第二历史档案馆藏档案》。

“封门天险”清咸丰时重建，是晋、豫间设在山口大道的关卡

为一个混成旅团，于6月29日下午先头部队已到封门口山下，和我警戒部队接触，并有稀疏的炮火，向我主阵地轰击。

经与八路军冀、鲁、豫办事处联系，八路军派两个连占领封门口以南地区，警戒十七师之右翼，配合作战。

6月30日拂晓，日寇在优势炮火的掩护下，向我封门口阵地猛攻。顿时阵地上山石乱飞，硝烟滚滚，枪炮声震耳欲聋。我军兵力、武器皆处于劣势。呼品一营长和柏方彬营长身先士卒，督率所部官兵在阵地上和敌拼搏，反复冲杀，打得日寇溃不成军，尸体遍野，并缴获大批武器弹药。我军亦付出惨重代价。呼品一营长被飞来的弹片击中胸部，抢救无效，以身殉职。年仅31岁。连长王春山率全连出击到敌指挥所位置，用刺刀、大刀，与敌白刃肉搏，全连官兵壮烈牺牲。柏方彬一营一连连长薛雄与全连官兵亦壮烈牺牲。中共地下党员申敬之负伤。战斗至11时左右，阵地右翼为敌突破，不得已遂逐次掩护转移于封门口以北山地，侧击敌人，迟滞敌之西侵。

胡品一营长殉国上报后，国民政府特准晋为中校从优抚恤。1986年初，经河北省人民政府批准追认胡品一为革命烈士。其事迹收入共青团中央、中央党史研究室和国家档案局主办的《抗日英烈纪念馆·英名永存》。

附录一：

中条山千里征战

柏方彬　口述　张俊豪　记录

1938年春……我军开赴晋、豫交界处的封门口、王屋镇与日军土肥原旅团，展开激战。日军经封门口沿黄河北岸向垣曲进发，企图进一步打开中条山，破坏我抗日民族统一战线，采取腰斩、各个击破的战略。而此时，八路军已北踞太行山区，我军则已南守中条山区，南北呼应，结成牢固的抗日民族统一战线。我团奉十七路军赵寿山师长之命，运用了八路军彭总讲授的“口袋”游击战术，剿灭敌寇。当日军全部进入包围圈后，截断其归路。此役，我军围困日军达一月之久，日军虽腹背受敌，但死不投降，负隅顽抗。于是我军乘其不备，伺机进行夜袭，打得日寇溃不成军，尸体遍野，缴获大批武器弹药。这次战役我营和二营负担把守公路，昼夜激战达半月之久，打得相当艰苦。二营损失惨重，营长呼品一阵亡。我营一连连长薛雄与全连官兵壮烈牺牲。我军虽付出了相当的代价，但终于胜利地完成了包剿的任务，受到上级的嘉奖。

（载《渭南文史资料》第三辑）

附录二：

陆军第十七师太原附近各战役战斗详报

一、部队行动及部署

本师受冯总指挥命，在后沟附近之庄子上、榆林坪一带集结，当于1月5日午后约六七时，先后到达指定地点，结合各方情报，知晋北之敌已进至青龙镇，晋东之敌已达榆次。本师当前之小岗头西黄水，已发现敌骑一部，当即以一部占领汉岭上常峪村、野鸡庄之线，对北戒备，主力仍结集庄子上附近。布置初就绪，于6日上午10时，又奉总指挥冯命，着占领陈家峪亘敦化坊之线，拒止敌人。遵，于正午12时，由现在地（庄子上附近）出发，向陈家峪、敦化坊之线转进。于午后3时以后，我向西南转进之部队，行至半途，即与敌遇，先后冲突数次，颇有伤亡。盖敌已先我而占领山峰高处，能收瞰制也。旋又奉总指挥冯命，着由大小马庄或小店镇渡过汾河，向西转进。此时师部及特务连驻在太原东关，其余部队正在牛驼村、山庄头之线，与敌激战中。奉命之后，令耿旅长志介相机逐次与敌脱离，向西转进。师部各处及特务连于晚10时左右，行抵汾河附近时，突遇敌之掩袭，经以特务连掩护，强行渡过，尚无大损伤。其它各部，因暗夜渡河，受敌绕袭，负伤及被水淹毙者甚多。此时，各部多失联系，于8日至交城县时，始将被冲散官兵陆续集合，然不及原数的一半。至于部队战斗经过，陈述于次：

二、各部战斗经过

（甲）第九十七团（共计两营，营仍不足额定数目）

九十七团奉命占领陈家峪，经山庄头至固古沟之线，以呼品一营由快捷方式至山庄头，孙文杰营至固古沟占领阵地，团部直属连排，于下午6时，到达陈家峪。当呼、孙两营行抵中途，即与敌遭遇，战况甚形激烈，兹分述于后：

一、呼品一营，于午后5时到达山庄头，即有敌骑约100名，向我冲击，经竭力抵抗，将敌击退后，即从事布置，尚未就绪，敌复以步骑连合约五六百名，前来攻击该营，当即尽力抵抗，激战虽烈，敌终未逞，双方均有伤亡，相持至午后8时，奉命向西南转进，遂区分所部，互相掩护，与敌脱离。于夜12时，到达小店镇，正准备渡河时，突受北方敌之机枪扫射，损失甚巨。当时该营即展开对敌冲击。终因情况不明，未便与敌作长久之撑持。遂派一部掩护，由敌右侧空隙，徒涉绝渡，被水溺死者，亦不少。渡过后，即向西南转进，途行经池塘苇城竹林一带，复遭前方敌之攻击，部队及辎重大部被敌冲散，呼营长仅率残留中官兵百余名西进。

二、孙文杰营，孙营于午后2时，由野鸡庄出发，向固古沟前进，于4时半，行抵牛驼村东约一里许，前卫两侧沟岸上，忽发现敌人机枪多挺，向我沟内部队射击。该营长遂率本队，迅速占领王家山前端高地，与敌火战，并派部出击，将牛驼村右翼之敌击退。相持至8时，奉命率部向西转进，后与我九十八团之一会合，随同西行。于7日上午5时渡汾河时，南北东三面均发现敌人，乘我军半渡来袭，经该营长等即分别令各部交相掩护，迅速徒渡，始略受损伤渡过矣。

三、九十七团团长李维民，遂逐次集合所部呼、孙两营，于6日下午在东社附近始归还建制。

（乙）第九十八团（共计两营，营亦不足额定数目）

九十八团奉命于6日下午2时，由常峪村出发，拟占领敦化坊、固古沟（不含）之线，于5时前冲行抵瓜地沟西约三四里许，即与敌骑□□□□□□□□□□□□□□□□□□□占领附近高地，与敌激战一时许，毙敌20余，我亦伤亡10余人。斯时，右前方牛驼村已发现敌之大部，有绕攻我侧背之模样，且正前方敦化坊已被敌占据，该团长遂决心改向左翼陈家峪九十七团取得联络，再向目的地前进攻占。殆陈团长到陈家峪后，即接渡过汾河向西转进之命，当时因已届暗夜，地形不明，以致部队失却联络，兹将部队渡河及与敌情形，分述于后：

1. 陈团长际春率卢营之一部约70人，于7日上午5时，由小马村徒涉渡过汾河。

2. 白团附率卢营之〔另〕一部，于7日上午6时许，由小店镇徒涉过河时，正渡之际，与敌掩击，我伤亡四五十名，淹毙20余名。

3.王团附率同杨营，于7日上午7时，由小店镇徒涉强渡汾河时，被敌截击。当时我伤亡淹毙甚多。斯役伤亡及损失消耗如另表所列。

战斗经过图（略）

陆军第十七师战斗详报第一号附表

26年11月7日第十七师死伤表（略）

陆军第十七师战斗详报第〔二〕号附表

26年11月7日第十七师武器弹药损耗表（略）

师长　赵寿山〔私章〕

中华民国26年11月15日

（冯寄宁提供:《中国第二历史档案馆藏档案》复印件）

附: 本文主要参考资料

1. 刘威诚 :《我在十七路军工作的片断回忆》，中共陕西省委党史研究室编《中国共产党在国民党第十七路军中的活动》（回忆资料卷 1923—1936），陕西人民出版社 1993 年 5 月版，第 158 页。

2. 于景祺 :《三十八军抗日战场战地见闻片断》《赵寿山将军》，中国文史出版社 1994 年 7 月版，第 116 页。

3.《十七师战报》《赵寿山将军》

4. 访问柏方彬谈话记录

5. 姚杰:《抗日战争中的第十七路军》，中国文史出版社 1997 年 10 月版，第 23 页。

身先士卒　为国捐躯

——抗日英烈谢济民

谢济民

谢济民（1909—1938），湖北省礼山县（今大悟县）[①]人。黄埔军校第四期毕业。早年投入杨虎城将军部队。1932年杨虎城将军开办西安绥靖公署步兵训练班后，谢济民被任命为第四期军官队步兵第二队队长[②]。后历任多职。西安事变前在第十七路军孙辅丞[③]陕西警备第三旅任职，随部驻防淳化。西安事变爆发后，随部急驰咸阳，参加了解除蒋军第十三师两个

① 谢济民籍贯何处，说法不一。《西安绥靖公署步兵训练班军官队第四期同学录》载“湖北黄陂”，而《死亡官兵调查表·谢济民》，中国第二历史档案馆藏档案一① 4237号却是“湖北礼山”（今大悟县）。孰是？待考。

②《西安绥靖公署步兵训练班军官队第四期同学录》。

③ 孙辅丞，陕西蒲城人，早年投奔杨虎城将军部队，历任连、营、团，旅长。擅自新在蒲城县叛乱后，他引咎辞职，长期家居。新中国成立后，任政协陕西省一、二、三届常委。

团的战斗。旋，随部开赴渭南南原，再奉命开赴蒲城县龙阳地区布防。

1937 年初，奉杨虎城将军命令，随部到蒲城县接东北军骑兵第十师防务。2 月 2 日东北军骑十师檀自新[①]部在蒲城县城内叛乱，投靠南京，并扣留了旅长孙辅丞。孙设法把部队交还杨虎城将军后，引咎辞职。

5 月 7 日，南京政府撤销西安绥靖公署及十七路军总指挥部。将杨虎城将军所剩部队缩编为第三十八军，军长仍为孙蔚如兼任。军辖部队为第十七师、第一七七师、陕西警备三个旅和教导、骑兵两个团。谢济民任王镇华（河南灵宝人）陕西警备第三旅张英三（陕西渭南人）第七团第一营营长。部队改编完毕，谢济民营随部开赴陕西耀县驻防。

卢沟桥事变爆发后，谢济民再三请缨，要求开赴前线抗击日寇。是年秋天奉命随部开赴陕东韩城，扼守（黄）河防。驻韩期间，率部与韩城人民一起赶筑国防工事，随时准备粉碎日军进犯。

1938 年春，山西日军集结主力沿同蒲铁路南犯，3 月初川岸文三郎第二十师团一部先后攻占了与陕东一衣带水的河津、荣河、永济县城，3 月 8 日攻占风陵渡。5 月初，谢济民所部陕西警备第三旅张英三第七团奉命随同一七七师东渡黄河，寻机歼敌。张英三团和一七七师经过旬月苦战，相继收复了晋西南永济等 13 座县城。全陕人心始定。遂后张英三团部驻防临晋县城，谢济民率其营驻防猗氏的嵋阳镇。

1938 年 6 月蒋介石免去孙蔚如陕西省主席职务，旋将孙部改编为三十一军团，领编三十八、九十六两个军。谢济民所部改编为九十六

---

① 檀自新（1896—1938），辽宁人。历任东北军五十二团团长、四支队司令兼骑八旅旅长。六军副军长。骑十师二十二旅旅长、抗日同盟军五路司令、陆军暂编十师师长。1936 年，任骑十师师长。西安事变后，檀于 1937 年 2 月 2 日在驻地陕西省蒲城县发动叛乱，率部投蒋。抗战爆发后，任骑兵第四军军长；冬，改任新编第五师师长。1938 年 6 月，因不服调遣，被枪决。

军独立第四十七旅，旅长仍为王镇华。

改编甫毕，为了策应武汉会战，7 月孙蔚如奉命亲统三十一军团在陕各部东渡黄河，开赴山西永济县境抗日。7 月 12 日王镇华奉命率独立四十七旅驻防韩城的樊雨农[1]第八团也东渡入晋，所部奉令驻防临晋、猗氏一带。

日军攻占徐州后，6 月 5 日攻占开封，进攻矛头直指武汉。为策应进攻武汉，华北日军也调兵遣将，企图一路由山西军渡至陕北吴堡一线向西渡黄河，进攻延安；一路由山西永济（大庆关）、风陵渡，西渡黄河，攻取西安，实现其攻占大西北的图谋。晋南驻运城的日寇第二十师团（师团长先为川岸文三郎，6 月下旬换为牛岛实常[2]“逐渐做好一切准备，在 7 月 5 日转为攻势”[3]，卷土重来。

7 月 20 日拂晓，日寇步骑炮兵千余人，炮八九门，向我第三十一军团第九十六军独立第四十七旅第七团第一营[4]驻防的猗氏县之嵋阳镇猛攻。谢济民营长即率部迎战。但以敌众我寡，致陷包围。敌并集中炮火，将该镇寨墙轰毁数处，乘机抢入，遂发生激烈巷战。谢济民营长身先士卒，督率全营官兵反复肉搏白刃冲杀十余次，毙敌极多，但

---

①樊雨农（1908—1976），陕西蒲城人。黄埔军校第六期步科毕业。早年入杨虎城部，任十七路军总部参谋。1937 年 6 月随杨虎城将军出国考察，任参谋。同年 10 月，杨虎城抵伦敦，决定回国参加抗日。樊雨农受杨将军派遣，与金闵生二人先回国，了解国内政情。后因杨将军被蒋介石囚禁，任孙蔚如第三十八军陕西警备第三旅八团团长，赴韩城，随部扼守陕东（黄）河防。1938 年 7 月，任孙蔚如三十一军团李兴中九十六军王振华独立四十七旅八团团长，随部东渡，驻守临晋县境。8 月，因策应永济之战不力，被免职。后任孙蔚如部参议、军官训练班军事教官。1948 年春，任宝鸡团管区司令。1949 年随部到汉中被解放，送中国人民革命大学学习。结业后，在甘肃参加土改。后在陕西米脂县水利局、文管会工作。1957 年到陕西省科学院工作。1958 年因历史问题被遣送回蒲城家乡，交群众监督劳动。1976 年去世。

②③日本防卫厅战史室编、天津政协编译组：《华北治安战》上，天津人民出版社 1982 年 6 月版，第 75 页。

④姚杰著《抗日战争中的第十七路军》说：“第三营营长谢济民，率部冲杀……壮烈殉国”。此说明显有误，当年 7 月 27 日《西北文化日报》报道为第一营。

我亦伤亡殆尽。薄暮，我张英三团一部援兵赶到，反攻该镇，至为激烈。我樊雨农第八团某营亦迂回至水头镇以东抄袭敌炮兵阵地。因炮笨重，无法携带，仅获骡马数十匹，杀敌甚多。至夜11时，敌终不支，向牛杜镇溃退。此次战斗计19小时。坚守该镇之我营长谢济民在激战中不幸以身殉职，年仅30岁。营附吴伟如、连长党澄涛、薛开山均壮烈牺牲。一位连长负重伤，士兵除运回伤兵20余名外，余均阵亡。计毙敌上尉1员，士兵300余人，伤者敌已运回猗氏，计载13汽车。另外以担架抬回者，尚不知确数。

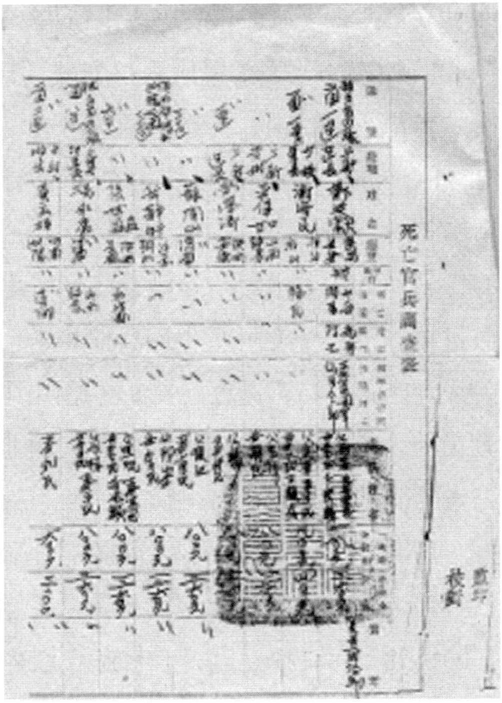
死亡官兵调查表

中国第二历史档案馆藏的谢济民等《死亡官兵调查表》

谢济民营长殉国查明详报后，国民政府特准晋升为中校从优抚恤。一次恤金900元，年抚金400元[①]，一直领到1948年。

①《死亡官兵调查表·谢济民》，中国第二历史档案馆藏档案一① 4237号。

附录:《西北文化日报》报道文章

晋南敌主力向运城运动　图犯中条山南侧　我已戒备……

【中央社永济23日下午6时电】20日拂晓，敌步骑炮兵千余人，炮八九门，向猗氏县属之嵋阳镇我□军团□旅□团一营攻击。该营长即率部迎战，但以敌众我寡，致陷包围。敌并集中炮火将该镇寨墙轰毁数处，乘机抢入，遂发生激烈巷战。该营反复肉搏白刃冲杀十余次，毙敌极多，但我亦伤亡殆尽。薄暮，我□团一部援兵赶到，反攻该镇，至为激烈。我□团某营亦迂回至水头镇以东抄袭敌炮兵阵地。因炮笨重，无法携带，仅获骡马数十匹，杀敌甚多。至夜11时，敌终不支，向牛杜镇狼狈溃退。此次战斗计19小时，坚守该镇之我营长及该营连长2员阵亡，连长1员负重伤，士兵除运回伤兵20余名外，余均壮烈殉国。计毙敌上尉1员，士兵300余人，伤者敌已运回猗氏，计载13汽车。另外以担架抬回者，尚不知确数。

〔《西北文化日报》中华民国27年（1938年）七月二十七日〕

附：本文主要参考资料

1. 何永安：《回忆西安绥署步训班》，载中共陕西省委党史研究室编《中国共产党在国民党第十七路军中的活动》（回忆资料卷1923—1936），陕西人民出版社1993年5月版，第568页。

2.《西安绥靖公署步兵训练班第四期同学录》。

3.1938年7月27日《西北文化日报》。

4. 访问苏济吾、晋震梵、张彦文和杨振中的谈话记录或与本书作者的信。

5. 梁材：《孙辅丞生平》，政协蒲城县委员会文史资料研究委员会编《蒲城文史资料》第二辑，1986年11月印。

6. 姚杰:《抗日战争中的第十七路军》，中国文史出版社1997年10月版，第30页。

奋不顾身抗日寇　留得丹心耀千秋

——血战永济殉国英烈杨法震事略

杨法震

杨法震，又名名经。清光绪三十一年（1905）农历四月十七日生于陕西省兴平市庄头乡仪空庄北堡一个农民家里。兄弟4人，他排行为三。辛亥革命后，他发蒙于兴平草堂寺私塾，后进入县高等小学学习。毕业后考入西安民主中学。他觉得民国和清朝没有什么两样，人民仍处于水深火热之中。他在刻苦学习的同时，开始寻求救国救民的道路，特别喜爱阅读“五四”以后宣传新思想、新文化的书刊，思想觉悟不断提高。

1924年，他离开家乡，考入武昌中华大学理科。1926年10月北伐军攻占武汉后，黄埔军校决定在武昌设政治训练班。10月16日，以包惠僧为主任的政治训练班筹备处成立。10月27日，国民党中央决定将政治训练班改为中央军事政治学校（黄埔军校）政治科，以武昌两湖书院为校址。邓演达兼任武汉科主任。11 月 1 日，政治科招考委员会成立，邓演达任主席，郭沫若、董必武、包惠僧等 14 人为委员，分别派人在上海、长沙、重庆、武汉等地进行公开或秘密招考。1927 年 1 月 19 日，国民党中央执行委员会和国民政府联席会议决定将中央军事政治学校政治科改为中央军校武汉分校。听此消息，在轰轰烈烈的国民革命影响下，法震深感只有革命，才能使国家富强，人民解放，他毅然投笔从戎，踊跃报名考入了该校，与录取的男生 986 人，女生 195 人，悉被编入第六期政治科入伍生总队。

1927 年春天，蒋介石在上海发动“四一二”反革命政变。5 月 14 日驻宜昌的国民革命军唐生智第八军独立第十四师师长夏斗寅①，借口农运过火，趁武昌主力军队北伐河南之机叛变进攻武汉。中央即派叶挺率领所部和中央军事政治学校的入伍生总队前去镇压。第三天早晨叛变即被粉碎。法震在这次战斗中表现积极勇敢。是年加入了中国共产党。

1927 年夏法震军校毕业后，到国民革命军第六军程潜②部任担架

---

① 夏斗寅（1885—1951），湖北麻城人。1926 年参加北伐，任国民革命军八军一师师长、独立十四师师长。1927 年 5 月发动叛乱，企图推翻武汉国民政府，被叶挺部击溃。后任国民党政府新编十军军长、二十七军军长、整编十三师师长、十三军军长、湖北省政府主席。抗战期间，任国民党政府新兵训练一处处长。1950 年去香港。

② 程潜（1882—1968），湖南醴陵人。1906 年，入日本陆军士官学校，参加同盟会。回国后，历任陆军第六镇正参谋官、湖南都督府参谋部长。1915 年从事反袁。1925 年 7 月，国民政府在广州成立，任政府委员兼国民革命军第六军军长。1926 年，率军北伐，任国民革命军江右军总指挥。1936 年，任参谋总长。1938 年后，任第一战区司令长官，兼河南省主席、天水行营主任、军事委员会副参谋总长，一度代理参谋总长。1946 年后，任军事委员会武汉行营主任、长沙绥靖公署主任，兼湖南省政府主席。1949 年 8 月，在长沙起义。中华人民共和国成立后，任中央人民政府委员、国防委员会副主席、湖南省省长、全国人大副委员长、中国国民党革命委员会中央副主席。

排（一说侦察排）排长。后又到程部胡文斗[①]第十九师任连长。是年7月15日汪精卫与蒋介石合流，也实行“清党”反共。杨法震因身份暴露，只得与所部党团员和革命战士离开胡部，一起化名到洪湖、浏阳和醴陵一带进行游击斗争。后他被调到湖北省委（在沙市）搞党的地下工作。不久因叛徒告密，党组织受到破坏。因他是北方人，无法藏身，于1929年只身要饭回到兴平家中。他看望了母亲后，即到咸阳找到武昌中华大学的同学段步瀛。在其家换了衣服，与段同到西安找到在武汉上学的同学朱茂青（时任《西安日报》社社长）。经朱介绍，在《西安日报》任编辑，辄言人所不敢言。由于大胆揭露国民党反动统治，1930年法震被反动政府关押了半年之久。因报社被查封，他无处落脚，只好到妻子方向知家中躲避。

1930年11月杨虎城将军回陕任省政府主席。1931年杨法震入杨虎城部，任陕西省政府视察员（一说任西安绥靖公署督察员），受省政府秘书长南汉宸（中共党员）同志领导。在这一职务掩护下，完成党的秘密工作。1931年秋奉南汉宸之命，到凤翔县营救了被县长解省吾关押的中共地下党员陈云樵同志，并将反动贪官解省吾撤职查办。10月法震被派往汉中视察。汉中专员温天伟是个反动透顶的家伙，经常“围剿”商、洛地区的游击队。法震到后，温设宴接风，并送上500元大洋让他花销。法震怒不可遏，接过大洋后掀翻酒席，指骂温贪财害民。遂后把500大洋汇给杨虎城将军，并呈文报告了温的累累罪行。

---

① 胡文斗（1898—1930），字仲槎，也作重差，甘肃天水市人。1925年，经葛霁云介绍，加入中国共产党。1926年胡文斗受程潜之邀，南下广州，被委任为军事教导队总队长。同年7月，国民军出师北伐，胡文斗任第六军第十九师上校参谋长，后又兼任五十七团团长。在攻克南昌、南京之战中，立下战功，因此，胡被越级晋升为第六军第十九师中将师长。1927年，蒋介石发动反革命政变后，胡文斗坚决支持程潜反蒋。在“剿共”战斗中，胡文斗所部常常明攻暗助。在蒋介石授意下，被暗杀。

温天伟被撤职，为陕南人民除了一害。1932年夏曾去南京监狱营救中共党员方仲如[①]同志。同年秋，受南汉宸派遣和陈云樵到兰州行署随营军官学校，帮助李慕愚[②]同志领导游击队工作。

1934年到汉中孙蔚如第三十八军任上校参议。其间曾化装成茶商，奉命去天水侦察胡宗南的驻军情况。遂后又两次奉命只身去川北调查川军情况，为杨虎城将军决定对四川军阀的政策，提供了重要情报。一次去勉县出差，路遇当地修碉堡督工的恶绅，残酷迫害群众。他一气之下，用皮鞭抽打了恶绅一顿，使恶绅停止了对群众的迫害。

西安事变和平解决后，法震任孙蔚如第三十八军第十七师赵寿山第五十一旅秘书主任，旋杨虎城将军任命杨法震为陕西三原县保安大队附，专做杨虎城十七路军与红军的联络工作。他接此任务后，积极整顿地方治安，严惩了一批蓄意诽谤红军、制造摩擦的地头蛇。并与三原县党组织一起筹备召开了欢迎红军前敌总指挥彭德怀的万人大会。经过法震与云阳红军总部的联系，彭德怀、任弼时、陆定一和杨尚昆等负责人亲到三原与渭北警备司令赵寿山见面。赵寿山接受了我党和平解决西安事变的主张，并同彭德怀等一起摄影留念。

卢沟桥事变爆发后，杨法震义愤填膺，他大声疾呼："国家兴亡，匹夫有责。华北危急，吾辈军人岂能坐视不理！"他再三请缨，要求

---

① 方仲如（1901—1983），原名廷祯，字干才。陕西省咸阳人。1926年加入中国共产党。1927年9月到苏联学习。1930年10月回国到上海，在周恩来领导下工作。12月一天被捕，关押6年之久。西安事变后任杨虎城部独立旅政治处处长。解放战争时期，任第一野战军后勤部副司令员、政委。中华人民共和国成立后，历任西安市市长、中共西安市委书记、陕西省委书记。

② 李慕愚，陕西渭南人。1927年加入中国共产党。早年入杨虎城部。曾任十七师教导大队教育主任。抗日战争时期，任孔从洲独立四十六旅团附、新三十五师连长、营长，转战晋豫，抗击日寇。1946年随部起义后，任十七师参谋长，副师长。新中国成立后，任驻保加利亚使馆参赞，一机部设计总局副局长，西安仪表厂厂长，西安市第八届人大常委，第五、六届全国政协委员。

1937 年元月初在陕西三原县城内十七师师部（即渭北警备司令部）合 影。由右至左：姚警尘（赵寿山秘书）、常汉三（三原县县长）、冯一航（第三中学校长）、赵寿山、马文彦、彭德怀、杨法震（渭北民军总指挥）、陆定一、任弼时、杨尚昆、彭总警卫员、秦邦宪（博古）

奔赴前线，抗击日寇。

1938 年春，山西日军集结主力沿同蒲铁路南犯，3 月 6 日川岸文三郎第二十师团一部攻占了与陕东一衣带水的永济县城，3 月 8 日攻占风陵渡。并以一部兵力侵占了大庆关，大有强渡黄河，进犯关中之势。唇亡齿寒。一时全陕震动！人心惶惑，不可终日。当此危难之际，陕西省政府主席兼第三十八军军长孙蔚如将军调杨法震担任所部第三十八军赵寿山第十七师在后方整补的陈硕儒第五十一旅孙子坤第一〇二团中校团附。旋随部驻防陕东韩城，扼守（黄）河防。4 月奉命东渡黄河到山西抗日。他率部在当地游击队配合下，出其不意地打击敌人，使日军屡受伤亡，迫使日军退出荣河县城。遂后奉命撤回韩城。同年 5 月间，所部一〇二团配属于一七七师（欠五二九旅），从合阳夏阳渡河，进驻吴王，归卫立煌指挥[①]。法震因故留驻韩城。一七七师各部经过旬月苦战相继收复了晋西南永济等13座县城[②]。全陕人心始定。

为了策应攻取武汉，华北日军再次调兵遣将，试图一路由山西军渡至陕北吴堡一线西渡黄河，进攻延安；一路由山西永济的大庆关、风陵渡等处强渡黄河，直取西安，实现其攻占大西北的罪恶计划。6月23日晋南驻运城的日寇第二十师团师团长川岸文三郎他调，新任师团长牛岛实常"逐渐作好一切准备，在7月5日转为攻势"[③]，卷土重来。

1938年6月蒋介石免去孙蔚如陕西省主席职务，旋将孙部第三十八军改编为第三十一军团，任命孙蔚如为军团长，领编三十八、九十六两个军。法震仍任第十七师第五十一旅孙子坤第一〇二团中校团附。

为了策应武汉会战，7月孙蔚如奉命亲统三十一军团在陕各部东渡黄河，开赴山西永济县境抗日。

法震奉令于7月上旬告别了妻子方向知和幼子，即与其团少校团附王经纶一起东渡黄河，再次奔赴抗日前线。"壮士一去兮不复还"！谁知这竟是与妻儿的永诀！过河后，为了抗击日寇沿中条山北麓进犯永济，其团按照部署驻防虞乡县城。

8月，驻运城的日军二十师团，乘我三十一军团入晋立足未稳之际，卷土重来，企图再占风陵渡，切断陇海线，进而渡河侵陕，与我军在永济县境展开激战，时称"血战永济"。

---

① 晋震梵:《抗战中固守中条山的日日夜夜》,《西安文史资料》第四辑，第56页。

②《陕西军民抗战纪事》收录的刘宇文等所写《山河没有忘记——血战永济中的杨法震》一文，开头就写杨法震参加了永济张营镇之战，虽然叙述生动，但却张冠李戴。此役是一七七师五三〇旅与杨复震补充团主打，与杨法震团没有关系。

③ 日本防卫厅战史室编，天津政协编译组:《华北治安战》上，天津人民出版社1982年6月版，第75页。

当敌步骑炮联合兵种千余人，炮二十余门，向临晋进犯时，杨法震奉命率张镜白二营由虞乡进驻成子埒击敌侧背。8月9日中午于黑水村即击溃敌警戒部队百余，旋又将董家营一带之敌百余击溃。12日上午7时于永济北古城击破敌步炮约六七百。旋因长宁增敌300余人，攻其侧背，遂撤至五姓村。13日晨奉命移驻永济上、下高市。

15日，敌分3路向我猛攻。敌主力从正北方向进攻我主阵地正面，一路沿同蒲铁路攻我右翼，另一路从西北方向迂回我左翼。是日凌晨敌步、骑、炮千余分三路猛攻上、下高市①。敌500余，炮5门，由青池屯攻我正面；又敌200余，炮2门，由栲栳镇攻我左侧；又敌500余，由白堡头攻我右侧。杨法震督率二营官兵奋起反击，拉开了血战永济的战幕。他身先士卒勇敢杀敌。全营官兵同仇敌忾争先向鬼子开火，毙伤敌人甚多。激战3小时，杨团附不幸腿部受伤。战士劝他下去休息，他坚定地说，快杀敌，别管我。我腿受伤了，手还能打敌人！他包好伤口，继续督率官兵杀敌。这时鬼子发现他为我军指挥官，便集中火力朝他猛烈射击，法震又左额、右胸、左腿连中数弹，但他却置个人生死于不顾，还鼓足最后的力气大声呼喊："弟兄们，努力杀鬼子！把鬼子赶出中国去！"终因伤势过重，不幸以身殉职，时年仅33岁。由于此处地形开阔，使得因抢救杨团附而伤亡连排长各1名，第五连第二排排长宁必成（陕西西乡人。尚健在。）便是负伤者之一。还有十多名战士伤亡。

---

① 杨法震在何地牺牲，其说不一。《丹心素裹》(2)《前言》说："8月中旬，日军进攻永济（今蒲州镇）一〇二团团附杨法震牺牲。"此说有误。1938年9月12日《西北文化日报》登载的《永济之役杨法震团附壮烈殉职》一文说："军息当上月中旬敌军进犯永济时……元（13日）晨奉命移上下高市……删（15日）晨敌步、骑、炮千余分3路来犯……激战3小时，杨团附腿部受伤，尤裹伤率官兵进击。此时致被敌察知伊为我指挥官，乃集中火力猛射，不幸身中数弹，竟以身殉职"。因为该报导是杨法震牺牲后第29天写的，应该是相当可靠的。故从后说。

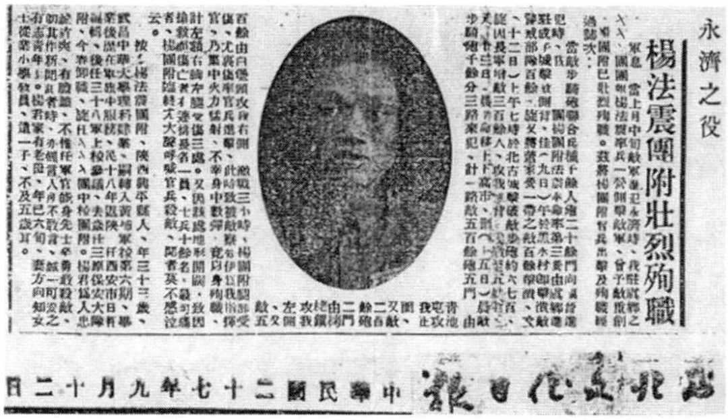

永濟之役

楊法震團附壯烈殉職

西北文化日報 中華民國二十七年九月十二日

杨法震殉职后，9月12日《西北文化日报》以《永济之役杨法震团附壮烈殉职》为题追踪报导了他奋勇杀敌，以身殉职的英雄事迹。杨法震殉国上报后，国民政府特准晋为上校从优抚恤，一次恤金1000元，年抚金500元。军部、师部分头送给家属抚恤金1200银元。法震爱人方向知用这笔恤金创办了一所“法震小学”(现为法震中学)以示纪念。1939年西安易俗社樊仰山编演的《血战永济》秦腔戏，对杨法震作了提名表彰①。

新中国成立后，在血战永济中殉国的杨法震、张希文、刘天照、邓祥云、蒋士诚和魏鸿纪等近千名抗日英烈，杨法震是最幸运的一人。为了追念烈士的功绩，1957年4月西安市人民政府派专人到永济把杨法震烈士的忠骸运回故乡，安葬于西安市南郊革命烈士陵园。陕西省革命烈士事迹编纂委员会编写的《英烈传选》(第一卷)、《兴平县志》、《咸阳市志》、《陕西省志·人物》、马齐彬等主编的《中

①《血战永济》秦腔戏以谁的事迹写成？参看本书第300页《应给读者正确的文史知识》的有关章节。

国抗日阵亡将士传》、团中央等主办的《血铸中华》网《民族英烈》和《抗战英烈纪念馆•英名永存》、中共中央党史研究室科研管理部编的《中国共产党革命英烈大典》均收辑了他的英雄事迹。其他英烈则没有享受到此殊荣！只有1998年7月7日竣工的永济市人民政府修建的“抗日英雄纪念碑”对血战永济殉国的英烈给了公正的褒扬，不仅镌刻了杨法震的英名，而且镌刻了张希文、邓祥云和魏鸿纪的英名。

附录:《西北文化日报》报道文章

永济之役

杨法震团附壮烈殉职

军息当上月中旬敌军进犯永济时，我驻虞乡之×××团团附杨法震率兵1营侧击敌军，曾予敌以重创。杨团附已壮烈殉职。兹将杨团附督兵出击及殉职经过志次：

当敌步骑炮联合兵种千余人炮二十余门向临晋进犯时，我××团杨团附法震奉命率第三笔者按：据斯役亲历者宁必成讲，应是他们张镜白第二营，不是第三营。营由虞乡进驻成子埒击敌侧背。佳（九日）午于黑水村即击溃敌警戒部队百余，旋又将董家营一带之敌百余击溃。文（十二日）上午7时于北古城击破敌步炮约六七百，旋因长宁增敌300余人，攻我侧背，遂撤至五姓村。元（十三日）晨奉命移上下高市。删（十五日）晨敌步、骑、炮千余分三路来犯：计一路敌500余炮5门，由青池屯攻我正面；又敌200余炮2门，由栲栳镇攻我左侧；又敌500余由白堡头攻我右侧。激战3小时，杨团附腿部受伤，尤裹伤率官兵进击。此时致被敌察知伊为我指挥官，乃集中火力猛射，不幸身中数弹，竟以身殉职，计左额、右胸、左腿受伤3处。又因该处地形开阔，计因抢救而伤亡者有连排长各1员，士兵10余名。最可痛者，杨团附临终犹大声呼喊官兵杀敌。闻者莫不感泣云。

按：杨法震团附，陕西兴平县人，年三十三岁。武昌中华大学理科肄业，嗣转入黄埔军校第六期，毕业后历在军旅中服务。民十八年返陕，任《西安市日报》编辑，后任三十八军上校参议。去岁任三原保安大队附，今春卸职，旋任×××团中校团附。杨君为人忠诚直爽，有胆识，不惟任军官能身先士卒勇敢杀敌，即其作新闻记者时，辄言

人所不敢言。诚一可爱之有志青年耳。杨君家有老母，年已六旬。妻方向知女士从业小学教员。遗一子，不及5岁耳。

〔《西北文化日报》中华民国二十七年（1938年）九月十二日〕

附：本文主要参考资料

1.《西北文化日报》中华民国二十七年（1938年）9月
2.《兴平县志》
3.《兴平文史资料》
4.《英烈传选》（第一辑）
5.《中国抗日阵亡将士传》
6.《中国共产党革命英烈大典》
7.访问方向知、宁必成、杨鉴等的谈话记录。

捐躯赴国难 视死忽如归

——永济血战殉国英烈张希文事略

张希文

张希文（1911—1938），原名福幸，字寒松。1911年10月24日（农历九月初三）出生于陕西省渭南县张贵村（今属渭南市临渭区向阳街道办事处田家村）一个农民的家里。其父名荫堂，小学教师；其母名闵娥，乃勤劳的家庭妇女。希文姐弟4人，他排行第三。稍长，进入本村官路新寺小学（即今程家乡初中前身）上学。他聪明好学，成绩优秀。

一

1923年春天，希文考入共产党人王尚德[①]等创办的私立赤水职业学校。按该校规定先上半年预科，秋季乃成为第二级正式学生，曾与张文华[②]同桌。在赤职这所革命大学校里，他在共产党员班主任王尚德、刘建侯、雷光显的教导下如饥似渴地阅读了《共产党宣言》和《向导》《中国青年》等革命书刊。他初步接受了马列主义教育，学习了革命理论，思想觉悟提高很快。在共产党员王尚德等老师和同学姚明学等的帮助下，他继张宗逊[③]等同学之后加入了中国社会主义青年团[④]。从此，他就积极投身革命的洪流。在王尚德等老师的指导下，他

① 王尚德（1891—1946），陕西省渭南市临渭区人。1918年考入武昌中华大学。1922年7月前加入中国社会主义青年团。旋受董必武同志派遣由武汉回陕搞建党建团工作。8月，建立了社会主义青年团赤水组织，任书记。和张浩如、刘建侯一起于同年9月创办了私立赤水职业学校。积极发展团员，开展革命活动。1925年成立了以王尚德为书记的中共赤水特支。1926年去黄埔军校工作。1928年参加渭华起义。1941年被国民党反动派逮捕。在狱中坚贞不屈，1945年被营救出狱。1946年被特务杀害。

② 张文华（1909—1995），陕西省渭南市临渭区人。曾在王尚德创办的私立赤水职业学校学习，与张希文同桌。1928年任五一县团宣传部长，参加了渭华起义。后任富平县团委书记。1930年，当选陕西省委委员、省委执行委员。1934年8月，任陕甘边区秘书长等职。后与组织失去联系。1957年被定为“右派”,1959年被遣送回渭南老家。1978年10月回到陕西师大任教。后离休。1995年11月去世。

③ 张宗逊（1908—1998），陕西省渭南市临渭区人。1924年加入中国社会主义青年团，1926年入黄埔军校，同年转入中国共产党。1927年参加了湘赣边秋收起义，后上井冈山。参加了中央苏区历次反“围剿”和长征。抗日战争时期，历任八路军第三五八旅旅长、吕梁军区司令员兼政治委员等职，解放战争时期，历任晋绥军区副司令员、西北野战军、第一野战军第一副司令员等职。协助彭德怀指挥了宜川、西府陇东、扶眉、兰州等战役。新中国成立后，历任中国人民解放军副总参谋长等职。1955年授予上将军衔。长期领导全军军事训练工作。

④ 李醒吾撰文称，张希文是在共产党员李锦峰和同学姚明学帮助下，在赤职加入共青团的。但李锦峰撰文称，他是1926年夏才到赤职任教的，七八月间才加入中国共产党。此时希文已近毕业。李醒吾回忆恐有误，故未用其说。

与团员们一起成立了全县学生联合会。晚上，希文和同学们经常到附近乡村办的平民夜校里，向广大农民进行革命宣传，帮助农民成立农协会，发展革命力量。在王尚德同志领导下，一时间，赤水一带，农民运动如雨后春笋，蓬勃发展。

1926 年夏希文赤职毕业后，于 1927 年春考入渭南县（即今临渭区）渭北分县（1928 年 5 月 1 日成立了新县，名“五一县”）的渭阳中学（即今固市高中，当时只有三年制初中。）第四级。渭阳中学和赤职一样，也是一所革命的学校，是当时渭北共产党的活动中心。在渭阳中学，他不仅刻苦攻读，取得了优异的学习成绩，而且担任学生会的宣传工作，积极完成组织交给自己的革命任务。每逢盛大的革命节日，他就与同学们组成宣传队，走出学校，到附近农村，进行宣传鼓动。在党的领导下，他先后参加过农民对渭北官路地区匪霸骆可义的斗争和捣毁天主教与基督教教堂的“非基”运动。

1928 年春希文同志转为正式共产党员。从此，他对革命工作更加积极。这年 2 月 29 日发生在原渭南县的“宣化事件”①，拉开了渭华起义的序幕。接着渭南党、团县委领导群众在渭河南北开展了此起彼伏的游击斗争。为了支持宣化斗争，配合渭华起义，3 月 6 日晚上，希文和渭北各地党、团员、革命群众三四百人，在中共五一县委书记王勉之带领下，到巴邑村捉拿反动劣绅贾毓天。因未抓到贾，愤怒的群众烧了他的房屋。3 月 14 日国民党渭南县政府派军队和警察包围渭阳

---

①1928 年元月中共党员和一些进步人士在渭南宣化观宣化初小的基础上成立了宣化高小，与一些反动劣绅借该观办的乐育高小形成了一院两校的对峙局面。1928 年春节后因招生矛盾激化。2 月 28 日，渭南劣绅刘铭初等率人砸碎宣化高小校牌，捣毁校门，驱赶师生离校。第二天，中共渭南县委发动数百农民和学生，到宣化观声援，在冲突中，肇事反动劣绅刘铭初和国民党县党部清党委员薛明璋被群众打死，砍伤石宝丰。此即有名的“宣化事件”。

中学，逮捕了共产党员刘仲哲等 8 人，并查封了该校。鉴于此，中共五一县委和共青团县委被迫转移到农村。希文也被迫辍学，返回家中，继续参加打击土豪劣绅的斗争。5 月，渭华起义的烈火烧到赤水时，他积极投入起义的洪流，把家里的一匹马送给了起义军，受到革命群众的称赞。

渭华起义在敌人的残酷镇压下失败了。反动派对起义群众进行疯狂的搜捕和屠杀，白色恐怖笼罩了渭河两岸。赤水镇清乡团团长姚俊贤六亲不认，不念与希文家乃亲戚关系，竟亲带爪牙来抓希文。希文机智地躲开了反动派的搜捕，并且在祖坟的碑楼中放了一个小日记本和一支钢笔，暗示家人他已脱险。家里人找到他，把他安排在渭南县桥南乡一个亲戚家中。因为不少同志牺牲，希文与党组织失掉了联系。同年秋，他到西安陕西省立“中山中学校”初中部第十九级继续学习。

二

1930 年夏天，希文初中毕业。是年冬天，屈严来西安，为南京中央军校第八期续招新生。希文与田克宽一起考入该校。因迟了 3 个月，悉被编入第九期入伍生团。一年后编入步科一总队第一队。按规定集体加入国民党。在军校 3 年多的日子里，他认真学习军事知识和战术指挥的技能。1934 年夏天毕业时，于右任[①]先生曾设家宴招待希文等陕籍毕业生。席间于先生勉励大家“爱民爱国，建设国家”。

---

① 于右任（1879—1964），陕西泾阳人。1907 年在日本加入同盟会。民国成立后，任交通部次长。1918 年返陕西任靖国军总司令，与北洋军苦斗 5 年。1926 年底任国民联军驻陕总司令。国民政府建都南京后，任国民政府常务委员、审计院长、监察院长等职。任监察院长前后达 34 年。1964 年病逝台湾。

1934 年 5 月 5 日中央军校毕业留校的八期校友田 生瑞欢送九期毕业的张希文等合影，自左至右为田生瑞、张希文、贾一良、田克宽。前边的老人为田生瑞祖父太仓

军校毕业后回陕，他投奔了杨虎城将军的第十七路军。杨将军见他有着山东大汉似的身材，黑红的脸膛，粗眉大眼，体魄雄伟，加之性格爽直、诚挚、和蔼，便分配他到西安绥靖公署步兵训练班军事教导队任第三中队队长[①]。后到教导营（营长李振西）任服务员、教育副官等职。不久，以勤奋负责调升为第三连少校连长。

民國廿三年五月五日
歡送九期同學
張賈田三君畢業
分發臨行留影
生瑞謹識

此墨迹为田生瑞当年在照片背面写的说明

1936 年希文找到了党，恢复了组织关系。党派他在教导营做兵运工作。其间，他与魏鸿纪（中共党员，陕西富平县人）介绍惠葆全加入了中国共产党。震惊中外的西安事变前夕，他奉杨虎城将军密令，曾于 12 月 11 日夜带领其连前往临潼捉拿蒋

① 陈云樵:《西安事变前我在十七路军的主要工作经历》，熊美杰主编:《中国共产党在国民党第十七路军中的活动》，陕西人民出版社 1993 年 5 月版，第 177 页。

介石。后因捉蒋任务交给东北军，他只好率部返回，担任新城东门守卫。他坚决拥护张、杨停止内战，一致抗日的主张。是日奉命率部进袭驻革命公园的陕西省西安市伪警察大队和北门外的别动队，并收缴了他们的全部武器。

西安事变和平解决以后，1937 年 3 月，杨虎城将军考虑到宋文梅[①]特务营在西安事变中曾扣押国民党军政要员陈诚等人，成了蒋党与西安军政当局的眼中钉，便撤销了特务营，与教导营合并，成立了教导团[②]。任命李振西为团长，张希文为中校团附，辖殷义盛、阎维良、钟期恭 3 个营和陶子录、马俊秀两个直属连。5 月 7 日南京政府撤销西安绥靖公署及十七路军总指挥部，所属部队统交第三十八军军长孙蔚如指挥。不久，杨虎城将军被迫出国。教导团改名为第三十八军教导团，同时增调李成德为中校团附。

三

卢沟桥事变爆发后，张希文与李振西要求全团官兵厉兵秣马，随时准备开赴抗日前线杀敌。9 月 3 日[③]教导团奉命由西安开赴华北前线抗日。出发时，全团官兵在西安北校场举行了抗日誓师大会。会后，

---

① 宋文梅，陕西富平人，1927 年加入中国共产党。黄埔军校八期毕业。曾任察北抗日同盟军副团长。同盟军解体后，由中共北方局派到杨虎城部，西安事变时任西安绥靖公署特务营营长，指挥其营扣押了国民党来西安的军政大员。

② 教导团成立于何时？说法不一。王季麟文中说："正式成立于 1937 年元旦。"但孔从洲、何永安均回忆，春节时（公历 2 月 11 日）尚未成立，特务营还随杨虎城将军在三原。故用何永安之说。

③ 关于教导团出发日期，各人回忆不同，还有说是 8 月 14 日和 9 月 1 日的。（见吴长翼等编的《丹心素裹》（2）第 198 页注①）

张希文即与团长李振西率领斗志昂扬的全团官兵，乘火车，出潼关，由郑州北上，经石家庄、正定、无极，转易县，增援紫荆关。

因平汉路正面被敌突破，全线向南撤退。教导团也由易县，经满城县，退到平山县。10 月 7 日奉命开到滹沱河南岸平山县王母庙至田兴一带国防第二线阵地，掩护大军南撤。滹沱河防线极为简陋，仅挖有东西交通壕，根本无法抵御强敌。左翼是冯钦哉二十七路军武士敏一六九师潘团，右翼是孙连仲二十六路军的张金照三十师。教导团首当其冲，归冯钦哉指挥。8 日 20 时开始，日寇约一个联队（团）从滹沱河北岸，以猛烈炮火向教导团阵地轰击，接着在飞机掩护下，步兵乘帆布船数次强渡。张希文与团长李振西指挥全团官兵，趁敌半渡，以逸待劳，用猛烈炮火和重机枪狠狠反击，打沉敌船 3 艘，使敌强渡未逞。在激战中，特务连连长李光华不幸阵亡。希文立即亲率特务连与童子队，把守渡口，拼死抵御，阻敌南犯。次日友邻部队未经通报，即已撤走。10 日，日寇由右翼王母村偷渡，由侧翼进攻。他与李振西指挥全团肉搏格斗苦战到下午 5 时奉命向孤山口退却，后到山西省盂县的狮子城休整待命。是役，毙伤敌百余人，教导团亦伤亡 300 余人。第五连连长雷声雯亦阵亡。团长李振西背部和腿部也负伤。

四

日寇占领石家庄后，日本华北方面军因侵入晋北的日军在忻口一线受到中国军队的顽强抵抗，进展甚微，乃令渡过滹沱河的日军兵分两路：一路沿平汉线继续南犯，一路沿正太线向西会攻太原。沿正太线西犯的日军川岸文三郎第二十师团连陷井陉、贾庄，并拟从旧关迂回，娘子关危在旦夕！娘子关位于晋、冀两省的交界之处，是由东部进入太原的咽喉。日军如攻占娘子关，则可西进太原盆地，切断山西的南北交通，迅速策应攻占忻口，而且可以保障其沿平汉路南下侧翼的安全。因此娘子关成为中日双方必争的战略要地。

为确保太原和解除晋北中国作战部队的后顾之忧，第二战区决定组织娘子关保卫战。赵寿山第十七师扼守正面，冯钦哉第十四军团担任左翼防务，曾万钟第三军担任右翼防务。统由第二战区副司令长官黄绍竑[①]指挥。我军是由保定方面转进而来，仓促进入阵地，立足未稳，日军即跟踪而至。敌乘我部署未定，向我阵地发动猛攻，旋将长生口突破，直趋旧关。10月10日黄绍竑刚到娘子关，13日日军即攻占了旧关。旋雪花山又被日军攻占，形势岌岌可危！14日日军1000余人，分别向旧关镇及苇泽关进攻，遭到我军迎头痛击。

从15日开始，我军全线向旧关发起猛攻，敌我双方展开激战。由于雪花山、旧关一带国防工事多被日军占领，而且旧关日军又调来援兵，后续部队仍从井陉源源西进，战局极为紧张。

为了阻遏日军西进，15日夜希文奉命与李振西率部由盂县岳家庄兼程前进，16日11时赶抵城西村。未作休息，即奉命由关沟口向攻占旧关之敌攻击前进。

当时敌约千二三百人，野炮七八门，向我猛烈攻击，同时步兵在其炮火掩护下，向我猛冲，希文指挥所部官兵沉着应战。当晚，督率

① 黄绍竑（1895—1966），广西容县人。保定陆军军官学校第三期步科毕业。毕业后，进入桂军。湘、桂军阀混战期间，任讨陆（荣廷）总指挥。北伐战争后，任广西省主席，兼留桂军军长。1932年后任国民政府内政部部长、浙江省省长。“七七”事变后，任军事委员会作战部部长。娘子关战役时，任第二战区副司令长官。同年冬任浙江省主席。抗战胜利后，曾任监察院副院长等职。1949年，国共谈判期间，任国民党代表团代表；和谈破裂后，离职赴香港，并发表声明脱离国民党。1949年，黄应邀参加了第一届全国政协会议。中华人民共和国成立后，历任中央人民政府政务院委员、全国人大常委会委员、全国政协委员等。

主力向敌攻击，先后夺回敌固守之山头3座，肉搏五六次，将敌压迫至旧关以东高地，旧关已在我瞰制之下，虽伤亡众多，而士气极旺。17日拂晓，敌又增援大部，向我反攻，我军仍奋勇在敌炮火下浴血抗战，同时敌机9架6架不等，连续在我阵地低飞，轰炸扫射。团长李振西因滹沱河负伤，住在阵地后边半山沟石洞[①]遥控指挥。重担全落在了希文肩上。他亲临最前线，身先士卒，指挥全团官兵居高临下奋力反击。他与营长殷义盛[②]、李成德[③]、钟期恭等大声高呼："同志们！努力杀敌，彻底消灭鬼子！"全团上下，同仇敌忾，以手榴弹、机关枪狠狠反击，终于打退了日寇的猖狂进攻。激战两天后，官兵伤亡惨重。当日晚上希文在阵地召开会议，与3个营长研究如何粉碎敌惯用的先炮轰后进攻的伎俩。为了减少伤亡，歼灭敌人，保住阵地，希文提出在敌炮轰时，留少数战士在掩体内监视敌人，其余官兵隐蔽在半山坡山岩后，避过敌人炮击后，迅速进入阵地，狠狠打击进攻的日军，并进而歼灭之。就用这样的办法，坚守阵地3日夜，打退日军多次猛攻。18日黄绍竑致蒋介石密电说，教导团是役计营长3员、营附2员、连长14员、排长卅余员均负重伤，士兵伤亡2200多人，而敌伤亡亦等于我[④]。

鉴于教导团损失惨重，营长钟期恭、阎维良均负伤，连排长伤亡殆尽。希文在最前线指挥时，亦被敌炮打飞的石块砸伤。川军邓锡侯

---

① 黄绍竑等回忆皆云李振西在旧关之战时负伤，但此役亲历者何永安、陶子录、李成德等认为绝无此事。他们说，李振西腿部在滹沱河之战时可能被日军飞机弹片轻微擦伤。

② 殷义盛，山东历城人。1937年加入中国共产党。在十七路军历任营长、团长、副旅长。解放战争期间，任西北民主联军三十八军副参谋长。新中国成立后，任河南省体委副主任。

③ 滹沱战役后，第二营营长阎维良被李振西撤职，让李成德接任。李成德，陕西华阴人，解放后，移居蒲城县，曾任陕西省政协委员。

④ 黄绍竑致蒋介石密电（1937年10月18日），载《抗日战争正面战场》。

曾甦元旅开来，黄绍竑即令接防，希文奉命负责移交。教导团剩余官兵开回城西村整理。第二战区派出续范亭代表长官部，犒赏官兵每人银洋 5 元。20 日黄绍竑致蒋介石密电说："我三十八军教导团几全团殉国。"① 23 日黄绍竑致蒋介石密电又云："三十八军教导团损失四分之三"②。

不久，经黄绍竑批准，开回陕西整训，归还第三十八军建制。回陕后，当时电影公司曾把教导团坚守旧关的激战场面拍成电影。宋之的还编写了剧本《旧关之战》，在西安上映演出，向广大军民进行抗日宣传。

同年冬，希文奉命随部开往陕西泾阳县补充训练。其间，对干部稍作调整，魏鸿纪接替钟期恭任第三营营长。

五

日寇在 1937 年 11 月上旬攻占太原后，于 1938 年春，集结主力沿同蒲铁路南犯，3 月 6 日川岸文三郎第二十师团一部攻占了与陕东一衣带水的永济县城，3 月 8 日攻占风陵渡。接着不断进犯陕西（黄）河防阵地，飞机也频频侦察和轰炸西安和关中各县。唇亡齿寒。一时全陕震动！当此危难之际，希文与团长李振西奉命率教导团开赴陕东合阳坊镇、灵泉村一带，与去年秋抵达的陕西警备第三旅、第一七七师一部，扼守三河口至韩城间的（黄）河防。此时魏鸿纪调为少校团附，由张希文兼任第三营营长（当时亦任教导团中共地下党负责人）。

① 黄绍竑致蒋介石密电（1937 年 10 月 20 日），载《抗日战争正面战场》。
② 黄绍竑致蒋介石密电（1937 年 10 月 23 日），载《抗日战争正面战场》。

由于日寇在徐州会战期间调用了山西省兵力，晋南空虚，我第三十八军第一七七师一部于 5 月初从夏阳等处东渡黄河，出击日寇，旬日之间相继收复了晋南三角地带永济等 13 县①。

是年 6 月 14 日，蒋介石为了实现借抗日之名消灭异己之目的，免去孙蔚如陕西省政府主席之职。旋，又把第三十八军改编为第三十一军团，6 月 21 日任命孙蔚如为军团长，领编第三十八、九十六两个军。赵寿山、李兴中分任军长，李振西教导团与孟庆鹏骑兵团仍属军团部。教导团亦随之改名为第三十一军团教导团。

改编甫毕，为策应武汉会战，蒋介石即电令孙蔚如立即率部开赴晋西南抗日前线。7 月希文随部东渡黄河，开赴永济县之韩阳镇、匼河镇、风陵渡等处，担任同蒲铁路最南端从中条山西麓至黄河东岸的防务。孙蔚如军团部于 7 月 22 日东渡，驻中条山西麓南端永济之六官村。

当时的永济县城，位于今市政府以西 10 余公里处。其时的永济县城已成一座水城，地势低洼，无险可守。鉴于此，为了抗击日寇沿中条山北麓西犯，第三十一军团以永济县城为中心，从中条山北麓的尧王台，经东、西姚温—孟盟桥—西文学到永济城北的丰乐庄至黄河东岸，军民协力赶筑了国防工事，在工事外还挖了一丈多深、两三丈宽的壕沟，并把黄河水引进壕内，构成障碍。

为了有力抗击日军，第三十一军团东渡后的防御部署是：以永济城为中心的第一道防线，由孔从周陕西警备第二旅和王俊陕西警备第一旅张剑平第一团一部扼守。孔从周旅部驻永济城东之花园村，其郑培元第五团扼守右翼至尧王台一带。以战斗力较强的冯迩革第四团随

① 在一七七师的配合下，续约哉和王子敬率领的平民县渡河杀敌游击队于 5 月 29 日中午 12 时，乘日军弃城宵遁，攻入永济县城。5 月 30 日一七七师韩子芳团入城，永济光复。参看本书《平民县渡河壮士纪念碑文》和《我军韩子芳团收复永济经过》。

旅部扼守中央峨嵋原一带。张剑平第一团一部死守左翼永济县城。并配有两个炮兵营：第十七师赵益元炮兵营扼守右翼尧王台，第一七七师孙芾棠炮兵营扼守城东峨嵋原。共约5000多人。统归孔从周将军指挥。教导团随军团部驻防韩阳镇以南等地，扼守辛店第二线阵地。全军上下同仇敌忾，准备迎敌。

六

8月初，驻运城的日军牛岛第二十师团，为了策应攻取武汉，乘我第三十一军团入晋立足未稳之际，卷土重来，企图再占风陵渡，切断陇海线，进而渡河侵陕，与我军在永济县境展开激战。时称“血战永济”。

日军在攻占临晋、虞乡之后，兵分3路，于8月15日晨，敌步、骑、炮千余猛攻永济上、下高市，第十七师第一〇二团中校团附杨法震督率第二营奋起抵抗，激战3小时，杨法震不幸身中数弹，壮烈牺牲。日军乘胜猛攻峨嵋原，企图实施中央突破，攻占永济县城。陕西警备第二旅在孔从洲将军指挥下，奋勇拼杀，激战竟日，敌阴谋未能得逞。

8月16日拂晓，日寇第二十师团七七联队约3000人，飞机6架，装甲车10余辆，附炮20余门，向我主阵地右翼中条山北麓的尧王台、西姚温猛烈进攻。一时间，永济县境，硝烟滚滚，火海漫地，枪炮大作，震耳欲聋。尧王台是作战地域内的制高点，起着支撑全局的作用。我守军陕西警备第二旅在孔从洲将军指挥下拼死抵抗，战斗至烈。尧王台、孟盟桥数次易手。但因敌我装备悬殊过大，日寇终于突破了第一道防线，沿中条山腹向西南窜进，先后攻占了西姚温村、万古寺，跑到我们阵地的后方，使永济坚固的主阵地完全失去了作用，一下子打乱了我们守备部队的阵脚。

为了击退突破我右翼的日军，也就是阻止敌人迂回永济，孙蔚如军团长一方面令驻临晋、猗氏的王振华陕西警备第三旅就近攻击敌人，牵制敌人深入，掩护陕西警备第二旅重整旗鼓；一方面令教导团“归孔旅长指挥。并令派兵一营向西姚温增援”[①]。

按照平常惯例，三营应为预备队。但这次与日军作战，和在滹沱河、娘子关不同，黄河西岸就是家乡。因此这是保卫黄河，保卫陕西，保卫家乡的战斗。三营的官兵纷纷请缨杀敌。鉴于此，三营营长张希文对李振西说：“报告团长，三营的弟兄们都不愿意做预备队。现在永济方面的战斗进行得如此激烈，而我们仍然在后方。弟兄们都在焦急着！我们愿意做前锋，不愿意待在这儿做预备队！”听了希文慷慨激昂的报告，李振西被希文的忠勇感动了。为了不使他们失望，便允许了他的请求。乃令殷义盛第一营为预备队，李成德第二营和团部直属连队进入韩阳镇以南预备阵地，第三营为西姚温村增援。

抗日战火后万古寺大雄宝殿所遗留的残垣断壁

布置甫毕，希文即亲率全营，一马当先，从韩原向万古寺攻击前进。于当日黄昏即收复了万古寺，并把被敌人缴去的我们的山炮两门夺回，还缴获步

① 李振西：《血痕·韩原大战十日记》，民国二十八年四月版，第82页。

枪3支、手枪1支。残敌狼狈溃逃。因为那里是竹林，敌人借此掩蔽向后撤退。究竟退到什么地方？当时尚未弄清楚。张希文歼敌心切，顾不得等后续部队到达，就率部满山遍野地追击前进，一直追到西姚温村南端。我永济主阵地自右翼被敌突破后，全线倍受威胁；待希文营收复万古寺后，战局稍趋稳定。我军决定全线反攻，李振西便率殷义盛第一营为预备队前往增援。至解家坟时，天已漆黑，又下起毛毛细雨。希文见了李振西，带着十足的孩子气向李讲述了他们消灭万古寺鬼子的经过。但当李振西嘉奖他帮助了永济第一线的整个战斗的功绩时，他对于其营的功绩并不骄矜，却向李振西报告他攻打西姚温村的计划。

西姚温村究竟是敌人，还是我们自己人？因为当时据陕二旅通报，西姚温为该旅郑培元团的一个营。但希文令其营反复侦察，不像是我们的部队。其实这时，不但西姚温村是敌人，就连李振西等待的解家坟内的大树顶上都埋伏着好多个轻机枪为基干的敌突击小组。解家坟占地数十顷，坟区以内，古柏参天；坟区以外，到处是竹林。敌人由万古寺溃退后，乘夜间看不清楚之机，在解家坟内设下了伏兵。由于树叶遮蔽，就是月光下也看不出来，何况当时还下着毛毛细雨。天又黑得伸手不见五指，更不容易发现。解家坟东北二三里便是西姚温村。西姚温村在中条山脚下，北面较平，进出比较容易；而东、南、西三面是阶梯地，跳下去容易，爬上来就困难了。陕二旅第五团团长郑培元当晚的确奉命指挥陕一旅一团邓祥云二营张志林第六连、骑兵团一个连和其团两个连逆袭过西姚温村，但奇袭之后即全部撤出。由于没有及时向旅部报告，因而陕二旅说有，李振西说没有。双方在电话上争辩了好长时间。当争得不可开交的时候，孙蔚如在电话上责备李振西：“人家的部队明明在那里，你硬说没有。你不赶快行动，天明前，收复不了尧王台，恢复不了原阵地，那就不堪设想了。”李振西说：“好吧！你给陕二旅通知，叫他们西姚温村的部队不要开枪。我们马上通过西姚温村进攻尧王台。”由于李振西有些负气，转面对站在他旁边的张希文说：“怎么搞的？闹了半夜，连敌情都没有弄清楚。天明前，尧王台的敌人驱逐不了。那时敌机来了，敌人在飞机掩护下进攻，我们就死无葬身之地了。”希文转过脸对他的副官说：“是敌人也罢，不是敌人也罢，通知各连涌进村再说。”

午夜前后[①]，张希文不顾自己右臂已经负伤，亲率第三营攻入西姚温村[②]。敌、我一枪都没打。等第三营官兵全部由阶梯地跳下，深入村中时，敌人打出了绿色信号弹。这时不但西姚温村枪声大作，就连李振西的临时指挥所解家坟内，枪也打得人抬不起头来。这才知道中了埋伏。李振西遭敌包围，幸孙排长等拼死冲杀，才冲出重围，但左膝已被擦破，唯未伤及要害。这时第三营官兵在张希文的指挥下，正在西姚温村中以大刀、手榴弹同鬼子进行着你死我活的剧烈巷战。就是地形有利，在此情况下，也难脱身；何况是阶梯地，根本走不脱。李振西手中虽然还有几个连，在当时的敌情、地形下，就是一齐牺牲了，也救不出第三营。战场形势瞬息万变。恰好此时孔旅长命令，令李振西掩护全线转移阵地，赶快回韩阳镇固守，确保风陵渡的安全。李振

① 张希文营进攻西姚温村的开始时间，说法不一。当时8月20日《西京日报》和《大公报》皆为“夜9时”。《韩原大战十日记》说是“夜11时”。李振西《忆希文》说是“夜分”。夏天，9时天刚黑，似乎不便袭击。加之与郑培元指挥的4个连逆袭似乎冲突。故我从李振西《忆希文》中的说法。

② 张希文在何地殉职，近年也有新说。孙挺信著《国民党敌后抗日游击军》云：“8月17日……日军猛攻永济县城……守军张希文营与敌展开肉搏战，营长以下全部战死……”其说毫无根据。此说与《西京日报》《西北文化日报》《新华日报》《大公报》和孙蔚如、李振西的回忆等不仅不符，且与事实大相径庭，纯为张冠李戴。

西无奈，在痛苦煎熬中只得率部赶回辛店。张希文带领全营官兵，以大刀、手榴弹，奋勇杀敌，反复肉搏，达五六次，毙敌甚多。敌复由东姚温村增兵千余，遂以众寡悬殊，陷入混战状态。而希文临危不惧，仍镇静指挥全营官兵奋力搏斗，顽强厮杀。巷战至天刚亮，大部牺牲。希文率余部突围。刚冲出村西南一里许，又遇敌伏兵。又是一场更惨烈的肉搏！希文不幸中弹受重伤，卫士要背他突围。他拒之，令卫士快跑。卫士跪下哭求。他厉声呵斥："你快跑，我掩护！你不走，我先打死你！"卫士无奈噙着热泪突围了出去。希文顾不得伤痛，挣扎着抱住机枪朝敌猛射！不幸一颗罪恶的子弹穿过了他的胸膛，希文壮烈牺牲。时年 28 岁。第三营除第九连外绝大部分牺牲。

希文同志是中国共产党的优秀党员。他短暂的一生是追求进步的一生，是爱国的一生，是革命的一生，战斗的一生，是为共产主义奋斗的一生，无私无畏，为国捐躯，堪为民族英雄。他虽然丧身疆场，但永远活在人民心中。当年 8 月 20 日《西京日报》《西北文化日报》《新华日报》和《大公报》等均报道了张希文与敌血战以身殉国的

晋南戰况稍緊
永濟我軍轉移陣地
張營全部壯烈犧牲

《大公报》

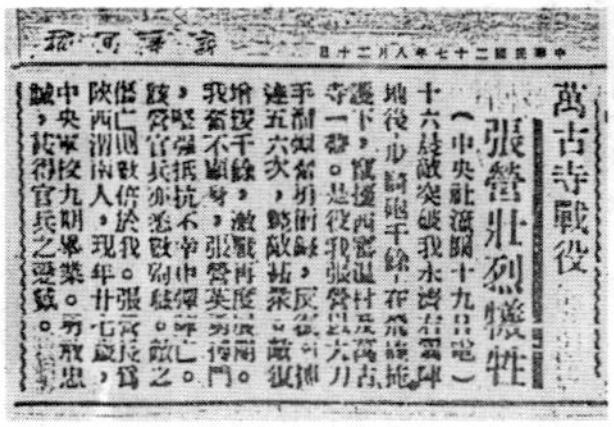
萬古寺戰役
張營壯烈犧牲

《新华日报》

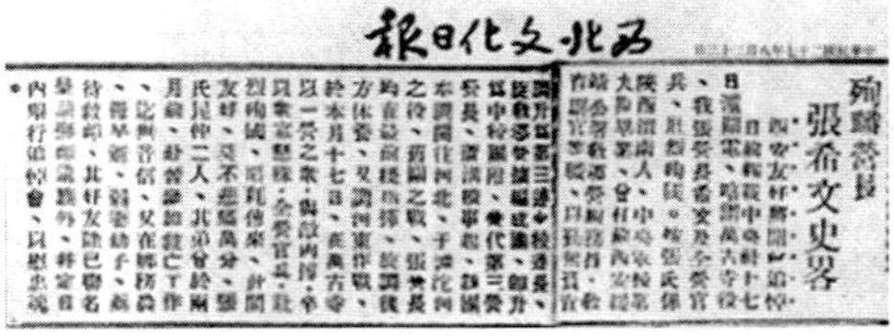
西北文化日報
殉國營長張希文史畧

《西北文化日报》

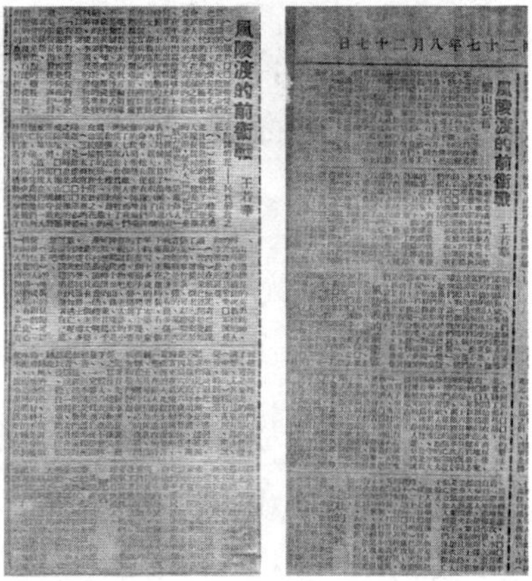
風陵渡的前衛戰

中华民国 27 年（1938）8 月 27 日、28 日《西京日报》刊登的王若华写的《风陵渡的前卫战》

消息。同年 8 月 27 日、28 日《西京日报》登载的王若华写的通讯《风陵渡的前卫战》也对希文的殉职作了较详尽的叙述。正如该文所赞誉的：“在战场时，因为他站在全营官兵的前面，所以官兵都服从他的领导勇往直前。”

不久，9 月 26 日西安各界于民教馆（即原南院门中山图书馆）举行了隆重的“追悼张故营长希文大会”。会场布置得肃穆庄重。主席台上悬挂着“张故营长精神不死”的横幅。台上祭桌正中敬立着张希文的戎装遗像。桌子前面右边挂着的挽幛右上方写着“希文营长殉国纪念”，中间 4 个大字：“同仇典范”，左下方写着“陆军第三十一军团教导团团长李振西率全体官兵敬献”；祭桌前面左边挂着的挽幛右上方写着“希文同志殉国纪念”，中间 4 个大字：“气壮山河”，左下方写着“西安追悼张故营长大会敬献”。会场里悬挂着蒋鼎文，李振西、中国妇女慰劳自卫抗战将士会陕西分会、西北周刊社等送的挽联，还敬献有花圈、花篮等。李振西送的挽联是：“为国捐躯吾弟已完成神圣任务舍生取义拙兄何日能庶几无愧”。同年 10 月 16 日李百朋先生等又在西安环境电信管理处召开第一次筹备会为希文筹设纪念小学（原拟把希文家乡官路新寺小学改名为希文小学，未果。）1939 年夏西安易俗社在编演的《血战永济》秦腔戏中，也对他作了提名表彰。同年 4 月战友社编辑发行的“战友丛书之三”:《血痕》一书中收的李振西写的《韩原大战十日记》和《忆希文》，对希文的以身殉职作了深切的怀念。中华人民共和

国成立后，1950 年人民政府追认他为革命烈士。孙蔚如、陈子坚、李振西、何永安、陶子录、李成德、王季麟、李醒吾等在写的抗战回忆录中，悉对张希文的殉国作了深情的怀念。特别是孙蔚如先生在其写的《第四集团军抗日战争概略》一文中对张希文的牺牲作了极为崇高的评价 ：“因兵分力单，未能达成任务，致敌将我西姚温阵地突破。我张希文营向该处逆袭，肉搏一日夜，该营全部殉国。我主力及炮兵安全转移，厥功甚伟。”

为民族而献身的抗日英烈永远为人民所纪念。1996 年 6 月张希文之独子振基偕妻子 58 年来第一次到永济西姚温村其父殉国处祭奠先父亡灵，恰逢运城—风陵渡高速公路在此处取土，挖出不少人骨。西姚温村中一些老人说，这是 58 年前就地掩埋的在其村抗日牺牲的我军的忠骸。振基回陕后，即投书永济市市长潘和平，请求选址安葬英烈忠骸。出乎振基预料，潘市长接信后，当即电告振基，表示完全同意，并责成有关部门尽快选址安葬、树碑。真是无巧不成书。试想振基如果早去或晚去祭奠其父亡灵，就不会碰上挖出英烈忠骸，也就不会投书永济市长了。1998 年夏，永济抗日英雄纪念碑在英烈公墓前竣工。

在张希文、邓祥云等抗日英雄殉国 60 周年忌日——1998 年 8 月 17 日上午，永济市党、政、军主要领导人和群众数千人

在纪念碑前举行了隆重的揭幕仪式。笔者应邀荣幸躬逢，并在揭幕式上作了“血战永济简介”。

2005年在纪念抗日战争胜利六十周年时政府给希文烈士遗属颁发了抗日纪念章。西安晚报社、长安大学联合举办的读者评选活动中张希文烈士被评为在陕十大抗日英雄传奇人物之一。2005年9月18日召开颁奖大会授予烈士十大抗日英雄传奇奖牌。

希文牺牲时，其胞弟希武正在平陆游击支队抗日，听到噩耗后返陕。后由西北农学院毕业，在大荔、渭南等中学任教，同时继承兄长遗志做地下工作。1946年加入共产党。越明年不幸英年早逝。

希文同志殉职时，独子振基年仅三岁，其妻刘桂英艰苦备尝，抚孤成立，堪称女中模范。振基继承父志，刻苦自励。1956年加入中国共产党。1959年大学毕业后，被分配到航天部，为祖国的航天事业勤恳工作了数十年，现已退休。

为了使家乡的后代接受爱国主义教育，在西安事变研究会杨虎城暨十七路军军史研究会和田家村两委会的全力支持下，振基筹资在家乡张贵村为英烈父亲张希文修建了纪念碑。正面镌刻着血战永济亲历者、西安政治学院副政委宁必成将军手书的“张希文烈士永垂不朽”九个大字。碑阴镌刻着笔者应邀敬撰的“张希文烈士生平述略”。

2007年11月11日，西安事变研究会杨虎城暨十七路军军史研究会和渭南市临渭区向阳街道办田家村两委会以及各界300余人，联合为张希文烈士纪念碑落成举行了隆重的揭碑仪式。

附录一：黄绍竑关于教导团在旧关抗击日军的电报

1. 黄绍竑致蒋介石、阎锡山密电（1937年10月18日）

急。南京蒋委员长、阳曲阎副委员长钧鉴：○密。据冯总指挥钦哉转该部教导团团长李振西报称：职团于铣日下午在旧关西南高地加入战斗，当时敌约千二三百名，野炮七八门，向我猛烈轰击，同时步兵在其炮火掩护下，向我猛冲，职部官兵沉着应战。至黄昏后，决心以主力向敌攻击，计夺敌固守之山头3座，肉搏五六次，遂将敌压迫至旧关以东高地，旧关已在我瞰制之下，虽伤亡众多，而士气极旺。十七拂晓，敌又增援大部，向我反攻，我军仍奋勇在敌猛烈炮火下浴血抗战，同时敌机9架6架不等，连续在我战地低飞，轰炸扫射。战况如斯，与敌相持至日没前，终将敌击退。至巧日拂晓，始由二十六路派队接替。是役计营长3员、营附2员、连长14员、排长30余员均负重伤，士兵伤亡近2000名，而敌伤亡亦等于我，武器弹药容查照详报等情前来。查该团长李振西在平山王母庙之役已受伤，此次战役该团长负伤督战，故士气极盛，伤亡甚多。等情。除令嘉奖外，谨电奉闻。职绍竑叩。巧。印。〔娘子关〕

（该电报摘自中国第二历史档案馆编：《抗日战争正面战场》上，江苏古籍出版社）

2. 黄绍竑致蒋介石密电（1937年10月20日）

限3小时到。南京蒋委员长钧鉴：○密。晋东方面，自真酉接触，敌乘我部署未定，将长生口突破，直趋旧关，当时部队散乱，无法堵阻，旧关乃于元日失守。职不得已仍将调晋北的二十六路调回，令第三军向中靠陇〔拢〕，冀以优势力包围歼灭之。自凌晨攻击，激战6昼夜，虽将敌人两联队歼灭大半，但残敌负隅死守不退，我三十八军教导团几全团殉国，其它各师伤亡亦重。本日午后2时，敌复由正面攻击乏驴岭，我十七师残部无法抵抗，以致失陷，赵师长不知下落。现正由三十师在南峪、北峪庄（1000）高地抵抗中。查增之敌除日军外，有伪满军三十七师师长曹某，经令前方极力防守，毋任西进。晋北方面，自寒晨激战已6昼夜，敌人伤亡在六七千人以上，我军伤亡更多，现敌人攻势仍极猛烈，我部队使用已尽，恐难持久。两方面情形如此，若无大量增援，败溃之后，决难继续再作决战，为保山西境地，唯有以少数部队扼守据点，实行游击战，方能持久，且可得休息之机会。如何。致候示遵。职绍竑。号子。印。〔阳泉〕

（该电报出处同前）

附录二:《西京日报》《新华日报》等报纸的报道文章

1. 敌由永济南犯先头部队被我挫败于韩阳镇……

【中央社潼关19日电】16日晨敌突破我永济右翼阵地后，敌步骑炮千余，在飞机掩护下窜至西姚温村及万古寺一带。我李团派营长张希文率部驰往万古寺增援。激战数小时，敌不支退止西姚温村。我张营除将万古寺占领外，并乘胜追击，至夜九时，复与敌展开剧烈战斗。张营长亲率所部以大刀手榴弹奋勇冲锋，反复肉搏，达五六次，毙敌颇众。敌不支，乃增援千余，再度展开激战。我军虽以众寡悬殊，而张营全体官兵依然奋勇搏斗，坚强抵抗。讵于是役，张营长希文不幸中弹阵亡。该营官兵亦悉数同时壮烈殉国。是役我张营虽全营殉国，但敌之伤亡则数倍于我。张营长希文为陕西渭南县人。现年二十七岁。中央军校第九期毕业。勇敢忠诚，甚得官兵之爱戴。

〔《西京日报》中华民国二十七年（1938年）八月二十日〕

2. 万古寺战役张营壮烈牺牲

【中央社潼关19日电】16日晨敌突破我永济右翼阵地后，步骑炮千余，在飞机掩护下，窜扰西姚温村及万古寺一带。是役我张营以大刀手榴弹奋勇冲锋反复肉搏达五六次，毙敌甚众。敌复增援千余，激战再度展开。我奋不顾身，张营英勇搏斗，坚强抵抗，不幸中弹阵亡。该营官兵亦悉数殉职。敌之伤亡则数倍于我。张营长为陕西渭南人，现年27岁，中央军校九期毕业。勇敢忠诚，甚得官兵之爱戴。

〔《新华日报》中华民国二十七年（1938年）八月二十日〕

3. 殉职营长张希文史略西安友好将开会追悼

日前报载中央社十七日潼关电，略谓万古寺役我张营长希文及全营官兵，壮烈殉国。按张氏系陕西渭南人。中央军校第九期毕业。曾任前西安绥靖公署教导营服务员、教育副官等职。以勤奋负责调升为第三连少校连长。旋教导营扩编成团，即升为中校团附。兼代第三营营长。卢沟桥事起，该团奉调开往河北，于滹沱河之役、旧关之战，张营长均在最前线指挥。旋，调后方休养，又调河东作战。于本月17日在万古寺以1营之众，与敌肉搏。卒以众寡悬殊，全营官兵壮烈殉国。噩耗传来，此间友好，莫不悲痛万分。张氏昆仲2人，其弟曾于两月前，赴晋参加救亡工作，迄无音信。父在乡务农。母早逝。弱妻幼子，急待救恤。

〔《西北文化日报》中华民国二十七年（1938年）八月二十二日〕

4. 王若华：风陵渡的前卫战（选录有关片段）

关山依旧（略）

风陵渡的前卫战

沿着铁路，沿着黄河，走了三十几里路，到了□□团团部。□□团李团长，是去年参加白（笔者按：原文如此）关大战的名将。这次与□□旅一起负永济的防务。他时常对他的部下讲“过河(黄河)就是我们的家乡，保卫晋南就是保卫我们的家乡……”从这里我们可以知道李团长的决心。同时……在风陵渡的前卫战，李团长和□□团的确是实践了那些话。

敌人开始进攻永济以后，在□□团团部的驻在地三家店村，可以清晰地听到前方的炮声。十六日晨我右翼阵地守兵，与敌经过多次的剧烈搏斗后，敌我的伤亡都很多。接着敌人用猛烈的炮火轰击我军右翼阵地，守军大部壮烈的为国牺牲。于是我阵地被突破，敌人进占西姚温村和万古寺。

为了击退突破我右翼阵地的敌人，也就是阻止敌人迂回永济，□□团的张营迅速的开到万古寺一带迎击敌人。经过剧烈的肉搏，张营英勇的歼灭了敌人并且占领万古寺。接着在西姚温村敌人千余人，又和张营开始了战争。当时敌众我寡，势力悬殊，但张营坚强的与敌人彻底搏斗。结果，在消灭了敌人三四百名后，张营长和全营官兵做了壮烈的牺牲。

十七日永济我□□旅转移阵地。接着敌人五六百人，用飞机掩护，向□□团辛店一带阵地进攻。李团长亲自到阵地指挥作战、沉着的迎击敌人。敌人的炸弹虽然大部落在我军阵地上，但堡垒毫无损失，并且至终还是把敌人击退了。这次敌人伤亡百余人，而我们仅仅伤亡十余人。

敌人被击退后，恼羞成怒，从十七日起直到记者发稿时（二十一日晚），已每天昼夜不停的向□□团进攻。有的时候，打算迂回我左翼；有的时候，打算进攻我右翼；有的时候，打算中央突破；有的时候，全线进攻，但每次的结果，都是敌人遗弃一些死尸，和带回一些弹头而退却。

悲壮的牺牲

风陵渡的前卫战正像其他战斗一样，这里有许多可歌可泣的事迹，这些事迹将写在民族解放的战争史上，这些事迹聚集起来就是中华民族独立自由解放，也就是日本军阀的灭亡。（未完）

〔《西京日报》中华民国二十七年（1938 年）八月二十七日第二版〕

5. 王若华：风陵渡的前卫战（续）

（一）关于□□团张营殉职的消息，大概读者们已经听到了。张营长希文是一个现代的进步的模范的革命军人。去年在白关之战张营长曾有过不可泯灭的功绩。在平时因为他能够和士兵同甘苦，所以在教育士兵的时候，士兵都很诚恳的服从接受。在战场时，因为他站在全营官兵的前面，所以官兵都服从他的领导勇往直前。他对于士兵的教育和领导不是强制的，而是启发式的，使士兵们知道服从和守纪律的重要。至于他的勇敢精神，从李团长的几句话足可以证明：

“我们对于张营长的悬念，不是退后，而是向前。”这是张营长出发后李团长对记者的谈话。

张营长是壮烈的牺牲了，但他的血没有白流，从他们的鲜红的血里，将扶养成一朵鲜艳的花——民族解放之花。

（二）……

（三）永济南 15 里的韩阳镇，是敌进攻□□团必经之地，同时也是

□□团的警戒阵地。□□团山排长起鹏仅仅率领一班人，固守着警戒阵地。直到现在仍无一人伤亡。敌人时常跑回他们所驻的寨子，但多少次都被山排他们灵活的机动的击退了。山起鹏排长的英勇精神，得到所有知道此次战役的人的赞许，并且曾受□军团长和李团长的嘉奖。

（四）在前面记者已经说过“晋南民众已经开始觉悟了”。这从一个老太婆慰劳伤兵的事件里，可以证明记者的观察是正确的。某一次我敌接触之后，有很多伤兵下来。正在这时候，有一个年约40多岁的老太婆，拿了十几个鸡子，爬了十几里的山路，来慰劳伤兵。不要轻视这礼物吧，老太婆的小脚，翻爬十里山路，痛苦是可以相像得出的，并且鸡子是乡村里顶高贵的礼物啊！

是不是只有一个老太婆知道慰劳抗战将士，而多数的民众仍然只知道逃亡呢？这还要请聪明的读者自己思想去吧。

（五）阵地里的见闻可以使畏惧的人“魂不附体”，但同时也会感动稍有“良心”的人流出眼泪来。当记者到这阵地时，战斗已经停止了。可是前面的枪声仍然很清楚，尤其因为东有高山（中条山），西有黄河，所以声音特别响亮。

在阵地附近一个窑洞里，记者会见了李团长。这窑洞乃是他的临时司令部。李团长因为六天六夜不曾休息，医官正在为他注射兴奋剂。当指挥的人比较士兵还要辛苦一些，在敌人停止进攻的时候，士兵可以稍加休息，但指挥官在这时候必须做战斗报告和战斗计划。

记者首先表示对李团长慰劳之意后，他谦和的微笑一下。一般人六天六夜不曾休息，一定要因为过于疲劳而颓唐，但李团长依然那样兴奋。他详细的把战斗经过对记者讲说了一遍，并且在谈话以后，亲自领导记者视察阵地。

阵地的堡垒，不规则的钢布着。构筑的材料不是骨摆水泥，而是同蒲路的铁轨与枕木。据李团长讲敌人的炸弹落在阵地上的总在三百发以上，但我们的堡垒至今屹然未动。“这堡垒犹如许多不动的坦克车”，李团长微笑对记者说。

堡垒里的士兵有的在酣睡着，有的在吃着喝着路旁邂逅老百姓送来的馍和开水，并有在那里谈笑着的。这些人才真正是我们中华民族未来的幸福的创造者。

辛店的房屋被敌人的夷弹焚烧很多，但出乎记者意料以外的除了妇孺以外，壮丁并没有逃走。他们说，只要军队抵抗，他们愿意帮助军队打倒敌人。

尾　言（略）

〔《西京日报》中华民国二十七年（1938年）八月二十八日第二版〕

6. 追悼张故营长希文大会筹备处启事

三十一军团教导团张故营长希文，抗战晋南，屡挫敌锋，不幸于永济万固寺之役壮烈殉职。国人等为纪念英烈，表彰忠贞起见，兹定于9月26日下午2时假西安民众教育馆举行追悼会。希各界人士及张同志生前友好届时参加。如蒙惠赐挽诔，请交陕西省保安处及军管区司令部传达室可祷。

〔《西北文化日报》中华民国二十七年（1938）九月十六日广告栏〕

附：本文主要参考资料

1. 李醒吾：《为共产主义事业奋战献身的无产阶级先锋战士——张希文同志》（打印稿）。

2. 杨永昶:《我在十七路军教导营做党的工作》

3. 王季麟:《抗日战争中的教导团》，吴长翼等编《丹心素裹》(2)，1989 年 4 月版，第 197 页。

4. 陈维博:《在教导团工作八年》，吴长翼等编《丹心素裹》(2),1989 年 4 月版，第 207 页。

5. 陶子录:《我随教导团参加抗战的回忆》(手稿)。

6. 李成德 :《杨虎城将军教导团在抗日战争中的两个战役》,《渭南市文史资料》第一辑，第 18 页。

7. 黄绍竑致蒋介石电（1938 年 10 月 18 日—23 日），中国第二历史档案馆编 :《抗日战争正面战场》上，江苏古籍出版社 1987 年 8 月版。

8. 黄绍竑 :《娘子关战役前后》，政协全国委员会文史资料研究委员会编 :《文史资料选集》第五十四辑，第 1 页。

9. 何永安 :《教导团血战旧关》，吴长翼等编《丹心素裹》(2)，中国文史出版社 1989 年 4 月版，第 307 页。

10.《西京日报》《西北文化日报》《新华日报》《大公报》1938 年 8 月。

11. 孙蔚如致蒋介石电（1938 年 7 月 18 日）《丹心素裹》(2)，第 449 页。

12. 孙蔚如致蒋介石电（1938 年 8 月 16 日），姚杰抄件。

13. 孙蔚如 :《第四集团军在中条山抗日经过》，刘琦等编审 :《晋绥抗战》，中国文史出版社 1994 年 2 月版，第 413 页。

14. 陈子坚 :《第四集团军中条山抗战概况》,《丹心素裹》(2)，1989 年 4 月版，第 322 页。

15. 李振西 :《风陵渡保卫战》，刘琦等编审 :《晋绥抗战》，中国文史出版社 1994 年 2 月版，第 429 页。

16.《韩原大战十日记》,《血痕》，战友社编辑发行，民国二十八年四月版，第 81—84 页。

17. 访问李成德、阎维良、殷义盛、何永安、陶子录、惠葆全、田克宽、田生瑞、张文华、张兴山、张芳森、张希哲、姚明辉、吴东园等 23 人的记录，或他们与笔者的信。在写作过程中还得到陕西省图书馆、省档案馆、陕西师范大学图书馆与张希文的弟媳同氏、侄儿振忠及儿子振基的大力帮助，特致谢意。

援绝犹斗 殁亦鬼雄

——血战永济殉国英烈刘天照

刘天照，字耀堂。1907年出生于河南省伊川县[①]。1927年考入黄埔军校（武汉分校）第七期[②]，按规定集体加入国民党。1932年毕业后，投入杨虎城将军麾下，被分配到陕西警备师第一旅第一团，历任排长、连长等职。

1935年夏，任陕西警备第一旅[③]王竣第一团机枪连连长的刘天照，曾奉命随部到陕南堵截入陕的红二十五军。7月2日在山阳县袁家沟被红军打得溃不成军。旅长唐嗣桐兵败被杀。部队经过补编后，第一团团长王竣被提升为旅长。因第一团少校团附何平州阵亡，天照被提升

① 刘天照，籍贯是哪里，其说不一。南京中国第二历史档案馆《死亡官兵调查表》记载为"河南伊川"，而《永济血战经过报告》却说为"河南嵩县"。孰是，录以备考。

②《永济血战经过报告》说是"中央军校第七期毕业"，但在西安黄埔同学会处黄埔同学名录上未查到其姓名。

③1935年陕西警备师番号已撤销，刘所在部队为陕西警备第一旅。

为第一团少校团附。

1936年秋，随部移驻户县，监视驻咸阳的蒋军第十三师。“西安事变”爆发后，奉命随部昼夜兼程，“强行军”开回西安，到东郊赶筑工事，准备迎击亲日派中央军的进犯。不几日，又奉命随部乘火车急驰宝鸡地区，驻防陇县，防止驻天水的蒋军李及兰第四十九师东犯。1937年2月初，随部开回西安，在城内维持治安至1938年春。

1938年2月，山西日寇沿同蒲路南犯，3月8日攻占风陵渡，直逼潼关，全陕震动。所部于是年5月上旬，在旅长王竣率领下开赴陕东平民县境，扼守三河口至大庆关段（黄）河防。7月中旬，奉命随部东渡黄河，开赴晋西南抗日，所部任务是“死守永济”县城。

8月上旬，驻运城的日寇牛岛第二十师团为了策应日军进攻武汉，乘我孙蔚如第三十一军团入晋立足未稳之际，卷土重来，疯狂进攻，与我军在永济县境展开激战。时称“永济血战”。

8月15日，敌分3路向我永济第一道防线大举进攻。我军在孔从洲将军指挥下奋勇抵抗，战斗至烈。8月17日上午，日寇突破我右翼西姚温阵地之后，立即直扑永济县城。下午2点多，敌人的12门大炮从城东峨嵋原上以猛烈炮火向永济城轰击，并有6架飞机狂轰滥炸，掩护步骑2000

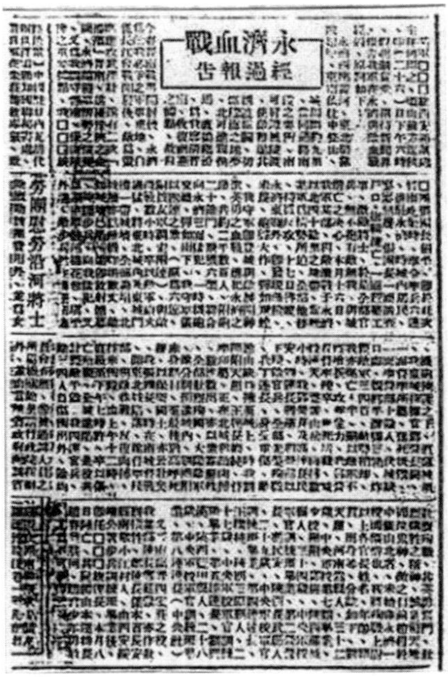
永濟血戰
經過報告

1938年8月27日《西京日报》登载的陕警一旅西安通讯处主任何两之在莲湖食堂作的《血战永济经过报告》

余，从东、北、南三面向我守军5个连猛烈进攻。我守城官兵奋力还击，战斗至烈。刘天照奉命带领邓岗第二营王继纯第五连扼守北城。他督率官兵以血肉之躯和精神意志打退了敌人多次疯狂进攻。4点钟以后，战斗进入白热化，担架排排长王振邦（陕西兴平市人）与许多官兵皆壮烈牺牲。他由电话向团长张剑平求援。张团长只派了吴松林等几名卫士前往支援，无异于杯水车薪。

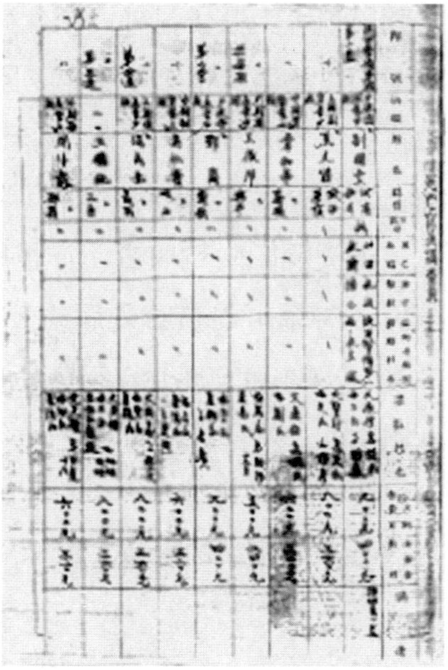

南京中国第二历史档案馆藏血战永济城阵亡官兵的档案

下午7时，日寇的猛烈炮火终将东北城角及东城门楼一带城墙全部轰塌，北城墙亦为敌机炸塌数丈。日寇遂放射烟幕，掩护步兵，由缺口冲入城内。刘天照团附与王继纯连长即督率所属，与敌展开肉搏，数进数出，但终因众寡悬殊，大部壮烈殉国。刘团附赤身怒目，至最后犹高呼死拼以保卫国土。殉职时年仅32岁。[①]

刘天照团附殉职后，8月27日《西京日报》刊登的《永济血战经过报告》和《西北文化日报》刊登的《永济抗战经过详情》对他的英雄事迹作了褒扬。是年11月11日大荔、朝邑、平民3县各界在朝邑县召开了隆重的追悼大会[②]。奉王竣旅长之命，并在原朝邑县（今大荔

①1938年8月27日《西京日报》:《永济血战经过报告》。

②《西北文化日报》，中华民国二十七年（1938年）10月11日至17日启事栏。

县朝邑镇）大寨子村外西南角修建了英烈纪念陵园，是年12月18日竣工的“陕西警备第一旅第一团永济抗战阵亡将士纪念碑序”的“阵亡将士题名录”第一个即镌刻着他的英名①。1939年西安易俗社编演的《血战永济》秦腔戏对他作了热情歌颂。

刘天照团附殉职查明详报后，国民政府特准晋为中校从优抚恤。国民政府军事委员会先后给其遗族颁发了“恤金给予令”与“通知书”，一次恤金900元，年抚金400元②。国民政府并于1948年给其遗族颁发了“荣哀状”。

附:《西京日报》的报道文章

永济血战经过报告

某军□□□旅西安通讯处主任何两之，顷由前方返陕，昨（26）日下午6时，假莲湖食堂，招待新闻界，报告我军在永济与敌血战经过。原词如下：

永济西临黄河，东北紧靠峨嵋原，东南依枕中条山。城周围约9里。当同蒲路南段之要冲，南可屏障风陵渡，使敌难遂其西渡潼关，切断陇海之迷梦；北可进窥侯马，直捣临汾，为我廓清晋南，收复幽燕之据点。故自今春晋南战事开展后，敌为策应进攻武汉计，遂有二次“扫荡”晋南，进扰豫陕之企图。永济随战事情势之演变，又为我固守晋南，保卫陕豫之重要据点。我□□□旅□团张团长剑平，即于此次晋南吃紧时，奉令率兵6连，进驻永济。时城内居民寥寥无几。张团长一面

---

①《陕西警备第一旅第一团永济抗战阵亡将士纪念碑序·阵亡将士题名录》。

②《死亡官兵调查表·刘耀堂等》，中国第二历史档案馆藏档案一（1）4139号。

清查户口，抚辑流亡；一面赶筑工事，激励将士。于是全部官兵，无不抱有敌无我，与城偕亡之决心。本月16日，我军某部与敌激战于永济以北40余里之地带①。当晚某军为情势所迫，全部他移，待机反攻。17日拂晓，永济东关外，即发现敌踪。未几，炮声大作，弹如飞蝗。我守军即登城与敌展开神圣英勇之血战。②进犯之敌共约二千数百人，附炮20余门③，飞机6架，联合向永济三面猛犯。一时机炮交织，弹如雨下。我守军仅以4连之众（原为6连，嗣被友军调走两连）④，与敌激战数小时，卒以敌军炮火过猛，将东北城角及东城门楼一带城墙全部轰毁，北城墙亦为敌机炸塌数丈。敌知城墙已陷，遂即放射烟幕，掩护步兵，向我猛犯。又以钢甲车装运棉花包，填平外壕。敌步兵遂在浓烟密布，机炮掩护之下，直薄城垣。我东城指挥官邓营长岗，一面督率所属，奋死抵御；一面率营部十余人，伏城缺口处，亲掷手榴弹3箱，炸毙敌军三四百，敌势稍却。我亦伤亡大半。嗣以敌军不断增援，攻击愈力，我邓营长督率残卒，拼死堵截，喊杀连天，声震山岳。肉搏数小时，我邓

---

① 当年8月16日，日军与我军激战已不在永济以北40余里之地带，而在距永济城10余里的中条山北麓的尧王台，西姚温、孟盟桥一带。当年8月16日孙蔚如致蒋介石电称："据孔旅长从周铣电称，今晨4时二十师团七七联队约3000人，炮20余门，装甲车10余辆，飞机6架，向我永济主阵地进攻……至下午9时敌我仍在相持中。"

② 永济城血战何时开始？亲历者蔡逸民先生回忆，当日上午9时以前，邓岗营长曾检查战士是否各就各位，12点敌人到峨嵋原下，下午2点以后，才用大炮轰城。亲历者刘守经先生认为"蔡逸民说得很对。我回忆这天上午，我一人去西门军械室看那里储存待用的子弹、手榴弹等物时，尚未接火。""是在当日下午两三点钟开始打的。"潼关17日下午3时电云：日军17日上午窜抵永济东北关外。孔旅电台台长贾英锐回忆，17日他们在中条山上，看见日军下午用大炮轰击永济城。可见该文过于夸张。

③ 永济城血战时日军以多少门大炮攻城？其说不一？

④ 8月17日下午，与日寇血战时，从多方考证，城内实为5个连：王恒震机枪连、二营冯民安四连、王继纯五连、三营刘兴汉八连、丁文英九连，当时八连已回城内。《永济血战经过报告》说，八连连长刘兴汉阵亡（笔者按：后知并未阵亡），此其证据一。孙蔚如8月19日致蒋介石、阎锡山电云，据八连连附宁建亚称，此其证据二。

营长及冯连长民安，刘连长兴汉，与营部以下残余官兵，全部光荣殉职。我丁连长身受重伤。敌遂由缺口拥至城上。时我刘团附天照、王连长继纯督率所属，正在北城与敌肉搏，数进数出，亦以众寡悬殊，全部壮烈殉国。大队敌军遂分别冲进城内。刘团附赤身怒目，至最后犹高呼“死拼”，以保卫国土，亦云壮矣！我张团长时在南城督战，闻东北城陷落，遂督率残部，与敌巷战，反复肉搏，往来冲杀，由上午12时直战至下午7时许[①]。卒以伤亡殆尽，全城遂陷。是役共计毙敌千余。我4连官兵除三四人负伤冲出外[②]，余均壮烈殉职。其英勇奋斗、壮烈牺牲之精神，诚足惊天地而泣鬼神。敌之目前趑趄于中条山北者，未始非永济一役而蹑折也。

兹将殉职上尉以上各官长姓名、年龄、籍贯、出身等，分志如下：刘天照，河南嵩县人，32岁，中央军校第七期毕业，少校团附；邓岗，陕西蒲城县人，34岁，中央军校军官训练班毕业，第二营营长；冯民

---

①张剑平明明弃城逃生，该文却说他“闻东北城陷落，遂督率残部与敌巷战，反复肉搏，由上午12时直战至下午7时许。”此纯属为张、秦二人涂脂抹粉，开脱罪责。永济血战亲历者、时任警一团军需的刘守经复笔者信明确说：“说巷战，纯属无稽之谈。”前引穆编《抗日黄埔英烈•黄埔群英血战永济》书中也亦步亦趋地说：“张剑平团长，时在南城督战，闻听东北城陷落后，率部往来冲杀，从上午12时到下午7时，经过与敌近9个小时的奋战……被迫于当晚冲出敌围转移。”12时到下午7时，明明是7个小时，为什么竟成了近9个小时？1个弃城逃生的黄埔败类，为什么被打扮成了抗日英雄？不仅如此，在穆编《陕西黄埔名人•张剑平》中更不顾事实，捕风捉影地对张剑平又作了一些美化：“抗日战争中，1939年陕西警备第一旅被编为新编第二十七师，张剑平任七十九团团长。奉命率部出潼关，渡黄河，进入山西中条山抗日前线，坚守阵地半年多，与日军作战数十次。特别是在固守永济战役中，张剑平率部与日寇血战月余，战绩辉煌，打退了日寇的多次进攻。”这一段是“信史”，还是“演义”？抗日战争中，张剑平出过潼关吗？到过中条山抗日前线吗？在永济与日寇血战月余吗？张剑平如果死而有灵，也会感到莫名其妙！8年抗战中，张剑平只率部固守过永济“匝月”。其他全是杜撰。令人费解！

②永济城血战，我军多少官兵阵亡。其说纷纭？

安[①]，陕西长武县人，29岁，中央军校军官训练班毕业，第四连连长；王继纯[②]，陕西三原县人，27岁，中央军校军官训练班毕业，第五连连长；刘兴汉，陕西蓝田县人，26岁，中央军校军官训练班毕业，第八连连长[③]。（中央社）

〔《西京日报》中华民国二十七年（1938年）8月27日第二版）〕

附：本文主要参考资料

1.1938年《西京日报》《西北文化日报》。

2.《陕西警备第一旅第一团永济抗战阵亡将士纪念碑序·阵亡将士题名录》。

3. 访问车飞程、陈洁生、刘守经、蔡逸民、吴松林谈话记录或他们与笔者的信。

4. 中国第二历史档案馆藏档案。

① 冯民安，为二营四连连长，而穆编《抗日黄埔英烈·黄埔群英血战永济》书中，却说他是二营营长，不知有何根据？

② 王继纯，为二营五连连长，而穆编《抗日黄埔英烈·黄埔群英血战永济》书中，却说他是四连连长，不知有何根据？

③ 第三营第八连连长刘兴汉生还，该报告反说其殉职。《陕西警备第一旅第一团永济抗战阵亡将士纪念碑序·阵亡将士题名录》中已没有刘兴汉之名。据张剑平卫士吴松林1990年6月13日回忆，永济城之战后，刘兴汉于当年8月27日以后回到部队。张剑平说："你快走，我已报你牺牲了。"刘便离开该部。因此，后来南京中国第二历史档案馆藏档案《死亡官兵调查表》中已没有了刘兴汉。谁知在半个世纪以后，穆编《抗日黄埔英烈·黄埔群英血战永济》书中，不仅把刘兴汉错写成五连连长，仍把刘兴汉列入壮烈殉国的黄埔英烈，岂非咄咄怪事！

只解沙场为国死　何须马革裹尸还

——血战永济的擎天柱邓祥云烈士事略

一

邓祥云（所佩徽章上写“陆军军官学校训练班第十队学员邓刚”）

邓祥云，原名根娃，后改名岗①，字祥云②，以字行。1903年出生于陕西省蒲城县上王乡张王庄一个农民的家里。系三国名将邓艾的后裔。

童年，他在家乡小学就读。20岁后到刘

---

① 祥云在陆军军官学校洛阳分校军官训练班第二期第十队学习时，所佩徽章上姓名为“邓刚”，不知后来因何改为“岗”。

② 李约祉编《蒲城县志稿》（笔者按：以下简称李编《蒲城志稿》）和刘福谦主编的《蒲城县志》（笔者按：以下简称刘编《蒲城县志》）皆云：邓祥云“字瑞卿”，但与其熟悉的人皆不知有“瑞卿”一字。另外《陆军军官学校洛阳分校同学名录》载：邓刚，字“直哉”，录以备考。

镇华[①]部缑章保[②]陕军第六混成旅[③]当兵，被编入何高侯[④]团。旋，以朴实勇敢保送陕西陆军讲武堂学习。在校练就了一手好枪法，不仅双手用枪，而且弹不虚发。归部升为排长。

1925年，胡景翼[⑤]国民二军在“豫西大战”中大败刘镇华，刘被赶出陕西。缑章保因其原旅长李天佐[⑥]被国民二军杨瑞轩枪杀，始终不与二军合作，故率部改投井岳秀[⑦]，所部被井编为陕北国民军第一混成

① 刘镇华（1883—1955），河南巩县人。民国成立后，任陕西陆军第一混成旅旅长。后应邀返豫西剿匪，所部改称镇嵩军。1918年因帮陈树藩攻打陕西靖国军，攫取了陕西省长。后任陕西督军。1925年，任陕西军务督办；2月，率部东出潼关，与胡景翼在豫西大战失败，免陕西军务督办及省长职；10月，被吴佩孚任命为讨贼联军陕甘军总司令。刘纠集10万之众，于1926年春，率部围攻西安，11月底被冯玉祥国民联军击溃。刘被冯玉祥任命为国民联军东路总司令，后曾任国民政府军事委员会委员、讨逆军第十一路总指挥、安徽省政府委员及省主席等职。1949年，去台湾。

② 缑章保，陕西蒲城人。青年时为著名“刀客”，参加反清革命，被关入监狱。辛亥革命成功出狱后，为李天佐赏识，很快升任团长。陈树藩兵败，他改投刘镇华。1925年，刘被岳维峻打败，他改投井岳秀，被编为陕北国民军第一混成旅。1926年，刘镇华死灰复燃，他又当了刘的三师师长，引起部下缑吉人、何高侯不满，5月28日被缑吉人部团长郑百川击毙。

③ 刘编《蒲城县志》云：10年（1921年）陈树藩兵败，他（缑章保）改投镇嵩军刘镇华，任第七路统领。按：《民国军事史略稿》第一卷和张保智主编《白水县志》均载：1922年至1925年缑章保任刘镇华第六混成旅旅长。任第七路统领可能在先，时间也不长。故从上两书之说。

④ 何高侯，陕西蒲城人。缑章保坐牢时，他常去看望。后来章保发迹，即提拔他任营长、团长、旅长。1926年，他对章保投靠刘镇华，极为不满，与缑吉人等密谋，击毙了章保。他升任陕西陆军第四路司令。后参加北伐，升任井岳秀部四师师长。1931年，任杨虎城部第一游击支队司令，先后驻防韩城、旬邑等县，曾参加“围剿”刘志丹红军。1935年回家乡。抗战期间病逝于家乡。

⑤ 胡景翼，陕西富平人。1910年加入同盟会。参加陕西辛亥革命。后任陕西靖国军总指挥。1921年胡部被冯玉祥改编为陕西陆军暂编第一师。1924年10月，与冯玉祥、孙岳发动首都革命，任国民军副总司令兼第二军军长、河南督军。1925年在豫西打败刘镇华。旋病逝。

⑥ 李天佐，陕西蒲城人。早年加入同盟会。1911年，参加辛亥西安反清起义。历任团长、旅长。1918年，在调解胡景翼与陈树藩矛盾时，被胡部营长杨瑞轩等枪杀。

⑦ 井岳秀，陕西蒲城人。早年加入同盟会。1911年，参加辛亥西安反清起义。历任营长、团长。1917年，任陕北镇守使。1924年冬，任陕北国民军总司令。1927年，被冯玉祥改编为国民革命军第二集团军第九路军。后任十八师、八十六师师长。1936年，因手枪落地触火而死。

旅[①]。1926年春，岳维峻在豫西中了刘镇华埋伏，全军溃散。刘镇华死灰复燃，率领镇嵩军8个师卷土重来，直逼潼关。盘踞大荔的麻振武[②]继何梦庚之后再次投靠刘镇华，任讨贼联军陕甘军一师师长。陕西军务帮办井岳秀"下令以三军第三师师长杨虎城任讨麻总司令，并以马芳伯为左翼司令，缑保杰为右翼司令"[③]。但卖身投靠的缑章保也接受了刘镇华的再次改编，任讨贼联军陕甘军第三师师长。其部属皆升一级：团长傅振江、何高侯、缑吉人[④]分别升为一、二、三旅旅长。邓祥云升为何高侯旅熊峻峰团王兴彦营连长。缑章保命令傅振江"占领渭南，不听命令"[⑤]，与国民二军李丰初团发生激战。缑章保的倒行逆施，引起部下强烈不满。驻防蒲城的缑吉人与驻防白水的何高侯经过密谋，5月28日缑吉人派所部团长郑百川于蒲城刺杀了缑章保。何高侯被井岳秀委任为陕西陆军第四路（后改为旅）司令。

刘镇华得知缑章保被杀，遂令麻振武派3个混成旅围攻蒲城。6月中旬，祥云随部从白水南下攻击麻军，先后收复了麻军占领的山东头、樊家洼，毙敌甚多。7月20日，祥云率部在营长王兴彦指挥下围

① 刘镇华在豫西大战失败后，缑章保投归何部其说纷纭。刘编《蒲城县志》云："缑部改编为二军第五师，他任师长。"郭润宇著《陕西民国战争史》云："原国民二军缑保杰旅。"杨树民主编《渭南县志》说：缑章保为"国民三军"。均与事实不符。民国十五年（1926年）3月9日《新秦日报》载："督署前日发表委令……驻蒲城一带之陕北国民军第一混成旅旅长缑保杰编升为暂编陕西陆军第五师师长。"此说最为可信、故从之。

② 麻振武，陕西渭南人。长期盘踞大荔。反复无常。1926年，再次投靠刘镇华，助纣为虐。1927年8月，冯玉祥派其第十三军军长张维玺攻破大荔，将麻振武击毙。

③《新秦日报》民国十五年（1926年）3月18日。

④ 缑吉人，陕西临潼人。缑章保坐牢时，他常去看望。后来章保发迹，即提拔他任营长、团长、旅长。1926年，他对章保投靠刘镇华，极为不满，他与何高侯密谋，派所部郑百川击毙缑章保。被井岳秀委任为陕西陆军第三路司令。1927年，他变为反共。排挤陷害县长陈镜湖。翌年7月率部经商洛，被陈镜湖部设伏生擒活埋。

⑤《新秦日报》民国十五年（1926年）3月19日。

攻尧山埠，激战4小时，将盘踞该村的刘兴仁部完全消灭，并将营长刘兴仁、连长李凤岐生擒。7月26日又率部参加了攻打陶池之敌姜鸿胜四营之战，随部猛烈攻击，冲破敌之战壕。敌势不支，纷纷向校家堡溃逃。祥云奉令随部驻守陶池街。蒲、白交通恢复，终使蒲城围解。有力地援助了李虎臣、杨虎城坚守西安。

1927年春，何高侯旅奉命暂归国民联军南路军司令岳维峻①指挥。祥云随部积极参加北伐②，奉命援鄂攻豫。在蓝田灞河河滩听了岳维峻司令的动员讲话后，他率部过龙驹寨出荆紫关，直下南阳，截击吴佩孚，以策应武汉国民政府领导的二次北伐大军。在南阳卧龙岗驻防期间，曾随部剿匪，群众交口称赞。何高侯升任国民革命军第二集团军井岳秀第九路军第四师师长③，祥云升任熊峻峰第十二旅王兴彦团营长。半年后移驻老河口，在汉水西岸被当地红枪会包围，部众伤亡殆尽。他在一水手救护下，逃回东岸。是年年底，何高侯听信流言，借口带卫士和书记处收发邓思诚（祥云同族）等归陕。祥云仍随部驻鄂。1928年春，岳维峻所部遭受二、四集团军夹击，伤亡甚惨。祥云被一钱姓人家招赘为婿，方免于难。归陕后，何高侯部已被井岳秀遣散，祥云遂解甲归田。

---

① 岳维峻，陕西蒲城人。早年加入同盟会。胡景翼部将领。1925年春，在豫西大败刘镇华。旋胡景翼病逝后，他继任二军军长与河南军务督办。翌年春，在豫西中刘镇华埋伏，全军覆没。他被阎锡山囚于太原。1927年春，经冯玉祥交涉，归陕，任冯部南路军总指挥，率部出武关，与北伐军会师中原。后投靠蒋介石。1931年3月，他率其三十四师，参加"围剿"鄂豫皖苏区，在湖北双桥镇，全师覆灭。他被俘杀。

② 李编《蒲城志稿》云：祥云"幼从南路军"，与事实不尽相符。在何高侯部曾任书记处收发，并与祥云同村、同学一同参加北伐的邓思成回忆，祥云先在缑章保部，后随何高侯部改投井岳秀，1927年夏才随何高侯部暂归南路军。

③ 何高侯何时升任第九路军第四师师长其说不一。刘编《蒲城县志》云："回陕后任国民革命军第二集团军第九路军（井岳秀部）第四师师长。"邓思成回忆为驻卧龙岗时升任，故从邓说。

1931 年春，何高侯被杨虎城将军委任为第十七路军第一游击支队司令[①]，祥云重回何部任营附[②]。同年在韩城芝川渡口拦了第十七路军第七军军长兼第四十二师师长冯钦哉贩大烟的商船。杨虎城将军令何高侯把祥云押解西安处理，经同事缑英哉等斡旋，他离部回乡。

1932 年春到耀县小丘镇第十七路军陕西警备师第一旅第一团王竣[③]第三营任营附，曾奉命随部“围剿”耀县地区的刘志丹领导的中国工农红军陕甘游击支队。不久，因随意打人被王竣关押。旋，让其回家。

1933 年秋，重回王竣部（时王竣已升任陕西警备师第一旅第一团团长）。祥云因感军事学浅，请求学习。经王竣团长请示杨虎城将军同意，是年冬，与王继纯等被保送到陆军军官学校洛阳分校军官训练班第二期学习。入学后，他被编入第二总队第三大队第十队[④]。不久，按规定集体加入国民党。1934 年 6 月由洛阳至南京，参加黄埔军校建校十周年庆祝大会后，再训练一个时期，即在南京举行了毕业典礼。回部后，先后在王竣第一团（此时陕西警备师已撤销。王竣任陕西警备第一旅第一团团长）任副官、连长等职。1935 年夏，随部到陕南堵截

---

① 何高侯在杨虎城部任何职其说不一。刘编《蒲城县志》云：“任他为陕西警备第一游击司令。”曾在何部任职的缑英哉与尉迟平轩回忆，何为第一游击支队司令。民国 22 年 4 月 21 日《新秦日报》载：“十七路军第一游击支队司令何全升”，从后说。

② 祥云重回何部任何职说法不一。邓思成回忆为连长。缑英哉回忆为营长。曾为祥云夫人的杨兰菊回忆为营附。从杨说。

③ 王竣（1902—1941），陕西蒲城人。1924 年毕业于陕西省立第二师范学校。次年春，投奔杨虎城部队，旋被杨虎城保送入黄埔军校第三期学习。1926 年，毕业后回杨部，任师部上尉副官。后又到卫定一与岳维峻部。1929 年重回杨虎城部，历任营长、团长、旅长。1939 年任胡宗南部新编二十七师师长。1941 年 5 月，中条山战役时以身殉国。

④ 穆西彦主编的《黄埔抗日英烈•黄埔群英血战永济》（笔者按：以下简称穆编《黄埔抗日英烈》）云：邓岗为“黄埔四期”“中央军校第一分校第四期毕业”。此说与事实不符，不知根据是什么？

入陕的红二十五军。7 月 2 日陕西警备第一旅一、二团在山阳县袁家沟口被程子华、徐海东率领的红二十五军消灭大部。旅长唐嗣桐[①]兵败被俘杀。祥云随残部回到西安。陕西警备第一旅补编后，杨虎城任命王竣为旅长。祥云随第一团（团长申及智）开赴潼关驻防。

二

1936 年春节过后，随部开回西安。是年夏天，祥云由第一团第一营第一连连长升为一团一营营附。同年秋，随部由西安移驻户县，监视驻咸阳的中央军第十三师。12 月 11 日奉命随部昼夜兼程“强行军”开回西安，令所部控制飞机场。12 月 12 日上午抵达城西之西窑头，西安事变已经爆发，即奉命到西安东郊观音庙至十里铺一线赶筑工事，准备迎击亲日派中央军的进犯。旋，奉命在旅长王竣率领下于某夜乘火车急驰宝鸡地区，所部驻防陇县，后移驻固关，防止驻甘肃天水的蒋军李及兰第四十九师东犯。在此关键时刻，性格强悍、作战勇敢，并坚决拥护杨将军的邓祥云，经王竣旅长请示杨虎城将军同意，把他

① 唐嗣桐，陕西蒲城县人。黄埔军校一期毕业。后入杨虎城将军部，先后任陕西警备第三旅旅长、陕西警备师第一旅旅长、陕西警备第一旅旅长等职。1935 年夏率部在陕南堵截程子华红二十五军。7 月 2 日在山阳县袁家沟兵败被红军俘虏后处死。

从第一营营附提升为第一团第二营营长[①]。营辖冯民安、王继纯、张志林 3 个连。1937 年 2 月率部开回西安，在城内维持治安至秋末。后奉命率全营到王曲、山阳、镇安驻防。

三

1937 年 7 月 7 日，日寇炮轰卢沟桥东的宛平城，发动了全面侵略中国的新战争。中华民族到了最危险的时候！全国军民奋起抗战！作为一个爱国军人的邓祥云闻讯后气愤填膺，决心早日奔赴前线杀敌。是年冬天，在一次回家的乡亲开会时他向惶恐不安的乡亲们讲述了抗日形势，并斩钉截铁地表示了他与日寇誓不两立的决心："请父老们放心，只要我祥云在，日本人就进不了陕西！"

1938 年 2 月，侵占了太原的日寇集结主力沿同蒲铁路南犯，3 月 6 日攻占了与陕东平民县一衣带水的永济县城，3 月 8 日攻占了风陵渡。

① 邓祥云何时升为某营营长，其说不一。陕西原十七路军党史资料征集编写小组编:《原十七路军序列沿革》载，1935 年春至西安事变中，祥云已任陕西警备一旅一团三营营长。此说有误。1935 年春到王竣团任军需的刘守经 1988 年 10 月 25 日复笔者信称，1935 年 7 月 2 日山阳袁家沟之战以前，王竣是警一旅一团团长，中校团附张剑平，少校团附侯平州，一营长刘世功，二营长何廷西，三营长燕荫棠。袁家沟之战侯平州、何廷西、燕荫棠皆被红军俘杀。部队补编后，王竣升任旅长，一团团长申及智，一营长刘世功、二营长王宪斌、三营长马生晖。1988 年 9 月 9 日刘守经复笔者信说，我 1935 年参加警一旅一团时，邓岗任一团一营一连连长。该年冬驻潼关仍任一连连长。1936 年夏在西安升为一团一营营附。在双十二西安事变驻陇县时升为二营营长。1988 年 9 月 28 日复笔者信又说，西安事变时，王竣是倾向杨。一团中校团附张剑平、一营营附邓祥云也是一样。一团团长申及智、二营营长王宪斌，则是黄校学生，所以王竣作一番调整。把一营营长刘世功调到旅部当副官，把一营营附邓岗升为二营营长。把二营营长王宪斌调为一营营长。邓岗这人很强悍，说了得算。二营四、五连，不是王竣的老部下。一营 3 个连长都是王竣的老部下，一旦有事，不会跟王宪斌走的。当时情况，这样一解释，你就明确邓升营长是在双十二事变以后是实际的了。

接着不断进犯陕东（黄）河防阵地。在炮轰吴堡、宜川、韩城、合阳、平民、朝邑、潼关的同时，飞机也频频侦察轰炸西安和关中地区。唇亡齿寒。一时全陕震动。当此危难之际，陕西省政府主席兼第三十八军军长孙蔚如将军，力主坚守黄河，阻敌西犯。并立即增派孔从洲陕西警备第二旅和李振西教导团开赴陕东平民、合阳一带，增强河防力量。同时，并令驻防安康的王竣率所部陕西警备第一旅开赴陕东平民、朝邑河防。祥云奉命带领全营离开镇安，开赴平民河防前线，其营扼守大庆关一带。

日寇在徐州会战期间，由于调用了山西省兵力，晋南空虚，加上我国军民的不断打击，“同蒲线频繁遭到破坏”“弹药、粮食均告缺乏，只能以猫狗及野草充饥”“不得不于5月下旬先后撤出蒲州、运城、平陆的守备”[①]。我国军民乘机收复了晋西南虞乡、永济[②]等13县。全陕人心始定。

日军攻占徐州后，6月5日攻占开封，进攻矛头直指武汉。为策应进攻武汉，华北日军也调兵遣将，企图一路由山西军渡至陕北吴堡一线向西渡黄河，进攻延安；一路由山西永济的大庆关、风陵渡，西渡黄河，攻取西安，实现其攻占大西北的图谋。晋南驻运城的日寇第二十师团（师团长先为川岸文三郎，6月下旬换为牛岛实常[③]）“逐渐做

① 日本防卫厅战史室编，天津政协编译组《华北治安战》(上) 第75页。

② 苏济吾：《一百七十七师收复晋南十三县》，载《丹心素裹》(2)，中国文史出版社1989年4月版，第316—321页。

③ 永济血战时，日军二十师团长是谁说法不一。李振西回忆为川岸。晋震梵回忆为牛岛。日本防卫厅战史室编《华北治安战》(上) 说：“6月30日以后为牛岛实常。”耿成宽、韦显文编《抗日战争时期的侵华日军》载：“第二十师团：师团长川岸文三郎中将（1938年6月23日由牛岛实常接任。)”故从晋说。

好一切准备，在7月5日转为攻势”[①]，卷土重来。

6月14日，蒋介石免去孙蔚如陕西省政府主席，把其第三十八军改编为第三十一军团，任命孙蔚如为军团长，辖第三十八和第九十六两个军并李振西教导团与孟庆鹏骑兵团。王竣陕西警备第一旅改归西安行营主任蒋鼎文指挥，留陕守河防[②]。

为了策应武汉会战，迎头痛击西犯的日军，孙蔚如将军奉命于7月亲统在陕各部东渡黄河，开赴晋西南永济县境抗日[③]。孔从洲将军奉命率部于7月4日东渡抵达永济，旅部驻永济县城东7里之花园村。王镇华将军率部于7月12日东渡，过河后集结在临晋、猗氏一带。孙蔚如军团部也于7月22日晚由平民县富民村渡河，驻中条山西端南侧之六官村[④]。教导团东渡后，随军团部集结在韩阳镇以南地区。十七师一〇二团扼守虞乡以西中条山各隘口。

因晋西南兵力过少，7月18日孙蔚如特急电请求蒋介石增强兵力。为了加强陕西警备第二旅的力量，王竣旅长奉命派遣其第一团一部：团部直属通讯排、担架排、王恒震机枪连；骁将邓祥云第二营[⑤]和马生晖第三营的第八、九连（马生晖带第三营营部和张举才第七连留平民，

① 日本防卫厅战史室编，天津政协编译组《华北治安战》（上）第75页。

② 陈子坚：《第四集团军中条山抗战概况》，载十七路军中共党史资料征编领导小组主编：《丹心素裹》（2），中国文史出版社1989年4月版，第323页。

③ 孙蔚如致蒋介石电（1938年7月6日—7月25日），《丹心素裹》（2），中国文史出版社1989年4月版，第448—452页。

④ 孙蔚如致蒋介石电（1938年7月6日—7月25日），《丹心素裹》（2），中国文史出版社1989年4月版，第448—452页。

⑤ 姚杰著《抗日战争中的第十七路军》中说：永济城血战时，“第一营营长邓岗中弹殉国”。此说有误，邓岗时任第二营营长，第一营营长王宪斌。在西安训练新兵，未到河防。

扼守河防），共约700余人，由团长张剑平率领[①]，在孔旅过河不久，也由大庆关渡过黄河，守备永济县城[②]作为桥头阵地，任务是“死守永济”城，“归陕西警备第二旅孔旅长郁文指挥”[③]。

警一团过河前，孔从洲将军曾在朝邑大寨子村旅部里，邀请陕一旅一团上尉以上军官见面，勉励大家同心戮力，为民族争生存。

警一团东渡前，为了激励士气，还请来永济县一位有影响的爱国士绅给陕一旅一、二团官兵讲述了日寇在永济的种种暴行。邓祥云和全体官兵听了日寇的这一桩桩暴行，个个怒发冲冠，人人摩拳擦掌，恨不得立即东渡，与鬼子拼个你死我活，拯救处于水深火热中的同胞。

赴永济前，祥云曾由平民回家一次。当时其家乡已能听见百里以外河东日寇的隆隆炮声。他告诉家人，将上永济抗日。关中谚语云：“四九三十六，不死得一圪塔肉。”意思是说，人一生的36岁和49岁是两大门槛，必须于此两年格外小心。这一年祥云恰逢36岁，因此家中人都劝他不要去。特别是其瞎子（有眼疾）母亲更以拳拳之心对他说：“根娃（祥云乳名），你不要去。你去，妈就给你磕头啊！”祥云深知国难当头，怎能临阵脱逃？便毫不犹豫地说道：“我必须去！我的墓骨堆就在永济。我不怕死！”[④]第二天，祥云即决然告别了老母，告别了妻子儿女，告别了家乡黄土高原的热土，在村子中间南面的土门外，

---

①张聚才《回忆两度入晋抗战》云，由副团长秦颂仁率领八个连，并说自己也参加了斯役。据当事人回忆，均与事实不符。刘守经、车飞程回忆，张聚才与其七连根本未过黄河，一直随马生晖第三营营部驻平民县的严家庄。另外，张文还云，永济血战时二营副营长高大成阵亡，更与事实相去甚远。高大成解放后一直住西安西关，“文化大革命”中才去世。其妻李桂芳说，日军攻进永济城后，高大成带领60余名官兵从城西南角突围到六官村面见孙蔚如，孙嘉奖他们银元若干。

②陕西警备第一旅第一团何时进驻永济城，其说纷纭？

③《陕西警备第一旅第一团永济抗战阵亡将士纪念碑序》。

④本书作者1988年5月22日采访邓祥云前夫人杨兰菊谈话记录。

与老部下邓存彦（1938年前曾参加邓岗部队，2007年才去世）告别，和族弟邓继忠、侄儿邓正保等奔赴平民河防前线。

“壮士一去兮不复还”！

到平民，不小心战马脱缰跑回家乡；横渡黄河，浊浪汹涌，小船几乎被冲到潼关。一些迷信的战士小声嘀咕，这次出师可能不利……祥云权当没有听见，毅然率部勇往直前。

当时的永济县城，位于今市政府以西10余公里处。永济自古以来就是黄河上的重要关隘，西门外黄河渡口古称蒲津关，时叫大庆关。城西黄河东岸有闻名天下的鹳雀楼（因黄河变迁，当时鹳雀楼的牌匾已挂在西南角城楼），城东三五里处峨嵋原上有享誉海内的普救寺（传说为《西厢记》故事的发生地）。战略地位极为重要，为历代兵家必争。它西临黄河，东北紧靠峨嵋原，东南依枕中条山，当同蒲铁路南段之要冲，为晋陕交通之门户。中条山由东北向西南，到永济县境就到了头。尧王台在中条山西麓的山腰。由尧王台向西北至永济城只有十多里。永济城西门，当时紧靠黄河，形成天然的障碍。日寇要由运城到风陵渡，必须沿同蒲铁路，通过狭长约50多里的永济县境最为方便。若果迂回，必须由虞乡以东翻过中条山，绕上100多里的极复杂的沟道地区到芮城，再沿黄河北岸经永乐镇才能到风陵渡。可是这一路进军极为不利，只要在风陵渡西北七八里的山头摆上一个营，日寇就难越过雷池一步。当时的永济县城已成一座水城，地势低洼，无险可守。鉴于此，为了抗击日寇沿中条山北麓西犯，三十一军团以永济城为中心，从中条山北麓的尧王台，经东、西姚温—孟盟桥—西文学到永济城北的丰乐庄至黄河东岸，军民协力赶筑了国防工事，在工事外还挖了一丈多深、两三丈宽的壕沟，并把黄河水引进壕内，构成障碍。这第一道防线，由孔从周陕西警备第二旅和王竣陕西警备第一旅张剑平第一团一部扼守。

陕一旅一团一部进驻永济城后，看到永济古城满目疮痍，加之日寇又将来犯，官兵个个义愤填膺，即一面抚辑流亡，清查户口，一面日夜与群众赶筑工事，准备狠狠打击来犯之敌。因系奉命“死守”，四个城门，除西门外，其他三门全用土壅，并用火力封锁。护城壕中，引入黄河之水。守城官兵，信心十足。

当时永济城西面和西北、西南角，全被黄河淹没。故所谓“死守”，主要在东面，还有南、北门之东段。团部命令：由英勇善战、外号“邓疯子”的骁将邓祥云营长带领第四连和第九连扼守东城。不少人在战场，一听枪响，就想后退。而祥云恰恰相反，他认为枪声就是命令，就是冲锋号。一听枪响，他就争先向前冲，因此同事们亲切地送他个外号“邓疯子”。这次守城，祥云又勇挑重担，所以官兵戏呼他为“死守永济”的“擎天柱”①。由少校团附刘天照带领第五连扼守北城。第八连随团部扼守南城并为预备队。祥云打起仗来，不仅身先士卒，带头冲杀，还敢于负责。分配完任务后，张团长对他说：“祥云，天照经验不足，你顺便再照看一下北城。”他当即回答：“还是各负各责。”

为了打好出师第一仗，除严惩汉奸外，孙蔚如将军、赵寿山军长曾于 8 月初亲临前线，在孟盟桥向陕西警备第一、二旅上尉以上军官做过动员。会后张剑平团长反复要求：“一定要死守永济！”祥云三番五次督促战士们一定要苦练杀敌本领，教育战士们“平时多流汗，战时少流血”。经常讲：“打不住敌人，就要交回子弹。”并鼓励战士们：“打起仗来净向前冲，枪子就不撞人！”

---

① 永济血战时任警一团上尉书记的陈洁生称邓岗为“全团精神支柱”。警一团上尉军需刘守经称邓岗为“死守永济的擎天柱”。

“山雨欲来风满楼！”乘我三十一军团入晋立足未稳之际，8月间敌即大集。8月9日日寇华北方面军命令驻山西的第一军：“尽快扫荡黄河北岸之敌，并确保黄河北岸之要点。”[①] 驻运城的日军牛岛第二十师团七十七联队，在飞机、大炮掩护下，于攻占虞乡、临晋后，扑犯永济。

8月12日日军攻占永济北古城。永济告急！8月13日下午，孔从洲将军在普救寺对警备一、二旅上尉以上军官作了战前紧急动员，要求誓与永济共存亡。

8月15日晨，日军步、骑、炮千余猛攻永济上、下高市，第十七师一〇二团中校团附杨法震督率第二营奋起抵抗，激战3小时，杨法震不幸身中数弹，壮烈牺牲。日军乘胜猛攻峨嵋原，企图实施中央突破，攻占永济县城。陕西警备第二旅在孔从洲将军指挥下，奋勇拼杀，激战竟日，敌阴谋未能得逞。

8月16日拂晓，日寇二十师团七十七联队约3000人，飞机6架，装甲车10余辆，附炮20余门，向我主阵地右翼中条山北麓的尧王台、西姚温猛烈进攻[②]。尧王台是作战地域内的制高点，起着支撑全局的作用。我守军陕西警备第二旅在孔从洲将军指挥下拼死抵抗，战斗至烈。尧王台、孟盟桥数次易手。“王镇华旅在右前方城子埒一带担任剿袭敌后，乃因兵分力单，未能达成任务”[③]。加之敌我装备悬殊过大，日寇终于突破阵地，跨过战壕，攻占了西姚温村[④]。

是日上午，日军猛攻尧王台时，祥云奉命派遣其营张志林六连和

① 日本防卫厅编:《中国事变陆军作战史》第一卷，第271页。

② 孙蔚如致蒋介石电（1938年8月16日），中国第二历史档案馆藏档案（姚杰手抄件）。

③ 孙蔚如:《第四集团军抗日战争概略》,《陕西文史资料》第十八辑，第2页。

④ 西姚温村人至今仍把日寇这次进犯称作“7月21跨壕战”。1938年年农历七月二十一日，即公历8月16日。

三营刘兴汉八连前往前线支援。张、刘率部跑步到花园村接受孔旅长分配作战任务。当晚 9 时，孔从洲将军又命令其第五团团长郑培元带领 4 个连逆袭西姚温日军。4 个连及其任务是：祥云二营六连担任正面主攻，骑兵团两个连、郑团 1 个连担任其余三面攻击。因是奇袭，给敌以极大杀伤，我军也付出了极大代价，仅张志林六连就伤亡 46 人。

当晚午夜，教导团第三营在营长张希文带领下，奉命再次向西姚温进攻，结果中敌埋伏，营长张希文及全营官兵大部壮烈殉国。

日军突破西姚温阵地后，立即挥兵直扑永济县城，于 17 日上午窜抵永济东北关外①。因战略关系，陕西警备第二旅已于 16 日午夜由韩阳镇东北上了中条山，旅部驻万古寺②。

“独留张部苦守永济。”③

“黑云压城城欲摧！”一场激战势不可免！

16 日上午支援前线的六连未回城内，17 日在韩阳镇上居坊村休息了 1 天，晚上过河回了河西。城内只有守军 5 个连：机枪连（连长王恒震，陕西户县人）；祥云二营两个连：四连（连长冯民安，陕西长武县人）、五连（连长王继纯，陕西三原县人）；三营两个连：八连（连长刘兴汉，陕西蓝田县人）、九连（连长丁文英，陕西岐山县人），共约 600 余人。我军没有重炮，只有汉阳造三十节重机枪 4 挺，每连有 6 至 9 挺陕西造的白郎林式轻机枪，其余皆陕造步枪。永济县城周长 8 里 349 步，群众口头称“九里三”。当时永济城南、北门以西大部被水淹没，按一半算也有 2000 多米。我守军只有 600 多人，战线长，兵力少，扼守之难不言而喻。永济告急之后，团指挥部即搬入南城门洞内。邓祥

① 永济城血战的时间究竟何时，说法极为纷纭？

②《孔从洲回忆录》，解放军出版社 1989 年 9 月版，第 229 页。

③《陕西警备第一旅第一团永济抗战阵亡将士纪念碑序》。

云带领二营四连、三营九连扼守东城。九连守东门以北，四连守东门以南。少校团附刘天照（河南伊川县人）带领二营五连扼守北城。八连随团部扼守南城并为预备队，重机枪配属于各步兵连。8 月 17 日以前，邓祥云营长在全营干部会上反复动员："咱们的任务是死守永济。永济是我们的坟墓，我们的坟墓是永济。永济在，我们在；永济亡，我们亡。咱们要下决心，为民族作牺牲。谁也不要想回去，要与阵地共存亡。快给家里写封信，说明情况。"四连二排排长蔡逸民即给家里写了信，说他可能要牺牲。其妻回信说，要准备牺牲，但不要作无谓的牺牲。

8 月 17 日上午，强敌压境，危如累卵。谚语云："秋后一伏，热死老牛。"尽管是清早，末伏闷热的空气加上密布的战云压得人喘不过气来。身着白衬衣的邓祥云营长，匆匆到各连阵地检查，看战士们是否各就各位，做好战斗准备。他要求战士每人准备 1 箱手榴弹。并不断鼓舞士气，勉励大家："精神上要有准备，今天我们为国家民族可能流血牺牲！"他走到四连二排阵地时，还问全排战士："你们怕不怕？"战士们齐声回答："营长都不怕，我们怕啥？"并对蔡排长说："逸民，这回要准备做最大的牺牲。"

下午 1 点前后，2000 多日寇陆空配合，在坦克、大炮掩护下从城东峨嵋原上蜂拥而来。2 点前后[①]3 架飞机盘旋侦察；遂后骑兵冲到城

---

① 日寇何时攻打永济城，说法不一。《陕西警备第一旅第一团永济抗战阵亡将士纪念碑序》说："8 月 16 日夜……激战终夜，直至拂晓，已将县城三面包围。"姚杰著《抗日战争中的第十七路军》承袭前说："16 日晚，由城东北角攻进"。《永济血战经过报告》说："17 日拂晓，永济东关外，即发现敌踪。未几，炮声大作，弹如飞蝗。我守军即登城与敌展开神圣英勇之血战。"但亲历者蔡逸民先生回忆，当日上午 9 时以前，邓岗营长曾检查战士是否各就各位，12 点敌人到峨嵋原下，下午 2 点以后，才用大炮轰城。刘守经先生认为"蔡逸民说得很对。我回忆这天上午，我一人去西门军械室看那里储存待用的子弹、手榴弹等物时，尚未接火。""是在当日下午两三点钟开始打的。"潼关 17 日下午 3 时电云：日军 17 日上午窜抵永济东北关外。孔旅电台台长贾英锐回忆，他们在中条山上，看见日军下午用大炮轰击永济城。故从蔡、刘、贾之说。

下侦察。骑兵退回之后，敌人的12门大炮[1]从峨嵋原上居高临下，以排山倒海的猛烈炮火向永济城轰击，并有6架飞机狂轰滥炸。一时机炮交织，弹如暴雨，房倒屋塌，硝烟滚滚。城外掩体全被轰毁。不少战士伤亡。幸存者耳朵也被震聋。东城上的墙垛几乎毁尽。炮火稍停，鬼子将永济三面包围，嗷嗷嚎叫着猛攻城垣。日寇的飞机可以把永济炸成废墟，大炮可以把永济夷为平地。鬼子凶焰高万丈，但扑不灭中国人民杀敌卫国的满腔怒火！古城在怒吼！黄河在咆哮！我守城官兵争先奋力还击。机枪、步枪射出一颗颗愤怒的复仇子弹！枪声、手榴弹的爆炸声、“大刀向鬼子们头上砍去”的喊杀声震动大河和中条山！东面首当其冲，战斗最为激烈！哪里吃紧了，邓营长即到哪里指挥杀敌。打退了鬼子的两次疯狂进攻！官兵们以自己的血肉之躯谱写出一曲又一曲催人泪下的杀敌壮歌。四连二排战士徐生财（安徽人），抱住鬼子咬，直到流尽最后一滴血。死守东门城楼的班长马俊杰，至死不退，与敌人同归于尽。

敌人越攻越猛，战斗越来越惨烈。我官兵伤亡越来越多。约4点半前后，邓营长由电话向张团长求援。团长回答：“马上到！”当即派兵一班（也只有这些预备队了），由南城门楼东行跑步支援。团部老伙夫一听，急忙摸了条炸弹袋，装了4颗手榴弹，挂在胸前，两手又各提了3颗，抢先跑到这一班援兵前头，跑到城东南角，折向北去。“捐躯赴国难，视死忽如归！”团长、团附及其他人目睹此情此景，齐声赞颂。杯水车薪，怎能挽回战局！老伙夫为国壮烈牺牲[2]。

---

① 日寇攻城炮数，说法不一。《永济血战经过报告》、《抗战特殊忠勇军民题名录·马俊杰》皆云：“炮20余门”。孙蔚如当年8月19日致蒋介石、阎锡山电说：“敌重炮12门”。孔从洲将军1988年5月复笔者信说“炮12门”。我取孙、孔之说。

② 永济城血战亲历者刘守经1987年9月1日致笔者信第12条。

日寇不断增援，攻城愈加凶猛。官兵们在邓营长的督率下以血肉之躯和精神意志与敌殊死拼杀，伤亡人数不断增多。排长耿青山、王有才阵亡！上尉副官焦文杰阵亡！四连连长冯民安阵亡！九连连长丁文英身负重伤。兵力不足，东面战线又长，敌兵到处爬城，邓营长穿梭督巡，哪里吃紧了，他便到哪里。一面督率官兵，奋死抵御；"一面率营部10余人，伏城缺口处，亲掷手榴弹3箱，炸毙敌军三四百，敌势稍却，我亦伤亡大半。嗣以敌军不断增援，攻击愈力。我邓营长督率残卒，拼死堵截，喊杀连天，声震山岳。"①当激战白热化时，邓营长猛然看见卫生队的司药张志杰（陕西周至人），即喝问："你干什么？"张回答："抢救伤员！"邓营长说："现在还抢救伤员？快！给你个枪，上城打鬼子！"张即上城，看到鬼子由云梯爬上来一个，便朝鬼子开枪。听见一个又一个鬼子惨叫着摔了下去。

日寇把攻击重点指向永济城后，孙蔚如将军即令一个团给永济解围。但该团长却拥兵自保，按兵未动，致使永济孤城为战。

下午7时，永济东北城墙终被敌炮击毁数处，北城墙也被敌机炸塌数丈②。敌见已打开缺口，遂即放射烟幕，掩护步兵，向城中猛攻。又以钢甲车装运沙袋、棉花包，填平城壕。敌步兵遂在浓烟密布、机炮掩护之下，爬上东北缺口。在这千钧一发之际，有人建议邓营长退却，说城恐怕守不住了。祥云闻讯后，怒发冲冠，心中想的是如何尽快把上城之敌赶出去，完成"死守永济"的军令。他竟置自己生死于不顾，提着手枪，喊了声："跟我来！"即带领邓俊生（祥云族弟，当时化名刘志英）等勤务兵朝东北缺口冲去，准备尽快把上城之敌驱逐出去。刚跑过东城门楼北边不远，邓俊生说："看枪！"说时迟，那时

①②《永济血战经过报告》，中华民国二十七年（1938年）八月二十七日《西京日报》。

快。从城东北角缺口爬上来的鬼子机枪已朝我指挥官射出一梭罪恶的子弹。邓祥云营长不幸身中数弹，倒在了邓俊生的身旁，鲜血染红了他脏兮兮的白衬衫。为了中华民族的解放，为了保卫祖国，他把自己的满腔热血洒在了永济沙场上[①]！时年36岁[②]。蜂无王自乱。邓俊生悲痛到极点，却也无可奈何。他只向自己的营长、族兄默哀了几秒钟，便乘着黄昏突围去了。

当东城守军把电话打到团指挥部，中校团附秦颂仁（陕西省临潼人）接电话后，悄悄告诉张剑平："团长，祥云阵亡了！"其声音虽小，却如晴天霹雳！"擎天柱"一折，团指挥部诸人立感气馁。张剑平吓得魂不附体，在南城门洞内转了几个圈，不到5分钟，不仅没有组织剩余官兵抵抗或突围，却小声叫了声："寿轩"（秦颂仁字），即与秦迅速离开团指挥部。在广大官兵还不知道邓营长阵亡，尚与敌进行激烈巷战的掩护下，"出西门乘早已预备好的渔船逃过黄河。"[③]永济再次沦陷[④]。群龙无首，除第二营营附高大成和八连连附宁建亚分别带领60余

①半个多世纪以来，沧桑巨变。邓俊生早已作古，故关于邓祥云是怎样阵亡的已无法准确叙述，只能以邓岗旧部邓存彦（长寿老人，2007年才去世）转述的邓俊生的叙述为准。刘编《蒲城县志》说："他在率领战士突围中壮烈牺牲。"此与事实不符，也不符合邓岗从不言退、从不服输的性格。他戎马15年，若真突围，根本不可能阵亡。孙蔚如当年8月19日致蒋介石、阎锡山电称："祥云率勤务兵冲杀亦阵亡。"邓存彦的转述与孙电不谋而合。可见其说符合事实。

②《永济血战经过报告》载：祥云阵亡时年34岁。其说与邓岗前夫人杨兰菊和邓思成的说法相悖，故从杨、邓之说。

③李振西：《风陵渡保卫战》，中国文史出版社，《晋绥抗战》第432页。时团指挥部陈洁生、刘守经、于登博等皆目击者，三人说法与李振西相同。

④永济再次沦陷具体时间，说法不一。李振西《山西……教导团风陵渡保卫战》说，"下午1时，永济沦陷。"《陕西民国战争史》也符合此说。但与事实不符。蔡逸民、刘守经、贾英锐回忆。此时日军尚未攻城。当年8月19日《西京日报》《西北文化日报》等报纸均报导为"下午7时"以后。《陕西警备第一旅第一团永济抗战阵亡将士纪念碑序》载："城遂陷于寇手，时为8月17日薄暮"。故从后两说。

名官兵从城西南角突围，跑到六官村面见孙蔚如将军外，其余广大官兵为了不被鬼子俘虏，会水的、不会水的争相出西门泅渡。不少官兵又被大河卷去。如血的残阳照着河中泅渡的伤亡官兵，令人目不忍睹。

8月17日保卫永济城血战是血战永济中最为惨烈悲壮的一幕，为陕西警备第一旅在抗日史上写下了最光辉的一页。此役尽管重创了日寇，毙伤敌二三百人，迟滞了日军的前进速度，和逆袭西姚温一样，使三十一军团主力及炮兵安全转移，厥功甚伟。但我军伤亡亦十分惨重，阵亡及葬身黄河的共308人[①]。邓祥云村中同去永济城抗日者5人，除邓俊生1人突围泅渡生还外，其余4人邓祥云、邓正保（祥云侄儿）、邓继忠、邓进元（皆祥云族弟）均以身殉国。陕西省蒲城县张王村邓艾后裔为国家作出了惨重牺牲。

8月17日夜，张剑平等逃回朝邑，当即受到王竣旅长的严厉责斥。8月19日孙蔚如将军即以密电上告蒋介石和阎锡山。（电报全文参看本书《抗日壮歌震大河》的有关部分）8月26日国民政府军事委员会军令部特电慰勉，要求"查报，以〔凭〕奖恤"。

同日下午6时陕西警备第一旅西安通讯处主任何两之借西安莲湖食堂，招待新闻界，作了《永济血战经过报告》。

第二天以后，西安《西京日报》、《西北文化日报》等报纸以【中央社】消息登了报告全文。《西北文化日报》发表的题为《永济抗战经过详情》，题左醒目提示："我守军邓岗营奋勇杀敌，全营壮烈殉国，与城俱尽。"

接军令部特电后，遵照王竣旅长的命令，即着手为陕西警备第一旅第一团永济抗日阵亡官兵修建英烈纪念陵园。陵园建在旅、团部驻

① 永济城血战，我军多少官兵阵亡？其说纷纭？

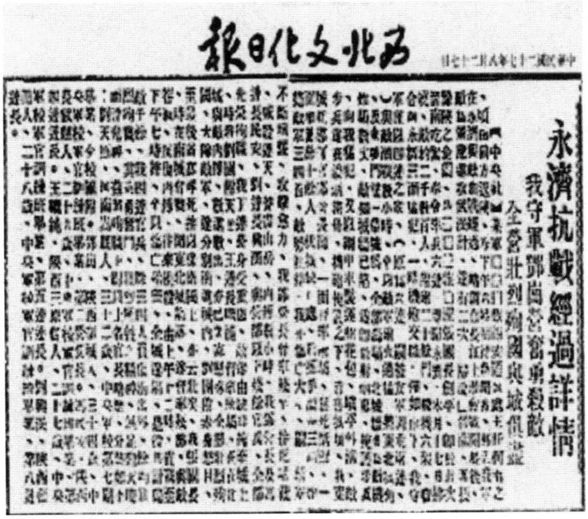
西北文化日報

永濟抗戰經過詳情

我守軍鄧尚營奮勇殺敵

全營壯烈殉國與城俱[illegible]

地（慈禧太后爱臣阎丹初修建的丰图义仓西侧的祠堂与学校）西北面，原陕西朝邑县大寨子村（今属陕西大荔县朝邑镇）外西南角去大荔的大路北边，约 2 亩大小。门口两根石柱，东边上刻“黄河泱泱华岳苍苍”8 个大字；西边上刻“烈士之风山高水长”8 个大字。其中阵亡将士纪念碑于民国二十七年（1938 年）12 月 18 日竣工。碑楼正面横额上镌刻着国民政府主席林森的题词“壮烈捐躯”。下面正中镌刻着“陕西警备第一旅第一团永济抗战阵亡将士纪念碑”21 个大字。碑楼背面横额上镌刻着国民政府监察院院长于右任的题词“民族之光”。下面碑石上镌刻着“陕西警备第一旅第一团永济抗战阵亡将士纪念碑序”暨

“阵亡将士题名录”。阵亡官兵 308 人之职务、姓名全刻于上[①]，第二个即镌刻着“少校营长邓祥云”的英名。

陵园动工后，大荔、朝邑、平民 3 县各界于 11 月 11 日在朝邑县东门里广场举行了追悼陕西警备第一、二旅在永济抗战阵亡将士大会[②]。追悼会开得十分隆重，当时陕西省政府民、建、财、教等厅及各方送的挽联很多。朝邑举人张复初送的挽联是：

不贪生　不幸生　生而无愧
为国死　为民死　死犹有荣

为了表彰英烈，淬励未来起见，深感愧疚的张剑平到西安央浼易俗社樊仰山（陕西韩城人）编写了《血战永济》秦腔剧。樊氏面对时代风云，以救国为己任，取材于永济城血战史实，并作了一些艺术加工，写成了一部 12 出大型古装秦腔戏。该剧以邓祥云为主角[③]，以永济城血战为红线，塑造了我军指挥官邓祥云英勇杀敌奋不顾身的高大形象。作者在 12 出戏中，就在 7 出中歌颂了邓祥云。西安易俗社于 1939 年 7 月 15 日首场公演。遂后陕西各县剧团也相继排演，连陕甘宁边区

---

①因“左”的思想的影响，1958 年前后陵园被毁坏。阵亡将士纪念碑至今找不见下落。多亏烈士王继纯的父亲丞杰、母亲王氏、妻子侯兰蕤、弟弟启宗与女儿颖勤等冒险珍藏了该碑碑阴碑帖一帧，成了历史的铁证。遗憾的是，2004 年王颖勤夫妇去世，儿女将她们的住房卖掉。买房人竟将珍藏了半个多世纪的碑帖当作废物扔掉。幸亏颖勤丈夫张震龙给碑帖拍了照片送我保存，才使该碑原貌得以保留。2015 年又从姚水朝先生处觅得纪念碑正面照片，真相大部得知。参看本书《抗日血战永济城的铁证》。

②《西北文化日报》，中华民国二十七年（1938 年）10 月 11 日至 17 日启事栏。

③《兴平文史资料》《陕西日报》《革命英烈》杂志、《中国抗日阵亡将士传》和血铸中华网《民族英烈•杨法震》《中国共产党革命英烈大典》皆云，《血战永济》秦腔戏，是宣传杨法震的功绩。此说纯属不加考证、捕风捉影、以讹传讹、张冠李戴。为什么要把邓祥云的桂冠戴在杨法震的头上呢？令人费解！

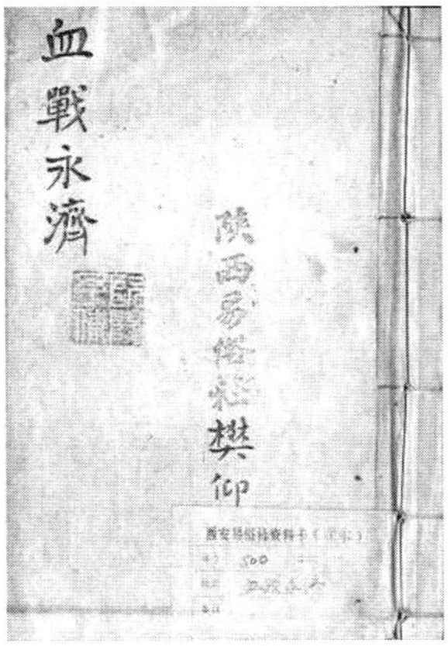

西安易俗社保存的欧阳予倩书写的《血战永济》秦腔剧本

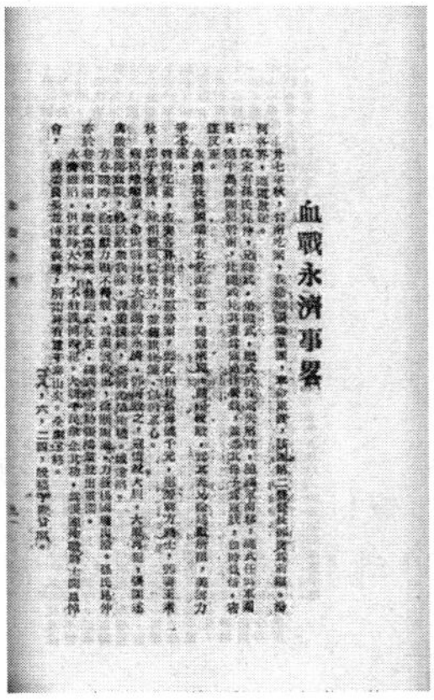

1943 年 1 月再版的《抗战五部曲》其一《血战永济》的剧情简介

也有不少剧团排演了它。该剧深受群众欢迎，对鼓舞陕西全省乃至西北各省人民共赴国难起了一定的积极作用。当时抗日民族英雄邓祥云在陕西全省几乎是家喻户晓、妇孺皆知。

邓祥云营长殉国查明详报后，国民政府特准晋升为中校从优抚恤。国民政府军事委员会于 1939 年 8 月给烈士遗族颁发了《恤金给予令》。国民政府军事委员会抚恤委员会又于 1939 年 11 月给其遗族颁发了《通知书》。一次恤金 900 元，年抚金 400 元①，一直领到 1948 年。1946 年 7 月国民政府并颁令“少校邓岗”入祀忠烈祠。国民政府还于 1948 年给其遗族颁发了《荣哀状》。邓祥云戎马十五年，几死者数矣。湖北北伐两次当死，陕南袁家沟与红军作战当死，而皆幸免。难道是上天要留他抗日卫国，让其死得其所！“人固有一死，或重于泰山，或轻于鸿毛。”（司马迁语）“为人民利益而死就比泰山还重”（毛主席语录）。正因为如此，邓祥云虽然血洒疆场，暴骨荒郊，但他的献身精

① 《死亡官兵调查表·刘耀堂等》，中国第二历史档案馆藏档案一（1）4139 号。

神永远为人民所纪念。1947年李约祉主编的《蒲城县志稿》在“人物”卷中为其立了小传。该县志还记载：民国三十五年（1946年）七月令，蒲城籍在永济阵亡官兵“少校邓岗、中尉韦和亭、准尉李玉亭、士兵冉森潦、邓正保、辛进元、邓继忠、史怀玉”等入祀忠烈祠。

中华人民共和国成立后，由于极左思潮的影响，邓祥云的英名一度被历史遗忘。党的十一届三中全会后，历史的真正面目逐渐得以恢复。20世纪90年代陕西黄埔同学会主编的《陕西黄埔名人》、刘福谦主编的《蒲城县志•人物》均为邓祥云立了传。1995年《渭南日报》发表的《一场阻日入陕的激战——渭南群英血战永济纪实》对邓祥云等渭南群英在永济血战中英勇抗日、催人泪下的事迹作了追述。近年永济老促会编印的《永济革命老区》专节记述了邓祥云血战永济城的英雄事迹。

1998年7月山西省永济市在西姚温村南竣工的“抗日英雄纪念碑”碑阴碑文《血战永济》中简介了邓祥云的英雄事迹。由于未作认真考证，邓岗之名也被重复刻上。8月17日，在张希文、邓祥云等抗日英雄殉国60周年忌日，永济市党、政、军主要领导人和群众数千人在碑前举行了隆重的揭幕仪式。笔者应邀荣幸躬逢，并在揭幕式上作了“血战永济简介”。永济市长潘和平在讲话中对邓祥云在保卫永济城血战中的功绩给予了崇高评价。

附:《西北文化日报》的报道文章

永济抗战经过详情

我守军邓岗营奋勇杀敌

全营壮烈殉国与城俱尽

【中央社】某军□□□旅西安通讯处主任何两之，顷由前方返陕。

昨下午六时招待新闻界，报告我军在永济与敌血战经过。略谓自长江上游会战开展后，敌为策应进攻武汉计，遂有二次“扫荡”晋南，进扰豫陕之企图。我□□□旅□团张团长剑平，即于此次晋南吃紧时，奉令率兵6连，进驻永济。本月17日拂晓，敌约二千数百人，附炮20余门，飞机6架，联合向永济三面猛犯。一时机炮交织，弹如雨下。我守军仅以4连之众（原为6连，嗣被友军调走两连），与敌激战数小时，卒以敌军炮火过猛，将东北城角及东城门楼一带城墙全部轰塌，北城墙亦为敌机炸塌数丈。敌知城墙已陷，遂即放射烟幕，掩护步兵，向我猛犯。又以钢甲车装运棉花包，填平外沟。敌步兵遂在浓烟密布，机炮掩护之下，直薄城垣。我东城指挥官邓营长岗，一面督率所属，奋死抵御；一面率营部十余人，伏城缺口处，亲掷手榴弹3箱，炸毙敌军三四百，敌势稍却。我亦伤亡大半。嗣以敌军不断增援，攻击愈力，我邓营长督率残卒，拼死堵截，喊杀连天，声震山岳。肉搏数小时，我邓营长及冯连长民安，刘连长兴汉，与营部以下残余官兵，全部光荣殉职。我丁连长身受重伤。敌遂由缺口拥至城上。时我刘团附天照、王连长继纯督率所属，正在北城与敌肉搏，数进数出，亦以众寡悬殊，全部壮烈殉国。大队敌军遂分别冲进城内。刘团附赤身怒目，至最后犹高呼“死拼”，以保卫国土，亦云壮矣！我张团长时在南城督战，闻东北城陷落，遂督率残部，与敌巷战，反复肉搏，往来冲杀，由上午12时直战至下午7时许。卒以伤亡殆尽，全城遂陷。是役共计毙敌千余。我4连官兵除三四人负伤冲出外，余均壮烈殉职。其英勇奋斗、壮烈牺牲之精神，诚足惊天地而泣鬼神。兹将殉职上尉以上各官长略历，分志如下：刘天照，河南嵩县人，32岁，中央军校第七期毕业，少校团附；邓岗，陕西蒲城县人，34岁，中央军校军官训练班毕业，第二营营长；冯民安，陕西长武县人，29岁，中央军校军官训练班毕业，第四连连长；王继纯，陕西三原县人，27 岁，中央军校军官训练班毕业，第五连连长；刘兴汉，陕西蓝田人，26 岁，中央军校军官训练班毕业，第八连连长。

〔《西北文化日报》中华民国二十七年（1938 年）八月二十七日〕

附：本文主要参考资料

1.《驻蒲陕西陆军第三路丙寅革命战记》

2.《西京日报》《西北文化日报》《新华日报》《大公报》，1938 年 8 月。

3.《西北文化日报》，1938 年 9 月、10 月。

4. 孙蔚如致蒋介石、阎锡山电（1938 年 8 月 19 日），姚杰手抄件。

5.《陕西警备第一旅第一团永济抗战阵亡将士纪念碑序》

6. 陕西警备第一旅《阵亡官兵调查表》，中国第二历史档案馆藏档案，卷宗号一（1）4139。

7. 樊仰山：《血战永济》（手抄本），西安易俗社藏资料 500 号。

8. 樊仰山：《抗战五部曲·血战永济》1942 年 8 月（电子版）。

9. 国民政府政治部编印：《抗战特殊忠勇军民题名录》第一辑。

10. 李约祉主编：《蒲城县志稿》。

11. 孔从洲：《孔从洲回忆录》，解放军出版社 1989 年 9 月版。

12. 邓金长、车飞程、刘守经、邓存彦、陈洁生、蔡逸民、吴松林、邓思成、缑英哉、杨兰菊、邓庆林、邓广林、王志英、吴东园、王冲华、周连有、武景山、尚元凯、雷承祖、孔从洲、刘威诚、王子伟、王藹民、孙立功、张举才、李桂芳、宋养杰、王颖勤、张震龙等同志的访问记录，或他们与笔者的信。在写作过程中，陕西省档案馆、陕西省图书馆、陕西师范大学图书馆、蒲城县档案馆、蒲城县志办、中国第二历史档案馆和永济市志办的有关同志和贾新运、张亮伯、朱琪、杨伯骐、阎海燕、邓雷仓、雷林瑞、韦浓锡、王晓龙、赵可、严安政、高发俊和邓祥云女儿邓俊侠等同志还热情地向笔者提供了宝贵的线索或资料。在此特致深深的谢意。

位卑未敢忘忧国　同归于尽战倭奴

——血战永济殉国烈士马俊杰

马俊杰（1907—1938），陕西陇县东风镇普乐原人。1933 年到陇县保安团当兵。西安事变期间，王竣奉杨虎城将军命令率所部陕西警备第一旅一、二团到汧阳、陇县一带防御中央军李及兰第四十九师东犯。马俊杰随部参加该旅，被编入该旅第一团马生晖第三营第九连（连长

马俊杰

丁文英，岐山人）。他被任命为该连第二排第四班班长[①]。后随部开赴西安，在城内维持治安至1938年春。

1938年2月，山西日寇沿同蒲铁路南犯。3月初，攻占风陵渡，虎视关中，全陕震动。是年5月，陕西警备第一旅第一、二团在旅长王竣率领下开赴陕东平民县（新中国成立后，并入大荔县）境，扼守（黄）河防。其营扼守大庆关以南至三河口（黄）河防。7月中旬，其连在团长张剑平带领下随部东渡黄河，开赴晋西南抗日，所部任务是"死守永济"县城。

---

① 永济血战时，马俊杰所部番号为何？《陕西警备第一旅第一团永济抗战阵亡将士纪念碑序》、中国第二历史档案馆馆藏档案均记载为"陕西警备第一旅第一团"。而《抗战特殊忠勇军民题名录》却说是该旅"第二团"。近年团中央信息办、中国青少年服务中心、国家档案局办公室、中青网承办的《抗战英烈纪念馆•英名永存》也以讹传讹，作如是说。

按：王竣陕西警备第一旅1938年春领编3个团：第一团（团长张剑平）、第二团（团长王子伟）、第三团（团长刘威诚）。第一团驻防西安。第二、三团在王竣率领下驻防安康。"1938年5月旅部及第二团调回西安，唯留我第三团仍驻安康。"（刘威诚：《抗战期间我在三十八军的活动情况》，十七路军中共党史资料征编领导小组主编：《丹心素裹》(2)，中国文史出版社1989年4月版，第143页）旋，王竣奉命率一、二团开赴陕东平民县扼守（黄）河防。6月王子伟被免职，第二团第一营营长任耕三升任第二团团长。张剑平第一团王宪斌第一营因是新兵，留西安训练，未赴平民河防。张剑平只带邓祥云第二营和马生晖第三营开到平民，扼守河防。7月王竣奉命派遣张剑平率兵6连（团部王恒震机枪连、邓祥云第二营冯民安四连、王继纯五连和张志林六连、马生晖第三营刘兴汉八连和丁文英九连）东渡入晋，死守永济县城。任耕三第二团和张剑平第一团董克昌步炮连、马生晖营部及张举才七连留平民守河防。马俊杰为一团三营丁文英第九连二排四班班长，并非第二团三营班长。

1993年12月出版的《陇县志》依据其遗属保存的民国二十八年十月新编第二十七师第七十九团写给马敬新先生的函，不加认真考证，竟说马俊杰是"国民革命军二十七师第一旅第一团三营九连"(《人物》说是"任二十七师警备第一旅第一团三营九连下士班长")，更是大谬不然。1938年8月间，马所在部队番号仍为陕西警备第一旅。第二年（1939年）7月所部才被蒋鼎文改编为"新编第二十七师"，而并非"二十七师"。此时马俊杰已牺牲近一年矣！新编第二十七师辖七九、八〇、八一三个团，并没有第一旅的编制。故函中明确写为："陕警一旅一团三营九连班长马俊杰。"可知《陇县志》，明显误矣。

8月敌即大举猛攻永济县境。8月17日下午2点多[①]，日寇用12门大炮[②]从城东峨嵋原上以猛烈炮火向永济城连续轰击，并有6架飞机狂轰滥炸，掩护步、骑两千，从东、北、南三面猛攻永济县城。其连在第二营营长邓祥云督率下扼守东城北段，马俊杰奉邓营长命令带领全班死守东门城楼。下午7时，永济东北城墙终被敌猛烈炮火击毁数处。在炽盛炮火掩护下，鬼子由城缺口处冲进。马俊杰身先士卒，带领全班战士迎击，经过短兵相接，肉搏格斗，全班战士先后壮烈牺牲。他也三处负伤，不能站立，但不后退一步。他将所剩手榴弹搜集一处，向敌扔去，毙敌10余。接着，他怀抱手榴弹7颗，由城上跳入鬼子密集处，拉响引信，炸死日寇多人，而马俊杰班长也与敌人同归于尽。

马俊杰等殉国后，这年11月11日大荔、朝邑、平民三县各界在朝邑县举行了隆重的追悼大会。王竣将军并令在旅、团部驻地（慈禧太后爱臣阎敬铭修丰图义仓）斜背面，今大荔县朝邑镇大寨子村外西南角去大荔的大路北边修建了英烈纪念陵园。这年12月18日竣工的《陕西警备第一旅第一团永济抗战阵亡将士纪念碑》碑阴碑文《陕西警备第一旅第一团永济抗战阵亡将士纪念碑序·阵亡将士题名录》的

① 永济城血战发生于何时？《永济激战》、《永济血战经过报告》、《陕西警备第一旅第一团永济抗战阵亡将士纪念碑序》、永济城血战阵亡烈士邓继忠的《荣哀状》、1988年时任永济第一道防线总指挥孔从洲将军复笔者信写的都是1938年8月17日，而《抗战特殊忠勇军民题名录》却说是11月23日。前引《抗战英烈纪念馆·英名永存》以讹传讹，也说是11月23日，明显有误。须知1938年8月17日永济城再次沦陷后，8月23日孙蔚如第三十一军团教导团从扼守的永济辛店第二道防线撤离后，永济县的大多城镇全部沦入日军之手，直到抗战胜利前我军再未进入永济县城。哪里还有我军与日军血战呢？

② 永济城血战时日军以多少门大炮攻城？孙蔚如8月19日致蒋介石和阎锡山电说“12门”。时任永济第一道防线总指挥孔从洲将军1988年5月复笔者信说“8月17日敌用12门火炮，将永济城东北、东城轰倒数处，营长邓祥云此役阵亡”。可见说日军用炮20余门纯属夸张。

第13位即镌刻着马俊杰的英名[①]。1939年西安易俗社樊仰山编演的《血战永济》秦腔戏第九出“肉搏”对他的壮烈殉国作了满腔热情的歌颂。

《抗战特殊忠勇军民题名录》书中收录的马俊杰的英雄事迹

马俊杰殉国查明详报后，国民政府特准晋为少尉从优抚恤。因其事迹感人至深、催人泪下，1941年1月出版的国民政府军事委员会政治部编印的《抗战特殊忠勇军民题名录》第一辑以《马俊杰至死不退》为题，收录了马俊杰的抗日英雄事迹[②]。近年共青团中央、中央党史研究室、国家档案局主办，团中央信息办、国家档案局办公室、中国青少年服务中心、中青网承办的《抗战英烈纪念馆·英名永存》也收录了马俊杰的英雄事迹，惜其文未作考证，致有几处错讹。

①《陕西警备第一旅第一团永济抗战阵亡将士纪念碑序·阵亡将士题名录》，该碑上已晋为少尉排长。

② 国民政府军事委员会政治部编印：《抗战特殊忠勇军民题名录》第一辑，1941年1月出版，第126页。

附:《抗战特殊忠勇军民题名录》第一辑收录的马俊杰的英雄事迹

战区　第二战区

番号　陕西警备第一旅二团第三营

阶级　下士班长

姓名　马俊杰

作战年月　二十七年十一月廿三日

作战地点　山西永济

简历

忠勇事迹　马俊杰至死不退

永济战役班长马俊杰，廿三日奉命率弟兄在城上督战，是日，敌以步兵三千余，大炮廿余门，骑兵三百余，并配合空军攻城，在炽盛炮火掩护下蜂拥由城缺处冲进，马班长急令弟兄迎击。既而，短兵相接，浴血格斗，全班战士，悉壮烈牺牲，马亦负伤三处，但至死不退，将所余炸弹，搜集一处，向敌掼掷，毙敌十余，继怀手榴弹七枚，由城上跃入敌兵密集处，弹药炸发，我马班长与敌一部同归于尽。

附：本文主要参考资料

1.《西京日报》《西北文化日报》1938 年 8 月。

2.《陕西警备第一旅第一团永济抗战阵亡将士纪念碑序》。

3. 樊仰山《血战永济》(秦腔)。

4. 王荣彬主编:《陇县志》，陕西人民出版社 1993 年 12 月版。

5. 国民政府军事委员会政治部编印:《抗战特殊忠勇军民题名录》第一辑。

6. 访问张举才、杨全福、马金龙、马江宏等同志的谈话记录和他们与作者的信。

在写作过程中，还得到了陕西省图书馆的大力帮助，尤其是 2012 年 5 月 8 日我到陇县，受到该县县志办杨全福主任、县政协文史办阎主任、马金龙同志、该县东风镇高赓玉镇长、普乐原村中共支部书记李保仓等同志的热情接待和大力帮助，使该文更加完善，特致谢意。

血洒风伯峪　丹心照汗青

——抗日英烈蒋士城烈士

蒋士城烈士（？—1938），籍贯与生年不详。中共党员。早年加入杨虎城部队。西安事变后，蒋介石把杨虎城第十七路军缩编为第三十八军，军长仍为孙蔚如。1937年3月，士城任第三十八军第一七七师师部辎重营少校军医主任。改编完后，随部调驻三原县城。是年7月7日卢沟桥事变爆发。不久随部开赴陕东合阳县，扼守（黄）河防。

1938年5月初，为策应徐州会战，所部第一七七师（欠五二九旅）奉命东渡黄河，进入晋西南三角地带，寻机歼敌。过河后，任云章五三十旅与杨复震补充团与敌血战于张营镇，予敌重创后即转入敌后。辎重营与特务连随师部驻守临晋吴王渡。日寇在张营镇遭受打击，于是集中全力向我吴王渡师部猛攻。攻击重点指向吴王渡东门及其以南辎重营阵地。辎重营官兵在营长李锦峰指挥下，沉着应战，待敌进入伏击圈，猛烈开火，敌弃尸后退。敌人连续强攻，全营官兵拼死抵御，伤亡甚多。蒋士城置个人安危于不顾，冒着枪林弹雨抢救伤员。经过两昼夜激战，终于粉碎了日军进攻，掩护师长李兴中及师部部分人员安全撤回河西。在参谋长许权中指挥下，士城随部转移到敌后夏县一带游击。

同年 6 月，蒋介石把第三十八军改编为第三十一军团，任命孙蔚如为军团长。为策应武汉会战，7 月孙蔚如奉命亲统在陕各部东渡黄河，进入永济县境抗击日寇。

为了有力抗击日军，按照第三十一军团的防御部署：第一七七师（欠五二九旅）扼守虞乡以东至解县中条山各隘口。陕西警备第三旅驻防临晋、猗氏一带。

8 月，第一七七师进入中条山，辎重营奉命扼守中条山下虞乡东面的风伯峪口，阻敌入山，保卫师部安全。风伯峪口是进山的要道，辎重营进驻后，李锦峰（陕西渭南人。中共党员。在杨虎城部队历任连长、营长。新中国成立后，在北京 502 研究所工作）营长带领全营官兵即在峪口两侧的阶梯地上赶筑工事，并以交通壕和风伯峪村相连接。为了战时少流血，尽量减少伤亡，士城也和战士们一起积极参加赶修工事。

乘我第三十一军团入晋立足未稳之际，8 月间驻运城的日军牛岛第二十师团七七联队，在飞机、大炮掩护下，于攻占虞乡、临晋后，扑犯永济。

日寇在攻占永济县城之后，为了尽快重占风陵渡，解除后顾之忧，18 日乘胜又对第一七七师辎重营驻防的风伯峪发动猛攻。这天拂晓，驻运城的日军从东向西猛烈进攻，首先主攻东面我第一连阵地。地下党负责人张赓良亲赴一连阵地，身先士卒，协助连长指挥。日军在猛烈炮火支援下不断进攻，我一连官兵在李锦峰营长督率下奋勇抗击，

打退鬼子多次猛攻。敌人见攻此没有进展，便转移攻击重点，向西经风伯峪河滩猛攻我第二连阵地。二连官兵与敌展开极为惨烈的白刃格斗，直战至下午，敌伤亡惨重，被迫后退。

风伯峪恶战，给敌以重挫，我也付出极大代价。少校军医主任蒋士城，置生死于不顾，冒着敌人的猛烈炮火，带领医务所全体人员抢救伤员，不幸中弹壮烈牺牲。地下党负责人张赓良、二连连长高庆云、排长邹功烈、郭颖如阵亡。高、邹、郭都是共产党员。全营百分之七十伤亡，党员伤亡三分之二，并且亡多于伤。营长李锦峰负伤。风伯峪之战，挫败了日军登上中条山的企图，牵制了日军部分兵力，迟滞了日军的前进速度，策应了我第三十一军团教导团在韩原的抗击日军，使敌未能很快全力攻占风陵渡。

附：本文主要参考资料

1. 王汝昭：《抗战初期党在一七七师的活动》，《丹心素裹》(2)，中国文史出版社 1989 年 4 月版，第 170—174 页。

2. 吕剑人：《我分管一七七师地下党工作简况》，同前书，第 164 页。

3. 苏济吾：《一七七师收复晋南十三县》，同前书，第 316 页。

4. 姚杰：《抗日战争中的第十七路军》，中国文史出版社 1997 年 10 月版，第 33 页。

其人虽已没 英名应永存

——永济血战殉国烈士魏鸿纪事略

魏鸿纪（1913—1938），名思征，乳名午，字鸿纪，以字行。中国共产党党员①。1913年出生于陕西省富平县庄里镇水涝巷一个农民家庭。他在兄弟4人中居长。二十岁上下投奔杨虎城将军麾下，先当了两年勤务兵，后编入骑兵一团三连。1933年入杨虎城将军举办的西安绥靖公署步兵训练班第二期第二队（中队长苏□□）学习。毕业后，第十七路军成立教导队（孟庆鹏任教育主任兼队长），他任第二排排长。1934年教导队撤销，杨将军把手枪营改为教导营，任命李振西为营长。魏鸿纪任张希文第四连第一排排长。1936年前他参加了中国共产党，遵照组织安排，在所部做兵运工作。1936年他与张希文介绍原第二排排长惠葆全加入中国共产党。随部参加了西安事变。1937年春，

①2005年9月29日下午张振基与笔者同去西安市陕西省中医医院访问惠葆全时，他说魏鸿纪是中国共产党党员。1936年张希文和魏鸿纪介绍他加入了中国共产党。

杨虎城将军把教导营和特务营合并，成立了教导团，任命李振西为团长。鸿纪任殷义盛第一营第二连连长。不久，在蒋介石的再三压迫下，第十七路军被迫缩编为第三十八军，孙蔚如仍任军长。教导团改名为第三十八军教导团。

1937年“卢沟桥事变”爆发后，9月初，鸿纪奉命随部开赴河北抗日前线，参加过滹沱河防御战。10月中旬，奉命撤退到山西盂县休整待命。日寇攻占石家庄后，一路沿正太铁路西犯，图谋会攻太原。日军连陷井陉、旧关、雪花山，娘子关岌岌可危！他奉命随部于10月15日连夜开赴旧关西面阵地，阻止日军迂回娘子关。他与全团官兵一起，坚守阵地，与日寇酷战3日夜，打退了日军多次疯狂猛攻。受到第二战区嘉奖。因所部伤亡过重，经第二战区副司令长官黄绍竑批准，开回陕西泾阳县整顿、补充、训练。期间，该团对干部稍作调整，魏鸿纪接替钟期恭任第三营营长。旋，鸿纪升任少校团附。第三营营长由中校团附张希文兼任。

1938年2月，日寇沿同蒲铁路南犯。3月初，日军攻占了风陵渡，觊觎关中，全陕震动。鸿纪奉命随部开赴陕东合阳坊镇、灵泉村一带，扼守合阳至韩城间（黄）河防。期间，为了有力打击日寇，教导团成立了便衣大队，由魏鸿纪兼任队长，惠葆全任副队长。

是年6月下旬，蒋介石把第三十八军改编为第三十一军团，孙蔚如任军团长。教导团也改名为第三十一军团教导团。为策应武汉会战，7月奉命随部东渡黄河，开赴永济县之韩阳镇、匼河镇、风陵渡等处，为第三十一军团的预备队。担任同蒲铁路最南端，自中条山西麓至黄河东岸的防务，坚守韩阳镇以南辛店第二线阵地。

8月间，乘我第三十一军团入晋立足未稳之际，驻运城之牛岛第二十师团七七联队3000余人，附炮20余门，装甲车十余辆，飞机六架，分三路向我疯狂进攻。8 月 16 日日军突破我军之第一道主阵地。17 日下午 7 时以后，日军攻占永济县城。

永济再次沦陷后，能够屏障风陵渡的只有韩阳镇以南的地形比较适宜。大本营命令第三十一军团在韩阳镇、匼河镇地区占领阵地，阻止日军前进，保卫风陵渡，掩护陇海铁路的交通。这样，保卫风陵渡的重担，就落到教导团身上。

韩阳镇以南的地形，东靠中条山，西临黄河，正面不过五六里，一个团扼守这里问题不大。但是教导团第三营在驰援永济主阵地右翼西姚温时大部壮烈牺牲，只剩下两个营。虽然辛店阵地系教导团渡河后与当地群众兼工赶筑，其优点为非“点”“线”式而系“练”式与碉堡式。阵地全部系一堡垒群制组成，形如网状。敌人如突破某一点，均将陷于各堡垒的包围中[①]。但是在敌人步、炮、空联合攻击的情况下、扼守起来困难仍然很多。

在辛店主阵地以北 3 里的韩阳镇只是教导团的警戒据点。为了争取加固工事的时间，由团部直属连队组成了强有力的便衣大队。便衣大队的任务是“威力侦察”“骚乱敌人”“扑灭汉奸”等。由少校团附兼便衣大队队长魏鸿纪、副队长惠葆全带上，潜伏在韩阳镇内及附近的竹林内。日军由空中侦察，也知道我们的主阵地在韩阳镇南。但是我们在韩阳镇内的便衣大队由于受到当地老百姓的掩护，敌人的地面部队始终没有侦察出来。因而在攻占永济的第二天，18 日敌乘胜迫进我辛店第二线阵地。

日寇的 1 个步兵中队，几十个骑兵，3 辆战车，大模大样地开进

① 当年教导团在辛店阵地有无堡垒，该团团长李振西前后说法不一。建国后，他写的《风陵渡保卫战》中说：“没有堡垒”。但当年他写的《韩原大战十日记》却说：“全部系一堡垒群组成。”（见 1939 年 4 月初版的战友社编辑发行的战友丛书之三：《血痕》第 84 页）故从后说。

了韩阳镇内。这时镇内的便衣大队在老百姓帮助下，有计划地藏在楼上、地窖内、草堆里，镇外的全潜伏于竹林内。所有侦察、联络、通讯诸事，全由当地老汉、老太婆主动担任。因而敌人的一举一动，便衣队了如指掌，而敌人却是如盲人骑瞎马。日军进了韩阳镇后，也在各家各户搜查了一遍。当他们确认没有我军后，便架起枪来，杀鸡宰牛，大吃大喝，根本没有作战准备。这时少校团附兼便衣大队队长魏鸿纪一声号令（副队长惠葆全因病住院），便衣队员由房上、地下、草堆中，四面八方向敌发起猛攻，打了个敌人措手不及。把他们打得晕头转向。经过几个小时的巷战，镇内的日寇大部分被我消灭。下午3时，敌人的增援部队约步兵八九百人，战车十余辆，刚到韩阳镇附近，又遭到鸿纪指挥的潜伏在竹林中的便衣队的迎头痛击。这时镇内、镇外到处是枪声、手榴弹的爆炸声，肉搏的格斗声和喊杀声。黄昏时候，韩阳镇的残敌，狼狈逃窜。

为了彻底消灭溃逃的敌人，为了配合正面阵地的战斗，魏鸿纪奉团长李振西之命率领便衣大队由祈家坡迂回进攻祈家村的敌人。他带领战士们冒着敌人稠密的炮火，匍匐着向前。硝烟窒息了呼吸，砂土迷住了眼睛，但是他们终于勇敢地敏捷地绕到敌人的侧后方祈家村附近。当他看到村口寨门前有几个站岗的鬼子，想到他们曾惨无人道地屠杀了我无数同胞，他怒发冲冠。但当他又想到这村的鬼子将被他们消灭的时候，想到就要展开血的搏斗的时候，他兴奋了，他的血沸腾了，他的眼睛发了光。他率领战士们悄悄地前进，渐渐地逼近了，更逼近了。突然鸿纪团附发出雷鸣般的喊声：“杀呀！”大家不约而同地齐喊：“杀呀！”便冲了上去。几个守门的鬼子还没弄清是怎么回事，便被大刀结果了性命。城门被冲开了，战士们一拥便进了村子。村道上停着的钢甲车被我们的手榴弹炸毁了。但是敌人的机关枪响了，枪弹从四面八方打过来。鸿纪指挥战士冲上屋顶，把敌人的机关枪夺过来。敌人的脑袋象西瓜一样的滚在地上。枪声、喊杀声、手榴弹的爆炸声，此伏彼起。战士们和敌人继续着肉搏，到处听到敌人的惨叫声。但机关枪声仍不断地“哒哒哒……”地响着，枪弹从四面八方打过来，敌人显然派来了援兵。

鸿纪团附忙着指挥。他到处跑，大声叫喊，还要随时随地地和敌人搏斗。他忘记了疲劳，忘记了危险，忘记了自己，唯一的信念便是杀敌，完成任务。突然一颗可诅咒的子弹射进了鸿纪团附的胸膛。他没有来得及讲一句话，只“哎”了一声便晕了过去。

几个战士把他背到村外。

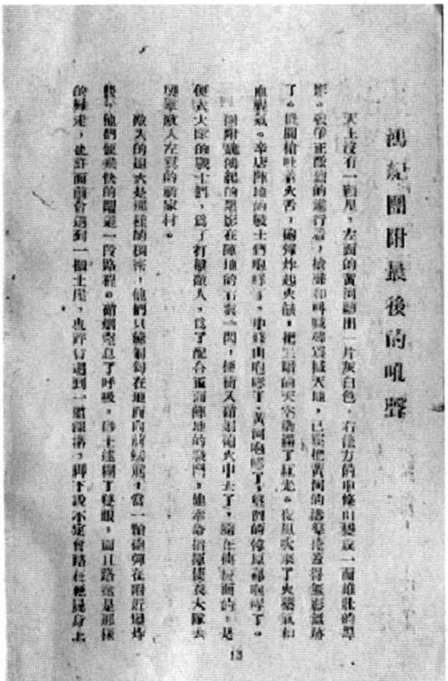
鴻紀團附最後的吼聲

1939 年战友社发行的《血痕》一书中收录的教导团少校团附魏鸿纪殉国的特写

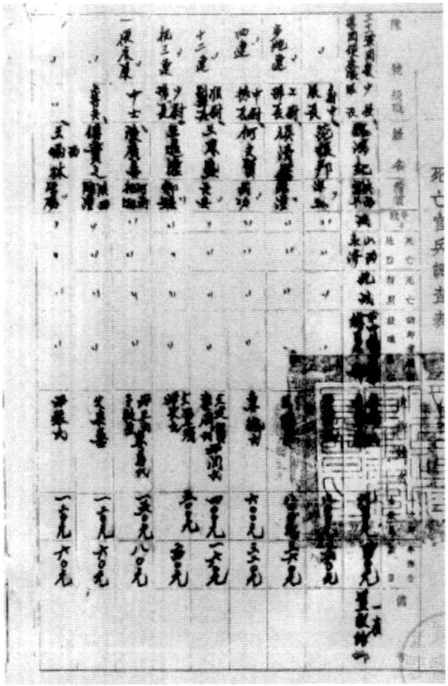

中国第二历史档案馆藏的魏鸿纪等档案

他慢慢清醒过来。“同志们，杀呀！同志们，杀呀！”他不断地呼喊着。

“团附，团附！你安静一点吧。你受伤了。”几个战士安慰他说。

“怎么？”他慢慢地睁开了眼睛，辨明了周围的一切。

“我不……我不能……你们去，不要管我……不…”他坐起来，指着祈家村，指着那火光说：“你们去！不……不要管我，去，同志们，杀…呀……”

他倒了下去。眼睛渐渐地闭起来。嘴仍张得大大的，仿佛还要吼出来的样子[①]。鸿纪殉职时年仅26岁，是永济血战时殉国的少校以上军官最年轻的。

与殉职在永济大地的杨法震、张希文、刘天照、邓祥云等近千位英烈相比，鸿纪较为幸运。他牺牲后，忠骸运回陕西，由在泾阳县“教导团抗日眷属队”负责人陶子录[②]和眷属队成员鸿纪的夫人杨氏送回他的家乡，安葬于富平县庄里镇城北的祖茔之中。鸿纪生前，只有一女。为了使其后继有人，陶子录还从蒲城县甜水井为其领养了一个养子名胜利。

人民永远不会忘记为了国家独立和民族解放而壮烈捐躯的英烈。

---

① 魏鸿纪殉职的具体时间与怎样殉职说法不一。关于殉职时间：王若华《风陵渡的前卫战》说是“十八日黄昏”;《血痕·鸿纪团附最后的吼声》未说是何日，只说是晚上；李振西《韩原大战十日记》说是八月十八日下午；李振西《风陵渡保卫战》说是8月15日下午。我取王若华之说。

关于鸿纪怎样殉职，《风陵渡的前卫战》说是在阵地前消灭了七八十个敌人时牺牲；《韩原大战十日记》说是在韩阳镇歼灭铁道旁残喘之敌时阵亡；《鸿纪团附最后的吼声》说是在攻入祈家村时敌机枪射穿胸膛；《风陵渡保卫战》说是在韩阳镇消灭增援之敌时殉职。王季麟《抗日战争中的教导团》说是8月16日夜向西姚温村进攻时，与张希文同时殉国。此说最不可信。我取《鸿纪团附最后的吼声》中的说法。

② 陶子录，陕西省蒲城县人。曾任孙蔚如三十八军教导团团部直属迫击炮连连长，参加过滹沱河与旧关防御战。未参加永济血战。

魏鸿纪殉国后的第10天，8月28日《西京日报》刊登的王若华写的《风陵渡的前卫战》即报导了他殉职的简况。1939年4月战友社编辑发行的《血痕》一书，其中李振西写的《韩原大战十日记》和特写《鸿纪团附最后的吼声》均对鸿纪的殉职作了较详实的追述。鸿纪殉职查明详报后，国民政府军事委员会抚恤委员会特准晋为中校，从优抚恤，一次恤金900元，年抚金400元。

新中国成立后，李振西写的抗日回忆录《风陵渡保卫战》也对鸿纪殉国作了深情的怀念。1998年竣工的永济抗日英雄纪念碑上镌刻了他的英名。遗憾的是，《富平县志》竟连他的英名都没有记载。

附:《西京日报》的有关文章

風陵渡的前衛戰

王若華

中华民国二十七年（1938）八月二十八日《西京日报》关于魏鸿纪牺牲的报导

王若华：风陵渡的前卫战（续）

（二）和张营长一样英勇并且也壮烈的牺牲了的便衣大队长魏鸿纪，他是□□团的团附。便衣大队的任务，是“威力侦察”“骚乱敌人”“扑灭汉奸”等。十八日黄昏时候，为了消灭溃退的敌人，魏大队长奉到了出击的命令。他和便衣队员们兴奋的爬出堡垒，在阵地前消灭了七八十个敌人，而我们的魏大队长也为国牺牲了。和张营长一样，和几十万为国牺牲的战士一样，他的血也扶植了民族解放之花。

〔《西京日报》中华民国二十七年（1938年）八月二十八日第二版〕

附：本文主要参考资料

1. 民国 27 年（1938）《西京日报》8 月。

2. 战友社编辑：《血痕》，民国二十八年四月版。此书乃鸿纪胞弟魏鸿武提供信息。

3. 李振西：《风陵渡保卫战》，《晋绥抗战》，1994 年 2 月版，第 429 页。

4. 陈子坚：《第四集团军中条山抗战概况》，《丹心素裹》（2），第 322 页。

5. 王季麟：《抗日战争中的教导团》，仝上书，第 197 页。

6. 中国第二历史档案馆藏魏鸿纪等的档案。

7. 访问李成德、何永安、陶子录、惠葆全、魏鸿武、魏鸿运等的谈话记录或他们与笔者的信。

抗日英烈袁致亮

袁致亮（1912—1937[①]），陕西省扶风县南阳乡侯李村人。中国共产党党员。扶风县高等小学毕业。先在甄寿山学兵连当兵，后升入三原职业学校。

1931 年考入陕西省政府警卫团[②]。同年加入中国共产党。毕业后，留警卫团任见习连附、连长等职。1935 年因参战，与原部队中共秘密组织失掉联系。1936 年任阎揆要（中共党员）特务第二团第三连连长，在部队驻地泾阳县重新加入中国共产党。他经常对士兵进行爱国主义和抗击日寇、保卫祖国的教育。由于爱护士兵，公开经济账目，深受士兵爱戴。

① 刘兆义主编的《扶风县志》说，袁致亮 1938 年牺牲，明显有误。忻口战役在 1937 年 10 月。

② 刘兆义主编的《扶风县志》说，袁致亮 1931 年考入陕西省政府警备团，此说似有误。1931 年杨虎城部有警备师和警卫营，并未有警备团。

西安事变后，杨虎城将军以特务一、二团组建了西安绥署独立旅，许权中任旅长。1937年3月，杨虎城将军所剩部队被迫缩编为第三十八军，军长仍为孙蔚如，辖赵寿山第十七师和李兴中第一七七师，还有3个陕西警备旅和教导团与骑兵团。袁致亮编入第一七七师许权中第五二九旅阎揆要第一〇五七团周益三[①]第一营，任第三连连长。

全面抗日战争开始后，8月中旬，奉师部命令随部开赴河北抗日前线。官兵闻讯，士气高昂。8月16日，随部由耀县移驻三原，厉兵秣马，枕戈待命。8月28日师部在三原召开大会，欢送第五二九旅奔赴前线抗日。李兴中师长动员后，袁致亮同全旅官兵同仇敌忾，发出气壮山河的誓言，决心与日寇血战到底。9月1日从三原出发，步行到渭南乘火车。3日下午到达正定县。先后辗转于无极县、保定北之高碑店、易县、荆紫关、满城、完县和灵山镇一带。

10月16日，第五二九旅奉命驰援山西忻口。袁致亮随部日夜兼程，由灵山镇经阜平、龙泉关、五台、定襄，于10月18日下午赶抵忻口前线。

忻口地势险要，是屏障太原的最后一道防线。日军在飞机、大炮掩护下不断猛攻，战况至烈。五二九旅增援由陈长捷指挥的中间兵团，团、营被分割使用于第一线部队。阎揆要一〇五七团归晋军梁春溥师指挥。韩子芳一〇五八团归晋军另一个旅指挥。袁致亮所部周益三第一营拨归晋军梁春溥师第二一七旅第四一六团宋恒宾团长指挥，当即接替了宋团阵地。孟审言第二营拨归晋军梁春溥师第二一七旅第四三二团王鸿溥团长指挥，位于王团左翼。19日南怀化的日军即向王

① 周益三，陕西渭南人。1927年加入中国共产党，1935年参加杨虎城部，历任营长、副官处长。新中国成立后，任全国政协总务处长、西安市政协副主席。

团猛攻。王团因前几日战斗损失较大，其阵地很快被敌突破，敌人一直冲到周益三第一营的侧后。一营排长冯子云（中共党员）指挥全排协同友军向敌侧击，将敌击退。旋，周益三营长奉梁旅长命令带领全营协同王团及孟审言第二营夺回失守的阵地。袁致亮连在周营长带领下，与全营官兵在弹雨火海中拼死向敌冲杀搏斗，将敌击退，夺回了失守阵地刘兆义主编的《扶风县志》说“全面抗日战争开始后，部队奔赴山西忻口与日军作战，收复被阎锡山失掉的怀化等地。”说“收复被阎锡山失掉的怀化等地”不确。阎锡山当时为第二战区（山西省）司令长官。忻口战役总指挥为卫立煌。南怀化等地的失掉确为阎锡山所部。但一切责任似不应由阎锡山一个人承担。

在这次激战中一〇五七团付出了重大代价，机枪连连长杜俊杰阵亡，袁致亮连长和第三连的官兵全部为国捐躯。

附：本文主要参考资料

1. 刘兆义主编：《扶风县志》，陕西人民出版社 1993 年版

2. 阎揆要：《忆一七七师五二九旅参加忻口战役》，同前《丹心素裹》(2)，第 283 页

3. 周益三：《随五二九旅参加抗日片断》，同前《丹心素裹》(2)，第 288 页

抗日英烈许乐善

许乐善

许乐善，1907年出生在陕西省蒲城县甜水井宣化许家村一个农民的家里。7岁入本村私塾学习。1921年考入蒲城县立高级小学学习。1923年毕业后，考入渭南县渭阳中学（即今渭南市临渭区故市高中）学习。1925年，与其胞兄述善到天津南开中学学习。其间受到如火如荼的国民革命和一些进步师生的影响，开始阅读许多进步的书刊，思想觉悟提高很快。在学校党组织的关怀和培养下，他加入了中国共产主义青年团。不久，又加入了中国共产党。

1926年乐善回到家乡蒲城，在中共地下党的领导下，用教师身份作掩护，进行革命活动。他负责青年团工作，教育引导青年投身革命。当时搞革命工作，经费十分困难。乐善曾将妻子常秋珠珍爱的首饰等变卖作为活动经费。他还把党的机密文件让其妻缝在衣服中，安全地送给别的同志或有关组织。

1929 年乐善奉党组织的命令到山西高桂滋[①]部做兵运工作，拟建立人民军队。后由于他活动过频，致使敌特怀疑，便离开高部。

1934 年，经王菊人[②]同志引荐入杨虎城将军部队。先到西安绥靖公署步兵训练班军官队第三期[③]学习。毕业后被分配到西安绥靖公署宪兵营第四连任排长[④]、营特支书记。在省委的直接领导下开展党的工作。

① 高桂滋（1891—1959），陕西定边人。毕业于陕西军官学校。历任陕北镇守使署连长、陕西靖国军第四路营长、国民第二军团长、旅长。1927 年，投南京国民政府，任独立第八师师长。1928 年，任第四十七军军长。1932 年，任第八十四师师长。1933 年，任第三十二军副军长。1937 年，任第十七军军长。1939 年，任第三十六集团军副总司令兼第十七军军长。1944 年，任第三十八集团军副总司令兼第十七军军长。1948 年 9 月，任西安绥靖公署副主任。中华人民共和国成立后，任西北军政委员会委员，全国政协委员。

② 王菊人，陕西省蒲城县人。1924 年加入中国社会主义青年团，同年转为中国共产党党员。历任中共西安市西区区委宣传委员、陕西青年社宣传部长、蒲城县委委员、县团委书记。1929 年起，历任十七路军连指导员、机要科长、杨虎城机要秘书，参加西安事变。1944 年起为中国民主同盟西北总支负责人之一。1947 年 3 月与杜斌丞同日被捕。1949 年在押解四川途中逃出。中华人民共和国成立后，历任西北军政委员会文教委员会委员兼秘书长、陕西省交通厅副厅长、省民革副主委兼秘书长、陕西省政协副主席。

③《蒲城英烈》说，许乐善 1934 年到步训班第二期学习，有误。《西安绥靖公署步兵训练班军官队第四期同学录》载，许乐善为第三期。

④《蒲城英烈》说，许乐善在步训班期满后“被分配到西安绥靖公署宪兵营第四连任排长”。何永安在《杨虎城将军与西安绥靖公署特务营片断回忆》中 1931 年九一八事变后宪兵营 4 个连长为：袁鉴吾、李湘阁、李长荣、甘廷桂。李长荣似为第三连连长。

与李醒吾同志一道负责省委负责人潘自力[①]等在西安的安全。

乐善重视党的思想工作，把它作为提高部队战斗力，发动群众争取进步力量，战胜敌人的有力武器。在该连连长李长荣离职半年多的时间里，连的工作一直搞得很好，最主要的原因是他执行我党的团结、教育方针的结果。

不久，随部[②]参加了震惊中外的西安事变[③]。

① 潘自力（1904—1972），陕西华县人。1923年加入中国社会主义青年团。1925年11月，赴苏联莫斯科中山大学学习。1926年在中山大学由团员转为中国共产党党员。1927年春回国后，先后任共青团陕甘区委代理书记兼宣传部长、中共西安市委书记、中共陕西省委书记。1928年5月，参与领导发动渭华起义，同年冬，被敌人逮捕。1930年出狱后，赴法国留学。1933年8月回陕。1934年7月中旬，中共上海中央局经崔仲远通知潘自力去川陕革命根据地工作，几经周折，他于1935年1月5日到达川陕苏区的旺苍坝。但张国焘对潘自力极不信任，派人试探，限制行动自由，直到3月初才分配到中共川陕省委工作。潘自力随红四方面军参加长征。1936年9月，中共红四方面军党务委员会在甘南岷县决定：潘自力重新入党，候补期二年。西安事变爆发后，潘自力于1937年1月到西安，任陕西省民众运动指导委员会组织部长。8月，调任中共陕西省委宣传部部长。卢沟桥事变后，12月，潘自力随刘少奇、彭德怀前往河北敌后，在华北坚持斗争12年，先后担任晋察冀军区政治部宣传部部长、政治部副主任、代理主任，晋察冀野战军、华北第二兵团、十九兵团政治部主任。中华人民共和国成立后，历任中共宁夏省委书记、省人民政府主席、陕西省委书记、省人民政府副主席和中华人民共和国驻朝鲜、印度、尼泊尔、苏联的全权大使。“文化大革命”中，受到残酷迫害，1972年5月22日在山西霍县含冤去世。

② 蒲城县民政局、蒲城县革命烈士事迹编纂办公室：《蒲城英烈·许乐善》（第一集）称，许乐善曾任宪兵营第二连连长，但何永安在《杨虎城将军与西安绥靖公署特务营片断回忆》中1931年九一八事变后宪兵营4个连长为：袁鉴吾、李湘阁、李长荣、甘廷桂。连长并无许乐善。

③ 蒲城县民政局、蒲城县革命烈士事迹编纂办公室：《蒲城英烈·许乐善》（第一集）称，许乐善曾任宪兵营第二连连长，随部参加了震惊中外的西安事变，他率部解除了蒋介石宪兵第二团的武装。但据前引何永安《杨虎城将军与西安绥靖公署特务营片断回忆》一文说，西安事变前夕杨虎城将军已将宪兵营改为特务营，营长为宋文梅，4个连长分别为：何永安、席珍儒、张希钦、李锦峰。营长宋文梅写的有关回忆连长也没有许乐善。

西安事变爆发后，李锦峰[①]第四连升编为许权中[②]独立旅独立营[③]。许乐善任该营第二连连长[④]。旋奉命随部开赴蓝田，赶筑工事，准备迎击亲日派中央军的进犯。并与徐海东部红军一起召开大会，向当地群众宣传西安事变的意义。

西安事变和平解决后，奉命随部开赴耀县驻防。其间所部曾处死耀县劣绅雷天益，并送给红军许多武器和药品。

蒋介石回到南京后，即对张、杨进行报复。1937年4月蒋介石又以出资送出洋考察为名，迫使杨虎城辞职出国。5月7日南京政府撤销西安绥靖公署及十七路军总部。十七路军所剩部队缩编进三十八军，辖十七师、一七七师、陕西三个警备旅、教导、骑兵两个团。李锦峰

---

① 李锦峰，陕西省渭南市临渭区人。1926年加入中国共产党，参加渭华暴动，历任渭南赤水区委书记，杨虎城西安绥靖公署特务营连长，西安事变中率部扣押了陈诚等蒋帮军政大员。后任许权中独立旅独立营营长、孙蔚如第三十一军团李兴中第九十六军辎重营营长、补充团团长。1938年5月随部东渡，参加了吴王渡保卫战。8月18日率部在风伯峪与日寇恶战竟日。中华人民共和国成立后，曾任中国科学院自动化所业务处处长、航天工业部502所顾问。

② 许权中，陕西省今西安市临潼区人。陕西甲种工业学校毕业、广东韶关讲武堂毕业。1925年由李大钊介绍加入中国共产党。历任国民联军第二军营长、团长、旅长，中山军事学校总队长。1928年夏，率部参加渭华起义，任西北工农革命军总顾问兼骑兵分队长。1928年至1930年在莫斯科中山大学、红军大学学习。1933年任察绥民众抗日同盟军军委常委、十八师师长。1936年西安事变前应杨虎城将军之邀任陕西警备第二旅副旅长，参加了西安事变。旋任杨部独立旅旅长。杨部被迫缩编进孙蔚如第三十八军后，任三十八军李兴中一七七师五二九旅旅长。卢沟桥事变发生后，即奉命率部奔赴河北抗日前线。旋参加忻口战役，所部奋勇杀敌，战功卓著，受到卫立煌5次嘉奖。后任一七七师参谋长，率部东渡黄河，在晋西南地区屡挫敌锋。1943年在陕西眉县被胡宗南部特务杀害。

③《蒲城英烈·许乐善》(第一集)称，“西安事变后，上级把卫士第四连单独调出，改编为独立旅特务营。”此说恐有误。当事人王汝昭在《抗战初期党在一七七师辎重营的活动》中说是独立营，录以备考。

④ 王汝昭：《抗战初期党在一七七师辎重营的活动》，十七路军中共党史资料征编领导小组主编《丹心素裹》(2)，中国文史出版社1989年4月版。

营改编为第一七七师辎重营。许乐善连编入许权中第五二九旅阎揆要①第一〇五七团孟审言第二营②，乐善任第六连连长。

日寇发动卢沟桥事变后，乐善闻讯立即请缨，要求奔赴前线，抗击日寇。旋奉命随部开赴河北抗日前线。先后转战河北定州、高碑店、紫荆关一带。日寇猛攻晋北，忻口前线告急。所部在旅长许权中率领下以急行军赶赴忻口增援。

10 月 18 日所部抵达忻口，未作休息，即投入战斗。在团长阎揆要、营长孟审言的指挥下，乐善身先士卒，率部奋勇冲杀，多次打退鬼子猛攻。与全旅官兵一起坚守正面阵地 14 个日夜（以前守该地友军无过 3 日者），歼敌颇多，打掉了日寇的嚣张气焰。受到战地指挥官卫立煌的 5 次嘉奖（卫立煌亲口对孙蔚如讲）。由于我军装备甚差，也付出了极大的代价。31 岁的许乐善③和许多战友不幸以身殉国。

---

① 阎揆要，陕西省佳县人。黄埔军校第一期毕业。1926 年加入中国共产党。历任国民三军骑兵团营长、杨虎城部陕西省政府警卫营营长、警卫二团团长。西安事变后，任孙蔚如第三十八军李兴中一七七师许权中五二九旅一〇五七团团长。卢沟桥事变后，随部奔赴河北抗日前线。旋参加忻口战役，所部奋勇杀敌，战功卓著。1938 年到八路军任总部处长、冀鲁豫军区参谋长。解放战争时期，任中共中央一局局长，陕甘宁晋绥联防军副司令员兼参谋长，西北野战军参谋长，第一野战军参谋长。中华人民共和国成立后，任中央军委情报部部长，武装力量监察部副部长，济南军区副司令员兼参谋长，军事科学院秘书长、副院长。1955 年被授予中将军衔。

② 王汝昭：《抗战初期党在一七七师辎重营的活动》，十七路军中共党史资料征编领导小组主编《丹心素裹》（2），中国文史出版社 1989 年 4 月版，第 168 页。

③ 蒲城县民政局、蒲城县革命烈士事迹编纂办公室：《蒲城英烈•许乐善》（第一集）称，许乐善在忻口抗日之战时殉国，但所部团长阎揆要在所写《忆一七七师五二九旅参加忻口战役》（十七路军中共党史资料征编领导小组主编《丹心素裹》（2））一文中忆及阵亡官兵不知因何未有许乐善之名？其团第一营营长周益三在所写《随五二九旅参加抗日片断》（同前）一文中忆及阵亡官兵不知因何也未有许乐善之名？《蒲城英烈•许乐善》说：“他的英雄业绩将永载史册，流芳百世！”似乎无法落实。

附：本文主要参考资料

1. 蒲城县民政局、蒲城县革命烈士事迹编撰办公室：《蒲城英烈》（第一集）。

2. 李锦峰：《关于宪兵营党组织的有关情况》，中共陕西省委党史研究室编“陕西党史资料丛书”（二十六）《中国共产党在国民党第十七路军中的活动》（回忆资料卷 1923—1936），陕西人民出版社 1993 年版，第 340 页。

3.《西安绥靖公署步兵训练班第四期同学录》。

4. 何永安：《杨虎城将军与西安绥靖公署特务营片断回忆》。

5. 王汝昭：《抗战初期党在一七七师辎重营的活动》，十七路军中共党史资料征编领导小组主编《丹心素裹》（2），中国文史出版社 1989 年 4 月版，第 168 页。

6. 阎揆要：《忆一七七师五二九旅参加忻口战役》，同前《丹心素裹》（2），第 283 页。

7. 周益三：《随五二九旅参加抗日片断》，同前《丹心素裹》（2），第 288 页。

抗日英烈李登先

李登先（1908—1938），1908年生于甘肃省高台县盐池堡。早年投奔杨虎城部队，被分配到三十八军十七师五十一旅一〇二团二营二连。1934年毕业于西安绥靖公署步兵训练班军官队第三期[①]。抗日战争爆发后，任赵寿山十七师独立营机枪连连长，随部开赴河北抗日前线。参加了保定、娘子关等战役。因所部减员太多，开到山西碛口、陕北绥德整补。

1938年2月，奉命随部东渡黄河，由洪洞县经浮山、阳城等地，进入晋东南抗日前线。在赵寿山师长率领下，十七师斗志昂扬地开到高平县。部队分别在高平关、黑虎岭、相公山等地安营扎寨。高平关海拔1188米，两边高山，中间是通往端氏之路，地势险要，是高平县的西大门。

3月3日，日军第十四师团黑石联队侵占沁水县城后，继续进犯

① 《西安绥靖公署步兵训练班军官队第四期同学录》。

高平。经过充分准备，全师官兵信心百倍，决心痛歼日寇。3月8日，日寇以装甲车百余辆耀武扬威、目空一切地沿曲高公路东犯。早上8点左右，当敌人装甲车进入我伏击圈老坟沟后，我轻重火力一齐开火，打得敌人抬不起头来。独立营李登先连长一听到主峰打响，便带领全连向敌人猛烈开火。战士们个个斗志昂扬，如猛虎下山，把敌人逼进两山夹一沟的死胡同，无处躲藏。我便衣队队长石建鹏率领3个班的便衣队，迂回敌后，猛烈开火，战斗从上午一直打到日落西山，日寇死伤惨重，只好狼狈逃窜。

此役激战8小时，打死日寇120名，打伤200多，打毁敌装甲汽车12辆，缴获日寇钢炮3门，轻重机枪15挺，三八式带盖步枪130支，各种弹药50多箱。钢盔、大米、罐头、饭盒等掉了一路。这一战，完成了守高平关的任务，保护了高平人民的春季生产安全，受到上级的嘉奖。

此役我军也有不少伤亡，机枪连连长李登先、下士高振山等在激战中不幸以身殉国。3月20日，赵寿山师长为阵亡烈士主持举行了追悼大会。独立营营长张恒英（陕西省渭南市临渭区人）致悼词。悼词为：

维中华民国二十七年三月二十日，陆军第十七师独立营营长张恒英率全体官兵，致祭于我高平关战斗阵亡烈士之灵前曰：

日寇侵我　黩武穷兵　我部抗战　奋战牺牲
经八月阅　转战有名　漕河釜河　杀棘劈荆
雪花山上　功败垂成　晋西碛口　蓄锐养精
晋东移驻　开赴晋城　东阳失陷　又调高平
扼守要塞　战略变更　众敌来犯　气骄已盈
迎头痛击　有我独营　烈士奋勇　拼命力争

我李连长　督队舍生　击毁敌车　敌没敢撑
杀敌无比　敌输我赢　高平一县　咸庆复生
口碑载道　振振有声　烈士虽死　犹有余荣
聊备酒黄　以慰英魂　致维　尚飨

1938 年 7 月山西高平县修建的陆军十七师抗日阵亡烈士纪念碑

是年 5 月，十七师奉命南移，师长赵寿山以殉难诸烈士之英骸散寄各地，不足以慰死者之灵，乃择地县城西南董峰村北凤翅山之阳，而公葬之。高平县长刘涵森为了表示对抗日军队的支持，使后代永远记住抗日英烈，决定给十七师在晋东南抗日战役中牺牲的烈士树碑纪念。纪念碑地址选在主峰山的窑则头村。赵师长临行，把建碑事委托韩齐政负责。设计者为十七师兵站站长张君子麟，襄助者为十七师副官秦君广三，指导者为高平县政府科长曹君斐然。聘请县有名的书法家韩廷修、吴振声书写了碑文，精工细刻。碑高 13 尺，自 5 月 23 日开工，至 7 月 3 日落成。还有烈士人名碑 37 块，每块高 3 尺，宽 1 尺。碑的周围停放着十七师在晋东南各战役抗日牺牲的烈士灵柩。有连长李登先、连长枭锦堂，队长李秀奎，连附王秉干、连附张连，中士王书成，下士崔其义、李金升、慈得福、杨子贵、高振山，上等兵周子明、王子明，一等兵白占标、宋水和、胡永福、李文生、孙龙云、郑秀武、刘金魁、李田福、刘世宽、侯文德、冯志斌、华金成、黄得荣、苟占奎、王荣周、谢前

山、何维山、贾得科、宋英、郭生祥、冯得安、张恒祥等37名。

7月3日在窑则头村举行了隆重的纪念碑揭碑仪式，参加仪式的有县政府各机关、学校、各村的领导干部和手拿红缨枪的自卫队、学生、广大群众及十七师官兵10000多人。仪式肃穆庄严，县长刘涵森讲了话，赵师长致悼词。最后安葬诸烈士。

70多年沧桑巨变，英烈墓与英烈碑已荡然无存。现在只有主碑巍然屹立。晋城市已把该碑列为市级保护文物。

附:《陆军第十七师抗日晋东南各战役阵亡烈士纪念碑》情况

碑阳面上部为赵寿山题。隶体竖书，计3行。第一行14个字："中华民国二十七年七月上浣之吉"。中间21个字："陆军第十七师抗日晋东南各战役阵亡烈士纪念碑"。第3行6个字："师长赵寿山题""题"字前篆刻一方阳文印章，为"赵寿山"。

下部为纪念文，全文279个字，楷体竖书，计22行，行14字。赵寿山撰文并书丹。其文曰：

纪念文

夫死有重于泰山，亦有轻于鸿毛。盖当死而死，则死重于泰山；不当死而死，则死轻于鸿毛。诸烈士捐躯报国，马革裹尸，振我民族之精神，惊彼倭奴之心胆，杀身成仁，舍生取义，光明磊落，死重岱岳矣。寿山与诸同志共患难，同生死，已非一日，尝策励诸同志曰："宁为战死鬼，不作亡国奴。"今诸烈士竟克践斯言，赍志以殁。其壮烈为何如耶？回忆诸烈士与倭寇交绥之际，出入于枪林弹雨之中，折冲于九死一生之地，此扑彼继，恐后争先。当是时也，天地震怒，风云变色，卒使倭贼胆落，惊相溃窜。成功成仁，二者兼备。寿山痛悼之余，唯有躬率在生同志，秉一贯之初衷，继烈士之壮志，矢勤矢勇，再接再厉，驱日寇出中国，收失地上版图，以慰诸烈士在天之灵，而尽我军人卫国之职。爰述数语，用志纪念。

赵寿山撰并书

碑阴面上部，大书四字："精神不死"。大字下有3行小字。右边为："韩廷修书丹"；中间为："纪念抗日阵亡诸烈士"；左边为："高平人民自卫队敬题"。

下部：

建碑纪要

韩齐政谨识并书

我县自本年二月三十日惨遭敌机轰炸后，局势严重，人心恐慌。民众欲自卫而团结无方，言抗战而力不从心。正当束手之际，适十七师师长赵公寿山率部来防。于是军民融洽，合力御侮。赖我将士之英勇抗战，浴血肉搏，卒将倭寇击溃，上党收复。庆祝之余，方著于善后绥靖地方，十七师奉命南移，顿失众望。军民遽告离别，彼此间大有依依不舍之势。时赵公以殉难诸烈士之英骸散寄各地，不足以慰死者之灵，乃择地县城西南董峰村北凤翅山之阳，而公葬之。临行，以建碑事嘱齐政。奉命之下，本崇俭黜华，坚实耐久之旨，鸠工选料，积极进行。核自五月二十三日开工，至七月三日落成。设计者为十七师兵站站长张君子麟，襄助者为十七师副官秦君广三，指导者为县政府科长曹君斐然，齐政不过董其成而已。兹将碑石工料等费暨玉工姓名刊列于左，□志梗概。

计开：

碑高一丈三尺，阶高五尺，基深六尺。

一、碑石工料，洋贰佰肆拾圆

一、阶石、基石、墓碑工料，洋壹佰伍拾贰圆壹角陆分。

一、镌刻、修筑工资，洋壹佰零玖圆柒角。

一、修筑材料搬运杂费，洋捌拾捌圆贰角叁分。

一、筹备处伙食杂费，洋玖拾捌圆叁角玖分。

以上统共计，洋陆佰捌拾捌圆肆角捌分整。

协助　秦锦炎　王建栋

司事　宋景韩　秦国梁

玉工　四兴公　牛子逢　泥工　张榆

中华民国二十七年七月三日

陆军第十七师建筑烈士纪念碑筹备处立

碑左面上部文：

纪念十七师抗战阵亡诸烈士

韩廷修书丹

芦桥事变，倭寇彼猖。腥风膻雨，播及晋疆。

豕突狼奔，凶焰益张。维诸烈士，忠勇异常。

屡挫敌锋，丑类胆丧。取义成仁，上党重光。

生也英毅，死有耿芒。丰碑矗立，勋名永芳。

高平农民救国会敬题

下部文：

陆军第十七师抗日阵亡烈士题名录

队号	阶级	姓名	籍贯	备考
机枪连	连长	李登先	甘肃高台	
九八团一营五连	队长	李秀奎	陕西长安	
二连	连附	王秉干	洋县	
□连	一等兵	白占标	绥远归绥	
三连	一等兵	宋水和	河南许昌	
（系九七团二营二连）				
二营二连	一等兵	胡永福	四川巴州	
六连	一等兵	李文生	安徽豪县	
		孙龙云	山东诸城	
独立营	上等兵	周子明	陕西凤翔	
		王子明	大荔	
机枪连	下士	高振山	大荔	

第三六号烈士姓名未详

第三七号烈士姓名未详

中华民国二十七年七月三日

碑右面上部文：

纪念十七师为国殉难诸烈士

玉辅吴振声书丹

日寇侵占我东三省后之六年，复有芦沟桥七八之变攫平津，陷保定、德州，进犯太原、济南，华北重镇几全沦敌手。然我亿万之忠勇将士人民，愈挫愈奋，仍死力保卫此华北堡垒之山西。翌年春，敌分数路大举进犯，由东阳关进犯长治，由天井关进犯晋城，高平危在旦夕，又遭敌机残酷之轰炸，人心慌恐，局势严重。适十七师师长赵公寿山奉命来防斯邑，余亦由临汾星夜遄归，晤于康营。赵公首即以效死勿去之义相勖，继申军民合作之旨。余亦倾吐所怀，共谋所以捍卫斯土，歼灭敌人之策。既而敌陷沁水，三月八日以装甲车百余辆，沿曲高公路东犯，被我独立营击溃于老坟沟，李连长等殉焉。四月三日，敌千余人由长子南下占县城，与由晋城北上之敌合而西迫师司令部及县政府所在地。赵公督率所部，沿山截击，趁着应战。敌知难而退，县城收复。四月二十六日，敌万余复至。赵公仅以两团之众始迎击于丹朱岭；再截击之于金峰寺、汤王头；复追击之于回山、界牌岭，斩获无算，敌狼狈南窜。数役也，我将士均奋不顾身，浴血冲锋；民众争先供饮食，送弹药，运伤兵。于以知军民合作力量之伟大，予敌重创，驱敌出境，而足以保卫我高平，保卫我上党，并足以保证我神圣之民族革命战争必获最后胜利焉。赵公行将移防，收屡次殉难将士之烈骸，葬于县西董峰山之阳，树碑纪念，以旌忠魂。余爰志此，用示吾民。其永守之祀之勿替。时中华民国二十七年五月也。

署理高平县县长赵城刘涵森谨撰

碑右面下部文：

陆军第十七师抗日阵亡将士题名录

队号	阶级	姓名	籍贯	备考
九七团二营五连	连长	栾锦堂	山东清平	
四连	连附	张连	河南长葛	
三营八连	中士	王书成	邓县	
	下士	崔其义	武陟	
一营二连	下士	李金升	陕西蒲城	

二营五连	下　士	慈得福	甘肃宁夏
	下　士	杨子贵	陕西凤翔
一营一连	一等兵	郑秀武	宁羌
二　连	一等兵	刘金魁	宝鸡
		李田福	四川通江
		刘世宽	陕西蓝田
三　连	一等兵	侯文德	河南扶沟
		冯志斌	滑县
二营四连	一等兵	华金成	安阳
		黄得荣	陕西褒城
		苟占奎	宝鸡
		王荣周	河南郑州
六　连	一等兵	谢前山	四川剑阁
		何维山	甘肃岚皋
		贾得科	陕西渭南
		宋　英	山西长子
三营八连	一等兵	郭生祥	陕西洋县
		冯得安	陕西西乡
二营六连		张恒祥	河北枣强

中华民国二十七年七月三日

附：本文主要参考资料

1. 姚杰：《抗日战争中的第十七路军》。

2. 李铁山：《十七师大战高平关》（《赵寿山将军》）。

3. 史秉义：《我对高平关战斗的点滴回忆》，载《高平文史资料》。

4. 冯堆金整理：《陆军第十七师抗日阵亡烈士纪念碑介绍》。

抗日英烈李伯俊

李伯俊

李江海（1904—1938），字伯俊，后以字行。1904年出生于陕西省蒲城县今东陈镇南新村一个农民家里。兄弟二人，他居次。稍长，入小学学习，酷爱书法。模仿于右任的书法，极其相似。其村距离杨虎城将军故里甘北村十余里。与曾任杨虎城第十军副军长的李子高同村。青少年时期他就十分崇拜这两个除暴安良的英雄。

伯俊成人后，对国民党的反动统治不满，加之民国十八年（1929年）关中遭遇大旱，饿殍遍野，饥民四处逃生。伯俊听说杨虎城在河南驻防，便跋山涉水到千里之外的南阳投奔了杨虎城部队。旋被选送到杨虎城兼任大队长的南阳教导队学习。1930年11月随部返陕，教导队住西安新城。翌年元月结业后，伯俊被分配到孙蔚如第十七师段象武第五十旅黄展云团周得功营。

1931 年秋，雷中田、马文车作乱甘肃。蛰处川北的吴佩孚乘机窜到兰州，图谋东山再起。孙蔚如奉杨虎城将军命令，亲率杨子恒、段象武（缺一团）两旅前往讨伐。到靖宁后，伯俊随部直奔 60 里外的界牌作远距离之迂回，攻打敌之预设阵地定西县。待杨子恒旅到达后，两面猛攻，伯俊与全体官兵勇猛冲杀，经一日夜之激战，敌大溃，孙部占领定西。伯俊升任一营二连上尉连长，随部驻防兰州。

1932 年 9 月 4 日，驻防天水的杨部警备师师长马青苑在蒋介石的支持下，制造“天水事变”，图谋离杨附蒋。杨虎城将军得到讯息，即亲率直属团、营亲临陇县指挥。王劲哉奉杨命令率伯俊所在的九十八团以迅雷不及掩耳之势一举粉碎了马青苑的叛乱。后随部驻防平凉、天水、南郑等地。

1935 年秋，所部移防三原、韩城、合阳一带。1936 年春，移防富县、宜川、洛川等地。西安事变爆发时，伯俊随部驻防宜君。

西安事变和平解决后，蒋介石回到南京，在囚禁张学良的同时，对杨虎城撤职留任。在蒋介石的再三逼迫下，杨虎城被迫辞职。5 月 7 日，南京政府撤销西安绥靖公署及十七路军总指挥部，将所剩部队缩编进第三十八军，辖赵寿山第十七师、李兴中第一七七师和三个警备旅与教导、骑兵两个团。李伯俊被编入第一七七师任云章第五三〇旅第一〇五九团李生枝第一营，他任第三连连长。驻防三原县东里堡。

卢沟桥事变爆发后，孙蔚如奉命派遣第十七师、教导团和第一七七师五二九旅先后开赴河北抗日前线。此时，伯俊立即请缨要求上前线杀敌。不久，所部第一七七师（欠五二九旅）在师长李兴中率领下，开赴陕东，扼守韩城至潼关段（黄）河防。伯俊所部一〇五九团随师部驻防合阳。在合阳驻防期间，伯俊以身作则，率领全连官兵，夜以继日地赶筑河防工事。同时，还带领全连官兵向群众宣传抗日形势，并把群众组织起来，时刻准备打击来犯的日寇。在伯俊与全体官兵的努力下，合阳县的群众抗日救亡运动得以迅猛发展。

在徐州会战期间，由于日寇调用了驻山西省的兵力，晋南空虚。1938年4月底，李兴中奉西安行营主任蒋鼎文、三十八军军长孙蔚如和第二战区副司令长官卫立煌电令，督率全师（欠五二九旅）东渡黄河，至晋南三角地带寻机歼敌，策应徐州会战。

5月5日（一说是5月3日），第一七七师（欠五二九旅）主力部队分别由夏阳渡、榆林渡、芝川渡、朝邑等处东渡黄河。师部驻临晋吴王渡。永济城日寇得知我军渡河，第二十师团一部五六百人，于5月5日夜间，拖着大炮北上寻战。6日上午在东吕村北与我军遭遇。我军士气旺盛，奋勇冲杀，打得日寇招架不住，狼狈退守张营镇。我军乘胜尾追不舍，包围了张营。伯俊所部任云章第五三〇旅担任主攻，杨复震补充团为预备队，当夜即向张营镇的日军发动猛攻。敌仓皇应战，固守不退。我军士气高涨，不断猛攻，短兵相接、白刃格斗，逐街逐巷进行争夺。经3日激战，敌终不支溃退，张营镇光复。敌我伤亡均重。毙伤鬼子300余人。我伤亡500余人。孙洁生第一〇五九团第一营营长李生枝负伤，李伯俊身先士卒，在奋勇杀敌时不幸中弹，壮烈牺牲，年仅35岁。营附武振邦、五连连长车玉川、九连连长萧智元等均以身殉职。第一〇六〇团第九连连长郭万魁等阵亡。营附张新民、张子伟，连长李少棠、卢劲节（即卢松轩），排长李锐均负重伤。李锐同志大肠流出抬至吴王渡气绝。韩子芳第一〇五八团二连连长杨惠印阵亡。

李伯俊殉国查明详报后，国民政府特准晋为少校从优抚恤。一次恤金800元，年抚金360元。李约祉主编的《蒲城县志稿》载：李伯

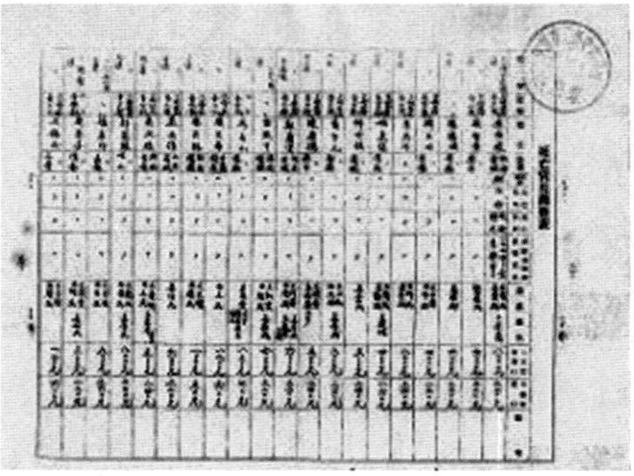

中国第二历史档案馆藏李伯俊等档案

俊等蒲城抗日英烈“1946年7月令颁入祀忠烈祠”。新中国成立后，姚杰著的《抗日战争中的第十七路军》、永济市老区建设促进会编写的《永济革命老区》均记载了李伯俊的英名。其孙高盈遵父命，经过不断努力，提出申请，陕西省人民政府于2011年4月5日批准追认李伯俊为革命烈士。

附：本文主要参考资料

1. 李高盈：《李伯俊生平》（打印稿）。

2. 晋震梵：《固守中条山的日日夜夜》，《西安文史资料》第四辑。

3. 李紫山：《杨虎城将军后期的军事活动及其部队建制的变更》，《西安文史数据》第五辑。

4. 姚杰：《抗日战争中的第十七路军》。

5. 永济市老区建设促进会：《永济革命老区》。

6. 中国第二历史档案馆藏档案：李伯俊等《死亡官兵调查表》。

7. 李约祉编：《蒲城县志稿》“三十五年令颁阵亡官兵姓名入祀忠烈祠”。

8. 访问苏济吾、张得胜的谈话记录。

抗日英烈冯民安

冯民安，乳名月胜，字俊杰。1910年[①]生于陕西省长武县芋元乡冯家岭村一个世世代代的农民家里。稍长，曾在小学上学。

1931年日本侵略者发动“九一八”事变，接着又侵占我东北全境。血气方刚的冯民安目睹山河破碎，国将不国的危局，义愤填膺，毅然参加了杨虎城将军的部队。1932年与刘汉卿（陕西兴平市人）等被杨虎城将军保送到南京陆军军官学校（即南京中央军校）军官训练班第一期第十队学习[②]。按照该校规定集体加入国民党。1933年毕业[③]

---

①冯民安烈士生于何年，说法不一。常晓斌主编《长武县志》（以下简称常编《长武县志》）为1906年生。但《永济血战经过报告》说冯民安阵亡时为29岁，当是1910年生。

②《陆军军官学校·军官训练班学员名录》。

③冯民安何时从陆军军官学校毕业？其说不一。常编《长武县志》云：“民国二十三年（1934年）毕业于中央军校陆军军官训练班”，此说有误。据陕西黄埔同学会存的《陆军军官学校·军官训练班学员名录》载，冯为第一期毕业，时间应为1933年。1934年毕业的为第二期，当在洛阳分校。

后归部任陕西警备师第一旅第一团连长。后来所部被改编为陕西警备第一旅，他仍在该旅任连长。1935 年夏，曾随部到陕南堵截入陕的红二十五军。西安事变时，任陕西警备第一旅第一团第二营第四连连长。先随部在西安东郊赶筑工事，准备迎击亲日派中央军的进犯。后奉命随部急驰汧阳、陇县一带，防止蒋军李及兰的第四十九师东犯。1937 年 2 月，随部开回西安，在城内维持治安。是年秋天，随部到山阳、镇安驻防。

1938 年春，日寇沿同蒲路南犯，3 月初攻占风陵渡，虎视西安，三秦震动。这年 5 月上旬①，在营长邓祥云带领下，奉命由镇安开赴陕东平民县，扼守大庆关至三河口（黄）河防。7 月中旬，随部东渡黄河，开赴晋西南永济县境抗日前线，随部死守永济县城。

8 月 17 日下午 2 点前后，两千多日寇在 12 门大炮、6 架飞机配合下猛攻永济县城。城内我守军 5 个连奋勇抵抗。冯民安奉命带领全连官兵在营长邓祥云指挥下扼守东城门以南②。全连官兵在他带领下，拼死抵御，打退了日寇多次疯狂进攻。下午 7 时③，永济东北城墙终被敌

---

① 常编《长武县志》称："民国二十六年（1937 年），全面抗日战争开始。冯民安所在部队陕西警备师第一旅第一团，奉命开赴朝邑，驻守黄河河防。后又移防山西中条山前线，连续对日作战。他奋不顾身，带队冲杀，临阵负伤，仍坚持不下火线。"云云……这里有几处与史实不符。（1）1937 年抗日战争全面开始，冯民安所在部队并未开赴朝邑。开赴朝邑的时间在 1938 年 5 月。这是不争的事实。（2）1937 年冯民安所在部队番号为陕西警备第一旅第一团第二营。这时陕西警备师番号早已取消。（3）"后又移防山西中条山前线，连续对日作战。"云云纯属子虚乌有。1938 年 7 月中旬所在部队东渡扼守永济县城前，根本未去中条山，何来奋不顾身云云。

② 常编《长武县志》称："民国二十七年（1938 年）8 月 17 日，日本侵略军队从东北南三面进攻永济县城，冯民安率二营四连，坚守城南阵地"。此说有误。据冯连排长蔡逸民回忆，其连扼守的是东城南段，并未坚守城南阵地。南城为团长张剑平带领三营刘兴汉第八连坚守。

③ 常编《长武县志》称："激战一昼夜，永济沦陷"。此说与事实不符。据冯连排长蔡逸民回忆，日军进攻永济县城是在 8 月 17 日下午 2 点多以后，日军冲进城内在下午 7 点以后。激战不过五六个小时。怎能说"激战一昼夜"呢？

炮击毁数处，敌由缺口冲入城内。冯民安连长身先士卒，带领幸存官兵与敌肉搏，但终因众寡悬殊不幸中弹牺牲，时年仅29岁①。

冯民安连长牺牲后，8月27日《西京日报》和《西北文化日报》刊登的《永济血战经过报告》一文对他作了表彰②。这年11月11日大荔、朝邑、平民三县各界在朝邑县举行了隆重的追悼大会。奉王竣旅长之命在原朝邑县大寨子村（今大荔县朝邑镇大寨子村）外西南角修建了英烈纪念陵园。是年12月18日竣工的“陕西警备第一旅第一团永济抗战阵亡将士纪念碑序·阵亡将士题名录”的第四位即镌刻着冯民安的英名③。1939年西安易俗社编演的秦腔戏《血战永济》对他也作了热情歌颂④。

冯民安连长殉国查明详报后，国民政府特准进为少校从优抚恤。一次恤金800元，年抚金360元⑤。地方乡土教材也收编了他的事迹，作为爱国主义教育的重要内容。

---

① 常编《长武县志》称：“冯民安中弹阵亡，时年32岁。”但1938年8月27日《西京日报》和《西北文化日报》登载的《永济血战经过报告》说冯民安时年29岁。孰是？待考。

②1938年8月27日《西京日报》《西北文化日报》。常编《长武县志》称：“当时的《大公报》头版报导:《冯连长血战永济威武不屈》”。是否属实，待考。

③《陕西警备第一旅第一团永济抗战阵亡将士纪念碑序·阵亡将士题名录》。

④ 常编《长武县志》称：“依据冯民安英勇事迹编写的剧本《血战永济》云云。”此说纯属捕风捉影，张冠李戴。《血战永济》剧本是依据冯民安二营营长邓祥云的英勇事迹编写的。

⑤ 常编《长武县志》称：“冯民安壮烈牺牲后，所在部队通令嘉奖……发给抚恤金600元。”此说与南京中国第二历史档案馆馆藏档案一（1）4139“死亡官兵调查表”记载不符。当时连长阵亡一律晋升为少校“一次恤金800元，年抚金360元”。一直发到1948年。

附：本文主要参考资料

1. 1938年8月《西京日报》《西北文化日报》。

2.《陕西警备第一旅第一团永济抗战阵亡将士纪念碑序•阵亡将士题名录》。

3. 樊仰山：《血战永济》(秦腔)。

4. “死亡官兵调查表”，中国第二历史档案馆馆藏档案一（1）4193号。

5. 常晓斌主编：《长武县志》，陕西人民出版社2000年8月版。

6. 雷自忠：《冯民安》(打印稿)。

7. 常黎夫的回忆文章。

8. 刘守经、蔡逸民、车飞程等同志的访问记录，或他们与作者的信。在写作过程中，还得到了陕西省图书馆与雷自忠同志的大力帮助，特致谢意。

抗日英烈王继纯

王继纯（1912—1938），原名学章，后改名继纯。1912年生于陕西省三原县马额乡蒙家堡一个农民家庭。稍长，进入本村小学就读。十五六岁时，到富平县觅子乡的明道小学学习。遂后还学过“礼学”。

弱冠投奔杨虎城将军部队，历任班、排长等职。1933年冬，与邓岗等被杨虎城将军保送到陆军军官学校洛阳分校军官训练班第二期学习。他被编入第二总队第三大队第十三队[①]。按规定集体加入国民党。1934年6月，由洛阳转至南京，参加黄埔军校建校十周年庆典大会后，又训练一段时间，即在南京举行毕业典礼。回部后，在陕西警备第一旅第一团第二营任五连连长。1935年夏，曾随部到陕南堵截入陕的红二十五军。

西安事变前，随部驻防户县，监视驻咸阳的蒋军第十三师。“西

① 见《陆军军官学校·洛阳分校学员名录》。

安事变”爆发后，强行军开回西安，随部在东郊赶筑工事，准备迎击亲日派中央军的进犯。不几日，随部乘火车奔赴宝鸡地区，驻防陇县，防止蒋军李及兰之第四十九师东犯。1937年2月，随部开回西安，在城内维持治安。后奉命率部随全营在王曲、山阳、镇安等地驻防。在长安县子午镇驻防期间，因拥政爱民搞得好，所部移防时，子午人民依依不舍，赠给他一个1尺见方的银盾，上面刻着银光闪闪的四个大字“人民爱戴”①。

1938年春日寇沿同蒲铁路南犯，3月初攻占了风陵渡，觊觎关中，全陕震动。是年5月，继纯奉命随部离开镇安，开赴陕东抗日前线平民县，扼守三河口至大庆关（黄）河防。7月中旬，随部东渡黄河，开赴晋西南永济县境抗日，随部死守永济县城。

8月间敌即大集，猛攻我永济主阵地。8月17日下午2点前后，两千多日寇陆、空配合，猛攻永济县城。敌人用12门大炮从峨嵋原上以猛烈炮火向永济城轰击，并有6架飞机狂轰滥炸。我守军5个连拼死抵御。王继纯奉命带领其连官兵在少校团附刘天照指挥下扼守北城。他身先士卒，督率全连官兵奋力还击，打退了敌人多次疯狂进攻。下午4时，激战到了白热化程度，团部担架排排长王振邦等阵亡。团长张剑平只派了卫士吴松林等前来支援，无异于杯水车薪。王继纯同全连官兵，以血肉之躯与精神意志继续与敌拼杀。下午7时，永济东北城墙终被敌炮击毁数处，北城墙也被敌机炸塌数丈，鬼子由缺口冲入城内。王继纯连长视死如归，带领全连战士与敌肉搏格斗，数进数出，但终因众寡悬殊，官兵伤亡殆尽。他带少数战士突围，不幸身中数弹，

① 此盾“文革”中被红卫兵抄走，至今下落不明。

以身殉职。时年仅 27 岁[①]。

中国人民永远不会忘记为了国家独立和民族解放而壮烈捐躯的先烈。王继纯连长牺牲后，当年 8 月 27 日的《西京日报》和《西北文化日报》即报导了他的英雄事迹。同年 11 月 11 日大荔、朝邑、平民三县各界举行了隆重的追悼大会。其团奉王竣旅长之令还在朝邑县大寨子村（今大荔县朝邑镇大寨子村）外西南角修建了英烈纪念陵园。是年 12 月 18 日竣工的“陕西警备第一旅第一团永济抗战阵亡将士纪念碑序 • 阵亡将士题名录”的第五位即镌刻着王继纯的英名[②]。1939 年西安易俗社樊仰山编演的《血战永济》秦腔戏对他作了热情赞颂。王继纯殉职查明详报后，国民政府特准晋为少校从优抚恤，一次恤金 800 元，年抚金 360 元[③]。

继纯殉国时，两个女儿尚小，其妻侯兰蕤艰苦备尝，抚孤成立。其长女颖勤 1960 年从陕西师范学院毕业后，即献身教育事业。她多次向政府提出申诉，请

---

① 民国 27 年 8 月 27 日《西京日报》《西北文化日报》。

② 陵园与纪念碑 1958 年前后被破坏，纪念碑至今找不见下落。1938 年 12 月 18 日纪念碑竣工后，当时曾拓了几百张碑阴碑帖，送给各级军官和烈士遗属保存。因历史的原因，特别是“文革”浩劫的破坏，此碑帖绝大多数都已毁坏。独有王继纯的家人冒险保存了此碑帖。“文革”前年年春节将碑帖挂出来祭奠。“文革”中红卫兵要把此碑帖当“四旧”抄走，王继纯的弟弟王启宗紧紧抱住说：“这是我哥的血换来的！”红卫兵才没有抄去，此碑帖才逃过了一劫。知我搜集杨虎城将军旧部抗日资料，王颖勤抄写了碑文送我。因当时大型复印机还不普遍，颖勤丈夫张震龙又照碑帖大小书写了碑帖送我，还把拍摄的碑帖照片寄我珍藏。遗憾的是，2004 年王颖勤夫妇先后去世，儿女将其住房卖掉，对碑帖未及时收藏。买房者竟将珍藏了 60 多年的碑帖当作废物扔掉！幸亏我珍藏了碑帖照片，才使后人能看到碑阴碑文的原貌。

③ 见南京中国第二历史档案馆馆藏档案一（1）4139 号“死亡官兵调查表”。

求追认其父为革命烈士。1986 年 11 月 3 日陕西省人民政府批准追认王继纯同志为革命烈士。根据颖勤的请求，1987 年 3 月在三原县民政局、马额乡政府和蒙家堡党支部的支持下在蒙家堡再一次举行了追悼大会，并在其家乡蒙家堡为王继纯烈士立碑以作永恒的纪念。

附：本文主要参考资料

1. 1938 年 8 月《西京日报》《西北文化日报》。

2.《陕西警备第一旅第一团永济抗战阵亡将士纪念碑序·阵亡将士题名录》。

3. 樊仰山：《血战永济》（秦腔）。

4. 车飞程、刘守经、陈洁生、张举才、吴松林等同志的访问记录，或他们与作者的信。在写作过程中还得到了陕西省图书馆与三原蒙家堡党支部、村委会热情地向笔者提供了宝贵的线索或资料，并得到王继纯弟弟王启宗、女儿王颖勤、女婿张震龙的大力帮助，特致谢意。

抗日英烈张赓良

张赓良

张赓良（1908—1938），陕西省乾县人。中国共产党党员。1929年，张赓良在国民党张西琨部队一团任司书。1930年，张西琨部队被杨虎城遣散收编，他到商洛绥靖司令部一团手枪连当兵。不久，杨虎城又把商洛绥靖司令部改编为凤翔绥靖司令部，部队移驻凤翔。当时，凤翔绥靖司令刘文伯，为了改造部队，需要培养一批青年军官，办了一个军官训练队。该队队长姓蒋（老保定军校毕业），队副唐建章（中共党员）、余庆松。张赓良和崔一民、王警钟、上官克勤等在该队学习[①]。1935年，经上官克勤介绍加入中国共产党。同年冬，张赓良奉中

① 崔一民：《回忆警一旅三团中共党支部工作》，熊美杰主编：《中国共产党在国民党第十七路军中的活动》，陕西人民出版社1993年5月版。

共陕西临时省委指示回乾县恢复党组织。1936年，中共乾县特别支部成立，他任特支书记。并且，通过关系，他当上了乾县铁佛寺保安分队队长。在中共陕西临时省委的大力支持下，通过改造地方非法武装，到该年10月，张赓良已经掌控了一支200余人、装备较好的武装力量。10月7日，他率部攻打永寿县城，击毙县长祁芸石，释放了在押犯人。第二天，张赓良宣布成立“陕甘边抗日联军”，他任司令员。联军转战永寿、扶风、麟游一带，历时1个多月终于失败。1937年，张赓良到陕北中央党校学习，其间受到周恩来的接见。卢沟桥事变后，任中共陕西省西路工作委员会书记。1938年7月[①]，张赓良遵照陕西省委的安排，接替吕剑人到孙蔚如第三十八军李兴中第一七七师李锦峰辎重营任中共地下党负责人，公开身份是辎重营中尉军需。旋，随部东渡，随师部留驻吴王渡。日寇为报复在张营镇[②]的失利，以步炮千余人猛攻吴王渡，妄图消灭我师部，占领渡口。攻击重点指向辎重营阵地。张赓良与全营官兵同仇敌忾，奋力抵抗。经过两昼夜激战，顶住了鬼子的猛攻，掩护师长李兴中和师部一部分非战斗人员撤回河西。张赓良随部在师参谋长许权中指挥下转移到敌后夏县一带活动。6月下旬，所部改编为第三十一军团，孙蔚如升任军团长，辖第三十八和第九十六两个军。李兴中升任第九十六军军长兼第一七七师师长。8月，第一七七师进入中条山。张赓良随部奉命扼守中条山北麓虞乡[③]的风伯峪口，阻敌进犯，保卫师部安全。

---

①张赓良何时到辎重营，说法不一。吕剑人回忆是7月，王汝昭回忆是4月，《中国共产党革命英烈大典》说是6月，孰是？待考。

②张营镇之战，发生于1938年5月6日至8日。《中国共产党革命英烈大典》说，张赓良6月到辎重营，又说他“参加了围攻张营镇据点”，明显有误。

③风伯峪，当时属虞乡县管辖。《中国共产党革命英烈大典》说，“在解县风伯峪保卫战中”。明显有误。

8月18日拂晓，日寇从运城向西猛攻，主攻辎重营第一连阵地。张赓良同志立即请缨，亲赴一连阵地，协助连长指挥。敌人在猛烈炮火掩护下不断猛攻。张赓良身先士卒，带头杀敌，督率全连，打退鬼子多次猛攻。正在激战时，张赓良不幸中敌弹壮烈牺牲。同年9月15日，吕剑人在中共陕西省委办的《西北》周刊上发表《追悼张赓良同志》的纪念文章，称赞张赓良“不愧为模范的民族解放战士”，号召学习张赓良“为国忘家，为公弃私，积极工作的精神[①]。1951年人民政府追认他革命烈士。王汝昭在其写的《抗战初期党在一七七师辎重营的活动》一文中，对张赓良为国捐躯作了深情的怀念和崇高的评价。

附：本文主要参考资料

1. 中共中央党史研究室科研管理部编:《中国共产党革命英烈大典》。
2. 王汝昭:《抗战初期党在一七七师辎重营的活动》,《丹心素裹》(2)。
3. 吕剑人:《我分管一七七师地下党工作简况》，同上书。
4.《中共陕西历史人物传·吕剑人》第五卷，陕西人民出版社2005年11月版。

① 中共陕西省委党史研究室、陕西省中共党史人物研究室编 :《中共陕西历史人物传·吕剑人》第五卷，陕西人民出版社2005年11月版，第165页。

抗日英烈许快明

许快明（1913—1938），中共党员。陕西省扶风县黄堆乡许东村人。小时家贫，仅读两年小学。19 岁时被地方吏绅骗去当兵，后进入杨虎城将军部队[①]。他忠厚诚实，作战英勇，深得官兵爱戴，被提升为班长[②]。

西安事变和平解决后，1937 年春，杨虎城将军所属部队缩编为第三十八军（军长仍为孙蔚如），辖第十七师和第一七七师。许快明被编入第一七七师任云章第五三〇旅王云山第一〇六〇团何鸣皋第三营卢松轩机枪第三连，任班长。

同年 7 月，卢沟桥事变发生后，许快明加入了中国共产党。8 月随部开往陕东朝邑黄河西岸。10 月雁门关和正太路战况吃紧，随部由

① 刘兆义主编《扶风县志》云，许快明“19 岁时被地方吏绅骗去当兵，编入杨虎城十七路军一七七师六十团”，此说有误，1931 年前后杨虎城部队，没有一七七师六十团的编制。

② 卢松轩所写《抗战期间我在一七七师基层的活动》一文称，1938 年 10 月上旬在山西中条山中段二十里岭 1581.7 高地血战时，许快明以班长顶代排长王耕田遗缺。许在斯役阵亡。刘兆义主编《扶风县志》说，许被提升为副连长，恐有误。

朝邑移驻合阳夏阳渡，日夜赶筑河防工事。1938 年 5 月，奉命随部东渡黄河，参加了猛攻日寇盘踞的张营镇战斗。由于日寇从运城派来大队增援，为避免向敌硬攻，减少伤亡，随部转移于运城、猗氏一带袭扰敌人。

同年 8 月，日寇牛岛第二十师团在晋南三角地带大举进攻。许快明随部转移到中条山南麓地区。日军紧接着占领了南北通道二十里岭制高点。10 月 8 日（农历八月十五日），在营长何鸣皋带领下，第三营向二十里岭之敌发动夜袭。营长何鸣皋负伤，攻击未能奏效。卢松轩被提升为第三营营长。

为了钳制二十里岭敌人和掩护我军安全，军部命令第一〇五八团占据与二十里岭大体等高的 1581.7 高地（位于中条山中段二十里岭的东侧，在山西平陆县西北约 50 里处）。这个高地，是全军阵地的最前屏障。

10 月初，许快明奉命随全营接换第一〇五八团下山休整。接守后，他带领全班战士与全营官兵加紧赶筑整体环形据点，准备独立对付四面敌人。

日军发现我军构筑工事，为了解除对其二十岭东侧的威胁。在徐快明所部接守阵地的第三天黎明，官畑六旅团即出动步兵 1000 余名，在大炮掩护下，分 3 路向我发动猛攻。一路由墩台岭攻我正面，一路由石槽沟攻我右侧，一路由二十里岭攻我左侧。许快明带领全班战士迅速进入还未完备的掩体，等日军进入我有效射程以内，全体官兵猛烈开火，迫使各路敌军后退 100 多米。接着日军又发起二次进攻，在我炽盛火力压制下进攻未果。敌人又用猛烈炮火向我阵地密集排射，我阵地上硝烟滚滚。敌人在炮火掩护下，一次接一次向我发动猛攻，都被我军击退，敌人遗弃的尸体横七竖八。我也伤亡 40 余人。我重机枪连连长马澄清阵亡，八连连长赵庭兰身受重伤。卢松轩营长当即命令排长王耕田、殷海山分别代理这两个连连长，命令班长许快明顶代王耕田遗缺，并调整了伤亡官兵的阵地空隙。

中午，两架敌机飞到我军阵地扫射轰炸，同时敌军的炮火也集中轰击我重机枪掩体，我阵地西北角许快明排的两挺重机枪，被敌炮弹炸埋。敌人乘我重机枪一时中断射击，蜂拥冲到我阵地前沿。形势极为危急！许快明代排长当机立断，命令全排官兵用手榴弹掼掷，炸得鬼子纷纷摔下山沟。当敌后续部队冲上时，我军已从土中把重机枪扒出，许快明指挥战士朝着鬼子猛射，将敌人的疯狂进攻打退。在阻击敌人的激战中，徐快明代排长和 10 余名战士不幸壮烈牺牲。

是役我阵亡官兵 60 余人，其中有共产党员王耕田、殷海山和许快明等。受伤官兵 230 人。为国捐躯的官兵绝大多数安葬于高地南麓的王氏沟村南。

许快明代排长殉国后，其灵柩部队派医官李秉祯送回其家乡陕西省扶风县安安葬。

1939 年 2 月其营为斯役阵亡的官兵在王氏村南修建了《陆军第一百七十七师五百三十旅一千零六十团三营殉国烈士纪念碑》上镌刻了许快明的英名，军阶为中尉连附。卢松轩在《抗战期间我在一七七师的活动》一文中对其以身殉职作了详细的回忆。

附：本文主要参考资料

1. 刘兆义主编《扶风县志·许快明》。

2. 卢松轩：《抗战期间我在一七七师基层的活动》，载十七路军中共党史资料征编领导小组主编：《丹心素裹》（2），中国文史出版社 1989 年 4 月版，第 175—190 页。

3. 姚杰：《抗日战争中的第十七路军》，中国文史出版社 1997 年 10 月版，第 36—37 页。

4. 陆军第一百七十七师五百三十旅一千零六十团三营殉国烈士纪念碑。

抗日英烈殷海山

殷海山（？—1938），陕西省扶风县法门寺人。西安事变前参加杨虎城将军部队。1937年前加入中国共产党。1937年春，杨虎城第十七路军总部被蒋介石撤销，所属部队缩编为第三十八军（军长仍为孙蔚如），辖第十七师和第一七七师及3个警备旅等部队。殷海山被编入第一七七师任云章第五三〇旅王云山第一〇六〇团何鸣皋第三营，任第九连特务长。

部队改编后不久，吕剑人到三原县蔡王村，同时与何鸣皋第三营机枪第三连连长卢松轩商定，在第一〇六〇团建立中国共产党支部。卢松轩任支书，刘大森任干事。领导党员殷海山、李锐等人。支部成立后，殷海山等在支部的带领下积极宣传西安事变的伟大意义和我党的抗日民族统一战线政策。

卢沟桥事变爆发后，8月随部开赴陕东朝邑黄河西岸。10月山西雁门关和娘子关吃紧，随部由朝邑开赴合阳夏阳渡一带，日夜赶筑河防工事。

1938 年 5 月随部奉命东渡黄河，进入晋南三角地带寻机歼敌。参加了猛攻日寇盘踞的永济张营镇战斗。由于日寇从运城派来大队增援，为避免向敌硬攻，减少伤亡，随部转移至运城、猗氏一带袭扰敌人。

同年 8 月，日寇牛岛第二十师团在晋南三角地带大举进攻。殷海山随部转移到中条山南麓地区。日军紧接着占领了南北通道二十里岭制高点。10 月 8 日（农历八月十五日），在营长何鸣皋带领下，第三营向二十里岭之敌发动夜袭。营长何鸣皋负伤，攻击未能奏效。卢松轩被提升为第三营营长。

为了钳制二十里岭敌人和掩护我军安全，军部命令第一〇五八团占据与二十里岭大体等高的 1581.7 高地（位于中条山中段二十里岭的东侧，在山西平陆县西北约 50 里处）。这个高地，是全军阵地的最前屏障。

10 月初，殷海山奉命随全营接换第一〇五八团下山休整。接守后，他与全营官兵加紧赶筑整体环形据点，准备独立对付四面敌人。

日军发现我军构筑工事，为了解除对其二十岭东侧的威胁。在殷海山所部接守阵地的第三天黎明，官畑六旅团即出动步兵 1000 余名，在大炮掩护下，分 3 路向我发动猛攻。殷海山与全营官兵迅速进入还未完备的掩体，等日军进入我有效射程以内，全体官兵猛烈开火，迫使各路敌军后退 100 多米。接着日军又发起二次进攻，在我炽盛火力压制下进攻未果。敌人又用猛烈炮火向我阵地密集排射，我阵地上硝烟滚滚。敌人在炮火掩护下，一次接一次向我发动猛攻，都被我军击退，敌人遗弃的尸体横七竖八。我也伤亡 40 余人。我重机枪连连长马澄清阵亡，八连连长赵庭兰身受重伤。卢松轩营长当即命令排长殷海山代理八连连长，命令班长许快明顶代王耕田遗缺，同时调整伤亡官兵的阵地空隙。

中午，两架敌机飞到我军阵地上空扫射轰炸，敌军炮火集中轰击我重机枪掩体，我两挺机枪被敌炮弹炸埋。鬼子乘机冲到我阵地前沿。许快明代排长指挥全排官兵打退了鬼子的数次猛攻。许代排长和10多名官兵牺牲。右翼进攻的敌人，也被我九连以猛烈火力打退。

下午3时左右，我阵地被敌机、敌炮摧毁殆尽。鬼子在强大火力掩护下，发起全面猛攻，杀声震动中条山。我官兵在卢松轩营长指挥下，抱着誓与阵地共存亡的决心，以各种武器奋力还击。在激战中，八连代连长殷海山不幸中弹，以身殉国。

殷海山代连长殉国后，部队派医官李秉祯将灵柩送回其家乡陕西省扶风县安葬。

1939年2月其营为斯役阵亡的官兵在王氏村南修建了《陆军第一百七十七师五百三十旅一千零六十团三营殉国烈士纪念碑》上镌刻了殷海山的英名，军阶为少尉连附。卢松轩在《抗战期间我在一七七师的活动》一文中对其以身殉职作了详细的回忆。

附：本文主要参考资料

1. 卢松轩：《抗战期间我在一七七师基层的活动》，载十七路军中共党史资料征编领导小组主编：《丹心素裹》(2)，中国文史出版社1989年4月版，第175页。

2. 姚杰：《抗日战争中的第十七路军》，中国文史出版社1997年10月版，第36—37页。

3. 陆军第一百七十七师五百三十旅一千零六十团三营殉国烈士纪念碑。

抗日英烈吴俊德

吴俊德（1901—1938[①]），陕西省扶风县南阳乡阎村人。扶风县西街小学毕业。1932年投奔杨虎城将军部队当兵[②]。西安事变后，杨部被缩编为第三十八军，孙蔚如仍任军长，辖第十七师和第一七七师等部。1938年吴俊德任第一七七师任云章第五三〇旅王云山第一〇六〇团第一营路云亭连[③]排长[④]。他追求真理，向往革命，经人介绍加入了中国共产党。抗日战争爆发后，随部参战。

---

① 刘兆义主编《扶风县志·吴俊德》载，吴俊德1942年牺牲，明显有误，与卢松轩回忆不符。

② 刘兆义主编《扶风县志》云，吴俊德"1932年在杨虎城开办的西安教导团当兵"，此说恐有误。教导团成立于1937年春。1932年杨部还无教导团。

③ 刘兆义主编《扶风县志》云，吴俊德"后转入孙蔚如部一七七师一〇六团机枪连任连长"，此说有误。一七七师无一〇六团编制。据卢松轩所写《抗战期间我在一七七师基层的活动》一文称，1938年10月吴俊德殉职前任一七七师任云章第五三〇旅一〇六〇团一营路云亭连排长。

④ 刘兆义主编《扶风县志》云，吴俊德"1942年在山西中条山与日军作战时牺牲"。此说有误，据前引卢松轩所写《抗战期间我在一七七师基层的活动》文称，1938年10月吴俊德是在支援卢松轩营坚守中条山二十里岭东侧的1581.7高地时壮烈牺牲的。

1938年10月初，在争夺中条山二十里岭东侧1581.7高地战斗中，卢松轩第三营经过殊死激战，毙伤敌人甚多，我亦伤亡40余人。机枪连连长马澄清、许快明代排长、机枪连代连长王耕田、八连代连长殷海山先后壮烈殉职。日军虽然遭到重大伤亡，但仍不断向我阵地开炮，似有再攻企图。卢松轩营长一面命令轻伤官兵发扬爱国精神，一律不下火线，并将营指挥所几名传令兵调到前沿；一面向磨凹一营路云亭连求援。吴俊德排长奉路云亭连长命令当即带兵3班，跑步上山，投入战斗。

日军经过一番整顿，重新向我猛攻，从三面向我猛冲。我官兵在吴俊德排支援鼓舞下，虽然一天没有吃饭，而战斗精神倍增，与吴俊德排一起同日寇展开殊死恶斗，短兵相接。在激战中吴俊德排长壮烈牺牲。

是役我阵亡官兵60余人①，其中有共产党员王耕田、殷海山和许快明等。受伤官兵230人。除许快明和殷海山的灵柩送回家乡安葬外，为国捐躯的官兵绝大多数安葬于高地南麓的王氏沟村南。

1939年2月其营为斯役阵亡的官兵在王氏村南修建了《陆军第一百七十七师五百三十旅一千零六十团三营殉国烈士纪念碑》上镌刻了吴俊德的英名，军阶为中尉连附。卢松轩在《抗战期间我在一七七师的活动》一文中对其以身殉职作了详细的回忆。

抗日战争胜利后，扶风中共地下党人李秉祯、孙宪武、史宏志和窦文德等36人，联名为其家敬赠牌匾一面，上书“为国捐躯”。

---

① 卢松轩在《抗战期间我在一七七师基层的活动》一文中说，阵亡60余人回忆恐有误，纪念碑上只镌刻了29名。

附：本文主要参考资料

1. 刘兆义主编《扶风县志》。

2. 卢松轩：《抗战期间我在一七七师基层的活动》，载十七路军中共党史资料征编领导小组主编：《丹心素裹》(2)，中国文史出版社1989年4月版，第175页。

3. 姚杰：《抗日战争中的第十七路军》，中国文史出版社1997年10月版，第36—37页。

4. 陆军第一百七十七师五百三十旅一千零六十团三营殉国烈士纪念碑。

英 名 录

苏九文（1912—1937），陕西省宁强县人。孙蔚如第三十八军赵寿山第十七师张世俊第一〇二团步枪连上等兵。卢沟桥事变后，随部奔赴河北抗日前线。9 月在河北省对日作战时阵亡。

侯克宽（1912—1937），陕西省宁强县人。孙蔚如第三十八军赵寿山第十七师张世俊第一〇二团第一营第一连一等兵。卢沟桥事变后，随部奔赴河北抗日前线。9 月在河北省对日作战时阵亡。

王兴德（1913—1937），陕西省宁强县人。孙蔚如第三十八军赵寿山第十七师张世俊第一〇二团第一营第三连一等兵。卢沟桥事变后，随部奔赴河北抗日前线。9 月在河北省对日作战时阵亡。

石连德（1912—1937），陕西省宁强县人。孙蔚如第三十八军赵寿山第十七师张世俊第一〇二团第一营第三连一等兵。卢沟桥事变后，随部奔赴河北抗日前线。9 月在河北省对日作战时阵亡。

高守福（1914—1937），陕西省宁强县人。孙蔚如第三十八军赵寿山第十七师第九十七团第二营第四连一等兵。9 月在河北省对日作战时阵亡。

赵居公（1914—1937），陕西省宁强县人。孙蔚如第三十八军赵寿山第十七师第一〇一团第一营第三连一等兵。卢沟桥事变后，随部奔赴河北抗日前线。10 月在河北省对日作战时阵亡。

高树德（?—1937），陕西省今西安市长安区人。孙蔚如第三十八军赵寿山第十七师某部中尉连附。卢沟桥事变后，随部奔赴河北抗日前线。9 月下旬在河北省保定与日军作战时阵亡。

王玉山（?—1937），陕西省耀县人。孙蔚如第三十八军赵寿山第十七师补充团机二连二等兵。1937 年 9 月在河北省保定对日作战时阵亡。

张德英（?—1937），陕西省耀县人。孙蔚如第三十八军赵寿山第十七师补充团第二连二等兵。1937 年 9 月在河北省保定对日作战时阵亡。

张凤鸣（?—1937），陕西省耀县人。孙蔚如第三十八军赵寿山第十七师补充团炮三连一等兵。1937 年 9 月在河北省保定对日作战时阵亡。

徐振江（?—1937），陕西省耀县人。孙蔚如第三十八军赵寿山第十七师第一〇一团第八连一等兵。1937 年 9 月在河北省保定对日作战时阵亡。

李彦才（?—1937），陕西省耀县孙原人。孙蔚如第三十八军赵寿山第十七师第一〇二团机二连二等兵。1937 年 9 月在河北省保定对日作战时阵亡。

董书祥（?—1937）[1]，生年籍贯不详。早年投奔杨虎城将军部队。1937年任孙蔚如第三十八军李兴中第一七七师许权中第五二九旅阎揆要第一〇五七团李明轩第三营第七连连长。卢沟桥事变发生后，8月下旬，奉命随部北上抗日。在陕西省三原县誓师后，9月1日，在团长阎揆要率领下，从渭南乘火车北上，于9月10日前后到达易县荆紫关。先后经满城、完县、行唐、灵寿，到达井陉地区。因其营与团部失去联系，又由井陉返回向阜平、唐县前进。当所部行进到灵寿地区，通过一个小村庄时，突然与日军骑兵侦察队遭遇。我军即向敌开火，敌骑慌忙回窜。全营迅速展开，冲了上去，先后抢占了5个山头。由于我军控制了有利地形，鬼子多次冲锋，都被我军击退，阵地前鬼子的尸体横七竖八。由于这是其营出师后首次与鬼子较量，官兵们斗志昂扬，英勇拼杀，负伤不下火线。特别是七连阵地，战斗最为激烈。董书祥连长身先士卒，带领全连官兵殊死拼杀。敌我反复争夺，双方伤亡均重。战斗从早上8时持续到下午5时。正在激战时，董书祥连长不幸中敌弹壮烈牺牲。

左伯言（?—1937），陕西省耀县人。孙蔚如第三十八军李兴中第一七七师许权中第五二九旅阎揆要第一〇五七团机二连一等兵。1937年9月在河北省灵寿对日作战时阵亡。

杨福堂（?—1937），陕西省耀县孙原五台村人。孙蔚如第三十八军赵寿山第十七师第一〇二团机一连下士。1937年9月在河北省满城对日作战时阵亡。

张凤山（?—1937），陕西省耀县寺沟乡张郝村人。孙蔚如第三十八军赵寿山第十七师第一〇二团第三连一等兵。1937年9月在河

① 王国在《一个老交通员的回忆》中说，是“董世祥排长”，孰是，录以备考。

北省满城对日作战时阵亡。

雷声雯（1911—1937），字云章。1911年生于河南省南阳。早年投奔杨虎城将军部队，被分配在绥署军需处。1932年毕业于西安绥靖公署步兵训练班第一期。1937年，任教导团第二营第五连连长。

李光华（1908—1937），字典章，1908年生于陕西省韩城县。早年投奔杨虎城将军部队，被分配在特务二营。1933年毕业于西安绥靖公署步兵训练班第二期。1937年，任教导团特务连连长。

抗日战争爆发后，雷声雯、李光华随部开赴河北抗日。同年10月10日在河北省平山县滹沱河南东西回舍、王母庙阻击日军之战中身先士卒带头冲杀，不幸中弹阵亡。

王景斌（?—1937），陕西省耀县小丘乡穆寨村人。孙蔚如第三十八军赵寿山第十七师第九十八团第二连二等兵。1937年10月在河北省井陉对日作战时阵亡。

寇兴发（?—1937），陕西省耀县人。孙蔚如第三十八军赵寿山第十七师补充团第一连二等兵。1937年10月在河北省井陉对日作战时阵亡。

刘全才（?—1937），陕西省耀县下高埝袁家村人。孙蔚如第三十八军赵寿山第十七师第一〇一团第一连一等兵。1937年10月在河北省井陉对日作战时阵亡。

窦仲林（?—1937），陕西省耀县人。孙蔚如第三十八军赵寿山第十七师补充团第六连二等兵。1937年10月在河北省井陉对日作战时阵亡。

左兴福（?—1937），陕西省耀县城内东街人。孙蔚如第三十八军赵寿山第十七师第一〇一团第五连上等兵。1937年10月在河北省井陉对日作战时阵亡。

谢志盛（?—1937），陕西省耀县城内西街人。孙蔚如第三十八军赵寿山第十七师第一〇二团第七连一等兵。1937 年 10 月在河北省井陉对日作战时阵亡。

尹明道（？—1937），陕西省陇县城关乡尹家坡人。抗战军兴，任孙蔚如第三十八军赵寿山第十七师陈硕儒第五十一旅张世俊第一〇二团第三营上尉营附。1937 年 10 月 15 日在河北省井陉[①]对日作战时阵亡。

张登第（1906—1937），陕西省礼泉县人。1927 年加入中国共产党。1930 年秋参加杨虎城部队。抗战爆发后，任孙蔚如三十八军赵寿山十七师陈硕儒五十一旅张世俊一〇二团二营五连连长，随部开赴华北抗日。1937 年 10 月中旬在坚守河北省井陉雪花山阵地时，与全连官兵一同殉国。已追认革命烈士。

张登第

李志乐（？—1937），陕西省陇县城关镇人。抗战军兴，任孙蔚如第三十八军教导团[②]特务连中尉排长。1937 年 10 月中旬在山西省旧关[③]对日作战时阵亡。

陈德顺（？—1937），生年籍贯均不详。投奔杨虎城将军部队后，

① 王荣彬主编《陇县志》云：尹明道“1937 年 9 月……北京井陉之役阵亡。”赵寿山第十七师根本未到北京抗日，另外井陉也未属北京管辖，故更正为“在河北省井陉对日作战时阵亡”，较符合史实。

② 王荣彬主编《陇县志》云：李志乐任“中央陆军第四集团军教导团……批准”，此说有误，1937 年 10 月娘子关战役时所部番号为孙蔚如第三十八军教导团，1938 年 11 月孙蔚如部才升编为第四集团军。

③ 王荣彬主编《陇县志》云：李志乐在“山西娘子关之役阵亡”。此说不确。黄绍竑致蒋介石的密电、黄绍竑和团长李振西等写的回忆录皆说教导团是在旧关抗击日军。

被分到冯钦哉第四十二师。西安事变中，冯率部离杨附蒋，被升编为第二十七路军，冯任总指挥，辖柳彦彪第四十二和武士敏第一六九两个师。德顺任第二十七路军第四十二师郭景唐第一二四旅楚宪曾第二四七团关超第三营第八连连长。

王子高（？—1937），生年籍贯均不详。投奔杨虎城将军部队后，被分到冯钦哉第四十二师。西安事变后，他任冯钦哉第二十七路军柳彦彪第四十二师郭景唐第一二四旅楚宪曾第二四七团关超第三营陈德顺第八连排长。

卢沟桥事变后，8 月 31 日他俩随部由潼关乘火车，开赴华北抗日。9 月 3 日车行抵窦妪车站，先后奉令开赴蒿城县、获鹿县和平山县。10 月 6 日奉命开抵南甸镇。其三营占领滹沱河北之魏家院。7 日 12 时，敌之骑炮联合约 300 多人，向魏家院和南甸猛攻。他俩带领官兵奋勇抵抗，毙敌百余。战至黄昏，奉令撤回河南防御。10 月下旬转战到山西平定县巨城镇。10 月 29 日在坚守山头村右前方山头时被日军包围，面对敌人陆空并攻，他俩身先士卒打退鬼子数次进攻，在激战中，不幸阵亡。中国第二历史档案馆藏陆军第四十二师《战斗详报》记载了他俩殉国的事迹。

杜俊杰（1912—1937），字剑琴。1912 年生于陕西米脂。早年投奔杨虎城将军部队，中共党员。1930 年，进入杨虎城兼任大队长的南阳教导队陈志贤任中队长的第一中队学习，与岳玉彩、孙作宾任中共地下党秘密支部委员。1932 年元月结业后被分配在宪兵营第四连。1932 年毕业于西安绥靖公署步兵训练班第一期。抗日战争爆发后，任许权中第五二九旅阎揆要第一〇五七团第二营机枪第二连连长，1937 年 10 月中旬在忻口之战中阵亡。

高孟智（？—1937），许权中第五二九旅阎揆要第一〇五七团周益三第一营营部文书。1937 年 10 月中旬在忻口之战中阵亡。

任学让（？—1937），许权中第五二九旅阎揆要第一〇五七团周益三第一营小兵二连排长。1937 年 10 月中旬在忻口之战中阵亡。

刘德彦（？—1937），许权中第五二九旅阎揆要第一〇五七团第三营机枪第三连连长。1937 年 10 月中旬在忻口之战中阵亡。

阎叶东（？—1937），许权中第五二九旅阎揆要第一〇五七团李明轩第三营第八连排长。1937 年 10 月中旬在忻口之战中阵亡。

王勃生（1916—1937），字时雨。1916 年生于山西省稷山县。早年投奔杨虎城部队后，被分配到警卫团。1933 年毕

业于西安绥靖公署步兵训练班第二期。中共党员。抗战爆发后，任许权中第五二九旅阎揆要第一〇五七团李明轩第三营祁有珍第七连排长。1937 年 10 月中旬，南怀化傅作义部阵地之左侧一个小山头被日军占领，危及阎揆要团阵地侧背安全，阎团长当即命令三营夺回小山头。第三营营长李明轩（中共党员）派排长王勃生率部越沟向敌仰攻，在营火力掩护下，王勃生身先士卒，带领全排勇猛冲杀，将阵地夺回。王勃生不幸壮烈牺牲。

林世镛（?—1937），陕西省耀县人。孙蔚如第三十八军赵寿山第十七师第九十八团第八连一等兵，1937 年 10 月在山西省太原对日作战时阵亡。

李秀奎（?—1938），长安人。1938 年春，为孙蔚如第三十八军赵寿山第十七师九八团一营五连队长。1938 年春在晋东南抗日战役中不幸牺牲。同年夏天高平县政府给十七师在晋东南各抗日战役中牺牲的烈士在窑则头村修建了纪念碑，并有烈士人名碑 37 块。其中有李秀奎一块。《陆军第十七师抗日晋东南各战役阵亡烈士纪念碑》上镌刻着李秀奎的英名

王秉干（?—1938），陕西洋县人。1938年春，为孙蔚如第三十八军赵寿山第十七师九十八团一营第二连连附。1938年春在晋东南与日军血战时不幸牺牲。同年夏天高平县政府给十七师在晋东南各抗日战役中牺牲的烈士在窑则头村修建了纪念碑，并有烈士人名碑37块。其中有王秉干一块。《陆军第十七师抗日晋东南各战役阵亡烈士纪念碑》上镌刻着王秉干的英名。

白占标（?—1938），绥远归绥（今内蒙古呼和浩特）人。1938年春，为孙蔚如第三十八军赵寿山第十七师九八团一营□连一等兵。1938年春在晋东南与日军血战时不幸牺牲。同年夏天高平县政府给十七师在晋东南各抗日战役中牺牲的烈士在窑则头村修建了纪念碑，并有烈士人名碑37块。其中有白占标一块。《陆军第十七师抗日晋东南各战役阵亡烈士纪念碑》上镌刻着白占标的英名。

宋水和（?—1938），河南许昌人。1938年春，为孙蔚如第三十八军赵寿山第十七师九十八团一营三连一等兵。1938年春在晋东南与日军血战时不幸牺牲。同年夏天高平县政府给十七师在晋东南各抗日战役中牺牲的烈士在窑则头村修建了纪念碑，并有烈士人名碑37块。其中有宋水和一块。《陆军第十七师抗日晋东南各战役阵亡烈士纪念碑》上镌刻着宋水和的英名。

胡永福（?—1938），四川巴州人。1938年春，为孙蔚如第三十八军赵寿山第十七师九十八团二营四连一等兵。1938年春在晋东南与日军血战时不幸牺牲。同年夏天高平县政府给十七师在晋东南各抗日战役中牺牲的烈士在窑则头村修建了纪念碑，并有烈士人名碑37块。其中有胡永福一块。《陆军第十七师抗日晋东南各战役阵亡烈士纪念碑》上镌刻着胡永福的英名。

李文生（?—1938），安徽亳县人。

孙龙云（?—1938），山东诸城人。二人 1938 年春，皆为孙蔚如第三十八军赵寿山第十七师九十八团二营六连一等兵。1938 年春在晋东南与日军血战时不幸牺牲。同年夏天高平县政府给十七师在晋东南各抗日战役中牺牲的烈士在窑则头村修建了纪念碑，并有烈士人名碑 37 块。其中有李文生、孙龙云各一块。《陆军第十七师抗日晋东南各战役阵亡烈士纪念碑》上镌刻着李文生、孙龙云的英名。

周子明（?—1938），陕西凤翔人。

王子明（?—1938），陕西大荔人。1938 年春，二人皆为孙蔚如第三十八军赵寿山第十七师独立营上等兵。1938 年 3 月 8 日在山西省高平县高平关与日军血战时不幸牺牲。同年夏天高平县政府给十七师在晋东南各抗日战役中牺牲的烈士在窑则头村修建了纪念碑，并有烈士人名碑 37 块。其中有周子明、王子明各一块。《陆军第十七师抗日晋东南各战役阵亡烈士纪念碑》上镌刻着周子明、王子明的英名。

高振山（?—1938），大荔人。1938 年春，为孙蔚如第三十八军赵寿山第十七师九十八团机枪连下士。1938 年 3 月 8 日在山西省高平县高平关与日军血战时不幸牺牲。同年夏天高平县政府给十七师在晋东南各抗日战役中牺牲的烈士在窑则头村修建了纪念碑，并有烈士人名碑 37 块，其中有高振山一块。《陆军第十七师抗日晋东南各战役阵亡烈士纪念碑》上镌刻着高振山的英名。

枲锦堂（?—1938），山东清平人。1938 年春，为孙蔚如第三十八军赵寿山第十七师耿子介第四十九旅第九十七团胡品一二营五连连长。1938 年春在晋东南与日军血战时不幸牺牲。同年夏天高平县政府给十七师在晋东南各抗日战役中牺牲的烈士在窑则头村修建了纪念碑，并有烈士人名碑 37 块。其中有枲锦堂一块。《陆军第十七师抗日晋东南各战役阵亡烈士纪念碑》上镌刻着枲锦堂的英名。

张　连（?—1938），河南长葛人。1938年春，为孙蔚如第三十八军赵寿山第十七师耿子介第四十九旅第九十七团胡品一二营四连连附。1938年春在晋东南与日军血战时不幸牺牲。同年夏天高平县政府给十七师在晋东南各抗日战役中牺牲的烈士在窑则头村修建了纪念碑，并有烈士人名碑37块。其中有张连一块。《陆军第十七师抗日晋东南各战役阵亡烈士纪念碑》上镌刻着张连的英名。

王书成（?—1938），河南邓县人。1938年春，为孙蔚如第三十八军赵寿山第十七师耿子介第四十九旅第九十七团三营八连中士。1938年春在晋东南与日军血战时不幸牺牲。同年夏天高平县政府给十七师在晋东南各抗日战役中牺牲的烈士在窑则头村修建了纪念碑，并有烈士人名碑37块。其中有王书成一块。《陆军第十七师抗日晋东南各战役阵亡烈士纪念碑》上镌刻着王书成的英名。

崔其义（?—1938），河南武陟人。1938年春，为孙蔚如第三十八军赵寿山第十七师耿子介第四十九旅第九十七团三营八连下士。1938年春在晋东南与日军血战时不幸牺牲。同年夏天高平县政府给十七师在晋东南各抗日战役中牺牲的烈士在窑则头村修建了纪念碑，并有烈士人名碑37块。其中有崔其义一块。《陆军第十七师抗日晋东南各战役阵亡烈士纪念碑》上镌刻着崔其义的英名。

李金升（?—1938），陕西蒲城人。1938年春，为孙蔚如第三十八军赵寿山第十七师耿子介第四十九旅第九十七团一营二连下士。1938年春在晋东南与日军血战时不幸牺牲。同年夏天高平县政府给十七师在晋东南各抗日战役中牺牲的烈士在窑则头村修建了纪念碑，并有烈士人名碑37块。其中有李金升一块。《陆军第十七师抗日晋东南各战役阵亡烈士纪念碑》上镌刻着李金升的英名。

慈得福（?—1938），甘肃宁夏人。

杨子贵（?—1938），陕西凤翔人。

1938年春，二人皆为孙蔚如第三十八军赵寿山第十七师耿子介第四十九旅第九十七团二营五连下士。1938年春在晋东南与日军血战时不幸牺牲。同年夏天高平县政府给十七师在晋东南各抗日战役中牺牲的烈士在窑则头村修建了纪念碑，并有烈士人名碑37块。其中有慈得福、杨子贵各一块。《陆军第十七师抗日晋东南各战役阵亡烈士纪念碑》上镌刻着慈得福、杨子贵的英名。

郑秀武（?—1938），陕西宁强人。1938年春，为孙蔚如第三十八军赵寿山第十七师耿子介第四十九旅第九十七团一营一连一等兵。1938年春在晋东南与日军血战时不幸牺牲。同年夏天高平县政府给十七师在晋东南各抗日战役中牺牲的烈士在窑则头村修建了纪念碑，并有烈士人名碑37块。其中有郑秀武一块。《陆军第十七师抗日晋东南各战役阵亡烈士纪念碑》上镌刻着郑秀武的英名。

刘金魁（?—1938），陕西宝鸡人。

李田福（?—1938），四川通江人。

刘世宽（?—1938），陕西蓝田人。1938年春，三人皆为孙蔚如第三十八军赵寿山第十七师耿子介第四十九旅第九十七团一营二连一等兵。1938年春在晋东南与日军血战时不幸牺牲。同年夏天高平县政府给十七师在晋东南各抗日战役中牺牲的烈士在窑则头村修建了纪念碑，并有烈士人名碑37块。其中有刘金魁、李田福、刘世宽各一块。《陆军第十七师抗日晋东南各战役阵亡烈士纪念碑》上镌刻着刘金魁、李田福、刘世宽的英名。

侯文德（?—1938），河南扶沟人。

冯志斌（?—1938），河南滑县人。1938年春，二人皆为孙蔚如第三十八军赵寿山第十七师耿子介第四十九旅第九十七团一营三连一等兵。1938 年春在晋东南与日军血战时不幸牺牲。同年夏天高平县政府给十七师在晋东南各抗日战役中牺牲的烈士在窑则头村修建了纪念碑，并有烈士人名碑 37 块。其中有侯文德、冯志斌各一块。《陆军第十七师抗日晋东南各战役阵亡烈士纪念碑》上镌刻着侯文德、冯志斌的英名。

华金成（?—1938），河南安阳人。

黄得荣（?—1938），陕西褒城人。

苟占奎（?—1938），陕西宝鸡人。

王荣周（?—1938），河南郑州人。1938 年春，四人皆为孙蔚如第三十八军赵寿山第十七师耿子介第四十九旅第九十七团二营四连一等兵。1938 年春在晋东南与日军血战时不幸牺牲。同年夏天高平县政府给十七师在晋东南各抗日战役中牺牲的烈士在窑则头村修建了纪念碑，并有烈士人名碑 37 块。其中有华金成、黄得荣、苟占奎、王荣周各一块。《陆军第十七师抗日晋东南各战役阵亡烈士纪念碑》上镌刻着华金成、黄得荣、苟占奎、王荣周的英名。

谢前山（?—1938），四川剑阁人。

何维山（?—1938），甘肃皋兰人。

贾得科（?—1938），陕西渭南人。

宋　英（?—1938），生年不详。山西长子人。1938 年春，四人皆为孙蔚如第三十八军赵寿山第十七师耿子介第四十九旅第九十七团二营六连一等兵。1938 年春在晋东南与日军血战时不幸牺牲。同年夏天高平县政府给十七师在晋东南各抗日战役中牺牲的烈士在窑则头村修建了纪念碑，并有烈士人名碑 37 块。其中有谢前山、何维山、贾得科、宋英各一块。《陆军第十七师抗日晋东南各战役阵亡烈士纪念碑》上镌刻着谢前山、何维山、贾得科、宋英的英名。

郭生祥（?—1938），陕西洋县人。

冯得安（?—1938），陕西西乡人。1938年春，二人皆为孙蔚如第三十八军赵寿山第十七师耿子介第四十九旅第九十七团三营八连一等兵。1938年春在晋东南与日军血战时不幸牺牲。同年夏天高平县政府给十七师在晋东南各抗日战役中牺牲的烈士在窑则头村修建了纪念碑，并有烈士人名碑37块。其中有郭生祥、冯得安各一块。《陆军第十七师抗日晋东南各战役阵亡烈士纪念碑》上镌刻着郭生祥、冯得安的英名。

张恒祥（?—1938），华北枣强人。1938年春，为孙蔚如第三十八军赵寿山第十七师耿子介第四十九旅第九十七团二营六连士兵。1938年春在晋东南与日军血战时不幸牺牲。同年夏天高平县政府给十七师在晋东南各抗日战役中牺牲的烈士在窑则头村修建了纪念碑，并有烈士人名碑37块。其中有张恒祥一块。《陆军第十七师抗日晋东南各战役阵亡烈士纪念碑》上镌刻着张恒祥的英名。

张福生（？—1938），陕西省蒲城县苏坊人。1938年春，为武士敏第一六九师第一〇〇九团机枪三连战士。同年4月在晋东南对日作战时阵亡。

武振邦（1909—1938），字耀亚，1909年生于陕西省武功县。弱冠投奔杨虎城将军部队，被分配到孙蔚如第十七师第五十旅第九十九团一营二连。1934年毕业于西安绥靖公署步兵训练班军官队第三期。抗战爆发后，任孙蔚如第三十八军李兴中第一七七师任云章第五三〇旅孙洁生第一〇五九团第一营营附。同年秋，随部开赴陕东，扼守（黄）河防。1938年5月初，随部东渡，寻机歼敌。当月7日至9日在攻克永济张营镇激战时牺牲。时年仅30岁。

李　锐（？—1938），山西夏县人。西安事变前参加杨虎城将军部队。1937年3月前加入中国共产党。1938年春任孙蔚如第三十八军李兴中第一七七师任云章第五三〇旅孙洁生第一〇五九团三营排长。1938年5月7日至9日在攻克永济张营镇激战时身负重伤，大肠流出，抬至吴王渡时牺牲。

张智学（？—1938），陕西省兴平人。1938年春，任孙蔚如第三十八军李兴中第一七七师任云章第五三〇旅孙洁生第一〇五九团李生枝第一营李伯俊第三连中尉连附。同年5月7日至9日在攻克永济张营镇激战时阵亡。张智学牺牲查明详报后，国民政府特准晋为上尉从优抚恤，一次恤金600元，年抚金320元。

杨德顺（？—1938），陕西省渭南市今临渭区人。1938年春，任孙蔚如第三十八军李兴中第一七七师任云章第五三〇旅孙洁生第一〇五九团第二营第四连中尉连附。同年5月7日至9日在攻克永济张营镇激战时阵亡。杨德顺牺牲查明详报后，国民政府特准晋为上尉从优抚恤，一次恤金600元，年抚金320元。

韩丹田（？—1938），陕西省泾阳人。1938年春，任孙蔚如第三十八军李兴中第一七七师任云章第五三〇旅孙洁生第一〇五九团第二营第四连准尉特务长。同年5月7日至9日在攻克永济张营镇激战时阵亡。韩丹田牺牲查明详报后，国民政府特准晋为少尉从优抚恤，一次恤金400元，年抚金160元。

车玉川（？—1938），陕西省泾阳人。1938年春，任孙蔚如第三十八军李兴中第一七七师任云章第五三〇旅孙洁生第一〇五九团第二营第五连上尉连长。同年5月7日至9日在攻克永济张营镇激战时阵亡。车玉川牺牲查明详报后，国民政府特准晋为少校从优抚恤，一次恤金800元，年抚金360元。

萧智元（1910—1938），字闽萱，1910年出生于陕西省眉县。早年投奔杨虎城将军部队，被分到孙蔚如三十八军五十旅补充营步兵连。西安绥靖公署步兵训练班军官队四期毕业。西安事变后，部队缩编，他被分到孙蔚如三十八军李兴中一七七师任云章五三〇旅孙洁生一〇五九团三营任九连上尉连长。1938 年 5 月 7 日至 9 日在攻克永济张营镇激战时阵亡。萧智元牺牲查明详报后，国民政府特准晋为少校从优抚恤，一次恤金 800 元，年抚金 360 元。

萧智元

姚东信（？—1938），陕西省渭南市临渭区人。1938 年春，任孙蔚如第三十八军李兴中第一七七师任云章第五三〇旅孙洁生第一〇五九团第二营第六连准尉特务长。同年 5 月 7 日至 9 日在攻克永济张营镇激战时阵亡。姚东信牺牲查明详报后，国民政府特准晋为少尉从优抚恤，一次恤金 400 元，年抚金 160 元。

种世桢（？—1938），陕西省蒲城人。1938 年春，任孙蔚如第三十八军李兴中第一七七师任云章第五三〇旅孙洁生第一〇五九团第三营第八连少尉连附。同年 5 月 7 日至 9 日在攻克永济张营镇激战时阵亡。种世桢牺牲查明详报后，国民政府特准晋为中尉从优抚恤，一次恤金 500 元，年抚金 240 元。

陈广德（？—1938），陕西省兴平人。1938 年春，任孙蔚如第三十八军李兴中第一七七师任云章第五三〇旅孙洁生第一〇五九团机枪二连少尉连附。同年 5 月 7 日至 9 日在攻克永济张营镇激战时阵亡。陈广德牺牲查明详报后，国民政府特准晋为中尉从优抚恤，一次恤金 500 元，年抚金 240 元。

郑兰堂（？—1938），河南省方城人。1938 年春，任孙蔚如第三十八军李兴中第一七七师任云章第五三〇旅孙洁生第一〇五九团步炮连中尉连附。同年 5 月 7 日至 9 日在攻克永济张营镇激战时阵亡。郑兰堂牺牲查明详报后，国民政府特准晋为上尉从优抚恤，一次恤金 600 元，年抚金 320 元。

张晋臣（？—1938），陕西省蒲城县苏坊人。1938 年春，任孙蔚如第三十八军李兴中第一七七师任云章第五三〇旅孙洁生第一〇五九团第三营九连中尉排长。同年 5 月 7 日至 9 日在攻克永济张营镇激战时阵亡。

雷致中（？—1938），陕西省耀县人。1938 年春，任孙蔚如第三十八军李兴中第一七七师任云章第五三〇旅王云山第一〇六〇团一连中尉连附。同年 5 月 7 日至 9 日在攻克永济张营镇激战时阵亡。雷致中牺牲查明详报后，国民政府特准晋为上尉从优抚恤，一次恤金 600 元，年抚金 320 元。

马占山（？—1938），陕西省凤翔人。1938 年春，任孙蔚如第三十八军李兴中第一七七师任云章第五三〇旅王云山第一〇六〇团二连下士。同年 5 月 7 日至 9 日在攻克永济张营镇激战时阵亡。马占山牺牲查明详报后，国民政府特准晋为中士从优抚恤，一次恤金 130 元，年抚金 70 元。

关生华（？—1938），今宁夏固原人。1938 年春，任孙蔚如第三十八军李兴中第一七七师任云章第五三〇旅王云山第一〇六〇团二连上等兵。同年 5 月 7 日至 9 日在攻克永济张营镇激战时阵亡。关生华牺牲查明详报后，国民政府特准晋为下士从优抚恤，一次恤金 120 元，年抚金 60 元。

杨茂林（？—1938），陕西省耀县人。1938 年春，任孙蔚如第三十八军李兴中第一七七师任云章第五三〇旅王云山第一〇六〇团三连二等兵。同年5月7日至9日在攻克永济张营镇激战时阵亡。杨茂林牺牲查明详报后，国民政府特准晋为一等兵从优抚恤，一次恤金100元，年抚金50元。

熊兆祥（？—1938），山西省芮城人。1938年春，任孙蔚如第三十八军李兴中第一七七师任云章第五三〇旅王云山第一〇六〇团五连中尉连附。同年5月7日至9日在攻克永济张营镇激战时阵亡。熊兆祥牺牲查明详报后，国民政府特准晋为上尉从优抚恤，一次恤金600元，年抚金320元。

张永禄（？—1938），陕西省长安人。1938年春，任孙蔚如第三十八军李兴中第一七七师任云章第五三〇旅王云山一〇六〇团机枪二连少尉连附。同年5月7日至9日在攻克永济张营镇激战时阵亡。张永禄牺牲查明详报后，国民政府特准晋为中尉从优抚恤，一次恤金500元，年抚金240元。

郭万魁（？—1938），陕西省岐山县人。1938年春，任孙蔚如第三十八军李兴中第一七七师任云章第五三〇旅王云山第一〇六〇团第三营第九连上尉连长。同年5月7日至9日在攻克永济张营镇激战时阵亡。郭万魁牺牲查明详报后，国民政府特准晋为少校从优抚恤，一次恤金800元，年抚金360元。

杨惠印（？—1938），陕西省长安人。1938年春，任孙蔚如第三十八军李兴中第一七七师杨觉天第五二九旅韩子芳第一〇五八团第一营第二连上尉连长。同年5月7日至9日在攻克永济张营镇激战时阵亡。杨惠印牺牲查明详报后，国民政府特准晋为少校从优抚恤，一次恤金800元，年抚金360元。

闵思芳（？—1938），陕西省渭南市临渭区人。1938年春，任孙蔚如第三十八军李兴中第一七七师杨觉天第五二九旅韩子芳第一〇五八团特务连上士。同年5月7日至9日在攻克永济张营镇激战时阵亡。闵思芳牺牲查明详报后，国民政府特准晋为准尉从优抚恤，一次恤金300元，年抚金120元。

王福生（？—1938），陕西省三原人。1938年春，任孙蔚如第三十八军李兴中第一七七师杨觉天第五二九旅韩子芳第一〇五八团特务连上等兵。同年5月7日至9日在攻克永济张营镇激战时阵亡。王福生牺牲查明详报后，国民政府特准晋为下士从优抚恤，一次恤金120元，年抚金60元。

张星高（？—1938），陕西省渭南市临渭区人。王劲哉新编第三十五师上尉副官。1938年夏在河南省兰封对日作战时牺牲。上报后晋升为少校，一次恤金800元，年抚金360元。

王自忍（？—1938），陕西省兴平人。王劲哉新编第三十五师石杰三第一团第一营上尉营附。1938年5月18日在今山东菏泽对日作战时阵亡。上报后晋升为少校，一次恤金800元，年抚金360元。

史海云（？—1938），陕西省华阴人。王劲哉新编第三十五师石杰三第一团第三营第七连上尉连长。1938年5月在山东菏泽对日作战时阵亡。上报后晋升为少校，一次恤金800元，年抚金360元。

史振武（？—1938），陕西省岐山县人。王劲哉新编第三十五师石杰三第一团第三营第七连少尉连附。1938年5月在山东菏泽对日作战时阵亡。上报后晋升为中尉，一次恤金500元，年抚金240元。

张　辙（？—1938），陕西省扶风县人。王劲哉新编第三十五师石杰三第一团第三营第八连上尉连长。1938年5月在山东菏泽对日作战时阵亡。上报后晋升为少校，一次恤金800元，年抚金360元。

张少峰（？—1938），陕西省西安市临潼区人。王劲哉新编第三十五师石杰三第一团第三营第八连少尉连附。1938年5月在山东菏泽对日作战时阵亡。上报后晋升为中尉，一次恤金 500 元，年抚金 240 元。

宋德元（？—1938），王劲哉新编第三十五师石杰三第一团第三营第九连上尉连长。1938 年 5 月在山东菏泽对日作战时阵亡。上报后晋升为少校，一次恤金 800 元，年抚金 360 元。

蒲松龄（？—1938），王劲哉新编第三十五师石杰三第一团第三营第八连排长。1938 年 5 月在山东曹县对日作战时阵亡。

史志刚（？—1938），王劲哉新编第三十五师石杰三第一团第一营第二连排长。1938 年 5 月在山东省菏泽市牡丹区对日作战突围时阵亡。

王春山（？—1938），赵寿山第十七师耿子介第四十九旅李维民第九十七团呼品一第二营连长。1938 年 6 月 30 日在封门口战斗时，他率全连出击到敌指挥所位置，用刺刀、大刀，与敌白刃肉搏，王春山与全连官兵壮烈牺牲。

薛　雄（？—1938），赵寿山第十七师耿子介第四十九旅李维民第九十七团柏方彬第一营第一连连长。1938 年 6 月 30 日在封门口同日军血战时与全连官兵壮烈牺牲。

郑廷献（1913—1938），1913 年生于陕西省长安县（今属西安市长安区）南乡小江村一个农民的家里。弱冠入杨虎城将军部，分到特务二团团部工作。1934 年入西安绥靖公署步兵训练班第三期学习，毕业后，分配到陕西警备第三旅。抗日战争爆发后，即随部开赴陕东韩城，扼守（黄）河防。1938 年 7 月所部改编为第三十一军团第九十六军独立第四十七旅，他任该旅樊雨农第八团第一营第一连上尉连长，旋随部东渡，开赴晋西南抗日。所部驻防临晋、猗氏一带。8 月 2 日曾率部参加攻击盘踞邵家营、卿头等地的日军。8 月 8 日在临晋（今山西省临猗县）四家庄与日军作战时不幸阵亡，时年仅 26 岁。其遗体由年轻勇敢的本连排长赵春发背回。郑廷献连长阵亡查明详报后，国民政府特准晋升为少校从优抚恤。一次恤金 800 元，年抚金 360 元[①]，一直领到 1948 年。

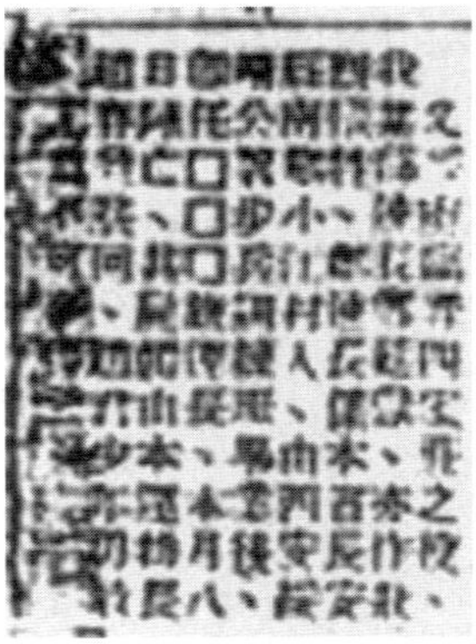

1938 年 8 月 27 日《西京日报》报道郑廷献牺牲的消息

附录:《西京日报》的报道文章

又讯，晋南临晋四家庄之役，我某部连长郑廷献亦作壮烈牺牲。郑连长系本省长安县南乡小江村人。由西安绥靖公署步兵训练班毕业后，即任□□□旅连长，本月 8 日阵亡。其尸体由本连排长赵春发驮回。赵君少年勇敢，尤为不可多得云。

〔《西京日报》中华民国二十七年（1938）八月二十七日〕

沈全录（？—1938），陕西省西安市长安区人。孙蔚如第三十一军团赵寿山第三十八军孔从洲独立第四十六旅一等兵，1938 年 8 月中旬在山西省永济对日作战中阵亡。

杨守太（？—1938），陕西省西安市长安区人。孙蔚如第三十一军团赵寿山第三十八军孔从洲独立第四十六旅二等兵，1938 年 8 月中旬在山西省永济对日作战中阵亡。

李纪才（？—1938），陕西省西安市长安区人。孙蔚如第三十一军团赵寿山第三十八军孔从洲独立第四十六旅中士班长。1938 年 8 月中旬在山西省永济对日作战中阵亡。

①《死亡官兵调查表》，中国第二历史档案馆藏档案。

曹生华（1914—1938），陕西省西安市长安区人。孙蔚如第三十一军团赵寿山第三十八军孔从洲独立第四十六旅第七三六团第一营第三连中尉连附。1938年8月中旬在山西省永济对日作战中阵亡，时年仅25岁。

张占胜（？—1938），陕西省城固县人。孙蔚如第三十一军团李兴中第九十六军陈硕儒第一七七师第一〇五九团第一营第三连下士。1938年在山西省永济对日作战时阵亡。

朱喜林（？—1938），河南省临颍人。孙蔚如第三十一军团李兴中第九十六军陈硕儒第一七七师第一〇五九团机枪第一连中士。1938年在山西省永济对日作战时阵亡。

杨滨生（？—1938），山西省永济风陵渡赵村人。孙蔚如三十一军团赵寿山三十八军孔从洲陕西警备二旅第四团第二营第五连排长。1938年8月16日在山西省永济尧王台对日作战中阵亡。

吴德林（？—1938），陕西省渭南市临渭区人。孙蔚如第三十一军团赵寿山第三十八军孔从洲陕西警备第二旅第四团第二营第五连排长。1938年8月16日在山西省永济尧王台对日作战中阵亡。

王怀仁（？—1938），陕西省西安市灞桥人。孙蔚如第三十一军团赵寿山第三十八军孔从洲陕西警备第二旅第四团第二营第五连司务长。1938年8月16日在山西省永济尧王台对日作战中阵亡。

于世英（？—1938），陕西省西安市灞桥区于家村人。孙蔚如三十一军团赵寿山三十八军孔从洲陕西警备第二旅四团二营五连乔阶平排班长。1938年春，随部开赴陕东朝邑，扼守（黄）河防。同年7月4日，随部东渡，坚守永济左翼峨嵋原至黄河东岸阵地。8月15日，日寇猛攻峨嵋原。于世英同战友们同心协力，打退了鬼子的进攻。8月16日拂晓，日军3000余人突破山西省永济县尧王台我右翼阵地，形势极为危急！于世英所部陕西警备第二旅第四团第二营第五连奉命同第四连驰往增援。经过一日激战，全连120余人，阵地上只剩下17人。于世英手提轻机枪打退了鬼子的数次猛攻。这天午后，在追击敌人时不幸左胸中敌弹壮烈牺牲。

任重杰（？—1938），陕西省西安市长安区人。孙蔚如第三十一军团赵寿山第三十八军孔从洲独立第四十六旅一等兵。1938年8月中旬在山西省永济对日作战中阵亡于西姚温。

李生明（？—1938），陕西省西安市长安区人。孙蔚如第三十一军团赵寿山第三十八军孔从洲独立第四十六旅一等兵。1938年8月中旬在山西省永济对日作战中阵亡于解家坟。

陈善文（？—1938），陕西省西安市长安区人。孙蔚如第三十一军团赵寿山第三十八军孔从洲独立第四十六旅第七三八团第三营第八连上尉连长。1938年8月中旬在山西省永济对日作战中阵亡。

胡明俊（？—1938），陕西省西安市长安区人。孙蔚如第三十一军团赵寿山第三十八军孔从洲独立第四十六旅上尉副官（一说为“七三八团团部上尉政训员”）。1938年8月中旬在山西省对日作战中阵亡于永济鹿峪[①]。

杜生全（？—1938），陕西省西安市长安区人。孙蔚如第三十一军团赵寿山第三十八军一等兵。1938年8月中旬在山西省永济对日作战中阵亡于小张村。

姜正恩（？—1938），陕西省西安市长安区人。孙蔚如第三十一军团李兴中第九十六军王振华独立第四十七旅中尉排长。1938年夏在山

---

①陕西省档案馆藏档案《长安县抗敌伤亡官兵褒恤状况调查表》载为“晋南抗战阵亡”，不确。

西省永济金巷口对日作战时阵亡。

田景藩[①]（1917—1938），陕西省咸阳市秦都区马跑泉人。1938 年 8 月任孙蔚如第三十一军团赵寿山第三十八军孔从洲陕西警备第二旅四团九连连长[②]。同年 8 月中旬在山西省血战永济之役时阵亡。《血战永济》秦腔戏曾提名表彰。

李占标（？—1938），河南省新野人。1938 年 8 月任孙蔚如第三十一军团赵寿山第三十八军孔从洲陕西警备第二旅第五团第五连少尉连附。8 月中旬在血战永济之役时阵亡。

傅宝山（1911—1938），字仁卿，陕西宝鸡虢镇人。参加杨虎城将军部队后，被分配到炮兵团一营一连。1934 年毕业于西安绥靖公署步兵训练班第三期。1938 年夏，任赵寿山三十八军孔从洲独立四十六旅郑培元五团张志馥三营第七连连长，在山西省永济尧王台对日作战中阵亡。时年 28 岁。

侯维森（1912—1938），字茂亭，陕西省蒲城县人。弱冠参加杨虎城将军部队，被分配到特务三团三营第九连。1931 年毕业于西安绥靖公署步兵训练班第一期。1938 年夏任孙蔚如第三十一军团赵寿山第三十八军孔从洲陕西警备第二旅第五团第七连中尉连附。在山西省永济尧王台对日作战中阵亡。年仅 27 岁。《血战永济》秦腔戏曾提名表彰。

王兴三（？—1938），河南省邓县人。1938 年 8 月任孙蔚如第三十一军团赵寿山第三十八军孔从洲陕西警备第二旅第五团第八连中尉连附。8 月中旬在血战永济之役时阵亡。

① 《血战永济》秦腔戏中为"由景藩"。孰是，待考。

② 李景含主编《咸阳市秦都区志》云：田景藩为"杨虎城部队"，此说不确。应为"杨虎城旧部"。又中国第二历史档案馆藏《死亡官兵调查表》载为"中尉连附"，孰是，待考。

张连升（？—1938），陕西省蒲城县苏坊人。1938年8月任孙蔚如第三十一军团赵寿山第三十八军孔从洲陕西警备第二旅第五团机枪三连少尉连附。8月中旬在血战永济之役时阵亡。《血战永济》秦腔戏曾提名表彰。

许镜湖（？—1938），陕西省蓝田人。1938年8月任孙蔚如第三十一军团赵寿山第三十八军孔从洲陕西警备第二旅第五团准尉特务长。8月中旬在血战永济之役时阵亡。

周海金（？—1938），山西省临晋人。1938年8月任孙蔚如第三十一军团赵寿山第三十八军孔从洲陕西警备第二旅第四团第一营第一连上士。8月中旬在血战永济时阵亡。

赵振元（？—1938），陕西省岐山县人。1938年8月任孙蔚如三十一军团赵寿山三十八军孔从洲陕西警备第二旅四团第一营第一连上等兵。8月中旬在血战永济之役时阵亡。

王修安（1900—1938），陕西省洋县谢村镇人。1930年参加革命。中国共产党党员。1938年任孙蔚如部赵寿山第三十八军某部班长。同年在山西中条山对日作战时牺牲。

袁俊凯（？—1938），陕西省西安市长安区人。孙蔚如三十一军团李兴中九十六军王镇华独立四十七旅一等兵，1938年夏在山西省猗氏县（今临猗）上朝堡对日作战中阵亡。

吴伟如（？—1938），山西省临晋人。孙蔚如三十一军团李兴中九十六军王镇华独立四十七旅张英三第七团谢济民第一营上尉营附。1938年7月20日在山西省猗氏（今临猗县）嵋阳镇对日作战时英勇牺牲。吴伟如殉职查明上报后，特准晋一级从优抚恤，一次恤金800元，年抚金360元。

党澄涛（？—1938），陕西省今华阴市人。任孙蔚如第三十一军团李兴中第九十六军王镇华独立第四十七旅张英三第七团谢济民第一营第一连上尉连长。1938 年 7 月 20 日在山西省猗氏（今临猗县）嵋阳镇对日作战时英勇牺牲。党澄涛殉职查明上报后，特准晋一级，从优抚恤，一次恤金 800 元，年抚金 360 元。

薛开山

薛开山（1913—1938），陕西省渭南市临渭区人。早年投奔杨虎城部队，被分配到独立第二旅四团一营一连。1934 年毕业于西安绥靖公署步兵训练班第四期。1938 年任孙蔚如三十一军团李兴中九十六军王振华独立四十七旅张英三七团谢济民一营第三连上尉连长。1938 年 7 月 20 日在山西省猗氏（今临猗县）嵋阳镇对日作战时英勇牺牲。薛开山殉职查明上报后，特准晋一级从优抚恤，一次恤金 800 元，年抚金 360 元。

华静轩（？—1938），江苏省铜山县人。任孙蔚如第三十一军团李兴中第九十六军王振华独立第四十七旅张英三第七团谢济民第一营第三连上尉连长[①]。1938 年 7 月 20 日在山西省猗氏（今临猗县）嵋阳镇对日作战时英勇牺牲。华静轩殉职查明上报后，特准晋一级，从优抚恤，一次恤金 800 元，年抚金 360 元。

杨永康（？—1938），陕西省渭南市临渭区人。任孙蔚如三十一军团李兴中九十六军王振华独立第四十七旅张英三七团第二营第八连上尉代理连长。1938 年在山西省临晋（今临猗县）对日作战时英勇牺牲。杨永康殉职查明上报后，特准晋一级，从优抚恤，一次恤金 800 元，

① 华静轩当时在何部任职？中国第二历史档案馆藏档案记载为陕西警备第二旅七团三连，明显有误。因为二旅无七团，七团三连连长是薛开山。

年抚金 360 元。

秦玉祥（？—1938），河南省沁阳人。任孙蔚如第三十一军团李兴中第九十六军王振华独立第四十七旅第八团第一营第二连中尉排长。1938 年在山西省虞乡（今永济市）对日作战时阵亡。秦玉祥殉职查明上报后，特准晋一级从优抚恤，一次恤金 600 元，年抚金 320 元。

杨继振（？—1938），陕西省西安市长安区人。孙蔚如三十一军团李兴中一七七师王振华独立四十七旅二等兵，1938 年夏在山西省今临猗县上朝堡对日作战中阵亡。

张世益（？—1938），陕西省今西安市长安区人。孙蔚如第三十一军团李兴中第一七七师王振华陕西警备第三旅张英三第七团第二营第六连上尉连长。1938 年夏在山西省永济吕芝村对日作战时阵亡。张世益殉职查明上报后，特准晋一级从优抚恤，一次恤金 800 元，年抚金 360 元。

王德立（？—1938），陕西省乾县人，孙蔚如第三十一军团李兴中第九十六军陈硕儒第一七七师第一〇五七团机枪第二连中尉连附。1938 年在山西省安邑对日作战时阵亡。

王以庄（？—1938），陕西省三原县人。孙蔚如第三十一军团李兴中第九十六军陈硕儒第一七七师补充团第一营营部少尉书记。1938 年在山西省解县对日作战时阵亡。

李云德（？—1938），陕西省洋县人。孙蔚如第三十一军团李兴中第九十六军陈硕儒第一七七师第一〇五八团第三营第八连一等兵。1938 年在山西省临晋对日作战时阵亡。

杨森杰（？—1938），陕西省西安市长安区人。孙蔚如第三十一军团李兴中第一七七师上士文书。1938 年夏在山西省虞乡黄家窑对日作战时阵亡。

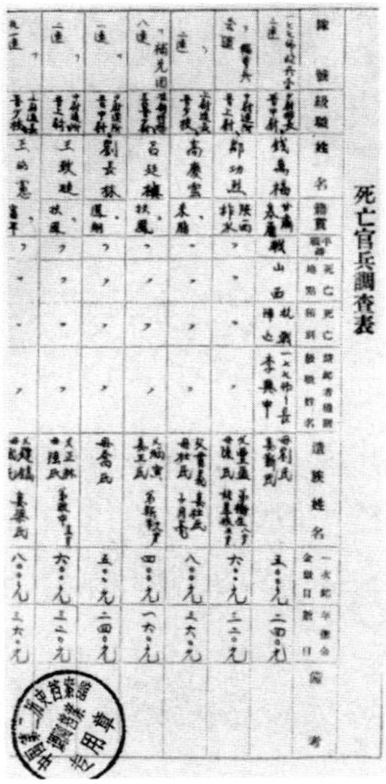
死亡官兵調查表

中国第二历史档案馆藏钱万福等档案

钱万福（？—1938），生年不详。甘肃省皋兰人。1938年8月任孙蔚如第三十一军团李兴中第九十六军第一七七师孙芾棠炮兵营第三连少尉排长。1938年5月，新婚不久，随部东渡黄河，到晋西南抗日。8月奉命驻防永济县东峨嵋原，参加了8月15日和16日的永济峨嵋原抗日激战。8月16日日寇突破永济主阵地右翼西姚温后，奉命随部向河西转移，17日经过永济韩阳镇时，遭遇日寇飞机狂轰滥炸，他不幸中弹阵亡。其牺牲查明详报后，国民政府军事委员会抚恤委员会特准晋为中尉抚恤，一次恤金500元，年抚金240元。中国第二历史档案馆藏有其档案。

焦文杰

焦文杰（1908—1938），字云龙，1908年生于陕西华阴。早年投奔杨虎城将军部队，被分配到陕西警备第一旅第一团三营九连。1934年毕业于西安绥靖公署步兵训练班军官队第四期。西安事变时任陕西警备第一旅第一团一营一连连长。先在西安东郊赶筑工事，防止亲日派中央军进犯；后随部疾驰陇县，防止李及兰四十九师东犯。1937年2月随部开回西安。后升任王竣陕西警备第一旅张剑平第一团团部上尉副官。1938年5月随部开赴陕东（黄）河防。同年7月中旬随部东渡，死守永济县城。1938年8月17日在山西省永济城血战中阵亡。同年12月18日在陕西省原朝邑县大寨子村修建的《陕西警备第一旅第一团永济抗战阵亡将士纪念碑序•阵亡将士题名录》的第 3 位即镌刻着焦文杰的英名。焦文杰阵亡查明详报后，国民政府特准晋升为少校从优抚恤，一次恤金 800 元，年抚金 360 元。

韦和亭（？—1938），陕西省蒲城县洛滨镇永平村人。王竣陕西警备一旅张剑平一团团部中尉军需。1938 年 8 月 17 日在山西省永济城血战中阵亡。同年 12 月 18 日在陕西省原朝邑县大寨子村修建的《陕西警备第一旅第一团永济抗战阵亡将士纪念碑序•阵亡将士题名录》的第 6 位即镌刻着韦和亭的英名。韦和亭阵亡查明详报后，国民政府特准晋升为上尉从优抚恤，一次恤金 600 元，年抚金 320 元。

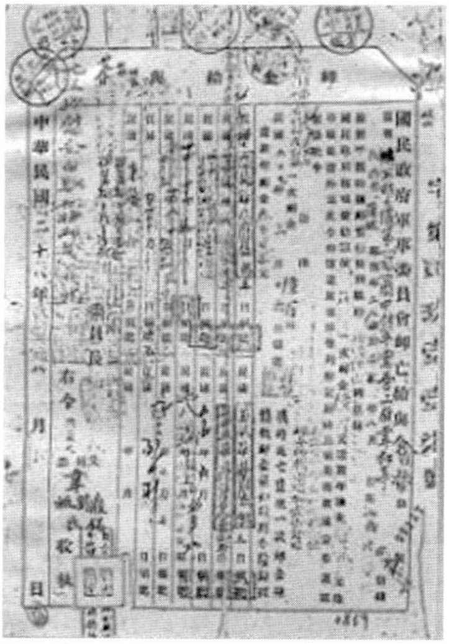

血战永济城殉国烈士韦和亭家中保存的 10 年领取恤金记录单

吴仁贵（？—1938），陕西省岐山县人。王竣陕西警备第一旅张剑平第一团邓祥云第二营营部中尉副官。1938 年 8 月 17 日在山西省永济城血战中身负重伤，送到陕西省原朝邑医院，时昏时醒，有时醒了还高喊“我要抗日！”一两天就为国殒命。同年 12 月 18 日在陕西省原朝邑县大寨子村修建的《陕西警备第一旅第一团永济抗战阵亡将士纪念碑序•阵亡将士题名录》的第 7 位即镌刻着吴仁贵的英名。吴仁贵阵亡查明详报后，国民政府特准晋升为上尉从优抚恤。一次恤金 600 元，年抚金 320 元。

周生龙（1908—1938），字民则，1908 年生于陕西省眉县槐芽镇。早年投奔杨虎城将军部队，被分配在陕西警备第一旅第二团一营二连。1934 年毕业于西安绥靖公署步兵训练班军官队第四期。抗战军兴，任

周生龙

王竣陕西警备第一旅张剑平第一团邓祥云第二营王继纯五连中尉排长。1938年5月随部开赴陕东河防。7月中旬随部东渡，死守永济县城。8月17日在山西省永济城血战中阵亡。年仅31岁。同年12月18日在陕西省原朝邑县大寨子村修建的《陕西警备第一旅第一团永济抗战阵亡将士纪念碑序·阵亡将士题名录》的第8位即镌刻着周生龙的英名。周生龙阵亡查明详报后，国民政府特准晋升为上尉从优抚恤，一次恤金600元，年抚金320元。

耿青山

耿青山（1911—1938），1911年生于河南省鲁山县望城岗。早年投奔杨虎城将军部队，被分配到警备第一旅第二团二营四连。1934年毕业于西安绥靖公署步兵训练班军官队第四期。抗战军兴，任王竣陕西警备第一旅张剑平第一团中尉排长。1938年5月随部开赴陕东河防。7月中旬随部东渡，死守永济县城。8月17日在山西省永济城血战中阵亡。年仅28岁。同年12月18日在陕西省原朝邑县大寨子村修建的《陕西警备第一旅第一团永济抗战阵亡将士纪念碑序·阵亡将士题名录》的第9位即镌刻着耿青山的英名。耿青山阵亡查明详报后，国民政府特准晋升为上尉从优抚恤，一次恤金600元，年抚金320元。

王振邦（？—1938），陕西省兴平市人。王竣陕西警备第一旅张剑平第一团担架排少尉排长。1938年8月17日在山西省永济城血战中阵亡于永济北城。同年12月18日在陕西省原朝邑县大寨子村修建的《陕西警备第一旅第一团永济抗战阵亡将士纪念碑序·阵亡将士题名录》的第10位即镌刻着王振邦的英名。王振邦阵亡查明详报后，国民政府特准晋为中尉从优抚恤，一次恤金500元，年抚金240元。

王恩兰

王恩兰（1909—1938），字子湛，1909年生于山东省费县薛庄镇。早年投奔杨虎城将军部队，被分配到警备第一旅第二团一营三连。1934年毕业于西安绥靖公署步兵训练班军官队第四期。抗战军兴，任王竣陕西警备一旅张剑平第一团某部少尉排长。1938年5月随部开赴陕东河防。7月中旬随部东渡，死守永济县城。8月17日在山西省永济城血战中阵亡。年仅28岁。同年12月18日在陕西省原朝邑县大寨子村修建的《陕西警备第一旅第一团永济抗战阵亡将士纪念碑序·阵亡将士题名录》的第11位即镌刻着王恩兰的英名。王恩兰阵亡查明详报后，国民政府特准晋升为中尉从优抚恤，一次恤金500元，年抚金240元。

王有才（？—1938），1938年春，为王竣陕西警备第一旅张剑平第一团某部少尉排长。同年8月17日在山西省永济县城与日军血战时不幸阵亡。同年12月18日在陕西省原朝邑县大寨子村修建的《陕西警备第一旅第一团永济抗战阵亡将士纪念碑序·阵亡将士题名录》的第12位即镌刻着王有才的英名。

郝德荣（？—1938），1938年春，为王竣陕西警备第一旅张剑平第一团某部准尉特务长。同年8月17日在山西省永济县城与日军血战时不幸阵亡。同年12月18日在陕西省原朝邑县大寨子村修建的《陕西警备第一旅第一团永济抗战阵亡将士纪念碑序·阵亡将士题名录》的第14位即镌刻着郝德荣的英名。

李玉亭（？—1938），陕西省蒲城县人。王竣陕西警备第一旅张剑平第一团某部准尉特务长。1938 年 8 月 17 日在山西省永济县城抗日血战中阵亡。同年 12 月 18 日在陕西省原朝邑县大寨子村修建的《陕西警备第一旅第一团永济抗战阵亡将士纪念碑序•阵亡将士题名录》的第 15 位即镌刻着李玉亭的英名。

张卓铮　段墨岑　张鸿钧　杨兆荣　李德全

5 人生年籍贯均不详。皆王竣陕西警备一旅张剑平一团某部上尉文书。1938 年 8 月 17 日在山西省永济县城抗日血战中阵亡。同年 12 月 18 日在陕西省原朝邑县大寨子村修建的《陕西警备第一旅第一团永济抗战阵亡将士纪念碑序•阵亡将士题名录》的第 16 位至 20 位即镌刻着他们的英名。

邓继忠（1914—1938），原名祥林。抗日英雄邓祥云堂弟。陕西省蒲城县上王乡张王庄人。西安事变前投奔杨虎城将军部队，任王竣陕西警备第一旅张剑平一团二营营部上士军需。1938 年 5 月随部开赴陕东，扼守平民（黄）河防。7 月奉命随部东渡，曾回家乡与亲人告别。父母劝其不要去。其妻尤氏把他挡住求他不要去永济。他把妻子一下甩开，说道："养兵千日，用兵一时。抗日杀敌，为什么不让我去？" 8 月 17 日在山西省永济县城抗日血战中阵亡。同年 12 月 18 日在陕西省原朝邑县大寨子村修建的《陕西警备第一旅第一团永济抗战阵亡将士纪念碑序•阵亡将士题名录》的第 21 位即镌刻着邓继忠的英名。邓继忠阵亡查明详报后，国民政府特准晋升为准尉从

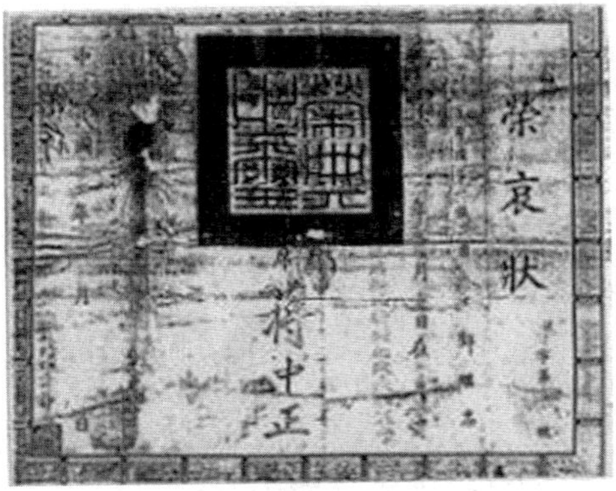

血战永济城殉国烈士邓继忠家中保存的国民政府 1948 年发给遗属的《荣哀状》

國民政府軍事委員會撫卹委員會通知書

血战永济城殉国烈士邓继忠家中保存的国民政府发的恤金给予令通知书

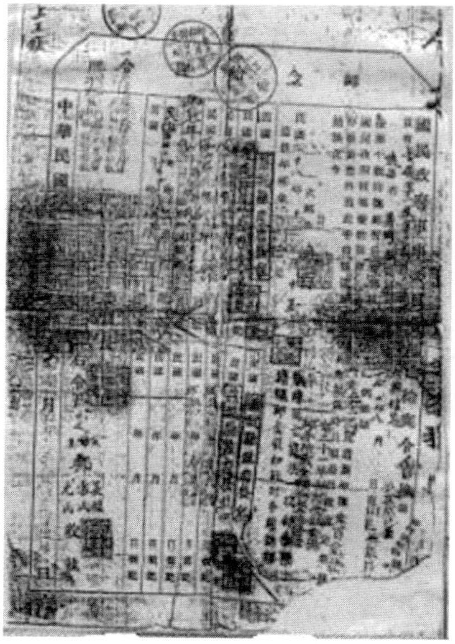

血战永济城殉国烈士邓继忠家中保存的10年领取恤金的记录单

优抚恤，一次恤金300元，年抚金120元。1947年李约祉编的《蒲城县志稿》记载了其英名。1948年国民政府给其遗属颁发了《荣哀状》。

陈永保，王竣陕西警备第一旅张剑平第一团担架队上士看护。1938年8月17日在山西省永济县城抗日血战中阵亡。同年12月18日在陕西省原朝邑县大寨子村修建的《陕西警备第一旅第一团永济抗战阵亡将士纪念碑序•阵亡将士题名录》的第22位即镌刻着陈永保的英名。

杨春周，王竣陕西警备第一旅张剑平第一团某部上士班长。1938年8月17日在山西省永济县城抗日血战中阵亡。同年12月18日在陕西省原朝邑县大寨子村修建的《陕西警备第一旅第一团永济抗战阵亡将士纪念碑序•阵亡将士题名录》的第23位即镌刻着杨春周的英名。

郭鹿鸣，生年不详，陕西省户县秦渡人。王竣陕西警备第一旅张剑平第一团某部中士班长。1938 年 8 月 17 日在山西省永济县城抗日血战中阵亡。同年 12 月 18 日在陕西省原朝邑县大寨子村修建的《陕西警备第一旅第一团永济抗战阵亡将士纪念碑序·阵亡将士题名录》的第 24 位即镌刻着郭鹿鸣的英名。

张新山　杜玉田　雷伯英　张鸿源　贠华芳　袁得胜　郑吉元

张德茂　侯子玉　李文盛　张志忠

11 人生年籍贯均不详。皆为王竣陕西警备第一旅张剑平第一团某部中士班长。1938 年 8 月 17 日在山西省永济县城抗日血战中阵亡。同年 12 月 18 日在陕西省原朝邑县大寨子村修建的《陕西警备第一旅第一团永济抗战阵亡将士纪念碑序·阵亡将士题名录》的第 25 位至第 35 位即镌刻着他们的英名。

杨茂生

杨茂生[①]（1916—1938），原名正印，陕西省白水县雷村人。1933 年农历三月投奔杨虎城将军部队。后任王竣陕西警备第一旅张剑平第一团医务所下士看护。1936 年冬随部驻防户县，监视驻咸阳的蒋军第十三师。12 月 12 日西安事变爆发，当日奉命随部开回西安，在东郊赶筑工事，准备迎击亲日派中央军的进犯。不久数日，随部由西安乘火车到陇州，防止中央军李及兰第四十九师东犯。1937 年 2 月由陇州返回西安，维持城内治安直到 1938 年春。5 月随部开赴陕东，扼守平民县（黄）河防。7 月随部东渡，坚守山西省永济县城。1938 年 8 月 17 日下午，日军从东、北、南 3 面猛攻永济城。

① “陕西警备第一旅第一团永济抗战阵亡将士纪念碑序·阵亡将士题名录”上为“杨茂森”。

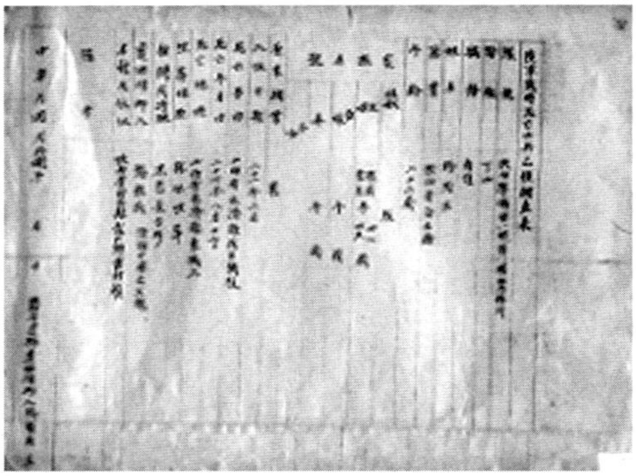

永济血战殉国烈士杨茂生（森）之父杨根成 1939 年写的领恤金申报

杨茂生在东城上抢救伤员时被敌机枪弹贯通脑部致大脑流出当即牺牲[①]。1938 年在陕西省原朝邑县大寨子村修建的《陕西警备第一旅第一团永济抗战阵亡将士纪念碑序·阵亡将士题名录》的第三十六位即镌刻着杨茂生的英名。杨茂生阵亡查明详报后，国民政府特准晋升为上士从优抚恤。一次恤金 130 元，年抚金 70 元。

附录：杨茂生 1937 年春节后写给父母的家信

父　母　亲大人膝下敬禀者

拜别慈颜，未曾奉函，瞬将数月。自十月二十九日西安事变。当日队伍由户县到西安。不久数日由西安乘火车到陇州。年终由陇州回到西安。队伍现在西安居住。特地写信告

1937 年 2 月杨茂生写给父母的家信第 1 页

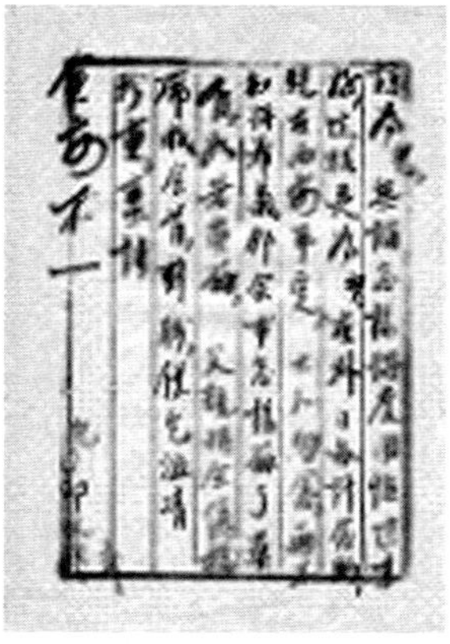

1937 年 2 月杨茂生写给父母的家信第 3 页

① 陕西省档案馆藏档案。

诉。大人，男很惭愧登在外边，不能服待（侍）。父亲母亲，医界之事儿心中很是赞成。家中缓步我埋头苦干二三年。等到前途捎（稍）为得意些，我便要回来，决不敢再留在外面。儿在外做事庸庸碌碌，决不敢学那前几年的样子。父母亲在家万勿挂念家中以概之事度用。望父亲料理。原谅为儿。无论怎样将度用惟过才好。这就是为儿在外日每计念的。现在西安平定，大人勿念。再不知将希义那会事怎样办了莫有。如若莫办，父亲将会簿携带找会首。刻盼。伏乞温清珍重。

禀请

金安不一　　　　儿正印敬禀二月一日

赵世华，生年籍贯不详。王竣陕西警备第一旅张剑平第一团医务所下士看护。1938年8月17日在山西省永济县城抗日血战中阵亡。同年12月18日在陕西省原朝邑县大寨子村修建的《陕西警备第一旅第一团永济抗战阵亡将士纪念碑序•阵亡将士题名录》的第37位即镌刻着赵世华的英名。

范金荣　强克信　张文修　杨高才　何步荣　张效骞　郭凤仪
张永来　傅志华　王金中　姜子万　李怀印　许振兴　钟金阁
闵绍先

15人生年籍贯均不详。皆为王竣陕西警备第一旅张剑平第一团某部下士班长。1938年8月17日在山西省永济县城抗日血战中阵亡。同年12月18日在陕西省原朝邑县大寨子村修建的《陕西警备第一旅第一团永济抗战阵亡将士纪念碑序•阵亡将士题名录》的第38位至第52位即镌刻着他们的英名。

谭振新　赵保山

二人生年籍贯均不详。皆为王竣陕西警备第一旅张剑平第一团某部上等号兵。1938 年 8 月 17 日在山西省永济县城抗日血战中阵亡。同年 12 月 18 日在陕西省原朝邑县大寨子村修建的《陕西警备第一旅第一团永济抗战阵亡将士纪念碑序•阵亡将士题名录》的第 53 位、第 54 位即镌刻着谭振新、赵保山的英名。

吴明亮　陈保泰　孙振忠　姬汝林　李汉臣　何占华　康景成
张仲亭　王志成　邹立春　韩公锡　贾经国　唐青云　陈占元
王德明　李朝阳　张洪勋　李振山　张贵海　傅金文　毕月恩
梁春茂　冯积德　惠克忠　刘鸿德　冯满栋

以上 26 烈士生年籍贯均不详。皆为王竣陕西警备第一旅张剑平第一团某部上等兵。1938 年 8 月 17 日在山西省永济县城抗日血战中阵亡。同年 12 月 18 日在陕西省原朝邑县大寨子村修建的《陕西警备第一旅第一团永济抗战阵亡将士纪念碑序•阵亡将士题名录》的第 55 位至第 80 位即镌刻着他们的英名。

李如松　刘汉义　唐六仪　石璧成

以上 4 烈士生年籍贯均不详。皆为王竣陕西警备第一旅张剑平第一团某部一等兵。1938 年 8 月 17 日在山西省永济县城抗日血战中阵亡。同年 12 月 18 日在陕西省原朝邑县大寨子村修建的《陕西警备第一旅第一团永济抗战阵亡将士纪念碑序•阵亡将士题名录》的第 81 位至第 84 位即镌刻着他们的英名。

徐生财（？—1938），安徽省人。王竣陕西警备第一旅张剑平第一团邓祥云第二营冯民安第四连蔡逸民第二排一等兵。1938 年 7 月中旬随部东渡，扼守山西省永济县城东城。8 月 17 日下午日寇从东、北、南三面向我守军 5 个连猛烈进攻。徐生财不畏暴日，奋勇杀敌。子弹打光了，1 箱手榴弹扔完了，与冲上城垛的鬼子拼刺刀。刺刀弯了，抱着鬼子咬，直到流尽最后一滴血，终于为国捐躯。同年 12 月 18 日在陕西省原朝邑县大寨子村修建的《陕西警备第一旅第一团永济抗战阵亡将士纪念碑序·阵亡将士题名录》的第 85 位即镌刻着徐生财的英名。

李全德　张武学　蓝宝田　王汉章　李文胜　李玉玺

以上 6 烈士生年籍贯均不详。皆为王竣陕西警备第一旅张剑平第一团某部一等兵。1938 年 8 月 17 日在山西省永济县城抗日血战中阵亡。同年 12 月 18 日在陕西省原朝邑县大寨子村修建的《陕西警备第一旅第一团永济抗战阵亡将士纪念碑序·阵亡将士题名录》的第 86 位至第 91 位即镌刻着他们的英名。

蒲树升（？—1938），陕西省户县秦渡人。王竣陕西警备第一旅张剑平一团一等兵。1938 年 8 月 17 日在山西省永济县城抗日血战中阵亡。同年 12 月 18 日在陕西省原朝邑县大寨子村修建的《陕西警备第一旅第一团永济抗战阵亡将士纪念碑序·阵亡将士题名录》的第 92 位即镌刻着蒲树升的英名。

张生财　刘文祥　孙占元　贾生祥　陈双奎　韦生杰　张书乾

曾宪德　阎志忠　张甲连　詹运至　傅万保　张胜恒　王光明

常义昌　薛忠祥　刘忠海　杨主信　萧全升　王志桢　赵生贵

程长江　宋兴林　吴青龙　李鸿斌　夏耀臣　许开国　陈登玉

郑松和　王福生　邓长恺　王世兴　王彦杰　李树荣　张振文

张光厚　欧金山　任万杰　杨天成　张国栋　孙宪章　齐建钧

王维云　赵光明　赵智荣　李长荣　王明胜　罗志明　侯世录

王振才　王志保　康喜成　李德法　齐作文　张孔林　燕世勋

雷亮荣　杨天云　韩朝显　高光济　辛金耀　焦中祥　安国祥

高明贵　刘世杰　耿廷录　王金山　周生财　吴吉昌　郭志敬

范毓伸　杨振河　刘守忠　龚得元　杨志明　王瑞华　张光进
牛　芳　刘玉亭　郝玉贵　席实信　马金福　杨九成　王永德
梁学安　向可山　陈长发　刘振祥　刘宪章　王有富　宋青山
傅　俭　张民权

以上 93 位烈士生年籍贯均不详。皆为王竣陕西警备第一旅张剑平第一团某部一等兵。1938 年 8 月 17 日在山西省永济县城抗日血战中阵亡。同年 12 月 18 日在陕西省原朝邑县大寨子村修建的《陕西警备第一旅第一团永济抗战阵亡将士纪念碑序·阵亡将士题名录》的第 93 位至第 185 位即镌刻着他们的英名。

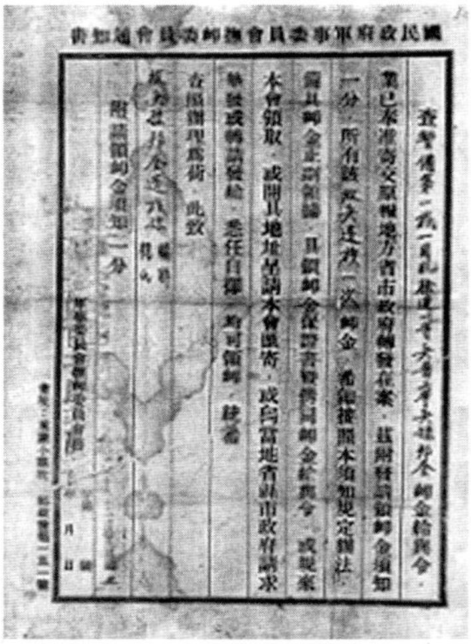
國民政府軍事委員會撫卹委員會通知書

血战永济城殉国烈士孙邦奎孤女保存的国民政府发给其父的请领恤金通知书

孙邦奎（1909[①]—1938），陕西省澄城县罗家洼乡东马店人。王竣陕西警备第一旅张剑平第一团王恒震机枪连一等兵。1938 年 8 月 17 日在山西省永济县城抗日血战中阵亡。同年 12 月 18 日在陕西省原朝邑县大寨子村修建的《陕西警备第一旅第一团永济抗战阵亡将士纪念碑序·阵亡将士题名录》的第 186 位即镌刻着孙邦奎的英名。《澄城县志》、陕西省档案馆藏档案均记载了他的英名。

文敬轩　孔祥林　孙世界　马升堂　苏鸿彬　孟水鱼　张道清
刘世杰　王山虎　姬焕成　叶光生　任仕和　张和礼　贾五生
毛富忠　康福堂　单书林　阎聚宝　李连枝　靳生华

① 一说其生年为 1914 年，录以备考。

以上 20 位烈士生年籍贯均不详。皆为王竣陕西警备第一旅张剑平第一团某部一等兵。1938 年 8 月 17 日在山西省永济县城抗日血战中阵亡。同年 12 月 18 日在陕西省原朝邑县大寨子村修建的《陕西警备第一旅第一团永济抗战阵亡将士纪念碑序•阵亡将士题名录》的第 187 位至第 206 位即镌刻着他们的英名。

李生文　任学礼　王玉明　聂随善　白玉杰　杨松林　郭本义

以上 7 位烈士生年籍贯不详。皆为王竣陕西警备第一旅张剑平第一团某部二等兵。1938 年 8 月 17 日在山西省永济县城抗日血战中阵亡。同年 12 月 18 日在陕西省原朝邑县大寨子村修建的《陕西警备第一旅第一团永济抗战阵亡将士纪念碑序•阵亡将士题名录》的第 207 位至第 213 位即镌刻着他们的英名。

张明成（1913—1938），陕西省沔县人。王竣陕西警备第一旅张剑平第一团邓祥云第二营冯民安第四连二等兵。1938 年 8 月 17 日在山西省永济县城抗日血战中阵亡。同年 12 月 18 日在陕西省原朝邑县大寨子村修建的《陕西警备第一旅第一团永济抗战阵亡将士纪念碑序•阵亡将士题名录》的第 214 位即镌刻着张明成的英名。陕西省档案馆藏有记载他英名的档案。

梁照明　徐得明

二烈士生年籍贯不详。皆为王竣陕西警备第一旅张剑平第一团某部二等兵。1938 年 8 月 17 日在山西省永济县城抗日血战中阵亡。同年 12 月 18 日在陕西省原朝邑县大寨子村修建的《陕西警备第一旅第一团永济抗战阵亡将士纪念碑序•阵亡将士题名录》的第 215、第 216 位即镌刻着梁照明、徐得明的英名。

邓正保（？—1938），陕西省蒲城县上王乡张王庄人。邓祥云营长侄儿。王竣陕西警备第一旅张剑平第一团邓祥云第二营二等兵。1938

年8月17日在山西省永济县城抗日血战中阵亡。同年12月18日在陕西省原朝邑县大寨子村修建的《陕西警备第一旅第一团永济抗战阵亡将士纪念碑序•阵亡将士题名录》的第217位即镌刻着邓正保的英名。李约祉编的《蒲城县志稿》记载了他的英名。

辛进元，生年不详，陕西省蒲城县上王乡张王庄人。本姓邓，邓祥云营长的族弟，永济血战时随母改姓辛。王竣陕西警备第一旅张剑平第一团邓祥云第二营二等兵。1938年8月17日在山西省永济县城抗日血战中阵亡。同年12月18日在陕西省原朝邑县大寨子村修建的《陕西警备第一旅第一团永济抗战阵亡将士纪念碑序•阵亡将士题名录》的第218位即镌刻着辛进元的英名。李约祉编的《蒲城县志稿》记载了他的英名。

杨志明，生年籍贯不详。王竣陕西警备第一旅张剑平第一团某部二等兵。1938年8月17日在山西省永济县城抗日血战中阵亡。同年12月18日在陕西省原朝邑县大寨子村修建的《陕西警备第一旅第一团永济抗战阵亡将士纪念碑序•阵亡将士题名录》的第219位即镌刻着杨志明的英名。

冉森瞭（？—1938），陕西省蒲城县人。王竣陕西警备第一旅张剑平第一团二等兵。1938年8月17日在山西省永济县城抗日血战中阵亡。同年12月18日在陕西省原朝邑县大寨子村修建的《陕西警备第一旅第一团永济抗战阵亡将士纪念碑序•阵亡将士题名录》的第220位即镌刻着冉森瞭的英名。李约祉主编的《蒲城县志稿》记载了他的英名。

刘成河　顾有钧　祈彦民　景秀山　王生发　郭世英　陈世昌

孙家成　朱兆琴　李丁茂　鲁志勉　宋振刚　苗青云　李维和

贾可忠　张志锡　傅凤鳞　朱富忠　张金财　杨宗梧　郭怀山

刘焕中　王芝兰　谭蔚扬　王永成　张清臣　姚树清　孟占杰

张占荣 夏廷海 王致民 姚华年 方子尚 杨天有 任克俭
戴茂林 刘治远 张忍谦 王正才 王富贵 冯有林 刘志春
黄青刚 张应海

以上 44 位烈士生年籍贯均不详。皆为王竣陕西警备第一旅张剑平第一团某部二等兵。1938 年 8 月 17 日在山西省永济县城抗日血战中阵亡。同年 12 月 18 日在陕西省原朝邑县大寨子村修建的《陕西警备第一旅第一团永济抗战阵亡将士纪念碑序·阵亡将士题名录》的第 221 位至第 264 位即镌刻着他们的英名。

史怀玉（？ —1938），陕西省蒲城县人。王竣陕西警备第一旅张剑平第一团二等兵。1938 年 8 月 17 日在山西省永济县城抗日血战中阵亡。同年 12 月 18 日在陕西省原朝邑县大寨子村修建的《陕西警备第一旅第一团永济抗战阵亡将士纪念碑序·阵亡将士题名录》的第 265 位即镌刻着史怀玉的英名。李约祉主编的《蒲城县志稿》记载了他的英名。

贾鸿运 翟文海 黄英杰 张瑞信 李得功 白志强 刘志谦
任铁成 郑克俭 刘治法 贺廷海 阎子贵 史秉真 宋国祥
何起吕 高培之 王生杰 王建邦 陈道真 刘桂生 席学礼
马成海 李崇学 张玉保 吕保兰 曹明升 朱金銮 张宪琛
张志道 丁忠宽 郝保善 刘怀林 杨发堂 耿庆堂 牟志杰
石碧沉 赵福科 崔占海 翁永魁 白锡武 汤殿魁 吴中山
严世英

以上 43 位烈士生年籍贯均不详。皆为王竣陕西警备第一旅张剑平第一团某部二等兵。1938 年 8 月 17 日在山西省永济县城抗日血战中阵亡。同年 12 月 18 日在陕西省原朝邑县大寨子村修建的《陕西警备第一旅第一团永济抗战阵亡将士纪念碑序·阵亡将士题名录》的第 266

位至第 308 位即镌刻着他们的英名。

高庆云

高庆云（1913—1938），字祥庭，1913 年生于陕西米脂。中国共产党党员。早年投奔杨虎城部队。1934 年毕业于西安绥靖公署步兵训练班军官队第四期。1938 年 8 月任孙蔚如第三十一军团李兴中第九十六军第一七七师李锦峰辎重营第二连连长。8 月 18 日在虞乡风伯峪与日军恶战时不幸阵亡。其牺牲查明详报后，国民政府军事委员会抚恤委员会特准晋为少校从优抚恤，一次恤金 800 元，年抚金 360 元。中国第二历史档案馆藏有其档案。

邹功烈（？—1938），生年不详。陕西省柞水县人。中国共产党党员。早年投奔杨虎城将军部队。西安事变前，任宋文梅特务营李锦峰第四连班长。西安事变时，参加了扣押南京国民党军政要员的战斗。旋，其连升编为许权中独立旅独立营，随旅部开赴蓝田，准备抗击向西安进犯的中央军。西安事变和平解决后，随部移驻耀县。1937 年 3 月，一七七师成立，李兴中任师长。独立营编为师部辎重营，李锦峰仍任营长。功烈升任一连中尉连附。随部调驻三原县城。抗战爆发后，随师部开赴合阳，守备河防，防敌西渡。1938 年 5 月，随部东渡，参加了两昼夜的吴王渡激战。7 月，三十八军改编为第三十一军团。李兴中升任九十六军军长暂兼一七七师师长。8 月，随部奉命防守虞乡风伯峪口保卫师部安全。同月 18 日在风伯峪与日军恶战时不幸阵亡。其牺牲查明详报后，国民政府军事委员会抚恤委员会特准晋为上尉从优抚恤，一次恤金 600 元，年抚金 320 元。中国第二历史档案馆藏有其档案。

郭颖如（？—1938），生年籍贯不详。中国共产党党员。1938 年 8

月任孙蔚如第三十一军团李兴中第九十六军第一七七师李锦锋辎重营排长。8 月 18 日在虞乡风伯峪与日军恶战时不幸阵亡。

房金宝（？—1938），耀县城关镇东街人。孙蔚如第三十一军团李兴中第九十六军王镇华独立第四十七旅第七三九团第六连一等兵，1938 年阵亡于山西省永济县。

杨山长（？—1938），耀县城东街人。孙蔚如第三十一军团李兴中第九十六军王镇华独立第四十七旅第七三九团第六连一等兵，1938 年阵亡于山西省永济县。

李耀亭（？—1938），耀县城内西街人。孙蔚如第三十一军团教导团第三连上等兵，1938 年阵亡于山西省永济县。

彭义发（？—1938），耀县人。孙蔚如第三十一军团赵寿山第三十八军孔从洲独立第四十六旅第七三八团机二连上等兵，1938 年阵亡于山西省永济县。

武林生（？—1938），耀县王崖村人。孙蔚如第三十一军团李兴中第九十六军陈硕儒第一七七师第一〇六〇团第一连一等兵。1938 年阵亡于山西省永济县。

崔振武（？—1938），耀县寺沟乡崔家坡人。孙蔚如第三十一军团李兴中第九十六军王镇华独立第四十七旅张英三第七三九团第一连中士。1938 年阵亡于山西省猗氏县。

车东海（？—1938），河南阌乡人，孙蔚如第三十一军团李兴中第九十六军王镇华独立第四十七旅张英三第七三九团第一营第二连少尉排长，1938 年在山西永济对日作战中阵亡。国民政府军事委员会特准晋为中尉抚恤，一次恤金 500 元，年抚金 240 元。

杨志成（？—1938），生年不详。陕西省蒲城县苏坊人。1938 年秋为孙蔚如第三十一军团李兴中第九十六军陈硕儒第一七七师某部战士，

同年9月在山西省对日作战时阵亡。（蒲城县档案馆藏民国档案103号）

马澄清（？—1938），生年籍贯不详。弱冠投奔杨虎城将军部队。1938年秋任孙蔚如第三十一军团李兴中第九十六军陈硕儒第一七七师任云章五三〇旅王云山一〇六〇团卢松轩三营重机枪连连长。同年10月在中条山1581.7高地与日军血战时壮烈牺牲。卢松轩在《抗战期间我在一七七师基层的活动》一文对其牺牲有详细回忆，但不知何故，1939年2月卢松轩在山西平陆常乐镇王寺村负责修建的《陆军第一百七十七师五百三十旅一千零六十团三营殉国烈士纪念碑》上却未镌刻其英名。难道是作者回忆有误?

王耕田（？—1938），生年不详。甘肃省会宁人。弱冠投奔杨虎城将军部队。卢沟桥事变后，为孙蔚如三十八军李兴中一七七师任云章五三〇旅王云山一〇六〇团何鸣皋三营卢松轩机枪三连排长。旋加入中国共产党，任该连党小组长。1938年10月在中条山1581.7高地与日军血战时，重机枪连连长马澄清阵亡后，奉营长卢松轩命令任重机枪连代连长。在与日寇血战时壮烈牺牲。其牺牲后，安葬于平陆县常乐镇王寺村。1939年2月其营为斯役阵亡的官兵修建了《陆军第一百七十七师五百三十旅一千零六十团三营殉国烈士纪念碑》上镌刻其英名，军阶为中尉连附。

常生立（？—1938），生年不详。陕西省富平县人。弱冠投奔杨虎城将军部队。卢沟桥事变后，为孙蔚如三十八军李兴中一七七师任云章五三〇旅王云山一〇六〇团何鸣皋三营卢松轩机枪三连战士。旋加入中国共产党，任该连党小组长。1938年10月在中条山1581.7高地在与日寇血战时壮烈牺牲。卢松轩在《抗战期间我在一七七师基层的活动》一文对其牺牲有详细回忆，但不知何故，1939年2月卢松轩在山西平陆常乐镇王寺村负责修建的《陆军第一百七十七师五百三十旅一千零六十团三营殉国烈士纪念碑》上却未镌刻其英名。难道是作者回忆有误?

附:当时的一些作战电报

一、黄绍竑致蒋介石密电(1937年10月12日)

即到。南京委员长蒋钧鉴:犟密。一、预定向西转进各部,于灰日由冯总指挥命令实施。其部署概要:以第三军担任九龙关,十七师担任井陉,卅师担任曹泉以北至胡仁一带,百六十九师担任洪子店,四十二师为预备队。二、灰晚,职受命担任东正面作战。真午抵井陉,晤冯,知命令未能全部受领,又无掩护部队,情形颇为混乱。比〔此〕命(17D)到井陉之一部,趋南河头警戒,(30D)派队在上庄到南陉向北警戒,第三军向井陉附近靠近,主力集结于旧关、大小梁家。但上项命令,至今尚未能证实达到。三、真十四时(169)师在贾庄与少数敌骑接触,因未向北就指定阵地,现闻尚在栾庄。真十八时,井陉前面发现敌人,现正向雪花山、长生口(17D)阵地攻击中。四、洪子店方面,因(169D)尚未就指定位置,颇形混乱,而(17D)正面亦感单薄,各部尚无法切实连系,手中亦无一预备队,现正竭力补救中。谨闻。

职黄绍竑。文。参。印。〔娘子关〕

(该电报取自中国第二历史档案馆编:《抗日战争正面战场》上,江苏古籍出版社)

二、阎锡山致蒋介石密电(1937年10月12日)

南京蒋委员长钧鉴:吉密。冯总指挥(14军团)钦哉等部,闻已向井陉以西地带转进,敌便衣队已进至洪子店及井陉附近,已请黄副司令长官亲往布置,所有冯钦哉等部即归黄副司令长官指挥。谨电报闻。

阎锡山叩。文申。参。〔阳曲〕

（该电报出处同前）

三、黄绍竑致蒋介石等密电（1937年10月14日）

急。南京蒋委员长、阳曲阎副委员长钧鉴：○密。（1）敌乘我向西转进，跟踪尾进，分攻贾庄、井陉方面，又以一部约八九百人绕攻长生口；直抵旧关，进迫娘子关侧后。当时兵力未集，部署未定，情形危急万分。元夜令十七师以一部向长生口出击，迟滞敌人前进，初时颇为得手，后被敌反攻，将井陉向西南之雪花山失陷，不得已退守乏骡[①]岭。该师此次攻守皆颇费力，损失颇重，殊堪奖慰。寒晨令廿七师之1团由苇泽关向校桃园、旧关，又1团由新关向旧关进攻，激战至午，始将其1股四百余人歼灭，又1股窜向校桃园东南高地，现正围歼中。此役胜利虽小，关系极大。（2）现廿七师全部已到达娘子关附近，第三军亦向旧关、新关附近集结，采正面纵深配备，或可持久。（3）该方敌人已发现者约5000人，如不大量增加，当无顾虑也。

职绍竑叩。寒戌。印。〔娘子关〕

（该电报出处同前）

四、赵寿山致蒋介石密电（1937年10月14日）

京。委员长蒋：△密。查本师自奉命参加保定附近漕河、阜河两战役后，伤亡甚重，士气大挫。尚未稍事整顿，夫奉命开赴井陉县附近，担任正面防线。遵即率部驰赴指定地区，途中即与敌遭遇。计自真日〔11日〕与敌主力步炮联合兵种约3团人炮接触以来，至今已经激战4日，冲锋肉搏凡十数次，杀伤敌人甚夥。终因众寡悬殊，伤亡极重，独

① 笔者根据文意，怀疑这儿恐为“驴”字之误。

仅存余官兵三四百人，而且疲惫已极，数日不得食饱，子弹罄尽，求援不得。刻仍饬固守乏驴岭阵地，竭力支持。谨闻。

职赵寿山叩。寒〔14 日〕未〔13—15〕参。印。

（该电报取自十七路军中共党史资料征编领导小组主编:《丹心素裹》（2），中国文史出版社出版，1989 年 4 月）

五、卫立煌致蒋介石等密电（1937 年 10 月 21 日）

特急。南京委员长蒋、部长何：0942 密。（甲）昨夜、今晚，敌以一部攻我灵山阵地未逞，正对峙中，另以烟幕掩护主力向我官村以南及大白水阵地猛攻。又，官庄以南之敌因我守兵一部伤亡过重，阵地稍向后移，仍在对战。迭据王靖国、陈长捷报告，因伤亡太多，每旅残存均不足三数百人，敌如再猛攻，诚感难以支撑。（乙）现全线态势：一、右自营房里经龙王堂、灵山至界河铺为右地区，由第八四、第九四两师及十五军担任。二、界河铺经官庄、南怀化、新练庄为中央地区。但自南怀化被敌突破后，现阵线系由界河铺经官庄、官村西南约一启罗处折东南向成钩头，以达于秦家庄东之 1300 高地，迄新陈庄之线，由第二十一、第五四两师、第一七七师许团[①]、晋军第二一一、第二一五旅、独五旅及第二一七、独二各旅担任，位置顺序概同。三、旧练庄、兰村、大白水、卫村、南峪线为左地区，由第六八师、十四军及第七一、第八五各师担任。（丙）除已抽八五师及十师一部正由秦家庄方面向南怀化侵入之敌与中央队夹攻，并严督各部死力夹击。（丁）综据两日谍报及高山观测所得，前、昨两日原平方面仍有团以上纵队陆续过原平南下增加。谨闻。

① 笔者按：这里疑有误，应为“第一七七师许旅”。因为 10 月 27 日电中尚称许旅。

职卫立煌叩。马酉。参战，印。〔忻县〕

（该电报取自中国第二历史档案馆编:《抗日战争正面战场》上）

六、赵寿山致蒋介石密电（197 年 10 月 23 日）

即到。京。委员长蒋钧鉴：卧密。职师自真〔11 日〕晨至皓〔19 日〕未〔13 ~ 15 时〕，与敌激战于乏驴岭南北及荆蒲兰以西之阵地，历 9 昼夜。迄皓〔19 日〕拂晓，敌增兵约两联队，大炮 10 余门，猛烈向我攻击，均以我官兵沉着应战，奋勇抗拒，未能稍逞。迨 10 时许，敌又突来飞机 20 余架，肆意轰炸，以掩护步兵猛扑，并指示炮兵目标。炮火连天，灰烟障眼，我守兵曾一度动摇，经职一面以预备队增加，一面亲带执法队前往督率，立办 10 余人，阵地稍为安定。直延至下午 1 时许，敌加农炮增加，愈猛攻益烈。我守备乏驴岭之翟团长身负重伤，营长以下官员伤亡约 27 人之多，列兵前仆后继，死伤过重，以致乏驴岭南之阵地先行被敌突破。职当即电请增援，并令我耿旅由乏驴岭街移进乏驴岭以北阵地。予荆蒲兰以西阵地一相当〔原文如此〕。先是，我守荆蒲〔兰〕以西阵地黎营亦与敌作终日殊死战，以营附及八连连长阵亡，营长及九连连长负伤，至下午 5 时，仅余官兵 10 余人，余殉职。该阵地失守后，我乏驴岭以北阵地，已处于三面包围，我耿旅长及李团长以官兵牺牲大半，待援不至，弹药已竭，于无可奈何中，直与敌苦撑黄昏时分，仅率残溃百余人退下。职当驻屯，皓〔19 日〕晚赴神灵台一带收容。查职师北上抗日，瞬历三月，损伤奇重，机构已毁，团缩为营，营缩为连，各中下级军官，或则伤亡，或则失踪，或以抵抗不力处死。现旅长仅一、团长仅二、营长以下干部不足三分之一，指挥乏人，战斗损失非有补充，殊不能以再战。为此，特恳钧座迅予指定地区整理补充，以便继续抵抗。临电惶悚，不胜迫切待命之至。

职赵寿山。梗〔23 日〕。印。[①]

（该电报取自十七路军中共党史资料征编领导小组主编：《丹心素裹》（2），中国文史出版社出版，1989 年 4 月）

七、卫立煌致蒋介石密电（1937 年 10 月 27 日）

特急。南京委员长蒋，部长何：6703 密。据王靖国、陈长捷感电略称：中央地区自敬日鏖战以来，毙敌甚多。我亦伤亡奇重，各部现余兵力计八三师四五百人，段树华师及二一七旅共不足五百人，二一五旅仅余二百人，一七七师许旅仅三四百余人。现在当面之敌正继续增兵强攻，我仍督励各部拼战中，等情。除已迭次严令虽剩一兵一卒亦须抗战到底外，谨闻。

职卫立煌叩。感亥。参战。印。〔忻县〕

（该电报引自中国第二历史档案馆编：《抗日战争正面战场》上，江苏古籍出版社）

八、赵寿山致蒋介石密电（1937 年 10 月 29 日）

限即到。南京。委员长蒋。〇密。职师自乏驴岭挫败后，未遑收容，即又奉命推进驴桥岭、宋桥沟一带，加入前线，抗拒敌人。计与敌相持三昼夜。宥寅〔26 日 3—5 时〕，复奉命向巨城（不含）、万子带，迄南畔一带转进，至未〔13—15 时〕，均已陆续进入阵地。惟职部左翼空虚，侧背堪虞。迄与右翼三十师[②]联络，亦无一人。正惶惑间，旋奉

①《丹心素裹（2）》原注为：军委会接此电后，于 10 月 24 日申时〔15—19 时〕，以蒋介石的名义复电赵寿山："梗电悉，该师整理补充，应听候阎、黄正副司令长官指示办理。"

②《丹心素裹（2）》原注为：三十师，属孙连仲之第二集团军，师长张金照。

孙总司令[①]宥申〔26日15—17时〕参电，饬以主力扼守巨城镇附近通敌之要道。职遵即抽左翼两营进驻巨城，并于东小麻、会里村各派一部，严为戒备。讵料自三十师南去后，敌即利用暗夜，已将巨城东高地占领。我开往巨城部队，颇受威胁、幸我官兵动作迅速，赶将西南两高地进据，并于敌步炮500余名接触。我官兵尽力据守，敌人继续增加。激战至午后2时许，敌已有八九百人，借飞机、大炮掩护，向我猛烈进攻。我因伤亡过重，枪械窳败，不堪支持，遂向巨城及圪套村附近撤退。敌亦尾随跟进，并向我左右翼延伸，取包围形势。迄黄昏后，敌已增加2000人，我与冲锋肉搏凡三四次，我伤亡约三百余员名，敌已被毙甚夥。终以士兵血战1日夜，敌力雄厚，火器优越，我兵疲馁，枪械窳败，不能支持。遂令所部残余，向大麦峪、蔡家庄以东山地转进。奈该处地形以受圪套村南山瞰制，极为不利，莫能抗拒，遂改为韩庄、南脑、东脑、圪落菇堰、里庄村之线。我右翼已与一六九师[②]齐头，取得联络，师部亦与拂晓前移驻三家村。当师部经过三交村时，我阵地右侧方火石堰一带发现敌之便衣队约百余人，一度痛击，即向北退却。先是，我部激战于巨城附近，我万子带以北，亦发现步炮联合之敌三百余人，向我猛攻。职以左右翼均无我军，自力又复异常薄弱，当电请增援，迄未见到。刻我与敌仍在激战中。谨闻。

职赵寿山。艳〔29日〕酉〔17—19时〕。印。

（该电报引自十七路军中共党史资料征编领导小组主编:《丹心素裹》（2），中国文史出版社出版，1989年4月）

①《丹心素裹》（2）原注为：指孙连仲，时任第二集团军总司令，十七师亦归其指挥。

②《丹心素裹》（2）原注为：“一六九师，属冯钦哉之二十七路军，师长武士敏。”

九、卫立煌致蒋介石等密电（1937年11月2日）

南京委员长蒋、部长何：〇密。一、本日敌复向我全线以炮、空轰炸，我阵地工事多为摧毁，饬步兵继行猛攻，我官兵以手榴弹及白刃奋勇迎击，肉搏激烈。二、正面五四师陈团及一七七师杨旅、官村西南阵地守兵伤亡殆尽，阵地被敌陷。已严饬勉抽部队力图恢复中。三、左翼盟眷村方面九四师逆袭得手，乘胜出击，连夺重要山头数个，获枪甚多，敌增加1个联队以上，并以战车应援，刻仍对战中。谨闻。

职卫立煌叩。冬辰。参。〔忻县〕

（该电报引自中国第二历史档案馆编：《抗日战争正面战场》上，江苏古籍出版社）

十、陆军第十七师井陉县附近抗战战役战斗详报

陆军第十七师10月11至14日，井陉县附近抗战战役战斗详报

一、战前部队行动

查本部自保定附近漕河、阜河两次战役伤亡奇重，损失颇巨，追随第五十二军行动，并归关军长指挥，经安国县向南转进，由深泽县渡过滹沱河后，关军长麟徵仅率第二师及第二十五师，开赴内丘、邢台整理，留本部于深泽、晋县之间，拨归第三十二军商军长指挥。喘息未定，即奉军长商命令，着本部担任军阵地最右翼守备之责。本部受命之后，即筹划布防并饬各部星夜修筑工事，以资固守。旋据各部队报告，均已遵命到达指定地区，部署就绪。师部移驻晋县西南的□□□□土山村。

平汉线之敌，以本月初已进至沙河以南，正定失陷，石家庄危急。敌之大部将沿正太铁路，向西进展，有趋过娘子关直犯太原企图，打通冀晋界线与晋北之敌切取联系，再一致南侵，以遂其华北兼并蚕食之迷梦。当时，我第二十六路军入关援晋，奉第一战区司令长官程命令，

着本师归第二十七路冯总指挥之指挥，连同第三军及第三十师接替第二十六路任务。同时，奉冯总指挥命令，着占领井陉县附近之雪花山、乏驴岭线阵地，而固守之。

本部奉命之后，为避敌机之轰炸，采取夜间行动，又因天雨连绵，道路泥泞，行军艰难，至延迟至11日午后，各部始陆续到达指定地区。我各友军均先一日，向娘子关转进，敌紧尾随。本师第五十一旅，于本日午后5时，行经井陉县东北城根，未就阵地，即与敌之便衣队相接触，□□□□□□□概可相见，只得驱逐该敌，占领阵地，而达成任务焉。

二、战前兵力部署

本部各部队于11日黄昏前，到达雪花山、郝家坡、荆蒲兰迄曹泉之线，其兵力部署如次（参照附图第一）(略)

（1）第四十九旅占领郝家坡、单家、朱家川迄施水村之主阵地线，右翼与第三军相衔接，并于狼窝、霍家庄选择高地要点设前进阵地。

（2）第五十一旅（配属炮兵营）占领施水村（不含)、荆蒲兰、曹川之主阵地线，左翼与第三十师相衔接，并于东窑岭、椅子圈上高地，设前进阵地。

（3）补充团派营长一员带兵两连守备井陉县城，就近着听第五十一旅长指挥，其余部队控置于乏驴岭，为师预备队。

（4）师部及特务连，工兵第一、四连均驻乏驴岭。

（5）工兵营（见一、三、四连)、辎重营护运大行李，移住于平定县属之西郊村。

三、战斗经过

查本部自11日午后5时，遭遇便衣队约300人，向我左翼井陉县城附近第五十一旅阵地进扰，经我一〇二团派队一面抵抗，一面饬部速就守地，拟俟布置就绪，再行驱逐该敌，但敌有加无已，待至黄昏以后，即发现步骑联合之敌约两千数百名，向我阵地同时进攻，辄（彻）夜激战，枪炮声音不稍中辍。

12日拂晓，敌骑约500名，向我铁道以右第四十九旅十字道警戒部队进攻，经我竭力抵抗，激战至7时许，敌之后续部队约800名，用飞机与炮火掩护之下，向我进攻。我警戒部队退回本阵地抗拒，同时我第九十七,八两团守备郝家坡、单家、朱家川、施水村一带阵地守兵，起而应战。幸我上下一心，誓死拼战，敌虽凶悍，终未进咫尺也。且我官兵人人抱必死之念，奋不顾身，向进攻之敌，竭力抗拒，激战至正午12时许，敌进攻愈急，我守御愈力，冲锋血战，至为惨烈，杀戮敌人，死尸狼藉，我亦伤亡营连长以下官兵多人。我第九十八团长陈际春见当面之敌稍懈，有机可乘，遂亲率预备队，向敌进袭。战斗至此，极为混乱，□□□斧，冲锋格斗，血战至午5时，砍死敌人约200名。我九十七团，亦将预备队全数增加，与当面之敌相拼，敌势不支，将行奔溃。适其精锐之一部赶到，我因损失极重干部〔十不〕存一，子弹告尽，我第九十八团长仅率残余数十人，由板桥经刘家沟节节撤退，于13日早始绕道至乏驴岭，准备与敌再作第二次之殊死战也。我九十七团长生守兵，因九十八团已被敌主力冲破，长生口已陷敌手，左侧背受敌胁迫，相持至黄昏后，始向右后方大小龙窝方向撤退，敌仍在追随尾追。彼时该团已与师部失去联络，消息隔绝。退至旧关附近，方与敌脱离，该团□至15日前，始折还乏驴岭师部附近。井陉县城内守备补充团之两连守兵，至当日午后6时，因受敌猛烈炮火之摧击，飞机之轰炸，且四面将城包围，子弹罄尽，只得撤退至乏驴岭归还建制。守备雪花山之一〇一团部队，自本日早朝以来，敌即以精锐之一部，藉机炮掩护，向该山猛扑，经守兵死力据守，激战至12时，敌终未逞。入午以后，战斗愈烈，敌我往复冲锋，凡三四次，该山失而复得者再，终归我有，杀伤敌人甚伙，我亦受有相当损失，持至当夜，敌我仍在对峙中。荆蒲兰以北之高地，亦于本日午时受敌攻击，我守兵第一〇二团竭力抵御，大战终日，敌未稍逞。且敌一度派部企图由曹川方面绕袭后路，均被我该山之守兵击退。

13日，自我右翼第四十九旅第九十七、八两团，因伤亡几尽，弹药无存，被迫撤退后，敌即尾随，其一部已跟进至旧关附近。而本部左翼第五十一旅当面之敌，尚约千数百名，自本日黎明以后，即向谢鸿胜猛攻，并用大炮向该山轰击，用飞机向该山掷炸，终日进攻，未稍停留。我守该山之一〇一团，沉着抗战，敌未得逞，待至午后约3时，敌又新增生力一联队，指向该山，猛烈攻击，枪炮声音混成一起，其战斗之激烈，不卜可知。并有敌之一部，向荆蒲兰山攻击，均经我力守御，敌毫未逞。

师长见敌两日以来猖獗进犯，精力必疲，故决向敌出击，借机恢复原阵地线，遂作如下之部署（共计6营）。

1. 一〇一团第一营，一〇二团第二营及补充团第一营为出击部队。

2. 一〇一团第三营固守荆蒲兰山。

3. 一〇二团第一营固守雪花山。

4. 补充团第二营固守乏驴岭。

各固守阵地部队已于午后5时以前，布置完毕，出击部队于5时半，分途出发。第九十八团团长率该团之残部及补充团第一营，出向刘家沟、梁桥村、单家一带之敌进攻，收复本部右翼原有之阵地。第一〇一团团长张桐岗率领其第一营，出向板桥、施水村、朱家川、南关车站一带之敌进攻。第一〇二团第二营，由现在地（荆蒲兰）经转场、李河西向井陉县城一带佯攻。所有雪花山、荆蒲兰阵地固守之任务，由一〇二团张团长世俊负责指挥之。师长亲率特务连至石板片督战。我右翼路陈团长所率部队，于10时左右已将刘家沟、长生口附近之敌歼灭。我中路第一〇一团团长张桐岗率部队由乏驴岭出发，行至石板片附近雪花山麓，遇敌之大部约1000人，（系敌新增来之部队，本晚拟袭我者）当与该敌冲击、血战，幸我官兵用命，奋勇冲杀，砍毙敌人，尸横遍野，敌力不支，向东奔窜，我即跟踪冲击，敌极狼狈。我军于午夜前后，连下板桥、朱家川、施水村南关车站等地而占领之。是役颇称顺手，实为抗战〔以〕来第一次之胜利。夺获敌人机枪、大炮、骡马及其他战利品最多；同时我左翼第一〇二团第二营，亦进展至东河西一带，施行佯攻中。本部正在派部搜寻敌踪，施行追击，务期一鼓歼灭。并通知着第三军及第二十七师各友军，向旧关一带之敌进攻，期□□□□；一面筹备抽调徒手部队前来搬运俘获物品之际，忽据确报，敌之一部，已将雪花山攻陷。师长闻讯，五内如焚，空前胜利，岂可弃于一但〔旦〕。遂即调集出击各部队，向占据雪花山之敌反攻，并悬重偿〔赏〕，若能将该山夺回者，给洋3000，但时已14日临明2时也。官兵闻命，虽再砥砺奋发，终因工事坚固，仰攻不易，而且人少疲惫，天将黎明，以致牺牲惨烈，迄未恢复也。

14日〔晨，本师长〕追讯雪花山失陷原因，实系守御疏虞，致被敌逞。遂将守该山之团长张世俊、营长魏炳离一并枪毙，以谢全部伤亡诸同人。雪花山既经失〔陷〕失，本部仅存战斗兵数百人，无力恢复。而且乏驴岭及荆蒲兰阵地，时受敌人瞰击之不利。我余官兵一误岂可再误，尚能竭力苦撑，与守土共存亡。故自本日起，一直与敌拼至18日，仍在彼此对峙中，敌虽多方攻犯，我决以死相拒，敌总〔纵〕凶悍，岂奈我何。

窃查本部13日之出击，实属华北抗战最大胜利，倘无雪花山之失，则本部官兵志气奋发，敌气沮丧，从此恢复井陉县，夺回石家庄，阻断敌人交通，一往千里，娘子关附近之敌，何患不能悉数消灭哉？不幸而有雪花山恶耗，以致功亏一篑，足可慨叹！蒙副司令长官黄，赏洋3000元，不以成败论，尚能自动出击，其不怕敌之精神，殊属英勇，慰勉有加。承领之余，益知惭。是役战斗经过如附图，人马伤亡如附表第一，消耗、俘获如附表第二。

师长赵寿山（私章）

中华民国二十六年十一月十五日

陆军第十七师井陉县附近及雪花山战斗兵力部署及战斗经过图（1937年10月）（图略去）

陆军第十七师战斗详报第一号附表

二十六年十月十三日第十七师伤亡表(略)

（该战役战斗详报取自段景礼等主编的《赵寿山将军》)

十一、陆军第十七师乏驴岭战役战斗详报

一、兵力部署

按查本师，自保定漕河、阜河两次战役，官兵伤亡，械弹耗损颇堪称〔巨〕，喘息未定，于9月初旬，复奉命归第二十七路总指挥冯钦哉指挥，担任娘子关外井陉县附近正面抗拒敌人之任务。本部于9月[①]11日，由晋县藁城驰赴井陉县附近之雪花山、乏驴岭一带，甫就阵地，即与大部之敌2000人来犯，待13日，敌又增来生力之一联队。本部于当日晚，施行出击。师长亲冒矢石，前往督战，连下长生口、〔朱〕家川、南关车站，颇属顺利。敌势不支，狼狈奔窜，杀伤敌人甚多，俘获战利品亦伙，曾经呈报有案。终因我左翼失利，雪花山被敌突破，致苦斗结

① 本书作者按：说9月有误，应为10月。

果，赍于一旦，即将守该山之团长张世俊、营长魏炳离执行枪毙，以正国法。从〔兹〕敌占据雪花山，不时向我乏驴岭攻击，并不时用大炮向我守兵射击，以飞机向我阵地轰炸。我守乏驴岭阵地官兵，奋不顾身，誓死抗敌战，敌虽凶悍，向我屡扑，幸我官兵死力据守，与敌相持8昼夜，敌终未越雷池一步，杀戮敌人虽多，而本部伤亡亦极惨烈。仅将当时本部编并残余情形及部署大概，分析陈述于左（参照附图）:

1. 第四十九旅（甲）第九十七团缩成两营，任北峪以北山头守备任务。（乙）第九十八团缩为1营，位置于北峪，为该旅预备队。后于19日晨，经该旅长调赴乏驴岭，参与战斗。

2. 第五十一旅以原第一〇一团、一〇二团各缩成一营。第一〇一团之张恒英营驻于庄头村，为师预备队。第一〇二团之黎之淦营，着仍任荆蒲兰以北山地守备任务。

3. 补充团缩并为两营担任乏驴岭铁道附近南北两山梁阵地守备之责。就近着归耿旅长志介（在乏驴岭街驻）统一指挥。

以上各营兵力均不足数。

4. 师部驻北峪，兵站设于娘子关内置磨河滩，行李辎重着移于阳泉车站附近。

二、战斗经过

敌自占据雪花山后，贪心无厌，时时向我乏驴岭攻击企图突破正面，与地都、旧关方面之敌取得联络，进犯娘子关。于18日午后，据确报：新增敌生力之一部，于荆蒲兰以东地区集结，雪花山敌之炮兵已经进入阵地。刘家沟以南之800高地，亦有敌人构筑炮兵阵地，并向阵地试射。师长判断翌日拂晓，敌必进犯。除饬守兵严加戒备外，并令第九十八团卢营之两连，由北峪调往乏驴岭，准备应战。待至19日临明4时许，占踞雪花山步炮连合之敌，向我乏驴岭进攻，我乏驴岭守兵补充团部队，当起而抗战，敌虽猛扑三次，均经我肉搏血战，将该敌稍行击退。相持至早7时许，敌复藉飞机大炮之掩护，向我再兴攻击，同时800高地之敌〔炮〕数门亦向我阵地施行轰击，当时敌机十数架，紧在我上空投弹，并用机枪扫射，我之阵地完全被敌炮弹摧毁，所有各山岭尽被敌炮烟幕笼罩，敌步兵随之前进。我除守兵竭力拒守格斗之后，继以抛掷手榴弹及丸石。我预备队已尽数增加，战斗至此，至为激烈。敌人死伤遍野，同时我荆蒲兰以西之阵地，亦遭敌人猛烈攻击，从此以后，敌我即陷于混战状态。至午后1时许，我乏驴方面，虽伤亡殆尽，仅存留守兵不足百人，仍与来犯之敌血战。终因我军精疲力惫，死亡过多，敌人有加无已，我之械窳弹绝，山头丸石亦已抛掷无遗，且该团团、营长以下干部，非伤即亡，指挥无人，另行派员督战，亦不能挽回战〔局〕，于午后约1时半，乏驴岭阵地被敌攻陷。该山守兵约四五十人，其余多半殉职。我荆蒲兰以西土山阵地，自本日黎明，即与大部之敌，借飞机大炮掩护，向之猛烈攻击，我守兵誓死抵抗，经以预备队增加，激战至午后3时，我死伤过多，遂将土山头被敌占领。我守山之营长黎之凎及第九连连长身负重伤，营附及第八连连长阵亡，连附以下干部伤亡大半，犹能苦力支撑，至黄昏时，因力尽弹绝，以致该山失陷，由葛丹经常坪退至后方者约三四十人，其余完全殉职。当日午后2时，乏驴岭退下溃兵道经北峪，师长虽督令前进，而大势已去，知绝难拒守迫弗获已，师长遂令师预备队仅留存于庄头，一〇一团之连占领庄头以北附近之山头，掩护收容，经溃泉、驴桥岭向神灵台集结整顿。又乏驴岭铁道以北阵地，敌亦竭力进扑，我该山守兵，当亦与之作终日殊死战，敌虽多方猛攻，前仆后继，而我各部奋力抗战，冲锋与肉搏并用，我守山之营长负伤，连长以下伤亡过半。当日午后约2时许，我耿旅长志介为顾荆蒲兰以西土山阵地而便策应起见，特由乏驴岭率其旅部官兵数十人移守于该山头，后因乏驴岭及荆蒲兰以西土山阵地失陷，该山虽被包围，当时幸尚收容有附近阵地失散官兵约百人，并力固守，与敌抗战，并电上峰，请求援助，与敌激战。

当日（20日）夜11时许，第三十师派部前来接防，当将该山防守任务遗〔移〕交后，耿旅长率其余部数十人，于21日午刻到达神灵台归还建制，从事收容整顿。

师长赵寿山〔印章〕

中华民国二十六年十一月日

（兵力部署及战斗经过图、一二号附表、死伤表和武器损耗表等均略）

（该战役战斗详报出处同前）

十二、三十八军教导团战斗详报

……旧关之敌于十月十四日进至黄石集，十五日将二十七路阵地突破，进入关沟，娘子关后路险被切断。当时情势已陷入极危急状态。团以增援旧关之目的，于10月15日下午10时，奉到二十七路冯总指挥转来第二战区副司令长官电令内开：“奉副司令长官黄令，着该团火速星夜来娘子关，驻城西村附近待命为要。冯钦哉寒戌参战”。团奉以上之命令，即于当晚10时，由盂县属之岳家庄兼程前进，于16日上午11时到达城西村，即奉命由关沟口向当面之敌攻击前进。

三、战斗部署（略）

四、作战经过

1.17日早2时，开始攻击，目标为第二十七路工兵营失守之黄石集右前方高地。职团官兵奋不顾身，乘敌不备，直向黄石集右前方高地中腰之敌，竭力猛攻。敌势不支，狼狈溃退。我于2时30分，即将该高地完全占领。当令第一线部队乘胜继续向前方各高地攻击，并令第二营第五、六、七连由左翼抄袭，与第三营之第十一连增加正面，激战数小时，肉搏七八次，敌全线摇动，纷纷向后溃退。迨至8时10分，敌所占之山头8座一律夺回，击毙敌千余。□惟职团兵力单薄，延伸过长，易于发生空隙，故当即令第一线部队停止攻击，就现地构筑简单工事，以防敌之反攻。

2. 上午9时，敌人果作第一次全线□□，职团官兵沉着应战，乘机出击，将进攻之敌悉数击毙，并击毙敌之骡马数十匹。

3. 上午11时许，敌人以飞机10余架更迭轰炸，开始炮攻。直至午后1时，敌又作第二次反攻，除以一部反攻我中央阵地要点外，以一部由一二三七高地迂回袭击我阵地右翼，企图截断我左侧背。我官兵均以誓与阵地共存亡之精神，以一部就阵地奋勇抵抗，以主力乘敌进至沟道内，即时出击，在旧关附近凹道内肉搏4小时，终将旧关附近之敌悉数歼灭，而我之伤亡亦属惨重。

4. 至晚10时许，探悉敌确已撤退。我阵地前面约里许已无敌踪，惜我伤亡殆尽，未能出击。至18日上午2时，始由廿六路之1团换防。

5. 是役职团营长3员、营附3员均负伤。连长16员，其一阵亡，余均负伤。正副排长96员阵亡过半，其余亦俱负伤。2300名学生，除负伤500余人外，悉数殉国。然终将两联队之敌消灭殆尽，使敌进攻娘子关之计，终不得逞。

五、换防及收容情形

18日午夜1时，廿六路之1团开到，阵地由职团中校团附张希文协同该团团附将夺回之山头一一交替。2时许，移交完毕。当即令饬各营连队剩余官兵至三岔口集结，带回城西村整理。此次战役除伤亡官兵外，仅余官长10余员，战斗兵200余名。官佐杂役兵夫500余员名。

史 实 考 证

一场阻日入陕的激战

——渭南群英血战永济纪实

1938年8月，驻运城的日军牛岛第二十师团为了策应武汉会战，乘我孙蔚如第三十一军团（由杨虎城将军旧部改编而成）入晋立足未稳之际，卷土重来，企图再占风陵渡，切断陇海线，进而渡河侵陕，与我军在永济县境展开激战。时称“血战永济”。这一战役，我渭南群英深知守河东、打鬼子，就是保家乡，因此表现最为突出。

8月15日，敌分三路向我第一道防线大举进攻。当天，敌主力猛攻峨嵋原，企图攻占永济县城。我守军陕西警备第二旅在孔从洲将军指挥下，奋勇抵抗，战斗至烈。我驻峨嵋原李家庄一七七师炮兵营二连连长田生瑞（我市临渭区人）看到日军炮兵竟不作任何掩护，十分嚣张地向我轰击，怒不可遏，指挥所部，居高临下，狠狠向敌炮轰击，打得敌炮仓皇转移阵地。九〔孔〕部与敌激战竟日，敌阴谋未能得逞。

8月16日凌晨，日寇约三千人，附炮20门，装甲车10余辆，飞机6架，向我右翼郑培元团杨健一营扼守的尧王台发动猛攻。我守军五团一营营副〔附〕张志甲（大荔县人）率部奋勇抵抗。他身先士卒，一支“79”步枪，不但打死好几个鬼子，而且把敌人封锁在半山腰。正在激战时，张志甲不幸中弹受重伤，被战士背下火线。后该台数次易手，失而复得，得而复失。郑培元团长令预备队张子馥（蒲城县人）三营驰往增援。为了夺回两个小高地，张子馥指挥七连发起多次反攻，连长傅宝山、排长侯维森（蒲城县人）壮烈牺牲。遂后张子馥营长、徐永亮营副〔附〕各率一部兵力，从两侧夹击敌人，终于夺回了这个要点。

因我兵分力单，加之敌我装备悬殊，日寇终于由尧王台打开了缺口，沿中条山腹向西南窜进，先后攻占了西姚温村、万古寺，窜至我军阵地后方，使永济坚固的主阵地完全失去了作用，打乱了我军的阵脚。为了击退突破我右翼阵地的日军，亦即阻止敌人迂回永济，孙蔚如军团长令教导团归孔旅长指挥，并令派兵一营向右翼增援。因第三营营长张希文（临渭区人）再三请缨杀敌，团长李振西便派该营向西姚温村增援。张希文即亲率全营，一马当先，向万古寺攻击前进，于当天下午歼灭万古寺之敌，收复了该村，并缴获山炮两门。张希文歼敌心切，顾不得等后续部队到达，就漫山遍野追击前进，一直追到西姚温村南端。当晚9时多，希文不顾自己右臂已经负伤，亲率三营向西姚温进攻，结果中敌埋伏。他带领全营官兵，以大刀、手榴弹奋勇杀敌，反复肉搏，达五六次，毙敌甚多。巷战至拂晓，官兵大部分牺牲，希文率余部突围。刚冲出村西南1里许，遇敌伏兵，又是一场肉搏。希文不幸中弹受重伤，卫士背他突围，他不许，令卫士快跑。卫士跪下哭求，他厉声呵斥：“快走，我掩护！不走，我就打死你！”卫士无奈噙着热泪突围了出去。希文顾不得伤痛，挣扎着抱住机枪朝敌射击，不幸被一颗子弹击穿胸膛，以身殉国，时年28岁。全营除第九连外悉数捐躯。孙蔚如在其《第四集团军抗日战争概略》一文中对希文的殉国给予了“厥功甚伟”的崇高评价。

日寇突破我西姚温阵地之后，立即直扑永济县城。城内我守军为陕西警备第一旅第一团一部（只有5个连）。早在16日日军大举进攻之前，二营营长邓祥云（蒲城县人）即奉命带领四、九两连扼守日军进攻的重点东城。少校团副〔附〕带五连扼守北城。八连随团部并为预备队。机枪连配属于各步兵连。17日下午两点多，敌人的12门大炮从城东峨嵋原以猛烈炮火向永济城轰击，并有3架飞机狂轰滥炸，掩护步骑两千余，从东、北、南三面向我守军5个连猛烈进攻。我守城官兵奋力还击，枪声、手榴弹的爆炸声，“大刀向鬼子们头上砍去！”“与永济共存亡”的喊杀声震动了黄河和中条山！东面首当其冲，战斗最为激烈。哪里吃紧了，邓祥云营长即到哪里指挥杀敌。官兵们以自己的血肉之躯和爱国热忱，抗击着极其凶恶的日本侵略者。日寇不断增援，攻城越来越猛。我守城官兵拼死抵御，连医务所人员、炊事员都投入了战斗。兵力不足，东面战线又长，邓营长穿梭督巡，鼓舞士气。他一面督率官兵奋勇杀敌，一面率营部10余人伏于城缺口处，亲掷手榴弹3箱，毙伤敌人甚多。

下午7时，永济东北城墙被敌炮击毁数处，敌见已打开缺口，遂即放射烟幕，掩护步兵爬上东北缺口。在这千钧一发之际，有人建议邓营长赶快撤退。邓祥云听说敌人上城，气炸肝胆，竟置个人生死于不顾，手提手枪，喊了声“跟我来！”即率领邓俊生等勤务兵朝缺口冲去，准备把上城之敌驱逐出去。刚走过东城门楼北边不几步，邓俊生喊：“看枪！”说时迟，那时快。从东北缺口爬上来的鬼子机枪已朝我指挥官射来，邓祥云营长不幸身中数弹，以身殉国，时年36岁。同时为国捐躯的还有307名官兵。其中有我渭南子弟焦文杰（华阴市人，团部上尉副官）、邓〔孙〕榜奎（澄城县人）、杨茂生（白水县人）、蒲城县还有邓正保（祥云侄儿）、邓继忠、邓进元、韦和亭、李玉亭、冉森瞭、史怀玉等。日寇在猛攻永济县城的同时，为防止我军北援，于下午5时派装甲汽车5辆，载兵百余南犯韩阳镇。我守军教导团二营营长李成德（华阴市人，后移居蒲城县）即指挥所部以迫击炮集中大〔火〕力猛击，将敌装甲汽车3辆打毁，毙敌80多名，残敌逃窜。

日寇攻占永济县城之后，18日乘胜迫进我辛店教导团扼守的第二线阵地。日军的一个步兵大队、几十个骑兵、3辆战车大模大样地窜进了辛店北面3华里的教导团警戒据点韩阳镇，在各家各户搜查一遍后，确认没有我军，便架起枪来，大吃大喝。这时教导团少校团副〔附〕魏鸿纪（富平县人）一声号令，我军藏在楼上、地窖内、草堆里的便衣队员由四面八方向敌发起猛攻，将敌人打了个措手不及，晕头转向。经过几个小时巷战，敌人大部被歼。下午3时，敌人增援部队八九百人，战车10多辆，刚到韩阳镇附近，又遭到鸿纪指挥的便衣队的迎头痛击。黄昏时候，残敌逃窜。

为了彻底消灭溃退的敌人，配合正面阵地的战斗，鸿纪奉团长李振西之令率领便衣大队由祈家坡迂回进攻祈家村的敌人。他带领战士们冲过敌人稠密的炮火，逼近了该村。当看到寨门前几个守卫的鬼子，他怒不可遏，突然发出“杀呀”的喊声，战士们不约而同地齐喊“杀呀”，便冲了上去。几个鬼子还没弄清是怎么回事，便被大刀结果了性命。鸿纪带领战士们冲进了村寨。敌人的机关枪响了，枪弹从四面八方打过来。鸿纪指挥战士冲上屋顶，把敌人的机枪夺了过来。到处是敌人的惨叫声。鸿纪到处跑，大声呼喊，忘记了自己，忘记了危险，唯一的信念，便是杀敌。突然一颗子弹穿过了鸿纪团副〔附〕的胸膛，他没有来得及讲一句话，只“哎”了一声便晕了过去。几个战士把他背到村外，他慢慢清醒过来。“同志们，杀呀！同志们，杀呀！”他不断地呼喊着。战友们劝他静静休息。他睁开眼睛辨明了周围的一切，“我不……我不能……你们去，不要管我……不”他坐了起来，指着祈家村，指着那火光断断续续地说：“你们去，……不要管我，去，同志们，杀呀！”他倒了下去，眼睛渐渐地闭起来，嘴仍张得大大的，好像还要吼出来的样子。时年 26 岁。

鸿纪殉国后，我教导团两个营凭已作工事与敌激战 7 日之久，因为芮城失陷，才于 8 月 23 日随大军转移上了中条山。

血战永济后不久，陕一旅旅长王竣命在朝邑镇大寨子村为该旅阵亡官兵修建了陵园，《陕西警备第一旅第一团永济抗战阵亡将士纪念碑》上镌刻着邓祥云等 2〔3〕08 名阵亡官兵的英名。西安易俗社还编演了秦腔戏《血战永济》宣传邓祥云奋不顾身的功绩。当时，蒋介石传令嘉奖教导团，给李成德记功一次。

血战永济重创了日军，阻遏了日军的前进速度。我军进入中条山建立抗日根据地后，日军后顾有忧，终未敢渡河西进，我陕西才免遭日寇蹂躏。

渭南日報
周末版
一场阻日入陕的激战

附记：该文原载 1995 年 8 月 26 日《渭南日报》（周末版）第一版。收入本书时，笔者对当时该报的一些错别字用〔 〕内作了改正。

血战永济简介

——在山西省永济市抗日英雄纪念碑揭幕式上的讲话

（1998年8月17日）

各位领导、各位先生、各位女士、各位同学：

今天被邀参加永济市抗日英雄纪念碑揭幕式，我感到十分荣幸！大会主持人让我介绍一下当年血战永济的简况，我感到难以胜任。这并非故作谦虚，因为血战永济时，还没有我。今天并非报告或介绍，仅仅是把我学习和调查的情况借今天的机会向大家汇报一下。有不当之处，欢迎批评指正。

1998年8月17日本书作者（前排右二）在永济市抗日英雄纪念碑揭幕仪式上作《血战永济简介》

永济血战，有狭义与广义之分。就狭义而言，仅指1938年8月17日下午的永济城保卫战；就广义而言，包括1938年8月发生在今永济县境的上、下高市、西姚温、永济县城、风伯峪和韩原五次激战。

1938年3月初，日寇相继攻占了原永济县城和风陵渡，企图渡河入陕。关中岌岌可危！唇亡齿寒。5月间陕西省主席兼三十八军（由杨虎城将军旧部缩编）军长孙蔚如将军，乘徐州会战期间晋南空虚，派所部一七七师（欠五二九旅）东渡黄河，出击日寇。经旬日苦战，相继收复了晋南三角地带永济等13县。5月29日12时，平民县县长续约哉与县保安大队附王子敬率平民县渡河杀敌游击队攻入永济县城。第二天，一七七师韩子芳团二营入城，永济光复。

5月19日，日寇攻占徐州后，6月5日，即下达进攻武汉的命令。6月12日，安庆失陷。武汉会战揭开序幕。6月14日，蒋介石免去了孙蔚如陕西省主席职务，旋把三十八军改编为三十一军团，6月21日任命孙蔚如为军团长，辖赵寿山三十八军和李兴中九十六军。为了策应武汉会战，7月间，孙蔚如将军奉命亲统陕西子弟兵东渡黄河，开赴晋南永济县境抗日。所部部署为：军团部驻中条山西麓的六官村。孔从周陕西警备第二旅旅部驻防永济城东之花园村，所部冯迩革第四团随旅部扼守峨嵋原一带，郑培元第五团扼守东、西姚温一带。王俊陕西警备第一旅（当时已非三十一军团序列）张剑平第一团一部坚守永济县城。主阵地还配属三十八军十七师赵益元炮兵营扼守尧王台，九十六军一七七师孙芾棠炮兵营扼守峨嵋原。教导团（团长李振西）随军团部扼守辛店第二线阵地。三十八军十七师孙子坤一〇二团驻防马铺头一带。九十六军一七七师李锦峰辎重营防守风伯峪口。

当时永济县城西临黄河，是一座水城。地势低洼，无险可守。为了阻敌西犯，我军从中条山北麓的尧王台，经东、西姚温、孟盟桥、西文学到永济城北的丰乐庄至黄河东岸，赶筑了国防工事。在阵地以外还挖了宽约3丈、深约1丈的战壕，把黄河之水引进壕内，构成障碍。这第一道防线由孔从周指挥其旅两个团、陕西警备第一旅第一团一部和赵益元炮兵营、孙芾棠炮兵营扼守。

8月，驻运城的日军牛岛第二十师团，为配合进攻武汉，乘三十一军团入晋立足未稳之际，卷土重来，企图再占风陵渡，切断陇海线，进而西窥西安，与我军在永济县境展开激战。时称“血战永济”。

8月15日，敌分3路向我大举进攻。这天早晨敌主力步骑炮千余，由青池屯、栲栳镇、白堡头猛攻上、下高市。我三十八军十七师一〇二团中校团附杨法震（中共党员，陕西兴平市人）率第三营奋起反击，激战3小时，他不幸腿部受伤。官兵劝他快下火线休息。他坚定地说：“别管我，我腿不能走了，手还能打鬼子！”敌人发觉他为我军指挥官时，便集中兵力包抄上来，形势对我极为不利。在兵力、弹药不足的情况下，法震仍督率官兵，狠狠反击。敌人伤亡惨重。就在战斗激烈进行中，法震左额及右胸再次中弹受重伤，但他仍鼓足最后气力大声呼喊官兵“杀敌！”他因伤势过重，壮烈牺牲。时年33岁。因该处地形开阔，为抢救而伤亡者还有连排长各1员，士兵10余名。

日军攻占上、下高市后，接着主力猛攻峨嵋原，企图进行中央突破，攻占永济县城。我守军陕西警备第二旅第四团在孔从周将军指挥下，奋勇抗击，战斗至烈。我驻峨嵋原李家庄一七七师炮兵营二连连长田生瑞（陕西渭南市临渭区人）看到日军炮兵不作任何掩护，十分嚣张地向我轰击，他怒不可遏，指挥所部，居高临下，狠狠向敌炮轰击，打得敌炮仓皇转移阵地。孔部与敌激战竟日，敌阴谋未能得逞。

8月16日凌晨，日寇二十师团七七联队约3000人，炮20余门，装甲车10余辆，飞机6架，向我右翼郑培元五团杨健一营扼守的尧王台发动猛攻。尧王台是作战地域内的制高点，起着支撑全局的作用。

敌集中炮火，向我尧王台、西姚温猛轰约两小时。我守军五团一营营附张志甲（陕西大荔人）率部奋勇抵抗。他身先士卒，1支“79”步枪，不但打死好多鬼子，而且把敌人封锁在半山腰。正在激战时，张志甲不幸中弹受重伤，被战士背下火线。守兵两排大半伤亡。该台被敌攻占，由此以火力瞰制我西姚温，并以飞机狂轰滥炸，我官兵伤亡枕藉。后该台数次易手，失而复得，得而复失。9时，西姚温阵地被敌突破，情势极为危急！孔旅长当即令副旅长冯迩革（陕西武功县人）督率朱映亚营之两连及特务连1排逆袭。与此同时，郑培元团长令预备队张子馥（陕西蒲城县人）三营驰往增援。为了夺回两个小高地，七连发起多次反攻，连长傅宝山、排长侯维森（陕西蒲城人）为国捐躯。孔旅长还亲率旅指挥所参谋人员，到该团阵地就近指挥。在争夺尧王台战斗胶着之际，突然发现敌军一股约有百余人，沿右翼山地迂回到二里湾和山底村附近，窜进到旅指挥部万古寺的侧后。形势相当严重！孔旅长当即令旅预备队四团陈应宝（陕西临潼人）一营迅速歼灭这股敌人。该营行动快，打得猛，歼敌一股，其余敌人溃散逃跑。是役，孔旅伤亡四五百人，毙伤敌1000余人。

因我兵分力单，加之敌我装备悬殊过大，日寇终于由尧王台打开了缺口，沿中条山腹向西南窜进，先后攻占了西姚温村、万古寺，窜至我军阵地后方，使永济坚固的主阵地完全失去了作用，打乱了我军的阵脚。为了击退突破我右翼阵地的日军，亦即阻止敌人迂回永济，孙蔚如军团长令教导团归孔旅长指挥，并令派兵一营向右翼增援。按照平常惯例，三营应为预备队。但因第三营营长张希文（陕西渭南临渭区程家乡人）再三请缨杀敌，团长李振西便破例派该营向西姚温村为一线增援。张希文亲率全营，一马当先，向万古寺攻击前进。于当天下午歼灭了万古寺之敌，收复了该村，并缴获山炮两门。张希文歼敌心切，顾不得等后续部队到达，就漫山遍野追击前进，一直追到西姚温村南端。当晚9时多，希文不顾自己右臂已经负伤，奉命亲率三营向西姚温进攻，结果中敌埋伏。他督率全营官兵，以大刀、手榴弹奋勇杀敌，反复肉搏，达五六次。巷战到拂晓，官兵大部牺牲，希文率余部突围。刚冲出村西南1里许，又遇敌伏兵。又是一场血与火的肉搏。希文不幸中弹受重伤。卫士背他突围，他不许，令卫士快跑。卫士跪下哭求。他厉声呵斥："快走，我掩护！不走，我先打死你！"卫士无奈，噙着热泪突围了出去。希文顾不得伤痛，挣扎着抱住机枪朝敌扫射，不幸又被敌人一颗子弹击中胸膛，壮烈牺牲。时年28岁。全营除第九连外悉数殉国。孙蔚如在其《第四集团军抗日战争概略》一文中对希文的殉国给予了"厥功甚伟"的崇高评价。

日寇突破我西姚温阵地之后，立即直扑永济县城。城内我守军为陕西警备第一旅第一团一部（只有5个连）。早在15日日寇大举进攻之时，二营营长邓祥云（陕西省蒲城县上王乡人）即奉命带领四连（连长冯民安，陕西省长武县人）和九连（连长丁文英，陕西省岐山县人）扼守日军进攻的重点东城。少校团附刘天照（河南省人）带五连（连长王继纯，陕西省三原县人）扼守北城。八连（连长刘兴汉，陕西省蓝田县人）随团部守南城并为预备队。机枪连（连长王恒震，陕西省户县人）配属于各步兵连。17日下午两点，敌人的12门大炮从城东峨嵋原上以猛烈炮火向永济城轰击，并有飞机6架狂轰滥炸，掩护步骑两千余，从东、北、南3面向我守军5个连猛烈进攻。我守城官兵争先奋力还击。机枪、步枪射出一颗颗复仇的子弹。枪声、手榴弹的爆炸声、"大刀向鬼子们的头上砍去！""与永济共存亡！"的喊杀声震动了黄河和中条山！东面首当其冲，战斗最为激烈。哪里吃紧了，邓祥云营长即到哪里指挥杀敌。官兵们以自己的血肉之躯和爱国热忱，抗击着极其凶恶的日本侵略者。日寇在不断增援，攻城越来越猛。我守城官兵拼死抵御，连医务所人员、炊事员都投入了战斗。我兵力不足，东面战线又长。邓营长穿梭督巡，鼓舞士气。一面督率官兵奋勇杀敌，一面亲率营部 10 余人伏城缺口处，亲掷手榴弹 3 箱，杀伤敌人极多。官兵们以自己的血肉之躯谱写出一曲又一曲催人泪下的壮歌。四连二排战士徐生财（安徽人）子弹打光了，手榴弹扔完了，与冲上城垛的鬼子拼刺刀。刺刀弯了，抱着鬼子咬，直到流尽最后一滴血。九连四班班长马俊杰（陕西陇县人），奉邓营长之命死守东门城楼。全班战士先后壮烈牺牲。他也 3 处负伤，不能站立，但不后退一步。将所剩手榴弹搜集一处，向敌掼掷，毙敌 10 余。接着又怀抱手榴弹 7 颗，由城上跳入敌兵密集处，拉响引信，炸死鬼子多人，并炸坏敌坦克 1 辆。而马俊杰班长也与敌人同归于尽。其事迹后收入国民政府编印的《抗战特殊忠勇军民题名录》第一辑。

下午 7 时，永济东北城墙被敌炮击毁数处，北城墙也被敌机炸塌数丈。敌见已打开缺口，遂即放射烟幕，掩护步兵冲上东北缺口。在这千钧一发之际，有人建议邓营长赶快撤退，说城恐怕守不住了。邓祥云闻讯后，怒火万丈，心中想的是如何尽快把入城之敌打退，完成“死守永济”的军令，竟置个人生死于不顾。他提着手枪，喊了声：“跟我来！”即带领邓俊生（按：我二舅父）等勤务兵朝缺口冲去，准备把上城之敌驱逐出去。刚走过东城门楼北边不几步，邓俊生说：“看枪！”说时迟，那时快。从城东北角缺口爬上来的鬼子机枪已朝我指挥官射出一梭罪恶的子弹。邓祥云营长不幸身中数弹，以身殉国。时年 36 岁。

与此同时，少校团附刘天照与王继纯连长督率所属，在北城与敌拼搏，终因众寡悬殊，大部壮烈殉国。“大队敌军遂分别冲进城内。刘团附赤身怒目，至最后犹高呼死拼，以保卫国土。”

此役，尽管团长张剑平（陕西省长安县人）和中校团附秦颂仁（陕西省临潼人）在得知邓祥云营长阵亡后，吓得魂飞天外，“出西门乘早已预备好的渔船逃过黄河。”但少校团附刘天照、二营营长邓祥云、上尉副官焦文杰（陕西省华阴人）、连长冯民安、王继纯以下308名官兵为国捐躯。其中大部分为陕西子弟。

为了表彰英烈、鼓舞士气，王俊将军命在今大荔县朝邑镇大寨子村外西南角为永济血战阵亡官兵修建了纪念陵园。在《陕西警备第一旅第一团永济抗战阵亡将士纪念碑》上镌刻着308名阵亡官兵的英名。西安易俗社还编演了《血战永济》秦腔戏，宣传邓祥云英勇杀敌，奋不顾身的英雄事迹。

日寇在猛攻永济县城的同时，为了防止我军北援，于下午5时派装甲汽车5辆，载兵百余，南犯韩阳镇。我守军教导团二营营长李成德（陕西省华阴人，后移居蒲城县。）即指挥所部以迫击炮集中火力猛击，将敌装甲汽车3辆打毁，毙敌80多名，残敌逃窜。

日寇在攻占永济县城之后，18日乘胜迫进我辛店教导团扼守的第二线阵地。日军以1个步兵大队、几十个骑兵、3辆战车，大模大样地窜进了辛店北面3华里的教导团警戒据点韩阳镇。在各家各户搜查一遍后，确认没有我军，便架起枪来，大吃大喝。这时教导团少校团附兼便衣大队队长魏鸿纪（陕西省富平县人）一声号令，我军藏在楼上、地窖内、草堆里的便衣队员，由四面八方向敌发起猛攻，将敌人打了个措手不及，晕头转向。经过几个小时巷战，敌大部被歼。下午3时，敌人增援部队八九百人，战车10多辆，刚到韩阳镇附近又遭到鸿纪指挥的便衣大队的迎头痛击。黄昏时候，残敌逃跑。

为了彻底消灭敌人，配合正面阵地的战斗，鸿纪奉团长李振西之命率领便衣大队由祈家坡迂回进攻祈家村的敌人。他率领战士们冲过敌人稠密的炮火，逼近了该村。当看到寨门前几个守卫的鬼子，他怒不可遏，突然发出“杀呀”的喊声。战士们不约而同地齐喊“杀呀”，便冲了上去。几个守门的鬼子还没弄清是怎么回事，便被大刀结果了性命。鸿纪带领战士们冲进了村寨。敌人的机关枪响了。枪弹从四面八方打过来。鸿纪指挥战士们冲上屋顶，把敌人的机枪夺过来。到处是敌人的惨叫声。鸿纪到处跑，大声呼喊，忘记了自己，忘记了危险，唯一的信念，便是杀敌。突然一颗子弹穿过了鸿纪的胸膛。他没有来得及讲一句话，只“哎”了一声，便晕了过去。几个战士把他背到村外。他慢慢清醒过来。“同志们，杀呀！同志们，杀呀！”他不断地呼喊着。战友们劝他静静休息。他睁开眼睛辨明了周围的一切，“我不……我不能……你们去，不要管我……不”，他坐了起来。指着祈家村，指着那火光断断续续地说：“你们去！不……不要管我，去，同志们，杀呀！”他倒了下去。眼睛渐渐地闭起来。嘴仍张得大大的，好像还要吼出来的样子。时年26岁。

鸿纪殉国后，教导团殷义盛、李成德两个营在团长李振西指挥下，凭已作工事与敌激战数日之久，终因众寡悬殊，加之工事悉被敌击毁才于8月23日随大军转移上了中条山。当时蒋介石曾传令嘉奖教导团官兵。李振西团长因“忠勇杀敌，卓著成绩”，颁发华胄荣誉奖章。一、二营营长殷义盛（中共党员，河南人）、李成德也各记功1次。

在永济正面作战的同时，九十六军一七七师进入了中条山。该师李锦峰（中共党员，陕西省渭南市临渭区人）辎重营奉命扼守中条山北麓的风伯峪口，阻敌进犯，保卫师部安全。风伯峪口是进山的要隘。李营长指挥全营官兵在峪口两侧阶梯地上构筑工事，并以交通壕与风伯峪村相连接。8月中旬一天（具体时间待考）拂晓，日寇由运城方向西犯，猛攻辎重营一连阵地。地下党负责人张赓良亲赴一连指挥。敌人在猛烈炮火掩护下连续猛攻。李锦峰营长督率全营官兵英勇抗击，屡挫敌锋。敌又转移攻击重点，向西经风伯峪河滩猛攻第二连阵地。二连官兵与敌展开一场极其惨烈的白刃格斗。激战至下午，敌伤亡惨重，被迫后退。

恶战风伯峪，粉碎了敌人登上中条山的企图，并策应了我主力在永济的正面作战使敌未能沿同蒲铁路迅速增兵南下。辎重营也付出了沉重代价，营长李锦峰负伤，地下党负责人张赓良、少校军医主任蒋士城、二连连长高庆云、排长邹功烈、郭颖如阵亡。全营伤亡百分之七十，共产党员负伤三分之二，而且亡多于伤。战斗之惨烈，不言而喻。

血战永济是三十一军团出师入晋后反击日寇企图渡河入陕的第一场大规模战役。三秦群英在永济人民的全力支持下，前仆后继，壮烈牺牲，千余人为国捐躯，仅少校以上军官就有6名：三十八军十七师一〇二团团附杨法震、教导团中校团附兼三营营长张希文、陕西警备第一旅第一团少校团附刘天照、第二营营长邓祥云、教导团少校团附兼便衣大队长魏鸿纪、九十六军一七七师辎重营少校军医主任蒋士城。永济的绿水条条洒热血，永济的青山处处埋忠骨。血战永济重创了日寇，阻遏了日寇的前进速度。我军进入中条山建立抗日根据地后，日寇后顾有忧，终未敢渡河西进，陕西才免遭日寇蹂躏。

附记：讲时因时间关系，较简略；应邀为永济市武装部写书面材料时，笔者又作了一些必要的补充。现在看来，史实仍有谬误，以2007年写成的《抗日壮歌震大河》为准。

抗日壮歌震大河

——杨虎城将军旧部血战永济述略与考证

被迫缩编

西安事变前，杨虎城将军的第十七路军有第七和第三十八两个军辖第十七和第四十二两个整编师，还有3个警备旅，加上直属部队，共计6万余人。张学良、杨虎城两将军发动西安事变的目的是为了“发动全国之整个抗战”。但西安事变爆发后，第七军军长兼第四十二师师长冯钦哉首先率部离杨附蒋，接着陕西警备第二旅第一团团长沈玺亭和第二团团长唐得楹也率部离杨附蒋。“二二”事件后，第十七师第四十九旅旅长王劲哉也带领部分部队离杨附蒋。西安事变和平解决，蒋介石回到南京后，即背信弃义，扣押了张学良将军。1937年元月5日，南京政府行政院通过“陕甘善后整理办法”，并以国民政府名义对西安绥靖公署主任杨虎城予以撤职留任。旋，任命杨虎城将军部属第三十八军军长孙蔚如为陕西省政府主席。4月蒋介石以出资送出洋为名，迫使杨虎城将军离职出国考察。在蒋介石的再三压迫下，4 月 27 日杨虎城将军被迫电蒋请辞西安绥靖公署主任及第十七路军总指挥职务。30 日蒋介石电复照准。5 月 7 日，南京政府撤销西安绥靖公署及第十七路军总指挥部。将所剩部队缩编为第三十八军，军长仍为孙蔚如兼任。军辖部队为第十七师，师长赵寿山；第一七七师，师长李兴中；陕西警备 3 个旅，第一旅，旅长王俊①；第二旅，旅长孔从周（即孔从洲）；第三旅，旅长王镇华。教导、骑兵两个团。教导团团长李振西。骑兵团团长孟庆鹏。全军共剩 3 万多人。

未雨绸缪

杨虎城将军出国不久，7 月 7 日，日寇炮轰卢沟桥东的宛平城，发动了全面的侵华战争。全国上下群情激愤！孙蔚如将军遵照杨将军出国前的叮嘱，立即请缨抗日。奉命先后派遣第十七师、第一七七师的第五二九旅和教导团开赴华北抗日前线。9 月并派第一七七师（欠五二九旅）和陕西警备第三旅开赴陕东韩城、合阳、朝邑、平民等地，扼守禹门口至潼关之间的（黄）河防。一七七师师部驻合阳。陕西警备第三旅旅部驻韩城。沿河合阳、平民、朝邑、潼关等县县长均选派热心抗日的苏资琛、续约哉、张发杰、李淮等担任。苏、续、张、李等到任以后，立即大张旗鼓宣传抗日。为了发动群众抗日，第一七七师和合阳县政府于 1938 年伊始举办了沿河 7 县教师训练班和学生军事

① 李紫山：《杨虎城将军后期的军事活动及其部队建制的变更》说：西安事变后“警备第一旅旅长王竣及其所属部队被胡宗南收编。”汪新等著：《1936：历史在这里拐弯……》说：1937 年“2 月 6 日，东北军一〇六师沈克又叛离东北军，扣留了陕西警备第一旅旅长王竣。”此两说均与事实不符。

训练班（内有女生队），为开展游击战培训骨干。师部指派辎重营营长李锦峰和师部参谋宋克敬分任两个班的领导，并从师部特务连和辎重营抽调一批班、排长和士兵到两个班做基层工作。师参谋长许权中专门写了游击战的小册子，作为训练班的一个主要军事教材。在广大农村普遍组织了抗日自卫队，辎重营并派出40多人去农村训练自卫队骨干。由于驻防的一七七师大力支持抗日救亡工作，再加上各县抗日县长的努力，沿河各县群众抗日救亡运动得以迅猛发展。在较短时间内各县的抗日救亡群众运动蓬勃开展起来。农民、学生、妇女等群众抗日组织普遍建立起来。广大群众的政治觉悟有所提高。在群众运动轰轰烈烈开展的基础上，地方党组织也很快恢复和发展起来。

唇亡齿寒

1937年11月8日，太原失守。

1938年2月底，王根僧由汉口返回陕西，向孙蔚如军长汇报了杨虎城将军被囚的经过，传达了杨虎城将军的最后嘱言："十七路官兵，要上下一心全力杀敌。"孙蔚如将军号召十七路官兵牢记杨将军嘱言，在战场要与敌血战到底。

1938年春，山西日军集结主力沿同蒲铁路南犯，3月6日川岸文三郎第二十师团一部攻占了与陕东一衣带水的永济县城，3月8日攻占风陵渡。接着不断进犯陕西（黄）河防阵地。在炮轰吴堡、宜川、韩城、合阳、平民、朝邑、潼关的同时，飞机也频频侦察和轰炸西安和关中各县。并以一部兵力侵占了大庆关，大有强渡黄河，进犯关中之势。

唇亡齿寒。一时全陕震动！

西安行营主任蒋鼎文仓皇失措，拟放弃关中，并已遣送其眷属及高级人员分乘飞机、火车逃往成都、宝鸡等地。人心惶惑，不可终日。当此危难之际，陕西省政府主席兼第三十八军军长孙蔚如将军发表讲话，力主坚守黄河，阻敌西犯，并坚决表示，自己身为陕西省政府主席，绝不生离西安。

孙蔚如

孙蔚如，西安市灞桥区豁口村人。1922年入杨虎城将军部队，历任营长、支队司令、旅长、师长、军长。西安事变时坚决听命张、杨。1937年春任陕西省政府主席。抗日战争期间，历任第三十八军军长、第三十一军团军团长、第四集团军总司令、第六战区司令长官。他指挥所部积极抗日，屡次重创日寇。1945年在武汉接受日军投降。新中国成立后，任民革中央常委、全国政协委员、陕西省政协主席、副省长等职。

当日寇攻占河东，虎视关中之时，孙蔚如遂急增派孔从周陕西警备第二旅由泾阳开赴朝邑、平民一带布防。增派李振西教导团由泾阳开赴合阳方镇一带布防，与先期抵达的第一七七师、陕西警备第三旅一起坚守河防，阻敌西犯。5月，孙蔚如还增派王俊率陕西警备第一旅一、二团离开西安、安康开赴平民、朝邑，扼守金水沟至潼关段河防。

初试牛刀

在徐州会战期间，由于日寇调用了驻山西省的兵力，晋南空虚，加上我国军民的不断打击，“同蒲线频繁遭到破坏”，日寇“弹药、粮食均告缺乏，只能以猫狗及野草充饥。”我军民乘机入晋打击日军。

孔从周旅在河防部署就绪后，便主动出击，夺回被鬼子占据的大庆关。大庆关当时属平民县，是黄河河道上的一个小镇。该镇虽然只有几十户人家，但位置却十分重要。日寇占据了该处，既可以控制河道，又可作为强渡黄河进攻关中的桥头堡，等于全部控制了该渡口。可见，收复大庆关，对我扼守河防极端重要。孔从周将军派冯迩革四团部分兵力，利用芦苇作隐蔽，匍匐到河边，用迫击炮近距离突然开火，接连发射数十发炮弹，敌狼狈逃窜。我步兵乘胜登上，收回了大庆关，砍掉了鬼子伸向河西的一只脚。孔旅长还派遣冯迩革四团陈应宝第一营东渡黄河，深入敌后，袭扰日军。

4 月 19 日，平民县县长续约哉与县保安大队附王子敬在一七七师师长李兴中和陕西警备第二旅旅长孔从周的支持下，亲率平民县渡河杀敌游击队东渡黄河，进入永济县境与日寇拼杀 46 日。10 余人牺牲。旋，蒋鼎文、孙蔚如与卫立煌奉命电令第一七七师师长李兴中督率全师和王镇华陕西警备第三旅张英三第七团东渡黄河，至晋南三角地带寻机歼敌，策应徐州会战。

5 月 5 日，第一七七师（欠五二九旅）主力部队分别由夏阳渡、榆林渡、芝川渡等处东渡黄河。师部驻吴王渡。我任云章第五三〇旅担任主攻，杨复震补充团为预备队，7 日拂晓向驻永济张营镇的日军发动猛攻。敌仓皇应战，固守不退。我军士气高涨，不断猛攻，经 3 日激战，敌终不支溃退，我攻占了张营镇。敌我伤亡均重。毙伤鬼子 300 余人。我伤亡 500 余人。孙洁生第一〇五九团第一营营长李生枝负伤，营附武振邦和第三连连长李伯俊等阵亡。王云山第一〇六〇团营附张新民、张子伟，连长李少棠、卢劲节（即卢松轩），排长李锐均负重伤。李锐（山西夏县人，时任第一七七师五三〇旅一〇六〇团何鸣皋第三营排长）大肠流出，抬至吴王渡气绝。后缴获日寇的文件称："侦悉张营之战，支那军一七七师系杨虎城部队，素质不良，而骁勇善战，不可轻敌。"

日寇在张营镇遭受损失，为了报复，便集中兵力向吴王渡我第一七七师师部猛攻①。第一七七师直属营、连，奋力还击，屡挫敌锋。吴王渡之战持续了两昼夜，击毙日军大队长山佐，敌终溃逃。

稍作休整，5月中旬，师参谋长许权中在指挥师直属部队攻占临晋后，采取声东击西的战术急袭虞乡火车站。

许权中

许权中，陕西临潼人。1925年经李大钊介绍加入中国共产党。1932年5月，冯玉祥在张家口成立察哈尔抗日同盟军，并任总司令。许权中组建抗日同盟军第十八师，任师长、副军长，收复宝康、多伦等地。西安事变时应杨虎城将军之邀到十七路军任陕西警备第二旅副旅长、独立旅旅长。1937年春部队改编后，任第一七七师第五二九旅旅长。七七事变后，率部转战河北、山西，抗击日寇，战功卓著。后历任第一七七师参谋长、第九十六军中将参议、第四集团军中将参议兼第四集团军眉县垦区主任。1943年冬被胡宗南派特务杀害于陕西眉县境。

许权中派出一部占据虞乡车站以南的中条山北麓，控制制高点，

①《中共党史人物传·许权中》说："1938年5月初，日军大举进攻晋东南，一七七师师长和九十六军军长逃到西安。权中挺身而出，率一七七师一部挺进到山西永济县张营镇……因敌众我寡撤至吴王渡……"云云。此说大谬不然。是年6月21日，孙蔚如第三十八军才被蒋介石改编为第三十一军团，辖第三十八军和九十六军。5月初，怎么有九十六军军长呢？令人费解！

以一部进占虞乡车站以西之马铺头，以又一部占据虞乡城，主力由正面攻击虞乡车站守敌。据守虞乡车站的日军一个中队，凭借坚固地堡和炮楼，以炽盛火力向我扫射。我军前仆后继，伤亡甚多，而敌死守不退。此时，许权中在参谋人员的提示下，令速从车站东边打包厂运来棉花包 50 个，用水浸湿，放在车上，步兵推动棉花包，作为掩体，逐步接近敌人。山炮连连长韩士进先用炮猛轰敌工事，同时步兵推动棉花包 3 面围攻。至当天下午 3 时，将虞乡车站攻克。1 个中队的鬼子被全歼，无一逃脱。此后，晋南日军大部退守运城。第一七七师乘胜集中全力猛攻运城。因伤亡过多，未果。加之徐州会战结束，敌西援运城，我遂转移。

在第一七七师的配合下，平民县渡河杀敌游击队于 5 月 29 日中午 12 时攻入永济县城。5 月 30 日第一七七师韩子芳（蒲城人）一〇五八团二营入城，永济光复。与此同时，晋西南三角地带的其他 12 个县也先后收复。全陕人心始定。

卷土重来

1938 年 5 月 19 日，日军攻占徐州后，6 月 5 日攻占开封，进攻的矛头直指武汉。为了阻止日军前进，蒋介石下令掘开郑州花园口黄河大堤，豫、皖、苏三省 20 余县尽成泽国，人民死伤，财产损失无数。日军主力沿平汉线南下攻占武汉的企图因此被遏止，不得不沿长江西上。6 月 13 日，日本内阁召开御前会议，正式作出决定：进攻武汉。为了策应攻取武汉，华北日军也调兵遣将，试图一路由山西军渡至陕北吴堡一线西渡黄河，进攻延安；一路由山西永济县的大庆关、风陵渡等处强渡黄河，直取西安，实现其攻占大西北的罪恶计划。6 月 23 日晋南驻运城的日寇第二十师团师团长川岸文三郎他调，新任师团长牛岛实常“逐渐作好一切准备，在 7 月 5 日转为攻势”，卷土重来。

誓师东征

是年 6 月 14 日，蒋介石为了实现借抗日之名消灭杂牌部队之目的，免去孙蔚如陕西省政府主席之职。旋又把第三十八军改编为第三十一军团，6 月 21 日任命孙蔚如为军团长，领编第三十八、九十六两个军。赵寿山为第三十八军军长，辖耿景惠第十七师和孔从周陕西警备第二旅（后改番号为独立第四十六旅）。李兴中任第九十六军军长，辖陈硕儒第一七七师和王镇华陕西警备第三旅（后改番号为独立第四十七旅）。李振西教导团与孟庆鹏骑兵团仍属军团部。原属孙部的王俊陕西警备第一旅，兵强马壮，留陕守河防，改归西安行营主任蒋鼎文指挥。实际上，蒋利用改编部队，减去了孙部一个旅的兵力。这时孙部只剩下 25000 多人。真乃挂升编的羊头，卖缩编的狗肉！以后孙蔚如虽向蒋介石、蒋鼎文一再申请把王俊陕西警备第一旅调中条山增强抗战力量，都未获准①。

改编甫毕，为策应武汉会战，蒋介石即电令孙蔚如立即率部开赴

① 米暂沉《杨虎城传》说：“从西安事变开始到杨离开西安为止，十七路军在蒋介石分化收买之下发生了大的分裂，首先是第七军冯钦哉部的叛变投蒋，跟着是警备第一旅王竣投向胡宗南。”说王俊在杨虎城出国前已投向胡宗南，显然是捕风捉影的不实之词。后虽在《杨虎城将军传》中改为“张学良被扣直至发生‘二二事件’后，警备第一旅又被胡宗南部裹挟而去。”此说仍与事实不尽相符。因此米暂沉先生在复笔者信中也说：“《杨传》之再版之所以改正，因为王旅是蒋鼎文、胡宗南扣留不放，不是王要离开第三十八军。”李紫山也说：西安事变以后，“王竣及其所属部队被胡宗南收编，改成师的番号。”（李紫山：《杨虎城将军后期的军事活动及其部队建制的变更》，载《西安文史资料》第五辑第 97 页。）此说也与事实相去甚远。陈子坚的文章才揭开了王竣部队脱离杨虎城旧部的真正原因。这时离杨虎城将军出国已经一年多了，抗战开始已经一周年了。

晋西南前线抗日。

“六月天兵征腐恶，万丈长缨要把鲲鹏缚！”

西安各界听到孙蔚如将军亲统三秦子弟兵出征抗御日寇，给予了极大的支持和声援，6月底，在易俗社举行了隆重热烈的欢送与出征誓师大会。当时西安的国共两党军政大员、地方耆老、士绅及各界知名人士等均亲临参加盛会。会场气氛极为热烈。不少名流引用刘允中（陕西富平人，曾任国民党中央执行委员）的名言大声疾呼：“刘老讲得对，唇亡齿寒！不守河东，则关中不固！孙将军出师东征，我们誓作坚强后盾！”孙蔚如代表全军向三秦父老发出气壮河岳的誓言：不灭倭奴誓不还！会后，孙蔚如将军即令在陕各部——陕西警备第二旅、第三旅和教导团迅速东渡，开赴河东抗日。陕西警备第二旅在东渡前，与陕西警备第一旅在朝邑举行了出征誓师大会。孔从周将军带领两旅官兵向父老乡亲发出了震动河岳的誓言：“我为中华生，我为中华死。坚信抗日必胜，誓死抗战到底。我不杀敌，敌必杀我。若要自救，必先杀敌。凡我官兵，共同勉之。”随后7月4日东渡①。7月12日，王镇华将军也亲率陕西警备第三旅誓师东渡。

7月5日下午5时以后，孙蔚如将军与参赞戎机的陕军老将耿庄、姜宏模等带领军团部由西安乘火车出发，6日中午到达朝邑。因在晋西南三角地区兵力过少，7月18日孙蔚如将军特急电蒋介石请求增强兵力。在陕西警备第二旅过河不久，陕西警备第一旅旅长王俊奉命派遣其第一团一部：团部直属通讯排、担架排、机枪连、邓岗第二营和马生

① 郭润宇著《陕西民国战争史·三十一军团与日寇永济之战》云，1938年“6月十七师在后方整补的五十一旅和陕西第二警备旅孔从洲部又先后渡黄河，与敌战于永济附近。”此说与史实不符。7月4日孔从洲部才渡过黄河，8月15日才与日寇在永济进行血战。

晖第三营之八、九两连[1]（马生晖营部与张举才第七连留守河西），共约700余人，由团长张剑平（西安市长安区人。1949年去台，后殁于台。）带领，从大庆关东渡黄河，守备永济县城，"归陕西警备第二旅旅长孔郁文（笔者按：孔从周字郁文）指挥"。张剑平团东渡前，孔从周旅长曾在大寨子村旅部约见了张团上尉以上军官，勉励大家同心协力，为民族争生存。

21日，接前线军息：20日，日军猛攻陕西警备第三旅张英三第七团谢济民第一营扼守的嵋阳镇，营长谢济民与全营官兵壮烈殉国。听此消息，孙蔚如将军当即决定亲率军团部于22日连夜由富民村渡河。当船到河中，浪遏飞舟，孙将军面对大河，想起李白"黄河西来决昆仑，咆哮万里触龙门"的名句，又想起东晋祖逖击楫渡江誓复中原的壮志，不禁百感交集，即口占七绝一首：

炯炯欃枪照亚东，炎黄世胄运何穷？
凉风午夜长河渡，扫尽强权见大同。

23日正午，孙率军团部到达中条山西端南侧之永济的六官村。"该地前面强敌，后背大河，势甚艰险，但中条山为陕东屏障，为敌所必争。"（孙蔚如：《第四集团军抗日战争概略》）六官村附近有一土山，为永济县之制高点。土山上有六官塔一座。一天中午，孙蔚如将军偕

① 穆西彦主编的《抗日黄埔英烈·黄埔群英血战永济》云："张剑平团长（黄埔学生）率领第二营之八、九两连和团部直属步炮连、机枪连、通讯排、担架排共六个连……"这明明是4个连，怎么是6个连呢？第二营辖四、五、六3个连，根本没有什么八、九连。八、九连乃马生晖第三营。6个连是指邓祥云二营四、五、六3个连，马生晖三营八、九两个连和王恒震机枪连。写文章把史实都没弄清楚，怎能信口开河，糊弄读者呢？

参赞戎机的陕军老将耿庄、姜宏模等登上此塔，举目远眺，永济山河尽收眼底。孙蔚如将军俯瞰中条山阴晋南锦绣河山，慨倭奴铁蹄纵横，同胞惨遭蹂躏，深感肩负责任之重大，不禁百感丛集。即赋七律一首以表明誓灭日寇的壮志：

烈烈金风荡寇氛，中条立马日将曛。
十年积恨还辽沈，百战提兵涉潞汾。
师克在和壮在直，汗挥如雨气如虹。
待看斩尽楼兰日，痛饮黄龙奏大勋。[①]

森严壁垒

当时的永济县城，位于今市政府以西约 10 余公里处。永济自古以来就是黄河上的重要关隘，西门外黄河渡口古称蒲津关，时叫大庆关。唐代上有铁索浮桥飞架，东西天堑变通途。城西黄河东岸有闻名天下的鹳雀楼（因黄河变迁，当时鹳雀楼的牌匾已挂在西南角城楼），城东三五里处峨嵋原上有享誉海内的普救寺（传说为《西厢记》故事的发生地）。唐代曾几度设为中都，战略地位极为重要，为历代兵家必争。它西临黄河，东北紧靠峨嵋原，东南依枕中条山，当同蒲铁路南段之要冲，为晋陕交通之门户。中条山由东北向西南，到永济县境就到了头。尧王台在中条山西麓的山腰。由尧王台向西北至永济城只有十多里。永济城西门，当时紧靠黄河，形成天然的障碍。日寇要由运城到风陵渡，必须沿同蒲铁路，通过狭长约 50 多里的永济县境最为方便。

① 此诗的写作时间说法不一，我取晋震梵《固守中条山的日日夜夜》一文中的说法。

若果迂回，必须由虞乡以东翻过中条山，绕上 100 多里的极复杂的沟道地区到芮城，再沿黄河经永乐镇才能到风陵渡。可是这一路进军极为不利，只要在风陵渡西北七八里的山头摆上一个营，日寇就难越过雷池一步。

当时的永济县城已成一座水城，地势低洼，无险可守。鉴于此，为了抗击日寇沿中条山北麓西犯，第三十一军团以永济县城为中心，从中条山北麓的尧王台，经东、西姚温——孟盟桥——西文学到永济城北的丰乐庄至黄河东岸，军民协力赶筑了国防工事，在工事外还挖了一丈多深、两三丈宽的壕沟，并把黄河水引进壕内，构成障碍。并在主阵地前沿，利用土坎、沟壑和起伏地的反斜面，设置了一些倒打工事。这种工事十分隐蔽，敌人难以发现，其直射火力也无能为力，而我则可以出敌不意地打击敌坦克后部。

厉兵秣马

为了有力抗击日军，三十一军团东渡后的防御部署是：以永济城为中心的第一道防线，由孔从周陕西警备第二旅和王竣陕西警备第一旅张剑平第一团一部扼守。孔从周旅部驻永济城东之花园村，其郑培元五团扼守右翼至尧王台一带，团部驻同蒲铁路车站的张刘庄，其杨健第一营扼守尧王台，其朱映亚第二营扼守孟盟桥，张志馥第三营为团预备队；以战斗力较强的冯迩革第四团随旅部扼守中央峨嵋原一带，其张履骞第二营扼守花园村左翼至黄河东岸，其陈应宝第一营随旅部为预备队；张剑平第一团一部死守左翼永济县城[①]。并配有两个炮兵营：十七师赵益元炮兵营扼守右翼尧王台，一七七师孙芾棠炮兵营扼守城东峨嵋原。共约5000多人。统归孔从周将军指挥。

孔从周

孔从周，后改名从洲，西安市灞桥区人。1924年参加杨虎城部队，历任炮兵营营长、团长、陕西警备第二旅旅长、独立第四十六旅旅长、新三十五师师长、五十五师师长。1946年加入中国共产党。同年率部起义后，任西北民主联军第三十八军军长，二野特种兵纵队副司令员。新中国成立后，任西南军区炮兵司令员，高级炮校校长，炮兵工程技术学院院长，军委炮兵副司令员，五届全国政协常委，六届全国人大常委。1955年被授予中将军衔。其子孔令华与毛泽东之女李敏结婚，孔、毛成了儿女亲家。

李振西教导团随军团部驻防韩阳镇以南等地，扼守辛店第二线阵地。第十七师孙子坤第一〇二团驻防虞乡，扼守虞乡以西中条山各隘口，并策应永济之作战。第一七七师（欠五二九旅）扼守虞乡以东至解县中条山各隘口。陕西警备第三旅驻防临晋、猗氏一带。全军上下同仇敌忾，准备迎敌。

为了统一思想，鼓舞斗志，8月初的一天，孙蔚如将军把陕西警

① 郭润宇著《陕西民国战争史·三十一军团与日寇永济之战》云，1938年6月，“三十八军各部联合‘血战永济’挫败敌人，攻克永济县城后，由陕西警备旅王竣部第一团防守。”此说与史实相去甚远。是年3月6日，日军侵占永济县城。4月19日平民县渡河杀敌游击队进入永济县境，与敌拼杀46日，5月29日攻入永济县城。第二天，一七七师韩子芳一〇五八团二营入城，永济光复。6月，三十八军各部根本没有联合“血战永济”，陕西警备旅王俊部第一团也并未防守永济城。这是不争的史实。

永济血战示意要图（1938 年 8 月 12 日—23 日）

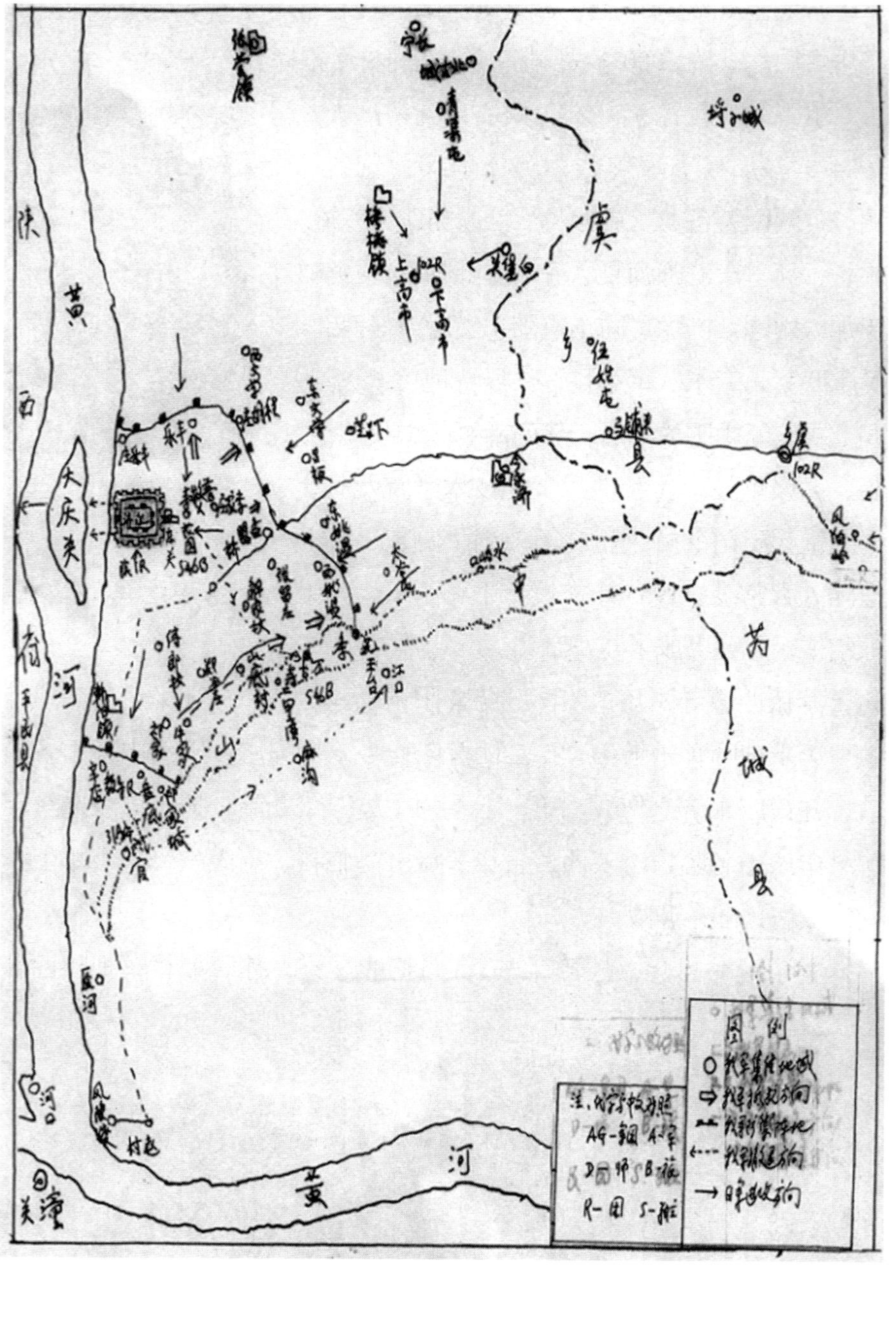

备一、二旅上尉以上军官召集在孟盟桥一家农民的麦场里作了战前动员。陕西警备第二旅副旅长冯迩革（陕西武功县人）整好队伍以后，孙蔚如将军与参赞戎机的陕军老将耿庄、姜宏模及从武汉归来的赵寿山军长、孔从周旅长等与大家见面。孙将军等与站在前两排的警一旅一团团长张剑平、中校团附秦颂仁、少校团附刘天照、二营营长邓岗、警二旅副旅长兼第四团团长冯迩革、四团一营营长陈应宝、二营营长张履骞、五团团长郑培元、五团一营营长杨志新〔健〕、二营营长朱映亚、三营营长张志馥、十七师炮兵营营长赵益元、一七七师炮兵营营长孙芾棠一一握手问好。随后请赵寿山军长讲话。

赵寿山将军简要介绍了他到武汉向蒋介石述职的情况，精辟分析了抗战的大好形势，信心十足的讲道，我们与日寇武器装备悬殊很大，但我国幅员辽阔，人口众多，只要全国人民万众一心，坚持持久抗战，就能打败日寇，最后胜利肯定是我们的！眼前就是要尽量做好准备，打好保卫永济这一仗！最后冯迩革带头高呼："誓死保卫永济！""永济在，我们在；永济亡，我们亡！"与会的军官跟着高呼。近在咫尺的中条山也发出"誓死保卫永济！"的回音。会后孙蔚如将军等骑马检查了主阵地和永济城城防等工事。

赵寿山

为了激励官兵斗志，各团营还请来永济的爱国士绅给官兵讲述了鬼子在永济烧、杀、抢、掠的种种暴行。3 月 9 日，我第二十八师董钊师长率两个团包围了驻首阳山下匼河、杨贤等村的日军，并给敌一定的打击。10 日日军返回，把没有跑走的郑新科、郑马升和两位闾长用刺刀戳死，又把搜出来的郑四喜、郑世太、郑增光、郑有儿、相占元、相安林、相老周、相任元等9人绑到一起杀了。血流满地，惨不忍睹。5月6日，日军在张营村疯狂屠杀我军民。张营村有40余男女老幼死在鬼子的枪弹屠刀之下。并把一位年过40，且有精神病的妇女强行奸污之后，还把几尺长的棍子插入阴道。5月下旬日寇攻占董村，刺死了樊润四与樊二喜。当晚住于该村大场内，而藏人的地窖也在这大场内。窖内藏有20多个青年男女。樊拾身带着他三、五岁两个男女小孩。他恐孩子啼哭，祸及村邻，忍痛割爱，含泪将自己的孩子掐死。5月22日，日军进入太古屯，放火烧毁了全村150多间房屋……官兵们听了日寇的一桩桩暴行，个个怒发冲冠，人人摩拳擦掌，决心为死难的同胞报仇雪恨。

在孟盟桥动员大会以后，为了教育群众，警戒降敌者，还召开了两次公审汉奸大会。一次是在永济县政府进行，由县政府主审，方干才（即方仲如，共产党员。新中国成立后，曾任陕西省委书记）和警一团上尉书记兼侦探队长陈洁生（陕西乾县人。新中国成立后，曾任陕西省政协委员）陪审，落实罪行以后，验明正身，执行枪决。第二次是在县政府门前，把汉奸绑在柱子上示众。学生们指着汉奸高唱："大汉奸卖国投敌，小汉奸投降作威，准汉奸妥协求和。打杀汉奸，汉奸是我们心腹大患。不肃清自己的阵营，怎救得当前的国难。"群众检举揭发完后，孔从周旅长走上前去，扇了狗汉奸两个耳光，遂后枪决。群众拍手称快。

孔旅长还派第五团张志馥第三营向虞乡方向实施武装侦察。该营很快摸清了日军的部署情况，并乘机捣毁了敌人的一个哨所。

三十一军团在永济排兵布阵的同时，8月4日，黄梅失守，日军攻入鄂东，武汉危在旦夕！华北日军根据大陆令第119号，以一部策应汉口作战，企图把敌人牵制在北方。8月9日命令第一军："尽快扫荡黄河北岸之敌，并确保黄河北岸的要点。”[①] 8 月初，驻运城的日军牛岛[②]第二十师团，奉命乘我第三十一军团入晋立足未稳之际，卷土重来，企图再占风陵渡，切断陇海线，进而渡河侵陕，与我军在永济县境展开激战，时称“血战永济”。

血战永济，从狭义来说，仅指 8 月 17 日下午的保卫永济城血战；从广义来说，指当年 8 月发生在永济县境的所有抗日战斗，较大的有上、下高市、峨嵋原、西姚温、永济城、风伯峪和韩原等战斗。

8 月 12 日，日寇攻占永济北古城。永济告急！ 8 月 13 日下午，孔从周将军在普救寺召集陕西警备一、二旅上尉以上军官作战前紧急动员。孔旅长慷慨激昂地说，日本鬼子已经攻占了永济北古城，我们和鬼子的厮杀就要开始了！“白日依山尽”的地方就是我们的家乡。河西的父老看着我们。我们誓与永济共存亡。弟兄们，人家都把我们叫“陕西愣娃”，考验我们的时候到了！永济在，我们在！永济亡，我们亡！现在跑步回队。15 分钟内出问题，我负责；15 分钟外丢失阵地，提头来见！

听了孔旅长的战前紧急动员，几十位军官异口同声的宣誓：“永济在，我们在！”“永济亡，我们亡！”几十个军人的吼声在寺内的莺莺塔上发出的回声“永济在，我们在！”“永济亡，我们亡！”好像暴风雨前的阵阵滚雷！

① 日本防卫厅战史室编:《中国事变陆军作战史》第 1 卷第 1 分册第 217 页。

② 郭润宇编著的《陕西民国战争史》云：1938 年“8 月，日寇二十师团川岸部……以主力猛攻永济。”此说与史实不符。日本防卫厅战史室编：《华北治安战》（上）载：“6 月 30 日以后为牛岛实常”。

上、下高市激战

15日，敌分3路向我猛攻[①]。敌主力从正北方向进攻我主阵地正面，一路沿同蒲铁路攻我右翼，另一路从西北方向迂回我左翼。

是日凌晨，敌步、骑、炮千余分3路进犯上、下高市。我三十八军十七师一〇二团中校团附杨法震督率张镜白第二营奋起抗击，拉开了血战永济的战幕！

杨法震，陕西兴平市人。共产党员。武昌中华大学理科肄业，后转入黄埔军校六期。毕业以后，在军旅中服务。1929年回陕，主编《西安市日报》，辄言人所不敢言。1930年入杨虎城部。1934年任孙蔚如三十八军上校参议。1937年春，为了加强十七路军与红军的联络，杨虎城将军任命杨法震为陕西三原县保安大队附。他接此任务后，与三原县党组织一起筹备召开了欢迎红军前敌总指挥彭德怀的万人大会。经过法震与云阳红军总部的联系，彭德怀、任弼时、陆定一和杨尚昆等负责人亲到三原与渭北警备司令赵寿山见面。赵寿山接受了我党和平解决西安事变的主张，并同彭德怀等一起摄影留念。1938年春，法震调任孙蔚如三十八军赵寿山十七师孙子坤一〇二团中校团附，驻防韩城。1938年4月，法震奉命带领部分官兵和驻防韩城的陕西保安团组成游击队东渡入晋打游击。杨法震过河后，同荣河县游击队紧密配合，不断袭击日军，逼迫敌人撤出荣河县城，大大鼓舞了群众的抗日积极性。

---

① 穆西彦主编的《抗日黄埔英烈·黄埔群英血战永济》云："敌即于8月16日分兵3路来犯，我军奋起抵抗，激战于城北20多公里的地带。"此说与史实不符。《孔从洲回忆录》中明确说："八月十五日，驻运城之敌牛岛师团……分兵三路向我进攻。"16日，日寇已攻至距永济城仅10余里的尧王台了，而不是城北20多公里的地带了。

是年6月，所部改编为第三十一军团。杨法震任赵寿山第三十八军耿景惠第十七师孙子坤第一〇二团中校团附。7月7日与爱人方向知在韩城告别，同其团少校团附王经纶再渡黄河抗日。其团驻防虞乡县。8月上旬当日军步、骑、炮联合兵种千余人，炮20余门向临晋县进犯时，杨法震奉命率第二营由虞乡进驻城子埒击敌侧背。8月9日中午，在黑水村击溃敌警戒部队百余，旋又将董家营一带之敌百余击溃。12日上午7时在北古城击溃敌步炮约六七百。旋因长宁增敌300余人，攻我侧背，遂撤到五姓屯。13日早晨奉命移驻上、下高市。

15日凌晨敌步、骑、炮千余分三路猛攻上、下高市。敌一路500余，炮5门，由青池屯攻我正面；又敌200余，炮两门，由栲栳镇攻我左侧；又敌500余，由白堡头攻我右侧。杨法震督率二营官兵奋起反击。他身先士卒勇敢杀敌。全营官兵同仇敌忾争先向鬼子开火，毙伤敌人甚多。激战3小时，杨团附不幸腿部受伤。战士劝他下去休息，他坚定地说，快杀敌，别管我。我腿受伤了，手还能打敌人！他包好伤口，继续督率官兵杀敌。这时鬼子发现他为我军指挥官，便集中火力朝他猛烈射击，法震又左额、右胸、左腿连中数弹，但他却置个人生死于不顾，还鼓足最后的力气大声呼喊："弟兄们，努力杀鬼子！把鬼子赶出中国去！"终因伤势过重，杨法震不幸以身殉职，时年仅33岁。由于此处地形开阔，使得因抢救杨团附而伤亡连排长各1名，第五连第二排排长宁必成（陕西西乡人，尚健在。）便是负伤者之一。还有十多名战士伤亡。

法震殉职后，9月12日《西北文化日报》以《永济之役杨法震团附壮烈殉职》为题追踪报导了他奋勇杀敌，以身殉职的英雄事迹。杨法震殉国上报后，国民政府特准晋为上校从优抚恤，一次恤金1000元，年抚金500元。军部、师部分头送给家属抚恤金1200银元。法震爱人方向知用这笔恤金创办了一所“法震小学”(现为法震中学)以示纪念。

为了追念烈士的功绩，1957年4月西安市人民政府派专人到永济把烈士忠骸运回故乡，安葬于西安市南郊革命烈士陵园。马齐彬等主编的《中国抗日阵亡将士传》、中共中央党史研究室科研部编的《中国共产党革命英烈大典》、团中央等主办的《血铸中华》网《民族英烈》和《抗战英烈纪念馆•英名永存》均收辑了他的英雄事迹。

峨嵋原激战

日军攻占上、下高市后，由飞机和炮兵配合，以30多辆坦克为先导，主力乘胜经下吕芝猛攻孟盟桥、峨嵋原，妄图实施中央突破，攻占永济县城。日军用数十门大炮向我前沿阵地猛烈轰击，又有多架飞机轮番向我军扫射、投弹。正当我军用步枪、机枪对空射击敌机时，鬼子兵又像潮水般冲了过来。我守军陕西警备第二旅在孔从周将军指挥下，奋勇抗击，我官兵不顾空中敌机的扫射、投弹，机枪、步枪似猛烈的怒火一样射向敌人，一颗颗手榴弹在敌群中爆炸，鬼子一片片倒了下去。后边的敌人又冲了上来。孟盟桥数易其手，失而复得，得而复失，战斗极其激烈。就在这时旅部传达了孙蔚如将军的命令：警备第二旅要与阵地和永济县共存亡，不能后退一步，就是剩下一个人也要顶住，决不能让鬼子过黄河！孙将军的命令说出了战士们的决心，五团官兵英勇奋战，有的战士腿断臂折仍然坚持战斗，以猛烈的火力和机动灵活的战术，给敌人以极大的杀伤，并利用我阵地前伸的倒打工事，以枪榴弹和集束手榴弹击毁敌坦克六七辆，敌人一次又一次的疯狂进攻都被打退了。

田生瑞

我驻峨嵋原李家庄一七七师孙芾棠（西安市豁口人）炮兵营第二连连长田生瑞（陕西渭南市临渭区人，黄埔军校8期毕业。1935年入杨虎城部，历任炮兵团营附、炮兵营连长等职。后任胡宗南部师长。）看到鬼子炮兵竟不作任何掩护，十分嚣张地向我开炮。他怒不可遏，指挥全连官兵，居高临下，狠狠向敌炮连续轰击，打得鬼子嗷嗷乱叫，仓皇转移阵地。

15日午后，由左翼进攻的数百名鬼子从临晋通向永济的大道，目空一切地向我四团张履骞二营于铎夫五连阵地冲来。阵地瞭望所哨兵报告："我阵地前2000公尺处有数百名鬼子向这里开来！"五连排长乔阶平（河南人。新中国成立后，在陕西宝鸡市林业局工作。）高声喊道："鬼子来了，准备打呀！"战士们齐喊："准备打狗日的！"遂即迅速进入工事，做好了歼敌准备。不久，鬼子前面尖兵的轻机枪"哒哒哒……"地进行火力侦察。战士们屏住呼吸，等待命令。当敌纵队前面五六十个鬼子尖兵进入我阵地前射击圈时，乔阶平排长高声喊道："打呀！"五连的轻机枪和戴定江机枪连的4挺重机枪出敌不意地向鬼子猛烈开火，随着急风暴雨般的"哒哒哒哒……"声，鬼子一个个应声倒地。后面的鬼子见势不妙，抱头乱跑。我军乘胜向鬼子展开更猛烈地攻击。鬼子稍作整顿，在大炮、机枪的掩护下，向四团张履骞二营阵地发动全面猛攻。二营各连凭借坚固阵地，以机枪、步枪、手榴弹向敌猛烈地反击，打退了鬼子一次又一次的猛攻。激战到天黑，鬼子扔下横七竖八的尸体狼狈逃窜。孔旅与敌激战竟日，敌始终未能实现中央突破的企图。

西姚温争夺战

8月16日凌晨4时，日寇二十师团七七联队约3000人，附炮20余门，装甲车10余辆，飞机6架，向我右翼郑培元（陕西礼泉县人）第五团杨健（今西安市长安区人，洛阳军校军官训练班毕业。）第一营和第十七师赵益元炮兵营扼守的尧王台发动猛攻。尧王台是作战地域内的制高点，起着支撑全局的作用。我守军第五团第一营营附张志甲（陕西渭南市大荔县户家乡谢家坡人。陆军军官学校洛阳分校军官训练班5期毕业。新中国成立后，曾任陕西省人民政府参事。）率部奋勇反击。他对所部官兵说："军人只许向前，绝不能退后，即使外国人在我这阵地上，也必须向敌人射击。"他身先士卒，一支"79"步枪弹不虚发，打死好几个鬼子，而且把敌人封锁在半山腰，不能向前一步。正在激战时，张志甲不幸突然中弹倒地。炮兵营长赵益元打电话请示孔旅长，张志甲伤重不能起来，耽误战局咋办？孔旅长叫张先下去休息。张志甲说："不！叫我的几个连长来！"连长来后，张对他们说："他们是炮兵，咱们是步兵，打的是一个民族敌人——日本，你们要绝对服从炮兵赵营长的指挥。"说完由战士陈耳明（大荔许庄人）背下火线。

张志甲老年像

西文学以东地区暨吕板村以北的日寇炮兵，继续集中炮火，向我程胡庄、白道坡、寺底堡、李家庄、孟盟桥、西姚温等处炮击。敌攻击重点指向我东姚温附近。至7时后，敌集中炮火向我尧王台、姚温高地、西姚温、万古寺等地猛轰。约2小时，尧王台向前突出，且阵地被毁，守兵两排伤亡殆尽，敌将该台攻占。敌由此以火力瞰制我西

冯逵革

姚温，并以6架飞机轮番狂轰滥炸，我官兵伤亡枕藉。9时，我西姚温阵地终被敌冲破，窜进400余人，情势极为危急！孔旅长当即令副旅长冯逵革督率朱映亚营之两连及特务连一排逆袭。并令孙子坤一〇二团派队由婴峪口沿中条山向西策应。半小时后该处多被我收回。旋敌又冲入，我伤亡200余人。11时，孙团姚营向东西姚温之敌侧背进攻，少校团附王经纶率部及步炮一排，向尧王台进攻，下午1时将东姚温攻占，并将西姚温之敌包围。王团附于下午2点半终将尧王台攻占。敌我反复肉搏，尧王台屡次易手，失而复得，得而复失。与此同时，郑培元团长令预备队张志馥（陕西蒲城永丰人。新中国成立后，在西安市工作。）第三营驰往增援。孔旅长也亲自率领旅指挥所参谋人员，到该团阵地就近指挥。当张子馥率增援部队赶到时，主阵地前边两个小高地已被敌人攻占，对我威胁很大。为了夺回这两个小高地，张子馥指挥其营第七连发起多次反击，连长傅宝山、中尉排长侯维森（陕西蒲城县人）壮烈牺牲，另两名排长也都负了重伤。孔旅长临时指定一名班长（绰号小老虎）代理连长，指挥该连继续猛攻。

徐永亮

在这关键时刻，共产党员、营部副官赵书文同志挺身而出，自告奋勇协助代理连长指挥作战。营长张子馥、副营长徐永亮各率一部兵力，从两侧夹击敌人，终于夺回了这两个要点，夺回了尧王台阵地。

在尧王台危急时，孔旅长还令第四团第二营四、五两连前往增援。四、五两连冲破敌人猛烈的炮火，攻下了尧王台南面一道山梁。鬼子在飞机、大炮的掩护下，向于铎夫五连阵地发起猛攻，我们的轻机枪、步枪一齐猛烈开火，手榴弹在敌群中不断爆炸，鬼子一片片倒了下去。五连连续打退了鬼子的4次猛攻，战斗极其激烈。阵地前沿鬼子尸体遍地。我五连120多人，最后只剩下17人。排长杨滨生（山西永济风陵渡赵村人）、吴德林（陕西渭南市临渭区人）、司务长王怀仁（西安市灞桥人）先后壮烈牺牲。乔阶平排班长于世英（西安市灞桥区于家村人），端着轻机枪打退了鬼子数次进攻，在追击敌人时左胸不幸中敌弹阵亡。

因我兵分力单，加之敌我装备悬殊过大，日寇终于由尧王台打开了缺口，沿中条山腹向西南窜进，先后攻占了西姚温村、万古寺、解家坟，跑到了我们阵地的后方，使永济坚固的主阵地完全失去了作用，一下子打乱了我军的阵脚。当早上尧王台危急之时，孔从周将军令张剑平派队支援前线。张剑平即派邓祥云二营张志林六连和三营刘兴汉八连并重机枪两挺跑步到花园村孔旅旅部听从调遣。永济县抗日自卫第一大队政治指导员吴东园也冒着日寇的猛烈炮火到花园村接受孔旅长分配的作战任务去张刘庄参战。刘兴汉八连完成任务后，即回到城内。

郑培元

当晚孔旅长又派其旅第五团团长郑培元督率4个连袭击西姚温日军。4个连及其任务是：邓祥云二营的张志林（陕南人）第六连担任正面攻击，骑兵团1个连、陕西警备第二旅的两个连分别担任其余3面攻击。因是奇袭，给敌以极大杀伤，我也付出极大代价，仅张志林六连就伤亡46人。张志林连因伤亡较重，当晚从西姚温撤出后，即退往韩阳镇上居坊村。17 日在该村休息了一天。晚上乘船西渡，回了朝邑。

为了击退突破我右翼阵地的日军，也就是阻止敌人迂回永济，孙蔚如将军一方面令驻猗氏、临晋的陕西警备第三旅就近攻击敌人，牵制敌人深入，掩护陕二旅重整旗鼓；一方面命令教导团“归孔旅长指挥，并令派兵一营向右翼增援”。按照平常惯例，第三营应为预备队。但这次作战和以往不同，黄河西岸就是陕西，就是家乡，因此这是保卫黄河、保卫陕西、保卫家乡之战。三营的官兵纷纷请缨杀敌。鉴于此，中校团附兼第三营营长张希文（当时亦为教导团中共地下党负责人）对李振西讲：“报告团长，三营的弟兄都不愿意做预备队。现在永济方面的战事进行得如此激烈，而我们仍然在最后方，弟兄们都在焦急着，我们愿意做前锋，不愿意待在这儿做预备队！”

张希文，黑红脸膛，粗眉大眼，山东大汉的身材，体魄健壮。陕西渭南市临渭区张贵村人。1923 年春，考入陕西共产党创始人之一的王尚德等创办的私立渭南赤水职业学校，继张宗逊等之后加入了社会主义青年团。1928 年春转为中国共产党党员，参加了渭华起义。1930 年冬，考入黄埔军校第九期。1934 年毕业后，入杨虎城部，在教导营先后任教育副官、排长、连长等职。遵照党的安排同时做兵运工作。西安事变时任该营第三连连长，坚决执行张、杨命令，率部进袭伪警察大队和别动队，收缴了他们的武器。1937 年 3 月，所部扩编为教导团，张希文晋升为中校团附。七七事变爆发后，奉命率部转战河北、山西，曾在平山县滹沱河南岸、山西旧关重创日军。1938 年春，兼任教导团第三营营长。7 月随部东渡，为第三十一军团预备队，扼守辛店第二线阵地。当西姚温危急时，希文立即向团长请战。

听了希文的报告，为了不使他们失望，李振西（甘肃定西人。黄埔军校第六期毕业。早年加入杨虎城部队，历任营长、团长、师长、军长等职。新中国成立后，曾任陕西政协文史编撰委员会委员。）同意了他们的请求，乃令殷义盛第一营为预备队，李成德第二营和团部直属连队扼守韩阳镇以南辛店第二线阵地，三营驰向西姚温村为一线增援。布置完毕，李振西即与张希文率领一、三营由韩原向东北万古寺攻击前进。张希文亲率第三营，一马当先，于当日黄昏即收复了万古寺，并把被敌人缴去的我们的山炮两门夺回，还缴获步枪 3 个、手枪 1 个。因为那里是竹林，敌人借此掩蔽向后撤退，究竟退到什么地方，当时尚未弄清楚。张希文歼敌心切，顾不得等后续部队到达，就漫山遍野地追击前进，一直追到西姚温村南端。

李振西同第一营到杨侍郎坟时，天已漆黑，又下着毛毛细雨。张希文当面向李振西报告，日军已撤至西姚温村。但据陕二旅通报，西姚温村为其旅郑培元团的一个营。西姚温村究竟是敌人，还是自己人？张希文命其营反复侦察，不像是我们的部队。其实这时，不但西姚温村是敌人，连李振西待的解家坟的大树顶上都埋伏着好多个轻机枪为基干的敌突击小组。解家坟占地数十顷，坟区以内，古柏参天；坟区以外，到处是竹林。敌人由万古寺撤退后乘夜间看不清楚之机，在解家坟内设下了伏兵。由于树叶遮蔽，就是月光下也看不出来，何况当时还下着毛毛细雨，天又黑得伸手看不见五指，更不容易发现。解家坟东北二三里即西姚温村。西姚温村地处中条山脚下，北面平坦，进出比较容易；而东、南、西三面全是阶梯地，跳下去容易，爬上来就困难了。陕二旅郑培元团长前半夜的确指挥过张剑平团邓岗二营张志林六连等 4 个连一度逆袭过西姚温村，但奇袭之后即全部撤出。由于没有及时向旅部报告，因而陕二旅说西姚温村是自己的部队，李振西说不是。来回在电话上分辩了好几个小时。当吵得不可开交的时候，孙蔚如军团长在电话上责备李振西说：“人家的部队明明在那里，你硬说没有。你不赶快行动，天快明了，收复不了尧王台，恢复原阵地，那就不堪设想了。”李振西说：“好吧！你给陕二旅通知，叫他们西姚温村的部队不要开枪。我们马上通过西姚温村进攻尧王台。”由于李振西有些负气，转面对站在他旁边的张希文没好气地说：“怎么搞的？闹了半夜，连敌情都没搞清楚。天快明了，尧王台的敌人驱逐不了。那时敌机来了，敌人在飞机掩护下进攻，我们就死无葬身之地了！”张希文转身对他的副官说：“是敌人也罢，不是敌人也罢，通知各连涌进村再说。”

快近零时①，张希文不顾他右臂已经负伤亲率第三营冲入了西姚温村。敌、我一枪都没打。等第三营官兵由阶梯地跳下，全部进入村中时，敌人打出了绿色的信号弹。这时，不但西姚温村枪声大作，就连李振西的临时指挥所解家坟内，枪也打得人抬不起头来。这才知道中了埋伏。李振西身边只有一个童子军队，就在树林里混战起来。直到杨侍郎坟的第一营赶到，才把李振西解救出去。这时第三营在张希文的督率下，正在西姚温村中进行着你死我活的激烈巷战。就是地形有利，在此情况下，也难脱身；何况是阶梯地，根本走不脱。李振西手中虽然还有几个连，在当时的敌情、地形下，就是一齐牺牲了，也救不出第三营。恰逢天又大明，又接孔旅长令，命李振西掩护全线转移后退，赶快回韩原固守，确保风陵渡。张希文带领全营官兵以大刀、手榴弹，奋勇杀敌，反复肉搏达五六次，毙敌甚多。旋，敌又从东姚温村增兵千余，张希文和三营官兵与敌拼杀更为惨烈！巷战至天亮，官兵大部牺牲。希文率余部突围。刚冲出西姚温村西南一里许，又遇敌伏兵。又是一场更惨烈的肉搏。希文不幸中弹受重伤。卫士要背他突

① 郭润宇编著的《陕西民国战争史》云：1938年8月“次日凌晨4时”，张希文决定进攻西姚温村。此说应商榷。当时各报皆载为“夜9时”。《韩原大战十日记》说是“夜11时”。李振西《忆希文》说是“夜分”。依据当时战况，以“夜分”较符合事实。

围。他拒之，令卫士快跑。卫士跪下哭求。他厉声呵斥："你快跑，我掩护！你不走，我先打死你！"卫士万般无奈，噙着热泪突围了出去！张希文顾不得伤痛，挣扎着抱起机枪朝敌猛射，不幸又身中数弹，壮烈殉职。时年仅28岁。除第九连外，三营大部官兵亦壮烈牺牲，只有个别人得以突围生还。

张希文虽然丧身疆场，但他永远活在人民心中。他殉国后的第4天，8月20日《西京日报》《西北文化日报》《新华日报》和《大公报》悉报导了张希文与敌血战以身殉职的英雄事迹。8月27日、28日《西京日报》登载的王若华写的通讯《风陵渡的前卫战》对张希文殉职作了较详尽的追述。正如该文所赞誉的："在战场时，因为他站在全营官兵的前面，所以官兵都服从他的领导勇往直前。"同年9月26日西安各界于民教馆举行了隆重的"追悼张故营长希文大会"。会场布置得肃穆庄重，主席台上悬挂着"张故营长希文精神不朽"的横幅，台上祭桌正中敬立着张希文的戎装遗像。会场周围墙上挂着蒋鼎文、李振西、中国妇女慰劳自卫抗战将士会陕西分会、西北周刊社等送的挽联。新中国成立后，孙蔚如、陈子坚、李振西等写的抗战回忆录中，均对张希文的殉国作了深情的怀念。特别是孙蔚如先生在其写的《第四集团军抗日战争概略》一文中对张希文的殉职作了崇高的评价："因兵分力单，未能达成任务，致敌将我西姚温阵地突破。我张希文营向该处逆袭，肉搏一日夜，该营全部殉国。我主力及炮兵安全转移，厥功甚伟。"

永济城血战

为了阻击日军迅速推进，17日孙蔚如对部队的布防作了一些调整。现抄17日孙蔚如致蒋介石电报于下：

限即到。委员长蒋：峙密。永济及中条山各方面连日作战情况经汇报在案。兹以确保中条山脉相机驱逐各突入敌之目的，特将现有威力另行部署，谨电陈如下：

（一）独四十六旅孔从周部附教导团及张剑平团之一部，以张团一部固守永济城，以主力占领万古寺，并以山脚亘辛店亘黄河岸之线阻止敌人的前进。

（二）孙子坤团俟接替部队到达，即由现地南进，至六官村附近，为军团预备队，对西、北两面警戒。王镇华支队之韩团即归还李师建制迅侦进虞乡附近；其余以一团接守孙子坤部，担任马铺头至万古寺（不含）沿山各隘并坚守之；以一团控制于该部防线后之山上随时应援沿岸之敌。

（三）（四）（笔者略去）

职孙蔚如筱（17日）酉（6时）参一印

日军突破我西姚温阵地后，立即挥兵直扑永济县城，于17日上午窜抵永济东北关外。因战略关系，陕西警备第二旅已于16日夜由韩阳镇东北上了中条山，旅部驻万古寺。此时“独留张部苦守永济”。

“黑云压城城欲摧”！一场激战势不可免！

16日上午支援前线的六连未回城内，在韩阳镇一带的上居坊村休整，晚上过河回了朝邑。城内我守军只剩下5个连：团部机枪连；邓祥云二营两个连：第四连、第五连；三营两个连：第八连、第九连，共约600余人。我军没有重炮，只有汉阳造三十节重机枪4挺，每连有6至9挺陕西造的白郎林式轻机枪，其余皆陕西造步枪。永济城周长8里349步，群众口头称“9里3”。当时永济城南、北门以西大部为黄河水淹没，按一半算也有2000多米。我守军只有600多，战线长，兵力

张剑平

少，防守之难，可想而知。

当15日日寇大举猛攻峨嵋原之时，团指挥部即搬入南城门洞内。张剑平团长为了更好完成“死守永济”城的重任，立即召集上尉以上军官开会研究如何布防迎敌。张团长指出东城将是日寇攻击的重点，问谁愿意带兵扼守东城？第二营营长邓岗不假思索地答道：“我愿意。大家看行不行？”

邓岗，字祥云，以字行。红脸，大个。陕西省蒲城县上王乡张王庄人，排行老三。系三国名将邓艾后裔。乃王俊旅长手下一员骁将。1928年随岳维峻南路军参加过北伐。1931年入杨虎城部，历任连长、营附等职。陆军军官学校洛阳分校军官训练班第二期毕业。西安事变时坚决拥护张、杨，升任王俊陕西警备第一旅张剑平第一团第二营营长。邓祥云以英勇善战闻名。不少人在战场，一听枪响，就想后退。而祥云恰恰相反，他认为枪声就是命令，就是冲锋号。一听枪响，他就身先士卒，争先向前冲，因此同事们亲切地送他个外号“邓疯子”。

永济旧城南门洞里——永济城血战时警一团指挥部所在地

七七事变爆发后，作为爱国军人的邓祥云闻讯后气愤填膺，决心早日奔赴前线抗日。这年冬天，在一次回家的父老大会上，他向惶恐不安的乡亲们讲述了抗日形势，并斩钉截铁地表示了他与日寇誓不两立的决心："请父老们放心，只要我祥云在，日本人就进不了陕西！"这次东渡入晋前，祥云曾由平民县回家一次。当时其家乡已能听见百里以外河东日寇的隆隆炮声。他告诉家人，将上永济抗日。关中谚语云："四九三十六，不死得一圪塔肉。"意思是说，人一生的36岁和49岁是两大门槛，必须于此两年格外小心。这一年祥云恰逢36岁，因此家中人都劝他不要去。特别是其瞎子（关中把有眼疾的人叫瞎子）母亲更以拳拳之心对他说："根娃（祥云乳名），你不要去。你去，妈就给你磕头啊！"祥云深知国难当头，怎能临阵脱逃？便毫不犹豫地说道："我必须去！我的墓骨堆就在永济。我不怕死！"其族弟邓祥林（又名继忠）去永济前，父母也同样劝他不要去。其妻尤氏把他挡住，求他不要去。他把妻子一下甩开，说道："养兵千日，用兵一时。抗日杀敌，为什么不让我去？"第二天，祥云即决然告别了老母和妻儿同邓继忠等奔赴河防前线。

听到邓营长愿担重任，一团军需刘守经高声说道："祥云是我团死守永济的擎天柱，扼守东城非他莫属。"一团书记陈洁生接着说："团长，祥云乃我团死守永济的精神支柱。他愿守东城，正与大家的意见不谋而合。"张团长说："那好，就拜托祥云了。"便让邓岗带领其营冯民安（陕西长武县人，陆军军官学校军官训练班第一期毕业）第四连和三营丁文英（陕西岐山县人，西安绥署步兵训练班军官队第二期毕业）第九连扼守日军进攻的重点东城。少校团附刘天照（字耀堂，河南伊川县人，黄埔军校七期毕业）带领二营王继纯（陕西三原人，陆军军官学校洛阳分校军官训练班第二期毕业）第五连扼守北城。三营刘兴汉（陕西蓝田人，陆军军官学校军官训练班毕业）第八连随团部扼守南城并为预备队。王恒震（陕西户县人）机枪连配属于各步兵连。会后邓营长对四、九两连又作了具体布防。四连扼守东门以南：冯民安连长带三排紧靠东门，张道平的一排在最南面，蔡逸民二排居中。九连扼守东门以北，四班班长马俊杰带领全班扼守东门城楼。

8月17日前，张部进驻永济城后，看到古城满目疮痍，加之日寇又将来犯，官兵个个义愤填膺，即抚辑流亡，日夜赶筑工事，组织群众，鼓舞斗志，加紧训练，准备迎敌。因系奉命“死守”，4个城门，除西门外，其他3门全用火力封锁。护城壕中，引入黄河之水。守城官兵，信心十足。

在驻防期间，团长张剑平要求所部加紧练兵，反复强调平时多流汗，战时少流血。特别是8月13日下午在普救寺开会回来，要求所有官兵一定要“死守永济，与永济共存亡”。邓营长三番五次督促战士们一定要苦练杀敌本领，经常讲：“打不住敌人，就要交回子弹！”并鼓励战士们：“打起仗来净向前冲，枪子就不撞人！”邓营长还在全营连、排长会上反复动员：“咱们的任务是死守永济。永济是我们的坟墓，我们的坟墓是永济。永济在，我们在；永济亡，我们亡。咱们要下决心，为民族作牺牲，谁也不要想回去，誓与阵地共存亡。快给家里写封信，说明情况。”四连二排排长蔡逸民即给家里写了信，说他可能会牺牲。其妻回信说，要准备牺牲，但不要做无谓的牺牲。

8月17日上午，日寇兵临城下，形势岌岌可危。谚语云：“秋后一伏，热死老牛。”尽管是清早，末伏闷热的空气加上密布的战云压得人喘不过气来。身着白衬衣的邓祥云营长，匆匆到各连阵地检查，看战士们是否各就各位，做好杀敌准备。他要求战士每人准备一箱手榴弹。并不断鼓舞士气，勉励大家：“精神上要做好准备，今天我们为国家

永濟激戰

我轉移陣地相機反攻

臨晉縣城又爲我克復

綏我民團克復烏蘭花

一九三八年八月十九日《西京日报》第一版关于永济之战的新闻报道

民族可能流血牺牲在一起！”他走到四连二排阵地时，还问全排战士：“怕不怕？”战士们齐声回答：“营长都不怕，我们怕啥？”并对蔡排长说：“逸民，这回要准备做最大的牺牲。”

12 点前后，2000 多日寇陆、空配合，在坦克、大炮掩护下从城东五六里的峨嵋原上蜂拥而来。两点前后①，飞机多架盘旋侦察；遂后骑兵冲到城下侦察。骑兵退回之后，敌人的 12 门大炮从峨嵋原上居高临下，以排山倒海的猛烈炮火向永济古城不断轰击，并有 6 架飞机狂

① 郭润宇编著的《陕西民国战争史》说：“当日下午 1 时永济沦陷。守永济城的陕西警备旅第一团团长张剑萍，出西门乘早已预备好的渔船逃过黄河，所部溃散。”张剑平的确弃城逃过黄河。但说“下午 1 时永济沦陷”，确与事实不符。当时各报报导，日寇是下午 7 时后才攻入永济城的。守城的四连排长蔡逸民、团部军需刘守经一致认为，日寇是下午 2 点前后才进攻永济城的。1 点怎么会沦陷呢？惨烈悲壮的永济城血战，308 位爱国英烈壮烈牺牲，岂是张剑平一人逃跑能抹杀得了的？

轰滥炸，一时机炮交织，弹如暴雨，房倒屋塌，硝烟滚滚。城上的掩体全被轰毁，不少官兵伤亡，幸存者耳朵也被震聋。东城上的墙垛几乎毁尽。几个小时的炮轰稍停，日寇将永济三面包围，嗷嗷嚎叫着猛攻城垣。日寇的飞机可以把永济炸成废墟，大炮可以把永济夷为平地，鬼子凶焰高万丈，但扑不灭中国人民抗敌卫国的满腔怒火！古城在怒吼！黄河在咆哮！我守城官兵争先奋力还击。机枪、步枪射出一颗颗愤怒的子弹！枪声、手榴弹的爆炸声、“大刀向鬼子们头上砍去”的喊杀声震动黄河和中条山！东面首当其冲，战斗极其激烈！哪里吃紧了，邓营长即到哪里指挥杀敌。打退了敌人的多次疯狂进攻。官兵们以自己的血肉之躯，谱写出一曲又一曲催人泪下的杀敌壮歌。四连二排战士徐生财（安徽省人）子弹打光了，一箱手榴弹扔完了，与冲上城垛的鬼子拼刺刀。刺刀弯了，抱着鬼子咬，直到流尽最后一滴血。九连四班班长马俊杰（陕西陇县人）奉邓营长之令率部死守东门城楼。全班战士先后壮烈牺牲。他也三处受伤，不能站立，但不后退一步，将

永济旧城东门外：马俊杰殉国处（王忙有 1992 年 11 月 14 日下午摄）

所剩手榴弹搜集一处，向敌掼掷，毙敌十余，接着怀抱手榴弹七颗，由城上跳入鬼子密集处，炸死鬼子多人，并炸毁敌坦克一辆。而马俊杰班长也与敌人同归于尽。其英雄事迹后收入国民政府政治部编印的《抗战特殊忠勇军民题名录》第一辑。

敌人越攻越猛，战斗越来越激烈。我官兵伤亡越来越多。约4点半以后，邓营长由电话向张团长告急求援。团长回答："马上到！"当即派兵1班（也只有这些预备队了），由南城楼东行跑步支援。团部老伙夫一听，急忙摸了条炸弹袋，装了4颗手榴弹，挂在胸前，两手又各提3颗，抢先跑到这一班援兵的前头，跑到城东南角，折向北去。团长、团附及其他人目睹此情此景，齐声称赞。"捐躯赴国难，视死忽如归。"老伙夫终于为国壮烈牺牲。杯水车薪，怎能扭转战局？但其精神可嘉！遗憾的是，因年深月久，当事者回忆不起老伙夫的英名。与此同时，北城刘团附也由电话向张团长求援，团长派吴松林等卫士前往支援。吴松林等到北城一看，担架排排长王振邦（陕西兴平人）等人已经阵亡，见战局无可挽回，只好自找出路。

日寇不断增援，攻城愈加凶猛。官兵们在邓营长的督率下以血肉之躯与精神意志誓死与敌拼杀，伤亡人数不断增多。排长耿青山、王有才阵亡！上尉副官焦文杰阵亡！四连连长冯民安阵亡！九连连长丁文英身负重伤。兵力不足，东面战线又长，敌兵到处用云梯爬城。邓营长穿梭督巡，哪里吃紧了，他便立即到哪里。一面督率官兵，奋力抵御；一面率营部十余人，伏城缺口处，亲掷手榴弹3箱，给敌以极大杀伤。当战斗白热化时，邓营长猛然看见卫生队的司药张志杰（陕西周至人），即喝问："你干什么？"张回答："抢救伤员。"邓营长说："现在还抢救伤员？快！给你个枪，上城打鬼子！"张即上城，看到鬼子由云梯爬上来，便朝鬼子开枪。听见鬼子一个个惨叫着掉了下去。

日寇把攻击重点指向永济城后，三十一军团军团长孙蔚如即令1个团给永济解围。但该团长却拥兵自保，按兵未动，致使永济孤城为战。

下午7时，永济东北城墙终被敌炮击毁数处，北城墙亦被敌机炸塌数丈。敌见已打开缺口，遂即放射烟幕，掩护步兵，猛烈进攻。由装甲车装运沙袋、棉花包，填平城壕。敌步兵遂在浓烟密布、机炮掩护之下，爬上东北缺口。在这千钧一发之际，有人建议邓营长赶快撤退，说城恐怕守不住了。性格决定命运。打仗时从不言退的祥云闻讯后，怒发冲冠，心中想的是如何尽快把上城之敌打退，完成“死守永济”的军令，竟置个人生死于不顾，提着手枪，喊了声“跟我来！”即带领族弟邓俊生（笔者二舅父，当时化名刘志英）等勤务兵朝东北缺口冲去，准备尽快把上城之敌打出去。刚走过东城门楼北边不远，邓俊生说：“看枪！”说时迟，那时快。从城东北角缺口爬上来的鬼子机枪已朝我指挥官射出一梭罪恶的子弹。邓祥云营长不幸身中数弹，倒在了邓俊生身旁，鲜血染红了他脏兮兮的白衬衫。为了中华民族的解放，为了保卫祖国，把自己的满腔热血洒在永济沙场上！时年36岁。“蜂无王自乱”。邓俊生悲痛到极点，却也无可奈何。只向自己的营长、三哥默哀了几秒钟，便乘着黄昏突围去了。

邓俊生

永济城北门里（此门为明洪武六年建）警一团少校团附刘天照、五连连长王继纯、担架排长等官兵牺牲于此

与此同时，少校团附刘天照与王继纯连长督率所

属，在北城与敌拼搏。终因众寡悬殊，大部壮烈殉国。“大队敌军遂分别冲进城内。刘团附赤身怒目，至最后犹高呼死拼，以保卫国土。”刘天照殉职时年仅32岁。

当东城守军把电话打到团指挥部，中校团附秦颂仁（陕西临潼人，黄埔军校六期毕业）接电话后，悄悄告诉张剑平：“团长，祥云阵亡了！”其声音虽小，却如晴天霹雳。“擎天柱”一折，团指挥部诸人立感气馁。张剑平吓得魂不附体、六神无主，在南城门洞内转了几个圈，不到5分钟，不仅没有组织剩余官兵抵抗或突围，却小声叫了声：“寿轩”（秦颂仁字），即与秦迅速离开团指挥部。在广大官兵还不知道邓营长阵亡，尚与敌进行激烈巷战的掩护下，“出西门乘早已预备好的渔船逃过黄河。”[①] 群龙无首。除第二营营附高大成和八连连附宁建亚分别带领60余名官兵从城西南角突围跑到六官村面见孙蔚如将军外，其余广大官兵为了不当鬼子俘虏，会水的、不会水的争相出西门泅渡，不少官兵又被大河卷去。如血的残阳照着河中泅渡的官兵，令人目不忍睹。

稍加修葺的永济旧城西门里。1938年8月17日下午7时后团长张剑平弃城西逃，溃散的大多数官兵即出此门洞跳黄河泅渡逃生（王忙有2007年10月19日重阳节摄）

① 穆西彦主编的《抗日黄埔英烈·黄埔群英血战永济》云：“张剑平团长，时在南城督战，闻听东北城陷落后，奋不顾身，率部往来冲杀，从上午12时到下午7时，经过与敌近9个小时的奋战，终因敌我装备悬殊，兵力相差过大，我伤亡殆尽，被迫于当晚冲出敌围转移。”张剑平听到邓祥云阵亡后，明明弃城坐早已预备好的渔船逃回河西，这是不争的事实。为什么今天还要为他文过饰非呢？12时到下午7时，明明是7个小时，为什么说是9个小时呢？小学生都会算的问题，黄埔同学会写此文的人，怎么会弄错了呢？

8月17日保卫永济城血战是血战永济中最为惨烈悲壮的一幕，为陕西警备第一旅在抗日史上写下了最光辉的一页。此役尽管重创了日寇，毙伤敌二三百人，迟滞了日军的前进速度，和逆袭西姚温一样，使三十一军团主力及炮兵安全转移，厥功甚伟。但我军伤亡亦十分惨重，阵亡及葬身黄河的共308人。邓祥云警卫员王永成负重伤泅渡时葬身黄河。邓岗营营部副官吴仁贵（陕西岐山人）负了重伤，送到朝邑旅部医院，时昏时醒，有时醒了还高喊："我要抗日！"一两天就去世了。邓祥云村中同去永济城抗日者5人，除邓俊生1人突围泅渡生还外，其余4人邓祥云、邓正保（祥云侄儿）、邓继忠、邓进元（皆祥云族弟）均以身殉国。蒲城县张王村邓艾后裔为国家付出了惨重代价！在抗日战争一次战斗中，同村同族同时为国捐躯者有4人之多，实不多见！

当邓俊生突围回到家乡，这个距金粟山（唐玄宗泰陵）阴六七里的四五十户人家的小村弥漫着悲痛与愤怒！因为当时信息闭塞，噩耗传来，说永济陷落，官兵全部殉国。村中5家已为殉国的亲人设下祭奠的灵堂。父母、妻儿、亲人、村邻怎能不愤怒痛哭呢？邓俊生风尘仆仆地向家乡奔走，远远望见其村的东门。接着看到他昼思夜想的老母刘氏正坐在他家的麦场边撕心裂肺般地哭泣："日本人，你为什么跑到我们中国来杀人？为什么要打死我的辛宽（邓俊生的乳名）？……"站在旁边的三子辛春不断地安慰着老母："妈，你要想开些，我二哥是为抗日牺牲的。他死的光荣！"老太太还是不停地边哭边说。"妈！你快看，我二哥回来了！"辛春突然高兴得蹦起来说。老太太还以为辛春故意哄她，没好气地骂道："滚你妈的×，你二哥的鬼回来了。"刘老太太话还未完，猛然听到一个熟悉的声音："妈，儿回来了。"她一看，真的是儿子辛宽。这戏剧般的变化，使得老太太热泪更多。邓俊生回来的消息很快传遍了全村。邓营长的老母、夫人钱氏、邓继忠、邓进元、邓正保等的父母和全村人都络绎不绝地来到邓俊生家七嘴八舌地询问永济血战的情况。听完邓俊生的叙述，一些青年当即表示要参军抗日，为牺牲的乡亲报仇。遂后，邓启才、邓振山、邓双定、邓润郎、邓辛春等 5 人陆续奔赴抗日战场。邓润郎在 1941 年的中条山战役中为国捐躯。邓辛春至今杳无音信。

8 月 17 日夜，张剑平等逃回朝邑，当即受到旅长王俊的严厉责斥。8 月 19 日孙蔚如以密电上告蒋介石与阎锡山。电报全文如下：

委员长蒋、兴集长官阎（指挥）：峙密。

顷据警备第一团八连连附宁建亚称：篆（17）日下午，敌重炮 12 门，将永济东北及东城轰倒数处，我守城之第五〔四〕连伤亡殆尽，又以第九连增加。敌由缺口处窜入，连长阵亡。营长邓祥云亲率勤务兵冲杀亦阵亡。复以伙夫 1 班携炸弹往援，尽数伤亡。张团长亲率残兵数十往冲，多已伤亡。张团长行踪不明等语。谨闻。

孙蔚如皓巳参一印

8 月 26 日国民政府军事委员会军令部特电慰勉，要求“查报，以〔凭〕奖恤”。

8 月 26 日下午 6 时陕西警备第一旅西安通讯处主任何两之借西安莲湖食堂，招待新闻界，作了《永济血战经过报告》。第 2 天，西安《西京日报》《西北文化日报》等报纸以［中央社］消息登了报告全文。《西北文化日报》在发表的《永济抗战经过详情》题左以粗体字醒目提示：“我守军邓岗营奋勇杀敌全营壮烈殉国与城俱尽”。

接军令部特电后，张剑平深感愧疚，即遵王竣旅长令，着手为陕西警备第一旅第一团在永济阵亡官兵修建英烈纪念陵园。陵园建在旅、团部驻地（慈禧太后爱臣阎丹初修建的丰图义仓）斜背面，原朝邑县西门外大寨子村（今属大荔县朝邑镇）外西南角去大荔的大路北面，约 2 亩大小。门口两根石柱，东边刻着“黄河泱泱华岳苍苍”8 个大字，西边刻着“烈士之风山高水长”8 个大字。阵亡将士纪念碑于民国二十七年（1938 年）十二月十八日竣工。纪念碑高大雄伟，巍然耸立。碑楼正面横额上镌刻着国民政府主席林森的题词：“壮烈捐躯”，下面正中镌刻着“陕西警备第一旅第一团永济抗战阵亡将士纪念碑”21 个大字；碑楼背面横额上镌刻着国民政府监察院院长于右任的题词：“民族之光”，下面镌刻着“陕西警备第一旅第一团永济抗战阵亡将士纪念碑序”暨“阵亡将士题名录”。

1987 年笔者亲赴该村数次，考察与寻访纪念碑，无人能说清该碑去向。据村民讲，因极左思潮的影响，1958 年前后，陵园已被毁坏，纪念碑至今下落不明。用 308 位抗日英烈鲜血铸成的永济抗战阵亡将士纪念碑，竟被一些无知的人早早毁坏了，令人遗憾！据永济城血战的亲历者、时任陕西警备第一旅第一团军需的刘守经老人（陕西蒲城人）告诉笔者，当年曾拓了数百张碑阴碑帖，让各级军官和英烈遗属保存。但因年深月久，要找到碑帖，也非易事。经过苦苦寻访，笔者终于在永济阵亡烈士王继纯的遗属处找到了碑帖，才使我们可以看到碑阴碑文的原貌。（该碑文寻访过程与内容见本书《抗日血战永济城的铁证》一文）

陵园动工后，大荔、朝邑、平民三县各界于 11 月 11 日在朝邑县东门里广场举行了追悼永济抗战阵亡将士大会。追悼会开得十分隆重，当时陕西省政府民、建、财、教等厅及各方送挽联很多。朝邑举人张复初送的挽联是：

不贪生　不幸生　生而无愧
为国死　为民死　死犹有荣

为了表彰英烈，淬励未来起见，张剑平到西安请求易俗社编剧樊仰山（陕西韩城人）编写了《血战永济》秦腔剧。樊氏面对时代风云，以救国为己任，取材于保卫永济城血战史实，并作了不少艺术加工，写成了一部大型古装秦腔戏。该剧以邓祥云为主角，以保卫永济城血战为红线，塑造了我军指挥官邓祥云英勇杀敌奋不顾身的高大形象。作者在12出戏中，就在7出中歌颂了邓祥云。不仅如此，作者还专在第6出“绣旗”中写了后方广大人民（以邓祥云全家为代表）对前线的支援，赞扬了邓父、邓妻王素秋（化名）、邓子金广（真名，解放后在新疆农垦师工作）。正像唱词中所写的：“令尊勉众将敌御，令正劳军绣锦旗，令郎修书励士气，一家大小都爱国。”西安易俗社于1939年7月15日首场公演。遂后陕西各县剧团也相继排演，陕甘宁边区也有不少剧团演出了该剧，深受广大群众欢迎，对鼓舞陕西全省乃至西北各省人民共赴国难起了一定的积极作用。当时抗日民族英雄邓祥云在陕西全省几乎是家喻户晓、妇孺皆知。马齐彬等主编的《中国抗日阵亡将士传·杨法震》、中共中央党史研究室科研部编《中国共产党革命英烈大典·杨法震》、共青团中央信息办、中国社科院近代史研究所和中国青少年社会服务中心承办的《血铸中华》网《民族英烈·杨法震》均不加考证、捕风捉影、以讹传讹、张冠李戴说《血战永济》秦腔戏是宣传杨法震的功绩。为什么要把邓祥云的桂冠戴在杨法震的头上呢？令人费解！

邓祥云虽然丧身疆场，暴骨荒郊，但他的献身精神，永远为人民所怀念。1947年李约祉主编的《蒲城县志稿》为邓祥云立了传。该志还记载1946年7月，蒲城籍在永济阵亡官兵“少校邓岗、中尉韦和亭、准尉李玉亭、士兵冉森瞭、邓正保、辛进元、邓继忠、史怀玉”等入祀忠烈祠。南京中国第二历史档案馆有邓祥云等阵亡的档案。1986年，永济阵亡的邓岗二营四连连长王继纯被陕西省人民政府追认为革命烈士。20世纪90年代陕西黄埔同学会主编的《陕西黄埔名人》、刘福谦主编的《蒲城县志·人物》均为邓祥云立了传。近年永济老促会编印的《永济革命老区》专节记述了邓祥云血战永济城的英雄事迹。

17日日寇主力在猛攻永济城的同时，在正面战斗方酣之际，突然敌军一股约百余人，沿右翼山地迂回到二里湾和山底村附近，竟窜到孔旅指挥部万古寺的侧后，形势极为严重！孔旅长当即令旅预备队第四团陈应宝（今西安市临潼区人）第一营迅速歼灭我侧后之敌。该营行动快，打得猛，歼敌一股，其余敌人逃窜。突入右翼的这股敌人刚被歼灭，不久又有一小股鬼子从左侧沿黄河东岸偷袭过来，已深入到我阵地后方的韩阳镇附近，陈营又立即跑步攻击，一举歼灭了这股敌人。永济一役，孔旅毙伤敌千余，所部伤亡四五百人。

是日第一七七师孙芾棠炮兵营奉命向黄河西岸转移，路经韩阳镇时，日军3架飞机狂轰滥炸，炮兵营李青林第三连连附钱万福（新婚不久）不幸被炸阵亡。骡马死伤无数。

日寇在猛攻永济城的同时，为防止我军北援，还于下午5时派装甲汽车5辆，载兵百余，南犯韩阳镇。我守军教导团第二营营长李成德（陕西省华阴人，1959年修三门峡水库移民时移居蒲城县孙镇冯家庄，20世纪80年代曾任陕西省政协委员。）即指挥所部以迫击炮集中火力猛击，将敌装甲汽车3辆打毁，毙敌80多名，残敌逃窜。

恶战风伯峪

日寇在攻占永济县城之后，为了尽快重占风陵渡，解除后顾之忧，18 日乘胜又对第一七七师辎重营驻防的风伯峪发动猛攻。第一七七师于 8 月进入中条山，所部李锦峰（陕西渭南人，中共党员，在杨虎城部队历任连长、营长。新中国成立后，在北京 502 所任职）辎重营奉命扼守中条山下虞乡东面的风伯峪口，阻敌西犯，保卫师部安全。

风伯峪口是进山的要隘，李营长带领全营在峪口两侧阶梯地上构筑工事，并以交通壕同风伯峪村连接。这天拂晓，驻运城的日军从东向西猛烈进攻，首先主攻东面我第一连阵地。第一七七师中共地下党负责人张赓良亲赴一连阵地，身先士卒，协助连长指挥。日军在猛烈炮火支援下不断进攻，我一连官兵在李锦峰营长督率下奋勇抗击，打退鬼子多次猛攻。敌人见攻此没有进展，便转移攻击重点，向西经风伯峪河滩猛攻我第二连阵地。二连官兵与敌展开极为惨烈的白刃格斗，直战至下午，敌伤亡惨重，被迫后退。

风伯峪恶战，给敌以重挫，我也伤亡惨重。营长李锦峰负伤，少校军医主任蒋士城、地下党负责人张赓良、二连连长高庆云、排长邹功烈、郭颖如阵亡。蒋、高、邹、郭都是共产党员。全营百分之七十伤亡，党员伤亡三分之二，并且亡多于伤。风伯峪之战，挫败了日军登上中条山的企图，牵制了日军部分兵力，迟滞了日军的前进速度，策应了我三十一军团教导团在韩原的抗击日军，使敌未能很快全力攻占风陵渡。

韩原大战

永济再次沦陷后，能够屏障风陵渡的只有韩阳镇附近的地形比较适宜。大本营令第三十一军团在韩阳镇、匼河镇地区占领阵地，阻击日军前进，保卫风陵渡，掩护陇海铁路的畅通。这样保卫风陵渡的重担，就落到教导团身上。韩阳镇以南的地形，东靠中条山，西临黄河，正面不过五六里，一个团扼守这里问题不大。但是教导团第三营在驰援西姚温时全部壮烈牺牲，只剩下两个营。虽然辛店阵地系教导团渡河后兼工构筑，其优点为非“点”“线”式而系“链”式与碉堡式。阵地全部系一堡垒群组成，形如网状。敌人如突破某一点均将陷于各堡垒之包围中。但是在日军步、炮、空联合猛攻的情况下，扼守起来困难仍然不少。在距辛店主阵地以北 3 里的韩阳镇只是教导团的警戒据点。为了争取加固工事的时间，由团部直属连队组成了强有力的便衣大队。便衣大队的任务，是“威力侦察”“骚乱敌人”“扑灭汉奸”等。由少校团附兼便衣大队队长魏鸿纪带上，潜伏在韩阳镇内及附近的竹林内。

魏鸿纪，陕西省富平县庄里镇人。中共党员。早年入杨虎城部，在杨将军举办的步兵训练班第二期学习毕业后，因其为人忠勇和蔼，被分配到教导队任排长。1934 年教导营成立后，任张希文第四连一排排长。1936 年随部参加西安事变。1937 年春教导团成立后，他任殷义盛第一营二连连长。卢沟桥事变后，随部奔赴河北抗日前线，曾参加滹沱河防御战。后随部开赴山西旧关，阻击日军迂回娘子关，血战 3 昼夜，打退了日军多次猛攻。1938 年升任教导团第三营营长，旋，改任少校团附兼便衣大队队长。7 月随部东渡黄河，驻防永济县之韩阳镇、匼河镇、风陵渡等处，为三十一军团预备队，坚守韩阳镇以南辛店第二线阵地。

日军由空中侦察，也知道我们的主阵地在韩阳镇南。但是我们在韩阳镇内的便衣大队由于受到当地老百姓的掩护，敌人的地面部队始终没有侦察出来。因而日寇攻占永济县城之后，18 日在派一部猛攻风伯峪的同时，主力乘胜迫近我教导团扼守的辛店第二线阵地。

天刚蒙蒙亮，日军步、骑、炮联合向教导团阵地猛攻，并有飞机狂轰滥炸。教导团团长李振西和一、二营长殷义盛（山东历城人，1937 年加入中国共产党。在十七路军历任营长、团长、副旅长。解放战争期间，任西北民主联军三十八军副参谋长。新中国成立后，任河南省体委副主任。）、李成德冒弹指挥所部，将敌击退。特别是第五连官兵在连长田振江带领下，在敌机、敌炮猛烈轰击之下相机出击逆袭，在外壕边沿歼敌甚众，并炸毁敌装甲汽车 1 辆。这次战斗除该连排长贾象山被敌掷弹筒炸伤外，仅伤亡战士 4 人。

在战斗暂时沉寂之时，李振西团长为鼓舞士气，在对第五连连长田振江及全连官兵勇敢善战，传令嘉奖之后，用电话向全体官兵鼓劲：我们抗战乃系为中华民族争生存，为祖国争永远的光明。我们应抱与阵地共存亡之决心。后面即潼关，河西便是我们的家乡，此时不拼尚待何时？

骄横的日军一个步兵中队，几十个骑兵，3 辆战车狼狈败退到韩阳镇以后，准备稍作喘息。这时镇内的我便衣大队在老百姓的协助下，有计划地藏在楼上、地窖内、草堆里，镇外全潜伏于竹林内。所有侦察、联络、通讯诸事，全由当地老汉、老婆主动担任。因而敌人的一举一动，我便衣队了如指掌，而敌人却是如盲人骑瞎马。日军退到韩阳镇后，也在各家各户搜查了几遍。当他们确认没有我军后，便架起枪来，杀鸡宰牛，大吃大喝，躺倒休息，根本没有再战的准备。这

李振西

时，教导团少校团附兼便衣大队长魏鸿纪（副大队长惠葆全因病休息）一声号令，我便衣队员由房上、地下、草堆中，四面八方向敌发起猛攻，打了个敌人措手不及。打得鬼子晕头转向。经过几个小时的巷战，镇内的鬼子大部分被我消灭。下午3时多，敌人的增援部队约步兵八九百人，战车十多辆，快到韩阳镇时，又遭到魏鸿纪指挥的潜伏在竹林中的便衣队的迎头痛击。这时镇内，镇外，到处是枪声、手榴弹的爆炸声，肉搏的格斗声和喊杀声。残敌狼狈溃逃。

为了彻底消灭溃退的敌人，配合正面阵地的战斗，团长李振西令魏鸿纪率队乘胜袭击祈家村的日军。魏鸿纪奉命后，即亲率便衣大队，于傍晚时分，由祈家坡迂回袭击祈家村的敌人。他带领战士们冒着敌人稠密的炮火匍匐着向前。硝烟窒息了呼吸，砂土迷住了眼睛，但是他们终于勇敢地敏捷地绕到敌人的侧后方——祈家村附近。当他看到村口寨门前有几个守卫的鬼子，想到他们曾惨无人道地屠杀我无数同胞、奸淫我无数妇女，他怒不可遏。但当他又想到这村的鬼子将被他们消灭的时候，想到就要展开血的搏斗的时候，他兴奋了，他的血沸腾了，他的眼睛发光了。他率领战士们，悄悄地前进，渐渐地逼近了，更逼近了，突然鸿纪团附发出雷鸣般的喊声：“杀呀！”大家不约而同地齐喊：“杀呀！”便冲了上去。几个守门的鬼子还没弄清是怎么回事，便被大刀结果了性命。城门被冲开了，战士们一拥便进了寨门。街上停着的钢甲车被我们的手榴弹炸毁了。

这时敌人的机关枪“哒哒哒……”地响了，枪弹从四面八方打过来。鸿纪指挥战士冲上屋顶，把敌人的机枪夺过来，鬼子的脑袋像西瓜一样的滚在地下。到处是喊杀声，战士们和敌人继续着肉搏，到处听到敌人的惨叫和呼号。但机关枪仍不断“哒哒哒哒……”地响着，枪弹仍从四面八方打过来，敌人显然增加了援兵。

鸿纪团附忙着指挥，他要到处跑，要大声呼喊，而且还要随时随地的和敌人厮杀搏斗。他兴奋的，紧张的，忘记了疲乏，忘记了自己，忘记了危险，唯一的信念，便是杀敌，完成任务。突然一颗可诅咒的子弹穿过了鸿纪团附的胸膛，他没来得及讲一句话，只“哎”了一声，便晕了过去。

当他慢慢清醒过来的时候，已经是在村外了，十几个战友在保护着他。

“同志们，杀呀！同志们，杀呀！”他不断地喊着。

“团附，团附！你安静一点吧！你受伤了。”一个战士安慰他说。

“怎么？”他慢慢地睁开了眼睛辨明了周围的一切。“我不……我不能……你们去……，不要管我……不……”

他坐起来，指着那村庄，指着那火光说：“你们去！不……不要管我，去，同志们，杀呀……”他倒了下去，眼睛渐渐闭起来，嘴却张得大大的，好像还要吼出来的样子。魏鸿纪团附殉职时年仅26岁，是血战永济中我军牺牲的最年轻的少校以上军官。

是役毙伤敌颇多，我伤亡官兵20余名。与杨法震、张希文、邓祥云等相比，鸿纪较为幸运。他殉职后，忠骸运回陕西，由泾阳县“教导团抗日眷属队”负责人陶子录（陕西蒲城县人，曾任三十八军教导团团部直属迫击炮连连长。未参加永济血战。）和眷属队成员鸿纪的夫人杨氏送回他的家乡，安葬于富平县庄里镇城北的祖茔之中。

鸿纪殉国后第10天，8月28日《西京日报》刊登的王若华写的《风陵渡的前卫战》即报导了他殉职的简况。1939年4月战友社编辑发行的《血痕》一书（该书为鸿纪胞弟鸿武提供线索），其中李振西写的《韩原大战十日记》《鸿纪团附最后的吼声》悉对鸿纪的殉国作了较翔实的追述。

鸿纪殉国后，从黄昏至半夜，敌又向我猛攻十余次，均被击退。穷凶极恶的敌人黔驴技穷，竟放烧夷弹，附近各村庄均中弹起火，老百姓的房屋被焚烧殆尽。这更激起了我军民对日寇的切齿仇恨。

8 月 19 日凌晨，李振西团长以电话令各连长赶制草人数百竖立于外壕边沿。上午日军向我竖扎的草人不停炮击。不久，3 架敌机又盘旋在外壕上空，不断向草人投弹。自早晨到中午，敌人的炮弹如雨打来未曾少停。数百草人虽为国“牺牲”，而教导团官兵却得到一个上午的休息。中午，敌向北总退却，企图引诱我军出阵地与之决战，教导团仅以迫击炮的猛烈炮火追击。

当晚 8 时许，日军果然以密集队形向我全线猛攻。当敌扑到外壕边沿时，我教导团官兵立即跃出，用大刀、手榴弹与敌肉搏。厮杀之声震动了黄河与中条山。经过一小时酷战，终将日军打退。接着敌又发动十余次猛攻，战况之激烈为几日来所未有，但敌终未越雷池一步。阵地前鬼子的尸体横七竖八。得到电告，孙蔚如将军来电嘉奖：“李团长皓电悉，吾弟英勇，迭克强敌，振我军威，至深欣慰……”

8 月 20 日中午，敌重型轰炸机 5 架，到教导团阵地低飞狂炸，投弹几十颗，并以机枪不停扫射。我无伤亡。

下午 6 时，敌由永济方面增援，当晚日军连续猛攻五次，都被教导团官兵打退。根据连日战况，日军有急欲突破教导团阵地，攻占风陵渡，威胁陇海铁路，以配合其进攻武汉之计划的企图。但连日来，因遇教导团官兵奋勇抵抗，遭到严重打击，竟不能越雷池一步。敌人恼羞成怒，除以更猛烈的炮火轰击外，并施放毒气。幸我早有准备，官兵安然无恙。

8 月 21 日，早晨近 7 点，日寇 3 架重型轰炸机在教导团阵地盘旋低飞半小时，扔轻、重炸弹 20 多颗。中午，敌机 3 架扔下炸弹多颗，并低飞扫射掩护其步兵猛攻，但仍未得逞。

由于教导团官兵屡挫敌锋，连日来附近各村的群众纷纷前来慰劳。感人的事迹层出不穷。经常有青年为我军运送辎重，用担架抬送伤兵。并常有老人或妇女到阵地送水、送馍。并且有离此远达 20 多里的长旺村、檀郭村群众送来面粉 5000 多斤。更有一老太婆 20 日拿自己攒下的 20 多个鸡蛋到六官村慰劳伤兵……教导团官兵得此精神上的安慰和物质上的帮助，保民杀敌的士气更加高昂。这天半夜至凌晨，敌又以重兵猛攻两次，都被教导团打退，并缴获枪弹甚多，正好补充了我军急需的子弹。

8 月 22 日下午 3 点，敌人以 3 架轰炸机轰炸教导团阵地，投弹 20 多颗，并在六官村投弹 10 多颗，炸死我骡马 3 匹。

经过 5 日血战，敌人侦察知道我军没有后备部队，便调来重炮 20 余门，并增加兵力千余，以步、骑、炮、空联合总攻，经过 3 小时激战，肉搏 4 次，双方伤亡均重，敌终不支弃尸溃退。但当我与敌激战之时，我阵地极右翼南郑谷庄附近山上发现少数鬼子。旋敌以步、炮联合攻占我军右侧方牛家山高地。晚上，敌猛攻十余次都被我军打退。

8 月 23 日清晨，由右翼作远势迂回之敌，已窜到六官村附近。教导团殷义盛第一营伤亡甚重，正面阵地敌又以重炮向我猛轰，教导团已陷入三面包围。山上之敌居高临下向我射击。正面之敌经过教导团官兵的拼死数次肉搏后终于后退。这时山上之敌又以机枪扫射，而我军伤亡已达三分之二，而且已无弹药。鉴于此，李振西团长毅然决定，在敌机、敌炮轰炸之下攻击山上之敌，以便杀出一条血路。8 点多，教导团官兵挥泪离开坚守了7日夜的辛店阵地。在李团长的带领下，全团官兵以仅有的武器——大刀、手榴弹奋力向敌冲杀，终于杀出一条血路到达山顶。回顾山麓尸体累累，惨不忍睹。李团长与李成德等剩余官兵均伤痕累累。9点，奉军团长孙蔚如命令，教导团剩余官兵在敌机轰炸之下向江口转进。不久，日军步、骑兵已到六官村附近，四面枪声骤起，团部已被包围。李团长当即令团附徐铭勋、二营营长李成德督率部众冲出重围，向麻沟、江口前进。李团长令便衣中队长志杰率便衣队20余人及童子军队长学武率童子军随其接应在右翼山上与敌血战的一营营长殷义盛和连长王立志等官兵。殷义盛等杀出重围后也向麻沟、江口转进[①]。至此八昼夜的永济血战结束。西姚温与辛店两战，教导团毙伤敌人千余，其中有两个大队长和好几个中队长。8月25日教导团余部到达江口。李振西团长当即对剩余官兵进行点编。全团参加战斗共16个连，西姚温一役张希文第三营除第九连外悉数殉国。参加辛店之役步兵两营及独立连尚有12个连并便衣大队130余名。今日点编便衣队仅剩20名，其余悉数殉国。剩余官兵仅编成步兵6连、机枪两连。骡马仅剩七八十匹。总计教导团伤亡官兵940余名[②]，生死不明者七八十名，特别是重要干部伤亡过多。是年12月，蒋介石以李团

① 郭润宇著《陕西民国战争史》云：日寇进攻韩阳镇，“两个多礼拜以后，敌停止步兵进攻，用加重炮弹和重型炸弹连续向教导团阵地轰炸3天。”即是说，敌人进攻韩阳镇已经超过17天了。此说与史实大相径庭。孙蔚如写的《第四集团军抗日战争概略》说：“敌乘胜迫进我新店第二线阵地，我教导团凭已作工事与敌激战7日之久。”教导团团长李振西1939年春写的《韩原大战十日记》记的是从8月16日到8月25日的战况。在“8月23日——坚守阵地之第7日”中说：“……斯时已上午8时矣，我官兵遂挥泪与坚守七昼夜之辛店阵地暂时告别。”除去8月16日和8月24、25日，在辛店坚守刚好七日。如果除去8月17日和8月23日，那坚守的时间还不到七日。

② 郭润宇著《陕西民国战争史》说：坚守韩阳镇“教导团伤亡2000余人”。此说也与史实不符。上引教导团团长李振西写的《韩原大战十日记》说，总计教导团伤亡官兵940余名，生死不明者七八十名。

长忠勇杀敌，卓著成绩，除传令嘉奖教导团全体官兵外，并给团长李振西颁发了华胄荣誉奖章以资鼓励。营长殷义盛、李成德各记功一次。

永济血战，正处于抗日战争第一阶段，是日寇疯狂进攻，我方节节防守的防御阶段。从总体上说我军打的是败仗。失败的主要原因有两点：首先从客观上讲是敌强我弱，敌我力量悬殊。战争的胜负不仅是军事力量（军队数量）的较量，也是经济力量的较量。日本当时是一个工业相当发达的军国主义国家，因此在军事装备和军队训练、素质上都占据着优势。而中国是一个经济落后的大国，军事装备（尚用大刀、步枪）与部队的训练、编制都过于陈旧落后，根本无法适应陆、海、空联合作战之需要。抗战初期，日军一个师团战时兵力约有22000人（多者28000多人），马5800匹，步枪9500支，轻重机枪600余挺，各式火炮108门，战车24辆。而中国军队一个师的编制官兵约11000人（孙蔚如一个军团才25000多人）步枪3800余支，轻重机枪328挺，各式炮46门（其中迫击炮30门），掷弹筒243枚。尽管战争初期，中国军队进行了顽强地抵抗，但以血肉之躯与优势装备的敌军相战，这种抵抗是难以持久的。因此，从这个意义讲，需要付出一定的血的代价，才能逐步适应现代化战争的形势，才能最后战而胜之。

其次从主观上讲是国民党最高军事当局实行片面抗战路线的结果。在军事指挥上采取单纯防御的战略战术（永济血战正是如此），以分散的兵力扼守点和线，处于被动挨打的地位（孙蔚如坦言“因兵分力单未能达成任务。致敌将我西姚温阵地突破。”），使敌人能够充分发挥陆、海、空军联合作战的优势。日军往往采取中央突破，两翼包抄的战术，使我国军队遭到失败。加上中国军队指挥系统紊乱，部队庞杂，派系众多，内部矛盾重重。如：8月16日夜孔旅已上了中条山，但却让张剑平团5个连死守永济城。孙蔚如令1个团带兵解永济城之围，该团长竟拥兵自保，没有赴援。孙蔚如、陈子坚、孔从周等的回忆录中都矢口不谈保卫永济城血战，令人费解。只有侯书铭、李若愚、常黎夫、刘威诚在他们的回忆录中提到保卫永济城血战。刘威诚在两篇回忆中的观点也令人难以把握。孔旅一些官兵指责樊仰山《血战永济》秦腔戏为什么没有写他们旅的抗日？等等。这些都是永济血战我军失利的因素。我只是客观地分析我军失利的一些原因，并非苛责先辈。

永济血战是第三十一军团入晋后抗击日寇的第一场大规模战役，我军近千名官兵以身殉国，其英雄事迹可歌可泣！永济的绿水条条洒热血，永济的青山处处埋忠骨。永济血战重创了日军，迟滞了日军的前进速度。我军进入中条山建立抗日根据地后，粉碎了日军十余次扫荡。日军视为华北战场上的“盲肠炎”。第一战区司令长官卫立煌赞誉“三十八军是中条山的铁柱子”。日军后顾有忧，终未敢渡河西进，陕西乃至西北才免遭日寇蹂躏，四川等大后方才得以安宁。

为民族而献身的抗日英烈永远为人民所纪念。1996年6月张希文之独子振基偕妻子58年来第一次到永济西姚温村其父殉国处祭奠先父亡灵，恰逢运城——风陵渡高速公路在此处取土，挖出不少人骨。西姚温村中一些老人说，这是58年前就地掩埋的在其村抗日牺牲的我军的忠骸。振基回陕后，即投书永济市市长潘和平，请求选址安葬英烈忠骸。出乎振基预料，潘市长接信后，当即电告振基，表示完全同意，并责成有关部门尽快选址安葬、树碑。真是无巧不成书。试想张振基如果早去或晚去祭奠其父亡灵，就不会碰上挖出英烈遗骨，也就不会投书永济市长了。1998年夏，永济抗日英雄纪念碑在英烈公墓前竣工。纪念碑正面镌刻着“抗日英雄纪念碑”七个大字。左下方撰刻的小字为：“山西省永济市人民政府一九九八年七月七日立”。

背面碑文为：

血战永济

一九三八年（民国廿七年）八月上旬，孙蔚如卅一军团，由朝邑大庆关渡河，开赴永济抗日前线。军部驻六管村（今属芮城县）。主阵地以永济（蒲州城）为中心，右起尧王台，经东西姚温，左接黄河岸，修筑工事，准备迎击日军。辛店为第二线阵地，由教导团守备。调独四十七旅袭敌后，日军第二十师团在飞机掩护下，分三路向永济阵地进攻。孙蔚如部顽强抵抗，战斗至为激烈。坚守孟盟桥的部队，击毁日军坦克七辆。经八个昼夜的反复争夺，白刃格斗，八月廿三日永济失陷。四十六旅伤亡四百多人。原属一百七十七师杨法震（共产党员）付团长在战斗中壮烈牺牲。张希文营长（共产党员）率全营在西姚温阵地与日

抗日英雄纪念碑正面

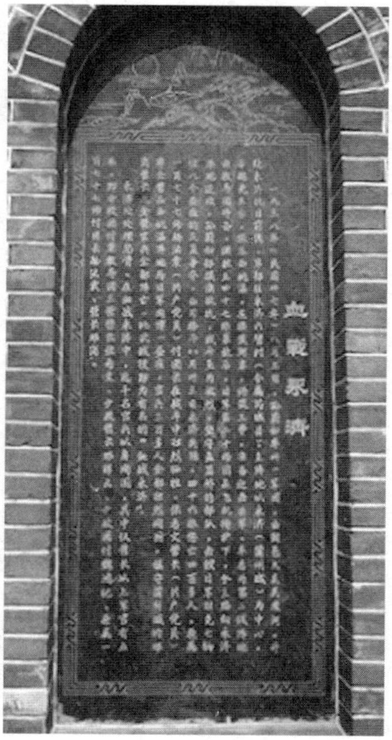

抗日英雄纪念碑背面

军肉搏一昼夜，官兵三百多人全部壮烈殉国。镇守蒲州城的邓岗营长及全营官兵全部阵亡。此次战役即为有名的“血战永济”。

永济处处埋忠骨。在血战永济中，近千名官兵以身殉国，其中仅营长以上军官有五名，即中校团附兼第三营营长张希文，少校营长邓祥云，少校团附魏鸿纪，原属一百七十七师副团长杨法震，营长邓岗。

按：由于时间的仓促，撰写碑文者当时未加认真考证，致使碑文多处有误。

1. 8 月 23 日永济失陷，究竟是全县，还是县城？说得模糊不清。

2. 如前所述，杨法震当时是第三十八军第十七师第一〇二团中校团附。从来未在第一七七师任职。

3. 张希文不仅是共产党员，而且是教导团中共地下党负责人。

4. 邓岗、邓祥云，是一个人。邓岗，字祥云。时任陕西警备第一旅第一团第二营营长。他从来未在一七七师任职。

5. 说“邓岗营长及全营官兵全部阵亡”，说法不确。如前文所述，镇守永济县城的为陕西警备第一旅张剑平第一团一部，约 600 余人。8 月 17 日邓岗营只剩四、五两个连，其余 3 个连，不属邓营。守城战警一团阵亡少校团附刘天照、少校营长邓岗（即邓祥云）以下共 308 人，有朝邑永济抗日阵亡纪念碑为证。

右侧碑文为：

第卅一军团教导团第三营姚温抗战

西姚温村战斗乃是“血战永济”中至为壮烈的一幕。一九三八年八月十六日凌晨日寇第廿师团七七联队约三千人，配备炮廿余门装甲车十余辆、飞机六架，向尧王台西姚温阵地发起猛攻，战斗至为激烈。因兵分力单，敌众我寡，武器悬殊，形势危急。教导团奉命派中校团附兼三营营长张希文率第三营从韩阳镇向西姚温逆袭。张营长率三营官兵奋勇杀敌，相继收复杨四郎坟、万古寺等地，并夺回山炮两门。当晚，三营奉命收复西姚温村，被敌包围。张营长带领全营官兵，以大刀、手榴弹防御杀敌，反复肉搏达五六次，毙敌甚多。激战至拂晓，官兵伤亡殆尽，张营长率余部突围。然冲出村西南一里许，复被围，又恶战。张营长身负重伤，卫士欲背其突围，拒之，反严命并掩护卫士冲出，而他却奋不顾身，与其余官兵与敌殊死血战，壮烈殉国。全营官兵三百余人，悉数为国捐躯。

永济抗日英雄纪念碑右侧碑文

孙蔚如军团长对三营西姚温之战给予极高评价“……敌将我西姚温阵地突破。我张希文营向该处逆袭，肉搏一日夜，该营全部殉国。我主力及炮兵安全转移，厥功甚伟。”

在张希文、刘天照、邓祥云等抗日英烈殉职 60 周年忌日——1998 年 8 月 17 日，永济市各界千余人举行了隆重的纪念碑揭幕仪式。笔者应邀荣幸参加，并在揭幕式上作了“血战永济简介”。

近几年由共青团中央信息办、中国社科院近代史研究所和中国青少年社会服务中心承办的《血铸中华》网《民族英烈》收录了杨法震的英雄事迹。由共青团中央、中央党史研究室和国家档案局主办，由团中央信息办、国家档案局办公室、中青网承办的《抗日英烈纪念馆·英名永存》不仅收录了杨法震的英雄事迹，还收录了马俊杰的英雄事迹（笔者按：其中错讹较多）。但不管是《血铸中华》网，还是《抗日英烈纪念馆·英名永存》，不知因何原因，都未收录张希文、刘天照、邓祥云、魏鸿纪和蒋士城的英雄事迹。据笔者所知，南京中国第二历史档案馆有刘天照、邓祥云的档案，并且其英名排在马俊杰之前。在今天，仍这样对待，怎能让全国人民齐心协力，共建和谐社会呢？令人费解！

血战永济部分阵亡将士英名录

杨法震，陕西省兴平市人，三十八军十七师一〇二团中校团附，在山西省永济市上、下高市对日作战中阵亡。时年33岁。

傅宝山，陕西宝鸡虢镇人，三十八军独立四十六旅五团三营第七连连长，在山西省永济尧王台对日作战中阵亡。时年28岁。

沈全录，陕西省西安市长安区人。第三十八军独立第四十六旅一等兵，在山西省永济对日作战中阵亡。

杨守太，陕西省西安市长安区人。第三十八军独立第四十六旅二等兵，在山西省永济对日作战中阵亡。

李纪才，陕西省西安市长安区人。第三十八军独立第四十六旅中士班长。在山西省永济对日作战中阵亡。

曹生华，陕西省西安市长安区人。第三十八军独立第四十六旅第四团第一营三连中尉连附。在山西省永济对日作战中阵亡。时年仅25岁。

任重杰，陕西省西安市长安区人。第三十八军独立第四十六旅一等兵。在山西省永济对日作战中阵亡于西姚温。

李生明，陕西省西安市长安区人。第三十八军独立第四十六旅一等兵。在山西省永济对日作战中阵亡于解家坟。

陈善文，陕西省西安市长安区人。第三十八军独立第四十六旅五团第三营八连上尉连长。在山西省永济对日作战中阵亡。

胡明俊，陕西省西安市长安区人。第三十八军独立第四十六旅上尉副官（一说为“七三八团团部上尉政训员”）。在永济鹿峪对日作战中阵亡。

杜生全，陕西省西安市长安区人。第三十八军一等兵。在山西省永济对日作战中阵亡于小张村。

田景藩，陕西省咸阳市秦都区人。第三十八军独立第四十六旅第七三六团第九连连长，在血战永济之役时阵亡。

李占标，河南新野人。第三十八军独立四十六旅第七三八团五连少尉连附。在永济血战中阵亡。

侯维森，陕西省蒲城县人。第三十八军独立第四十六旅第七三八团三营第七连中尉排长，在永济尧王台对日作战中阵亡。

张连升，陕西蒲城苏坊人。第三十八军独立第四十六旅第七三八团机枪三连少尉连附。在永济血战中阵亡。

许镜湖，陕西蓝田人。第三十八军独立第四十六旅第七三八团机枪三连准尉特务长。在永济血战中阵亡。

周海金，山西临晋人。第三十八军独立第四十六旅第七三六团一连上士。在永济血战中阵亡。

赵振元，陕西岐山人。第三十八军独立第四十六旅第七三六团一连上等兵。在永济血战中阵亡。

杨滨生，山西省永济风陵渡赵村人。第三十八军陕西警备第二旅第四团第二营第五连排长。在山西省永济尧王台对日作战中阵亡。

吴德林，陕西省渭南市今临渭区人。第三十八军陕西警备第二旅第四团第二营第五连排长。在山西省永济尧王台对日作战中阵亡。

王怀仁，陕西省西安市灞桥人。第三十八军陕西警备第二旅第四团第二营第五连司务长。在山西省永济尧王台对日作战中阵亡。

于世英，陕西省西安市灞桥区于家村人。第三十八军陕西警备第二旅第四团第二营第五连乔阶平排班长。在山西省永济尧王台对日作战中阵亡。

房金宝，陕西省耀县人。第九十六军第一七七师独立第四十七旅第七三九团第六连一等兵，阵亡于山西省永济县。

杨山长，陕西省耀县人。第九十六军第一七七师独立第四十七旅第七三九团第六连一等兵，阵亡于山西省永济县。

彭义发，陕西省耀县人。第三十八军独立第四十六旅七三八团机枪二连上等兵，阵亡于山西省永济县。

武林生，陕西省耀县人。第九十六军第一七七师第一〇六〇团一连一等兵。阵亡于山西省永济县。

张希文，陕西省渭南市临渭区人，第三十一军团教导团中校团附兼第三营营长，在永济逆袭西姚温对日作战时阵亡。

钱万福，甘肃省皋兰人，第九十六军第一七七师炮兵营第三连连附，在血战永济之役时阵亡于韩阳镇。

在永济城血战中阵亡的308名英烈英名录

（见本书《抗日血战永济城的铁证》）

张赓良，第九十六军第一七七师中共地下党负责人。在血战永济之役时阵亡于风伯峪。

蒋士城，第九十六军第一七七师辎重营少校军医主任。在血战永济之役时阵亡于风伯峪。

高庆云，第九十六军第一七七师辎重营第二连连长。在血战永济之役时阵亡于风伯峪。

邹功烈，第九十六军第一七七师辎重营某连排长。在血战永济之役时阵亡于风伯峪。

郭颖如，第九十六军第一七七师辎重营某连排长。在血战永济之役时阵亡于风伯峪。

魏鸿纪，陕西省渭南市富平县人。第三十一军团教导团少校团附兼便衣大队队长，在永济祁家村对日作战时阵亡。

李耀亭，陕西省耀县人。第三十一军团教导团三连上等兵，阵亡于山西省永济县。

张占胜，陕西省城固县人。第一七七师第一〇五九团第一营第三连下士。在山西省永济对日作战时阵亡。

朱喜林，河南省临颍人。第一七七师第一〇五九团机枪第一连中士。在山西省永济对日作战时阵亡。

姜正恩，陕西省今西安市长安区人。第九十六军独立第四十七旅中尉排长。在山西省永济金巷口对日作战时阵亡。

秦玉祥，河南省沁阳人。第九十六军第一七七师独立第四十七旅第八团第一营中尉排长。在山西省虞乡（今永济市）对日作战时阵亡。

杨森杰，陕西省今西安市长安区人。第一七七师上士文书，在山西省今永济虞乡黄家窑对日作战时阵亡。

张世益，陕西省今西安市长安区人。第九十六军独立第四十七旅第七团第二营第六连上尉连长。在山西省永济吕芝村对日作战时阵亡。

附录一：当年的一些作战电报选录

1. 孙蔚如致蒋介石电（1938 年 7 月 6 日）

武昌。委员长蒋钧鉴：职率本军团部人员及直属部队，

于微酉〔5 日 17—19 时〕由西安出发，鱼午〔6 日 11—13 时〕到达朝邑。谨电报告。

第三十一军团长孙蔚如鱼午〔6 日 11—13 时〕参一。印。

（该电报取自十七路军中共党史资料征编领导小组主编：《丹心素裹》（2），中国文史出版社出版，1989 年 4 月）

2. 军委会军令部呈阅便笺（1938 年 7 月 16 日）[①]

卫立煌转来电：（1）孙蔚如归第二战区，须指明归阎或归卫。其本部要其渡河。[②]（2）军令部 11 日电，中条山西边归陶峙岳，东边归卫立煌。又 11 日电，中条山统归孙蔚如部担任。究归何部？最好归孙蔚如部。望查明补电。

（该电报出处同前）

①《丹心素裹》（2）原注为：原件无署名和日期。根据使用的带衔公文纸和内容判断，当为军令部工作人员向上级反映情况，请示处理办法的便笺。日期是根据张秉钧在便笺上的批语“一科、二区办。十六”暂定的。

②《丹心素裹》（2）原注为：这句的意思是：孙蔚如的三十一军团部应进驻河东指挥。

3. 蒋介石致阎锡山、卫立煌、蒋鼎文电（1938年7月16日）

有线。急。宜川阎长官、渑池卫副长官、长安蒋主任：〇密。

关于中条山脉各隘路之防守，在三十一军团孙蔚如部未全部到达以前，着仍照11.17（11日17时）令一元电办理。待三十一军团到达，归该军所部接替，担任防守。由卫副长官统一指挥。该军团部亦应过河指挥。希转饬知照。

（鄂）中正16.17（16日17时）令一元。

（该电报出处同前）

4. 孙蔚如致蒋介石电（1938年7月18日）

特急。武昌。委员长钧鉴：峙密。倾奉卫副长官筱戌（17日19—21时）六电，内开：（一）奉委座铣（16日）令一元电开：关于中条山脉各隘口之防守，应确由三十一军团孙蔚如部担任，由卫副长官统一指挥，军团部亦应渡河指挥。（二）兹规定平陆、芮城、安邑、解县、虞乡、永济、猗氏、临晋、万泉、荣河等县及侯马、牛家凹（安邑北16公里）间同蒲路以西，又侯马、河溪间浍河、汾河以南地区，为贵军团属区。（三）贵军团应以主力连系河防部队，扼守中条山各要点，及确保茅津、太阳、永济各渡口，一部在铁路西一带，并掩护以西各要口。仍将部署情形具报。等因。窃查本军团除十七师（欠五十一旅及补充团之两营）及一七七师之五二九旅，在晋东南阳城、晋城一带，径归卫副长官指挥作战外，在晋西南三角地区之部队，为九十六军之一七七师（欠五二九旅）、警备第三旅，三十八军之警备第二旅、十七师之百〇二团，又补充团之两营，及教导团、特务营。遵就现有兵力部署如下：（一）以警二旅坚守永济据点，以确保大庆关、风陵渡及中条山西端之安全。（二）以十七师百〇二团扼守虞乡以西中条山各隘路，并相机策应永济守军之作战。（三）以一七七师（欠五二九旅）扼守虞乡（不含）以东至解县附近中条山各隘路。（四）以警三旅机动使用于汾河以南，同蒲路以西，中条山以北九县间地区内，并依情况策应永济、中条山各守备之作战。（五）以十七师补充团之两营，由铁道输送，接茅津渡、太阳渡之防务。（六）教导团、特务营由军团部掌握，为预备队。以上部署除解县及茅津渡、太阳渡外其余部队概已于本日前到达指定地点。惟接陶军长峙岳铣〔16日〕代电附图，查该军所筑中条山工事，只董家庄（解县东7公里），凤凰凹、东郑村、万赵村之线以西，迄该山脉西端，长约60公里一段，即需守备兵力六团。该线以东至盐池东端南北之线一段，长约25公里，计有横贯该山道路六条，可通安邑、运城。此段如不派重兵扼守，敌可径由安、运越过此段山脉，攻击平陆、茅津两侧，或西向趋芮城、风陵渡。职以现有兵力及上陈部署，委实无力派队扼守。再，茅津、太阳两渡口，系敌主力所指向之点，又以该处地势凹下，无险可守，两营兵力确属单薄。且敌大部已由磨河村山口（安邑通茅津大道）窜入，已进至张店镇附近，距茅津渡约24公里。如该敌西犯，又需相当兵力拒止。故职默审任务，详察敌情，拟恳钧座俯准，将十七师（欠一旅）及一七七师之五二九旅归还建制，俾兵力稍裕，得以摧挫顽敌，达成任务。谨电陈请，无任待命之至。

（朝）孙蔚如巧亥〔18日21—23时〕参一。印。①

（该电报出处同前）

5. 孙蔚如致蒋介石电（1937② 年7月22日）

①《丹心素裹》（2）原注为：军令部接此电后，提出处理意见："查一七七师之五二九旅现在阳城、晋城大道以南，第十七师在邵源镇北方。该方面之敌近无积极行动。综合各方情报，敌有由运城直趋风陵渡企图。我在中条山兵力过少，似应准孙蔚如之请，将一七七师之五二九旅及十七师归还建制，增强晋南。"于是，蒋介石于7月22日10时致电卫立煌："〔孙蔚如〕恳准将十七师（欠一旅）、一七七师之五二九旅归还建制等情，似可照准，如何？即希核办径复。"

② 本书作者按：这里应为1938，《丹心素裹》（2）第451页明显有误。

急。武昌。委员长蒋钧鉴：峙密。职部河西各部队，均已渡河完毕，业经迭电报告西安行营蒋主任及阎、卫两长官在案。职率军团部于今晚由富民村渡河。拟先进驻中条山西端南侧之六官村。谨电报告。

（朝）孙蔚如养酉〔22日17—19时〕参一。印。

（该电报出处同前）

6. 孙蔚如致蒋介石、何应钦电（1938年7月23日）

急。武昌。委员长蒋、部长何：曙密。本军团部于梗午〔23日11—13时〕到达永济以南之六官。谨电报告。（官）

孙蔚如叩梗午〔23日11—13时〕参一。印。

（该电报出处同前）

7. 孙蔚如致蒋介石电（1938年9[1]月25日）

武昌。委员长蒋：令一元电奉悉。鱼密。独四六、四七两旅，于本年3月江日〔3日〕编入战斗序列，参加守备黄河。四十六旅7月支日〔4日〕渡河作战，四十七旅7月文日〔12日〕渡河作战。谨复。

孙蔚如有巳〔25日9—11时〕参一。印。

（该电报出处同前）

8. 孙蔚如致蒋介石电（1938年8月15日）

特急。武昌。委员长蒋：峙密。仅将本军团本周当面之敌情分陈如下：

（一）临晋吴王渡及永济以北方面，为敌关缧流旅团七七联队，其步骑兵约二千余名，附炮二十余门，装甲车十余辆，其主力盘踞于潘候

① 笔者按：9月恐有误，似应为7月。

村、东张镇、冯家卓一带，先头部队已窜至永济属之张营镇、杨杏村、北古城附近，刻已向我构筑工事中。……

谨报（官）孙蔚如至参一。印。

（引自原咸阳军分区副政委姚杰抄自南京中国第二历史档案馆）

9. 孙蔚如致蒋介石电（1938 年 8 月 16 日）

武昌。委员长蒋：铣辰参一电，计邀垂察。峙密。本军团本日各方战况如下：

甲、解县方面（笔者略抄）

乙、由运城（仝上）

丙、永济方面，据孔旅长从周铣电称，今晨 4 时，二十师团七七联队约 3000 人，炮 20 余门，装甲车 10 余辆，飞机 6 架，向我永济主阵地进攻。敌炮兵阵地在西文学以东地区暨吕板村以北，开始向我程胡庄、白道坡、寺低堡、李家庄、孟盟桥、西姚温等处炮击。敌攻击重点指向我东姚温附近。另敌约三四百向东姚温沿山 ×× 前进，尚有后续部队跟进。至 7 时后，敌集中炮火向我尧王台、姚温高地、万古寺、西姚温等地猛轰。约 2 小时，尧王台向前突出，且阵地被毁，守兵两排大半伤亡。敌将该台占领，由此以火力瞰制我西姚温，益以飞机轰炸，我伤亡枕藉。至 9 时，我西姚温阵地卒被敌冲破，窜进 400 人。当即令副旅长冯迩革再督朱映亚之两连及特务连之 1 排逆袭。并令孙子坤派队由婴峪口沿中条山向西策应。半小时后，该处多被我收回。旋，又为敌冲入，该部已伤亡 200 余人。11 时，孙团姚营向东西姚温之敌侧背进攻。杨［王］团附经纶率一 ×× 及步炮 1 排，向尧王台进攻，于下午 1 时将东姚温攻占，并将西姚温之敌包围。王团附亦于下午 2 时半将尧王台攻占。此后反复肉搏。至下午 9 时，敌我仍在相持中等情。除分令各部该竭力抵抗固守现阵地，并电令王旅长镇华支队向敌之侧背夹击外。谨报。

孙蔚如　铣戌参一印

（该电报出处同前）

10. 孙蔚如致蒋介石电（1938年8月18日）

……

（甲）据李团长振西篆酉代电称，据第二营长李成德报称，篆日午后5时，发现敌装甲汽车5辆载兵百余。职即以迫击炮集中火力射击。当将敌装甲汽车击毁3辆，毙敌80余名。……

（该电报出处同前）

11. 孙蔚如致蒋介石电（1938年8月23日）

特急。武昌。委员长蒋：峙密。

昨日，教导团守备辛店阵地之第七旅（？疑有误，原抄件如此），下午3时敌步兵千余，炮十余门，飞机3架，联合之敌向我阵地猛烈攻击。我沉着应战，至夜半止，毙敌五六百名。今早1时，敌增加步兵五百余人，山炮数门，向我阵地左翼牛家高地迂回，旋被占领。我以兵3连往袭，反复肉搏，终因敌众我寡，未能恢复。敌渐由此处增加，且我沿山地侧面阵地孔旅亦受攻击，不能应援。另调×××七师高团（在苍陵峪以北）应援，以路远未及，支撑至今日拂晓后，阵地动摇。同时敌又全线来犯，我以损失过重，不得已，向六官村撤退。伤亡另报。谨先电呈。

孙蔚如梗午〔23日11—13时〕参一。印。

（该电报出处同前）

12. 国民政府军事委员会军令部电稿（廿七年8月26日下午6时拟稿）无线

孙军团长蔚如：皓巳参一电悉。密。永济一役，该部自张团长以次牺牲壮烈，良用悼惜。除仍仰遵2314令一元电查报，以凭奖恤外，特电慰勉。

（鄂）中2618令一元

（该电报出处同前）

附录二：当年的有关碑文

平民县渡河壮士纪念碑文

民国二十六年七月七日，日本军阀假士兵演习为名，寻衅于卢沟桥畔；遂乃倾其精锐，大举入寇，期于速战速决，一鼓而亡我国家，役我人民。敌兵所至，庐舍为墟，奸污杀戮焚烧之惨，亘古未闻。呜呼！谁无父母，谁无妻子，谁无兄弟姊妹，蒙此凌辱，岂容不报？何况国家兴亡所关，民族安危所系，凡属国民，生死与共；我同胞用是戮力同心，恪遵中枢方略，发动全民抗战，或游击而杀敌，或输财以助军，胜利频传中外欢腾。盖惟牺牲始能救国，有国而后有家，有中国而后有世界和平也。民国二十七年二月，余初膺平民县政，下车伊始，敌兵已深入晋南永济，与我县仅一水之隔，日夜以重炮轰击我境。我以职责所在，誓与全县人民，共守斯土。爰赴各乡，组织民众，晓以大义，喻以利害，旬日之间，风气丕变，自告奋勇，请求渡河杀敌者，逾百余人。遂商诸本县保安大队附王君子敬，共襄斯举。子敬夙负杀敌志愿，义气肝胆，素著乡里。闻余言，喜极欲狂。乃选拔有胆有识之士，得四十二名，编为一队，名曰平民县渡河杀敌游击队，亲加训练，以备出动。会本省警备第二旅旅长孔从周驻防本县，与余相处甚得，对兹杀敌之举极力赞助；并假以新式步枪四十支，手榴弹三百粒，子弹三千发。及四月十九日准备成，当即命子敬率领全队，剋日渡河。并告之曰："为国家争自由，为民族争生存，为子子孙孙永不作亡国奴，此次渡河，之死靡他。"众皆泣下，誓不与倭寇共戴天。午夜抵县之靖安村，翌晨全数东渡。发动当地民众，搜索敌兵。明散暗聚，避实就虚，出其后方，攻其不备，致使敌兵不敢离城远出。期月之间，四方义士之来归者，竟达五六百人，游击之效验益著。计为时仅五旬，与敌遭遇大小凡数十战，几无一次不使敌人蒙受重创；我壮丁之伤亡者，亦达三十余名。尤以五月二十三日万古寺之役，该队奉令掩护我一百七十七师某营士兵，最后退却，牺牲特甚，王大队附仅以身免。五月二十九日黎明我队进袭永济，即于午时入城，傍晚我永济王县长志彬率该县游击队六十余人赶到，由王大队附协助安抚流亡，绥靖地方。翌日我大军相继到达，全境粗安。余以游击工作告一段落，乃遍赴河东视察。除阵亡壮丁业经饬令掩埋，负伤者分送各后方医院诊治，均从优抚恤外，其余壮丁一律带归河西，颁发慰劳物品并安家费用，令各归乡里，各安生业。所有组织经过及历次杀敌情形，均经呈报上峰，迭蒙指令嘉奖，并拨发赏金，以资激劝。噫！际兹国难严重之今日，匹夫匹妇均负兴亡之责。幸而永济克复，残敌远扬，此皆我平民县爱国男儿，求仁取义，赴汤蹈火；王大队附亲身指挥，誓死杀敌；孔旅长热血鼓荡，努力赞助；并配合我渡河大军共成之义举也。民族之兴，于斯卜之。今抗战一周年矣，敌已疲于奔命，我则再激再励，愈战愈强，最后胜利固已非我莫属。四乡士绅恐此次杀敌壮举，日久湮没，倡议集资勒石，嘱余为文以记其事，因具书杀敌颠末，并附各勇士与捐款人姓名于后，以志不忘。中华民国二十七年七月七日平民县县长续俭约斋谨撰。崞县赵宗藩谨书。

（本文取自陕西省文史研究馆编:《陕西文史研究丛刊》第二期）

附录三：当年报纸的报道文章选录

1. 我军韩子芳团收复永济经过

〔中央社〕我□□军□□□师韩子芳团，于上月29日收复永济。兹悉该团张子员君，近日由前方归来，据谈我军于上月29日拂晓收复永济。敌以我军迫近县城，乃于28日仓皇逃走，将所有不及搬运之一切军用品如汽车等均一律用火焚毁。我军获敌枪支马匹等甚多，并有大批敌之宣传品。又捕获汉奸庞老七、王谋之二名，即于月之4日枭首示众。全县人心大为之快。惟为敌作向导之著名汉奸孙大胆畏罪随敌逃走，未克捕获，致使全县人民至今犹觉愤恨难消。敌在永济时军事机关，仅有两处，即森本部和宣抚班。至城关之大小买卖以及人家均已逃避一空。各家门窗家具，完全被敌破坏，故晋〔进〕了一家门，即可穿走数十家。破烂情形，概可想见。近城一带田禾，大多被敌割去喂马。距城较远之村庄，人均昼伏夜出。敌对其伤兵之缺臂少腿者，每在“我能活，我能活”之呐喊声中，焚身毁骨，一律火葬。其惨忍者有如是者。余如吃牛肉时，并不先行宰割而后熟食，完全在活牛身上，一刀一刀割的吃肉。其野蛮于兹可见。是以至今永济城关各处牛骨狼藉，臭气熏蒸。迨我军进城四天后，老百姓始先后归来。风陵渡、大庆关现已开渡云。

〔《西北文化日报》中华民国二十七年（1938年）六月十二日〕

2. 永济激战……临晋县城又为我克复

【中央社潼关17日电】晋南之敌，以近日动态观之，其在临汾一带之川岸师团，似大部已转移他去，留晋者至多1个联队。现在安邑、运城、临晋一带，除井酒大队外，尚有伪军千余。闻喜、曲沃、河津、万泉、翼城一带之敌，仍为下元部，各该部敌军现在我四围夹击中。临晋县城又经我军克复。

〔《西京日报》中华民国二十七年（1938年）八月十九日《永济激战》题内〕

3. 敌图犯永济……

【中央社兴集15日电】猗氏牛杜镇一带之敌约二千，附炮十余门，装甲车二十余辆，刻有越临晋进犯永济企图。……

〔《大公报》中华民国二十七年（1938年）八月二十日〕

4. 晋南紧张永济东关外昨激战中……

【中央社潼关17日下午3时电】敌约二三千、飞机六架，于昨（16日）拂晓起，迄下午8时至，向我永济猛攻。经我某部奋勇抵抗，反复肉搏十数次，敌伤亡惨重。其一部约千余人，于今（17日）上午窜抵永济东北关外，与我某部激战中。

〔《西京日报》中华民国二十七年（1938年）八月十八日〕

5. 永济激战……我转移阵地相机反攻……

【中央社潼关18日电】犯我永济之敌2600余人，附炮20余门，自在尧王台、东姚温、西姚温一带，经我军包围发生激战后，敌死伤1100余人。我亦有壮烈牺牲。旋，敌增援400余名。16日晨起，激战一昼夜。敌以飞机轮流在我阵地轰炸。17日下午7时，永济东北城墙被敌炮击毁。敌步兵冲入城内，与我孔、李等部发生激烈巷战[①]，达两小时之久。卒因

① 笔者按：此报道有误，孔、李部未在永济城内，城内为张剑平团。

防御工事被敌炮毁殆尽，乃于17日晚转移城外新阵地，相机反攻中。

〔《西京日报》中华民国二十七年（1938年）八月十九日〕

6. 晋南战况稍紧永济我军转移阵地

【中央社潼关19日电】犯我永济之敌二千六百余人，附炮二十余门，自在尧王台、东保溪、西保溪一带经我军包围发生激战后，死伤一千一百余名。我亦有壮烈牺牲。旋敌增援四百余，自16日晨激战一昼夜，敌以飞机轮流在我阵地轰炸。16日下午7时，永济东北城墙被敌炮击毁，敌步兵冲入城内，与我军某部发生激烈巷战达两小时之久。卒因防御工事被敌炮毁殆尽，乃于16日晚转移城外新阵地，相机反攻中。

〔《大公报》中华民国二十七年（1938年）八月二十日〕

7. 永济激战……由解县南犯之敌……

【中央社灵宝18日下午7时电】由解县南犯之敌步骑兵600余，炮4门，昨晨起，向陌南镇西、北两方猛烈攻击，激战至晚，尚在相持中。又敌机两架于今日上午10时，由北飞抵陌南镇轰炸，投弹甚多。我敌炮兵彼此对击，甚为猛烈，迄发电时仍未停止。

（载《西京日报》中华民国二十七年（1938年）
八月十九日《永济激战》题内）

8. 晋南敌犯各渡口遭我南岸猛烈射击

【本市消息】关于山西方面战况，据陈诚部长报告云：晋南之敌日来分数路犯我黄河各渡口，企图渡河南进。其由运城、解县南犯之森本、岩切两部队18日进攻我陌南镇，遭我黄河南岸之炮兵猛烈射击，死伤颇重。猗氏、解县及临晋之敌，16 日向我永济既设阵地全线猛攻，卒以众寡悬殊，我自动放弃永济转移新阵地。17 日晨敌复由永济集中炮火向大庆关（即平民县）射击，有继续西犯我渡口企图，我已严加防范。

〔《大公报》中华民国二十七年（1938）八月二十三日〕

9.【中央社潼关 22 日电】

永济南犯之敌经我□□军教导团在辛店以北堵击伤亡甚重。旋敌增援四五百名，以密集炮火及手榴弹向我阵地猛犯。我李团长率部奋不顾身、勇猛冲锋，迭挫敌锋。至 22 日晨仍在原地相持中。韩阳镇、辛店附近刻仍为我军固守。

〔《大公报》中华民国二十七年（1938 年）八月二十三日第二版〕

10. 黄河北岸激战晋南相持风陵渡附近

【中央社潼关 29 日电】由永济犯我辛店一带之敌二千余名，连日经我军□□等部奋勇痛击，敌伤亡惨重。22 日晨敌继续增援，并以飞机助战，激战 1 日夜。我敌肉搏达五六次，敌仍增援。我以众寡悬殊，且工事悉被击毁，乃于 23 日转移新阵地。现与敌在风陵渡以北地带激战中。

〔《大公报》中华民国二十七年（1938 年）八月三十日第二版〕

11. 永济敌仓皇东窜　犯永乐寇被击溃

蒋委员长电奖张剑平

【平陆 3 日电】……

又讯永济战役，我守军张剑平部奋勇杀敌，经七军团长转报军委会，蒙蒋委员长特电嘉勉，并饬查明详报，以凭奖恤。

〔《国风日报》中华民国二十七年（1938）九月四日〕

12. 陕西大平朝三县各界追悼陕西警备第一旅第一团及陕西警备第二旅永济抗战阵亡将士筹备委员会紧要启事

我警一旅一团及警二旅，各忠勇将士，前在永济与步骑炮空联合数倍于我之敌，血战数昼夜。赖我官兵，奋勇杀敌，毙敌无算。然我将士壮烈殉国者，亦属空前。本会特为安慰英灵，淬励未来起见，谨择于十一月十一日，为我诸先烈开追悼大会于朝邑。仰瞻云天高谊，是日实临公祭，袍泽同仁，尤宜踊跃参加。或转赠诔挽以续骚，或敬献佳辞而荡魄。海内明达，谅有同情。并拟征求先烈遗像，生前略史，汇集成帙，永志人间。庶几崇光泉壤，以慰忠魂。如蒙赙挽，请寄朝邑县党部。

〔《西北文化日报》中华民国二十七年（1938 年）10 月 11 日至 17 日二版启事栏〕

13. 忠勇杀敌李振西获荣誉奖章

李、殷两营长均记功一次

旧关英勇抗战之某军教导团团长李振西此次奉令参加晋南战役，迭挫敌锋。永济韩阳镇之役，以两营之众，与敌血战数昼夜，毙千七百余人，予以重创。委员长以该团长忠勇杀敌，卓著成绩，除传令嘉奖该团官兵外，并颁发华胄荣誉奖章，以资鼓励。营长李成德、殷义盛，亦各记功一次。（中央社）

〔《西北文化日报》中华民国二十七年（1938 年）十二月二十日〕

14. 樊仰山新编国防剧《血战永济》行将公演

樊仰山氏最近搜集某军血战永济史实，编为写实国防史戏剧“血战永济”，以吊慰死难先烈忠魂，并说明西北国防重要，发扬三秦健儿英勇牺牲精神。闻已送交易俗社选派甲乙丙三班优秀学生加紧排练，拟于端阳节公演。

〔《国风日报》中华民国二十八年（1938）五月十二日〕

附录四：1938 年 6 月底部队改编前后系列及主官姓名表

1. 改编前系列及主官姓名表

- 第三十八军 孙蔚如
  - 教导团李振西
  - 第十七师 赵寿山
    - 第四十九旅 耿子介
      - 第九十七团李维民
      - 第九十八团陈际春
    - 五十一旅 陈硕儒
      - 第一〇一团程鹏九
      - 第一〇二团孙子坤
    - 补充团翟济民
  - 第一七七师 李兴中
    - 第五二九旅 杨觉天
      - 第一〇五七团阎揆要
      - 第一〇五八团韩子芳
    - 五三〇旅 任云章
      - 第一〇五九团孙洁生
      - 第一〇六〇团王云山
    - 补充团杨复震
  - 陕西警备第一旅 王　俊
    - 第一团张剑平
    - 第二团任耕三
    - 第三团刘威诚
  - 陕西警备第二旅 孔从周
    - 第四团冯迩革
    - 第五团郑培元
  - 陕西警备第三旅 王镇华
    - 第七团张英三
    - 第八团樊雨农
  - 骑兵团孟庆鹏

2. 改编后系列及主官姓名表

- 第三十一军团 孙蔚如
  - 教导团李振西
  - 第三十八军 赵寿山
    - 第十七师 耿子介
      - 第四十九旅
        - 第九十七团李维民
        - 第九十八团陈际春
      - 五十一旅
        - 第一〇一团程鹏九
        - 第一〇二团孙子坤
      - 补充团翟济民
    - 陕西警备第二旅 孔从周
      - 第四团冯迩革
      - 第五团郑培元
  - 第九十六军 李兴中
    - 第一七七师 陈硕儒
      - 第五二九旅 杨觉天
        - 第一〇五七团阎揆要
        - 第一〇五八团韩子芳
      - 第五三〇旅 任云章
        - 第一〇五九团孙洁生
        - 第一〇六〇团王云山
      - 补充团杨复震
    - 陕西警备第三旅 王镇华
      - 第七团张英三
      - 第八团樊雨农
  - 骑兵团孟庆鹏

附录五：血战永济时敌我双方指挥系统表

说明：本系列到营级，其代号如此：军团（AG）、军（A）师（D）、旅（B）、团（R）、营（Y）

1. 血战永济时我军指挥系统表

- 31AG（孙蔚如）
  - 38A（赵寿山）
    - 17D（赵寿山）51B（耿景惠）
      - 102R（孙子坤）
        - 炮Y（赵益元）
        - 1Y（魏炳离）
        - 2Y（张镜白）
        - 3Y（姚□□）
    - 独46B（孔从周）
      - 4R（冯迩革）
        - 1Y（陈应宝）
        - 2Y（张履骞）
        - 3Y（陈日新）（其营未参战）
      - 5R（郑培元）
        - 1Y（杨 健）
        - 2Y（朱映亚）
        - 3Y（张子馥）
  - 96A（李兴中）
    - 177D（李兴中）529B（杨觉天）158R（韩子芳）
    - 独47B（王振华）
      - 7R（张英三）
        - 辎Y（李锦峰）
        - 1Y（谢济民）
        - 2Y（王春荣）
        - 3Y（赵宏福）
      - 8R（樊雨农） 2Y（高□□）
- 教导R（李振西）
  - 炮Y（孙芾棠）
  - 1Y（殷义盛）
  - 2Y（李成德）
  - 3Y（张希文）
  - 便衣大队长（魏鸿纪）
- 陕警1B（王 俊）1R（张剑平）
  - 1Y（王宪斌）（在西安）
  - 2Y（邓祥云）
  - 3Y（马生晖）（营部与七连在河西）

说明：血战永济时王俊陕西警备第一旅已不属孙蔚如第三十一军团序列

2. 血战永济时日军指挥系统表

第二十师	团师团长	牛岛实常
步兵第三十九旅团	旅团长	关原六（一说为高木义人）
步兵第七十七联队	联队长	直野五郎（一说为鲤登行一）
步兵第七十八联队	联队长	室谷忠一（一说为小林恒一）
步兵第四十旅团	旅团长	上月良夫
步兵第七十九联队	联队长	森木伊市郎
步兵第八十联队	联队长	铃木谦二
骑兵第二十八联队	联队长	冈崎正一
野炮兵第二十六联队	联队长	细川中康
工兵第二十联队	联队长	南部熏

附：本文主要参考资料

1. 孙蔚如:《第四集团军抗日战争概略》。
2. 中华民国 27 年 8 月《西京日报》《新华日报》《大公报》。
3. 中华民国 27 年 8 月、9 月《西北文化日报》。
4. 孙蔚如致蒋介石电（1938 年 7 月 6 日、18 日、22 日、23 日、25 日）。
5. 蒋介石致阎锡山、卫立煌、蒋鼎文电（1938 年 8 月 16 日）。
6. 孙蔚如致蒋介石电（1938 年 8 月 15 日、16 日、17 日、23 日）。
7. 孙蔚如致蒋介石、阎锡山电（1938 年 8 月 19 日）。
8. 续约哉:《陕西平民县人民渡河抗日事略》与《平民县渡河壮士纪念碑文》。
9. 民国 27 年 6 月《西北文化日报》:《我军韩子芳团收复永济经过》。
10.《陕西警备第一旅第一团永济抗战阵亡将士纪念碑序》。
11. 樊仰山:《血战永济》(秦腔剧本)。
12. 战友社编:《血痕》，民国二十八年（1939 年）四月版。
13. 国民政府军事委员会政治部编 :《抗战特殊忠勇军民题名录》第一辑，民国三十年（1941年）版。

14. 苏济吾:《一百七十七师收复晋南十三县》,《丹心素裹》(2)。

15. 陈子坚:《第四集团军中条山抗战概况》,同前。

16. 孔从洲:《孔从洲回忆录》,解放军出版社1989年9月版。

17. 孔从洲1988年5月3日复笔者信。

18. 陈洁生:《对于晋南抗日战争中陕西"警备一团""血战永济"之回忆》(手稿)。

19. 陈洁生:《纪念抗战胜利回忆永济战役》(手稿)。

20. 王汝昭:《抗战初期党在一七七师辎重营的活动》,《丹心素裹》(2)。

21. 李振西:《风陵渡保卫战》,载《晋绥抗战》。

22.《兴平县志·杨法震》。

23. 田生瑞:《忆永济战役》。

24. 张志甲:《张志甲回忆录》(打印稿)。

25. 侯书铭:《我在独立四十六旅参加历次战役的回顾》,载《丹心素裹》(2)。

26. 刘威诚:《抗战期间我在三十八军的活动情况》,同前。

27. 乔阶平:《回忆永济战役》(手稿)。

28. 李若愚:《不让鬼子过黄河的一次激战》,《陕西老年报》1988年4月19日。

29. 南京中国第二历史档案馆有关档案。

30. 日本防卫厅战史室编:《华北治安战》(上)。

31. 日本防卫厅战史室编:《中国事变陆军作战史》。

32. 耿成宽、韦显文编:《抗日战争时期的侵华日军》。

33. 访问孔从洲、宁必成、田生瑞、张志甲、李成德、殷义盛、陶子录、吴东园、乔阶平、邓金长、邓存彦、车飞程、刘守经、陈洁生、蔡逸民、吴松林、于登博、杨兰菊、邓庆林、邓广林、宋养杰、王志英、王冲华、武景山、雷承租、刘威诚、王子伟、王蔼民、张举才、雷自忠、李桂芳、魏鸿武、魏鸿运等同志的访问记录或他们与作者的信。在写作过程中还得到中国第二历史档案馆、陕西省档案馆、陕西省图书馆、陕西师大图书馆有关同志和贾新运、张亮伯、杨伯骐、阎海燕、朱琪、王晓龙、严安政、邓雷仓、韦浓锡、杨鉴、张振基、邓俊侠、王颖勤、张震龙等同志向作者提供了宝贵的线索或资料。在此谨致谢意。

抗日血战永济城的铁证

——原朝邑县《陕西警备第一旅第一团永济抗战阵亡将士纪念碑》寻访经过暨简介

1938 年 8 月 17 日下午，陕西警备第一旅第一团一部（实为五个连）为保卫山西永济县城，与日寇进行了极其惨烈的激战。由于兵力、装备过分悬殊，守城官兵伤亡惨重。但我军究竟阵亡了多少？各种书报却是众说纷纭。有说全团牺牲，有说一团大部分牺牲，有说为国捐躯者 500 多，有说冲出重围者三四人，有说突围生还者十余人。而事实的真相到底怎样呢？我军到底牺牲多少？牺牲的都是谁呢？现在能不能弄清楚呢？

据永济城保卫战的亲历者、时任第一团军需的刘守经（陕西蒲城人）老人告诉笔者，永济城保卫战后，旅长王俊曾命在旅团部驻地（慈禧太后爱臣阎丹初修建的丰图义仓）斜背面——原朝邑县大寨子村外修建了一座永济抗日纪念碑。碑阴刻有全部阵亡官兵的姓名。得此信息，1987 年 10 月笔者亲往大寨子村考察寻访。遗憾的是，那儿现在什么都没有。

该村退休教师雷承祖先生告诉笔者，烈士纪念园建在其村（今大荔县朝邑镇大寨子村）外西南角去大荔的大路北边，约二亩大小。门口两根石柱，东边的上刻“华岳苍苍黄河泱泱”；西边的上刻“烈士之风山高水长”。纪念碑正面碑楼横额上镌刻着国民政府主席林森题词“为国捐躯”，下面正中碑石上刻着“陕西警备第一旅第一团永济抗战纪念碑”；碑阴碑楼横额上镌刻着国民政府监察院院长于右任题词“民族之光”，下面碑石上镌刻着小字碑文：永济血战述略与阵亡官兵的姓名。因历史的原因，陵园1958年后被破坏，纪念碑已不知去向。而今遗址上已住上了人家。后来我曾去该村几次，问遍村中的目击者，也都不知纪念碑的下落。

后又听刘守经老人讲，当时曾拓了几百张碑阴碑帖。他曾多年珍藏一张。文革时怕受牵连，烧了。永济血战阵亡烈士杨茂森（陕西白水雷村人）的家里也珍藏一幅碑帖，文革中，给队上交了。蓝田一陕一旅二团魏应中连特务长赵凤汉的家中，也保存有一帧碑帖，文革中也烧了。可见只要能找见碑帖，谜底便可揭开。时隔半个多世纪，要找到碑帖，也非易事。皇天不负苦心人，碑帖终于被笔者找到了。时任王俊部一团三营七连连长张举才复信告诉我，阵亡的五连连长王继纯家中可能保存碑帖，并说王继纯家是三原县北40里的门家村。得此信息，我立即写信联系。信被退回，说没有此村。我又给我院调到三原空军导弹学院的赵选民老师去信，请他帮忙打听该村。他复信说，问过许多人，都说没有此村。

1989年11月18日，我专程到岐山县祝家庄乡岐阳村张举才家中访问。原来西府人把“蒙”读作“门”。张说应是富平西边的蒙家村。回渭南后，我立即给蒙家村两委会写了一封信，询问王继纯家的情况。1990年元月13日蒙家村两委会复信告知：“烈士王继纯的直属只有一个女儿名叫王应勤现住付平教师进修学校任教工作……烈士家庭现存烈士碑文影件一份，保存完整。”得此信息，我万分高兴。我深深感谢蒙家村两委会的负责同志。

2月4日接元月18日王颖勤来信告知说：“我家现存抗日时期为我父立碑的碑文一份……你若要史料，那便是铁证如山的材料……望你们抽空来我家索取。”

2月22日，我在蒲城面授结束后，冒着雨雪到富平老城访问了王颖勤老师，尚未见到碑帖。她给了我一个抄件。她告诉我其家中珍藏有碑阴碑帖，高五尺多，宽二尺多。她家每年过春节时，都把碑帖挂出来祭奠。文革中，红卫兵要把碑帖当“四旧”抄走。王继纯的弟弟王启宗说，不能拿，这是我哥的血换来的。碑帖才逃过了一劫。十一届三中全会后，历史的本来面目逐渐得以恢复。此碑反成了珍宝，成了永济城保卫战的有力铁证。王颖勤凭此碑帖，向有关部门提出申诉，请求追认其父为革命烈士。1986年陕西省人民政府批准追认王继纯为革命烈士。后来又让其丈夫张震龙按照碑帖大小正楷书写了碑文送我。当时大型复印条件还不普遍，张震龙又把碑帖拍成照片寄我。至此庐山真面目全部显露。碑阴碑文分“序”“铭”和“阵亡将士题名录”三部分。尽管序中违心地为团长张剑平等文过饰非，但“阵亡将士题名录”与南京中国第二历史档案馆所藏有关档案完全吻合，却是弥足珍贵的史料。

由碑文可知，“序”与“铭”共757字，阵亡官兵有少校2名、上尉3名、中尉4名、少尉4名、准尉2名、上士8名、中士12名、下士17名、上等兵28名、一等兵126名、二等兵102名，共计308人。事实胜于雄辩。所谓“全团牺牲”、“为国捐躯者500多”、“冲出重围者三四人”等等，皆为夸张与杜撰。不仅如此，该碑文经过人为的修饰，序中也有多处夸张的不实之词。

1. 序云“城中仅留4连支持危局”。8月16日的确调走六、八两连，六连也确未回城。而8月17日下午与日寇血战时，从多方考证，城内实为5个连：王恒震机枪连、二营冯民安四连、王继纯五连、三营刘兴汉八连、丁文英九连。当时八连已回城内。《永济血战经过报告》说，八连连长刘兴汉阵亡（笔者按：后知并未阵亡。），此其证据一。孙蔚如8月19日致蒋介石、阎锡山电云，据八连连附宁建亚称，此其证据二。

2. 序云“8月16日夜……激战终夜，直至拂晓，已将县城三面包围”。此说与事实不符。据在东城参战的4连连附蔡逸民先生回忆，17日中午12点前日军还未到城下，下午两点多日寇才用大炮向城中轰击。刘守经先生也认为蔡说的很对。1938年8月18日《西京日报》、8月19日《新华日报》均引【中央社潼关17日下午3时电】云：“敌约二三千，飞机6架，于16日拂晓起，迄下午8时至，向我永济猛攻，经我□部奋勇抵抗，反复肉搏达数十次，敌伤亡惨重，其一部约千余人，于今上午窜抵永济东北关外，与我□部激战中。”可见8月16日夜，日军并未兵临永济城下。

3. 序云“终因弹尽援绝，城遂陷于寇手。”据云孙蔚如将军曾令一个团解围，但该团长拥兵自保，没有赴援，因此援绝属实。但并未“弹尽”，据刘守经先生讲，因准备死守，城内粮食、煤油、枪弹还有许多，只是听说死守永济的“擎天柱”邓祥云阵亡，团指挥部诸人才立感气馁！团长张剑平与团附秦颂仁不仅未组织剩余官兵有组织突围，反而在广大官兵还不知道邓祥云阵亡尚与敌进行激烈巷战的掩护下“出西门乘早已预备好的渔船逃过黄河。”（李振西：《风陵渡保卫战》）

4. 序云：“比杀出重围。仅存张团长暨秦团附十数人”。此说夸张过火。守城官兵5个连、加上团部直属担架排、通信排，共有600多人。阵亡308人，仅占百分之五十，怎能说仅存十数人？不仅如此，若能组织剩余官兵有组织地突围，我军许多官兵就不会被大河卷去，牺牲的官兵还会再少一点。此碑文尽管有些瑕疵，但毕竟是1938年所建，确是弥足珍贵的文物，是今天研究保卫永济城血战的有力铁证之一。

难道是308位抗日英烈在天有灵，不愿湮没无闻吗？在2015年全国纪念抗战胜利70周年的日子里，大荔县的同志又从本县姚先生处得到了珍藏了75年的1940年元旦6个军人在参谒该碑时的照片，使纪念碑的正面全貌在75年后重新显露在我们面前。

根据这张75年前拍摄的照片可知：纪念碑坐北朝南，四周用青砖砌成围墙，围墙成长方形，南北长，东西较短。南面围墙用十字花墙

1940年元旦拍摄的朝邑陕西警备第一旅第一团永济抗 战阵亡将士纪念碑正面全景

做成，正中有一进门，门两边各有一根四棱石柱，石柱上端各雕刻一个石狮。东边石柱上镌刻着："华岳苍苍黄河泱泱"8个大字，其右上方镌刻着"陕西警备第一旅……"等字，可惜看不清楚了。西边石柱上镌刻着："烈士之风山高水长"8个大字，其左下方镌刻着一些小字，同样看不清楚了。紧靠石柱外侧下边各有一个小石狮。石柱内侧门口各有一个石狮。石柱外东西两侧各栽3棵钻天杨树，东西墙外，也栽着一些钻天杨。围墙西南角和东南角各有一个高出围墙许多的大石狮。院内靠围墙栽有许多四季常绿的柏树。进门后，登上8级台阶，方到纪念碑正面，纪念碑建在台阶之上，台阶四周也用青砖砌成十字花墙。纪念碑巍然屹立正中。碑楼用青砖砌成，高约四五米，最上端为圆顶，四角各挂一个铁铃，碑楼横额上镶嵌一块长方形小石碑，其上从东到西镌刻着"壮烈捐躯"四个大字（村民回忆为"为国捐躯"有误），西边竖刻着"林森题"3个较小的字。碑楼正面东侧上面用白灰写着"踏着先烈的血迹抗战到底"，左侧用白灰写着"打倒日本……"。整块大碑石镶嵌在碑楼正中，最上面刻画着国民党党徽和国民党党旗与国旗，两旗中间镌刻着6个小字，已看不清。其下中间镌刻着"陕西警备第一旅第一团永济抗战阵亡将士纪念碑"21个大字，其右上方镌刻着"中华民国二十七年八月十七日"13个小字，其左下方镌刻着"团长张剑平率全团官兵敬立"12个小字。

未到文革"浩劫"，用308位抗日英烈鲜血铸成的永济抗战阵亡将士纪念碑，在左的思潮影响下，竟被一些无知的人早早毁坏了，令人遗憾！更遗憾的是，2004年王颖勤夫妇先后去世，子女将其住房卖掉。买房者竟将珍藏了60余年的碑帖当作废物扔掉！幸亏我保存了碑帖照片，才使此碑免于佚亡。不能自秘，敬以问世。

附录：碑阴碑文全文如下：

陕西警备第一旅第一团永济抗战阵亡将士纪念碑序

中华民国二十六年七月七日倭寇无端挑衅酿成芦沟桥事变遂冒天下大不韪悍然调集寇兵数十万分途进扰我全国各重要城邑当寇入据太原后旋复引兵南下于是临汾不守晋南告急并骎骎然有企图渡河入陕之势我陕西警备第一旅王旅长杰三统率全部扼守黄河保卫西北其第一团团长张君剑平杀敌报国夙怀此志即躬率部队六连慷慨东渡以遏寇焰迨至永济奉命归陕西警备第二旅孔旅长郁文指挥未几以其所部两连调防城东峨嵋原城中仅留四连支持危局张团长同各官长每日督饬军民修葺城防组织民众匝月之间未得一日宁息而士兵奋勇作工更无不以一当百其不避艰险忠于保卫国家民族之精神盖实有足多者部署方毕寇已迫临我峨嵋原孔旅阵地我军当出而迎击嗣因战略关系我军大队转入中条山一带独留张部苦守永济于二十七年八月十六日夜天色黑黝寇复以数千之众蜂拥而来激战终夜直至拂晓已将县城三面包围炮声震天寇机又凌空肆虐但我守城官兵虽知众寡不敌均各抱城存与存城亡与亡之决心俟寇攀登城埤手出枪刃剚其胸脰尸满濠沟卒不得逞寇无奈以大炮轰毁城垣冒弹越

此为王继纯女婿张震龙生前拍摄的陕西警备第一旅第一团建于朝邑大寨子村外的永济抗战阵亡将士纪念碑碑阴拓片照片

尸而入此时我军与寇肉搏巷战终因弹尽援绝城遂陷于寇手时为八月十七日薄暮比杀出重围仅存张团长剑平暨秦团附颂仁等十数人余皆为国捐躯呜呼烈矣事闻我最高统帅　蒋公特电嘉奖以旌其功并令优恤诸烈士遗族然张团长追念袍泽痛定思痛乃择吉建碑于朝邑畀余纪其事并书诸烈士之姓名刻诸贞珉以彰其忠礼也余与张团长忝属知交又曾参加斯役缅怀先烈中心悼伤虽不能文又何敢辞爰为之铭曰

巍巍太华炳炳日星人维以杰地赖以灵髦俊辈出车驷雄风原为国难齐作干城嗟彼倭寇咨肆鲸吞驰突中原迭陷三京黎庶涂炭妖氛纵横桓桓勇士衔命东征聿进弗退斩杀若陵慷慨成仁激昂尽忠老如绛叟幼如汪童并力同心登埤拒戎援绝犹斗身死怒冲生为国士殁亦鬼雄顽廉懦立闻者振兴名垂青史万代钦崇馨香奉祀勒石铭功用昭来世鉴此元贞

阵亡将士题名录

少校团附　刘耀堂

少校营长　邓祥云

上尉副官　焦文杰

上尉连长　冯民安　王继纯

中尉军需　韦和亭

中尉副官　吴仁贵

中尉排长　周生龙　耿青山

少尉排长　王振邦　王恩兰　王有才　马俊杰

准尉特务长　郝德荣　李玉亭

上士文书　张卓铮　段墨岑　张鸿钧　杨兆荣　李德全

上士军需　邓继忠

上士看护　陈永保

上士班长　杨春周

中士班长　郭鹿鸣　张新山　杜玉田　雷伯英　张鸿源　贠华芳
袁得胜　郑吉元　张德茂　侯子玉　李文盛　张志忠

下士看护　杨茂森　赵世华

下士班长　范金荣　强克信　张文修　杨高才　何步荣　张效骞
郭凤仪　张永来　傅志华　王金中　姜子万　李怀印
许振兴　钟金阁　闵绍先

上等号兵　谭振新　赵保山

上 等 兵　吴明亮　陈保泰　孙振忠　姬汝林　李汉臣　何占华
康景成　张仲亭　王志成　邹立春　韩公锡　贾经国
唐青云　陈占元　王德明　李朝阳　张洪勋　李振山
张贵海　傅金文　毕月恩　梁春茂　冯积德　惠克忠
刘鸿德　冯满栋

一 等 兵　李如松　刘汉义　唐六仪　石璧成　徐生财　李全德
张武学　蓝宝田　王汉章　李文胜　李玉玺　蒲树升
张生财　刘文祥　孙占元　贾生祥　陈双奎　韦生杰
张书乾　曾宪德　阎志忠　张甲连　詹运至　傅万保
张胜恒　王光明　常义昌　薛忠祥　刘忠海　杨主信
萧全升　王志桢　赵生贵　程长江　宋兴林　吴青龙
李鸿斌　夏耀臣　许开国　陈登玉　郑松和　王福生
邓长恺　王世兴　王彦杰　李树荣　张振文　张光厚
欧金山　任万杰　杨天成　张国栋　孙宪章　齐建钧
王维云　赵光明　赵智荣　李长荣　王明胜　罗志明
侯世录　王振才　王志保　康喜成　李德法　齐作文

	张孔林	燕世勋	雷亮荣	杨天云	韩朝显	高光济
	辛金耀	焦中祥	安国祥	高明贵	刘世杰	耿廷录
	王金山	周生财	吴吉昌	郭志敬	范毓伸	杨振河
	刘守忠	龚得元	杨志明	王瑞华	张光进	牛　芳
	刘玉亭	郝玉贵	席实信	马金福	杨九成	王永德
	梁学安	向可山	陈长发	刘振祥	刘宪章	王有富
	宋青山	傅　俭	张民权	孙邦奎	文敬轩	孔祥林
	孙世界	马升堂	苏鸿彬	孟水鱼	张道清	刘世杰
	王山虎	姬焕成	叶光生	任仕和	张和礼	贾五生
	毛富忠	康福堂	单书林	阎聚宝	李连枝	靳生华
二等兵	李生文	任学礼	王玉明	聂随善	白玉杰	杨松林
	郭本义	张明成	梁照明	徐得明	邓正保	辛进元
	杨志明	冉森瞭	刘成河	顾有钧	祈彦民	景秀山
	王生发	郭世英	陈世昌	孙家成	朱兆勤	李丁茂
	鲁志勉	宋振刚	苗青云	李维和	贾可忠	张志锡
	傅凤鳞	朱富忠	张金财	杨宗梧	郭怀山	刘焕中
	王芝兰	谭蔚扬	王永成	张清臣	姚树清	孟占杰
	张占荣	夏廷海	王致民	姚华年	方子尚	杨天有
	任克俭	戴茂林	刘治远	张忍谦	王正才	王富贵
	冯有林	刘志春	黄青刚	张应海	史怀玉	贾鸿运
	翟文海	黄英杰	张瑞信	李得功	白志强	刘志谦
	任铁成	郑克俭	刘治法	贺廷海	阎子贵	史秉真
	宋国祥	何起吕	高培之	王生杰	王建邦	陈道真
	刘桂生	席学礼	马成海	李崇学	张玉保	吕保兰
	曹明升	朱金銮	张宪琛	张志道	丁忠宽	郝保善

刘怀林　杨发堂　耿庆堂　牟志杰　石碧沉　赵福科

崔占海　翁永魁　白锡武　汤殿魁　吴中山　严世英

临　潼　王　铁　夫　谨　撰

朝　邑　李　宝　珩　敬　书

中 华 民 国 二 十 七 年 十 二 月 十 八 日

附记：该碑碑文2005年8月26日在山西省《永济报》以《陕西朝邑永济抗战纪念碑》（略去阵亡将士题名录）为题首次面世。

该文登载于2016年元旦《各界导报》（略有改动）

后　记

在各方的的关怀和支持下，拙著《杨虎城将军旧部抗日烈士述略及史实考证》(上册) 一书即将面世。

我是一个普通教员，写杨虎城将军旧部抗日英烈本是我难以胜任的事，只是由于天时地利人和的一些原因，才使我班门弄斧，勉为其难。

我10个月时慈母邓仙娃去世，二舅母田凤英用她的奶水救下我一条小命。我孩提时几乎是在舅舅家长大。我刚刚懂事时，经常听二舅母她们说什么“血战永济”。后来才知道二舅父是从永济城抗日血战时突围生还的。新中国成立后，由于历史的原因，国民党部队抗日，成了史学的禁区。党的十一届三中全会后，历史的本来面目逐渐得以恢复，国民党部队抗日英烈也慢慢得到国人的认可与敬仰。这是我们萌生写此书的“天时”。

1982年我调渭南教育学院，旋又忝任语文组长，成年累月同我院和各县中文教师到渭南市13个县市进行高师函授面授。1983年在潼关面授观摩结束后，有同志提议去山西永济普救寺参观，这勾起我去看看血战永济城的想法。渭南离永济较近，这给我多次去永济寻访考察提供了“地利”之便。加上渭南离西安较近，又给我们到省图书馆、陕师大图书馆、省档案馆查找资料提供了“地利”之便。如果不是我调渭南，此书根本无法写成。

1986年，我回蒲城，上王乡退休老师屈江瑞告诉我，他们乡志拟写抗日英雄邓祥云，但苦于没有资料。我说，我二舅父曾参加斯役，估计我表姐、表哥可能知道一些。一问他们二人，连斯役发生于何时都说不清。1987年6月19日《陕西日报》刊登了贾新运写的《省府追认抗日爱国将领王俊为革命烈士》的报道，其中说：王俊“曾派部队渡河至山西永济，袭击日寇，毙敌百余人”。得此信息，我立即给贾去信询问。他让问张亮伯。我又去信询问，张说是车飞程给他讲的。我到车处访问，车告诉我刘守经、陈洁生、蔡逸民皆是永济城血战的亲历者。经过访问这3位老人，血战永济的轮廓逐渐清晰。后又查阅有关书报，并得到孔从洲将军的鼓励与多次远赐教言，斯役庐山真面目终于显露。写出邓祥云述略后，在许多人的帮助下先后又写出张希文、魏鸿纪、田景华等述略。因这些人和事都发生在五六十年以前，众说纷纭，真假难辨，加上笔者尤好考证，这时一个想法逐渐形成，写一本《杨虎城将军旧部抗日烈士述略及史实考证》，实际上只是杨虎城将军旧部部分抗日烈士。在已说不清多少人的帮助支持下，经过20多年的四处奔走，自费走访、搜集资料，才使此书终于告成。因此可以说，此书是一部集体创作，我们只是一个笨拙的整理者而已。这便是“人和”。没有这些人的帮助，此书根本完成不了。可谓天时不如地利，地利不如人和。

拙著分两大部分，第一部分为烈士述略，共收录1939年以前抗日阵亡的482位英烈（只是部分）。其中10位写述略，原则为少校以上军官，个别英雄事迹突出者不受此限制。10位写概略。462位是英名录。因为时间久远，资料极缺，只能如此。第二部分9篇拙文为史实考证。书中的文章，非一时写成，又因场合或对象的不同，内容上有时前后重复，想读者必能理解。

在拙著写作时，先后得到中国第二历史档案馆、中国革命博物馆、中国人民抗日战争纪念馆、陕西省图书馆、陕师大图书馆、陕西省档案馆、湖北十堰图书馆、永济市志办、铜川市耀州区志办、蒲城县志办、蒲城县档案馆、山西长治政协、山西高平政协、陇县县志办、陇县政协等单位和有关负责同志的大力支持与帮助。在搜集资料时，中国第二历史档案馆朱琪同志、永济市原县志办阎海燕主任、杨虎城研究会张振基副主任、西北大学同窗张连寿先生、陈步蟾先生、原渭南教育学院院长杨正全、副院长聂光锐和王晓龙同志、严安政先生对我们帮助尤多。当2010年书稿完成后，想出版，没有资金。在我们到处寻求资助时，我院经过评议后，同意用“渭南师范学院学术著作出版基金资助出版”，这真是久旱逢甘霖。在拙著评审时，得到中国人民抗日战争纪念馆罗存康副馆长、西安交通大学靳英辉教授和渭南师范学院段国超教授的美誉推荐。特别是年逾古稀的靳英辉教授，多次对拙著从书名到内容都做了不少具体指导，不仅亲手书写了出版推荐意见，在百忙中还为拙著写了“序”。尧山中学老学兄、宝鸡八十一号信箱副高级工程师王松龄为拙著题写了书名。渭南师院党委委员、组织部杨小渭部长、人文学院凌朝栋院长、社会科学处李明敏处长、陕西省哲学社会科学重点研究基地“秦东历史文化研究中心”党旺旺主任、蔡静波副主任、发展规划处副处长、学科建设办公室孙宏恩副主任、蒲城同乡、资深媒体撰稿人谢新发先生都对拙著的出版给予了极大的关怀和帮助。西北大学艺术学院学生王廿一为拙著设计了封面。我们向给我们提供帮助的所有前辈与同志们表示衷心地感谢。由于资料极缺，加之笔者水平所限，错误难免，敬请专家与读者不吝赐教。

作 者

2012年6月1日

本书为陕西省社会科学基金后期资助项目（立项号：2014HQ11）
本书由渭南师范学院学术著作出版基金资助出版

杨虎城将军旧部抗日烈士述略及史实考证

王松龄

（下）

王忙有　王晓征　著

中国文史出版社

追寻足迹

2011 年 9 月 1 日，与妻第 3 次到卢沟桥凭吊抗日英烈

2017 年 3 月 15 日，与妻参谒南岳忠烈祠

追寻足迹

2005 年 9 月 4 日在纪念抗日战争胜利 60 周年时在陕西电视台接受采访（文献纪录片《浴血中条山》截图）

2014 年 4 月 21 日，与山西平陆政协赵旭光主席、文史办富平宁主任等参谒中条山六六战役纪念碑

追寻足迹

2013年5月15日，访问陕西渭南市临渭区原赵寿山三十八军一〇二团93岁的抗日英雄杨生枝老人

2014年4月21日，访问山西省平陆县张村镇沙口村沙口惨案的亲历者88岁的贾胜轩老人

2014年4月22日，访问山西省平陆县赵寿山三十八军一〇二团95岁的抗日英雄高凤梧老人（平陆羊皮岭人）

追寻足迹

2015 年 8 月 15 日，在西安事变研究会举行的纪念“抗战胜利 70 周年暨缅怀杨虎城将军旧部抗日先烈先贤座谈会”上简介《杨虎城将军旧部抗日烈士述略及史实考证》

2015 年 7 月 6 日，在家中接受中央电视台采访。此为中央电视台科教频道播放的文献记录片《陕西抗战纪实》的截图

2015 年 9 月 19 日，在渭南家中就马俊杰血战永济城接受陕西陇县党史办采访。此为陇县电视台播放的新闻截图

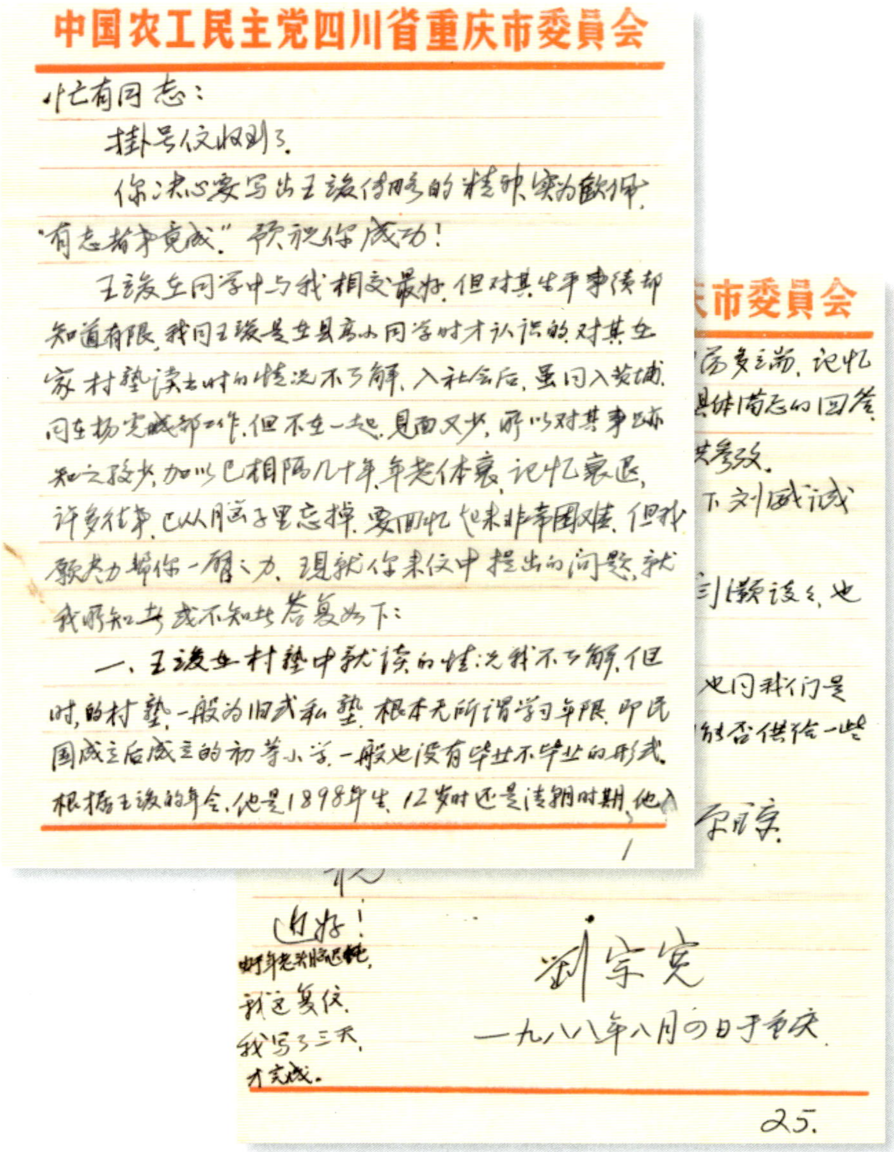

中国农工民主党四川省重庆市委员会

忆有同志：

挂号信收到了。

你决心要写出王缵绪传略的精神实为钦佩，"有志者事竟成"，预祝你成功！

王缵绪在同学中与我相交最好，但对其生平事迹却知道有限，我同王缵是在县高小同学时才认识的，对其在家村塾读书时的情况不了解，入社会后，虽同入黄埔，同在杨宪威部工作，但不在一起，见面又少，所以对其事迹知之较少，加以已相隔几十年，年老体衰，记忆衰退，许多往事已从脑子里忘掉，要回忆起来非常困难，但我愿尽力帮你一臂之力，现就你来信中提出的问题，就我所知者或不知者答复如下：

一、王缵绪村塾中就读的情况我不了解，但当时的村塾一般为旧式私塾，根本无所谓学习年限，即民国成立后成立的初等小学，一般也没有毕业不毕业的形式，根据王缵的年令，他是1898年生，12岁时还是清朝时期，他入

1

中国农工民主党四川省重庆市委员会

此致

敬礼！

由于年老精神迟钝，我这复信，我写了三天才完成。

刘宗宽

一九八八年八月四日于重庆

25.

原重庆市政协副主席刘宗宽先生1988年8月4日复本书作者写了3天共25页的长信扫描件

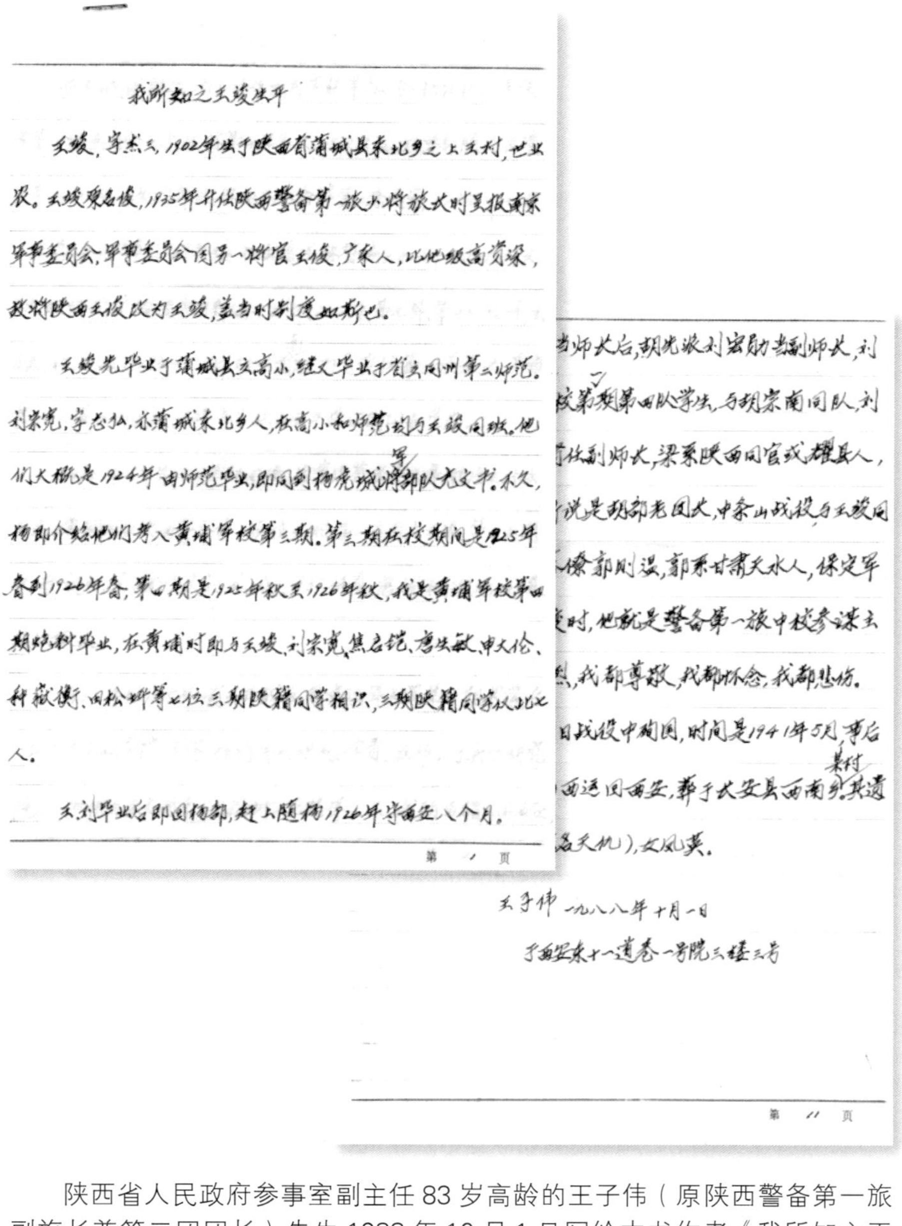

我所知之王竣生平

王竣，字杰三，1902年生于陕西省蒲城县东北乡之上王村，世业农。王竣原名俊，1935年升任陕西警备第一旅少将旅长时呈报南京军事委员会，军事委员会因另一将官王俊，广东人，比他级高资深，故将陕西王俊改为王竣，盖当时制度如斯也。

王竣先毕业于蒲城县立高小，继又毕业于省立同州第二师范。刘宗宽，字志弘，亦蒲城东北乡人，在高小和师范均与王竣同班。他们大概是1924年由师范毕业，即同到杨虎城将军部队充文书。不久，杨即介绍他们考入黄埔军校第三期。第三期在校期间是1925年春到1926年春，第四期是1925年秋至1926年秋，我是黄埔军校第四期炮科毕业，在黄埔时即与王竣、刘宗宽、焦启铠、唐嗣敏、申大伦、钟毅衡、田松坪等七位三期陕籍同学相识，三期陕籍同学仅此七人。

王刘毕业后即回杨部，赶上随杨1926年守西安八个月。

第 1 页

当师长后，胡光派刘宏励当副师长，刘
校第一期第四队学生，与胡宗南同队，刘
任副师长，梁系陕西同官或耀县人，
说是胡部老团长，中条山战役与王竣同
僚郭则温，郭系甘肃天水人，保定军
时，他就是警备第一旅中校参谋主
烈，我都尊敬，我都怀念，我都悲伤。
日战役中殉国，时间是1941年5月，事后
西运回西安，葬于长安县西南乡某村。其遗
名天机），女凤英。

王子伟 一九八八年十月一日
于西安东十一道巷一号院三楼三号

第 11 页

陕西省人民政府参事室副主任83岁高龄的王子伟（原陕西警备第一旅副旅长兼第二团团长）先生1988年10月1日写给本书作者《我所知之王竣生平》扫描件

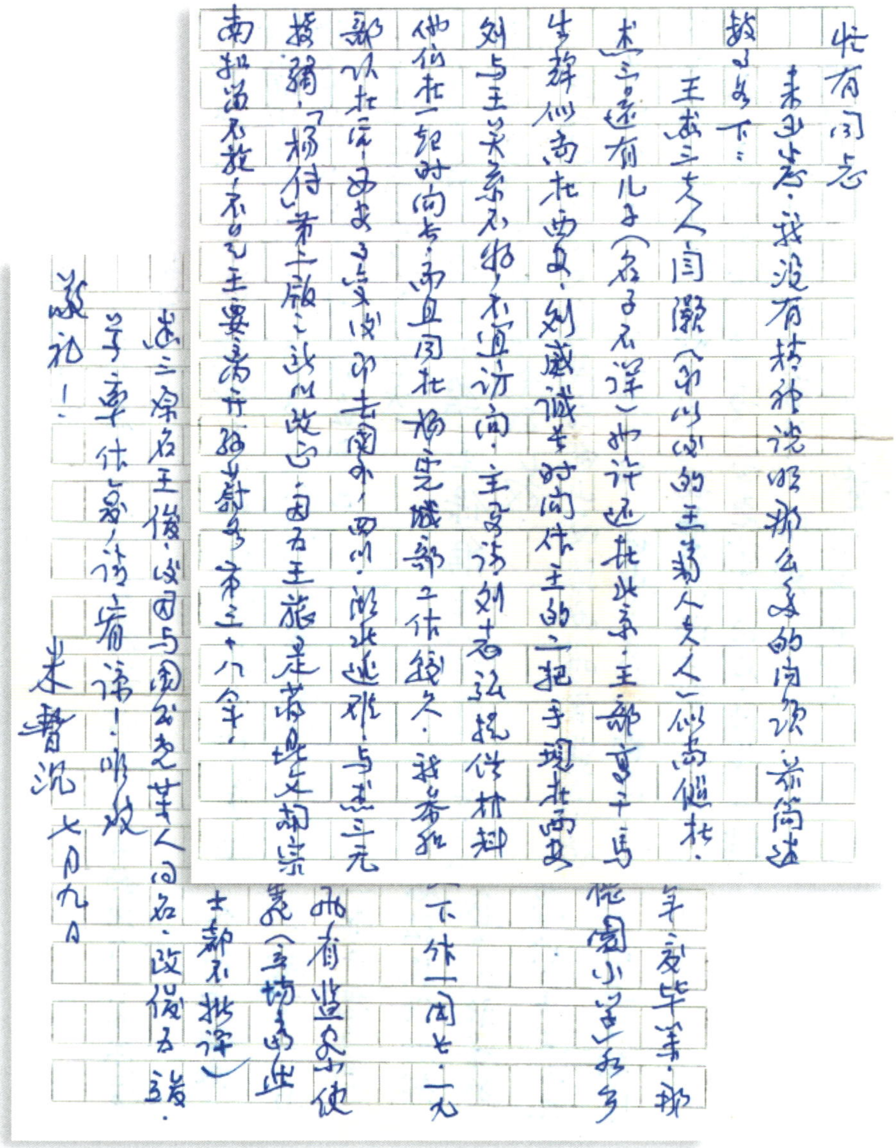

《杨虎城将军传》的作者、王俊高小同班同学米暂沉先生 1988 年 7 月 9 日就王俊将军生前数事复本书作者的信扫描件

序

王忙有先生与其次子晓征撰写的《杨虎城将军旧部抗日烈士述略及史实考证》下册，继上册之后，终于由中国文史出版社正式出版了。此书本该在纪念抗日战争胜利70周年之际出版，因为编辑原因，被延至纪念西安事变80周年之际出版，仍然值得祝贺。

1931年9月18日，日本帝国主义发动了对我国的侵略战争。尽管当时国民政府奉行了“不抵抗”政策。但从那时起，不屈的中华民族便自发地展开了武装抵抗和抗日救亡活动。杨虎城将军就是这场伟大爱国救亡运动中的一个“弄潮者”。他在事变后的9月23日便泣告全国:“尤祈我举国上下，一致团结，共御外侮。”也从那时起，他对所部十七路军的教育训练全部纳入了抗日为中心。从1931年到1936年，他对部队的讲话、训词必讲抗日问题；军事训练、演习全部以日军为敌方。由于杨虎城将军在日本游学期间认真考察和研究过日军的训练与战法，所以他对部队的训练有很大的实用性，为日后原十七路军在对日作战中创造辉煌战绩奠定了坚实的军事和政治基础。

西安事变扭转了时局，使中华民族在“抗日救亡”的目标下团结了起来。为了这个目标，杨虎城将军把从辛亥革命开始铸造的十七路军这个“盘子”摔了。用杨虎城的话说：“为了国家民族，这个盘子摔得响，摔得值得。”西安事变后，十七路军分化了。但当卢沟桥的炮声响起后，杨虎城将军的旧部在孙蔚如、冯钦哉等将领的率领下，先后奔赴抗日前线，同仇敌忾，共赴国难。赵寿山、耿子介、孔从洲、李兴中、许权中、陈硕儒、王振华、武士敏、柳彦彪、王明钦、郭景唐、王俊、王劲哉等率部转战河北、山西、河南、湖北等抗日战场。战斗中，武士敏、王俊、邱铁生、李家骥、田景华、袁振亚、王俊儒、石杰三、冯汉英、翟家骐 、范文英、胡品一、谢济民、杨法震、张希文、刘天照、邓祥云、马俊杰、魏鸿纪、蒋士城、郭则温、周英灿、张亚东、傅廷栋、张子麟、刘忠义和陈良璧等不惜以血肉之躯抗击日军的飞机大炮，以身殉国；原十七路军以数万官兵的伤亡谱写了一曲又一曲的抗日壮歌。他们用鲜血与生命保卫了黄河，保卫了陕西，保卫了祖国。赵寿山、李兴中、武士敏将军率三十八军、九十六军、九十八军血战中条山，一度使其成为日军不可逾越的屏障，被日军称为“盲肠炎”；王劲哉将军率部在湖北创建了江汉抗日根据地，范围达 6 县 20 镇，与日寇周旋了 5 年之久。他们的英雄事迹感天地、泣鬼神，催人泪下。可以说没有他们的捐躯赴国难，就不会有抗日战争的伟大胜利。从某种意义上说，在伟大的抗日战争中，杨虎城将军的旧部都始终坚持了为国为民、坚决抗日、誓死不当亡国奴的原则。被杨虎城将军培养起的爱国主义、民族精神始终鼓舞着这些陕西军人。他们的英名和在抗战中的丰功伟绩应该永远被我们尊敬和怀念；他们的精神应该通过我们去传承。

我拜读了王忙有先生与其子撰写的书稿，被其深深感动。一是被书中介绍的抗日先烈们的英雄事迹所感动。书中收录的 1146 位烈士，个个都是人民的英雄、民族的骄傲。而这 1000 多人仅是杨虎城将军旧部中，为抗日牺牲烈士的几十分之几。由于历史的原因，众多的先烈没有留下英名和事迹，但他们为我们今天付出的一切决不能被忘记。忘记这些就意味着背叛，是对我们民族的背叛。

二是被王老师的精神所感动。他是渭南师院退休的教授。他有一颗伟大的爱国心，他以传承爱国主义、民族精神为己任，视收集、整理、考证他们的事迹为自己的历史责任。历经近30年的努力，在没有组织保障、完全自费的条件下四处奔走，采访考察，搜集资料，虽年近八旬，仍笔耕不辍，终于完成了历史大作《杨虎城将军旧部抗日烈士述略及史实考证》。此举为杨虎城将军旧部的抗日烈士们竖起了一座真正的丰碑。由此我们可以骄傲地对世人说："看！这就是我们民族的英雄，陕西军人的骄傲！杨虎城部队的骄傲。"

伟大的抗战精神永垂不朽！

为中华民族独立自由牺牲的烈士永垂不朽！

杨 瀚

2016年7月于北京

目　录

烈士述略

史实考证

烈士述略

血沃中条山　丹心耀汗青

——抗日英烈邱铁生事略

邱铁生（1897—1939），学名射斗，字丙寅。清光绪二十三年（1897年）生于陕西省耀县孝义坊北堡（今铜川市耀州区孙塬乡孝北村）一个农民家中。清光绪三十三年（1907年）入村私塾受启蒙教育。民国三年（1914年）入耀县县立西街高等小学堂学习。民国七年（1918年）考入西安陕西省立第一师范学校。翌年北京爆发了轰轰烈烈的反帝反封建的“五四”运动。消息传到陕西后，邱铁生和同学们热烈响应，组织起来，进行罢课、请愿、游行、宣传。民国十一年（1922年）毕业后，带回一幅“岳母刺字”的画卷，爱如珍宝，贴在卧室墙上，经常凝目观看，动辄自语道：“岳飞是中华民族的伟大英雄，我当效慕岳飞。”1923年开始在富平县高小任教数年。

辛亥革命虽然推翻了满清皇帝，但国内军阀混战，百业萧条，生灵涂炭，人民仍处于水深火热之中。邱铁生为了寻求国家强盛之路，便于 1927 年毅然辞职投笔从戎[①]，参加了杨虎城将军的部队，经过培训学习搞译电工作。随部东出潼关，先后转战豫、皖、鲁、豫。1930 年初冬，在杨虎城将军指挥下，随部攻克潼关，回到西安。杨将军任命他为十七路军总司令部密电科上尉译电员。1932 年他被调到参谋长办公室，任少校秘书。

1934 年秋杨虎城将军保送他到南京中央军官学校高教班学习。1935 年学习期满，他专程到杭州拜谒岳王庙，特意在岳飞墓前拍了一张戎装照片，“精忠报国”的墓碑就在他的身旁熠熠发光。回部后他被调到参谋处二科任少校参谋。1936 年 12 月他随部参加了震惊中外的西安事变。

西安事变和平解决后，蒋介石回到南京，即对张学良、杨虎城两将军进行报复。在扣押张学良将军的同时，先对杨虎城将军撤职留任，接着又逼迫杨虎城将军辞职出国考察。1937 年 5 月 7 日南京政府撤销了十七路军总部，把所剩部队缩编入第三十八军，孙蔚如仍任军长，领辖第十七和第一七七两个师及陕西警备第一、二、三 3 个旅。邱铁生升为孙蔚如第三十八军第十七师中校参谋。旋被调入王镇华陕西警备第三旅，随部驻防耀县。卢沟桥事变爆发后，邱铁生决心早日奔赴前线杀敌。10 月随部开赴陕东韩城扼守（黄）河防。他与全旅官兵一起日夜赶筑河防工事，并宣传组织群众积极参加抗日活动，准备随时打击进犯的日寇。

1938 年春，日寇沿同蒲铁路南下，3 月 6 日攻占与陕东一衣带

---

① 马骧:《邱铁生传略》(载《陕西地方志通讯》1989 年第 1 期第 77 页)云:“1926 年，他投笔从戎，东出潼关，参加了杨虎城将军的部队。”此说有误，与史实不符。众所周知，1926 年，因刘镇华围攻西安，杨虎城与李虎臣坚守西安 8 个月。杨部根本未东出潼关。1927 年春，杨部被冯玉祥改编为国民联军第十路军后，5 月才东出潼关，与北伐军会师中原。

李兴中

水的永济县城，3 月 8 日攻占风陵渡，觊觎西安，全陕震动。邱铁生立即请缨奔赴前线抗日。是年 6 月孙蔚如第三十八军被蒋介石改编为第三十一军团，孙任军团长，领辖三十八和九十六两个军。陕西警备第三旅（后改名为独立第四十七旅）被编入李兴中九十六军序列①，旅长仍为王振华。为了策应武汉会战，阻遏日寇西犯，孙蔚如亲统在陕各部开赴晋西南抗日前线。邱铁生所部奉命于 7 月 12 日东渡黄河，“机动使用于汾河以南，同蒲路以西，中条山以北 9 县间地区内，并依情况策应永济、中条山各守备之作战。”②

乘我三十一军团入晋立足未稳之际，为了策应攻占武汉，华北日军调兵遣将，企图强渡黄河，直取西安，实现其攻占大西北的罪恶计划。6 月 23 日晋南驻运城的日寇二十师团长川岸文三郎他调，新任师团长牛岛实常日本防卫厅战史室编、天津政协编译组：《华北治安战》（上），第 75 页。“逐渐做好一切准备，在 7 月 5 日转为攻势”③，卷土重来。

---

① 刘文韬主编《耀县志•人物志•邱铁生》说，“民国二十七年（1938 年）国民军新编九十六军开赴晋南抗日前线，铁生任该军一一七师四十七独立旅副旅长。”这里有两点与史实不符。1.1938 年 7 月，孙蔚如第三十八军，被改编为第三十一军团，辖赵寿山第三十八军和李兴中第九十六军，并无什么“新编九十六军”。2. 一一七师，明显有误，应是一七七师。九十六军辖一七七师和独立第四十七旅。独立四十七旅与一七七师平列，并非一七七师的一个旅。孙蔚如写的《第四集团军抗日战争概略》说“二十七年（1938 年）……七月……余调任第卅一军团军团长，所部编第卅八、九十六两个军。赵寿山任卅八军军长，属十七师，师长耿景惠，独立第四十六旅，旅长孔从洲、李兴中任九十六军军长，属一七七师，师长陈硕儒（式玉），独立第四十七旅，旅长王振华。”

② 孙蔚如致蒋介石电（1938 年 7 月 18 日），吴长翼等编：《丹心素裹》（2），中国文史出版社，1989 年 4 月版，第 450 页。

③ 日本防卫厅战史室编、天津政协编译组：《华北治安战》（上），第 75 页。

7月20日拂晓，日寇二十师团步骑炮兵千余人，炮八九门，向邱铁生所部张英三七团第一营驻防的猗氏县之嵋阳镇猛攻。谢济民营长身先士卒，督率全营官兵奋勇杀敌。战况至烈。在邱铁生建议下，王振华旅长令七团团长张英三、八团团长樊雨农派部支援。至夜11时敌终不支，狼狈溃逃。谢济民营长在激战中不幸壮烈牺牲。全营官兵伤亡殆尽。

8月中旬血战永济时，所部在城子埒担任剿袭敌后侧。樊雨农[①]因策应不力，被免职。独立第四十七旅副旅长李家骥接任八团团长，邱铁生升任副旅长。永济血战后，所部由同蒲铁路之北进入中条山西部，建立抗日根据地。所部在虞乡、永济一带作运动战，不断对从永济南侵之敌实施截击、侧击、尾击。

日寇从1938年8月至1940年10月对坚守中条山西段的孙蔚如部发动了11次扫荡，皆被孙部粉碎。邱铁生参加了前4次反扫荡。1938年11月4日，日寇分三路对中条山发动第三次大扫荡：一路经解县南侵二十里岭，一路为盐池南岸大小李村之敌，向榆树岭、扁豆洼、黄龙岭进犯。一路从永济韩阳镇猛攻中条山西段独立第四十七旅阵地，邱铁生协助王振华旅长指挥张英三和李家骥两个团奋起抵抗，终于粉碎了日军的又一次扫荡。

---

①樊雨农（1908—1976），陕西蒲城蔡邓人。黄埔军校第六期步科毕业。早年入杨虎城部，任十七路军总部参谋。1937年6月随杨虎城将军出国考察，任参谋。同年10月樊雨农受杨将军派遣，与金闵生二人先回国，了解国内政情。后因杨将军被蒋介石囚禁，任孙蔚如第三十八军陕西警备第三旅八团团长，赴韩城，随部扼守陕东（黄）河防。1938年7月，任孙蔚如三十一军团李兴中九十六军王振华独立四十七旅八团团长，随部东渡，驻守临晋县境。8月，因策应永济之战不力，被免职。后任孙蔚如部参议、军官训练班军事教官。1948年春，任宝鸡团管区司令。1949年随部到汉中被解放，送中国人民革命大学学习。结业后，在甘肃参加土改。后在陕西米脂县水利局、文管会工作。1957年调陕西省科学院工作。1958年因历史问题被遣送回家乡，交群众监督劳动。1976年去世。

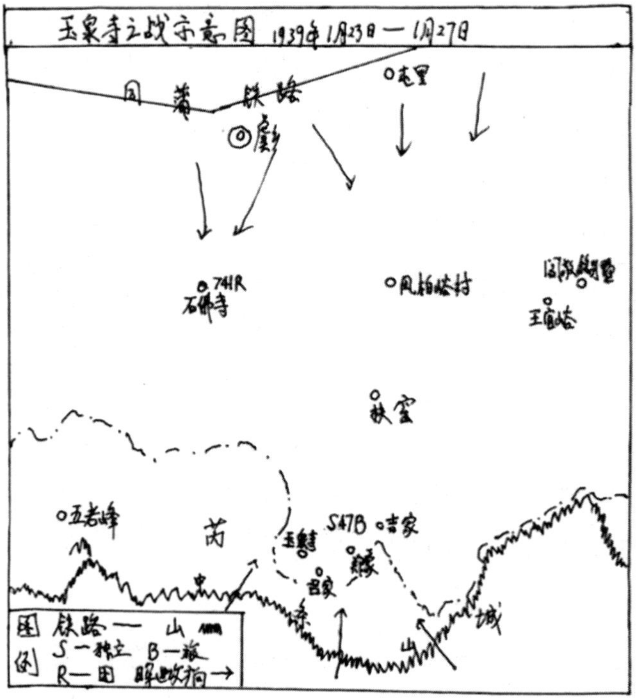

1939年元月23日日寇两万余，在炮兵、空军的配合下，分六路向中条山第四集团军防区发动了第4次大规模进犯。经过3日夜激战，仍未打退敌人的进犯。日寇第二十师团长牛岛①亲率步骑炮五六千，借飞机、大炮掩护，突入我纵深地带，向我柳祠斜独立四十七旅第八团

① 刘文韬主编《耀县志·人物志·邱铁生》说，“翌年春，日军川岸师团以数倍兵力猛攻四十七旅阵地……”。牟玲生主编的《陕西省志·人物志·邱铁生》（中册）亦如此说。此说与史实不符。1.1939年2月22日《西北文化日报》载《忠勇义烈李团长殉国经过》中说：“【军息】元月26日，敌酋中岛亲率步骑炮五六千……”2.1948年3月曾国杰编辑、国民政府国防部史政局出版的《抗战军人忠烈录》第一辑收录的《李故上校家骥》云：“李故团长家骥，于28年1月26日，参加中条山战役，敌酋中岛亲率寇敌5000余众，于飞机掩护下，向我阵地猛犯。”由此两证可知，玉泉寺血战，日军二十师团头目不是川岸，而是中岛。笔者按：报载“中岛”，也有误，应是牛岛。

阵地猛攻，战况空前激烈。王镇华旅长和邱铁生副旅长与团长李家骥冒着敌人的猛烈炮火穿梭督巡，指挥全团奋勇杀敌，打退了日军的多次猛攻。因敌人炮火极其猛烈，我军阵地被敌炮摧毁殆尽。26日夜全团退至中条山北的玉泉寺、扶摇、郑家、吉家、吕家和石佛寺一带。27日日军采用了前后夹攻的战术。敌一路从中条山南面的芮城县境向北翻山进攻，又一部从山北堵住了风伯峪、石佛寺的峪口。然后从屯里村用火炮朝中条山我独立四十七旅第八团不断轰击，并有飞机狂轰滥炸。我八团官兵在王旅长、邱铁生副旅长和李家骥团长的督率下奋力反击，战况至烈。中校参谋主任翟家骐负伤。团长李家骥、中校团附田景华等160余名官兵以身殉国。邱铁生在突围时不幸中敌弹壮烈牺牲[①]。

2月17日《西北文化日报》报道了玉泉寺血战，邱副旅长等以身殉职的消息。

西北文化日报

玉泉寺血战
邱副旅长等殉职
王旅长亲突重围

邱铁生等壮烈牺牲后，第九十六军军长李兴中亲自主持在葛赵镇黄河滩上举行了隆重的追悼大会，号召全军官兵向邱铁生、李家骥和田景华等以身殉国的抗日英雄学习。

邱铁生在1938年11月曾写信给老同学段仙舟，再三表示他要“循分报国”。他一生以民族存亡为重，在外16年，只是在家人的一再催促下，总共回过三次家，每次在家里住都不超过三天。回到家中，一

① 牟玲生主编的《陕西省志·人物志》(中册):《邱铁生》文中说:“邱率部在玉泉寺一线与日军相持一年多”。此说与史实不符。邱部1938年7月12日到晋西南，1939年元月27日牺牲，才半年多啊！

不问家里的事，二不询问县上的事，谈话时总是这样告诉亲友：“今后可以好起来，国家民族是有希望的！”

邱铁生殉国不久，忠骸运回故里，安葬于孝北祖茔。是年（1939年）春天，耀县县政府为邱铁生等举行了隆重的“追悼邱副旅长暨晋南抗日阵亡烈士大会”（含耀县人崔承杰团附和白圭城营附等）。追悼大会送的挽联很多。其老同学李德生送的挽联是：

为民族争生存疆场转战功名垂青史

闻噩耗念乡闾英杰数损遗恨伤我怀

其中还有一副挽联“玉泉完大节英雄遗恨未酬壮志饮黄龙”，可为邱铁生一生的写照。

后来耀县政府还在药王山一天门路旁建有忠烈祠（因历史原因，祠已毁坏），邱铁生等入祠其中。

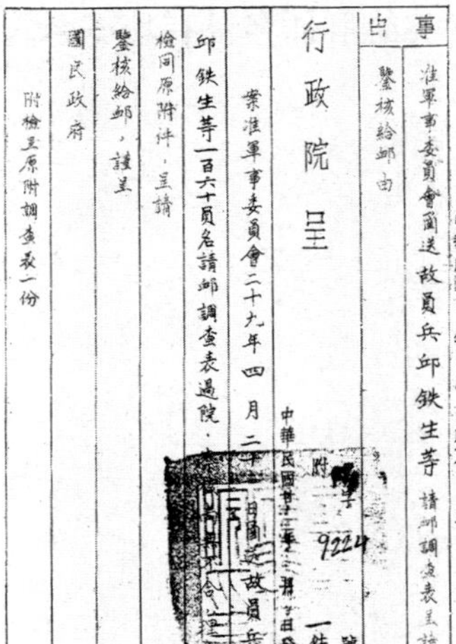
中華民國廿　年　月　日收文　字
事由
准軍事委員會函送故員兵邱鉄生等請卹調查表呈請鑒核給卹由
行政院呈
案准軍事委員會二十九年四月二十　日函送故員兵邱鉄生等一百六十員名請卹調查表過院，
檢同原附件，呈請
鑒核給卹，謹呈
國民政府
附檢呈原附調查表一份
附件　一件　號
9224

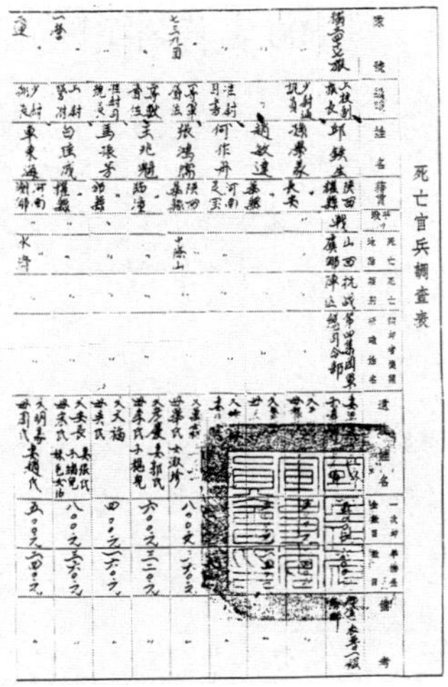
死亡官兵調查表

中国第二历史档案馆藏邱铁生等档案

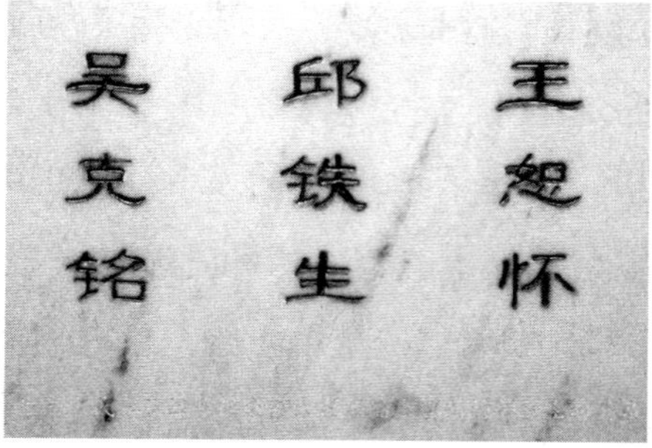

邱铁生副旅长殉职查明详报后，国民政府特准晋升为少将从优抚恤，一次恤金 1500 元，年抚金 600 元[①]。

为民族而献身的英烈永远为人民所纪念。1991 年陕西省人民政府追认邱铁生为革命烈士。《耀县县志》《陕西省志》均为邱铁生立了传。中国第二历史档案馆藏有邱铁生的档案。中国人民抗日战争纪念馆大理石墙上镌刻着邱铁生的英名。

2015 年 8 月 24 日经中共中央、国务院、中央军委批准，民政部公布的第二批 600 名著名抗日英烈和英雄群体名录有其英名。

---

① 中国第二历史档案馆藏档案:《案准军事委员会……函送故员兵邱铁生等一百六十员请恤调查表……》。

附录：

一、当年报纸的报道文章

玉泉寺血战

邱副旅长等殉职

王旅长亲突围

【潼关十六日电】10〔元〕月27日，我王旅于中条山玉泉寺一带，与三倍之敌，激战4昼夜，毙敌700余人。我亦伤亡惨重。邱副旅长李团长俱为国殉职。翟参谋主任负伤。当突围时，距敌仅数百米。王旅长镇华身先士卒，正当有敌三十余，向之包围。王旅长亲持自来得向敌射击。当连毙敌14名，余皆逃去。敌赞为神枪手。（中央社）

（中华民国二十八年二月十七日《西北文化日报》）

二、耀县民政局文件耀民发〈1992〉第007号

耀县民政局

关于追认邱铁生为革命烈士的批复

孙塬乡人民政府：

接省民政厅优发〈1991〉19号文件通知，你乡孝北村原国民党一七七师独立四十七旅副旅长邱铁生，1940年在山西中条山地区与日军作战中光荣牺牲。根据民政部〈1983〉优46号文件精神，批准追认邱铁生同志为革命烈士，其家属享受烈士家属待遇。发给《革命烈士证明书》，不发抚恤金。请乡政府登记建档卡，记入乡革命烈士英

名录册。并通知所在村委会和家属。

此复

一九九二年元月二十七日（耀县民政局印）

附：本文主要参考资料

1.《西北文化日报》民国二十八年（1939年）二月。

2. 中国第二历史档案馆藏档案：准军事委员会……函送故员兵邱铁生等一百六十员请恤调查表。

3. 姚杰:《抗日战争中的第十七路军》，中国文史出版社1997年10月北京第1版。

4. 刘文韬主编《耀县志》，中国社会出版社1997年7月版。

5. 邱射轸:《抗日烈士邱铁生》。

6. 马骧:《邱铁生传略》，陕西省地方志编纂委员会:《陕西地方志通讯》1989第1期（总45期）。

7.《陕西省志・人物志》中册《邱铁生》。

8. 邱博贤:《邱铁生生平》(手稿)。

9. 苏济吾、晋震梵、张彦林、杨振忠、邱博贤等的访问记录或他们与笔者的信。

血洒中条　英气长存

——抗日英烈李家骥事略

李家骥

李家骥（1900—1939），字龙超，河北省静海（今属天津市）县人。他童年时代，适逢满清政府腐败无能，使全国人民受尽列强欺凌，静海因地处京畿附近尤甚。稍长，辛亥革命虽然推翻了清朝皇帝，但换汤不换药，在各国列强的支持下，各派新旧军阀争权夺利，混战不休。国无宁日。人民仍处于水深火热之中。初步萌发了爱国思想的家骥，目睹此情此景，忧心如焚。为了祖国的尽快独立富强，他产生了革命的思想，于弱冠之年毅然投笔从戎①。从

①1939 年 2 月 21 日《西北文化日报》云："弱冠即富革命思想，曾参加讨袁护法。"似前后矛盾。弱冠为 20 岁，而讨袁在 1916 年，家骥此年才 16 岁。

保定军官学校第六期毕业后，他到奉孙中山之命打入直系密谋发展的孙岳直隶保卫团服役。1924 年 9 月中旬直奉战争爆发时，孙岳任直系北京卫戍副司令。家骥参加了冯玉祥、胡景翼和孙岳 10 月 24 日发动的“首都革命”，佩戴了“誓死救国”的红袖章，策应了孙中山先生的北伐。遂后坚决拥护电请孙中山北上，共商国是。

首都革命成功后，冯、胡、孙各部改组为中华民国国民军，推冯玉祥为总司令兼第一军军长，胡景翼为副总司令兼第二军军长，孙岳为副总司令兼第三军军长。旋李家骥曾随部南征北讨。1925 年 7 月奉命随部经河南入陕，进驻西安。8 月孙岳被段祺瑞政府任命为陕西军务督办。此时李家骥任孙部骑兵营营长。是年冬，奉直联军与冯玉祥国民一军战于京津。孙岳率部离陕驰援河北，李家骥营奉命留陕。

1927 年后，因孙部庞炳勋投蒋介石，徐永昌投阎锡山，孙岳军旅生涯结束。翌年 5 月孙病逝上海。1929 年李家骥经邓宝珊介绍率部投杨虎城将军所部。先后任第十七路军副官长、中校副官主任、第十七路军总部直属王振华特务第二团第一营中校营长。1934 年 12 月，任特务第三团上校团长。1935 年 2 月，特务三团编入新成立的张汉民陕西警备第三旅，改番号为第八团①。红二十五军在陕南连续重创陕西警备第二旅后，4 月 9 日在柞水九间房警三旅被红二十五军击溃，旅长张汉民等被俘错杀。李家骥第八团驻西安，幸免于难。7 月 2 日在山阳县袁家沟红二十五军又设伏重创陕西警备第一旅。警一旅惨败。二团团长毋闰生下落不明。骄横的旅长唐嗣桐被俘杀。旋杨虎城将军对陕

---

① 李紫山《杨虎城将军后期的军事活动及其部队建制的变更》一文云，李家骥曾任张汉民陕西警备第三旅第八团团长。陕西原十七路军党史资料征集编写组编写的《原十七路军沿革》也做如是说。但曾在刘子潜团服役的乾县人梁鹏翔却说，1935 年 7 月 2 日袁家沟之战后，把特务三团拨入陕西警备第一旅，编为二团，李家骥任团长。张举才也如是说，录以备考。

西警备第一旅做了整补。提升原一团团长王俊为旅长。把李家骥团拨入陕西警备第一旅，编为二团，任命李家骥为团长。其团辖王俊杰第一营，孙立功第二营，武靖尘第三营。全团驻蓝田。李家骥一贯忠于职守，深入连队，熟悉情况，信守真爱民，不扰民，官爱兵，兵爱官，誓死救国的原则。所部军纪严明，一丝不苟，经济公开，训练认真。在实战中，能攻能守，堪称劲旅。在总部每次检阅考试时，成绩优秀，荣获模范军人的称号。他关心国家命运，有忧患意识。日寇占领东北后，在一次与苏济吾便餐时，他说："咱们都是直隶人，是真的奴隶，受多种压迫。如天津有外国租界，北京有东交民巷，形成国中之国。帝国主义是太上皇，作威作福。现在国难当头，非团结抗日，不足以挽救危亡。直隶人，一般不如陕西人、云南人、四川人革命性强。历史证明，总是起事于南，成事于北。长此内战下去，有亡国灭种的危险。"1935 年冬，苏济吾回河北省亲，临行前问李家骥有什么嘱办的事情？李说："汉奸殷汝耕，叛国投敌后，依附日寇成立了冀东 20 县伪政权。中国大好山河沦入敌手，令人气愤。这是何梅协定卖国主义造成的结果。北平宋哲元，首鼠两端，看风使舵，也有汉奸气味。你到北平要小心谨慎。"

1936 年 8 月经杨虎城将军保荐李家骥和苏济吾、武士敏等到南京陆军大学高教班第五期学习。李家骥与吕正操编在第二组。在学习闲暇与苏济吾交谈时，李家骥对内战极为反感，他常说："咱们无官一身轻，特别是我自己，不参加中国人打中国人的内战感到愉快，心安理得。"是年 11 月，我抗日军队收复绥远。"百灵庙"大捷后，苏济吾十分高兴，便投稿南京新民报社，并捐法币 5 元，慰问抗日将士。此事竟被军校政训处审查，诬陷苏济吾是共产党煽动。李家骥听到此事后，仗义执言，劝慰苏济吾说："难道爱国有罪吗？不愿做奴隶的人们，团结抗日，写信和捐款慰问，是爱国行动，不要怕。但在目前情况下，还应慎重。”可见，他对爱国行动是赞成和支持的，对军校的做法是反对的，但认为斗争应注意策略。

西安事变[①]和平解决后，在蒋介石的再三逼迫下，杨虎城将军辞职出国考察。1937年6月，李家骥和苏济吾等到上海为杨将军送行。杨将军对他们说：“发动西安事变是为了挽救国家民族的危亡，团结抗日。”并要李家骥他们回西安去，继续带兵。李家骥铭记杨将军的临别嘱言，结业后很快回到西安。被三十八军军长孙蔚如任命为王振华陕西警备第三旅副旅长，领辖张英三等两个团。

1937年7月7日，日寇炮轰卢沟桥东的宛平城，发动了全面的侵华战争。全国军民奋起抗日。是年秋，李家骥奉命与旅长王振华率部离开耀县，开赴陕东韩城县境扼守黄河河防。在韩城县他协助旅长王振华带领全旅官兵与群众一道赶筑国防工事，积极训练部队，深入班、排、连、营，宣讲抗日形势。布置草人，迷惑隔岸日寇，使敌人浪费了大量子弹。他反复教育官兵保持高度警惕，准备随时粉碎敌人的进犯。

1938年5月，其旅张英三第七团奉命与李兴中第一七七师（欠五二九旅）东渡入晋，寻机歼敌。

7月，孙蔚如第三十八军被改编为第三十一军团，孙升任军团长。辖赵寿山第三十八军和李兴中第九十六军。李家骥所部改番号为第九十六军独立第四十七旅，仍辖张英三和樊雨农两个团。改编甫

---

① 苏济吾撰文说，“当西安事变时，龙超兄接十七路军总部驻南京办事处通知，调充警备旅副旅长职务……”。该文还说：“事变开始时，李家骥同志担任机场至桥梓口一带警戒任务。”此说恐有误。西安事变开始时，王俊陕西警备第一旅在周至、户县、宝鸡一带。孙友仁陕西警备第三旅在三原、旬邑和淳化等地。只有孔从洲陕西警备第二旅、宋文梅特务营和李振西教导营在西安城内执行任务。说李家骥担任机场至桥梓口一带警戒任务，似乎与当时情况不符。

毕，他和王振华奉命率领在陕部队于7月12日东渡黄河，进入晋西南抗日前线。遵照军团安排，所部“机动使用于汾河以南，同蒲路以西，中条山以北九县间地区内，并依情况策应永济、中条山各守备之作战。”①

乘我三十一军团入晋立足未稳之际，为了策应攻占武汉，华北日军调兵遣将，企图强渡黄河，直取西安，实现其攻占大西北的罪恶计划。6月23日晋南驻运城的日寇第二十师团长川岸文三郎他调，新任师团长牛岛实常②“逐渐做好一切准备，在7月5日转为攻势”③，卷土重来。

7月20日拂晓，日寇二十师团步骑炮兵千余人，炮八九门，向独立第四十七旅张英三第七团第一营驻防的猗氏县之嵋阳镇猛攻。谢济民营长身先士卒，督率全营官兵奋勇杀敌。战况至烈。李家骥建议王振华旅长令七团团长张英三、八团团长樊雨农派部支援。至夜11时敌终不支，狼狈溃逃。谢济民营长在激战中不幸壮烈牺牲。全营官兵伤亡殆尽。

8月中旬三十一军团与日寇在永济展开血战，所部在城子埒一带担任剿袭敌后侧。此役结束后，李家骥被任命为第七四一团团长。副旅长由邱铁生接任。

永济血战后，李家骥奉命率部由同蒲铁路北面进入中条山西部，建立抗日根据地。所部在虞乡、永济一带作运动战，经常对由永济南侵之敌进行侧击、尾击、截击。从同年8月至10月，先后粉碎了日寇两次大规模扫荡。是年11月4日，日寇分三路向中条山发动第三次大

① 孙蔚如致蒋介石电（1938年7月18日），吴长翼等编：《丹心素裹》（2），中国文史出版社，1989年4月版，第450页。

②③日本防卫厅战史室编、天津政协编译组：《华北治安战》（上），第75页。

规模扫荡：一路经解县南侵二十里岭，一路为盐池南岸大小李村之敌，向榆树岭、扁豆洼、黄龙岭进犯，一路从永济韩阳镇猛攻中条山西段独立四十七旅阵地，李家骥团长督率所部，击败了日军的又一次进攻。

1939 年 1 月 23 日，日寇两万余①，在炮兵、飞机配合下，分六路向中条山西段第四集团军防区发动了第四次大规模进攻。经过三日夜酷战，元月 26 日日寇第二十师团长牛岛实常亲率步骑炮五六千，以飞机炮火掩护，突入我纵深地带，向我李兴中第九十六军王振华独立第四十七旅驻防的柳祠斜、玉泉寺、王官峪、黄家窑、苍陵峪、宝玉台、五老峰一带阵地猛烈进犯。战事激烈，空前未有。李家骥团长，亲冒炮火驰驱指挥，督率全团官兵奋勇杀敌。李团长身负重伤数处，仍忍痛督战，誓死固守。血战三昼夜，毙伤敌人甚多。阵地数次易手，多次失而复得。26 日夜全团退至中条山北的玉泉寺、扶摇、郑家、吉家、吕家和石佛寺一带。27 日日寇采取前堵后追的夹击战术。敌一部从中条山南的芮城县境向北翻山进攻，又一部从山北堵住了风伯峪、石佛

①1939 年 1 月下旬，日寇向中条山孙蔚如第四集团军发动的第四次大规模进攻，兵力究竟多少，其说不一。孙蔚如写的《第四集团军抗日战争概略》说："二十八年（1939 年）二月，敌两万余分六路围攻王旅阵地，激战七日夜。"但当时各报报道均与此说相距甚远。1939 年 1 月〔中央社潼关 27 日电〕云："（四）26 日自晨起，敌以飞机数架掩护，先后向我王家坪、张家山王旅阵地进攻，激战半日，继以弹粮缺乏，然我官兵精神尤盛，继以白刃肉搏，杀敌甚众。战至日暮，仍在激战中。（五）敌步兵约四五百，炮 4 门，由飞机掩护向我柳祠斜王旅李团阵地进攻，刻正激战中。"（中华民国二十八年一月二十九日《西北文化日报》）1939 年 1 月〔垣曲 31 日电〕云："晋南战况汇志如下：①芮城、虞乡等处之敌，26 日将我玉泉寺三面包围，27 日开始攻击，我王旅奋勇迎战。嗣因地形不利，我乃突围冲出，向中条山以西转移新阵地。"（中华民国二十八年二月一日《工商日报》）。而《西北文化日报》1939 年 2 月 21 日载《李家骥忠骸昨抵省》云："独立 ×× 旅 ×× 团团长李家骥，于 2〔元〕月 27 日敌兵数千猛犯中条山时，在玉泉寺一带，以少击众，鏖战 4 昼夜，身竟殉职。"1939 年 2 月 22 日《西北文化日报》载的《忠勇义烈李团长殉国经过》却说："〔军息〕元月 26 日，敌酋中岛（中字有误，应是牛字——本书作者按）亲率步骑炮五六千，借飞机炮火掩护，分向中条山西我 ××× 军 ×× 师玉泉寺、王官峪、黄家窑、苍陵峪、宝玉台、五老峰一带阵地猛犯……"。孰是，待考。

寺的峪口。然后从屯里村用猛烈炮火朝中条山我独立四十七旅第八团轰击，并有多架飞机狂轰滥炸。终因援军被阻，致阵地被敌突破，官兵伤亡殆尽。战至石佛寺时，天降大雪，李团长身边只剩卫士任怀成（陕西省今西安市临潼区人）一人，犹复振臂奋起，以手枪毙敌十余，敌终未敢进。最后仅余一弹，遂举枪自戕，壮烈殉职。这天鹅毛大雪纷纷扬扬，仿佛为以身殉职的160多位抗日爱国官兵致哀。李团长壮烈牺牲后，抬担架积极支援抗日的王官峪村村民杨振山把他的忠骸背送到团部，旋带路用担架抬送到师部驻地①。

为国捐躯的民族英烈永远为人民所纪念。李家骥团长等殉职不久，第九十六军军长李兴中亲自主持在葛赵镇黄河滩上为阵亡的160多位官兵举行了隆重的追悼大会，号召全军官兵向邱铁生、李家骥等160多位捐躯的战友们学习，早日把日本鬼子从我国彻底赶出去！

李家骥团长殉国后，2月20日忠骸运回西安，《西北文化日报》于2月21日报道了《李家骥忠骸昨抵省》的消息。2月22日该报又以《忠勇义烈李团长殉国经过》为题，比较详细地介绍了李家骥团长与敌血战，壮烈殉国的经过。3月4日在中山门外五省义地设幕开吊，前往吊唁者络绎不绝。

李家骥团长殉职查明详报后，国民政府特准晋升为少将从优抚恤，一次恤金1500元，年抚金600元②。

因为李家骥团长以身殉国，壮烈牺牲的事迹催人泪下，1941年国民政府军事委员会政治部编印出版的《抗战特殊忠勇军民题名录》第一辑以《李团长殉国玉泉寺》为题收录了他的"忠勇事迹"。1948年3

①《永济文史资料》第二辑第19—20页。

②中国第二历史档案馆藏档案：李家骥等《死亡官兵调查表》全宗号：一（1）案卷号：4225年代1940。

月曾国杰编辑，国民政府国防部史政局出版的《抗战军人忠烈录》第一辑收录了他的忠烈事迹。该书共收录162位抗日英烈，李家骥名列第133位。标题为《李故上校家骥》。

李家骥团长殉职时，家中尚有老母姚氏，妻子杨淑贞和施淑花，女儿：国璧、国玺，儿子：国植、国枢、国权均尚小。杨淑贞和施淑花，分别抚孤成立，艰苦备尝。尤其是杨淑贞为了完成丈夫的未竟之志，于1949年8月兰州一解放，就经女婿好友、时任一野一兵团驻兰州办事处主任刘明寰介绍，于9月初毫不犹豫地将一子二女和女婿一同送进了一野一兵团，参加了中国人民解放军。她当了随军家属，先后担任过家属主任、陪审员、人民代表。新中国成立后，因工作成绩突出，被新疆维吾尔自治区选为代表，光荣地参加了全国第一届职工家属代表大会，受到了毛主席为首的党中央领导的亲切接见。

獻旗
李家驥
忠骸昨抵省

1939年2月21日《西北文化日报》关于李家骥忠骸运回西安的报道

忠勇義烈
李團長殉國經過

1939年2月22日《西北文化日报》关于李家骥壮烈牺牲的报道

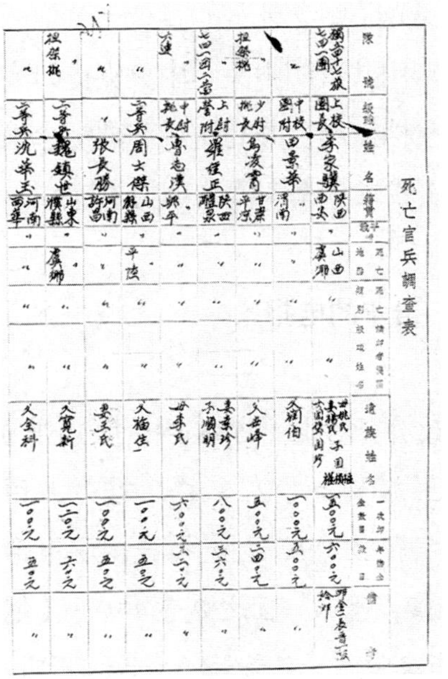

死亡官兵調查表

中国第二历史档案馆藏的有关李家骥等的档案

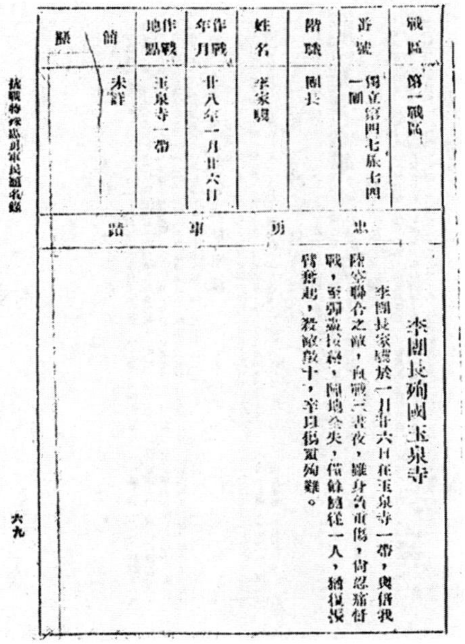

戰區	番號	階級	姓名	作戰年月	作戰地點	籍貫
第一戰區	獨立第四七旅七四一團	團長	李家驥	廿八年一月廿六日	玉泉寺一帶	未詳

忠勇事蹟

李團長殉國玉泉寺

李團長家驥於一月廿六日在玉泉寺一帶，與侵我陸空聯合之敵，血戰三晝夜，雖身負重傷，尚忍痛督戰，至彈盡援絕，陣地垂失，僅餘隨從一人，猶復振臂奮起，殺敵數十，卒因傷重殉難。

抗戰特殊忠勇軍民題名錄

六九

《抗战特殊忠勇军民题名录》收录的李家骥殉国的事迹

“文化大革命”中，有些人说李家骥儿子李国植是“黑五类”。李国植想，不管是黑是红，先把父亲的历史弄清楚再说。他便与大姐国璧先后投书1939年任李家骥部第四集团军总司令孙蔚如将军询问其父历史。孙接信后指定专人写了证明。国植并从当年报纸找到了其父牺牲的有关报道。前引《西北文化日报》登载4篇文章，都是国植找到的。根据以上材料，“文化大革命”一结束，国植马上提出申请，在汪锋同志的证明干预下，新疆维吾尔自治区人民政府尊重历史，实事求是，在中央没有下达正式文件时敢为天下先，于1979年12月18日[①]批准追认李家骥同志为革命烈士，并给李国植颁发了“因战因公牺牲

① 诸书皆云，李家骥是20世纪80年代追认革命烈士的，与事实不符。

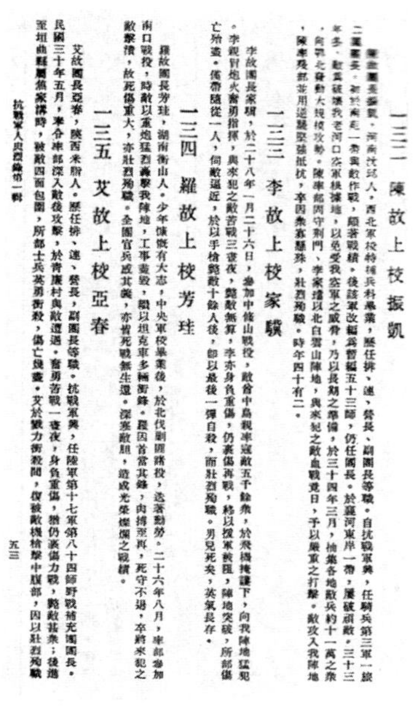

一三二　陳故上校振凱

陳故團長振凱，河南沈邱人。西北軍校騎兵科畢業，歷任排、連、營長、副團長等職。自抗戰軍興，任騎兵第三軍一旅二團團長。初於南北[illegible]一帶與敵作戰，頗著戰績。後該軍改編為暫編五十三師，仍任團長。於襄河東岸一帶，屢破頑敵。三十三年冬，敵為破壞我老河口空軍根據地，以免受我空軍之威脅，乃以長期之準備，於三十四年三月，抽集各地敵兵約十一萬之衆，向鄂北發動大規模攻勢。陳率部固守荊門、李家擋以北白雲山陣地，與來犯之敵血戰竟日，予以嚴重之打擊。敵攻入我陣地，陳率殘部並用逆襲堅強抵抗，卒因衆寡懸殊，壯烈殉職。時年四十有二。

一三三　李故上校家驥

李故團長家驥，於二十八年一月二十六日，參加中條山戰役，敵曾中島親率寇敵五千餘衆，於飛機掩護下，向我陣地猛犯。李親冒炮火奮勇指揮，與來犯之敵苦戰三晝夜，斃敵無算，李亦身負重傷，仍裹傷再戰，終以援軍被阻，陣地突破，所部傷亡殆盡。僅帶隨從一人，伺敵逼近，於以手槍斃敵十餘人後，卽以最後一彈自殺，而壯烈殉職。男兒死矣，英氣長存。

一三四　羅故上校芳珪

羅故團長芳珪，湖南衡山人。少年慷慨有大志，中央軍校畢業後，於北伐剿匪諸役，迭著勳勞。二十六年八月，率部參加南口戰役，時敵以重炮猛烈轟擊我陣地，工事盡毀，繼以坦克車多輛衝鋒。羅因首當其鋒，肉搏逕再，死守不退，卒殲來犯之敵黎積，故死傷重大，亦壯烈殉職。全團官兵感其義，亦皆死戰無生還。深寒敵膽，造成光榮燦爛之戰績。

一三五　艾故上校亞春

艾故團長亞春，陝西米脂人。歷任排、連、營長，副團長等職。抗戰軍興，任陸軍第十七軍第八十四師野戰補充團團長。民國三十年五月，奉令率部深入敵後攻擊，於青廉村與敵遭遇。奮勇苦戰一晝夜，身負重傷，猶仍裹傷力戰，斃敵甚衆；後進至垣曲縣麗焦家溝時，被敵四面包圍，所部士兵英勇衝殺，傷亡幾盡。艾於戮力衝殺間，復被敵機槍擊中腹部，因以壯烈殉職。

抗戰軍人忠烈錄第一輯　五三

《抗战军人忠烈录》第一辑收录的李家骥的忠烈事迹

人员家属光荣纪念证”。

近年由共青团中央、中央党史研究室和国家档案局主办的抗日英烈纪念馆网第8页收录了李家骥的英勇事迹。

附录一：当年的电报

孙蔚如致蒋介石电（1938年9月10日）

据王旅长镇华灰电称，据第二团李团长家骥佳（9）戌电报告，职率部（欠第一营，附第一团之赵营）……（笔者按：李家骥一、三营营长为谁，不明。第二营营长姓高。）

（转摘自姚杰手抄中国第二历史档案馆藏档案片断）

革命烈士证明书

李家骥 同志一九三九年对日寇作战英勇牺牲 壮烈

牺牲，经批准为革命烈士，特发此证，以资褒扬。

中华人民共和国民政部

年　月　日

1979年12月18日新疆维吾尔自治区 人民政府颁发给李家骥遗属的烈士证

附录二：当年报纸的有关报道

1.（中央社）【潼关27日电】……（四）26日自晨起，敌以飞机数架掩护，先后向我王家坪、张家山王旅阵地进攻，激战半日，继以弹粮缺乏，然我官兵精神尤盛，继以白刃肉搏，杀敌甚众。战至日暮，仍在激战中。（五）敌步兵约四五百，炮4门，由飞机掩护向我柳祠斜王〔笔者按：指王镇华〕旅李〔笔者按：指李家骥〕团阵地进攻，刻正激战中。

（《西北文化日报》中华民国二十八年（1939）一月二十九日）

2.〔垣曲31日电〕：晋南战况汇志如下：①芮城、虞乡等处之敌，26日将我玉泉寺三面包围，27日开始攻击，我王旅奋勇迎战。嗣因地形不利，我乃突围冲出，向中条山以西转移新阵地。

（《工商日报》中华民国二十八年（1939年）二月一日）

3. 李家骥忠骸昨抵省

独立××旅××团团长李家骥，于2〔元〕月27日敌兵数千猛犯中条山时，在玉泉寺一带，以少击众，鏖战4昼夜，身竟殉职。战事平息后，该部派员寻觅李氏忠骸，因战地零乱，未能获得。嗣由家人遍历群山，冒险探寻，始将李氏忠骸发见，已于日前运抵西安。闻关于安葬哀荣，及抚恤等事，该部正着手筹划，以慰忠魂。（按：李团长家骥系河北静海人，年40岁。弱冠即富革命思想，曾参加讨袁护法及国民军首都革命诸役。二十六年卒业于陆大高教班。抗战军兴，即加入××军任职。殁后，遗有古稀老母、妻一、子二、女三[①]，皆未成年。生平廉洁自持，身后萧条，老幼无依，穗豆不瞻。）

（《西北文化日报》中华民国二十八年（1939 年）二月二十一日）

4. 忠勇义烈李团长殉国经过

【军息】元月 26 日，敌酋中〔牛〕岛亲率步骑炮五六千，借飞机炮火掩护，分向中条山西我 ××× 军 ×× 师玉泉寺、王官峪、黄家窑、苍陵峪、宝玉台、五老峰一带阵地猛犯。战事激烈，空前未有。该 ××× 团李团长家骥，亲冒炮火驰驱指挥。身负重伤数处，尚忍痛督战，誓死固守。血战三昼夜，毙敌无算。阵地失而复得者再。乃以援军被阻，致阵地被突破。是时李团长只有随从一人，犹复振臂奋起，以手枪毙敌十余，敌终未敢进。最后仅余一弹，遂举枪自戕壮烈殉职。（中央社）

（《西北文化日报》中华民国二十八年（1939 年）二月二十二日）

5. 讣闻

独立第四十七旅第七百四十一团团长李家骥（字龙超）先生于二十八年一月二十七日在晋南石佛寺战役阵亡忠骸日前抵省兹定国历三月四日上午假中山门外五省义地设幕开吊时间仓匆恕不另讣特闻

李故团长治丧同人谨启

① 此文有误。李家骥牺牲后，除有老母姚氏外，尚有妻子杨淑贞和施淑花。杨生有两女：曰国璧、国玺，一子，名国植；施生有两子：名国枢、国权。这一点陕西省档案馆藏档案载李家骥"遗留老少 8 口"，说的很对。国玺离休前在山西永济电机厂工作。国植在新疆工作。国枢、国权皆在西安。子女 5 人，与南京中国第二历史档案馆藏《死亡官兵调查表》记载相符，名字个别字有误。笔者见过国玺、国植和国权。并和他们进行过深入交谈。李家骥追认革命烈士，就是国植主办的。按：引文无注，此注为笔者加。以下同。

东仓门十七号本宅

收件处西安中山门外五省义地

（《西北文化日报》中华民国二十八年（1939年）三月一日启事栏）

附录三：当年有关书籍的记载

1.《抗战特殊忠勇军民题名录》:《李团长殉国玉泉寺》

李团长家骥于一月二十六日在玉泉寺一带与倍我陆空联合之敌，血战三昼夜，虽身负重伤，尚忍痛督战，至弹尽援绝，阵地全失，仅余随从一人，犹复振臂奋起，杀敌数十，卒以伤重殉难。

（国民政府军事委员会政治部1941年编印出版的《抗战特殊忠勇军民题名录》第69页）

2.《抗战军人忠烈录·李故上校家骥》第一辑

李故团长家骥，于二十八年一月二十六日，参加中条山战役，敌酋中岛[①]亲率寇敌5000余众，于飞机掩护下，向我阵地猛犯。李亲冒炮火奋勇指挥，与来犯之敌苦战三昼夜，毙敌无算。李亦身负重伤，仍裹伤再战。终以援军被阻，阵地突破，所部伤亡殆尽。仅余随从一人，伺敌逼近，于以手枪毙敌十余人后，即以最后一弹自杀，而壮烈殉职。男儿死矣，英名长存!

（曾国杰编辑 :《抗战军人忠烈录》第一辑《李故上校家骥》，1948年3月国民政府国防部史政局出版，第53页）

① “中岛”，当时报纸笔误，此时日军第二十师团长为牛岛实常。原文无注，此为笔者所加。本书中所有引文注，均为笔者所加。

附：本文主要参考资料

1.《西北文化日报》中华民国二十八年（1939年）二月。

2. 李家骥等《死亡官兵调查表》：中国第二历史档案馆藏档案，全宗号：一（1），案卷号：4225，年代1940。

3. 姚杰：《抗日战争中的第十七路军》，中国文史出版社，1997年10月北京第1版。

4. 国民政府军事委员会政治部编：《抗战特殊忠勇军民题名录》第一辑，中华民国三十年（1941年）版。

5. 曾国杰编：《抗战军人忠烈录》第一辑。

6. 苏济吾：《为国尽忠血染条山——记李家骥同志生前事迹片断》。

7. 晋震梵：《固守中条山的日日夜夜》，《赵寿山将军》。

8. 苏济吾、王子伟、晋震梵、张举才、梁鹏翙、张彦林、杨振忠、李国玺、李国桓、李国权等的访问记录或他们与笔者的信。

中条殉国　永垂青史

——抗日英烈田景华

田景华

田景华（1907—1939），又名津，清光绪三十三年（1907 年）生于陕西省渭南市今临渭区故市镇一个农民家庭。稍长入本镇私塾读书。1921 年考入当时进步的陕西三原县省立第三中学。1924 年因家庭经济困难辍学，旋与本镇同乡宁崇瑜前往河南、北京等地寻找工作。到河南，见了宁崇瑜做生意的父亲宁秀坤。宁秀坤对儿子崇瑜说："现在兵荒马乱的，你去北京干啥？"宁崇瑜听了其父的话，决定不去北京。田景华独自一人冒险前往。到北京后，受同乡北大学生李秀实（中共党员）的影响与委托，为当时陕西青年在北京的进步组织“共进社”[①]散发“共进”（半月刊）。1926年3月18日，田景华与李秀实参加了北京各界5000多人在天安门前举行的反对八国最后通牒的示威大会。会后举行了声势浩大的游行并到段祺瑞政府请愿。段祺瑞在帝国主义指示下，竟下令开枪，对手无寸铁的群众进行血腥屠杀，当场打死刘和珍等47人，打伤百余人，制造了“三一八”惨案。

“三一八”惨案用血淋淋的事实教育了田景华，使他更加看清了帝国主义的侵略行径和军阀政府的罪恶，并使他认识到只有投笔从戎才能打倒帝国主义及其走狗。同年秋，经李秀实介绍，他赴广东考入了黄埔陆军军官学校第六期，被编入骑兵科，旋按规定集体加入国民党。

1928年底毕业后回家探亲。只因年迈的祖母对他的疼爱，认为吃粮（当兵）危险，每每哭泣阻留，故在家乡种田数年。经过多次劝解说服，方得祖母勉强同意赴西安参加了杨虎城将军的部队，历任多职。1936年参加了西安事变。

1937年5月7日，南京政府撤销了西安绥靖公署及十七路军总指挥部，逼迫杨虎城将军出国考察，将所属部队缩编为第三十八军，孙蔚如仍任军长。领辖十七和一七七两个师与陕西三个警备旅并教导、骑兵两个团。陕西第三警备旅由王振华任旅长，辖张英三、杨复震七、

① 共进社，酝酿于1919年“五四”以前，成立于“五四”以后，是当时陕西留学北京的学生所组成的地方性革命团体。总社设于北京三眼井。天津（南开）、上海（上大）、广州（黄埔）、武昌、开封、西安、三原、渭南、华县、绥德、榆林、南郑均有分社。社员开始有一百五六十人。1919至1920年之际，减少到六七十人。至1926年极盛时代，在总社注册者已经有600多名。再加上陕西三道各中学进步的学生社员，总数约在1000名以上。共进社的领导人，在1921年以前总社有李子洲、杨克强、韩述之、呼震东、刘天章、魏野畴等。1921至1924年有刘含初、武止戈、方仲如、安子文、潘自力、刘天章、魏野畴等。1925年以后，由何寓础、冯一航等主持总社社务。1926年秋结束。（参看杨明轩:《共进社与西北革命》,《陕西文史资料》第九辑）

八两个团。田景华被调到该旅任职，驻防耀县。卢沟桥事变发生后，他义愤填膺，请缨杀敌。同年秋天，奉命随部开赴陕东韩城扼守黄河河防，保卫陕西。同年底随杨虎城将军出国考察军事的参谋樊雨农归陕。孙蔚如任命樊雨农为陕西第三警备旅第八团团长，调原团长杨复震为第一七七师补充团团长，同时任命田景华接张明初[①]为第八团中校团附。

1938年春，日寇沿同蒲铁路南下，3月8日攻占了风陵渡，觊觎关中，全陕震动。5月张英三奉命率其团从夏阳渡东渡驻防临晋，其谢济民[②]第一营驻防嵋阳镇。田景华与留韩官兵一起加固河防工事，厉兵秣马，准备随时痛击进犯的日寇。同年6月下旬，蒋介石免去孙蔚如陕西省主席，将孙部第三十八军改编为第三十一军团，辖赵寿山第三十八军和李兴中第九十六军。王振华陕西第三警备旅改编为九十六军独立第四十七旅。7月12日田景华随部奉命东渡黄河，开赴山西省猗氏、临晋县境对日作战。乘我三十一军团入晋立足未稳之际，驻运城的日寇牛岛第二十师团，为了策应攻取武汉，向我大举进攻。7月20日拂晓，日寇步骑炮兵千余人，炮八九门，向驻防猗氏县嵋阳镇的我独立第四十七旅张英三第七团第一营猛烈进攻。谢济民营长率部奋起抵抗，但因敌众我寡致被包围。日寇以猛烈炮火，将该镇寨墙轰毁数处，乘机突入镇内，与我军发生激烈巷战。谢济民营长督率全营官兵反复白刃冲杀，毙敌甚多。谢济民营长和几个连长不幸以身殉国。全营伤亡殆尽。黄昏时，田景华与樊雨农团长率八团一部援兵赶到，向该镇发动猛攻，战斗至烈。八团另一营也迂回到水头镇以东抄袭敌

①1996年8月22日下午访问樊雨农弟樊佑农。

②谢济民，湖北礼山（今大悟县）人。见本书上册《身先士卒 抗日殉国——抗日英烈谢济民》。

炮兵阵地，毙敌甚多。当夜11时，鬼子终于招架不住，向牛杜镇狼狈溃逃。此役击毙日军上尉一名，士兵300多，打伤者拉了13汽车[①]。

8月中旬血战永济时所部在城子埒担任剿袭敌后侧[②]。永济战役后，独立四十七旅副旅长李家骥调为第八团团长。田景华与李家骥奉命率部由同蒲铁路北面进入中条山西部，建立抗日根据地。所部在虞乡、永济一带作运动战[③]，经常对由永济南侵之敌举行侧击、尾击、截击。从同年8月至10月，先后粉碎了日寇两次大规模扫荡。是年11月4日，日寇分三路向中条山发动第三次大规模扫荡：一路经解县南侵二十里岭，一路为盐池南岸大小李村之敌，向榆树岭、扁豆凹、黄龙岭进犯，一路从永济韩阳镇猛攻中条山西段独立四十七旅阵地，田景华协助李家骥团长督率所部，击败了日军的又一次进攻。

1939年1月23日，日寇两万余，在炮兵、飞机配合下，分六路向中条山第四集团军防区发动了第四次大规模进攻。经过三日夜酷战，日寇牛岛亲率步骑炮五六千，以飞机炮火掩护，突入我纵深地带，向我柳祠斜的独立四十七旅第八团阵地猛攻，战况空前激烈[④]。其时田景华正患感冒，发着高烧，团长李家骥再三劝阻，让他好好休息。但田景华卫国心切，坚持与团长李家骥亲冒炮火穿梭指挥，打退了敌人无数次猛攻。因敌人炮火极其猛烈，我军阵地被摧毁殆尽。26日夜，全团退至中条山北的玉泉寺、扶摇、郑家、吉家、吕家、石佛寺一带。27日日寇采取前堵后追的夹击战术。敌一部从中条山南的芮城县境向北翻山进攻，又一部从山北堵住了风伯峪、石佛寺的峪口。然后从屯

---

①《西北文化日报》，中华民国二十七年（1938年）七月。

② 孙蔚如致蒋介石电（1938年7月16日）。

③ 孙蔚如：《第四集团军抗日战争概略》，《陕西文史资料》第18集第2页。

④ 民国二十八年二月《西北文化日报》。

里村用猛烈炮火朝中条山我独立四十七旅第八团轰击，并有多架飞机狂轰滥炸。我八团官兵在李团长和田景华团附的督率下，奋力反击，战况至烈，田景华不幸中弹壮烈牺牲，时年 33 岁。同时殉国的有副旅长邱铁生、团长李家骥以下 160 余人。

田景华等殉国后，九十六军军长李兴中亲自主持在葛赵镇黄河滩上举行了隆重的追悼大会，号召全军官兵向邱铁生、李家骥、田景华等学习，杀敌立功。

田景华烈士的灵柩送回家乡时，当时的地方政府组织了各界人士、学校师生从故市到营里村的公路两侧排成 1 里多长的队伍，设合桌迎接，向抗日英雄致哀。在安葬前还举行了隆重的追悼大会。当时渭南县保三团团长张徙义的书记官赵匡耀送了一副令人感奋的挽联：

碧血溅青草枯赤胆凛凛中条御敌为国捐躯羡煞洛南赵匡耀

白发老红颜少黄口嗷嗷一门凄凉万户惊悲痛哭渭北田景华

田景华家大门上的对联是当时渭南名人安耀辰先生撰写，其文为：

国土未复儿先丧

门闾空望我独愁

田景华殉国三周年纪念时，故市中学教师刘植亭为其大门上书写的对联是：

卫国捐躯三载整

留儿在抱一家愁

田景华殉职查明详报后，国民政府特准晋一级追认他为上校，从优抚恤，一次恤金1000元，年抚金500元[①]。1999年被批准追认为革命烈士。

附：本文主要参考资料

1.《西北文化日报》中华民国二十八年（1939年）二月。

2. 李家骥等《死亡官兵调查表》: 中国第二历史档案馆藏档案，全宗号：一（1）案卷号：4225 年代 1940。

3. 穆西彦主编:《陕西黄埔名人》。

4. 赵联棣、朱风云、马忠业写的证明材料。

5. 访问杨振中、樊佑农等的谈话记录。

① 中国第二历史档案馆藏档案：李家骥等《死亡官兵调查表》全宗号：一（1）案卷号：4225 年代 1940。

抗日英烈王友宾

王友宾（？—1939），生年籍贯不详。孙蔚如第四集团军赵寿山三十八军耿子介十七师陈际春四十九旅张复振九十七团某营上尉营附。1939年3月30日所部与敌战于山西省平陆太臣南坡（今平陆北面）。在鬼子猛烈炮火下，友宾沉着指挥部队奋勇冲杀。激战中，友宾不幸身中数弹，但他仍不顾伤痛，裹好枪伤，继续督战，命令战士们以手榴弹炸击敌

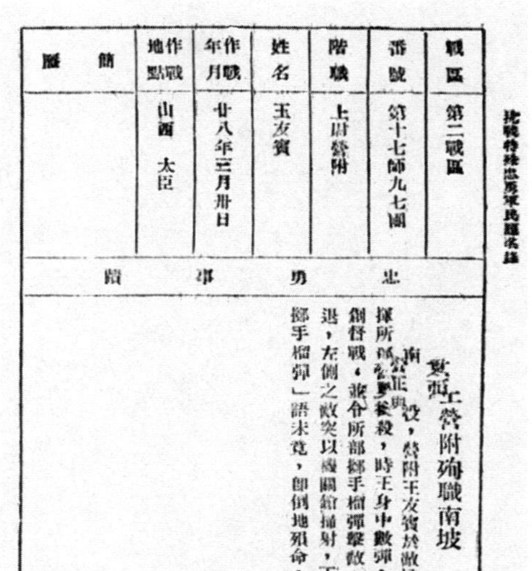

戰區	番號	階職	姓名	作戰年月	作戰地點	備攷
第二戰區	第十七師九七團	上尉營附	王友賓	廿八年三月卅日	山西太臣	

忠勇事蹟

某[illegible]營附殉職南坡

南[illegible]役，營附王友賓於敵熾烈砲火下，沉着指揮所部[illegible]殺，時王身中數彈，仍能[illegible]神勇，裹創督戰，並令所部擲手榴彈擊敵，敵兩次來攻皆被擊退，左側之敵突以機關鎗掃射，王又中彈，尚高喊「擲手榴彈」語未竟，即倒地殞命，壯烈殉職。

抗戰特殊忠勇軍民題名錄

一三八

人，打退了鬼子的两次疯狂猛攻。这时左面的鬼子突然用机枪疯狂向其扫射，友宾又身中数弹，他不顾伤痛，用尽最后气力高喊："快扔手榴弹……"话未说完，即倒地壮烈殉职。其事迹收入 1941 年国民政府军事委员会政治部编印的《抗战特殊忠勇军民题名录》第一辑。

附：本文主要参考资料

国民政府军事委员会政治部编:《抗战特殊忠勇军民题名录》第一辑，第 138 页。

抗日英烈袁振亚

袁振亚[①]（1908[②]—1939），陕西省今渭南市澄城县雷家洼乡袁家河[③]人。早年投奔杨虎城将军部队，被分配到西安绥靖公署军法处。1931年毕业于西安绥靖公署步兵训练班军官队第一期。后调到教导营任职。参加了西安事变。1937年春教导营升编为教导团，归孙蔚如三十八军直属。袁振亚任殷义盛一营二连连长。卢沟桥事变后，奉命随部开赴华北抗日

袁振亚

①1934年底编印的《西安绥靖公署步兵训练班军官队第四期同学录》载其名为“振亚”，《澄城县志》载为“震亚”，应以同学录为正。

②《西安绥靖公署步兵训练班军官队第四期同学录》载袁振亚1931年24岁，当生于1908年。《澄城县志》说生于1907年恐有误。

③《西安绥靖公署步兵训练班军官队第四期同学录》袁振亚写的永久通讯处为“澄城寺前镇德新和号”。录以备考。

前线，参加了滹沱河和旧关的抗日作战。经过回陕西泾阳整补，于1938年春日寇侵占永济和风陵渡后开赴陕东合阳扼守黄河河防。同年7月三十八军被改编为三十一军团，孙蔚如任军团长。教导团为三十一军团直属。旋奉命随部东渡黄河，开赴晋西南三角地带抗日，扼守永济辛店第二线阵地，与日军激战七昼夜。后随部进入中条山。同年11月所部升编为第四集团军，教导团为集团军直属。

1939年春，第四集团军总司令孙蔚如，为了解当面敌情和袭扰敌后，派教导团[①]一营营长殷义盛（中共党员）率一个加强营，深入稷王山一带打游击。加强营包括教导团一营的大部（主要是袁振亚的二连，另留下一个半连驻守原防地），总部特务营一个排，团部便衣队，团部话剧团，团部电台一部，共500余人。为了迷惑敌人，对外称番号为"一〇〇师"，师长殷义盛，副师长叶志云（一营少校营附），参谋长陈纯仁（教导团少校副官主任），副参谋长黄宗佑（一营机枪连连长），乔华堂分管"政治部"工作（教导团一营上士文书，实际是张希文殉职后，接任该团中共党代表兼支部书记）。

准备就绪后，3月下旬，袁振亚带领其连随部自平陆县古王村驻地出发，越过同蒲铁路封锁线，抵达稷王山麓的牛庄。以牛庄为临时根据地，开展抗日宣传和侦察袭扰敌人的活动。4月14日，袁振亚连随部挺进到上段村西南陈村一带宿营。陈村是一个大村，由南陈、北陈、中陈、西陈几个小村组成。指挥部驻南陈村。是夜，由万泉南下日寇藤田茂联队的一个大队，也宿营于上段村及其以北各村庄。翌日

---

① 袁振亚殉国前部队为何部？《澄城县志》载为"五十五师"，此说有误。1939年孙蔚如第四集团军尚无五十五师的编制。据当事人回忆，应是教导团。不仅如此，陕西省民政厅所发烈士证说袁振亚殉国前是三十一军团教导团连长，也与史实不符，此时所部已于1938年11月升编为第四集团军了。

（15 日，农历二月二十六日）凌晨前，双方都未发觉。

凌晨约 5 时许，一名自称上段村闾长的人，到南陈村我指挥部送来了鬼子进村的情报。说是有十来个骑大洋马的鬼子骑兵，看样子似是开往安邑、运城方向的，要求我部截击。当时接受情报的除殷义盛、陈维博、李中兴（二连上士文书，中共党员）和乔华堂外，在场的还有营附叶志云、军需刘润泉（中共党员）、机枪连连长黄宗佑和二连连长袁振亚。大家一致同意，消灭这股鬼子。特别是袁振亚连长，积极请战，并决心缴获几匹大洋马回来。指挥部当即决定，由袁振亚连长带领其连二排由闾长做向导，到上段村村南设伏。约 6 点半，袁连长指挥部队在一条大路上摆好了口袋阵，准备歼灭鬼子。

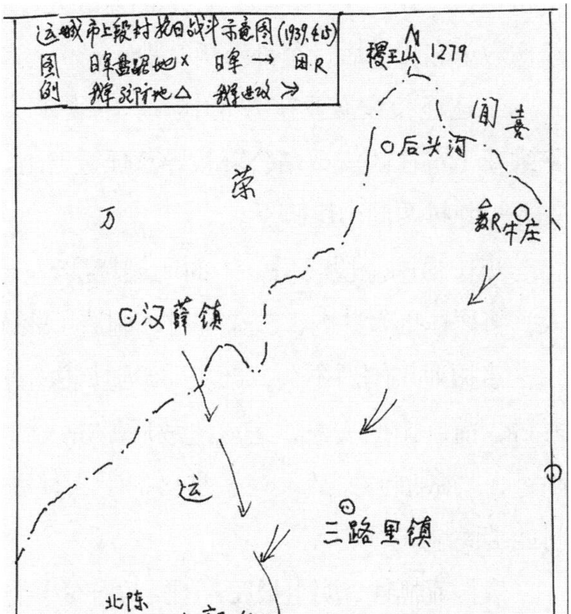

快到 7 点钟，鬼子十数个骑兵趾高气扬目空一切地进入我伏击圈，袁连长一声令下，鬼子骑兵还未来得及展开，就被我军全部消灭。鬼子恼羞成怒。又有百多骑兵从两侧对我军进行反包围，用马刀与我拼杀。紧接着又有步兵 100 多人，作扇形展开，对我军及附近几个村子边开火，边进攻。这时驻在该地

域的我便衣队和第一连的一个排也自动参加了战斗。主战场是平坦的麦田、油菜地，部分战斗在村口进行。在袁连长的督率下，我短促火力给敌以极大的杀伤，很快就是短兵相接，肉搏格斗。此时我战斗队形已被敌骑冲散，在袁连长的指挥下，战士们各自为战。手榴弹全部打光，许多刺刀拼弯，干部手枪的子弹也都打光了。经过一个小时的激战，鬼子发现我主力从两个方向驰援，仓皇逃窜，退缩进上段村。

这次战斗，共击毙日军竹田少佐以下百余人，战马数十匹。我军亦付出了惨重代价，伤亡官兵60余人。便衣队上尉区队长李□□被敌包围，不愿被俘，自戕殉国。二连二排30多人，伤亡几近一半。排长鲁玉书（中共党员）重伤致残。便衣区队30余人，伤亡近半。一连一个机枪班，在一个小村城门楼上侧射敌人，后被敌包围，在弹尽援绝，杀伤数十名鬼子后，全部英勇牺牲。

二连连长袁振亚在激战中不幸中敌弹以身殉职。其忠骸在当地人陈维新（曾在西安绥靖公署教导营任过营附，后离职回乡）的帮助下，安葬于陈村西面山崖脚下。

鬼子退回上段村后，一面闭门烧尸，一面疯狂残杀我同胞100多人，将尸体推入井内，放火烧村，制造了骇人听闻的“二二六”惨案。

袁振亚殉国后不久，部队即给遗属去信告知：“民国二十八年四月五日，前赴山西安邑，运城之敌后游击。四月十五日在安邑之上郭村附近，与敌展开血战。当于是日上午八时许壮烈殉国，葬于安邑北陈村西端民地。”

袁振亚牺牲查明上报后，国民政府军事委员会特准晋一级从优抚恤。民国澄城县政府还在县城西门外皇庙里供奉了“袁振亚少校之灵位”。

新中国成立后，由于历史的原因，英烈的遗属反而被视为“敌伪军的后代”。党的十一届三中全会后，拨乱反正，历史的真相逐渐恢

复。周秦主编的《澄城县志》记载了袁振亚的英名。2014 年 9 月 13 日袁振亚之子袁少峰向澄城县民政局提出申请，“请求追认家父袁震亚为抗日烈士”。

2014 年 12 月 11 日陕西省人民政府批准追认袁振亚为革命烈士。

附：本文主要参考资料

1. 西安绥靖公署步兵训练班军官队第四期同学录。

2. 李振西：《韩原大战十日记》，《血痕》，战友社编辑发行，民国二十八年四月版，第 81—84 页。

3. 乔华堂：《上段村游击战》，吴长翼等编《丹心素裹》（2），中国文史出版社，1989 年 4 月版，第 344 页。

4. 王季麟：《抗日战争中的教导团》，同上书第 197 页。

5. 陈维博：《在教导团工作八年》，同上书第 207 页。

6. 周秦主编：《澄城县志》。

7. 袁少峰：《关于请求追认家父为抗日烈士的申请》。

身着戎衣难顾家　誓扫倭奴靖中华

——中条山六六战役殉国英烈翟家骐事略

翟家骐

翟家骐（1910—1939），又名家骥。清宣统三年（1910年）出生于陕西省长安县翟家堡村（今属西安市雁塔区电子城街道办事处管辖）一个农民家里。民国四年（1915年）入本村私塾学习，他聪颖好学，深受老师和同学们的赞扬。民国8年（1919年），长安清末举人张祖良先生在西安城南30余里的香积寺开馆授徒，长安和周至、户县一带的后生学子从学者甚多。翟家骐便离开本村拜张祖良为老师，成了张年龄最小的学生。在此他熟读四书、五经和《古文观止》等传统书籍。他还广泛涉猎《资治通鉴》等历史书籍，打下了较坚实的国学基础。因其学习出类拔萃，深为张先生器重。张曾对翟家骐的二哥翟阳昌说："在香积寺我教过的学生先后不下百余人，其中真正的佼佼者，只有你弟家骐一人而已。”

民国 14 年（1925 年）翟家骐考入西安西关高等小学堂，接受新式教育。这所学堂设在陕西明代大儒冯从吾的祠堂里。翟家骐高等小学毕业后，又考入陕西省立第三中学。不久，因陕西遭遇民国十八年年馑，大旱不雨，赤地千里，饿殍载道。因家中无力供给而辍学，在本村村塾教书半年。

为了寻求救国救民的道路，他于 1929 年秋投笔从戎，跋山涉水到南阳参加了杨虎城将军的部队国民革命军新编第十四师。1930 年蒋（介石）阎（锡山）冯（玉祥）战争爆发，他随部由南阳向洛阳挺进。旋杨虎城被蒋介石委任为讨逆军第十七路总指挥。是年 10 月底，随部攻克潼关，进占西安。其间，翟家骐历任排长、连长等职，回到西安后，被杨虎城将军委任为西安绥靖公署上尉参谋。

因他忠于职守，工作认真，1936 年秋，他和张志甲等被杨虎城将军保荐到中央军校洛阳分校军官训练班第五期学习。在军校，按规定集体加入国民党。是年 11 月 30 日，是蒋介石 50 寿辰。在分校主任祝绍周的组织下，他与全体官生列队于广场上，参加了给蒋介石祝寿的活动。

1937 年 7 月 7 日，日寇炮轰卢沟桥东的宛平城，全面抗战开始。分校奉命将军官训练班第五期学员及军士教导总队学兵毕业分发。翟家骐回到西安。此时杨虎城将军已被迫出国考察。第十七路军所剩部队已被缩编为第三十八军。军长孙蔚如委任翟家骐为王振华陕西警备第三旅中校参谋主任。他奉命到部队驻地耀县走马上任。警三旅辖张英三第七团和杨复震第八团。不久，随所部奉命开赴陕东韩城，扼守黄河河防。到韩城后，翟家骐积极协助旅长王振华，督促全旅官兵赶筑国防工事，随时准备打击来犯的日寇。

1938年春，年前侵占了太原的日军沿同蒲路南下，3月初，先后攻占了与陕东一衣带水的永济县城和风陵渡。同时日军不断炮轰河西，飞机也频频轰炸关中各县。一时全陕震动。5月初，趁徐州会战，晋南空虚之际，警三旅张英三第七团奉命与一七七师一部东渡入晋，寻机歼敌。七团团部驻防临晋县城，其谢济民第一营驻防猗氏之嵋阳镇。

是年7月，蒋介石把第三十八军改编为第三十一军团，孙蔚如升任军团长，辖赵寿山第三十八军和李兴中第九十六军两个军。翟家骐所部陕西警备第三旅，编入九十六军，旋改番号为独立第四十七旅，旅长仍为王振华。改编甫毕，孙蔚如即奉命亲统在陕各部东渡黄河，开赴晋南三角地带抗日前线。翟家骐部①奉命于7月12日东渡黄河②，军团安排“以警三旅机动使用于汾河以南，同蒲路以西中条山以北9县间地区内，并依情况策应永济、中条山各守备之作战。”③警三旅七团仍驻防临晋、猗氏，樊雨农八团驻防永济之栲栳镇和城子埒一带担任剿袭敌后④。

7月20日拂晓，日寇步骑炮兵千余人，炮八九门，向所部张英三第七团谢济民第一营驻防的猗氏县嵋阳镇猛攻。谢济民督率全营官兵奋勇反击。但因敌众我寡，我伤亡殆尽。王振华旅长采纳了参谋主任翟家骐的建议，先后令张英三和樊雨农派出部队救援，终将日军击溃⑤。

---

①陕西省档案馆藏档案说翟家骐为“独立四十六旅中校参谋”，有误。

②孙蔚如致蒋介石电（1938年9月25日），吴长翼等编：《丹心素裹》（2），中国文史出版社1989年4月第1版，第452页。

③孙蔚如致蒋介石电（1938年7月18日），同上书，第448—451页。

④孙蔚如：《第四集团军抗战概略》，载靳英辉、李长林编著：《孙蔚如将军》，陕西人民出版社1996年1月第1版，第267页。

⑤《西北文化日报》中华民国二十七年（1938年）七月二十七日。

乘我三十一军团入晋立足未稳之际，为了策应日军攻占武汉，8月15日，驻运城的日寇牛岛第二十师团大举进攻，与我军在永济展开血战。“因兵分力单，未能达成任务，致敌将我西姚温阵地突破”。[①]由于敌我力量悬殊，我军虽进行了殊死拼杀，近千名官兵以身殉国。王振华和翟家骐奉令将“韩团归还李师建制迅侦进虞乡附近；以一团接守孙子坤部，担任马铺头至万古寺沿山各隘并坚守之；以一团控制于该部防线后之山上随时应援沿岸之敌。”[②]8月17日永济城二次沦陷，8月23日，教导团从辛店地区转移。三十一军团全部进入中条山。

永济战役后，副旅长李家骥接任八团团长，邱铁生接任副旅长。翟家骐与王振华旅长奉命率部留守中条山西段永济、虞乡一带作运动战，经常对由永济南侵之敌举行侧击、尾击、截击。从同年8月至10月，先后粉碎了日寇两次对中条山大规模扫荡。是年11月4日，日寇分三路向中条山发动第三次大规模扫荡，其中一路从永济韩阳镇猛攻中条山西段独立四十七旅阵地，翟家骐协助王振华旅长督率所部，击败了日军的又一次进攻。

1939年元月23日日寇两万余，在炮兵、空军的配合下，分六路向中条山第四集团军防区发动了第四次大规模进犯。经过三日夜激战，仍未打退敌人的进犯。日寇二十师团长牛岛亲率步骑炮五六千，借飞机、大炮掩护，突入我纵深地带，向柳祠斜我独立四十七旅阵地猛攻，战况空前激烈。翟家骐主任协助王振华旅长冒着敌人的猛烈炮火穿梭督巡，指挥全旅奋勇杀敌，打退了日军的多次猛攻。因敌人炮火极其猛烈，我军阵地被敌炮摧毁殆尽。26日夜所部退至中条山北的玉泉寺

---

①《第四集团军抗日战争概略》，靳英辉、李长林编著：《孙蔚如将军》，陕西人民出版社1996年1月版，第267页。

② 孙蔚如致蒋介石电（1938年8月17日）。

和石佛寺一带。27日（农历腊月初八）日军采用了前后夹攻战术，并有飞机狂轰滥炸。我官兵在王旅长、翟主任、邱铁生副旅长和李家骥团长的督率下奋力反击，战况至烈。激战四昼夜，毙敌700余人。我亦伤亡惨重。邱铁生副旅长、李家骥团长、中校团附田景华等160余名官兵以身殉国。中校参谋主任翟家骐负伤。王镇华旅长率余部突围。

翟家骐负伤突围后，与所部失散。他目睹遍地都是尸体，有日军，也有自己的战友。猛地他看见一个日军端着枪朝他冲过来。他立即举枪朝敌人瞄准。结果两支枪同时响了，随即他就倒地昏了过去。苏醒过来，天刚擦黑，他知道自己已昏死了很长时间。这时他猛然想起，自己身上还带着部队的关防印信。原来突围时，四十七旅的印章都由他随身携带。这些东西如果落到敌人手里，那就会造成无法估计的损失。他在战地拾起一把残缺的刺刀，在身边挖了一个坑，把关防印信全部埋了进去，用土砸实，并在上面做了一个只有自己知道的记号，以便过后来取。此时，已经夜幕降临。他拖着负伤的身躯，挣扎着向就近一个村庄爬去，希望得到老乡的救助。爬到村里后，经过一番周折，才找到一户人家。交谈后，方解除了老乡的疑惑。这家的老者，认为他家浅门浅户，藏不住人。便把他领到一户对鬼子恨得咬牙切齿的宁姓人家。宁先生表示欢迎。翟家骐就在宁家住了下来。宁先生不仅请来附近的医生给他治疗，还令他十二三岁的儿子拜翟家骐为义父。翟家骐身无长物，便把自己的派克笔送给干儿作为见面礼。大约半个月后的一天，宁先生兴冲冲地回来对他说，咱们失散的官兵正在某村集中归队。此时，翟家骐伤势已大为好转，他听罢，便急着要走。宁先生因山路难走，便留他再住一宿。第二天，宁先生拉出他家的牲口送他下山归队。临别，宁先生又硬给他一个包袱，解释说："里面有几件衣裳，是干儿子给他干妈的见面礼。"翟家骐坚决不收，宁先生硬塞到他怀中。他不好拒绝，洒泪转身而别。这时，春节临近，部队让他回家疗养一段时间。

翟家骐上前线后，每月都要给家中写一封信报告平安。可是近两个月竟然没有来信，全家大小惶恐不安。家里人三天两头到转交来信的西安市同寿堂药铺（当时邮局不向乡下送信）打问，还是没有信息。直到农历大年三十，进城打探信息的其大哥拿回一张 2 月 17 日（农历十二月二十九日）的《西北文化日报》，才知道他在玉泉寺战役时负了伤。伤情如何，不得而知。全家人愁云满脸，哪有心情过年！

按照历年惯例，每年农历正月初二，家骐妻子都要带着子女去给父母拜年。今年丈夫受伤，又没有来信，实在无心拜年。到了正月初四，觉得不能再推后了，她才抱着女儿翠兰，领着儿子天绪去了娘家。见了娘家人后，母亲和弟妹都问家骐的信息。她说：“报上说受伤了。”大家听后，面面相觑，连吃的什么饭都似乎没有感觉。

饭后，大人都在屋内说话。天绪一个人在堂屋台阶上闷坐。猛然一抬头，看见一个当兵的拄着一截竹棍走进了大门。天绪高兴得蹦了起来，大声喊了一声“大！”（陕西不少地方把父亲叫“大”。）热泪夺眶而出。家骐也叫了一声“天绪”！慢慢走到儿子跟前，拍拍儿子的脑袋说：“儿子，不要哭，大好着呢。”屋里人听见家骐和儿子说话声，一窝蜂地拥了出来。大家扶着家骐进屋坐下，七嘴八舌地问这问那，家骐一一做了回答。他的妻子喜极而泣，泪流满面。这样的场面，真像杜甫诗所写的那样：“妻孥怪我在，惊定还拭泪。世乱遭飘荡，生还偶然遂。”（《羌村三首》其一）在岳母家草草吃过饭，小舅子便套车把他们一家送回翟家堡。回到家中，翟家骐赶忙向父母磕头拜年，并说“儿子尽忠不能尽孝，反让二老担惊受怕，请父母谅解。”听说家骐从前方归来，乡亲们纷纷前来看望。家骐给前来的乡亲们作揖拜年，感谢大家的关心，并请乡亲们进屋说话。他向大家介绍了前线打鬼子的情况，听得乡亲们时而兴高采烈，时而顿足捶胸，时而气愤填膺大骂日寇。当即有一个青年翟思学要家骐带他上前线打鬼子。不久，思学即跟随家骐上了抗日战场，做了家骐的警卫员。家骐殉职后，他辗转回到家乡，“文革”中病殁。

在家中养病的日子里，不断有亲友前来看望交谈。一日其舅父前来看望他，寒暄过后，舅父直截了当地说：“家骐，几年来你一直在战场上和鬼子拼杀，现在又受了伤，也算为国尽忠了。你爸你妈都老了。你应想法在集团军西安办事处谋个差事，就不必再上前线了。”家骐听后，委婉地说道：“谢谢舅舅的关心，外甥领情了。不过，我穿上这身军衣时，就把自己交给国家了。我学历史知道，汉朝大将霍去病曾说，匈奴未灭，无以家为也！现在国难当头，你不希望你外甥当个逃兵吧！”甥舅的交谈，不欢而散。其他亲友也对家骐做过这样的建议，都被他委婉地谢绝。

翟家骐幼时博览诗书，也酷爱书法，他写的字笔力遒劲，颇有法度。西安事变前后，写过一幅中堂，内容是岳飞的《满江红》，他却有意把“笑谈渴饮匈奴血”一句改写为“笑谈渴饮倭奴血”。改一字，表达了他对侵占我东北，觊觎我华北的日寇的切齿仇恨。1939 年正月回家养病时他写过一个条幅，内容是一首言志的七绝：

身着戎衣难顾家，誓扫倭奴靖中华。
成仁取义寻常事，沙场笑看胜利花。

这两幅在别人看来极平常的字，翟家骐之子却把它视为瑰宝，一直珍藏了数十年。1966 年“文革”浩劫时，才被红卫兵当“四旧”抄去。当作“四旧”抄去的还有翟家骐的戎装照片十多张。这些东西都被付之一炬。当烧照片时，其 15 岁的孙子益民大声喊道：”我爷是抗日英雄，他的相片不能烧！”在场监烧的村支部书记从相片中拿出一张，递给益民说：“快拿回去！”这就是我们今天看到的这张遗像。这张照片就是抗日英雄翟家骐烈士留在这个世界上的唯一遗物。

翟家骐十分重视对子女的教育。他多次对儿子说：“我们打日本是为了保卫国家，建设国家的任务要由你们这一代来完成，不学好文化科学知识是不行的。”当儿子八九岁上学以后，家里每次给他写信时，他总要求儿子也写一张信，一并寄去。对儿子那些似通不通的信，他都仔细批改后寄回。

翟家骐在家里住了半个月，因军务紧急，于正月十九日又告别家人奔赴中条山抗日战场。这天，他临走时，想同爱子天绪告别。不巧，天绪一大早就和几个小伙伴到何家营海神洞去逛庙会。下午，天绪回来。他妈就对他说：“你大上午走了。走前叫人到处找你，想叮咛你几句话，可找不到你。”天绪听后，一下呆住了，心想要见父亲不知又得几年？谁知这一别竟是永诀。直到今天天绪每一想到这个刻骨铭心的正月十九，心都会隐隐作痛，悔恨万分。

翟家骐回到部队后，不断地教育官兵加紧训练，提高技能，随时准备迎击鬼子的来犯。3 月 29 日，所部又粉碎了日寇对中条山的第五次大扫荡。

由于第四集团军在扼守中条山 10 个月期间，先后打退了日军五次大规模进攻。国民党第一战区司令长官卫立煌称赞“三十八军是中条山的铁柱子”。日寇恼羞成怒，称中条山是他们军事侵华的盲肠炎。经过紧锣密鼓地准备，6 月 6 日拂晓，日寇集中运城、安邑、解县牛岛第二十师团和平野健吉第三十七师团[①]的一个旅团、野炮第二十六联队、山炮第一联队，约计3万余人，在空军山口集成大队轰炸机38架的配合下，倾巢而出，西起芮城县陌南镇，东至张店，兵分九路，从西、北、东三个方向向第四集团军阵地猛攻。这次进攻极其激烈，是第四集团军扼守中条山遇到的规模最大的一次战役。敌主力沿张（店）茅（津渡）公路南下，7日突破了我军防线，将我第三十八军和第九十六军从中割断。与此同时，由张店南下之敌，从东向西进攻；来自芮城之敌，由西向东进攻，对我第九十六军和第三十八军孔从洲独立第四十六旅进行三面夹击。平陆县在中条山南麓，北高南低，东西狭长约百余里，南与陕县茅津渡隔河相望。在战役爆发之前，第四集团军总司令部驻防县东的东延村，所辖赵寿山第三十八军驻防县东，李兴中第九十六军和三十八军的独立四十六旅驻防县西。由于北山南河，纵深短小，没有回旋余地，致使九十六军军部和其所属的第一七七师和独立第四十七旅、三十八军独立四十六旅数万人，被敌人压缩包围在平陆旧城、太阳渡、大涧北、赵家坡、关家窝和后湾一带谷地。该地域地势低洼，面对高山深谷，背临黄河。东西两边的高原，均已被日军占领。形势犹如一口大锅，敌占锅沿，我占锅底，空间狭小，队形拥挤，敌飞机和炮兵对被围部队不断日夜狂轰滥炸，我军伤亡极大。

战役爆发时，翟家骐所部独立第四十七旅奉命驻防平陆县最西面的南峪村、胡村、岳村一带。日军由芮城自西向东进攻，翟家骐所部首当其冲。他协助王振华旅长督率全旅官兵奋勇抵抗。但因敌众我寡，至11时，九十六军前沿阵地全部被敌飞机大炮摧毁，官兵伤亡2000

---

① 孙蔚如《第四集团军抗日战争概略》说“六六战役”时，日军三十七师团长为川岸，回忆有误。该师团乃1939年2月7日在日本编成，师团长为平野健吉。

余人。万般无奈，遂令部队向主阵地转移。下午 1 时，敌人又以飞机大炮掩护，并施放毒气，向我西段全线猛攻，所部阵地被敌突破。部队奉命转移到洗马村、南侯村、西张村继续抵抗。旋因伤亡过重，兵力单薄，西张、南侯、洗马村、大小沟南相继失陷。为了确保集团军左翼安全，当此危急之时，李兴中军长奉命派一七七师工兵、辎重两营支援翟家骐所部。王振华旅长经过与翟家骐商议后，对各部下达了恢复阵地的任务，要求 7 日零时开始攻击。因集团军总部于 22 时对各部发出了扭转战局的作战命令，四十七旅做出的进攻部署即行作废。

7 日 1 时后，翟家骐所部遵命转移，调整部署。11 时，四十七旅到达张峪镇，敌跟踪进攻。下午 1 时，敌以猛烈炮火向我各据点连续轰击，10 余架飞机又狂轰滥炸。我军被敌分割，人自为战，有的被敌包围，有的冲出包围，敌我混战，在山坡山沟展开白刃肉搏，伤亡惨重，战况至烈，前所未有。

7 日晚上，孔从洲和李兴中分别率领一些部队突出重围后，还有一部分部队在平陆县城至张峪镇一带坚持战斗。独立第四十七旅官兵经两昼夜之苦战，伤亡惨重。旅长王振华鉴于战况不利，于 8 日 1 时将剩余的 400 多名官兵组织起来，由张峪镇出发，计划向敌后挺进，行至黄河岸的何家滩附近与敌遭遇，战至圪塔村时，旅长王振华不幸腿部受伤。而敌人有增无减，当即展开激战，白刃肉搏。翟家骐主任身先士卒，鼓励士气，亲自督战，出生入死，反复冲杀，血战两小

时，敌势稍却。在由圪塔村东南高地突围时，他不幸中敌弹壮烈牺牲，时年 30 岁。同时阵亡的还有七三九团团附葛天民等 10 多名官兵。剩余的 100 多名官兵突围出去。

翟家骐参谋主任以身殉国查明详报后，国民政府军事委员会特准晋升为上校从优抚恤，一次恤金 1000 元，年抚金 500 元[①]。其英名入祀长安县忠烈祠。中国第二历史档案馆藏有其档案。由于翟家骐在抗日战争中视死如归以身殉职的事迹突出，国民政府军事委员会政治部 1941 年编印的《抗战特殊忠勇军民题名录》第一辑以《翟参谋出生入死》为题收录了他的英雄事迹。抗战中全国官兵牺牲者几百万，能被收入该书者几乎是凤毛麟角，确为殊荣！

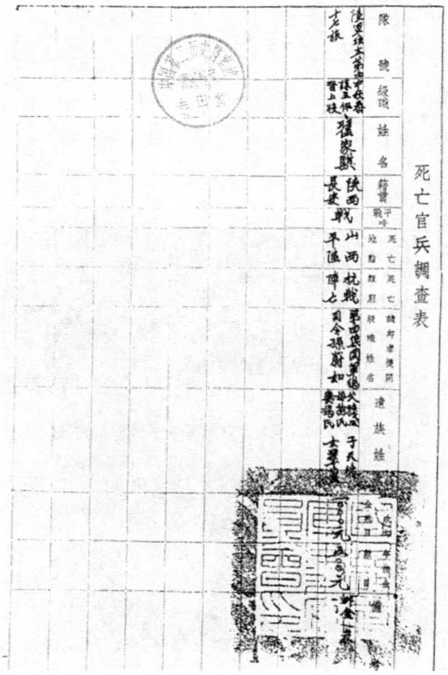
死亡官兵調查表

隊號　級職　姓名　籍貫

翟家騏　陝西長安　山西　抗戰

中国第二档案馆藏翟家骐档案

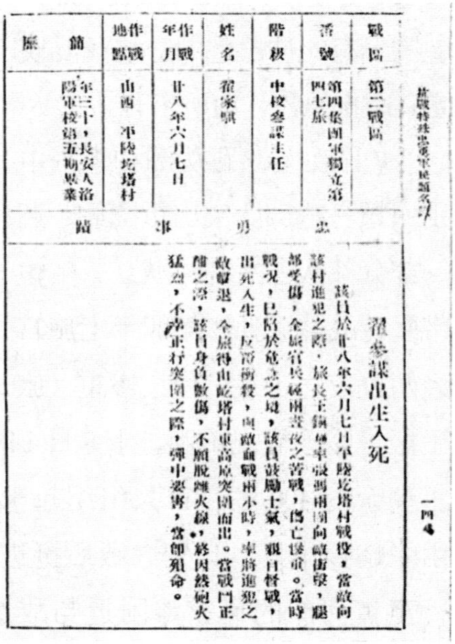
抗戰特殊忠勇軍民題名錄

戰區	番號	階級	姓名	作戰年月	作戰地點	簡歷
第二戰區	第四集團軍獨立第四七旅	中校參謀主任	翟家騏	廿八年六月七日	山西平陸圪塔村	年三十，長安人，洛陽軍校第五期畢業

忠勇事蹟

翟參謀出生入死

該員於廿八年六月七日平陸圪塔村戰役，當敵向該村進犯之際，旅長王鎮華率發兩團向敵衝鋒，腿部受傷，全旅官兵經兩晝夜之苦戰，傷亡慘重。當時戰況，已陷於危急之境，該員鼓勵士氣，親自督戰，出死入生，反覆衝殺，與敵血戰兩小時，卒將進犯之敵擊退，全旅得由圪塔村東高原突圍而出。當戰鬥正酣之際，該員身負數傷，不願脫離火線，終因炮火猛烈，不幸正行突圍之際，彈中要害，當即殞命。

一四

《抗战特殊忠勇军民题名录》收录的翟家骐的英雄事迹

① 中国第二历史档案馆藏档案。

革命烈士通知书

陕烈通 字第 379 号

西安市雁塔区 人民政府：

翟家骐 同志于一九三九年 六 月 七 日在山西中条山对日军作战中 牺牲，根据《革命烈士褒扬条例》第 条第（ ）项规定的条件，已批准为革命烈士，请发给其家属《革命烈士证明书》，并按革命烈士家属给予抚恤优待。

批准机关（盖章）

二〇〇七 年 四 月 三 日

革命烈士证明书

翟家骐 同志 ……壮烈牺牲，经批准为革命烈士，特发此证，以资褒扬。

中华人民共和国民政部

2007年4月3日陕西省人民政府批准追认翟家骐为革命烈士。

翟家骐殉国时，儿子天绪（后改名宏儒）年仅10岁，女儿云霞年仅3岁，夫人冯志珍含辛茹苦，抚孤成立，艰苦备尝，守节终生，1992年84岁病逝。其子宏儒，从事教育，生前任西安市委党校文史室主任。其女儿云霞退休前在西安北大街商场财务室工作。

附录:《抗战特殊忠勇军民题名录·翟家骐》第一辑

战　　区　第二战区

番　　号　第四集团军独立第四十七旅

阶　　级　中校参谋主任

姓　　名　翟家骐

作战年月　廿八年六月七日

作战地点　山西平陆圪塔村

简　　历　年三十，长安人洛阳军校第五期毕业

忠勇事迹　翟参谋出生入死

该员于廿八年六月七日平陆圪塔村战役，当敌向该村进犯之际，旅长王镇华率张冯两团向敌冲击，腿部受伤，全旅官兵经两昼夜之苦战，

伤亡惨重。当时战况，已陷于危急之境，该员鼓励士气，亲自督战，出生入死，反复冲杀，与敌血战两小时，卒将进犯之敌击退，全旅得由圪塔村东高原突围而出。当战斗正酣之际，该员身负数伤，不愿脱离火线，终因敌炮火猛烈，不幸正行突围之际，弹中要害，当即殒命。（该书第 148 页）

附：本文主要参考资料

1. 孙蔚如：《第四集团军抗日战争概略》，载靳英辉、李长林编著：《孙蔚如将军》，陕西人民出版社 1996 年 1 月第 1 版。

2. 孟恒昌：《我所知道的洛阳军分校》，洛阳市政协文史资料委员会编：《洛阳文史资料》第五辑，1988 年 9 月出版第 42 页。

3. 李鹤龄：《我在中央军校洛阳分校第五期受训记述》，洛阳市政协文史资料委员会编：《洛阳文史资料》第五辑，1988 年 9 月出版第 73 页。

4. 张志甲：《张志甲回忆录》（打印稿）。

5. 陈子坚：《第四集团军中条山抗战概况》，吴长翼等编：《丹心素裹》（2）。

6. 孔从洲：《独立四十六旅平陆抗敌》，同上书。

7. 晋震梵：《抗战中固守中条山的日日夜夜》，段景礼等编：《赵寿山将军》。

8. 于景祺：《三十八军抗日战场战地见闻片断》，同上书。

9.《抗战特殊忠勇军民题名录》第一辑。

10. 姚杰：《抗日战争中的第十七路军》。

11. 访问翟宏儒的谈话记录和他与笔者的信。

热血沃中条　浩气贯长虹

——中条山六六战役殉国英烈范文英事略

范文英

范文英（1909—1939），清宣统元年（1909年）出生在陕西省户县石井镇石中村的一个农民家庭。兄弟4人，他在家族中排行老九，侄儿们都叫他九爸。1929年秋，跋涉数百里到南阳投奔杨虎城将军部队新编第十四师。被分配到时任南阳城防司令的赵寿山部。1930年5月，蒋介石与冯玉祥、阎锡山在中原爆发大战。7月杨虎城部被蒋介石升编为国民革命军讨逆军第十七路军，奉命参加了对冯、阎的作战。杨虎城亲率所部向北进攻，赵寿山率部留守南阳后方。旋范文英在赵寿山率领下随军攻占洛阳龙门，接着攻克潼关，继之又在蒲城孙镇一带收编了冯部刘郁芬余部。11月，杨虎城任陕西省政府主席。赵寿山升任第十七路军孙蔚如第十七师第五十一旅旅长，范文英随部驻防三原。

同年 12 月，随部进驻汉中。在此驻防 4 年之久，先后参加了击退四川军阀刘存厚和田颂尧侵占汉中的部队，消灭了陕南土匪王三春、李纲五等战斗。1935 年春，随部开往陕北前线与红军作战。

1936 年 12 月加入中国共产党，旋随部参加了西安事变。后来为了准备对南京“讨伐军”作战，赵寿山被任命为渭北警备司令。范文英随部驻防三原、泾阳一带。在此期间，因为红军主力也开到附近，在赵寿山的带领下，所部与红军频繁接触，范文英和大多官兵受到了抗日教育。

西安事变和平解决后，杨虎城将军剩余部队缩编为第三十八军。范文英被编入赵寿山十七师耿子介四十九旅李维民九十七团。

1937 年 7 月 7 日，日寇炮轰卢沟桥东的宛平城，发动了全面的侵华战争。范文英闻讯后气愤填膺，决心早日奔赴前线杀敌。就在此时，所部赵寿山师长 7 月 12 日从庐山回到三原。经过短暂的准备，在赵寿山师长的率领下，7 月 21 日由三原誓师随部开赴华北抗日前线。所部先后参加了扼守保定、保卫娘子关等战役。其团伤亡甚多。11 月 5 日到达太原附近，已不足两营。

经过碛口整训，所部精神面貌大变，范文英随部再上战场抗日。1938 年春，范文英随部由洪洞县经浮山、阳城等地，进入晋东南的太行区的晋城县，后转入高平，归朱德总司令指挥。在朱总司令统一指挥下，所部在晋东南屡挫敌锋，并配合八路军收复了上党 19 县。

是年 6 月，所部第三十八军改编为第三十一军团。孙蔚如升任军团长。辖三十八和九十六两个军。赵寿山升任第三十八军军长仍兼第十七师师长。孙蔚如奉命亲率在陕各部东渡黄河。开赴晋南三角地带永济县等地准备迎击日寇。此时正在高平等地休整的赵寿山部，接八路军总部电示：令即开赴晋南三角地带，归还孙蔚如三十一军团建制。

1938年第三十八军转战中条山时，范文英任孙蔚如第四集团军赵寿山三十八军耿子介十七师四十九旅九十八团二营营长。在扼守中条山近1年期间，多次打退日寇进犯。

1939年6月6日，日军牛岛第二十师团全部和三十七师团的一个旅团3万多人并配合两个炮兵联队和38架飞机，分九路向扼守中条山的第四集团军发动了最大的一次猛攻。当时范文英营死守平陆县茅津渡，战斗空前激烈，敌我伤亡的尸体相互叠压，惨不忍睹。至12日，我军伤亡甚多。13日拂晓，日军以主力分4路向张茅大道以东猛攻。其中一路攻范文英营扼守的古王、计王等处。早晨7时，敌以3000多人，分三路向范文英部四十九旅古王南段高地猛攻，敌大炮10多门向我猛轰，并发射大量毒气弹，我官兵中毒者700多人。敌曾多次冲入古王高地，均被范文英营击退。敌指挥官因攻击不能成功，将两个小队长当场击毙。10时，敌经过整顿，再行猛攻，并施放大量毒气，我军官兵中毒者极多。范文英督率其营坚守古王南端高地与敌血战。在近距离枪战和白刃肉搏中，自幼习武、身手敏捷的范文英扔掉手枪，操起敌尸上的刺刀，和日本鬼子拼刺，他左刺右扎，一会儿工夫就杀死10多名鬼子。敌人恼羞成怒，便5人合起来向他围刺。他虽戳死几个鬼子，但后背却中了敌人一刀，不幸壮烈牺牲，时年31岁。

战斗结束后，赵寿山军长派人找到范文英的忠骸，用棺木装殓，亲书“范遗恩劳”四字，送回其家乡，安葬在村西。安葬仪式极为隆重，前后持续了近一周，表示了乡亲们对抗日英雄的崇高敬意。

范文英殉国安葬时，其儿子安定因受到惊吓，不幸夭折。其妻子敬去了延安后，杳无音信。

1966年，“文化大革命”时期，范文英的坟墓被平掉。现在只能看到坟前一只石羊。这使后人知道烈士安息的地方。

从1993年起，在中共陕西省委机关党委宣传部长张万勇、户县县委宣传部长王炳奇等的帮助下，原赵寿山三十八军中共地下党负责人范明等出具书面证明，其侄儿范中迤等范家后人，不停地奔走在户县和西安之间，终于在2003年12月陕西省人民政府批准追认范文英同志为革命烈士。

附：本文主要参考资料

1. 陕西原十七路军党史资料征集编写小组：《原十七路军序列沿革》，《十七路军军史资料》（3）（内部资料），陕内资图批字2009年第15号。

2. 车国光口述，王兴华整理：《中条山血战》，段景礼、崔振富主编：《赵寿山将军》，中国文史出版社，1994年7月版第67页。

3. 姚杰：《抗日战争中的第十七路军》，中国文史出版社，1997年10月北京版。

4. 雷县鸿：《给好汉一个名分》。

抗日英烈葛天民

葛天民

葛天民（1911—1939），字水平，甘肃省天水人。投奔杨虎城将军部队后，被分配在独立二旅四团三营九连。1934 年底毕业于西安绥靖公署步兵训练班军官队第四期。西安事变后，被调到孙蔚如三十八军王振华陕西警备第三旅。卢沟桥事变后不久，随部由耀县开赴陕东韩城扼守黄河河防。1938 年 7 月所部改番号为孙蔚如三十一军团李兴中九十六军独立四十七旅。同月 12 日，随部东渡，进入晋南三角地带抗日。后进入中条山。同年 11 月，孙蔚如部升编为第四集团军。葛天民升为孙部李兴中九十六军王振华独立四十七旅张英三七三九团团附。在扼守中条山期间，先后粉碎日寇多次猛攻。1939 年 6 月 6 日，山西省日军调集两个师团的兵力，向中条山第四集团军发动了第六次也是最大的一次猛攻。

葛天民所在的独立四十七旅首当其冲。葛天民与团长张英三督率全团官兵奋力反击，血战两昼夜。6 月 8 日，在疙瘩村突围时，天民不幸中敌弹壮烈牺牲。时年仅 29 岁。

附：本文主要参考资料

1.《西安绥靖公署步兵训练班军官队第四期同学录》。
2. 姚杰：《抗日战争时期的第十七路军》。

抗日英烈张鸿谋

张鸿谋（？—1939），生年籍贯不详。1939年秋任孙蔚如第四集团军李振西教导团中尉中队长。这年11月，鸿谋奉命带队袭击山西省运城安邑村的日军。他身先士卒，指挥有方，消灭了许多鬼子。因为日军炮火猛烈，战士们大多壮烈牺牲。当此时，张鸿谋队长奋不顾身，以一当十，用手枪不断朝敌射击，毙敌十余人。旋鬼子骑兵冲来，将他四面包围。鸿谋毫不气馁，拼力与敌搏斗，并夺得敌人大刀1

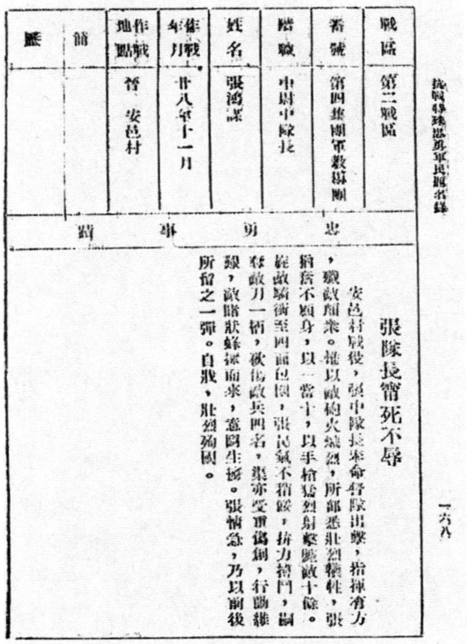
抗戰特殊忠勇軍民題名錄

戰區	番號	階級	姓名	作戰年月	作戰地點	備註
第二戰區	第四集團軍教導團	中尉中隊長	張鴻謀	廿八年十一月	晉 安邑村	

忠勇事蹟

張隊長寧死不辱

安邑村戰役，張中隊長奉命督隊出擊，指揮有方，殲敵甚眾。惟以敵砲火熾烈，所部悉壯烈犧牲，張猶奮不顧身，以一當十，以手槍猛烈射擊斃敵十餘。嗣旋敵騎衝至四面包圍，張民氣不稍餒，拚力搏鬥，奪獲敵刀一柄，砍傷敵兵四名，渠亦受重傷倒，行將被擄，敵睹狀蜂擁而來，意圖生擒。張憤急，乃以前後所留之一彈。自戕，壯烈殉國。

一六八

《抗战特殊忠勇军民题名录》收录的张鸿谋的英雄事迹

个，砍伤鬼子 4 个，他也受了重伤，行动十分困难。敌人看到这一情况，蜂拥而来，意欲生擒鸿谋。张队长感到情况万分危急，不愿被俘受辱，便用枪中所留最后一颗子弹自戕，壮烈殉国。其事迹收入 1941 年国民政府军事委员会政治部编印的《抗战特殊忠勇军民题名录》第一辑。

附：本文主要参考资料

国民政府军事委员会政治部编：《抗战特殊忠勇军民题名录》第一辑，民国三十年版，第 168 页。

誓扫倭奴不顾身 马革裹尸还长安

——抗日爱国将领王俊烈士

王 俊

王俊（1902—1941），乳名虎娃，名俊，字杰三。清光绪二十八年（1902年）[①]农历三月十九日[②]出生于陕西省蒲城县今东陈镇尧堡村一个农民家庭。1935年秋升任陕西警备第一旅少将旅长时，呈报国民政府军事委员会，因时任陆军步兵学校教育长的海南人王俊[③]比他

① 王俊生于何年，说法纷纭。关于王俊的生年可参看本书《关于对王竣等几个问题的质疑》。

②1988年3月7日王俊的堂弟王俊田（时年80岁）告诉笔者：他哥王俊属虎，比他大7岁，农历三月十九日生。

③ 王俊（1894—1976），海南澄迈县人。日本留学归国后，先后任黄埔军校少校教官、军校教导一团三营营长、教导一团中校团附、国民革命军第一军一师一团团长。北伐时，任一军一师副师长、师长，后任东路军一路指挥官。1933年底，任陆军步兵学校校长、陆军步兵学校教育长。1976年3月病逝于台湾。

级高资深，故将其名改为竣[①]。盖当时制度如斯也。

见义勇为　积极参加爱国运动

王俊的祖父有两个儿子：长曰毓荣（乳名荣生），次曰毓生（乳名贵生）。王俊的父亲即毓荣，母亲李氏（是同村人），皆是勤劳厚道的农民。因只有他一个儿子，故特别钟爱并尽力培养。十岁就读于本村李兴运先生办的私塾[②]，学习十分努力。1917年秋，考入全县唯一的蒲

① 多书云，王俊是原名，后改为竣。中共陕西省委党史研究室编的《陕西军民抗战纪事》和中共中央党史研究室科研管理部编《抗日英烈谱》还说，改为“峻”。李约祉主编的《蒲城县志稿》云：“军部因有两师长同名姓，因改名竣。”此说证据不力。不仅如此，王俊究竟改名与否，至今仍是个谜。因为陕西陇县永济血战殉国英烈马俊杰家中珍藏的王俊新编第二十七师第七十九团1939年12月31日送给其遗属的信上盖的师长官印为王俊，而非王竣。过去有点地位的人都有名又有字，字与名是同义词或反义词，“杰”是“俊”的同义词，而“竣”或“峻”与“杰”，既非同义词，也非反义词。故王俊师长的官印仍为“俊”字，而非其他。

② 本书笔者1988年3月5日在王俊家乡访问与王俊同村同岁同学的王志英问及诸书均说，王俊12岁时肄业村塾。王志英认为与事实不符。

茅海建主编的《国民党抗战殉国将领》、李约祉主编的《蒲城县志稿》、刘福谦主编的《蒲城县志》皆云，王俊读私塾时，一同学家的耕牛被债主所夺。王俊私将其父的钱代为还债，将牛赎回。此举得到了村邻的赞扬。对于此事，本书作者曾向王俊堂弟王俊田、村塾同学王志英、挚友刘宗宽调查，均说不知此事。并且王志英还有微词。录以备考。

城县立高等小学校[①]，学制3年。与刘宗宽[②]、刘威诚[③]、米暂沉、王硕哉为同学。

1920年夏，高小毕业后[④]，他即与刘宗宽一道考入大荔的陕西省立第二师范学校[⑤]。当时该校规定，学制5年，预科1年，本科4年。入学考试成绩优秀或在二师附小毕业考试成绩优秀，只上半年预科。王俊与刘宗宽，因入学考试成绩名列前茅，上了半年预科。王硕哉因

---

① 茅海建主编的《国民党抗战殉国将领·王竣》云："1918年王竣考入蒲城县高级小学"。此说有误。1988年7月9日米暂沉先生复笔者信说："我和杰三、志宏（刘宗宽——引者注）、威诚在一班，民国9年夏毕业。"刘威诚、刘宗宽、王硕哉等一致认为，那时高小学制3年。可知为1917年秋考入高小。

② 刘宗宽（1905—1992），字志弘，陕西蒲城洛滨镇刘家庄人。1924年底从陕西省立第二师范毕业后，立志投笔从戎。1925年刚过春节，即与同学王俊到耀县参加了杨虎城将军的部队，旋被杨保荐入黄埔军校第三期学习。1926年毕业后，回部任杨将军侍从副官。参加了坚守西安8个月的战斗。城围被解后，旋与王俊等组织陕西游击纵队。后因他被捕，纵队烟消云散。旋到党海楼第三师任参谋长。反冯战争失败后，回乡。1928年底，重回杨虎城部队，任团长。1930年冬杨虎城率部回陕西时，他暂留南阳。回陕后升任副旅长，旋入陆大学习。毕业后被蒋介石任命为军委会少将高参。1940年任陆军暂编十五师师长。被胡宗南罗织罪名，押送重庆，判死刑。经冯玉祥等营救，改判。1943年加入中国农工民主党，与中共秘密联系。1949年为解放西南送出重要情报，被刘伯承赞誉为"解放西南第一功"。曾历任多职。1980年后，历任重庆市政协副主席等职。1992年7月逝世。

③ 刘威诚（1903—1992），陕西蒲城今洛滨镇人。1924年参加杨虎城部队，历任司务长、排、连、营长等职。1927年加入中国共产党。在杨部做兵运工作。1935年升任陕西警备第一旅第三团团长。曾掩护红军顺利过境。1937年驻防安康时，与旅长王俊、二团团长王子伟选送一些青年军官去延安抗大学习。1938年9月率其团开赴陕东，与所部其他两团一起扼守黄河河防。1939年1月被蒋鼎文免职。后到中条山赵寿山部任团长，打退日军多次进犯。1945年7月在河南率部进入解放区。1946年9月任西北民主联军第三十八军副军长，参加了解放战争。新中国成立后，历任多职。1960年，因彭德怀问题受株连，被开除党籍，撤销职务。1979年平反后，恢复职务。1992年去世。

④ 米暂沉肯定为民国九年夏毕业，因为他复笔者信时还珍藏着毕业时的合影。

⑤ 民国三年（1914年）在同州实业中学堂旧址（今县武装部）设立陕西省立第二师范学校。民国二十四年（1935年）更名为陕西省立同州师范学校。民国二十七年（1938年）春，因日寇侵扰，学校西迁泾阳。民国二十九年（1940年）夏迁回。1950年改为陕西省大荔师范。由此可知，王陆一1942年为王俊撰写的《墓表》称同州师范明显有误。

在二师附小毕业考试成绩优秀，也只上了半年预科。1921 年春，王俊等即转入本科。为第五级。在二师的四年多时间里，王俊由于受到"五四"运动革命新思想的教育，他不仅刻苦学习，还积极参加了当时的一些革命活动。1921 年 11 月 12 日帝国主义在华盛顿召开的太平洋会议缔结的九国公约，是帝国主义共同分割、侵略中国的一个强盗协定。12 月，当太平洋会议宰割中国的消息传到陕西后，西安学生及各界人民群众立即起而反对。各校学生先后举行抗议帝国主义的示威游行。为了支持西安学生的爱国运动，王俊与刘宗宽、王硕哉等二师同学也行动起来，成立了反对太平洋会议后援会，与同学们一起上街游行示威，宣传演说，反对瓜分中国的太平洋会议。在这一活动中，王俊率先参加，表现最为积极。1924 年夏秋，朝邑有个人想当二师校长，便煽动一些学生反对进步校长韩兆鹗[①]。这些学生（主要是一年级）在礼堂里无理混闹，围攻韩校长，令他立即离校。王俊、刘宗宽和王硕哉看到此情此景，义愤填膺。王俊首先挺身而出，厉声对围攻者说："让校长的四分之一走，四分之三[②]留下！"刘宗宽、王硕哉也大声喊道："对！让校长的四分之三留下！"韩校长在窘迫之际听到有人支持他，立即转守为攻，展开反击。结果把带头闹事的李承章等学生宣布开除学籍。李承章等又把开除的布告牌拿走。王俊闻讯后，立即和刘宗宽、王硕哉等赶上李承章，夺回布告牌。这次闹事才逐渐平息。从此在同学们心目中，王俊便成了见义勇为的青年。

---

① 韩兆鹗（1890—1970），陕西户县人。1916 年考入北京高等师范学校。1921 年毕业后，回陕西从事教育，先后担任过渭北中学、户县中学、省立一中、省立一师等校教师和省立二师校长，陕西省教育厅代厅长等职。新中国成立后，曾任陕西省人民政府副主席、副省长。1957 年被错划为右派。1970 年冤死狱中。1980 年错划右派问题终于得到纠正。

② 四分之三，指二、三、四三个年级支持韩兆鹗。

投笔从戎　参加杨虎城将军部队

1925年元月，王俊从省立第二师范毕业[①]，回到家乡[②]。他和刘宗宽、王硕哉两个挚友经常相聚在一起海阔天空地谈论天下大事，讲述个人的抱负，主要是商讨自己今后何去何从？父母希望他们做个乡村小学教师。但当时他们风华正茂壮志凌云，认为这太没出息。王俊的家乡虽然东临洛河，河东村号“永丰”，但祖祖辈辈的人们却过着食不果腹、衣不蔽体的悲惨生活。北面不远的马湖一带即流传着这样的民谣：“龙山马湖，亢[③]死寡妇。”辛亥革命以后，在军阀蒲城王缑章保[④]

① 王陆一1942年撰王俊《墓表》说：王俊“肄业同州师范学校”。王硕哉、刘宗宽均认为与事实不符，确是“毕业”。

② 茅海建主编的《国民党抗战殉国将领》云：“1924年，王竣从师范学校毕业后，其父恐其远走，急忙赶到同州，强迫他回家。王竣把行装交给父亲，请他先行，诓称随后归家。父亲走后，王竣便借钱南下，投考黄埔军校第三期。”李约祉主编《蒲城县志稿》、党德信、王玉文主编的《抗日战争国民党阵亡将领录》、中共陕西省委党史研究室编的《陕西军民抗战纪事·王峻烈士》、穆西彦主编的《抗日黄埔英烈》均主此说。1988年8月16日本书作者在蒲城县辛庙庄采访王硕哉时，就此事向他请教。他说：“根本不是这样，师范毕业后，我们三个都先后回到家里。春节前，我们三人经常在一起商量过年后干什么？准备投奔岳维峻或杨虎城。最后决定北上，过了‘破五’（正月初五）一块去。结果他二人把我撩掷了。没叫我，却去了耀县杨部。”不言而喻，诸书皆为捕风捉影，随心杜撰。他们把一个关键史实取掉了。王俊考取黄埔军校，是杨虎城将军保送并出资的。关于毕业后先投奔杨虎城将军，后由杨将军保送黄埔军校。刘宗宽在回忆中屡次提到。刘威诚也是如是说。

③ 亢（kang抗），关中方言，渴的意思。

④ 缑章保（1882—1926），又名保杰、俊卿。陕西省蒲城县罕井镇武仪村人。青年时期闯荡江湖，为当时关中著名“刀客”，参加反清革命活动，被关押在蒲城县监狱。辛亥革命后获释，追随陈树藩部李天佐进入军界，历升任连、营、团长。1921年陈树藩兵败，他率部改投刘镇华，历任第七路统领、陕军第六混成旅旅长。1925年，在“胡憨”之战中刘镇华败北，被赶出陕西。因李天佐1918年被国民二军杨瑞轩枪杀，缑章保始终不与二军合作，因此率部改投陕北国民军井岳秀部，任第一混成旅旅长。1926年春，刘镇华死灰复燃。率部进攻陕西。在刘镇华的拉拢下，缑章保再次附刘，任刘部讨贼联军陕甘军第三师师长，并出兵渭南，阻碍二军东进增援之路。他的倒行逆施，引起所部旅长何高侯、缑吉人强烈不满。2人对其再三劝阻，他却执迷不悟。于是何高侯、缑吉人经过密谋，奉井岳秀之命，缑吉人于5月28日派其旅团长郑振海将章保击毙。

的统治下，全县人民仍处于水深火热之中。鉴于此，刘宗宽先与王俊商议，拟组织一次江浙教育考察。俟回来后，再做下一步打算，就业或升学。但由于缑章保作梗，县政府不发给他们去江浙考察的费用。二人只好悻悻离开县城①。回到家中，王俊、刘宗宽又和王硕哉商议。结果三人一致认为还是学班超，投笔从戎，前程远大。但投谁呢？当时他们打听到蒲城县有两个出名的英雄：一个是岳维峻②，在河南任国民二军胡景翼部第二师师长兼剿匪司令；一个是杨虎城③，时任井岳秀陕北国民军前敌总指挥，刚刚率部南下，驻军耀县。经过反复比较，三人确定，过了“破五”（即农历正月初五）北上。

1925年春节刚过，王俊与刘宗宽认为王硕哉的村子辛庙庄当时属

① 刘宗宽1988年复笔者信。

② 岳维峻（1883—1932），字西峰。陕西省蒲城县人。清末投身反清革命，加入同盟会。辛亥革命后，在胡景翼部历任连长、营长、旅长。1924年10月，参加冯玉祥、胡景翼与孙岳发动北京政变时，任胡部第二师师长。旋任河南剿匪总司令。1925年春，奉胡令在豫西大败刘镇华、憨玉琨。同年4月胡景翼病故，他继任国民二军军长与河南军务督办。年底，在奉、直两军夹击下，败退豫西，中了刘镇华埋伏，全军覆没，被阎锡山囚于太原。1927年春，经冯玉祥交涉，归陕，任冯玉祥南路军总指挥。1928年投靠蒋介石，先任新编第一师师长，后任陆军第三十四师师长。1931年奉命“围剿”鄂豫皖苏区，3月8日在双桥镇兵败被俘。1932年8月11日，在新集被中共“左”倾分子处死。

③ 杨虎城（1893—1949），陕西蒲城人。1911年辛亥革命爆发，他率“中秋会”员参加陕西民军，与清军作战。1915年袁世凯复辟帝制，他加入陕西护国军。1916年后，任营长、靖国军支队司令，率部与北洋政府八省联军激战，为保存力量，投奔陕北井岳秀。1924年10月，首都革命后，井岳秀委任杨为陕北国民军前敌总指挥，率部南下，驻防耀县。其间曾击败吴新田部。1925年孙岳入陕，所部成为孙部第三师。在此先后，与共产党人合作。1926年，与李虎臣坚守西安8个月，拖住了刘镇华的10万大军，有力地策应了北伐战争。1927年，被冯玉祥委任为国民联军第十路（军）司令，率部出潼关，参加北伐。后驻防安徽太和。1928年去日本考察。回国后，投向蒋介石，先被委任为第七军军长，后委任为第十七路军总指挥。在蒋、冯、阎大战中，奉命打败冯玉祥部队，攻克潼关，进入西安。被蒋介石任命为陕西省政府主席。因蒋介石不抗日，只打红军，他与张学良联手发动了西安事变。西安事变和平解决后，蒋介石迫杨辞职出国考察。卢沟桥事变后，杨回国被蒋囚禁，1949年被蒋派人杀害于重庆。

白水县管辖，好找工作，便未叫王硕哉。他俩冒着料峭的寒风，一起到耀县投奔忠于孙中山的杨虎城部队①。到耀县时，恰好碰上老同学刘威诚。原来他中学毕业后，已于1924年秋先到杨部任骑兵连司务长。刘威诚便引他俩到副官处。李子高第二支队司令部的书记官王文伯见是师范生，便安排两人在书记处任文书。这是王俊在杨虎城将军部队长期任职的开始，也是他一生戎马生涯的开始。

千里跋涉　考取黄埔军校

王俊到杨部不久，听说杨虎城将军要选派数名青年军官报考黄埔军校。王俊与刘宗宽也想去，可是11人的名单早确定了。谁会想到他们两个新兵呢？何况他俩这样的奢想，难免有点得陇望蜀。两人商量来商量去，最后决定：还是硬着头皮去见总指挥杨虎城将军，他不给面总不会扣下升子。

那天，杨将军正病着，见其弟茂三带他俩进来，勉强起身，半倚

① 茅海建主编的《国民党抗战殉国将领·王竣》、党德信、杨玉文主编的《抗日战争国民党阵亡将领录·王竣烈士》、马齐彬等主编的《中国抗日阵亡将士传·王竣》、王永均编著的《黄埔军校三百名将传·王竣》、穆西彦主编的《抗日黄埔英烈·王竣》、中共陕西省委党史研究室编的《陕西军民抗战纪事·王峻烈士》、中共中央党史研究室科研管理部编的《抗日英烈谱·王峻》、刘福谦主编的《蒲城县志·王竣》、曾国杰编辑的《抗战军人忠烈录·王故中将竣》、李约祉主编的《蒲城县志稿》皆云，王俊1924年考入黄埔军校。据参与此事的王硕哉和刘威诚回忆，1924年王俊并未投考黄埔军校，而是1925年春节后先到耀县投奔杨虎城将军，后被杨虎城将军荐送黄埔的。这一重要史实，均被诸书忽略。曾国杰忽略这一史实，不足为怪。因为当时国民党根本不愿提及杨虎城。其他诸书，对这一史实避而不提，岂非咄咄怪事！与王俊一同去黄埔的刘宗宽回忆："我们离开耀县时还未过春节，到达广东时，第一次东征已开始，孙中山刚刚去世。"按：1925年春节为公历元月25日，孙中山3月12日逝世。其间共47天。从陕西到广州根本用不了这么长时间。因此诸书皆云王俊1924年投考黄埔，确与事实不符。王硕哉、刘威诚均认为刘宗宽说的时间有误，故从王、刘之说。

杨虎城

在床头，示意坐下。王俊与刘宗宽即向杨将军提出请求。听说他俩想考黄埔军校，杨将军脸色立刻严肃了，说："去那里要当兵吃苦啊！"杨将军又说："小伙子，到那里去，是革命啊！到那里就成了'民党'了，被人家（指北洋军阀）捉到要杀头的！"那时王俊口讷，尚不善于辞令。刘宗宽站起来大声回答："我们就是要革命，为革命我俩不怕杀头！"杨将军笑了："那好，就添上你们两个吧！"出乎预料之外，事情竟是这样顺利。

从陕西到广东，韩愈诗称"路八千"，不少人视为畏途。加之当时刘镇华乘吴佩孚失败之机实现自己"占有河南全省的野心"，已派大将阚玉琨占据了豫西。胡景翼派岳维峻率李云龙、邓宝珊诸旅西征剿阚。一场大战一触即发，行动极为不便。杨将军为了大家利于行动，便将绸书介绍信藏于衣服之中。王俊、刘宗宽、张绍（孙蔚如警卫员）、宋子朗（陕北人）等13名青年，分头化装前往。他们领到路费，便兴冲冲地上路了①。果然，一出潼关，刚入河南，军阀割据，不断盘查。宋子朗等11人知难而退，返回陕西。王俊同刘宗宽一路，步行至陕州，

① 前引诸书皆云，王俊1924年贷款赴广东。此说与事实不尽相符。刘宗宽回忆说：师范"毕业后……和同学王俊商量，决定投笔从戎，于是我们投奔了杨虎城。""不久，听说杨虎城要选派几名青年军官报考黄埔军校。我和王俊也想去。"他俩去见杨虎城。获杨同意。"我们领得路费，把写在绸子上的介绍信，缝在衣服里，高高兴兴地上路了。"（见任家骝：《负有特殊使命的将军——刘宗宽忆往》，载《人物》，1987年第6期，第59—72页）。1988年8月4日刘宗宽就此事复笔者信说："我们去黄埔是杨将军发的路费（银圆）。由于我们一行，因道路困难很多，有迂回曲折，路费不够用。所以到上海后，向住上海大学的二师毕业同学李铭新借了30元大洋（我两人共同借的），才顺利到了广东。所谓借贷恐系指此而言，并非全部借贷，主要是杨将军发的路费。"

就被刘镇华的部队给扣住了。多亏他俩带有第二师范的护照，又有一位同学证明他俩是学生，去上海考学的，才得脱险。王俊和刘宗宽都是土生土长的陕西青年，都是首次出潼关，但因他俩笃信中山主义，克服无数困难才到上海。但盘费已经不多，他俩便向在上海大学上学的二师同学李铭新[①]借了30元大洋，又经过好多天的乘船，好不容易才于3月上旬到达“国民革命的中心地黄埔”[②]。然而考期已过，军校已经开学。恰好此时云、贵、川又陆续来了一些考生，学校方同意补考。刘宗宽考了第一名。王俊成绩也属优秀。军校规定，从第三期开始，设立入伍生制，即新生入学先受3个月入伍生教育，期满考试及格始编为正式学生。

在受入伍生教育期间，王俊除了认真学习各种课目外，还积极参加了各种革命活动。在党军东征之际，杨希闵、刘震寰陆续撤回部队，准备叛乱，妄图向革命政府进攻。广州危急！ 5月13日，廖仲恺到达汕头，经过与蒋介石、许崇智会商，决定暂时放弃潮、梅，全部回省，铲除阻碍革命的杨、刘，以巩固革命根据地。6月，党军回师广州。12日，王俊所部入伍生第三营时在虎门要塞海岸担任警戒，奉命参加总攻，叛军全线崩溃，杨、刘逃走，广州即日光复，人心大快！在参加平定杨、刘叛乱之前，王俊第十连曾有一段时间驻北面村剿匪。王俊因勇敢作战，曾受轻伤。平定杨、刘后，第三营从虎门开回黄埔，未事休息，又令立即开赴广州，担任广州市警卫任务。王俊胆大勇敢，

① 王宗海：《“解放西南第一功”刘宗宽》（苏阿纲主编：《蒲城英烈名人故事集》）一文云：刘和王“在上海找到了他俩在大荔二师的同学刘铭新……向刘借了30块大洋……”铭新究竟姓“刘”还是姓“李”，待考。

②《政治部周主任恩来讲演词》（载《十四年七月一日第三期开学讲演录》），广东革命历史博物馆编：《黄埔军校史料》。

每次接受任务时从无二话，加上沉着认真，从未发生过过失。但在这次执行任务时，却与校长蒋介石发生了一次小小的冲突。原因是第三营从虎门开回黄埔，只休息了一天，又下令即开广州。王俊与全营入伍生拒不受命，认为这命令不合理、不公道。第三营在虎门担任值勤几个月，刚开回来还未休息，又令出发。为什么不令在黄埔的其他营开赴广州呢？这太不公道，劳逸不均。第三营拒绝接受这次命令，以致形成僵持局面。后来还是政治教官恽代英打着廖仲恺的旗号，说服了大家，第三营才表示服从命令。王俊在这次抗命中表现得很坚决。显示了蒲城“民性刚而好斗”的基因。

是年 5 月 30 日，帝国主义在上海制造了五卅惨案的血腥暴行，消息传遍神州大地。全国人民反帝怒潮风起云涌。6 月 23 日，广州各界约 10 万人，举行了声势浩大的支援上海五卅运动，反对英帝国主义的大示威游行。6 月 23 日晨，列队点名时，连值星官传达了参加游行的通知，王俊与同学们莫不义愤填膺，踊跃参加。一路上高呼“打倒帝国主义！”的口号。当队伍行至沙基时，突然遭到对岸沙面租界英、法帝国主义事先布置的水兵射击和军舰的炮击。游行队伍一时大乱。王俊第三营刚走到一个巷口前面，就被纷乱的群众冲乱，裹入巷内。王俊身不由己，被人流拥着向前走。当被人流裹出巷口时，王俊一看，只有刘宗宽等极少数同学。等了一会儿，会集了二三十位同学。他怒不可遏地与大家一起回到黄埔军校驻广州办事处。这次惨案，黄埔军校曹石泉等 27 位同学牺牲。王俊参加了全体官佐学生党军官长及士兵代表在大操场举行的追悼沙基死难烈士大会。他与全体同学宣誓：“向国际资本帝国主义及其走狗进攻”，以雪此耻。

经过三个月艰苦训练，期满后考试合格。7 月 1 日始转为正式学生，他和刘宗宽被编入步兵队。是日举行了第三期学生开学典礼。蒋介石、廖仲恺、汪精卫、周恩来等高级长官均冒雨演说。王俊和其他同学一样，以成为正式黄埔学生而感到兴奋。在听了各领导的演讲后，对蒋校长的勉励是接受的，但大家在心灵的深处，反而对廖仲恺、周恩来的演讲，更有好感，因为他们平易近人，和蔼可亲。成为正式学生不久，按照规定，即集体宣誓加入中国国民党。

当时虽是第一次国共合作时期，形势尚好。但中共和国民党右派的分歧已明显可见。青年学生思想很活跃，分成两派，各有各的刊物。孙文主义学会办《国民革命》。中国青年联合会办《中国军人》。王俊和刘宗宽都奉命参加了，但却未参加任何一方活动。他俩表面上持中立态度，不卷入双方斗争的旋涡之中，但对孙文主义学会从内心看不起，而对青年联合会从内心是赞成的。主要原因是不赞成反对共产党，认为反共违背了孙中山的三大政策。从思想深处对周恩来、恽代英、萧楚女、廖仲恺和邓演达等人是敬佩的，对蒋介石的亲信王柏龄是鄙视的，对蒋介石持怀疑态度。

1926 年 1 月 17 日第三期举行毕业典礼。王俊和 1230 多名毕业同学举行了庄严的宣誓：决心“于广东统一以后，更加努力于全国之统一，以完成国民革命之工作。”

参加坚守西安　执法如山

王俊与刘宗宽虽然从黄埔毕业，并且都是 20 多岁的人了，但思想还不成熟。刘宗宽认为历代农民革命多由西北发难，这次革命也该由西北而东南。王俊觉得他俩能上黄埔，完全是由于杨将军钟爱与提携的结果。滴水之恩当涌泉相报。所以二人经过商量，坚决请求回杨虎城将军部队。

因为回陕西的手续是由各队与校部办理，故快慢不一。刘宗宽所在队办得快，先领到护照和路费。王俊所在队办得慢一点。刘宗宽手续办好后，因二期同学王景明（陕西周至县人）也被批准回西北工作，便约刘宗宽先到广州等候王俊。王景明在广州人比较熟，一到广州，就托人搞到两张船票。因此他二人先乘海轮走了，给王俊留了一封信，请他办好手续后，即刻动身往上海。如在沪能遇到，就一同回陕，否则各自行动。

刘宗宽回到陕西，适逢刘镇华正率领镇嵩军八个师，杀气腾腾，直扑西安。杨虎城将军高瞻远瞩，决定出兵，保卫西安。命令刚刚回到三原东里堡的刘宗宽第二天（4 月 16 日）即随先头部队进城。杨将军到西安后，任命刘宗宽为其侍从副官。“二虎守长安”之役从此开始。当时尚是刘镇华围城初期，西安与西路（咸阳）的交通，还未被刘军完全截断，因此王俊于 5 月上旬也回到西安。王俊到西安后，被杨将军委派为第三师师部副官处上尉副官①，分配的具体任务是管辖督率检查杨部东、北两城的巡逻人员的巡逻情况。每当晚上查城时，前

① 王俊黄埔毕业后，到何部任何职？说法不一。马齐彬等主编的《中国抗日阵亡将士传》诸书云，“毕业后，王俊回到陕西，先在军队中任参谋之职。”中共陕西省委党史研究室编的《陕西军民抗战纪事》、中共中央党史研究科研管理部编的《抗日英烈谱》均说：“王峻……从黄埔军校毕业，回到陕西军队服役。先后在陆军第三十四师、杨虎城十七路军中任连长、营长。”此两说均不符合史实。王俊从来没有任过参谋与连长之职。另外，王俊一毕业即先在杨虎城将军部队任职，并非先“在陆军第三十四师”任职。王俊在杨虎城部先任何职？穆西彦主编的《陕西黄埔名人·王竣》云：“1926 年春，王竣将军在黄埔军校毕业后，回陕西任杨虎城将军侍从副官。”此说较前说有所进步，但仍与史实不尽相符。据当事人刘宗宽回忆，在黄埔毕业后，他先回到陕西，任杨将军侍从副官。刘镇华围西安后，约 4 月末 5 月初，王俊方回到西安，被杨将军任命为第三师师部上尉副官，参加了坚守西安之役。当时由王俊领导的第三师差遣副官王硕哉的回忆与刘同。坚守西安胜利后，杨将军被冯玉祥由渭北请回。刘宗宽因组织陕西游击纵队，不好意思见杨。此时（1927 年 2 月）杨将军才任命王俊接替刘宗宽为其侍从副官。但不久，不知因何原因，王俊即到卫定一第十二路（军）第三师第二旅任军法官。

面一个战士高举着写有“杨”字的大令旗，后面紧跟着一个打灯笼的士兵。写有“杨”字的大令旗到哪儿，等于杨师长到哪儿。发现有违犯军纪、玩忽职守者，王俊有权当即代杨将军处理；情节极为严重者，可以就地正法。王俊对杨将军分配给自己的这一重大任务，一直是兢兢业业，极端负责。其间发生过这么一件事：有一天晚上，差遣副官王硕哉（1926年由家乡到岐山投杨）巡逻查城时，上了北门，检查了一段，看没有什么，便从北马道坡下去。事有凑巧，恰好王俊从东门上城，一直检查到北门，竟未见一个查城人员的影子。王俊心想，守城是策应北伐的大事，怎能掉以轻心、马马虎虎？第二天早上，即把王硕哉叫来，严肃地问：“昨天晚上是不是轮到你们查城？”王硕哉回答：“是呀！”王俊追问：“那昨天晚上你为什么不去查城？”王硕哉说：“去了呀！”王俊不相信地说：“你哄我哩！”又叫来王硕哉的勤务兵询问。那战士看王硕哉在当面，便也说：“去了。”王俊叫王硕哉先回去，再问勤务兵，才讲了实话：“到北马道坡就下来了。”结果到年终考核，只有王硕哉一人未能升级。

王硕哉听说这消息后，心想：我和王俊高小、师范都是同学，又是乡党，还是莫逆之交。有一次我得了黑子斌奖给我的30块银圆，去杨将军中州会馆，刚好王俊也在那儿，便与刘宗宽一块说闲话。一会儿，我睡着了。醒来一看，银圆不见了。问刘宗宽，他说不知道。后来问王俊，他说他买了二毛皮袄。凭着这样的关系，王硕哉便去找王俊：“为什么只给我一人未升级？”王俊严肃地回答：“因为你查城查了半截。”王硕哉不服气地说：“还有人（指冀止一）没上城，在‘日日新点心铺’吃点心哩！”王俊认为杨将军委我以重任，我若因硕哉是同乡、同学、挚友，便徇私情，那以后别人违犯军纪，还处理不处理呢？王硕哉终于未能升级。王俊初出茅庐，即执法如山，部属怎能不从心底慑服呢?

1926年11月27日夜，经过冯玉祥援陕部队的无数次激战，刘镇华全线连夜溃逃。28日固守了近8个月的西安城围始解。王俊与守城军民不约而同地跑到大街上欢呼！坚守西安的战争，遥相呼应了北伐革命战争。1926年7月9日广州举行北伐誓师的时候，坚守西安的战争已开始了数月。这一战争，拖住了号称10万之众的北洋军阀的镇嵩军部队，使吴佩孚不仅不能从西安取得大量人力物力的补充，并且从侧背威胁中原至武汉的吴佩孚军阀部队。在战场上有力地策应了北伐战争，使吴佩孚由武汉溃败下来，仍希图在洛阳站脚的梦想归于破灭。

杨将军面对满目疮痍的古都西安，内心深感痛苦，于12月初只带曹润华团长一人秘密离开西安，避居于富平县一个好友孙五洲家中，表示向西安军民引咎。连挚友王宝珊也不知道他的去向。群龙无首，人们思想极度混乱。怎么办?头角峥嵘的王俊、刘宗宽等几个黄埔生凑在一起商量出路。议的结果，大家说，还不如自己拉支队伍，为杨将军增加一点力量。于是他们招收了一批散兵游勇，搜集了一些枪支弹药，成立了“陕西游击纵队”。大家公推身材魁梧的刘宗宽为司令。为了压住阵脚，名字改为刘毅。王俊等成了高参。计划成立三个支队：第一支队在西安附近，第二支队在周至、户县一带，第三支队在镇巴一带。一天，刘宗宽、王俊等几个同学正在议事，忽然有人破门而入。西安警备司令韩德元奉于右任司令命令，带一支手枪队前呼后拥地把刘毅逮捕了。刘宗宽告诉来人，王俊等是他的朋友，方得脱险。刘毅被捕后，王俊等多方设法营救，加之于右任也弄清了刘毅就是刘宗宽，才消除了误会。但昙花一现的所谓“陕西游击纵队”也烟消云散了。

经冯玉祥、于右任几次写信，派人催促，杨虎城将军于1927年2月9日回到西安。杨将军回来后，即任命王俊接替刘宗宽当了他的侍从副官。从此，王俊朝夕跟随杨将军左右，当面聆听教诲。

徘徊歧路　该栖何枝？

当时，刘宗宽不好意思面见杨将军，写了一封信，让王俊面呈，嘱他观察杨的神色。谁料杨看后，把信搁在一旁，无任何表情，若无其事。刘宗宽摸不着深浅，不敢贸然回杨部。恰好此时卫定一[①]国民军十二路（军）党海楼（陕西富平人——笔者注）第三师到西安招聘军事专家。经邓宝珊参谋长尚天初介绍，刘宗宽便到该师当了副官长，旋又升任参谋长。该师原属郭坚[②]旧部，纪律不太好，在当时的形势下，不得不想法整饬军纪，重视训练，以图生存。加之冯玉祥将军又于 2 月 10 日发表致陕军将领书，要求须饬所属，爱护陕民，必须“认真整饬所有各部军队，务须加意训练。其败坏不悛分子，务即认真剔除，不再因循，不稍松饬，庶军纪风纪，日见整饬，恶习恶名，相随刷尽。”[③]因此该师才派人到西安聘请军事专家。刘宗宽一到该师，即大刀阔斧整顿军纪，狠抓训练。全师气象为之一新，军民关系也大为改

---

① 卫定一（1892—1928），名总成，字定一。陕西华阴人。先为郭坚部下。后任国民二军十二混成旅旅长、暂编陕西陆军第六师师长。1926 年春刘镇华围西安后，与李虎臣、杨虎城坚守西安，抗击刘军。他任副总指挥兼陕军第四师师长。西安解围后，1927 年 2 月被冯玉祥任命为国民联军第十二路（军）总司令。旋被任命为冯玉祥国民革命军第二集团军南路军第三军军长，率部参加北伐。1928 年被岳维峻杀害。

② 郭坚（1887—1921），字方刚。陕西蒲城人。辛亥革命时，他与澄城人耿直结为昆弟，聚众数百，占领同州，号“冯翊军”。民国成立，冯翊军改编为陈树藩部陆军第六混成旅巡缉营，他任营长。1916 年 2 月，任西北护国军副司令时与总司令向全国发出《讨袁通电》。1917 年 10 月，与耿直在陕西户县成立陕西靖国军，他任副司令，护法讨陈。后陕西各部靖国军统编为六路，他任第一路司令。其部军纪最差，多次受到靖国军总指挥井勿幕箴规。1921 年受编于直军。8 月 13 日，被冯玉祥设宴以军纪败坏诱杀于西安西关军官学校。

③ 郭绪印、陈兴唐著:《爱国将军冯玉祥》第 121 页。

善。冯玉祥派张之江来审验时竟得了好评。由于杨将军部队的一些人对刘宗宽有看法，而刘又一时名声大振。加之王俊与刘宗宽为莫逆之交，因此王俊于 1927 年春末，便也离开杨部到了党海楼第三师。经刘宗宽推荐，王俊被任命为第三师蒋占朝① 第二旅少校军法官，在那时实际负责军事训练。由于王俊的认真努力，从严要求，该旅训练从未间断，军纪风纪，迅速好转。当冯玉祥派张之江审验时，三师成绩为全军之冠，二旅为全师之冠。李约祉主编的《蒲城县志稿·王俊》称赞说："应陕西某军参谋，饬军纪，勤训练，一时称劲旅焉。"

岳维峻

1927 年夏初，第十二路（军）拨归南路军岳维峻指挥。奉命经蓝田、商洛，开往南阳一带集中，准备"援鄂攻豫"，参加武汉国民政府领导的二次北伐。因为准备工作一时未完，直到冬天，第三师前敌指挥官蒋占朝才率领第二旅开到蓝田待命。1928 年春，党海楼师长率领魏金柱第一旅经蓝田、商洛开往南阳。而第二旅及沈仲斐补充旅仍在前敌指挥带领下在蓝田待命。这时，冯玉祥部的大部分部队开出潼关，而李虎臣的第八军却在关中暗里进行反冯活动。5 月上旬召开了所谓"商洛会议"。会后，李虎臣的参谋长刘季衡专程回关中一带进行传达会议精神，联络各方力量发动反冯战争。当时在陕西的部队主要是李虎臣的第八路军，驻周至、户县一带。其次为十二路军，驻蓝田及附

①蒋占朝，字定国，生卒年不详。陕西蒲城县六井人。早年为郭坚部下。1927 年任卫定一十二路（军）党海楼三师第二旅旅长。反冯战争失败后，部队遣散后解甲归田。

近的党海楼第三师主力、陈发荣[①]的第二师及驻在凤翔的党毓昆第一师和驻眉县的许元恺独立团等。还有驻雨金的甄仕仁（寿山）部。听了刘季衡传达的会议情况后，蒋占朝、陈发荣、刘宗宽（1927年冬回家安葬祖母，春节后来到蓝田，被蒋占朝委任为前敌指挥部的参谋长——本书作者注）经过反复研究，决定参加反冯战争。王俊此时被任命为手枪营营长，奉命率部随部沿西（安）兰（州）公路西上阻止甘肃方面的冯军东下，并相机占领甘肃。所部开到西安附近时，李虎臣的何经纬第一师与赤亚武的第二师已将西安团团围住，进行攻城战。王俊所部第三师要求参加攻占西安之战，以便早日攻下西安，稳定人心，再图发展。但何、赤不同意。王俊只得随部继续西进，向甘肃进发。经过兴平店张镇，到了礼泉附近，与由甘肃东下援陕的冯玉祥部陈毓耀旅遭遇，激战竟日，战况对王俊部不利。第二旅立即撤出战场，退到武功附近，南渡渭水，到了周至县，与李虎臣的第八路军靠拢。此时，何经纬与赤亚武暗中与冯方洽谈投诚问题，旋何、赤反水投冯。王俊随部立即离开周至，开往眉县与许元恺部会合。在这里，经过与陈发荣、许元恺开会研究今后如何行动？会上，刘宗宽认为，鉴于大势已去，劝陈发荣率全师入南山翻山越岭向南阳进发，力争与主力部队会合。因第二旅官兵大部伤亡，又建议蒋占朝将所剩部队武器收缴了送给许元恺，请许给些现款，把部队遣散。同时派王俊去南阳找卫定一、岳维峻，报告情况，请示办法，以图重整旗鼓。王俊受命后，

① 陈发荣（？—1928），陕西省今大荔县朝邑人。参加辛亥起义。中华民国成立后归里。讨袁军兴，又召集数百人随曹世英、高峻诸人举义陕北。驱逐陕西督军陆建章后，任陕西警备军连长。1917年，随陕西警备军统领耿直在西安举义，讨伐陕西督军陈树藩，任靖国军第一路营长，在省西作战数年。1926年，李虎臣、杨虎城坚守西安。陈发荣驻兵扶风，遥为策应。西安围解后，任卫定一第十二路第二师师长。1928年夏，因反冯战争失利，从眉县率部入南山翻山越岭向南阳进发，中途兵变，被害于山阳。

即经过化装由大道直奔南阳。岳维峻部由于遭到二、四集团军夹击，变化甚大。王俊经过许多周折，才找到岳维峻，被岳委任为所部新一师某部营附。

死保辎重 与匪激战

王俊离陕赴豫，杳无信息。刘宗宽于1928年冬去南京另谋工作。恰好碰上杨将军由日本归国，便于1929年春天重回杨部，即被任命为孙蔚如第三旅第九团团长。此时刘宗宽亦知王俊在岳维峻新编第一师任营附[①]，便向杨将军建议将王俊召回，将军表示同意。刘宗宽即给王俊去信。接刘信后，王俊于是年秋来到山东[②]，被杨将军任命为新编第十四师马青苑第二旅严沛霖[③]第五团第一营营长（接范明父亲郝鹏程营长职——本书作者注）。9月中旬，随部乘平汉铁路火车开赴南阳，驻

① 党德信、杨玉文主编:《抗日战争国民党阵亡将领录》、穆西彦主编:《抗日黄埔英烈》均云:"1929年，到陆军第三十四师中任职。"李约祉主编的《蒲城县志稿》亦云：民国"18年（1929年——本书作者注）参赞第三十四师。"三书之说与史实不尽相符。1929年3月27日在编遣会议上，何应钦宣布岳维峻为新一师师长。(《中华民国事件人物传》) 而岳维峻任第三十四师师长为第二年秋。刘福谦主编：《蒲城县志》说，岳维峻"十九年（1930年）移驻湖北孝感，改编为陆军第三十四师，任师长。"此时王俊已去了杨虎城将军部1年了。故知王俊应在新一师任职。

② 党德信、杨玉文主编：《抗日战争国民党阵亡将领录》、王永均编著《黄埔军校三百名将传》、穆西彦主编：《抗日黄埔英烈》均说。1929年"又调入第十七路军，任营长。"此说与史实不尽相符。王俊重到杨部是因刘宗宽奉杨将军之命去信召回，并非调入。另外，此时杨部番号为新编第十四师。1930年秋才升编为第十七路军。1929年怎么能知道明年部队的番号呢？

③ 严沛霖（1902—1981），字云生。陕西乾县人。1924年考入黄埔军校第一期。1929年参加杨虎城将军部队。任马青苑旅第二旅第五团团长。1930年所部回到陕西。翌年所部改为陕西警备师，马青苑任师长。他任陈养虚第一旅第一团团长。1932年秋，马青苑制造"天水事变"，离杨附蒋，陈养虚遇害。他升任第一旅长兼第一团团长。1933年7月21日，杨虎城部骑兵团团长王泰吉率部在耀县起义。杨虎城奉命令严沛霖率部"围剿"。因严沛霖与王泰吉是莫逆之交，并皆为中共党员，不愿前往。被国民党以"共产党嫌疑犯"禁闭。严后来变成精神病，只好离部归里。

防社旗镇。

1930 年 5 月，杨部改编为第十七师，所部一、二、三旅分别改为四十九、五十、五十一旅，王俊任第五十旅第一百团第一营营长。

同年 7 月蒋介石任命杨虎城为讨逆军第十七路军总指挥，所部四十九、五十、五十一旅改编为十七、四十二、五十八师。王俊任第五十八师第一百团第一营营长。

是年秋，杨将军奉命率部攻洛阳、占潼关，西取西安。此时，留姚丹峰补充第三旅、马文德（兼副军长）补充第五旅、刘宗宽第九团一部及王俊营诸部留守南阳，等待交防。在此期间，当地著名土匪张老六率众窜到南阳以东之赊旗店（今社旗县——本书作者注）一带，并围困了驻此地新收编的部队（属马文德部——本书作者注）。形势危急，人心惶惶。当时王俊营驻方城与舞阳之间的保安镇。南阳留守部队总指挥刘宗宽命令王俊率两连，并令方城王明钦营亦抽两个连归王俊指挥，火速到南阳剿匪。俟王俊率部到达后，刘即令其第一营营长黄展云指挥他与王俊两营进剿围攻赊旗之土匪。王俊奉命后，督率所部，亲冒矢雨，打得土匪抱头鼠窜。其营也有较大伤亡，一个连长阵亡，王俊腿部也负了伤。王俊在南阳养伤的同时，刘宗宽也把其部队补充好。1931 年春节过后，令他率部回保安，同时也押运一些军用物资。待到保安后，与原留守所部一起开回陕西。

不料王俊押运的辎重被土匪侦知。一天，夜宿与博望屯相毗邻一个小村，次晨出发，走出不远，即被张老六率骑兵截击。真是冤家路窄！王俊立即率部退回该村，据寨与匪展开激战。因敌众我寡，士兵伤亡殆尽。终以弹少无援，土匪冲入寨内。势如危卵。当此时，王俊置自己生死于不顾，考虑的是如何保住杨将军部队的辎重之物。他即率卫士数人，据守一碉楼，沉着应战，弹无虚发，土匪不敢接近。匪首张老六,一则佩服王俊之神勇，一则发现王部所押车辆并无枪弹等物，感到扫兴。便亲登碉楼向王俊表示钦佩和后悔意，请王俊与其结盟，共举大义。王俊晓之以理，动之以情，拒其所请。张老六折服，一再表示请王俊放心上路，他决不再干蠢事干扰他的行动[①]。王俊即率剩余人员日夜开回保安。旋率全营由漯河乘火车归陕[②]。

参加内战　损兵折将

自杨虎城将军率部入陕并兼领党政工作后，蒋介石即开始对杨部进行控制与削弱。1931 年蒋介石撤销了第五十八师番号，并停发经费，以阻止杨部扩军。杨将军不得已把马青苑的五十八师改为陕西警备师，由陕西省承担经费[③]。该师辖二旅四团：第一旅旅长陈养虚，团长严沛霖、杨竹荪。第二旅旅长韩寅生，团长周公甫、党振海。1931 年春王俊回陕后改任陕西警备师第一旅一团第三营营长[④]，辖三个连。七连连

---

① 此事，李约祉主编《蒲城县志稿·王竣》记述较详。刘福谦主编的《蒲城县志·王竣》依据李约祉的记述作了缩写。其文云:“一次率一连士兵护送军粮，被股匪围困于河南南阳博望屯附近一荒祠中。他与士兵沉着应战，弹无虚发，毙匪百余人。匪首警其神勇，劝说入伙，还要结为兄弟；他因势利导，晓以大义，众匪反而归降。“此事发生于何时？刘编《蒲城县志·王竣》没有说明。李编《蒲城县志稿·王竣》载，十九年（1930 年）“随军入陕”。此事真相究竟如何？熟知此事的刘宗宽先生 1988 年 8 月 4 日复本书作者信做了详细说明。此事的来龙去脉比较复杂，欲知详情，请看本书第 132 页的附录一。

② 党德信、杨玉文主编《抗日战争国民党阵亡将领录》、茅海建主编的《国民党抗战殉国将领》、王永均编著的《黄埔军校三百名将传》、穆西彦主编的《抗日黄埔英烈》和李约祉主编的《蒲城县志稿·王竣》皆云，王俊 1930 年随军入陕。但与史实不符。本文附录的刘宗宽先生 1988 年 8 月 4 日复笔者信明确肯定为“1931 年春”。

③ 陈子坚:《对杨虎城将军的历史回忆》，载《回忆杨虎城将军》，陕西人民出版社 1986 年 11 月版，第 161 页。

④ 一团一营营长刘世功，二营营长燕荫棠。

长张星明，八连连长李瑞贞，后易杨育峰，九连连长韩循善[①]，驻防淳化。同年7月，移防泾阳县云阳。8月奉命随部东出潼关参加剿灭石友三部。10月回陕驻西安。是年冬开赴耀县小丘。1932年春夏在第十七路军第一游击支队司令何高侯指挥下，曾奉命“围剿”刘志丹的中国工农红军陕甘游击支队[②]。是年夏秋，王俊夫人李能巧因生产不幸去世。1933年刚过春节，经王运卿和王伏仙介绍，由杨虎城将军主婚，王俊与武功阎志云的三女儿阎灏结婚。

1933年春王俊与阎灏的结婚纪念照

1932年9月，陕西警备师师长马青苑制造“天水事变”后，部队整顿时，因陈养虚被害，严沛霖升任第一旅旅长，移防西乡。仍辖两个团，严兼第一团团长，辖刘世功、燕荫棠、王俊三个营和两个补充营：一营长张□□（由地方团队改编），二营长张剑平。1933年夏收前，开回西安。不久，严沛霖因病离职。

鉴于此，杨将军即对警备师第一旅做了整顿，撤销了两个补充营，调陕西警备第三旅旅长唐嗣桐[③]为第一旅旅长[④]，王俊被提升为第一团

① 一说为焦文杰。

②1933年6月4日《新秦日报》。

③ 唐嗣桐（1900—1935），字子封。陕西蒲城人。少时投笔从戎。黄埔军校第一期毕业。历任杨虎城将军创办的“三民军官学校”教练部主任、曹万顺军部少将政训处长、新编第一师副师长、十七路军总部少将参议、陕西省公安局局长、陕西警备第三旅旅长、陕西警备师第一旅旅长、陕西警备第一旅旅长等职。1935年在陕南山阳县袁家沟“围剿”红二十五军时，兵败被俘杀于长安子午镇。

④ 民国二十二年九月二十七日《新秦日报》载：“军息，陕西警备师第一旅旅长严沛霖氏，前因病辞职，业经照准。绥署杨主任以该旅旅长遗缺重要，未便久悬，特电上峰任命唐嗣桐接充，闻已照准。于日前已将任命状发出，并令该师副师长韩世本遵照云。”

团长[1]，张剑平升为中校团附，侯平州为少校团附。团辖刘世功、何廷西、燕荫棠3个营。

---

①王俊何时升任团长，众说纷纭。李紫山《杨虎城将军后期的军事活动及其部队建制的变更》一文（《西安文史资料》第五辑）云："1932年9月平定马青苑的'天水事变'后，警备师整顿时，王竣即升任陕西警备师第一旅第一团团长。"《陕西近现代名人录·王竣》亦说："1932年秋任陕西警备师第一旅第一团团长。"刘福谦主编的《蒲城县志·王竣》说："二十一年（1932年）秋，任陕西警备第一旅团长。"中共陕西省委党史研究室编：《陕西军民抗战纪事》、中共中央党史研究室科研管理部编的《抗日英烈谱》均云：王竣"1932年出任杨虎城部陕西警备第一旅第一团团长。"姜继业主编的《渭南市志·王竣》（第五卷）说："1932年秋任陕西警备第一旅第一团团长。"李约祉主编的《蒲城县志稿·王竣》云："二十二年（1933年——引者注）以功擢陕西警备第一旅第一团团长。"茅海建主编的《国民党抗战殉国将领·王竣》说："1933年，任陕西警备第一旅第一团团长。"党德信、杨玉文主编的《抗日战争国民党阵亡将领录·王竣烈士》、王永均编著的《黄埔三百名将传·王竣》、穆西彦主编的《抗日黄埔英烈·王竣》、李晓明著《抗日战争中阵亡的国民党将军·王竣》皆与李、茅之说同。

王俊究竟何时升任团长？升任的又是何部的团长？要弄清这两个问题，只要弄清了以下几个问题，结论自然得出。

1. 1932年秋王俊是否升任团长？王俊夫人阎灏1989年10月28日对笔者讲，民国二十二年（1933年）春节过后，她与王俊结婚时，王任营长，驻耀县。这一年下半年王俊才升团长。这年9月长子天仇出生（她特别告诉笔者，那一年有个闰五月，证明她是十月怀胎）。她笑着说，当时同事们与王俊开玩笑说："你今年是三喜临门。"当时在王俊营第八连当兵的同村同学王志英亦回忆1933年六七月在蓝田打散刘志丹部队后才升任团长。据当时在陕西警备师第一旅第一团（团长由严沛霖兼任）曾任职的蔡逸民先生1989年6月14日对笔者讲，1932年秋天水叛乱平定后，严沛霖升任第一旅旅长，但仍兼一团团长。是年冬驻防西乡。1933年夏收前，一旅由西乡开回西安。旋，由副旅长赵云鹏、参谋长郭则温率领第一旅到蓝田打散刘志丹部队。其间，因王泰吉起义，严沛霖神经失常，调唐嗣桐为陕西警备师第一旅旅长，王俊才升为警备师第一旅第一团团长。1933年6月24日《新秦日报》载：《王俊营开回西安》说："陕西警备师第一旅一团第三营营长王俊，将耀县及小邱镇防务业已交骑兵团王泰吉接替，该营率领全部，于月之21日下午6时，开抵西安。"明确告诉，1933年6月24日时王俊还是营长，可见1932年秋升任团长云云，完全是捕风捉影。至于说1932年任陕西警备第一旅第一团团长，纯为无稽之谈。须知此时陕西警备第一旅驻汉中，旅长是王志远（为杨虎城收编的冯玉祥旧部），其一团团长为李嵩山。

2. 王俊1933年升为陕西警备师第一旅第一团团长，还是陕西警备第一旅第一团团长？1933年6月7日以前，杨虎城将军部既有陕西警备师第一旅第一团团长，由严沛霖兼任；又有陕西警备第一旅第一团团长，由李嵩山担任。如前所述，因王泰吉起义，严沛霖神经失常私离队伍，杨将军才对陕西警备师第一旅作了整顿，王俊才被提升为警备师第一旅第一团团长。

3. 王俊担任过陕西警备第一旅第一团团长没有？担任过，时间不在1933年。1933年原杨虎城陕西警备第一旅旅长王志远，于6月7日带领李嵩山和李清涵一、二两个团叛杨逃蜀。陈际春第三团没有跟去，后来被编为赵寿山第五十一旅独立团。陕西警备第一旅瓦解。此时陕西警备师也名存实亡。鉴于此，杨将军于1934年将陕西警备师撤销，缩编为陕西警备第一旅，令唐嗣桐仍任旅长，王俊任该旅第一团团长，但并非升任。由原陕西警备师第一旅第一团军需韦若愚遗属至今保存的杨虎城颁发的《西安绥靖公署委任状》可知1933年9月11日韦受任命时陕西警备师番号尚存。此时王俊已升任第一团团长。

这年6月7日，原王志远陕西警备第一旅受四川军阀利诱，王带李嵩山、李清涵一、二团叛杨逃蜀。陈际春三团未跟王去蜀[①]。后来，该团被改编为赵寿山第五十一旅独立团。陕西警备第一旅瓦解。陕西警备师，因1932年9月“天水事变”的冲击，也大伤元气，可谓名存实亡。鉴于此，1934年杨将军将警备师撤销，缩编为陕西警备第一旅，代师长韩寅生改任他职。任命唐嗣桐为旅长，辖王俊和毋润生两个团。

刘威诚

1935年2月底，因独立旅减员太多，缩编为一个团，番号改为陕西警备第一旅第三团，开回西安整训。旋，十七路军总部任命刘威诚为团长。陕西警备第一旅从此成为3个团建制。

是年7月2日陕西警备第一旅在陕南山阳县袁家沟与红二十五军作战兵败，旅长唐嗣桐被俘杀。杨虎城将军任命王俊为陕西警备第一旅旅长，辖3个团：申及智[②]第一团、李家骥第二团、刘威诚第三团。

西安事变　听命张杨

1935年8月1日，中共中央发表了著名的《为抗日救国告全体同胞书》，即八一宣言。其旅第三团团长刘威诚奉杨将军之命，同他进行秘密抗日意旨交谈数次，他慨然应允响应。

① 中华民国二十二年六月二十一日《新秦日报》载：“宁羌讯：该邑驻军警备第一旅旅长王志远突于本月6日晚，驰骑抵县，至7日下午3时，即令其第二团李清涵部开出县城，往川边奔去。”

② 申及智，生卒年不详。陕西兴平市人。1937年春升为陕西警备第一旅副旅长。不久，调往三十八军其他部队。1943年前后任赵寿山第三十八军第十七师师长。

晚年王子伟

1936年元旦，杨虎城将军对十七路军部队讲话，明确地向部队宣讲训练的目的是对日作战。这对王俊影响很大。

是年春节过后，为了加强陕一旅的领导力量，杨将军任命王子伟[①]为陕西警备第一旅副旅长。时旅部和刘威诚三团驻西安西营房，申及智第一团驻潼关，李家骥第二团驻蓝田。这年8月，李家骥去南京高教班受训[②]，杨将军命王子伟兼任二团团长职务。王俊用汽车送王子伟到蓝田。秋末，二团奉命随旅部移驻周至县，第一团由潼关开回西安，旋开赴户县。两团共同监视驻咸阳的中央军第十三师。第三团移驻凤县，担任西（安）汉（中）公路防务。

西安事变前夜，即12月11日，十七路军总部电令王俊，让其第一团日夜兼程开回西安，打算让其团占领西关飞机场。12月12日清早，第一团抵达西安城西之西窑头，震惊中外的西安事变已经爆发。

午后，杨将军令办公厅主任韩光琦（陕西兴平市人）打电话给驻周至县的王俊，令陕一旅二、三团“强行军”，分别由周至、凤县开回西安。“强行军”与“急行军”不同，要求昼夜兼程，沿途不得宿营。13日深夜，王俊率第二团亦到达西窑头，第二天奉命率一、二团经南郊到大雁塔东北的观音庙村——韩森冢——十里铺一带构筑工事，准

① 王子伟（1906—2002），陕西省渭南市临渭区人。黄埔军校第四期毕业。陆大第十期毕业。参加杨虎城将军部队。1936年春被任命为王俊陕西警备第一旅副旅长，8月兼任第二团团长。参加过西安事变。1938年秋被免职。后任董钊第十六军参谋长。1948年春任西安团管区司令。1949年5月20日率部起义。后任陕西省人民政府参事室副主任等职。

② 李家骥何时去南京高教班受训，说法不一。王子伟回忆为1936年8月。苏济吾回忆为1936年冬。据有关资料说，开学是9月。王说似乎准确些。

备迎击亲日派中央军的进攻。

过了几天，王俊又奉命亲率申及智第一团和王子伟第二团乘火车急驰宝鸡地区，留三团在西安城内维持治安。王俊率部到宝鸡后，旅部和二团驻凤翔，一团驻防千阳、陇县，向甘肃清水方向警戒，掘壕备战，防止中央军李及兰[①]之第四十九师东犯。为了贯彻杨将军意图，在驻凤翔期间，王俊报请杨将军同意任命旅部少校参谋佘纪善[②]为旅部特务连连长。并对一团人事做了一些调整：把一营营长刘世功调到旅部当副官，把第二营营长王宪斌[③]调为一营营长，把一营营附邓岗[④]升为二营营长。

---

① 李及兰（1904—1957），字治芳，广东阳山人。黄埔军校一期毕业后，随军东征。1931年率部参加"围剿"江西苏区。1935年陆军大学十期毕业后，任第四十九师师长。1936年西安事变前，曾率部驻防甘肃，在朱绍良指挥下"围剿"陕北红军。抗日战争中升任第九十四军军长。1948年任参谋次长。1949年8月任广州绥靖公署副主任兼广州卫戍总司令。解放军进逼广州，李逃往香港。1951年2月去台湾。1957年病逝于台湾。

② 佘纪善（1910—？），陕西省铜川人，后定居陕西大荔朝邑镇。1933年中央军校八期毕业后，到杨虎城陕西警备师任第一旅少校参谋。参加过西安事变。后任陕西警备第一旅第二、三团中校团附。1939年7月所部改编为新编第二十七师，他任八一团中校团附后兼第三营营长。1940年10月，随部开赴平陆中条山抗日前线。1941年5月中条山战役失利后，曾到地方任职。

③ 王宪斌，生卒年不详。陕西扶风人。1928年黄埔军校第六期毕业后，到山东投奔杨虎城将军。先后任陕西警备师一旅一团团附、陕西警备第一旅第一团第二、一营营长。1939年所部改编为新编第二十七师后，升任第七九团团长。解放战争时升为师长，后在四川起义。

④ 邓岗（1903—1938），字祥云，以字行。陕西蒲城人。弱冠参加缑章保部队，被分配到何高侯部。后随部改投井岳秀部。1927年随部参加北伐，奉命援鄂攻豫，转战豫、鄂。1931年春，投奔杨虎城将军部何高侯第一游击支队任营附。翌年到耀县陕西警备师一旅一团王俊三营任营附。1933年秋，被杨虎城保送到陆军军官学校洛阳分校军官训练班第二期学习。归部后，历任陕西警备一旅王俊一团副官、连长、营附等职。西安事变时，听命张、杨。1937年伊始，被提升为王俊陕西警备一旅一团二营营长。（西安市政协文史资料委员会和西安事变研究会杨虎城暨十七路军军史研究委员会编的《十七路军军史资料•原十七路军序列沿革》（3）说邓岗从1935年春至西安事变时一直任陕西警备第一旅第一团第三营营长。此说有误。《杨虎城将军旧部抗日烈士述略及史实考证》上册对此已作了详细考析。恕不赘叙。）1938年8月17日在山西永济城保卫战中壮烈牺牲于东城。

12 月底，听说张学良将军亲送蒋介石回南京，王俊与王子伟均深感不安，深恐南京报复。王俊即派王子伟回西安谒杨，陈述意见。杨将军回答：“委员长已答应停止内战，一致抗日，你们好好练兵，准备抗日，毋庸多所顾虑。”王子伟返凤翔不多日，蒋介石背信弃义，扣押了张学良将军，并以 5 个集团军的兵力进逼西安。1937 年元月 5 日，南京政府行政院通过“陕甘善后整理办法”，并以国民政府名义发布人事任免：1. 派顾祝同为军事委员会西安行营主任；2. 西安绥靖公署主任杨虎城、甘肃省政府主席兼五十军军长于学忠均予撤职留任……当时外有重兵压境，内有和战之争，特务分子又乘机兴风作浪，造谣破坏，西安形势动荡不安。因此，杨将军命令王俊率一、二团即回西安，李及兰之四十九师乘机进逼。为了贯彻张、杨兵谏初衷，避免内战，一致抗日。王俊与王子伟经过商量，联名函李，望其缓进，避免冲突。1988 年已高龄 83 岁的王子伟对笔者回忆了信的大意：

骊山烽火，震惊元戎，弟等深感痛心，但张杨两将军主张停止内战，一致抗日，别无他意，当为国人所共谅……

信由凤翔县政府派人送去。两部未发生大的冲突。但也发生了一件令人不愉快的小小摩擦。王子伟二团一营营长王俊杰[①]把四十九师一些兵的枪缴了。王俊认为：小不忍，则乱大谋。此事虽小，但可能成为双方大规模冲突的导火索，不符合张、杨和平解决西安事变的意图。在向李及兰说明情况的同时，给王俊杰以严厉责斥。王俊杰不听忠告，

① 王俊杰，陕西蒲城人。生卒年不详。曾任杨部特务第三团第一营营长。1935 年元月，因随部“追剿”红二十五军失利，同年 8 月将该团编入王俊陕西警备第一旅，改番号为二团，团长李家骥，王俊杰任一营营长。西安事变中，因旅长王俊责斥，即不辞而去。后定居泾阳县。

反而不辞而去。王俊便把刘威诚三团第三营营长任耕三[①]调到二团，补王俊杰缺，任一营营长，由李自新[②]接任任耕三三团三营营长。西安事变前夕，刘威诚第三团在凤县驻防时，宝鸡地区大恶霸、军统特务秦伯赢[③]掌握民团武装力量，并向蒋军十三师暗送秋波，阴谋沟通。经三营营长任耕三侦知，将秦带回西安，予以禁闭，使其阴谋未能得逞。王俊回西安得知此事后，认为对和平解决西安事变不利，便问团长刘威诚为什么把秦禁闭起来？刘答："宝鸡人说：'进了宝鸡城，先找秦伯赢。不找秦伯

任耕三

① 任任耕三（1896—1943），陕西省今临潼区雨金镇任陈村人。1920年他和许权中被保送到广东韶关讲武堂学习军事。1925年春，任胡景翼国民二军二师连长。1926年春，和许权中一起领导了门头沟起义。1928年参加了陕西渭华起义。1931年参加杨虎城部队，先后任刘文伯独立旅特务营营长、一团三营营长、1935年任陕西警备第一旅三团三营营长。1937年春，任该旅二团一营营长。1938年夏，任该旅二团团长。1939年7月，其旅被改编为新编二十七师后，先任该师师附，后任该师西安通讯处主任。（笔者按：《临潼县志•任耕山》云："曾任新二十七师团长。"此说与史实不符。）后被蒋、胡免职。不久，赵寿山委任他为三十八军千陇屯垦处处长。1943年12月9日，被胡宗南部派特务杀害于陕西眉县槐芽镇教坊村。（笔者按：《临潼县志》第1137页把任耕三编入第三次国内革命战争时期，却把同日被害的许权中编入抗日战争时期，显然有误。）

中共中央党史研究室科研管理部主编的《中国共产党革命英烈大典》中的《任耕三》一文错讹较多，请看本书《对〈中国共产党革命英烈大典•任耕三〉一文几个问题的质疑》。

② 李自新，生卒年不详。陕西省蒲城县洛滨镇富原村人。早年参加杨虎城将军部队。1933年任刘子潜特务第三团王俊杰一营第一连连长，后升任第三营营长。西安事变中，任陕西警备第一旅第三团第三营营长。1938年9月，随部开赴陕东扼守黄河河防。1939年7月，所部改编为新编第二十七师后，任刘恩荫八一团三营营长。1940年夏收时，奉命率全营东渡，在山西永济张营村伏击日寇汽车，消灭鬼子多名。回陕后，因把缴获日军战刀未交团长刘恩荫，刘找了个借口建议师长王俊将其撤职。回乡后，1944年曾任蒲城县兴镇镇、马湖镇镇长各1年，1949年解放后到军大学习。后卒于家。

③ 秦伯赢，1948年任宝鸡县自卫团团长。1949年8月5日，迫于形势，加之我党政策的影响，率领全团官兵600余人，携带各种武器，在宝鸡县拓石向人民解放军十八兵团投诚。党的十一届三中全会前病故。

赢，啥事弄不成。’因此禁闭他。”王俊认为秦固然可恶，但此时禁闭他不符合停止内战，一致抗日之意，让刘把秦放了。

2月2日清晨，王俊从凤翔调回西安，刚到火车站，便被王劲哉等拉到孙铭九家吃饺子。到孙家的还有孔从洲、许权中、任云章和李振西等。到孙家之后，没有人陪，也没给饺子吃。却进来一个人说："我是孙铭九。”他手里拿着七八个写有“反对和平”红字的黄缎子袖章，往前一搁，就开口说："我们反对和平，王以哲已出卖了东北军，投降蒋介石；谁要不反对和平，我们就要首先除掉谁。”并让王俊等在《反对和平宣言》上面签名。因事出突然，孔从洲当即严词拒绝，王俊和其他几个人也以各种理由推托，没有签名，也没有戴袖章①。

王俊率部回西安后，奉命驻新城，旅部与十七路军总部并排而居，并以所部把守几个城门，保卫杨虎城将军的安全。

西安事变爆发以后，在南京政府的收买分化下，十七路军中的不坚定分子纷纷动摇，另觅新主。事变爆发后，第七军军长兼第四十二师师长冯钦哉②即率先对抗杨令，并指示大荔警备司令李子清杀害了杨

---

①《孔从洲回忆录》第191—193页或《西安事变亲历记》第511页。

又郭润宇著《陕西民国战争史》云："在十七路军旅长王劲哉、王俊等挑唆下，东北军主战派派卫队二营五连连长于文俊带一排人……将主和派首领王以哲打死在家中。”（该书第258页）说“二二”事件是在王俊等挑唆下发生的，这与孙铭九、王劲哉、孔从洲的回忆不符，不知其根据为何？

②冯钦哉（1889—1963），原名敬娃，后改名敬业，字钦哉，以字行。杨虎城部主要将领。二级陆军上将。山西万荣人。1909年加入同盟会。1917年在上海谒见孙中山。1918年任陕西靖国军曹俊夫部连长，与杨虎城来往密切。后任杨部团长。1926年任旅长，参加了坚守西安近8个月的战争。1927年任杨部第一师师长，随部出潼关，参加北伐。1930年率部袭占唐生智巢穴驻马店，受到蒋介石嘉奖。回陕后任第七军军长兼四十二师师长。西安事变时，因反对张、杨，被升为二十七路军总指挥。卢沟桥事变后，率部开赴华北抗日，转战冀、晋。后任第一战区副司令长官。1949年参加了北平和平起义，曾任北京政协委员。1959年入狱，后释放。1980年得到改正。

将军派去联络的军法处长张依中，率部离杨附蒋[①]。放蒋以后，先是张学良将军在南京被扣押，在以军事压迫的同时，1月5日又对杨虎城、于学忠均予撤职留任。尤其是二二事件后，形势更加恶化。在新五师师长杨渠统（子恒）的运动下，孙蔚如十七师四十九旅旅长王劲哉由主战变为主和，于2月2日晚也离杨附蒋[②]。在李纪才的策动下，孔从洲陕西警备第二旅的第一团团长沈玺亭、第二团团长唐得楹率其团于顾祝同进入西安不久，开出潼关，接受开封绥靖公署主任刘峙改编[③]。

“沧海横流，方显出英雄本色。”当此危急之时，曾任陕西警备师师长的马青苑也由南京窜到潼关，秘密派人给王俊送信，劝其离杨附蒋。但王俊因“自军校毕业即服务杨部，故与杨之关系甚深”[④]，便毅然把来信呈交杨将军处理[⑤]。

经过反复磋商，西安事变和平解决基本告成。中央军宋希濂师于2月8日进入西安。干练老成、能深刻领会杨将军意图的王俊陕西警备第一旅留驻西安维持城内治安。在驻西安期间，王俊奉杨将军之命，对全旅人事又做了一些调整。调一团团长申及智为副旅长（旋，申去

---

①《西安事变时我反对张、杨，拥护蒋介石的经过》，《西安事变亲历记》，中国文史出版社1986年12月第1版，第556页。

② 王子义：《王劲哉旅叛杨纪实》，同前书第563页。

③ 公秉藩：《十七路军沈、唐两团叛杨投蒋经过》，《西安事变亲历记》，中国文史出版社1986年12月第1版，第560页。

④《一张黑名单——张杨逆军团长以上主官姓名及个性能力调查表》，《陕西地方志通讯》1986年第5期，第50页。

⑤ 米暂沉：《杨虎城传》，李紫山：《杨虎城将军后期的军事活动及其部队建制的变更》均云，西安事变后王竣率部投向胡宗南。郭润宇：《陕西民国战争史》亦云：“第一警备旅旅长王俊，也先后率部投蒋”。以上三书所云，均与史实不符。更有甚者，汪新、王相坤著：《1936：历史在这里转弯——西安事变始末纪实》竟说：1937年“2月6日，东北军一〇六师沈克又叛离东北军，扣留了陕西警备第一旅旅长王俊，将该部缴械。”（该书第366页）可谓新天方夜谭，不知根据为何？

十七师，段森接任副旅长）。原第一团中校团附张剑平升任第一团团长。原少校团附秦颂仁[①]升任中校团附。原机枪连连长刘天照[②]升任少校团附。

后来，杨将军与顾祝同谈定，十七路军接受中央改编。当时商定将剩余部队合起来，一共编为两个师，由赵寿山、李兴中各领一个师。

3 月初，蒋介石通过宋子文、顾祝同向杨将军授意，要杨主动地去见他，以便"恢复感情"。杨将军于 3 月底到杭州和蒋见了两次面。蒋介石要杨将军离职出国考察。杨将军回西安不久，西安绥靖公署各处科室和所属部队校官以上的官佐 100 多人举行"欢送杨主任大会"。会场寂静，大家心情都很沉重。杨将军步入会场时，大家鼓掌欢迎。杨将军身体不适，心情极不愉快。会场上很少有人讲话，担任新城警卫的教导团团长李振西放声痛哭起来。王俊等人也都眼泪夺眶而出。杨将军表情极为痛苦，未讲话就回去了。

---

① 秦颂仁，生卒年不详。奶名迪化，字寿轩。西安市今阎良区人。1928 年底毕业于黄埔军校第六期。1929 年春到山东投奔杨虎城将军部队，历任排长、连长。1935 年任王俊陕西警备第一旅申及智一团少校团附。1937 年春升任该团中校团附。1938 年 7 月与团长张剑平率其团 6 个连东渡黄河，固守永济县城。8 月 17 日与数千攻城日寇血战数小时。1939 年 7 月，所部改编为新编第二十七师。他先后任八十团一营营长、七九团中校团附。1940 年 10 月，随部开赴平陆中条山抗日。1941 年 5 月中条山战役失利后，回到家乡。任陕西临潼县自卫团团长。1949 年 5 月，解放军大军压境，秦率部接受整编。

② 刘天照（1907—1938），字耀堂，河南省伊川县（一说嵩山）县人。早年参加杨虎城将军部队，历任排、连长等职。1937 年春升任王俊陕西警备一旅一团少校团附。1938 年 8 月 17 日在山西永济县城与日寇血战时以身殉国。欲知详情，请参看该书上册《血战永济殉国英烈刘天照》。

鉴于大家想挽留杨将军，经过反复研究，最后提议让杨觉天[①]和王俊一块去杭州晋见蒋介石，提出挽留意见。杨觉天到莲花池街去见王俊商量，他说明原委后，王俊立即说道："好，咱俩去。"遂决定4月7日化名乘机去杭州。4月7日王俊和杨觉天乘欧亚航空公司飞机由西安赴沪。飞机在上海龙华机场降落后，未见李志刚来接，遂按介绍信上的地址到那齐路 × 号。在那里碰到了前陕西省主席邵力子，他说："你们做什么来了？杨虎城把人都惹完了！你们想见委员长，委员长很久不见客了，只见了个贺耀祖！"邵很生气地把话说完就走了。过了一会儿，杨将军的夫人谢葆真带着拯中和李志刚来找他俩。在出去吃饭时李志刚告诉他俩，住的是宋子文的公馆。

4月8日清晨，王俊与杨觉天乘沪杭路火车前往杭州，到达后住环湖路西泠饭店。经过探问后知道蒋介石也住环湖路，距他俩住处不远。杨觉天一人先去蒋住处联系。觉天在那里碰见蒋的秘书肖化之，肖问杨："你什么时候来的？有什么事？"觉天回答道："我与王俊刚到杭州，准备看看校长，同时也把西安的情况向校长报告一下。"肖举手说："不能！不能！校长身体不好，近来根本不见客。"经反复交涉，肖方同意，但再三叮咛："你们见了委员长，只能请安问好，什么事也不要谈，尤其是西安的事根本不要提。因为委员长身体不好，经不起任

① 杨觉天(1903—1970)，又名杨耀，原籍陕西靖边县，1940年定居三原。杨觉天幼时启蒙于本地私塾，后就读于榆林中学，1924年入黄埔军校第一期，毕业后留校任教导团副排长、连长。后参加北伐。1934年入南京陆军大学特别班学习。七七事变后随部开赴华北抗日前线，转战冀、晋，所部在山西忻口重创日寇。是年11月任三十八军一七七师五二九旅旅长。1938年春率部开赴晋东南抗日前线，与十七师配合八路军收复晋东南18县。是年7月三十八军改编为三十一军团，11月改为第四集团军。奉命率部扼守中条山两年多。1949年，杨随胡宗南部逃往四川时，途中离开国民党部队，于1950年3月14日在成都向人民解放军报到。1962年，任陕西省政协委员，"文化大革命"中被冤处，1981年平反昭雪。

何刺激！”

过了几天，王俊他俩接到“本日上午9时委员长召见你们，请届时前来”的通知。到蒋住处后仍是肖秘书接待。他俩进了蒋的房间，看到蒋介石穿着便服，坐在躺椅上。见他俩进来，蒋以手示意让他俩坐下。王俊认为“女为悦己者容，士为知己者死”，这次他一定要不辱使命，便开门见山地说：“大家不愿让杨主任走，杨主任与大家相处的时间长，官兵们听我们二人来见校长，就托意挽留杨主任……”开始听到王俊提到杨将军，蒋面孔就略带怒色，随即把视线转向窗外，王俊的话未停顿，蒋转过脸来，怒冲冲地说：“嗯！你是不是我的学生！你是不是我的学生！”杨觉天接着说：“杨主任本人决定要走，是官兵们苦苦挽留，故叫我俩向校长请求。”觉天说完后，蒋介石长时间没有作声。他俩想，再谈下去也不会有什么结果，便行礼告退。走到楼外，蒋的俞副官又追上来说：“委员长叫我陪你们二位在杭州游游……”后俞又送1000元到旅馆。

王俊和杨觉天回到上海，把见蒋的情况告知谢葆真和李志刚。觉天回陆大复课，王俊返回西安复命。

4月20日，杨虎城将军在西安新城大楼举行宴会，庆祝西安事变和平解决。王俊荣幸地参加了宴会，并见到了阔别10多年的黄埔师长周恩来主任，还与杨将军、周恩来等一起摄影留念。

4月23日王俊再次荣幸地参加了西安绥靖公署暨所属部队各级官佐欢送杨虎城将军出国留影。

在蒋介石的一再压迫下，4月27日杨虎城将军被迫电蒋请辞西安绥靖公署主任及十七路军总指挥职务。30日蒋介石电复照准。5月7日南京政府撤销西安绥靖公署及十七路军总指挥部，所剩部队缩编为三十八军，由2月17日就任陕西省政府主席的孙蔚如仍兼任军长。军

1937 年 4 月 20 日，杨虎城在西安新城大楼举行宴会，庆祝西安事变和平解决

前排左起：慕哲夫（1）、张韬安（2）、贾文郁（3）、郭仰汾（6）、杨虎城（7）

顾祝同（8）、周恩来（9）、李百川（15）

二排左起：李百朋（1）、叶剑英（2）

三排左起：王宗山（1）、王　俊（2）、夏述虞（3）、李　墀（4）、徐海仙（5）

薛道五（7）、武志敏（12）、韩光琦（14）、窦荫三（15）、傅剑目（16）

1937 年 4 月 23 日，西安绥靖公署暨所属部队各级官佐在新城欢送杨虎城将军出国

前排左起：周梵伯、慕哲夫、耿景惠、王振华、李兴中、赵寿山、杨虎城、王一山、韩光琦、张韬安、王俊、孔从洲、杨复震、樊雨农

二排左起：窦荫三、王惟之、韩世本（寅生）、胡延立人

三排左起：傅剑目（2）、薛道五（3）、温良儒（天纬，5）、金敏生（9）、阎揆要（10）、胡润民（12）、韩子羌（13）、李百朋（17）、贾文郁（19）、李墀（丹符，21）、孟庆鹏（22）

西安綏署撤銷

原有人員送各機關安插
關防官章截角呈繳行營

▲中央社西安二十四日電　西安綏靖公署前奉國民政府命令及蔣委員長電令，以楊主任虎城呈請辭職，業予照准，西安綏靖公署及第十七路總指揮部應即撤銷，所有部隊改歸陸軍第三十八軍管轄，署內人員着送西安行營設法安置，該署奉令後，當經遵照辦理結束，除部隊改歸三十八軍管轄，并將署內人員一部送請行營設法安置外，餘均分撥所轄各部隊，及黃龍山兵工屯墾局服務，并咨送省府及各機關，量予安插，關防官章等，亦截角呈繳行營，本月二十一日一切事宜已結束告竣，遂於是日撤銷云。

辖部队为：第十七师，师长赵寿山；第一七七师，师长李兴中；陕西第一、二、三警备旅，第一旅旅长王俊[1]，第二旅旅长孔从洲，第三旅旅长王振华；教导、骑兵两团，教导团团长李振西，骑兵团团长孟庆鹏。

杨将军出国离开西安前，曾派侍从副官白志钧给团长以上军官赠送3件东西留念：杨将军相片1帧，战刀1把，到大马号领马1匹的通知1张，杨将军用钢笔所写书信1封，嘱咐好好练兵，准备抗日。王俊和其他军官一样，也得到了这4样珍贵礼物。

5月27日杨将军离西安赴上海，准备出国考察。上午10点杨将军和随从人员到了西安西关机场。王俊带领部属前往送行，和许多人

---

① 陕西省中共党史人物研究会编的《陕西近现代名人录·王竣》（续集）云，七七事变后，王俊部被编入三十八军第一七七师。此说纯为捕风捉影，而亦步亦趋者众。刘福谦主编的《蒲城县志·王竣》、中共陕西省委党史研究室编的《陕西军民抗战纪事·王峻烈士》、中共中央党史研究室科研管理部编的《抗日英烈谱·王峻》、姜继业主编的《渭南市志·王竣》（第5卷）和王晓明著《抗日战争中阵亡的国民党将军纪实·王竣》均说，七七事变后，王俊部被编入三十八军第一七七师。但此说却与史实不符。当年任第三十八军军长孙蔚如在《第四集团军抗日战争概略》一文中写道："民国二十六年（1937年）7月7日；卢沟桥战起，余时任陕西省主席，兼卅八军军长，军辖部队为第十七师、第一七七师，师长赵寿山、李兴中，陕西第一、二、三3个警备旅，旅长王竣、孔从洲、王振华。教导、骑兵两团，团长李振西、孟庆鹏。"不言而喻，3个警备旅和十七师、一七七师的关系是并列的，并非领辖关系。因为两个师，是由国民政府发放军饷。而3个警备旅是陕西地方部队，一切费用由陕西省政府负担。李兴中部第一七七师，卢沟桥事变前春季改编时即辖两个旅是：第五二九旅，旅长许权中（后为杨觉天）；第五三〇旅，旅长任云章。这一点，从孙蔚如部队的沿革《抗战初期三十八军编成及主官姓名表》一看就清楚了。说王俊陕西警备第一旅编入了一七七师，与史实相差何其远也！

一样心情极其沉重。从杨将军一步一步走近飞机，一步一步登上飞机的舷梯，直到飞机从跑道升到空中，在头顶盘旋，向东南飞去。王俊和许多送行者一样，还是仰着头，目光越过大雁塔的塔顶，望着东南的天空，久久不肯离开。谁知这竟是和杨将军的永诀！

杨虎城将军出国前，在上海照了张身着陆军将军礼服的半身8寸照片，连同《出国告官兵书》，分别赠给他的师、旅、团以上军官①。王俊也收到了这一份珍贵的礼物。

抗战军兴　厉兵秣马

杨将军离开西安不久，6月中旬，王俊奉命率第二、三两团（第一团留西安由军部直接指挥）赴商县清剿古鼎新股匪，并严令彻底消灭②。在西乡、南乡清剿时，省上忽派史宪章前来收编，只得停剿。古鼎新曾一度将史宪章扣留。刘威诚与任耕三认为，古部如能坚决抗日，当不应煎迫过激。任耕三不顾个人安危，愿亲赴古部劝说。王俊采纳其意见，并未认真清剿。后古部终被收编为独立旅，开赴抗日战场③。

---

① 童陆生：《杨虎城将军散记》，《革命回忆录》（九），人民出版社1983年4月第1版。

② 陕西警备第一旅二、三团开赴商县的时间，据时任二团团长的王子伟回忆：路上走了4天，端午节那天到商县。1937年端午节为公历6月13日，由此推算，从西安出发可能是6月9日。刘威诚在其写的《抗战期间我在三十八军的活动情况》开始就说："1937年6月，西安事变和平解决后，蒋介石的西安行营主任顾祝同，命令陕西警备第一旅开赴商县剿灭古鼎新匪部。"刘说顾祝同命令，二团团长王子伟对此说法不赞同。1988年8月在刘家中，二人在本书作者当面曾为此事争论。

③ 古鼎新被收编后，开洛阳为独立旅。因司令赵清廉嫌官小，便离职自去。由古代旅长。武汉会战时，在湖北通山、江西瑞昌一带拨归王劲哉一二八师指挥。古旅辖七六七、七六八两个团。因在湖北抗日不力，七六七团团长李保蔚（陕西渭南临渭区人）被王劲哉枪毙，由李玉亭接任团长。1943年2月，古带赵天时七六八团叛变降日，被编为日伪军第六师。后古任独立师师长，抗战胜利后，古率部向武汉区受降主官孙蔚如缴械。

7 月 7 日，日寇炮轰卢沟桥东的宛平城，发动了全面侵略中国的新战争。我守军忍无可忍，奋勇还击，揭开了全民族抗战的序幕！事变爆发后，全国上下群情激愤，声讨日本侵略者。

事变的第二天，中共中央立刻向全国发出了《中国共产党为日军进攻卢沟桥通电》。通电指出，“平津危急！华北危急！中华民族危急！只有全民族实行抗战，才是我们的出路！”

7 月 13 日陕西省政府主席兼第三十八军军长孙蔚如与赵寿山、李兴中发出《声援第二十九军卢沟桥抗战电》，表示：“本军全体将士……枕戈待命，誓为后盾。”

7 月 17 日，蒋介石在庐山发表讲话，宣布对日作战，对卢沟桥事件采取了较为强硬的态度，表示：“如果战端一开，那就地无分南北，人无分老幼，无论何人，皆有守土抗战之责任。”

日本帝国主义侵占平津之后，又于 8 月 13 日发动对上海的大规模进攻。中国守军奋起还击。

8 月 14 日在全国抗日怒潮的推动下，国民政府外交部发表了《自卫抗战声明书》。15 日蒋介石下达总动员令，自任陆海空军总司令。

8 月 22 日蒋介石公布了陕甘红军改编为国民革命军第八路军的命令。8 月 25 日总指挥部通电就职，八路军出师抗战。

9 月 22 日，国民党中央通讯社正式发表《中国共产党为公布国共合作宣言》。23 日，蒋介石发表《对中国共产党宣言的谈话》，承认共产党在全国的合法地位。至此，以国共两党再度合作为标志的全国抗日民族统一战线正式形成。

8 月王俊奉令率领二、三两团开赴安康接萧之楚第二十六军的防地[①]，因为萧部奉命到沪参加抗日。商县由第一团邓岗第二营接防。旅部驻安康。部队分驻安康、平利、紫阳、汉阴、旬阳等地。在此期间，王三春股匪曾来本区窜扰，王俊命令所部予以清剿。

在全国抗日热潮的推动下，陕一旅在驻安康期间，王俊一面请缨杀敌，一面命令所部厉兵秣马，为随时开赴抗日前线做了以下工作。

奉命每营抽一个连，每团组成一个营，由各团第一营营长王宪斌、任耕三、阎长庸分别带领开赴上海，补充正在上海抗日之王耀武之第五十一师。这一年10月，为了提高军队素质，准备抗日，全旅在安康举办军事训练队。王俊亲兼队长，二、三团长王子伟、刘威诚兼副队长。韩明杰（陕西临潼人）、阎公雅（陕西武功人）具体负责。训练时间半年，学员120人，分3个区队。除进行技术训练外，王俊经常到训练队检查，亲自宣讲抗日形势，勉励官兵练好本领，随时准备奔赴前线杀敌。1938年4月结业时，奖给训练成绩优秀者车飞程一块铁牛牌怀表。

训练队开学不久，12月下旬，三团上尉书记崔育英[②]，在《新华日报》上看到延安陕北公学招生广告，便向团长刘威诚提出申请，要求

---

① 穆西彦主编的《陕西黄埔名人·王竣》云："1937年7月7日'卢沟桥事变'发生后……王竣……率部投入了抗击日寇的战场。"此说与史实根本不符。卢沟桥事变发生后，王俊并未立即率部投入抗击日寇的战场。恰恰相反，王俊此时正率王子伟二团与刘威诚三团，奉命在陕西商县剿匪。时任三团团长的刘威诚在《抗战期间我在三十八军的活动情况》（载《丹心素裹》（2），中国文史出版社1989年4月版）中说："1937年6月，西安事变和平解决后，蒋介石的西安行营主任顾祝同，命令陕西警备第一旅开赴商县剿灭古鼎新匪部。当时我在陕一旅任第三团团长，旅长是王俊……8月，我旅移驻安康地区，这时卢沟桥事变已经爆发，日寇正疯狂进攻上海。我旅抽出3个营补充上海的抗日部队。……1938年5月，旅部及第二团调回西安，唯留我第三团仍驻安康。"王子伟的回忆与此大同小异。

② 崔育英，后改名一民。西安市人。中共党员。早年参加杨虎城将军部队。曾任王俊陕西警备第一旅第三团上尉书记。1937年冬到延安抗大学习。回部后继续做兵运工作。1939年春离开陕一旅。1949年参与策划西安和平解放。后任西安市副市长。

到延安学习。刘威诚同意崔去，并将此事报告王俊[①]。王俊经过和王子伟研究，也表示同意。消息传开，魏一鄂、赵茂华、佘纪善等青年纷纷要求去学习。最后，经过反复研究，确定秘密派遣7名干部去延安学习。7人是：旅部少校军医主任魏一鄂（咸阳人）、二团团部上尉副官赵茂华（陕西韩城人）、二团一营营部中尉副官张尚文（陕西蒲城人）、二团三营营部中尉副官张瑞生（陕西渭南人）、二团三营中尉排长韩文钦（陕西渭南人）、三团团部上尉书记崔育英（西安市人）、三团上尉连长李碧波（陕西蒲城人）[②]。崔育英等持"差假证"，平安到达延安。7人到陕北公学报到后，因该校只学政治，不学军事，而抗大学习游击战争。他们便找校长成仿吾要求转学。成校长写信让找中共中央组织部长李富春。李部长写了批语，让他们7人转到抗大学习。

此事后来被蒋鼎文西安行营侦知，行营即责问第三十八军军长孙蔚如。是年阴历腊月第二团团长王子伟请假回西安，面见孙军长。孙即问道："你们同杰三都咋搞的？怎么随便把干部往延安送哩！都不打个招呼！"孙没说"王俊"，也没说"王旅长"，而说王俊的别号，按当时的规矩，还算客气。王子伟回答："我们部队的情形，军长是知道的。装备差，训练差。现已对日作战，我们派干部把八路军的游击战术、组织群众、宣传群众等长处学一点，以利抗战，别无他意。"孙听

① 刘威诚《漫忆杨虎城将军的轶事》说："王俊团长还在团里抽人，派到延安抗大学习。"（载《蒲城英烈》第一辑第81页）此说有误。派部到延安学习时，王俊是陕西警备第一旅旅长，不是团长。本书第79页①中所引刘威诚《抗战期间我在三十八军的活动情况》，回忆得很对，"旅长是王俊。"

② 李碧波（1916—1968），后改名东林。陕西蒲城县今洛滨镇马湖村人。早年入杨虎城将军部。1937年冬与崔一民等7人一起赴延安抗大学习。翌年6月加入中国共产党。8月受组织派遣仍回王俊陕西警备第一旅做地下工作。1945年7月辅佐刘威诚率十七师起义。1955年任西北军区司令部动员处科长、处长，1960年授中校军衔。

后，摇了摇头说："听说你懂历史。"王子伟回答："不懂。"孙蔚如说："齐国有两个大夫：即墨大夫政绩显著，而别人却说他不好；相反阿大夫政绩平庸，别人却说他好。"王子伟不好意思和军长争辩。孙笑了笑，言外之意是说他们惹事。过后孙蔚如还专门写信责问王俊。直到1938年5月王俊奉命率一、二团开赴陕东扼守黄河河防路过西安时，孙蔚如问明情况，批评王俊后，即发电报给仍驻安康的三团团长刘威诚。电报云："威诚弟：据行营方面人员报称，你团教育多取资于第八路军，且派下级军官到陕北受训……"在此情况下，王俊无奈，也打电报给刘威诚："行营对我部不满，以兄团为甚，把不正确分子迅即遣散，以正视听。"直到1988年夏天本书作者访问刘老时，他还念念不忘地反复念诵这两个电报。此事一直到1938年6月王子伟被免去团长职务，一场轩然大波才慢慢平息。

11月间，传来杨虎城将军回国的消息，王俊倍感欣慰，12月间又有消息说，杨将军已被囚禁……得此消息，王俊心中感到十分难受，却又无可奈何。

1938年2月底，王根僧①由汉口返回部队，传达了杨将军的最后嘱言"十七路官兵，要上下一心全力杀敌。"②王俊听了此嘱言后，决心早日奔赴前线抗日。

① 王根僧，江西赣州人。云南讲武堂毕业。曾任杨虎城十七路军参谋处长。西安事变前加入中国共产党。事变后，历任第一七七师副师长、第九十六军副军长。中华人民共和国成立后，曾任新疆生产建设兵团参谋长。

② 王根僧：《杨虎城将军被捕经过》，《回忆杨虎城将军》)，陕西人民出版社1986年11月版。

派兵入晋　血战永济

1938 年 2 月，侵占了太原的日寇沿同蒲铁路南犯。3 月 6 日攻占了与陕东一衣带水的永济县城，8 日攻占风陵渡，觊觎关中，三秦震动。西安行营主任蒋鼎文仓皇失措，拟放弃关中，并已遣送其眷属及高级人员乘飞机、火车逃往宝鸡、成都等地。陕西人心惶惑，不可终日。当此危急之际，陕西省政府主席兼三十八军军长孙蔚如发表讲话，力主坚守黄河，阻敌西犯。遂即令教导团开赴合阳方镇，孔从洲陕西警备二旅开赴朝邑、平民两县，与去年秋抵达的李兴中一七七师五三〇旅、王振华陕西警备三旅一起保卫陕东黄河河防。

在徐州会战期间，由于日寇调用了驻山西省的兵力，晋南空虚。5 月初孙蔚如奉命令所部李兴中一七七师任云章五三〇旅和王振华陕西警备第三旅张英三七团由合阳夏阳渡、榆林渡等处东渡黄河，至晋南三角地带寻机歼敌。同时又令陕西警备第一旅开赴陕东朝邑、平民（黄）河防。当此危难之际，5 月上旬，王俊将军迅即率二团与一团邓岗二营（时驻镇安）离开陕南，并令第一团团长张剑平率其团马生晖[①]三营（王宪斌第一营因训练新兵暂留西安）一同开赴朝邑、平民河防前线，与孔从洲陕西警备第二旅共同防守三河口

朝邑南寨丰图义仓西门

① 马生晖，陕西蒲城县人。早年入杨虎城部。西安事变时在西安绥靖公署任少校。1937 年 4 月到王俊陕西警备第一旅第一团任三营营长。1939 年 7 月所部被改编为新二十七师后被免职。调西北游干班第一期学习。后加入中国共产党，新中国成立后，任陕西省劳动局副局长等职。

至金水沟一带[①]。旅部与张剑平一团团部驻朝邑南寨子阎丹初修建的丰图义仓西侧的阎丹初祠堂内（孔从洲陕二旅旅部驻北面朝邑大寨子），第一团二、三营扼守大庆关以南至三河口。第二团团部驻平民县腰棚，扼守大庆关以北至金水沟地带。到朝邑后，为了保卫河防，保卫家乡，保卫西北，王俊将军即命令所部加紧构筑国防工事，随时准备击退西犯的日寇。6 月中旬，二团团长王子伟被免职，孙蔚如任命任耕三为二团团长。丁甲印接任耕三营长之职。

是年 6 月 14 日，蒋介石为了达到借抗日之名消除异己之目的，免去孙蔚如陕西省政府主席之职。6 月 21 日，蒋又把隶属于十七军团的第三十八军改编为第三十一军团，任命孙蔚如为军团长。领辖第三十八、九十六两个军。赵寿山任第三十八军军长，辖耿景惠第十七师和孔从洲独立第四十六旅（由陕西警备第二旅改编而成）。李兴中任第九十六军军长，辖陈硕儒第一七七师和王振华独立第四十七旅（由陕西警备第三旅改编而成）。教导、骑兵两个团直属军团部。原属孙

① 李约祉主编的《蒲城县志稿》、曾国杰编辑的《抗战军人忠烈录》第一辑、茅海建主编的《国民党抗战殉国将领》、党德信等主编的《抗日战争国民党阵亡将领录》、马齐彬等主编的《中国抗日阵亡将士传》、王永均主编的《黄埔军校三百名将传》、王晓明著《抗日战争中阵亡的国民党将军纪实》、中共中央党史研究室科研管理部编的《抗日英烈谱》、刘晨主编的《中国抗日将领牺牲录》、李振民主编的《陕西近现代名人录》（续集）、中共陕西省委党史研究室编的《陕西军民抗战纪事》、穆西彦主编的《抗日黄埔英烈》、姜继业主编的《渭南市志》（第 5 卷）、刘福谦主编的《蒲城县志》和刘仲兴写的《血肉筑长城——抗日英雄王俊将军血战中条山记略》短文皆云，1937 年太原失守后，王俊奉命开抵黄河西岸驻防。此说与史实根本不符。那么，王俊所部何时奉命开抵黄河西岸驻防呢？ 1938 年 5 月以前，王俊部一直驻防西安、商县、安康。曾任陕西保安司令、王俊殉职后继任新编二十七师师长的杨显在《蒋帮陕西省保安司令部活动始末》一文中说："当保安第一团和保安第二团刚刚编好待命拨补的时候，适逢日寇打到了山西风陵渡（本书作者按：时间是 1938 年 3 月 8 日）。陕西情况突然紧张。……保安一、二团"……临时指定归我指挥，开往安康，接替陕西警备第一旅部的防务，调出王旅去守河防"。（《陕西文史资料选辑》第 8 辑）时任二团团长的王子伟、三团团长的刘威诚都回忆是是年 5 月。欲知此事详情，请看本书上册：《揭开血战永济之谜》。

部的王俊陕西警备第一旅，兵强马壮，留陕守河防，改归西安行营主任蒋鼎文指挥。实际上，蒋介石利用改编部队，减去了孙部一个旅的兵力。陕西警备旅是地方部队，经费由陕西省政府负担，而部队都由三十八军指挥。此时孙蔚如将省政府主席交卸给蒋鼎文，要亲率在陕各部（包括三个警备旅在内）全部开赴抗日前线，而三个警备旅的军费还要由陕西省政府支出。为了分化瓦解杨虎城旧部，蒋鼎文提出意见，坚决不允许将三个警备旅全部带走，一定要陕西警备第一旅留陕守河防，否则他不负责军费。何况其时，不仅军费要由陕西供给，所有军需还要仰仗陕西省政府支持。加之三十一军团后方全在陕西，一切都要依赖蒋鼎文帮忙，否则寸步难行。万般无奈，只好答应把陕西警备第一旅王俊部留下来。"以后，孙蔚如虽向蒋介石、蒋鼎文一再申请把警一旅调中条山，增强抗战力量，都未获准。"[①] 从此王俊部脱离了原十七路军序列，这也是王俊长期受人诟病的原因。

徐州会战期间，乘晋南空虚，孙蔚如奉命派所部第一七七师和陕西警备第三旅第七团东渡黄河，对晋南三角地带的日伪军进行攻击，连战十余日，相继收复了虞乡、猗氏、永济[②]等 13 县。

5 月 19 日徐州弃守。6 月 5 日，日寇攻占开封，进攻的矛头直指武汉。为策应攻取武汉，华北日军也调兵遣将，试图一路由山西军渡至陕西吴堡一线，西渡黄河，进攻延安；一路由山西永济、风陵渡等处，西渡黄河，直取西安，实现其攻占大西北的图谋。晋南驻运城的

① 陈子坚：《第四集团军中条山抗战概况》，《丹心素裹》（2），中国文史出版社 1989 年 4 月版。

②1938 年夏任陕西平民县县长续约翰写的《陕西平民县人民渡河抗日事略》说，1938 年"5 月 29 日，我队攻入永济县城……次日，我陕西警备第二旅王团长（本书作者按：当时警二旅根本未有王团长其人）及一七七师韩团二营，相继入城。"

又，1938 年 6 月 11 日《西北文化日报》载（中央社）消息："我□□军□□师韩子芳团……于上月 29 日拂晓收复永济。"

日寇牛岛[①]第二十师团“逐渐做好一切准备，在7月5日转为攻势”，卷土重来，企图再占风陵渡。

三十一军团改编甫毕，蒋介石电令，命孙蔚如迅即率部东渡黄河，开赴晋西南永济县境迎击西犯日寇。唇亡齿寒。不守河东，则关中不固。为了迎头痛击西犯日寇，策应武汉会战，孙蔚如将军在西安誓师后，于7月5日离开西安，亲率在陕各部——孔从洲陕西警备第二旅、王振华陕西警备第三旅、李振西教导团等部，由朝邑大庆关一带东渡黄河，开赴永济抗日前线。孔从洲将军亲率所部于7月4日[②]由朝邑大庆关渡河到达永济，旅部驻永济城东7里之花园村。王振华将军亲率所部于7月12日过河后，集结在永济栲栳镇一带，机动使用于汾河以南，同蒲路以西，中条山以北9县间地区内。教导团过河后，集结在永济韩阳镇、匼河镇、风陵渡等地。第十七师孙子坤第一〇二团扼守虞乡以西中条山各隘路，并相机策应永济守军之作战。以李兴中第一七七师（欠五二九旅）扼守虞乡（不含）以东至解县附近中条山各隘路。7月22日[③]晚孙蔚如率军团部由平民县富民村渡河，驻中条山西端南侧之六官村。孙蔚如“默审任务，详察敌情”，深感兵力不足，

①1938年8月日寇第二十师团长为谁？说法不一。郭润宇《韩阳镇阻击战》（载《陕西军民抗战纪事》）与其所著《陕西民国战争》皆为“川岸”。《孔从洲回忆录》、晋震梵《抗战中固守中条山的日日夜夜》（载《赵寿山将军》）一文中皆说是“牛岛”。此两说，孰是孰非呢？日本防卫厅战史室编的《华北治安战》（上）说：“6月30日以后为牛岛实常。”耿成宽与韦显文合编的《抗日战争时期的侵华日军》说：“第二十师团：师团长川岸文三郎中将（1938年6月23日由牛岛实常中将接任）。”不言而喻，说1938年8月日寇二十师团长是“川岸”为误，“牛岛”为正。

②殷锡汉主编的《永济县志·大事记》说：1938年“6月初，国民党独立四十六旅由大庆关东渡黄河，在永济县尧王台……一带构筑工事，阻击日军。”此说有误，孙蔚如1938年7月25日致蒋介石电称：“四十六旅7月支日[4日]渡河作战”。

③殷锡汉主编的《永济县志·大事记》说：“7月31日孙蔚如军团由风陵渡过河”。此说与孙蔚如致蒋介石电（1938年7月22日）不符，（《丹心素裹》（2），中国文史出版社1989年9月版）。应是7月22日由平民县富民村渡河。

特急电报告蒋介石，请增派部队。为了加强孔从洲陕西警备第二旅的力量，王俊奉令派其旅一部渡河。为了摸清河东情况，王俊令一团三营营长马生晖派其营班长王庭月带领一班战士，经过化装，到永济县城侦察。王庭月返回汇报后，王俊即派遣所部第一团一部：团部直属（机枪连、通讯排、担架排）、邓祥云第二营和马生晖第三营的八、九两连，共700余人，由团长张剑平带领①，在孔旅过河不久，于7月中旬也由大庆关东渡黄河，守备永济县城②，作为桥头阵地，任务是“死守永济”。建制上归孔从洲将军统一指挥。

永济是中华民族祖先虞舜建都的圣地。此城西临黄河，东北紧靠峨眉原，东南依枕中条山，形成了天然的障碍，为晋陕交通的门户。自古以来，就是黄河上的重要渡口，战略地位十分重要，历来为兵家必争之地。此次日寇要由虞乡到风陵渡，强渡黄河，切断东西大动脉

① 穆西彦主编《陕西黄埔名人·邓祥云》说：“邓祥云……率第二营与团部直属步炮连”等，东渡黄河。此说与史实不符。《永济血战经过报告》与《陕西警备第一旅第一团永济抗战阵亡将士纪念碑序》明确记载，团长张剑平率兵六连进驻永济。

② 郭润宇著《陕西民国战争史》云：1938年“6月，十七师在后方整补的五十一旅和陕西警备第二旅孔从洲部又先后渡黄河，与敌战于永济附近。时一七七师李兴中部也向永济附近集中。三十八军各部联合‘血战永济’，挫败敌人。攻克永济县城后，由陕西警备旅王竣部第一团防守。”此说颠倒了史实。（1）“血战永济”为三十一军团各部抗日之役，非“三十八军各部联合”。斯役发生于1938年8月中旬，乃我军光复永济县城之后，并非攻克永济之先。（2）续约哉《陕西平民县人民渡河抗日事略》云：“1938年5月29日上午12时，攻入县城，收复永济。”“次日，我陕西警备第二旅王团长及一七七师韩团二营，相继入城。”又1938年6月11日《西北文化日报》载：《我军韩子芳团收复永济经过》说：“我□□军□□□师韩子芳团于上月29日收复永济。”（3）由以上考析可知：1938年3月6日日军首次攻占永济县城后，直至5月29日才被续约哉率领的平民县渡河杀敌游击队收复。第二日韩子芳团才进入永济县城。孔从洲将军1988年5月3日复本书作者信说：“我于1938年6月底接到东渡黄河，坚守永济的命令。部队经过准备于7月4日由朝邑大庆关渡河到达永济的。警一旅一个团在张剑平团长率领下在我旅过河不久，从大庆关过河，到达永济后在我旅左翼部署……8月15日驻运城之……七七联队……向永济围攻。……此役苦战六昼夜，俗称‘血战永济’。”

陇海铁路，必须沿同蒲铁路南下，首先攻占永济县城。但此城当时已是一座水城，地势低洼，无险可守。鉴于此，为了阻敌西犯，孙部从中条山北麓的尧王台，经东、西姚温、孟盟桥、西文学到永济城北的丰乐庄至黄河东岸，赶筑了国防工事。在阵地以外还挖了宽约3丈、深约1丈的战壕，把黄河水引进壕内，构成障碍。这第一道防线由赵寿山第三十八军的孔从洲陕西警备第二旅和陕西警备第一旅张剑平第一团一部扼守。

陕一旅一团进驻永济以后，看到虞舜故都惨遭日寇蹂躏，满目疮痍，加之日寇又将来犯，官兵个个义愤填膺，即夜以继日地与群众赶筑工事，并随时把构筑工事情况向河西的王俊旅长汇报，准备狠狠打击来犯之敌。因系"死守"，四个城门，除西门外，全用土壅，并用火力封锁。护城壕中，引入黄河之水。可谓固若金汤。守城官兵，信心十足。

8月中旬，乘我三十一军团入晋立足未稳之际，驻运城的日寇牛岛第二十师团，卷土重来，疯狂进攻，在永济县境与我三十一军团展开激战。时称"血战永济"。8月15日晨，日寇大举猛攻永济上、下高市，拉开了血战永济的序幕！我三十八军十七师孙子坤第一〇二团[①]中校团附杨法震（中共党员）率部奋起反击，不幸中弹壮烈牺牲[②]。日军攻占上、下高市后，接着猛攻我第一道防线，企图直取永济县城。我守军在孔从洲将军指挥下，狠狠反击，敌阴谋未能得逞。

8月16日凌晨，日寇3000余人，附炮20余门，装甲车10余辆，飞机6架，向我右翼尧王台、西姚温阵地猛烈进攻。尧王台是作战地

---

①殷锡汉主编的《永济县志》说杨法震是一七七师副团长，此说有误。应是十七师一〇二团中校团附。

②《西北文化日报》中华民国二十七年（1938年）9月12日。

域内的制高点，起着支撑全局的作用。敌我拼命争夺，阵地数次易手，失而复得，得而复失者再，战况至烈。

因我军兵分力单，加之敌我装备悬殊过大，日寇终于由尧王台打开了缺口，先后攻占了西姚温村、万古寺，跑到我们阵地的后方，使永济坚固的主阵地完全失去了作用，一下子打乱了我军的阵脚。为了扭转战局，击退突破我右翼阵地的日军，陕一旅一团奉孔从洲将军命令，抽派所部六、八两连并重机枪两挺开赴峨眉原，归孔旅长直接指挥。下午3时，孔旅长召集抽调的骑兵团两个连，警二旅一个连、陕一旅一团张志林第六连共4个连的排长动员说："西姚温阵地被敌突破，对我军威胁很大，因此抽调你们前去攻打，务必奋勇当先，把它夺回来，以利大军行动。这次行动由五团郑培元团长亲自指挥，必须服从调遣。"当晚9时，郑团长下达命令后，我四个连直扑西姚温。张志林六连担任正面进攻，其余三个连分别担任其他三面进攻。因是奇袭，加之日寇的骄横，警戒疏忽，直至张志林六连摸入敌人警戒阵地，敌才发觉，仓皇应战。我军奋勇冲杀，日军顽强抵抗，以致成为胶着状态。为了掩护大军转进中条山，六连据守阵地与敌激战，一直坚持到第二天凌晨2时才下令突围。全连官兵奋勇拼搏，经过反复冲杀，直到凌晨4时方突出重围，清点部队，伤亡47人。

为了击退突破我右翼阵地的日军，也就是阻止敌人迂回永济，16日午夜，奉命归孔旅长指挥的教导团第三营在营长张希文带领下，再次向西姚温逆袭。结果中敌埋伏，与敌在西姚温村内进行了殊死的剧烈巷战。除第九连外，营长张希文和全营大部官兵壮烈殉国。①

8月17日上午，日寇突破我西姚温阵地之后，立即挥兵直扑永济

① 见本书上册《捐躯赴国难视死忽如归——永济血战殉国英烈张希文事略》。

县城。此时，陕西警备第二旅因战略关系，已于 16 日夜由韩阳镇东北上了中条山，旅部驻万古寺①，“独留张部苦守永济”②。在 15 日日寇大举进攻之时，团指挥部即令骁勇善战的二营营长邓祥云带领冯民安四连和丁文英九连扼守日军进攻的重点东城。少校团附刘天照带领王继纯五连扼守北城。八连回城后随团部守南城并为预备队③。王恒震机枪连配属于各步兵连。

下午 2 点前后，日寇的 12 门大炮从城东峨眉原上，以猛烈炮火向永济城轰击，并有飞机 6 架狂轰滥炸，掩护步骑 2000 余④，从东、

① 孔从洲：《孔从洲回忆录》，解放军出版社 1989 年 9 月第 1 版，第 229 页。

②《陕西警备第一旅第一团永济抗战阵亡将士纪念碑序》。

③ 关于永济城抗日血战以下几个史实应该弄清：

A、据车飞程《逆袭西姚温日军据点》云，1938 年 8 月 17 日凌晨 2 时后，“连长下令突围……直到凌晨 4 时方得突出……我们且战且走，等到脱离敌人，则距永济县城 10 多里了，抵达韩阳镇某村。”由此可知六连确未回城。据多方考证，八连回到城中。

B、党德信等主编的《抗日战争国民党阵亡将领录·王竣烈士》云：“第一团将士在王将军指挥下血战永济”。李振民等主编的《陕西近现代名人录·王竣》（续集）亦云：“第一团抗日将士在王竣的指挥下血战永济。”中共中央党史研究室科研管理部编的《抗日英烈谱·王峻》也说：“王峻受命亲率下属第一团东渡黄河进入山西……抗日官兵在王峻旅长的指挥下血战永济。”中共陕西省委党史研究室编的《陕西军民抗战纪事·王峻烈士》亦主此说。但以上说法纯系杜撰。斯役王俊并未渡河到达永济。所部归孔从洲将军统一指挥。

C、党德信等主编的《抗日战争国民党阵亡将领录·王竣烈士》云：“在山西我军正面战场受挫、各路大军转进、开辟山区根据地之时，王竣曾指挥其属下的第一团东渡黄河，进入山西，支援友军作战，并在山西永济一线狠狠打击了南下的日军。日军进攻受阻，即率一个师团的重兵围攻永济……”李振民等主编的《陕西近现代名人录·王竣》（续集）亦云：“由于敌强我弱和指挥失误，在山西我军正面战场受阻，各路大军相继后撤，八路军开辟山区根据地之时，王竣受命指挥下属第一团东渡黄河，进入山西，支援友军作战。在永济一线痛击南下日军……”中共中央党史研究室科研管理部编的《抗日英烈谱·王峻》和中共陕西省委党史研究室编的《陕西军民抗战纪事·王峻烈士》皆符合李说。但此说纯为杜撰，与史实不符。史实是王俊派第一团一部进入山西，仅仅是为了奉命加强孔从洲独立四十六旅的抗敌力量，与八路军开辟山区根据地无关。在永济血战以前，王俊所部在山西永济一线并未狠狠打击日军。

④1938 年 8 月 17 日下午日寇进攻永济县城的情况，请参看本书上册《揭开血战永济之谜》的有关部分。

徽章上写：陆军军官学校训练班第十队学员邓刚

北、南三面向我守军5个连猛烈进攻。背水而战，乃兵家之大忌。大敌当前，哪顾得了古训。我官兵杀敌心切，争先奋力还击。机枪、步枪射出一颗颗复仇的子弹。手榴弹一颗颗投向敌群。枪声、手榴弹的爆炸声、“大刀向鬼子们头上砍去！”“与永济共存亡！”的喊杀声，震动了黄河和中条山！敌人的一次又一次猛攻被打退，鬼子死尸枕藉。东面首当其冲，战斗最为剧烈。哪里吃紧了，邓祥云营长即到哪里指挥杀敌。官兵们以自己的血肉之躯和爱国热忱抗击着极其凶恶的日本侵略者。日寇不断增援，攻城越来越猛。我守城官兵拼死抵御，战斗极其惨烈！约4点半以后，邓营长由电话向张团长告急求援。团长回答“马上到！”当即派兵一班（也只有这些预备队了），由南城楼东行跑步支援。团部老伙夫一听，急忙摸了条炸弹袋，装了4颗手榴弹，两手又各提3颗，抢先跑到这一班援兵的前头，跑到城东南角，折向北去。团长、团附及其他团部官兵目睹此情此景，齐声称赞。“心知去不归，且有后世名！”老伙夫终于为国捐躯。杯水车薪，岂能挽回战局！一班援兵刚走，北城刘团附又由电话向张团长请求增援。团长无奈，只好派自己的卫士吴松林等前往支援①。

兵力不足，东面战线又长。邓营长穿梭督巡，鼓舞士气。一面督率官兵奋力杀敌，“一面率营部10余人，伏城缺口处，亲掷手榴弹三箱”，毙伤敌人甚多②。官兵们以自己的血肉之躯谱写出一曲又一曲催人

---

① 吴松林，今西安市长安区东大村人，与张剑平同村。永济血战时任张剑平卫士。1990年6月13日本书作者曾到东大村学校访问时任门卫的吴松林老人。

②《永济抗战经过详情》，《西北文化日报》中华民国二十七年（1938）八月二十七日。

泪下的抗日壮歌。四连二排战士徐生财（安徽人），子弹打光了，一箱手榴弹扔完了，与冲上城垛的鬼子拼刺刀，刺刀拼弯了，抱着鬼子咬，直到流尽最后一滴血。第九连第四班班长马俊杰（陕西陇县人），奉邓营长之令死守东门城楼。全班战士先后壮烈牺牲。他也三处负伤，不能站立，但不后退一步，将所剩手榴弹搜集一处，向敌掼掷，毙敌10余。接着怀抱手榴弹7颗，由城上跳入鬼子密集处，炸死鬼子多人。马俊杰也与敌人同归于尽。因其事迹感人至深，被收入国民政府军事委员会政治部编印的《抗战特殊忠勇军民题名录》第一辑。

马俊杰

戰區	番號	階級	姓名	作戰年月	作戰地點	履歷
第二戰區	陝西警備第一旅二團第三營	下士班長	馬俊傑	廿七年十一月廿三日	山西永濟	

忠勇事蹟

馬俊傑至死不退

永濟戰役班長馬俊傑，廿三日奉命率弟兄在城上作戰，是日，敵以步兵三千餘，大砲廿餘門，騎兵三百餘，並配合空軍攻城，在煙霧與大砲掩護下，蟻擁由城缺處衝進，馬班長急命弟兄迎擊，俄而，短兵相接，浴血格鬥，全班戰士，悉壯烈犧牲，馬亦負傷三處，但誓死不退，將所餘炸彈，搜集一處，向敵擲擲，斃敵十餘，繼懷手榴彈七枚，由城上躍入敵兵密集處，彈爆身殞，我馬班長與敵一部同歸於盡。

一三六

《抗战特殊忠勇军民题名录》书中收录的马俊杰的英雄事迹

下午7时，永济东北城墙被敌炮击毁数处，北城墙也被敌机炸塌数丈。敌见已打开缺口，遂即放射烟幕，用沙包填平城壕，掩护步兵爬上东北缺口。在这千钧一发之际，有人建议邓营长赶快撤退。邓祥云听说敌人上城，怒不可遏，竟置个人生死于不顾，手提手枪，喊了声：“跟我来！”即带领邓俊生（祥云族弟）等勤务兵朝缺口冲去，准备尽快把上城之敌驱逐出去。他刚走过东城门楼北边不几步，邓俊生说：“看枪！”说时迟，那时快，从东北缺口爬上来的鬼子机枪已朝我指挥官射出一梭罪恶的子弹。邓祥云营长不幸身中数弹，倒在了邓俊生身旁。把自己的一腔热血洒在永济沙场上。①

与此同时，少校团附刘天照与王继纯连长督率所属，在北城与敌拼杀。终因众寡悬殊，大部壮烈殉国。“大队敌军，遂分别冲进城内，刘团附赤身怒目，至最后犹高呼死拼，以保卫国土。”②

邓营长殉职后，东城守军把电话打到团指挥部。中校团附秦颂仁接电话后，悄悄告诉张剑平：“团长，祥云阵亡了！”其声音虽小，却如晴天霹雳！“擎天柱”一折，团指挥部诸人立感气馁。张剑平六神无主，转了几个圈，不到5分钟，不仅没有组织剩余官兵御敌或突围，却小声叫了几声“寿轩”（秦颂仁字），即与秦迅速离开团指挥部。在广大官兵还不知道邓营长阵亡，尚与敌进行激烈巷战的掩护下，“出西门乘早已预备好的渔船逃过黄河。”③ 蜂无王自乱。广大官兵为了不当俘虏，跑出西门，会水的，不会水的，争相泅渡。不少官兵又被大河卷去。

永济城血战是血战永济中最为惨烈悲壮的一幕，308名官兵为国捐躯④，为陕西警备第一旅在抗战史上写下了最光辉的一页。

8月17日夜，张剑平等弃城逃回朝邑，当即受到王俊将军的严厉责斥。

8月19日孙蔚如将军以密电上告蒋介石、阎锡山。电文如下：

---

① 殷锡汉主编的《永济县志·大事记》说：“8月16日，日军千余人猛攻蒲州城……23日，蒲州二次沦陷。”此说有误，应是8月17日。蒲州二次沦陷，也是此日。

② 何两之：《永济血战经过报告》，中华民国二十七年（1938年）八月二十七日《西京日报》。

③ 李振西：《风陵渡的保卫战》、全国政协《晋绥抗战》编写组编：《晋绥抗战》，中国文史出版社1994年北京第1版，第429页。

④ 殷锡汉主编的《永济县志》说：“镇守蒲州城的邓岗营长及全营官兵全部阵亡”。此说不确，共阵亡308人，并非全是邓营的，还有八、九连和机枪连等部分的。

委员长蒋、兴集长官阎（指挥）：

峙密。顷据警备第一团八连连附宁建亚称：篆（17）日下午，敌重炮12门将永济东北及东城轰倒数处，我守城之第五连伤亡殆尽，又以第九连增加。敌由缺口窜入，连长阵亡。营长邓祥云亲率勤务兵冲杀，亦阵亡。

复以伙夫1班携炸弹往援，尽数伤亡。张团长亲率残兵数十往冲，多已伤亡。现张团长行踪不明等语。谨闻。

江（B）孙蔚如　皓巳　一参一印

为了告慰三秦父老，陕西警备第一旅西安通讯处主任何两之，于8月26日下午在莲湖食堂[①]招待新闻界，作了《永济血战经过报告》。第二天以后，西安《西京日报》《西北文化日报》等报纸以（中央社）消息登载了报告全文。《西京日报》8月27日的刊文如下：

永济血战经过报告

某军□□□旅西安通讯处主任何两之，顷由前方返陕，昨（26）日下午6时，假莲湖食堂，招待新闻界，报告我军在永济与敌血战经过。原词如下：

永济西临黄河，东北紧靠峨眉原，东南依枕中条山。城周围约9里。当同蒲路南段之要冲，南可屏障风陵渡，使敌难遂其西渡潼关，切断陇海之迷梦；北可进窥侯马，直捣临汾，为我廓清晋南，收复幽燕之

①莲湖食堂，1933年开张，1940年停办。是西安中共地下联络站。由宋绮云、蒋自明两同志筹办。王根僧、童陆生等认股投资。由党外同志蒋自明经营。见曹冷泉《忆蒋自明烈士二三事》，《西安文史资料》第三辑。按：原文无注释，注释为笔者所加。全书引文均同。

永济血战

1938年8月27日《西京日报》关于永济血战的报道

据点。故自今春晋南战事开展后，永济为敌我必争之军事重地。自从长江会战开展后，敌为策应进攻武汉计，遂有二次“扫荡”晋南，进扰豫陕之企图。永济随战事情势之演变，又为我固守晋南，保卫陕豫之重要据点。我□□旅□团张团长剑平，即于此次晋南吃紧时，奉令率兵6连，进驻永济。时城内居民寥寥无几。张团长一面清查户口，抚辑流亡；一面赶筑工事，激励将士。于是全部官兵，无不抱有敌无我，与城偕亡之决心。本月16日，我军某部与敌激战于永济以北40余里之地带①。当晚某军为情势所迫，全部他移，待机反攻。17日拂晓，永济东关外，即发现敌踪。未几，炮声大作，弹如飞蝗。我守军即登城与敌展开神圣英勇之血战②。进犯之敌共约二千数百人，附炮20余门，飞机6架，联合向永济三面猛犯。一时机炮交织，弹如雨下。我守军仅以4连之众（原为6连，嗣被友军调走两连）③，与敌激战数小时，卒以敌军炮火过猛，将东北城角及东城门楼一带城墙全

① 当年8月16日，日军与我军激战已不在永济以北40余里之地带，而在距永济城10余里的中条山北麓的尧王台，西姚温、孟盟桥一带。当年8月16日孙蔚如致蒋介石电称：“据孔旅长从周铣电称，今晨4时二十师团七七联队约3000人，炮20余门，装甲车10余辆，飞机6架，向我永济主阵地进攻……至下午9时敌我仍在相持中。”

② 日军何时进攻永济县城，其说不一。欲知实际情况，请看本书上册《揭开血战永济之谜》的有关部分。

③ 8月17日下午，与日寇血战时，从多方考证，城内实为5个连：王恒震机枪连、二营冯民安四连、王继纯五连、三营刘兴汉八连、丁文英九连，当时八连已回城内。《永济血战经过报告》说，八连连长刘兴汉阵亡（笔者按：后知并未阵亡），此其证据一。孙蔚如8月19日致蒋介石、阎锡山电云，据八连连附宁建亚称，此其证据二。

部轰毁，北城墙亦为敌机炸塌数丈。敌知城墙已陷，遂即放射烟幕，掩护步兵，向我猛犯。又以钢甲车装运棉花包，填平外壕。敌步兵遂在浓烟密布，机炮掩护之下，直薄城垣。我东城指挥官邓营长岗，一面督率所属，奋死抵御；一面率营部十余人，伏城缺口处，亲掷手榴弹3箱，炸毙敌军三四百，敌势稍却。我亦伤亡大半。嗣以敌军不断增援，攻击愈力，我邓营长督率残卒，拼死堵截，喊杀连天，声震山岳。肉搏数小时，我邓营长及冯连长民安，刘连长兴汉，与营部以下残余官兵，全部光荣殉职。我丁连长身受重伤。敌遂由缺口拥至城上。时我刘团附天照、王连长继纯督率所属，正在北城与敌肉搏，数进数出，亦以众寡悬殊，全部壮烈殉国。大队敌军遂分别冲进城内。刘团附赤身怒目，至最后犹高呼“死拼”，以保卫国土，亦云壮矣！我张团长时在南城督战，闻东北城陷落，遂督率残部，与敌巷战，反复肉搏往来冲杀，由上午12时直战至下午7时许①，卒以伤亡殆尽，全城遂陷。是役共计毙敌千余。我4连官兵除三四人负伤冲出外，余均壮烈殉职②。其英勇奋斗、壮烈牺牲之精神，诚足惊天地而泣

① 张剑平明明弃城逃生，该文却说他“闻东北城陷落，遂督率残部与敌巷战，反复肉搏，由上午12时直战至下午7时许。”此纯属为张、秦二人涂脂抹粉，开脱罪责。永济血战亲历者、时任警一团军需的刘守经复笔者信明确说：“说巷战，纯属无稽之谈。”前引穆编《抗日黄埔英烈·黄埔群英血战永济》书中也亦步亦趋地说：“张剑平团长，时在南城督战，闻听东北城陷落后，率部往来冲杀，从上午12时到下午7时，经过与敌近9个小时的奋战……被迫于当晚冲出敌围转移。”12时到下午7时，明明是7个小时，为什么竟成了近9个小时？1个弃城逃生的黄埔败类，为什么被打扮成了抗日英雄？不仅如此，在穆编《陕西黄埔名人·张剑平》中更不顾事实，捕风捉影地对张剑平又作了一些美化：“抗日战争中，1939年陕西警备第一旅被编为新编第二十七师，张剑平任七十九团团长。奉命率部出潼关，渡黄河，进入山西中条山抗日前线，坚守阵地半年多，与日军作战数十次。特别是在固守永济战役中，张剑平率部与日寇血战月余，战绩辉煌，打退了日寇的多次进攻。”这一段是“信史”，还是“演义”？抗日战争中，张剑平出过潼关吗？到过中条山抗日前线吗？在永济与日寇血战月余吗？张剑平如果死而有灵，也会感到莫名其妙！8年抗战中，张剑平只率部固守过永济“匝月”。其他全是杜撰。令人费解！

② 永济城血战，我军多少官兵阵亡。其说纷纭。参看本书上册《揭开血战永济之谜》的有关章节。

鬼神。敌之目前趑趄于中条山北者，未始非永济一役而蹶折也。兹将殉职上尉以上各官长姓名、年龄、籍贯、出身等，分志如下：刘天照，河南嵩县人[①],32岁，中央军校第七期毕业，少校团附；邓岗，陕西蒲城县人,34岁[②]，中央军校军官训练班毕业，第二营营长；冯民安[③]，陕西长武县人,29岁，中央军校军官训练班毕业，第四连连长；王继纯[④]，陕西三原县人,27岁，中央军校军官训练班毕业，第五连连长；刘兴汉，陕西蓝田县人，26岁，中央军校军官训练班毕业，第八连连长[⑤]。（中央社）

〔《西京日报》中华民国二十七年（1938年）8月27日第二版〕

8月26日，国民政府军事委员会“特电慰勉”，电文如下：

国民政府军事委员会军令部电稿

（廿七年八月廿六日拟稿）

无线

孙军团长蔚如：

皓巳参一电悉，密。永济一役，该部自张团长以次，牺牲壮烈，良

① 中国第二历史档案馆藏档案1939年（1）4139号载，刘天照，为河南伊川人。

② 据邓岗夫人与同事回忆，邓岗殉职时为36岁。

③ 冯民安，为二营四连连长，而穆编《抗日黄埔英烈·黄埔群英血战永济》书中，却说他是二营营长，不知有何根据。

④ 王继纯为二营五连连长，而穆编《抗日黄埔英烈·黄埔群英血战永济》书中，却说他是四连连长，不知有何根据。

⑤ 第三营第八连连长刘兴汉生还，该报告反说其殉职。《陕西警备第一旅第一团永济抗战阵亡将士纪念碑序·阵亡将士题名录》中已没有刘兴汉之名。据张剑平卫士吴松林1990年6月13日回忆，永济城之战后，刘兴汉于当年8月27日以后回到部队。张剑平说：“你快走，我已报你牺牲了。”刘便离开该部。因此，后来南京中国第二历史档案馆藏档案《死亡官兵调查表》中已没有了刘兴汉。谁知在半个世纪以后，穆编《抗日黄埔英烈·黄埔群英血战永济》书中，不仅把刘兴汉错写成五连连长，仍把刘兴汉列入壮烈殉国的黄埔英烈，岂非咄咄怪事！

用悼惜。除仍仰遵2314令一元电，查报以凭奖恤外，特电慰勉。

（鄂）中2618令一元

接蒋电后，王俊即令其第一团着手为所部一团在永济阵亡官兵筹备召开追悼大会和修建英烈纪念陵园。

11月11日，大荔、朝邑、平民3县各界在朝邑东门里广场举行追悼大会①。追悼会开得十分隆重，当时陕西省政府民、建、财、教等厅及各方送挽联很多。

英烈纪念陵园建在原朝邑县西门外大寨子村外西南角去大荔的大道北面，约2亩大小。由于历史的原因，纪念园陆续被破坏，如今已无任何蛛丝马迹。但根据有人珍藏的75年前1940年元旦6个参谒者拍摄的照片，基本情况还能知道许多。

纪念碑坐北朝南，四周用青砖砌成围墙，围墙成长方形，南北长，东西较短。南面围墙用十字花墙做成，正中有一进门，门两边各有一根四棱石柱，石柱上端各雕刻一个石狮。东边石柱上镌刻着“华岳苍苍黄河泱泱”八个大字，其右上方镌刻着“陕西警备第一旅……”等字，可惜看不清楚了。西边石柱上镌刻着“烈士之风山高水长”八个大字，其左下方镌刻着一些小字，同样看不清楚了。紧靠石柱外侧

① 中华民国27年10月11日至17日《西北文化日报》第二版载:《陕西大朝平三县各界追悼陕西警备第一旅第一团及警备第二旅永济抗战阵亡将士筹备委员会紧要启事》:

我警一旅一团及警二旅，各忠勇将士，前在永济与步骑炮空联合数倍与我之敌，血战数昼夜，赖我官兵，奋勇杀贼，毙敌无算。然我将士壮烈殉国者，亦属空前。本会特为安慰英灵，淬励未来起见，谨择于11月11日，为我诸先烈开追悼大会于朝邑。仰瞻云天高谊，是日实临公祭，袍泽同仁，尤宜踊跃参加。或转赠诔輓以续骚，或敬献嘉辞而荡魄。海内明达，谅有同情。并拟征求先烈遗像，生前略史，汇集成秩，永志人间。庶几宠光泉壤，以慰忠魂。如蒙赙輓，请寄朝邑县党部。此启。

1940 年元旦拍摄的朝邑陕西警备第一旅一团永济抗战阵亡将士纪念碑正面全景

下边各有一个小石狮。石柱内侧门口各有一个石狮。石柱外东西两侧各栽三棵钻天杨树，东西墙外，也栽着一些钻天杨。围墙西南角和东南角各有一个高出围墙许多的大石狮。院内靠围墙栽有许多四季常绿的柏树。进门后，登上八级台阶，方到纪念碑台基，纪念碑建在台基之上，台基四周也用青砖砌成十字花墙。纪念碑巍然屹立正中。碑楼用青砖砌成，高约四五米，最上端为圆顶，四角各挂一个铁铃，碑楼横额上镶嵌一块长方形小石碑，其上从东到西镌刻着“壮烈捐躯”四个大字，西边竖刻着“林森题”三个较小的字。碑楼正面东侧上面用白灰写着“踏着先烈的血迹抗战到底”，左侧用白灰写着“打倒日本……”。整块大碑石镶嵌在碑楼正中，最上面刻画着国民党党徽和国民党党旗与国旗，两旗中间镌刻着 6 个小字，已看不清。其下中间镌刻着“陕西警备第一旅第一团永济抗战阵亡将士纪念碑”21个大字，其右上方镌刻着“中华民国二十七年八月十七日”13个小字，其左下方镌刻着“团长张剑平率全团官兵敬立”12个小字。

碑楼背面横额上镌刻着国民政府监察院院长于右任的题词：“民族之光”。下面碑石上镌刻着小字碑文。

碑文如下：

陕西警备第一旅第一团永济抗战阵亡将士纪念碑序

中华民国二十六年七月七日倭寇无端挑衅酿成芦沟桥事变遂冒天下大不韪悍然调集寇兵数十万分途进扰我全国各重要城邑当寇入据太原后旋复引兵南下于是临汾不守晋南告急并骎骎然有企图渡河入陕之势我陕西警备第一旅王旅长杰三统率全部扼守黄河保卫西北其第一团团长张君剑平杀敌报国夙怀此志即躬率部队六连慷慨东渡以遏寇焰迨至永济奉命归陕西警备第二旅孔旅长郁文指挥未几以其所部两连调防城东峨眉原城中仅留四连支持危局张团长同各官长每日督饬军民修葺城防组织民众匝月之间未得一日宁息而士兵奋勇作工更无不以一当百其不避艰险忠于保卫国家民族之精神盖实有足多者部署方毕寇已迫临我峨眉原孔旅阵地我军当出而迎击嗣因战略关系我军大队转入中条山一带独留张部苦守永济于二十七年八月十六日夜天色黑黝寇复以数千之众蜂拥而来激战终夜直至拂晓已将县城三面包围[①]炮声震天寇机又凌空肆虐但我守城官兵虽知众寡不敌均各抱城存与存城亡与亡之决心俟寇攀登城堞手出枪刃剸其胸脰尸满濠沟卒不得逞寇无奈以大炮轰毁城垣冒弹越尸而入此时我军与寇肉搏巷战终因弹尽援绝城遂陷于寇手时为八月十七日薄暮比杀出重围仅存张团长剑平暨秦团附颂仁等十数人余

① 血战永济日寇何时攻城？请看本书上册《揭开血战永济之谜》有关部分。

皆为国捐躯呜呼烈矣事闻我最高统帅　蒋公特电嘉奖以旌其功并令优恤诸烈士遗族然张团长追念袍泽痛定思痛乃择吉建碑于朝邑畀余纪其事并书诸烈士之姓名刻诸贞珉以彰其忠礼也余与张团长忝属知交又曾参加斯役缅怀先烈中心悼伤虽不能文又何敢辞爰为之铭曰

巍巍太华炳炳日星人维以杰地赖以灵髦俊辈出车驷雄风原为国难齐作干城嗟彼倭寇咨肆鲸吞驰突中原迭陷三京黎庶涂炭妖氛纵横桓桓勇士衔命东征聿进弗退斩杀若陵慷慨成仁激昂尽忠老如绛叟幼如汪童并力同心登埤拒戎援绝犹斗身死怒冲生为国士殁亦鬼雄顽廉懦立闻者振兴名垂青史万代钦崇馨香奉祀勒石铭功用昭来世鉴此元贞

1938 年建于朝邑大寨子陕西警备一旅一团永济抗战阵亡将士纪念碑碑帖照

阵亡将士题名录

少校团附　刘耀堂

少校营长　邓祥云

上尉副官　焦文杰[1]

上尉连长　冯民安[2]　王继纯[3]

中尉军需　韦和亭[4]

① 焦文杰，陕西华阴市人，时任一团团部副官。

② 冯民安，陕西长武人。时任一团二营四连连长。

③ 王继纯，陕西三原人。时任一团二营五连连长。

④ 韦和亭，陕西蒲城县人。时任一团团部中尉军需。

中尉副官　吴仁贵[①]

中尉排长　周生龙[②]　耿青山[③]

少尉排长　王振邦[④] 王恩兰[⑤]　王有才　马俊杰[⑥]

准尉特务长　郝德荣　李玉亭[⑦]

上士文书　张卓铮　段墨岑　张鸿钧　杨兆荣　李德全

上士军需　邓继忠[⑧]

上士看护　陈永保

上士班长　杨春周

中士班长　郭鹿鸣[⑨]　张新山　杜玉田　雷伯英　张鸿源　贠华芳
袁得胜　郑吉元　张德茂　侯子玉　李文盛　张志忠

下士看护　杨茂森[⑩]　赵世华

下士班长　范金荣　强克信　张文修　杨高才　何步荣　张效骞
郭凤仪　张永来　傅志华　王金中　姜子万　李怀印
许振兴　钟金阁　闵绍先

上等号兵　谭振新　赵保山

上 等 兵　吴明亮　陈保泰　孙振忠　姬汝林　李汉臣　何占华
康景成　张仲亭　王志成　邹立春　韩公锡　贾经国
唐青云　陈占元　王德明　李朝阳　张洪勋　李振山

---

① 吴仁贵，陕西岐山人。时任一团二营中尉副官。
② 周生龙，陕西眉县人。时任二营五连中尉排长。
③ 耿青山，河南鲁山人。时任一团中尉排长。
④ 王振邦，陕西兴平人。时任一团担架排少尉排长。
⑤ 王恩兰，山东费县人。时任一团少尉排长。
⑥ 马俊杰，陕西陇县人。一团三营九连四班班长。
⑦ 李玉亭，陕西蒲城人。时任一团某部少尉。
⑧ 邓继忠，陕西蒲城人，邓岗堂弟。二营上士军需。
⑨ 郭鹿鸣，今西安市户县秦渡镇人。时任一团某部中士班长。
⑩ 杨茂森，陕西省白水县人。时任一团下士看护。

张贵海　傅金文　毕月恩　梁春茂　冯积德　惠克忠
刘鸿德　冯满栋

一 等 兵　李如松　刘汉义　唐六仪　石璧成　徐生财[①]　李全德
张武学　蓝宝田　王汉章　李文胜　李玉玺　蒲树升[②]
张生财　刘文祥　孙占元　贾生祥　陈双奎　韦生杰
张书乾　曾宪德　阎志忠　张甲连　詹运至　傅万保
张胜恒　王光明　常义昌　薛忠祥　刘忠海　杨主信
萧全升　王志桢　赵生贵　程长江　宋兴林　吴青龙
李鸿斌　夏耀臣　许开国　陈登玉　郑松和　王福生
邓长恺　王世兴　王彦杰　李树荣　张振文　张光厚
欧金山　任万杰　杨天成　张国栋　孙宪章　齐建钧
王维云　赵光明　赵智荣　李长荣　王明胜　罗志明
侯世录　王振才　王志保　康喜成　李德法　齐作文
张孔林　燕世勋　雷亮荣　杨天云　韩朝显　高光济
辛金耀　焦中祥　安国祥　高明贵　刘世杰　耿廷录
王金山　周生财　吴吉昌　郭志敬　范毓伸　杨振河
刘守忠　龚得元　杨志明　王瑞华　张光进　牛　芳
刘玉亭　郝玉贵　席实信　马金福　杨九成　王永德
梁学安　向可山　陈长发　刘振祥　刘宪章　王有富
宋青山　傅　俭　张民权　孙邦奎[③]　文敬轩　孔祥林
孙世界　马升堂　苏鸿彬　孟水鱼　张道清　刘世杰
王山虎　姬焕成　叶光生　任仕和　张和礼　贾五生
毛富忠　康福堂　单书林　阎聚宝　李连枝　靳生华

① 徐生财，安徽人，一团二营四连二排一等兵。
② 蒲树升，今西安市户县秦渡镇人，一团一等兵。
③ 孙邦奎，陕西澄城县人，时任一团机枪连一等兵。

二等兵 李生文 任学礼 王玉明 聂随善 白玉杰 杨松林
郭本义 张明成[①] 梁照明 徐得明 邓正保[②] 辛进元[③]
杨志明 冉森瞭[④] 刘成河 顾有钧 祈彦民 景秀山
王生发 郭世英 陈世昌 孙家成 朱兆勤 李丁茂
鲁志勉 宋振刚 苗青云 李维和 贾可忠 张志锡
傅凤鳞 朱富中 张金财 杨宗梧 郭怀山 刘焕中
王芝兰 谭蔚扬 王永成 张清臣 姚树清 孟占杰
张占荣 夏廷海 王致民 姚华年 方子尚 杨天有
任克俭 戴茂林 刘治远 张忍谦 王正才 王富贵
冯有林 刘志春 黄青刚 张应海 史怀玉[⑤] 贾鸿运
翟文海 黄英杰 张瑞信 李得功 白志强 刘志谦
任铁成 郑克俭 刘治法 贺廷海 阎子贵 史秉真
宋国祥 何起吕 高培之 王生杰 王建邦 陈道真
刘桂生 席学礼 马成海 李崇学 张玉保 吕保兰
曹明升 朱金銮 张宪琛 张志道 丁忠宽 郝保善
刘怀林 杨发堂 耿庆堂 牟志杰 石碧沉 赵福科
崔占海 翁永魁 白锡武 汤殿魁 吴中山 严世英

临潼王铁夫谨譔

朝邑李宝珩[⑥]敬书

中华民国二十七年十二月十八日

---

① 张明成，陕西省汧县人。时任一团二营四连二等兵。

② 邓正保，陕西蒲城人，邓岗侄儿。时任一团二等兵。

③ 辛进元，陕西蒲城人，邓岗族弟。时任一团二等兵。

④ 冉森瞭，陕西省蒲城县人。时任一团二等兵。

⑤ 史怀玉，陕西省蒲城县人。时任一团二等兵。

⑥ 李宝珩（1892—1981），又名善楚。陕西省大荔县大寨子人。1924年曾创办私立养蒙学校。擅长书画。张青山主编《大荔县志》收有其墨迹。李蔚隆：《回忆原朝邑县私立养蒙学校》（《大荔县文史资料》（教育专辑）第六辑）记述了其办学的情况。

陵园竣工后，王俊将军指示，把纪念碑拍成照片，连同碑阴碑帖寄全旅连以上军官和308位烈士遗属惠存①。

为了表彰英烈，淬励未来起见，请西安易俗社樊仰山②编写《血战永济》秦腔剧本。樊氏取材于血战永济史实，并做了一些艺术加工，写成了12出大型古装秦腔戏。该剧以邓祥云为主角，以血战永济为红线，塑造了我军指挥官邓祥云的高大形象③。作者在12出戏中，就以7出的场面歌颂了邓祥云。西安易俗社于1939年7月15日首场公演，遂后陕西各县剧团也相继排演，连陕甘宁边区也有不少剧团搬演了该剧。一时抗日民族英雄邓祥云的英名，在陕西省几乎是家喻户晓、妇孺皆知。该剧深受群众欢迎，对鼓舞陕西全省人民共赴国难起了一定的作用④。

陕一旅一团永济阵亡官兵查明详报后，国民政府军事委员会特准晋一级从优抚恤。国民政府军事委员会于1939年8月以后给烈士遗族们颁发了《恤金给与令》。国民政府军事委员会抚恤委员会又于1939

① 该碑碑帖，一团军需刘守经、烈士杨茂生的遗属1966年前均珍藏有碑帖，"文化大革命"中毁坏。现在能见到的只有烈士王继纯遗属保存的一张碑帖照片，成了历史的铁证。

② 樊仰山（1909—1985），陕西省韩城市人。1931年考入杨虎城将军主办的陕西省区长训练所，次年6月结业。由于他记录整理了杨虎城一次讲话而深得器重，被委任为上尉书记。1936年，在杨虎城资助下创办了《青门日报》，后又增办《更生》半月刊。因其宣传停止内战，一致抗日，被"西北剿总"捕押，至"西安事变"次日获释。后到赵寿山十七师任文职，并被聘为《西安平报》编辑、总编辑。樊仰山潜心于戏剧创作，兼任陕西省戏曲学校校长。1932年编写了《杨贵妃》剧本，1934年夏在西安上演之后，一炮打响，轰动古城。被易俗社聘为社员兼编辑。抗日战争时期，既编报，又编戏。他"面对时代风云，以救国为己任，把满腔热情倾注于笔端，以高昂的战斗激情，接连创作了抗战五部曲"（即《长江会战》《血战永济》《民族魂》《湘北大捷》《牧童艳遇》）。1949年5月，西安解放，公安机关对他审查后留用。1951年"镇反"时，被以反革命罪判处无期徒刑。1975年特赦还乡。1978年应聘到韩城市文化馆搞戏剧创作和业余创作辅导，曾创作大型历史剧《司马迁》。1984年被聘为陕西省文史馆馆员。1985年7月因病去世。

③ 陕西省易俗社珍藏资料500号。

④ 见本书上册《揭开血战永济之谜》有关部分。

年 11 月后给烈士遗族们颁发《通知书》。抚恤费一直领到 1948 年[1]。国民政府军事委员会政治部 1941 年 1 月编印出版的《抗战特殊忠勇军民题名录》第一辑以《马俊杰至死不退》为题收录了马俊杰的英雄事迹。1946 年 7 月令永济殉国官兵姓名入祀忠烈祠。国民政府并于 1948 年给烈士遗族们颁发了《荣哀状》[2]。1986 年陕西省人民政府追认王继纯为革命烈士。

血战永济之后，王俊将军一方面接待安抚烈士遗属，及时给予抚恤；一方面对一团人事稍作补充调整：以韩循善[3]升任一团少校团附。调二团少校团附王惠民（陕西韩城人）任一团二营营长。为了加强保卫河防的力量，并令驻安康的刘威诚三团立即开赴陕东河防。

当三团路经西安时，恰逢赴延安抗大学习的崔育英等 7 人已毕业回到西安。除少校军医主任魏一鄂[4]，王俊考虑到目标大影响大，没有让其回陕一旅外，其余 6 人分别回到原部，仍任原职。他佯装不知。

9 月初，刘威诚率三团到达河防后，驻防平民县新民村，扼守三河口以北河防。此时王俊拟派韩明杰（陕西临潼人）为三团中校团附。刘威诚因韩是个老夫子，便不愿要。王俊便把韩派到二团任中校团附，又把佘纪善调到三团任中校团附。阎公雅、傅廷栋、李自新分别担任一、二、三营营长。此时二团二营营长孙立功（字建勋）[5]因感觉王俊

---

① 见本书上册蒲城籍烈士韦和亭和邓继忠的《恤金给与令》。

② 见本书上册蒲城籍烈士邓继忠的《荣哀状》。

③ 韩循善，陕西蒲城县人。早年投奔杨虎城将军部队，历任排、连长等职。1938 年秋升任陕西警备第一旅一团少校团附。1939 年所部改编为新编第二十七师后，任该师军械官主任。1940 年秋随部开赴平陆中条山抗日。1941 年 5 月所部对日作战失利后回乡。1957 年卒。

④ 魏一鄂，咸阳人。抗战胜利后，王子伟任国民党十五军官总队第八大队队长时，魏为大队部书记。1948 年春，王子伟调任西安团管区司令。同年冬，魏曾给王作工作，劝其率部起义。王终于 1949 年 5 月 20 日起义。

⑤ 本书作者 1988 年 9 月 2 日在西安香米园访问孙立功。

对其不放心，便不告而去。虽经任耕三派人挽留，未果。即派四连连长丁家印接任二营营长之职。

烈士纪念碑落成不久，日寇飞机屡屡轰炸朝邑。黄河东岸的日寇大炮也不断向朝邑、平民县城、河滩滥肆轰击。鉴于此，旅部遂由南寨搬往北面的吴家洼，驻吴子实家。一团经过整补后，开往金水沟以南结草、旗杆店、南北鲁安一带扼守河防。三团到达河防以后，北与任耕三二团为邻，团结比较紧密。为了加强战斗力，首先大抓宣传教育，提高抗日热情。一部分党员和延安抗大学生工作积极深入连队，深入附近民众，以收军民合作之成效。尤其是三团不仅大搞宣传，召开抗敌扩大宣传军民大会，而且为每个连派一个中共党员做指导员。河防阵地，不时受敌炮击，受敌飞机轰炸，但全旅官兵抗日意志高昂，誓死保卫黄河，阻止了日寇的西进。

1939 年 5 月末，王俊所部奉命移驻大荔城南休整，旅部驻大王庙。当王俊率部离开平民河防时，平民人民依依不舍。平民县各机关各联保主任曾在《西北文化日报》上颂扬其旅。全文如下：

恭颂陕西警备第一旅旅长王公杰三

暨团长张公剑平任公耕三武公靖尘德政

自去岁晋南失守，我警备第一旅旅长王公杰三暨团长张公剑平任公耕三武公靖尘率部驻防本县以来，鉴于地方穷苦，对民力物力备极爱护。其全部官兵与人民相处态度和蔼，感情融洽，无异家人父子。故能军民合作，共御暴敌。兹已奉命移防朝邑，人民身受厚恩无以为报，谨将德政登诸报端。邦人君子共垂察焉。

陕西省平民县各机关各联保主任同启

（《西北文化日报》中华民国二十八年六月）

在大荔城南休整时，适逢夏收大忙季节，王俊将军指示全旅官兵，每日分批帮助农民割麦，全旅骡马亦借供农民拉麦碾场之用。尤其是第二团团长任耕三，除令战士帮助一军属老大娘割麦外，还为之捆好送回家中。这一举动，群众甚为感激。当时西安《工商日报》对此曾作报道。全文如下：

疏散是抗戰的積極行動

周士見

朝邑大荔官兵壯丁

踴躍助民割麥

朝邑大荔官兵壮丁

踊跃助民割麦

〔大荔通讯〕我守河防备受辛劳之 ×× 警备旅刻已奉令移防至大荔南之 ×× 村休息训练。值此麦秋，农人忙于收获。该旅王旅长深体　领袖军民合作之训，乃命令全部官兵，每日分批出发，代民众割麦，异常踊跃。全旅骡马亦借供农民拉麦碾场之用。因是人民感戴，叹为平生未睹。该村有某老媪，其子方从军在前方作战，家中并无他人。该旅第二团任团长耕三，除令士兵将该老媪所种之麦若干亩尽数割完外，并为之捆载送回其家。老媪亦感激不置云。（西京社）

（中华民国二十八年六月二日《工商日报》）

旅编升师　苦衷谁知

日寇在1938年10月侵占武汉后，不得不停止正面战场上的战略进攻。因此中国的抗日战争进入了战略相持阶段。

在国民党方面，武汉、广州失守以后，随着正面战场军事压力的减轻，其政策也发生了重大变化，其政策的重心开始由对外转向对内。1938年12月18日至21日，蒋介石在陕西武功召开了一个长江以北各战区的军事会议，检讨抗战以来的作战得失。王俊奉命参加了武功会议。特别是1939年1月召开的国民党五届五中全会确定了联共、防共，最后达到溶共的目的的反动方针。这是自抗战以来政策上的大倒退，它严重地危害着抗战。

在这样的大气候影响下，王俊所部被改编为师，他先任副师长，后任师长。关于王俊因何升任师长，其说纷纭，莫衷一是。

党德信、杨玉文主编的《抗日战争国民党阵亡将领录·王竣烈士》云："1938年，陕西警备第一旅因抗日作战有功，被国民政府军事委员会编为陆军新编第二十七师，王俊将军被提升为副师长，不久，又升为师长。"① 刘晨主编的《中国抗日牺牲将领录》亦主此说。马齐彬等主编的《中国抗日阵亡将士传》云："抗日战争爆发后王任国民党陕西警备第一旅旅长，奉命防守黄河西岸。他指挥所部第一团渡河，东据永济，抗击日军一个师团兵力的进攻。一团官兵奋勇杀敌，大部壮烈牺牲。1939年，一团余部编为国民党陆军新编第二十七师，王任副师长。不久升任师长。"②

---

① 党德信等主编:《抗日战争国民党阵亡将领录》第247页。

② 马齐彬等主编:《中国抗日阵亡将领录》第237页。

曾任陕西警备第一旅第三团团长的刘威诚在《我所知道的任耕三烈士》一文中说："西安行营蒋、胡帮对我旅早有并吞阴谋。"① 他在《抗战期间我在三十八军的活动情况》一文中又说：蒋鼎文"……并用师长一职引诱旅长王俊，将警一旅改编为第二十七师，使它与孙蔚如部脱离关系。"②

还有人认为："1938年后半年，这时候国内形势有所变化，出现了反共高潮。在这一新形势下，王竣的思想也在变化，积极投靠胡宗南，积极活动想当师长。"胡宗南"撤销刘威诚的陕警一旅第三团团长职务（威诚与王竣是蒲城同乡、同学，王为了升官当师长，不惜出卖刘威诚！）"

以上诸说，究竟哪种说法贴近史实呢？为了弄清这个问题，只要了解了这个问题的前因后果与来龙去脉，结论是不难得出的。要弄清此事的真相，还得从头谈起。

如前所述，西安事变期间，马青苑曾秘密派人给王俊送信，劝其离杨附蒋。但王俊放弃了立功升官的绝好机会，竟毅然把来信呈交杨将军处理。可见米暂沉《杨虎城传》中所云："从西安事变开始到杨离开西安出国为至，十七路军在蒋介石分化收买之下发生了大的分裂，首先是第七军冯钦哉部的叛变投蒋。跟着是警备第一旅王俊部投向胡宗南。"说王俊部在杨出国前，已投向胡宗南，纯属捕风捉影的不实之词。后虽在《杨虎城将军传》中改为"张学良被扣直至发生'二二事件'后，警备第一旅又被胡宗南部裹胁而去。"此说仍然与史实不尽相符。因此米暂沉先生在复本书作者信中也说："《杨传》第二版之所以

---

①《西安文史资料》第四辑第50页。

②《丹心素裹》(2)，第145页。

改正，因为王旅是蒋鼎文、胡宗南扣留不放，不是王要离开孙蔚如第三十八军。”[①] 李紫山在其回忆文中也说：西安事变以后，“警备第一旅旅长王俊及其所属部队被胡宗南收编，改成师的番号”[②]。此说也与史实相去甚远。

只是为了达到借抗日之名，进一步瓦解杨虎城旧部之实，1938 年 6 月底，蒋介石才把隶属于胡宗南第十七军团的第三十八军改编为第三十一军团，孙蔚如升任军团长。却把王俊的“警备第一旅，留陕守河防，改归西安行营主任蒋鼎文指挥。实际上，蒋利用改编部队，减去了孙部一个旅的兵力。以后孙蔚如虽向蒋介石、蒋鼎文一再申请把警一旅调中条山增加抗战力量，都未获准。”[③] 致使王俊所部被迫脱离了第三十一军团序列。军人以服从命令为天职，这个黑锅怎能扣在王俊头上。古语云：“人为刀俎，我为鱼肉”。王俊一个小小的旅长鱼肉，怎能对抗两蒋的刀俎呢？蒋鼎文把王俊所部留陕守河防，这就是刘威诚所说的“西安行营蒋、胡帮对我旅早有并吞阴谋。”但这只是第一步。有了第一步，就有第二步。

为了达到彻底并吞王俊部的目的，1939 年 1 月，蒋鼎文、胡宗南亲发电报，免去刘威诚三团团长之职，提拔第二团三营营长武靖尘接任，其第三营营长由周玉庆（陕西华县人）接任。加给刘的罪名是

① 米暂沉先生 1988 年 7 月 9 日复笔者信。

② 李紫山：《杨虎城将军后期的军事活动及其部队建制的变更》，《西安文史资料》第五辑第 97 页。

③ 陈子坚：《第四集团军中条山抗战概况》（《丹心素裹》（2），中国文史出版社 1989 年 4 月版，第 323 页）。姚文琦：《魂系中条山的将军——王峻烈士》（中共陕西省委党史研究室编的《陕西军民抗战纪事》）与《王峻——魂系中条山的中将师长》（中共中央党史研究室科研管理部编的《抗日英烈谱》）均云：“1938 年，在胡宗南、蒋鼎文的策划下，将警一旅从三十八军中分化出去。”此说与史实不符。1938 年，警一旅从三十八军中分化出去，诚如陈子坚所述，是蒋鼎文从中作梗，与胡宗南无关。因此时胡宗南尚未掌握陕西大权。

“西安事变中坚分子，和延安有关系。”当然刘的免职，除了蒋、胡的迫害外，还有一些自身的原因。刘威诚同志不注意秘密工作的方法，在安康驻防时，几次公开骂国民党党部书记长。在陕东坚守河防时，给每个连派一个共产党员做指导员。这些都引起国民党当局的怀疑与不满。在此情况下，王俊作为旅长，也无可奈何。不久，2 月的一天晚上，王俊又奉命通知三团团长武靖尘让崔育英立即离开陕一旅。

1939 年 5 月底，王俊奉命率部移驻大荔城南休息训练。蒋鼎文、胡宗南的吞并阴谋接踵而至。蒋鼎文、胡宗南都是蒋介石的心腹，但他们在争权夺利时却尔虞我诈、明争暗斗，一点也不相让。在吞并陕一旅上均使出了浑身解数。

西安事变和平解决后，孙蔚如当了陕西省政府主席。张坤生[①]仍蝉联了保安处长职位。1938 年 6 月，孙蔚如被调为第三十一军团军团长，陕西省政府主席一职由蒋鼎文接任。不久，胡宗南的第十七军团，由河南信阳调到陕西。武功会议以后，军团撤销，改编为第三十四集团军。1939 年元月 14 日任命第十战区司令长官蒋鼎文兼总司令，胡宗南兼副总司令。十战区长官部设在西安皇城西安行营原址办公，三十四集团军总司令部在小雁塔十七军团部原址设立，事实上实权操在胡宗南手中。对此蒋鼎文既不甘心，又无办法，只好回过头来给自己编组新的部队。恰好这时，第十六军董钊部也由河南调到陕西，但全军只有一个第二十八师。董要求蒋鼎文为他想办法为他补编。这正是瞌睡

① 张坤生（1899—1965），原名成厚，字坤生，后以字行。祖籍陕西省临潼县，后移居陕西三原县。黄埔军校一期毕业。在国民二军等部历任多职。1936 年回陕，任陕西省保安少将处长。1939 年 1 月被任命为第一军副军长。1939 年 7 月任新编第二十七师师长。旋，9 月 8 日调任四十二军副军长。1948 年，董钊任陕西省政府主席时，他曾任省府委员，兼陕西省保安副司令。1949 年去台湾。1965 年 1 月去世。

碰见了枕头。蒋鼎文就利用他的军政职权，很快地给董钊编成了预备第一师（师长谢辅三）和预备第三师（师长周开勋）。两个师长均是蒋鼎文任第九师师长时的老部下。从此董钊的第十六军成了蒋鼎文的基本，再不是从前的空头司令了。当编这两个师的时候，张坤生秉承蒋鼎文的意图，效尽犬马之劳。预一师的大部分士兵，多是从陕西省保安团队拨补的，因而蒋对张非常器重。但这样一来，使野心勃勃的胡宗南对蒋鼎文产生了极大的妒忌与不满，争权夺利的斗争更激化了。

胡宗南认为蒋鼎文之所以能够编组部队，主要是由于他掌握了保安处这个机构。因而就计划从更换保安处长下手，把保安处控制到自己手里。胡宗南便于 1939 年元月保荐徐经济[①]代替张坤生接任陕西保安处长。张坤生于元月 13 日被调为第一军（军长陶峙岳）的副军长。4 月 29 日又被调到新编第一军任副军长。这只是空有其名罢了。张坤生原以为他的这个保安处长是一顶铁纱帽。西安事变后，蒋介石派在陕西的各单位主官如邵力子、马志超等都换了人，唯他没有变动，何况他在替蒋鼎文编组部队时立下了汗马功劳。徐经济一来，真是如同晴天霹雳！事出意外，百思不得其解。弄不清岔子出在哪里？蒋鼎文也感到非常诧异！不久，才知道是胡宗南捣的鬼。胡宗南、张坤生、徐经济同是黄埔军校一期毕业，私交甚厚。那胡宗南为什么要厚此薄彼呢？要弄清此中缘故，还得从张坤生爱睡午觉说起。宋旭初写的《胡宗南和张坤生矛盾的内幕》一文把其前因后果叙述得颇为周详，特摘抄有关部分如下：

---

① 徐经济（1897—1951），今西安市临潼区人。黄埔军校一期毕业。曾在国民二军历任多职。1930 年杨虎城将军主陕，任陕西省会公安局第三分局局长等职。从 1939 年春开始，在胡宗南支持下，任陕西省保安处长多年。1944 年底，任暂编五十四师师长。1949 年，任新五军军长。同年 12 月率部投诚。1951 年镇反时被错杀。1983 年平反。

……

大约是1935年，张坤生就任陕西省保安处少将处长。那时许多同期同学还是少、中校阶级，如一期学生刘慕德、赵化民等多人，还是依靠张坤生的关系才当上外县保安大队附的。因此张自命不凡，骄傲自满。

外县的保安大队，按制度由县长兼大队长，少校大队附负实际责任。当时这个职位，在县上有相当权力，额外收入很大，不少人热衷此职，想干而干不上。徐经济就是其中之一。张、徐除原有矛盾外，这个问题，也属主要矛盾。

当时会见张坤生的来宾不少，多数是谋职业者，见面后乞求奉承之言，不绝于耳，更增加了张的骄傲情绪。张坤生有一习惯，中午非睡午觉不可。要是耽误了午睡，下半天不但精神萎靡，而且感到头痛，直至第二天早晨才能恢复正常。

有一天午睡正酣之时，随从副官把他叫醒，说是有一个他最知己的朋友求见。张坐起来，感到很不舒服，心里就不高兴。他给副官说："你怎么不让他两点以后来呢。"副官说："我说了几遍，他说了下午还有要事等不及，又说他和处长是极好的朋友。叫我赶快给处长传一下，有要事相商，处长是不会怪罪的。"张听后，猜不出是谁，说了声请他到会客室。及至一见，不大认识，看见面熟，想不起在哪里见过，心里就老大不快，而对方却摆出一副老友的神态。张不好意思不应付，看他究竟有什么要事？说的结果，还是一位谋事的。张就很不耐烦地说："现在缺满，一时无法安排，以后再说吧。"那人看风头不对，讪讪地走了。

那人走后，张憋了一肚子气，即将副官和外传达叫来，不问情由，一顿脚踢拳打，打后指着两个人的脸说："我给你们说过多次，不能打扰我的午睡。你们偏要整我。今天再正式告诉你们，今后就是我爷来，也不准打扰我的午睡，要是不听话，打断你们的狗腿。"两人被打得鼻口出血，满身泥土，低头站在那里，现出一副狼狈相。张当时感到有点过火，心里有些后悔，可是已经做了，又不能给他们道歉，说了声“滚！”两人立正敬礼而去。

过了一两天，胡宗南由甘肃天水驻地因公来到西安，时任第一军军长，办完公事，知道同学张坤生任陕西省保安处长，特意到西安五味什字街保安处，看望张坤生，以叙同学之情。他兴致勃勃地进了传达室，掏出一张名片递给传达，说明要见张处长，顺便坐在一张空椅子上，等候传达。胡宗南是个小个子，既未带卫士，又未戴领章，当时名气还不大，有些人不知道。他的名片上又未印官衔，谁知道他是什么人？当下传达接到名片，将胡上下打量了一番，估计不是司务长，就是排长。傲慢地说：“现在处长正睡午觉，不能接见，你两点以后来吧。”胡宗南说：“我经常不来西安，今天就要离开，我和你处长是同学好友，如错过机会，不知何时才能相见，烦你传达一声吧。”传达耐心解释说：“前天处长睡觉，有人要见，说是好友，我传达了。来宾走后，我倒了大霉，今天不敢再传。”胡宗南说：“你放心传达，保证你处长不会怪你。”两人正说话间，张的随从副官来了，问明原因，想起前天情况，不由怒加来宾，气势汹汹地说：“又是同学好友，专一照顾我们。像你这个样子，能和处长是好友吗？吹什么牛皮。”传达也趁机说：“我再说一遍，你两点以后来，现在绝对不行。你下午来，处长见不见还不一定。我们不能保险。”胡还想说几句，两人发了火，说：“不要再啰嗦了，请你在外边等着，这里没有你的座位。”说着两人把胡宗南推了出去。胡气极了，名片忘记要回，一句话没说就走了。

过了两天，张坤生批阅公文，在台版底下发现了胡宗南的名片，赶快将侍从副官叫来，询问这名片哪里来的？副官说：“前天传达室来了一个小个子军官，看样子是个排长，他大吹牛皮说和处长是同学朋友，要见处长，恰是12点多，时间不巧。他啰啰嗦嗦，我把他轰出去了，就是那个人的名片。”张又令将传达叫来，详细询问传达情况，传达如实叙述一遍。传达最后说：“那人真不识抬举，我耐心说了几遍，叫他下午两点以后来，他啰啰唆唆，偏要马上见，这不是诚心整处长吗？我为处长能够安稳午睡，我俩把他一轰，他乖乖地走了。”

张坤生一听，心里想，这一下坏了，开口不得，又不能在部下面前示弱，只得说你们去吧。

过了几天，张坤生见了一期同学田毅安，听田说胡宗南到处砸张的洋炮：说张忘记校长训示，当了官机关变成衙门，官僚恶习严重，远离同学朋友，不讲精诚团结，晕晕迷迷，只知睡觉，不想做事，骄傲自满，妄自尊大，事业如何发展？这个人怎敢委以重任？假如同学都像张坤生，党国只有倒霉。张坤生听了，如冰雪灌顶，感到胡虽管不到自己，如其汇报校长（指蒋中正），如何是好！对自己前途，将有巨大影响。张向田请教说：“事已至此，现在应该怎么办？”田安慰说：“我看不必过分顾虑，这不过是一时生气，说的如此严重，同学间没有解不开的疙瘩，况是一个误会，你先给胡宗南寄封挂号信深刻道歉和认错，并做较详解释，等宗南再来西安，由我出面设宴，以欢迎宗南名义发出请帖，多联系些同学参加，顺便给你俩调解调解，我想不至于有多大问题。不过近年来，有些同学和朋友对你颇有闲话，老弟今后要特别注意才是。”

张坤生给胡宗南寄了几封信，始终未见回音。1937年，胡宗南的权力逐渐深入陕西，一变而为张的上级，权力日见扩大，张坤生如坐针毡。自胡到西安之后，张极力托人解释，田毅安也算主要调解人之一，但是不管调解人说得如何有理动听，胡总说是，张坤生已堕落到无用地步，如委以重任，非党国之福。胡宗南又说，我是以党国大业为前提，只要坤生知过必改，我们同学还是同学，个人无甚恩怨。至此别人不好再说，田毅安将胡所言，尽情告张，希望谨慎小心，善自为之。及张亲自见胡，表面尚觉客气。张还以为田说得有点严重。

胡来西安后，徐经济以同学关系，接近较多，何况胡部驻甘肃时，徐曾被聘为参议，为胡出谋划策，已经有过一段关系，这次见面，关系就更近一步。两人在谈话中，一提起张坤生，两人看法完全一致，加上徐、张本有矛盾，在胡面前不免指责张些不是之处，更增加了胡对张的不良印象，在胡、徐多次交往谈话中，胡认为只有徐经济接替张坤生职务，最恰当不过了。于是内定徐为陕西省保安处长，但徐的资历浅，恐遭物议，不能立即走马上任。

胡宗南大权在握，既属意于徐，当然自有办法，于是破格培养，先任徐为第一军上校高参，继而派徐为陕西抗日义勇军第一纵队少将副司令，接着调为西安防空司令部少将副司令，西安警备司令部少将副司令等职。三调两派，徐已任过几个单位的少将职务，足有资格接任省保安处少将处长了。看徐的经历表，是一大片，确是按部就班，逐步上升，并未越级提拔，可是在一年多的时间内，由中校升至少将，还是少见的，按一般规律中校升上校，比较困难，由上校升少将就更难了。徐经济真走运，一切是一帆风顺。

1938年春，胡下令免去张坤生省保安处长职务，遗缺以徐经济接任[①]。虽有报请手续，不过是形式而已，胡宗南说了就算数。张坤生接令后，几乎气死。徐经济是张坤生最瞧不起的人，不久前，徐想当一个外县少校保安大队附而不可得。曾几何时，今天竟然来接替我处长大权。

① 徐经济接任陕西省保安处长时间，宋文回忆为1938年有误。1939年2月2日西安《工商日报》载：陕西全省保安处长张坤生已另调军职，遗缺由军委会特任命徐经济继任。徐氏奉令后，遵命于昨（一）日下午3时到处先行视事。

这口恶气如何咽他得下，在气得糊里糊涂中，弄不清这是噩梦还是事实，只觉浑身麻木，天地变色。

徐到任后，趾气高扬，态度傲慢，以不屑的眼光看待张坤生。在交接手续中，胡派专人监交，徐也就认真从事，一点也不含糊，使张赔款不少，并且交不清赔款不能随便他往。直至手续十分清楚，徐才签了交接清楚的字。张坤生取得徐和监交人的签字，如释重负。[①]

蒋鼎文弄清了胡宗南捣他的鬼，很不服气。为了与胡宗南抗争，遂将已抓到手的陕西警备第一旅王竣部于 1939 年 7 月扩编为新编第二十七师，保荐张坤生任师长，王俊任副师长。并叫张坤生带了虢镇的保安第五团（团长李忠[②]）作为该师的基干。这样一来，张虽失之东隅，但收之桑榆，便兴冲冲地带了保安处的一批亲信到大荔该师驻地大王庙走马上任了。张坤生到任后，立即对陕一旅进行大刀阔斧地改编。副旅长段森改任参谋主任，旅参谋长郭则温改任副官主任。第一团改番号为第七九团，团长仍为张剑平。保安第五团改番号为第八〇团，李忠任团长；第三团改番号为第八一团，团长仍为武靖尘。任耕三第二团撤销，官兵分到其他两团。周玉庆第三营拨入第七九团，其余拨入第八一团。团长任耕三先为师附，后任新二十七师西安通讯处

---

① 陕西省人民政府参事室编:《文史资料》1990 年第 3 辑，第 107—113 页。

② 李忠（1901—1977），字恕之，解放后以字行。陕西高陵人。黄埔军校二期毕业。回陕后到杨虎城将军部队，参加了“二虎守长安”之役。后到其他部队历任多职。1939 年 7 月，随张坤生到新二十七师任八〇团长。旋，被胡宗南免职。抗战胜利后。他升任一〇四军少将副军长。1949 年初，随傅作义起义，接受和平改编。旋，他回到陕西，在三原参加了中医学习班的培训。先后在西安市碑林区联合医院当医生。“文革”期间，被遣送回老家高陵。1975 年平反后，被分配到西安东关医院工作直至退休。1977 年病逝。

主任。[①]

众所周知，当时国民党军队，下一级正职升为上一级副职，一般谓之“明升暗降”；上一级副职调下一级正职，一般谓之“明降暗升”。这是因为军队正职，集中人、枪和经济实权于一身，副职一般只是个摆设。正因为如此，张坤生踌躇满志、兴致冲冲，王俊却满心沮丧、深感困惑。副师长等于降为副旅长，实际上等于被架空。连军队都无权控制，怎能完成杨将军“要上下一心，全力杀敌”的最后叮嘱呢？这才是蒋、胡争权，殃及池鱼王俊！

鉴于此，王俊即到西安谋求解决问题的办法。他回到西安南四府街家中，邀来贾文郁[②]和王子伟谈及受蒋鼎文排挤的苦衷，感到一筹莫展。王子伟建议说：“你什么时候把军队准备好，带上靠八路去。”贾文郁说：“你如果行动，我把灏送回武功去。”并建议王子伟一块去。王俊听后，思想上虽有触动，但在当时的政治气候下，作为一个正规的军人，他怎敢为天下先呢！他苦闷！他困惑！夫人阎灏劝他干脆不干了。他觉得一个军人在国难当头的时候不干了，这岂不是临阵脱逃？怎能对得起水深火热中的全国老百姓呢？

他绞尽脑汁，百思不得其解，只好去找挚友刘宗宽想想办法。原来1938年7月，第三十一军团开赴中条山抗日时，孙蔚如力劝刘宗宽暂留军官区，一方面表示对继任陕西省主席蒋鼎文先生的支持，一方面把后方的一切交刘掌管，希望能守住杨虎城将军旧部仅有的一点

---

① 参看第87页下边脚注①。

② 贾文郁（1904—1977），今西安市临潼区人。黄埔军校四期毕业后，因学习成绩优异，被蒋介石留任中尉随从副官。1929年任岳维峻新一师某部营长。1933年到日本明治大学留学。1940年回陕。1947年，被国民党监禁。1949年4月出狱。1950年上半年，他受中共中央军委联络部密托。赴台湾做联络工作。后辗转回陕。在社教和文革中遭受迫害。1989年被落实政策。

刘宗宽

“家业”，以便将来有个退路。王俊见到刘宗宽，首先提出请刘去当师长。刘说：“这不行。”刘宗宽对胡宗南和蒋鼎文、张坤生之间的矛盾略知一二，便决定利用他们之间的矛盾，向胡宗南建议提王俊为师长。他先向胡吹嘘了王俊作战如何勇敢，如何善于指挥部队等等。因为当时胡宗南正千方百计想拉刘宗宽到其部队为他效力，而刘始终未表示同意。刘估计其建议有成功的把握。果然不出刘宗宽所料，在刘引王俊与胡宗南在王曲青龙岭（原名绿绝岭，张学良改为青龙岭。胡宗南改为兴隆岭）居住和办公的地方见面后不久，8 月 4 日已升任第三十四集团军总司令的胡宗南以“不孚众望”为由，下令把当了 28 天师长的张坤生调走[①]，即委任王俊为新编第二十七师师长。这一场争权夺利的闹剧，就这样以胡宗南的胜利而告终。不言而喻，王俊升任师长，既非“因抗日作战有功”，也非“为了升官”“不惜出卖刘威诚”等原因，实为蒋鼎文、胡宗南争权所促成。

胡宗南

张坤生也是合当有事，据目击者云，张走马上任之日，满面春风，命令勤务兵抱有名的同州大西瓜招待来宾。谁知刚一进门，该兵失手，西瓜掉到地上，摔了个稀巴烂，真乃大煞风景！从迷信角度讲，可谓出师不利！加上张初来乍到，下车伊始，他讲话时，官兵乱嚷乱叫，确为“不孚众望”。这些都导致了他

① 杨显：《蒋邦陕西省保安司令部活动始末》，《陕西文史资料选辑》第八辑。

的被调。

为了实现并吞杂牌的目的，胡宗南采取阴谋毒辣的两面手法，运用狡诈权术逐渐调整人事。陕一旅扩编为新编第二十七师，当然也不能例外。胡宗南深谙“将欲取之，必先予之”的古训。他委任王俊为师长后，先派贺诚为副师长，朱项筑为政治部主任，陈文杞①为参谋长。不仅如此，为了搞臭张坤生，还将张带去的保安第五团团长李忠，以克扣军食，士兵死亡过多的罪名，撤职关押到西安警备司令部军法处。另派明增慧（云南人）接任李的团长。因“八〇”团不吉利，改为“八十”团。10月，又把七九团团长张剑平和八一团团长武靖尘调到黄埔军校七分校军官总队任上校大队附②。然后派梁希贤③任七九团

① 陈文杞（1904—1941），福建莆田人。黄埔军校第五期毕业。1927年分发陆军第22师见习。曾参加北伐，后参与“围剿”红军。1929年所部改编为第一师第一旅，他任一团连长。后升任大队长、团长等职。1939年陕西警备第一旅改编为新编第二十七师后，任该师参谋长，扼守陕东黄河河防。1940年秋，随部开赴平陆中条山抗日。1941年5月9日在平陆县台寨村被日寇飞机炸弹击中，以身殉国。茅海建主编《国民党抗战殉国将领》、党德信等主编《抗日战争国民党阵亡将领录》、穆西彦主编《抗日黄埔英烈》诸书均承袭曾国杰编辑的《抗战军人忠烈录》第一辑，以讹传讹，说陈文杞曾参与血战永济。此说与史实相去甚远。血战永济为1938年8月事，此时文杞尚未到陕西警备第一旅，他怎能参与此事呢？

② 张剑平（1904—1988），今西安市长安区人。国民党中央军校高教班八期毕业。西安事变时听命张、杨。旋升任陕西警备第一旅第一团团长。1938年5月随部开赴陕东，扼守黄河河防。7月，率其团6个连东渡入晋，扼守永济县城。8月17日指挥官兵抗击日军攻城。但当听到东城指挥官邓祥云阵亡后，竟与中校团附秦颂仁弃城坐预备好的渔船逃过黄河。1939年10月新编二十七师第七九团团长被免职后，调到王曲第七分校，任军官总队第二期上校大队附、第一大队大队长（武靖尘任大队附）。1948年任第七补给区司令部总务处长。1949年去台湾。1988年10月去世。

③ 梁希贤（1898—1941），陕西铜川市人。黄埔军校第五期毕业。1927年分发陆军第二十二师见习。曾参加北伐，后参与“围剿”红军。其间，升任团长。1939年调到新编二十七师，先任七九团团长，后升任副师长。1940年秋，与师长王俊率部开赴平陆县中条山抗日。1941年5月7日，日军猛攻其师阵地，他协助师长督率所部坚决抵抗。经两昼夜血战，官兵大部伤亡。5月9日余部退至台寨村，王俊等被日寇飞机炸死后，他仍率部抵抗。后见败局已定，投黄河自尽，以身殉职。

团长，派刘恩荫[①]任八一团团长。并对一些营长进行了撤换，如八一团第一营营长阎公雅（阎灏的堂兄）、号称王俊的“灵魂营长”马生晖也调往西安南面的翠华山西北游干班学习。1941年春在中条山，胡宗南又提升梁希贤为副师长。七九团中校团附王宪斌升任七九团团长。并来电说段森“人事不相宜”予以免职。还听取刘恩荫的意见，把七九团第三营营长周玉庆免职，提升张志林为该营营长。至此，新编第二十七师的改编方算完成。王俊名为师长实际上还是被架空。当此时，尽管夫人、同事、挚友劝其不当师长，另谋职业，但王俊认为这样一来，正中了敌人奸计，“抗日”岂不成了空话？杨虎城将军岂不白白被囚？在“抗日高于一切”的思想支配下，他逆来顺受、委曲求全。

再派部属　入晋抗日

新编第二十七师大致改编完成后，拨归胡部孔令恂[②]第八十军指挥。遂于同年冬天奉命重新开赴朝邑、平民两县扼守河防，师部驻吴家洼。王俊兼任朝邑、平民两县城防司令。七九、八十、八一三个

---

① 刘恩荫（1909—1994），陕西省洋县人，后徙居西安市。黄埔军校六期骑兵科毕业后，留学德国。回国后，在西安黄埔军校第七分校任骑兵科长。1939年秋调入新编第二十七师任八一团团长。（笔者按：王明德等编著的《三秦游子录》云：“抗日战争，曾在二七七师任团长”。此说明显有误。）随部扼守陕东河防。1940年夏，曾奉命率部东渡黄河，到山西永济等地打击日寇。1940年秋，奉命随部开赴平陆县中条山抗日。1941年5月中条山战役失利后，回陕西蓝田补充整顿。后曾任第八区专员、陕西警备旅团长、保安旅长等职。1949年到台湾，任装甲兵团中将副司令。1994年6月1日因病去世。

② 孔令恂（1898—？），字谨斋，河北省新城人。毕业于保定陆军军官学校第八期步科。曾任第二路军守备队第九十七师师长，第一路军第二纵队队长。1935年4月，授陆军中将。1937年11月8日被任命为胡宗南第三十四集团军第八十军军长。1940年秋奉命率部开赴平陆县中条山抗日。后任国民党中央执行委员会训练团第二大队大队长。1943年2月任第二集团军副总司令（总司令刘汝明）。1944年3月，任陕西省政府委员。1947年12月，任河北省政府委员。

团由北到南，扼守金水沟至三河口黄河河防。并配有两个炮兵营：第一七七师炮兵营（营长孙芾棠）驻防平民县严家庄；第六十五师炮兵营驻防大庆关以北。王俊在扼守河防时，反复告诫部属：抗战到底，反对投降。他在居室内挂着史可法画像和岳飞“还我河山”的横幅，还贴着自书的文天祥的《正气歌》勉励自己。

1940年春夏，王化民（咸阳人）工兵连驻朝邑大寨子村时，在朝邑县西门外公路北修了个小公园。王俊题名为“抗建公园”，并给公园大门两侧写了一副对联：“抗击日寇复国土　建设祖国重民生”，勉励军民。

晚年的李自新

1940年夏天，王俊曾两次派遣部属渡过黄河到山西永济一带寻机打击日寇。第一次是夏收时节，派遣第八一团第三营营长李自新率领所部百余人从吴王渡过河，到河东一带打游击，待机歼敌。所部到达永济县张营村时，附近的地方自卫队队长裴礼义、李耀东均前来报告敌情。当时集结于永济县城的日本鬼子1000余人，从北山（万荣一带）“扫荡”返回，中途另有图谋，暂驻永济、临晋之交的东张村。因给养不足，有三辆汽车从永济县城载运给养，经过张营村东南，送往东张村。李营长在收到日军运送给养车要经过张营村的情报后，大喜过望，即令所部迅速在日军必经的路旁高崖上，做好埋伏。一面与裴等会晤，一面准备歼敌。

正当李自新营长与裴等会晤吃饭之时，日军拉运给养的三辆汽车从预计的路上开了过来。待敌人进入伏击圈，射击令一下，英勇的伏兵一齐跃出，居高临下，把10余颗手榴弹一齐掷上行驶在最前面的第一辆汽车上，雷鸣般的一声巨响，鬼子司机立即毙命。车上的四个鬼子三个被炸死，一个负重伤，尚在垂死挣扎。后边的两辆汽车知中埋伏，立即掉转车头，向南逃回县城去了。伏击战士跳上汽车，把那个快死的鬼子头割下来，放在牛搐里让群众观看。还卸了那辆汽车的车轮，砸坏了发动机，并缴获步枪两支，搬走了全部给养。等到县城鬼子闻讯赶来时，李营长已做好一切善后工作，带领部队有计划地转移，开往张营村以东地带打游击去了[①]。《永济文史资料》和《永济革命老区》书中对此事均有记载。李营长回到河西后，因把缴获的战刀未交团长刘恩荫，刘即建议王俊把李自新撤职。王惹不起炙手可热的刘恩荫，只好忍痛把李自新撤职，让中校团附佘纪善兼任三营营长。

时隔不久，王俊又奉命派遣刘恩荫带领全团东渡黄河，到永济、临晋一带打游击3个多月，给敌以狠狠打击。有一次在永济栲栳镇附近与日军四五百人遭遇。适逢天下小雨，日寇突来围攻。日寇仗着大炮、机枪，猛烈进攻。团长刘恩荫要求转移，少校团附穆性珊坚主反击，认为下小雨，正是我们歼敌的好时机。由于全团上下一心，猛烈反击，结果打败了日寇，鬼子死伤甚多，抱头鼠窜。我军伤亡也很大，仅佘纪善第三营就伤亡五六十人，第七连连长张振东负伤。九连9个班长全部为国捐躯。

晚年的刘恩荫

王俊在17年的戎马倥偬中，仍始终坚持学习。每日必读书数十页至1卷，尤其刻意研究孙、吴兵家之书。1938年驻朝邑南寨扼守河防时，每日在起床号未响时，便带两名警卫员去野外跑步。回来即高声读

①《永济文史资料》第二辑第27页。

书一大阵，从不间断。特别喜欢读欧阳修《伶官传序》中的“呜呼！盛衰之理，虽曰天命，岂非人事哉！”在中条山与鬼子对峙时，仍是手不释卷。他还爱好书法，每日必写五六张。写字时全神贯注，不因外人干扰而停笔。1935年秋，在西安西营房驻防时，旅部住的是纸糊的墙。有一天，卫士不慎把纸墙点着，火光大起，而王俊仍正襟危坐，伏在桌上写他的大字，毫不理会，只说：“我看你驴毬的怎么办呀！”在安康驻防时，曾把唐人卢纶的《和张仆射塞下曲》：“林暗草惊风，将军夜引弓。平明寻白羽，没在石棱中。”书赠第二团中校团附佘纪善。在大荔驻防时，曾把文天祥的《正气歌》写好，贴在居室以自勉。

王俊年轻时口讷，不善言辞。经过长期的军旅锻炼，讲话水平提高很快。在平民守黄河河防时，士兵中流传着几句顺口溜：“刺枪打拳都不怕，单怕王俊来讲话。听不听，两点钟。要解散，还得一点半。”这几句顺口溜，除了不识字的战士们反映王俊讲话太长以外，俗话说，话是开心的钥匙，还告诉我们王俊总是苦口婆心地做好官兵的思想工作。不仅如此，王俊讲话还喜欢幽默。又一次他说，南京派到其师的政工人员说他在西安看到一幅横匾上写着“天子闻声”四个大字。实际上是把鼓楼北面的“声闻于天”读颠倒了，又把“于”看成了“子”字。在安康驻防时，有一家财主故作斯文，庭堂上挂着一副对联：上联为：“家无别况唐诗晋字汉文章”，下联为：“庭有余香前槐后柳中梧桐”。王俊看后，根据该家实际，将上联改为：“家无别况猪屎牛尿壮脖项”。大家听了，大笑不止。

王俊将军还先后捐款数千元，帮助家乡建起一所小学，并承担大部学费和教师工资。为了解决乡亲们饮水，曾捐款扩建了村西南的碱沟泉，直至进入新世纪全村安上自来水前，不少人家还在此处拉水。但他个人生活却十分俭朴，从不讲究吃穿。平常穿身士兵衣服，腰扎皮带。直到 20 世纪末，笔者在咸阳访问原国民党朝邑县党部书记长董子平时，他说，你如果不认识王俊，从穿着上看，你以为他是个老兵，根本不相信他是师长。他的将军礼服，只有见上级长官时才拿出来穿。

王俊将军治军严明，对违犯军纪者从不徇情。1926 年坚守西安时，挚友王硕哉因一次查城不负责任，年终未能升级。1932 年春，奉命在耀县“围剿”陕甘游击支队时，其营附邓岗，一味蛮干，随便抓人打人，王俊发现后，即予以军法处置，把邓关入耀县监狱，遂后令其回家。1934 年在陕西丹凤驻防期间，一勤务兵，想携短枪私逃为匪。王俊问清后，立即处决。副官李云峰（蒲城庆兴人），拦路抢劫，查明后，集合全团官兵示众。中校团附张剑平喊口令后，官兵立正，请求王俊从轻发落。王俊大声责斥说：“混账！”立即处决。1935 年在西乡驻防时，一团副官吴元昭（陕西蒲城北社人）诱骗当地坏人，说他卖枪。当把这坏人诱来后，却私自绑架，要挟其用钱赎回。王俊问清此事后，即将吴绑送旅部处决。因此军中流传着“王俊的法犯不得”之说。

在王俊的 17 年戎马生涯中，经历了两次国共合作和 10 年内战。在第一次国共合作时期，他涉世未深，未曾介入两党争论，但思想上对周恩来、恽代英、萧楚女、廖仲恺和邓演达等是敬佩的，对蒋介石的亲信王柏龄是鄙视的，对蒋介石持怀疑态度。在 10 年内战时期，他由营附而营长而团长而旅长，由于基本上是在杨虎城将军部队，尽管也奉命“围剿”、堵截过红军，但秉承杨将军之命，基本上是敷衍塞责，未曾杀害过共产党人和革命者。相反，在任旅长期间，秉承杨将军之命其部任用了许多共产党员，如刘威诚、任耕三、张策、崔一民、李东林、张瑞生、韩文钦、唐剑章、傅廷栋、穆性珊、周至仁、翟松生、王庭月等，并且都委以重任。抗日战争爆发后，曾送崔一民、李东林等7人去延安抗大学习。在平民县扼守黄河河防时，除第一团团长外，第二团团长任耕三、第三团团长刘威诚都是老共产党员。部队中大量流传着西安八路军办事处的宣传品。二、三团每连配有一个共产党员做指导员。部队一时可谓“赤化”了。王俊对此听之任之。杨虎城将军出国以后，特别是1939年国民党政策大倒退以后，由于蒋鼎文、胡宗南多方施加压力，王俊深感困惑、矛盾，但其无奈的苦衷又难于表白。此时王俊不能不让一些知名度较高的共产党人刘威诚、崔一民等先后离开所部，但对部队中知名度较小的进步分子乃至共产党员，都由他委曲婉转地应付成全而继续任职。原二团团长任耕三，在陕一旅改编为新编第二十七师后，尚担任新编二十七师西安通讯处主任。营长傅廷栋[①]、穆性珊[②]，排长王庭月等一直留任。在1939年末和1941年初两次反共高潮中，王俊将军认为抗日高于一切，从未公开或私下谈论过防共的意见。相反在讲话中痛斥帮会是无耻之流，赞扬共产党有人格。在朝邑、平民扼守黄河河防时，部队驻地墙上仍书写着坚持抗日民族统一战线的大幅标语。有时还流露出八路军在太岳山区作战的情况。师政治部虽给连队发过防止“异党”的小册子，但全师战士仍然高唱《我们在太行山上》《游击队之歌》《大刀向鬼子们头上

---

① 傅廷栋，参看本书第149页《抗日英烈傅廷栋》。

② 穆性珊，陕西省富平县人。1927年加入共产党，后脱党。不久，参加杨虎城将军部队，曾任陕西警备第一旅第三团少校军需主任。1936年入党，又脱党。1939年所部改编为新编第二十七师，他任八一团少校团附。1940年夏收后，曾随部东渡黄河，到永济县境打击日寇。在栲栳镇附近，适逢天下小雨，日寇突来围攻。团长刘恩荫要求转移，穆性珊坚主反击，认为下小雨，正是我们歼敌的好时机。由于全团上下一心，猛烈反击，结果打败了日寇，鬼子死伤甚多。后调八十团，任一营营长。同年秋，随部开赴平陆县中条山抗日。1941年5月，日寇大举进犯中条山，所部被迫向南撤退，伤亡殆尽。穆性珊聪明机智，率领全营向北，打到敌人后方去。战役结束，立了战功。1947年，经崔一民介绍，又加入共产党。曾任富平县伪公安团团长。新中国成立后，曾任陕西省略阳县商业局长、汉中商业局总支书记等职。后因病去世。

砍去》《到敌人后方去》等革命歌曲，王俊从未予以指责。正因为如此，全师官兵大多斗志昂扬，当 1941 年 5 月 7 日日寇猛烈进攻时，在其指挥下，奋勇杀敌，大部壮烈殉国。

血沃中条山　马革裹尸还

1940 年秋末，蒋介石一方面害怕孙蔚如第四集团军赤化，令其开往黄河南岸；另一方面再次玩弄借抗日之名，消灭杂牌军的惯伎，令王俊率新编第二十七师开赴山西中条山抗日。出发之前，在朝邑县城东门里广场召开了平民、朝邑两县军民各界近万人的誓师与欢送大会。国民党朝邑县党部书记长董子平、朝邑中学校长李伯弓等代表各界致欢送词。最后，王俊将军代表全师官兵表示杀敌制胜的决心，他在讲话结束时，发出了气壮河岳的誓言“不成功便成仁”。10 月 16 日[1]王俊将军亲率全师官兵，告别了家乡的热土，南渡渭水，东出潼关，由白浪渡过黄河，进入中条山抗日前线，接赵寿山第三十八军第十七师防地。

在去中条山时，夫人阎灏曾带着女儿凤英送行。过黄河前，夫人当着副官的面，跪在地上抱着他的腿苦求他不要干了。此时，王俊将军望着身怀六甲的夫人，心潮澎湃，深感为难。他想起汉代大将霍去病“匈奴未灭，无以为家也”的名言，面对日本侵略者占我国土，杀我同胞，淫我妇女的现实，深觉愧疚。他劝慰夫人说：“若果不打仗，我回来再接你上中条山；若果打仗，我抽空回来看你。这时候我们不能

① 新编二十七师何时离开朝邑？不少亲历者回忆是农历九月十六日，因为这是他们终生刻心铭骨的一天。1940 年这天公历是 10 月 16 日。

贪生怕死！日本人都欺负到咱们头上来了！抗日胜利了，我就不干了。按你说的，咱们回去种地。”说完让副官把夫人送回大荔。望着夫人远去的身影，看着眼前黄河的澎湃，耳边仿佛响起了那悲壮的古代歌曲：“风萧萧兮易水寒，壮士一去兮不复还！”有谁能料到，这竟是王俊将军与夫人的永诀！

当在河南渑池县白浪渡横渡黄河时，部属报告王俊将军，船夫不开船，无法过河。他问是何原因？回答说，船夫没啥吃。王俊当即让把自己的干粮拿去让船夫吃饱。船夫听后，深为感动。

中条山位于山西省南部，横亘黄河北岸，东北西南走向，横广170多公里，纵长约50公里，瞰制豫北、晋南，屏障洛阳、潼关，与晋东之太行山、晋中之太岳山、晋西之吕梁山为犄角。平汉、同蒲铁路分通两侧，晋（城）博（爱）、晋（城）阳（城）、沁（水）翼（城）等公路纵横环绕，山势蔓延，层峦叠障，战略地位极为重要。

抗战相持阶段到来后，中条山地区是国民党中央军在华北的唯一根据地。扼守中条山的部队主要是国民党第一战区司令长官卫立煌指挥的中央军。鉴于中条山战略地位的重要，国民政府军令部一再命令第一和第二战区要协力固守中条山，一方面作为向华北采取攻势的支撑点，另一方面作为支援敌后游击队作战的基地。国民政府自诩其为中国的“马奇诺”防线。而日寇为了固华北、抑洛阳、窥西安，饮马巴蜀，一直把中条山视作是华北治安的“盲肠炎”。1938年秋季以来曾13次猛攻中条山，但在我守军的顽强抵抗下，来犯之敌均以失败告终。

王俊率部进入中条山前线时，同时扼守中条山的部队有：第九军裴昌会部，计有郭贻珩四十七师、王晋五十四师、张东凯新编二十四师，还有独立四旅，第一、第八、第十七、第二十六游击支队。该部在河南沁河南岸至黄河北岸一线防守。刘茂恩第十四集团军，计有武庭麟第十五军（辖姚北辰六十四师和邢清忠六十五师）、刘戡第九十三军（辖陈牧农十师、刘希程第一一六师和马叔明新编八十师）和武士敏第九十八军（辖王克敬四十二师和郭景堂一六九师）。孙楚第八集团军的赵世铃第四十三军（辖石作衡七十师和孙瑞琨暂编四十六师），在绛县、垣曲一线防守。第五集团军曾万钟部，计有唐淮源第三军（辖李世龙七师、寸性奇第十二师和公秉藩三十四师），陈铁第十四军（辖陈武八十三师、谷熹八十五师和刘明夏九十四师）、高桂滋第十七军（辖高桂滋八十四师和金宪章新编二师），在横岭关唐王山至夏县一线防守。孔令恂八十军（辖王治岐第一六五师、王俊新编第二十七师，配属乔明礼河北民军），在平陆县张店镇以东防守。

抵达中条山后，八十军军部驻郭原。王俊新编第二十七师在黄家庄——羊皮岭——毛家山——于家洼一线与日寇相对峙。其左翼为王治岐一六五师，右翼为第三军李世龙第七师。王俊师部驻黄家庄。其部八一团驻羊皮岭，七九团驻毛家山，八十团驻于家洼。在坚守中条山期间，除了加固工事，严防日寇偷袭外，王俊将军还指挥所部击退日寇多次进攻，并组织无数次出击，给日寇以重创。

“山雨欲来风满楼”，1941 年“从 4 月底到 5 月初，敌征调频繁，昼南夜北，忽东忽西，扬言渡河西犯，进取西安，又佯事撤退，并伪造种种谣言，借此眩惑中国军队，实施其诡诈行为。”图谋进犯中条山。[①]

消极防御等于被动挨打。为了改变敌我态势，王俊将军亲临前线，指挥八十团二营进攻日军梨树坪炮兵阵地，夺得大炮两门。

是年 4 月 13 日，日本与苏联签订了《日苏中立条约》，缓和了与

① 郭学旺、孟国祥《中条山会战述评》，《近代史研究》1987 年第 4 期，第 215 页。

苏联的矛盾，解除了后顾之忧，便集中全力加大了对我国的进攻。自4月中旬以来，先后抽调徐州、赣北、开封之第二十一、第三十五、第三十三师团和骑兵第四旅团，及原驻山西的第三十六、第三十七、第四十一师团和独立混成第九、第十六旅团。总兵力约18万至21万人[①]。加上陆军航空兵第三飞行集团有飞机300架，独立山、重、野炮兵约5个联队，瓦斯部队、降落伞部队若干，伪军1个师和伪大汉义军等，虎视眈眈，伺机猛攻中条山。

4月15日，王俊将军召开直属连队干部会议，部署作战任务。会议由副师长梁希贤主持，参谋长陈文杞先通报了敌情及其师的作战任务。遂后，王俊师长讲道："我正面之敌已完成了向我进犯的部署。我们必须进入高度戒备。直属部队要配合步兵团作战，利用地形，发挥火器威力，把来犯之敌消灭在第二道防线之外。战斗打响以后，有进无退，遇敌逃遁者杀无赦！"

5月7日上午，日本侵略者在第一军司令官筱塚义男指挥下，采用"中间穿透"和"四面包围"的战术，在航空部队的掩护下分四路向中条山我守军发动空前猛烈地进攻：东路由孟县、济源进犯；东北一路由阳城、沁水之张马向董封进犯；北路由横岭关，直指垣曲；西路由夏县及张茅大道东犯，置重点于王俊所部扼守的中条山西南部地区。

① 中条山会战时，日军进攻时的兵力多少，众说纷纭。薄一波说6万。郭学旺、孟国祥《中条山会战述评》说：日军"总动用兵力19余万人。"茅海建主编的《国民党抗战殉国将领》说：日军"集结10万之众，从东、北、西三个方向围攻中条山。"李振民等主编的《陕西近现代名人录》(续集)、《抗日英烈谱》和《陕西军民抗战纪事》皆云，近10万日军向中条山发动了猖狂进攻。卫立煌致蒋介石密代电说："若以敌我兵力相较，我军概为17万余人，敌方则在18万至21万。"政协全国委员会文史资料研究委员会编《晋绥抗战·晋南作战综述》云：日军"总兵力约18万至21万人"。我取后说。

5月7日中午11点半[①]，日寇第三十七师团附独三旅团一部及伪军第二十四师[②]在炮兵和空军掩护下，分三路向新二十七师猛攻，重炮火力集中轰击张店镇以东[③]第三军第七师与新二十七师八十团第三营的接合部杨家窑头阵地。半小时后，三营阵地被敌炮几乎毁尽，村内民宅大部被毁。日军步兵嚎叫着向我冲来。杜诗伯（云南鹤庆人，1933年4月毕业于黄埔军校高等教育班第一期）营长督率全营官兵奋力反击，打退了鬼子连续三次猛攻，战斗极其惨烈，敌我均伤亡惨重。下午2时许，日军又组织精锐再次向杨家窑头阵地发起猛攻，在飞机掩护下步兵轮番冲锋。明增慧团长命令戴琨二营增援，两营官兵拼死抵御，与冲进我阵地之鬼子短兵相接，白刃肉搏。阵地上摆满了鬼子的尸体。

① 中条山战役何时开始？诸书皆云："5月7日。"但具体时间，却说法纷纭。第三军副官处处长回忆为："5月7日上午3时，日军突袭左翼坡脑上两军接合部。"第三十四师师长公秉藩回忆为："5月7日下午。"第八十四师二五一旅旅长高建白回忆为，5月"7日后半夜"。第一六五师四九四团团长史镜清和其师四九三团团长孙铁峰回忆为："5月8日凌晨"。但新二十七师工兵连代连长王庭月认为是："5月7日中午11时半"，日军重炮轰击杨家窑头阵地。王庭月为亲自参战者之一，其说比较贴近史实。又与卫立煌致蒋介石密代电中"于5月虞午分5路"进犯之说暗合，故取其说。

② 前引《抗日英烈谱》与《陕西军民抗战纪事》均云："日军坂垣师团"向我方全线攻击。卫立煌致蒋介石密代电说，"敌以三十七师团（二二六、二二七等联队）主力，附伪二十四师"，向我王俊师右翼八十团（唐、孔两军接合部附近）阵地猛攻。郭学旺、孟国祥《中条山会战述评》说："西路日军第三十六、三十七师团及第十六独立旅团，由夏县方面攻击国军第八十军和第三军阵地。"据《晋绥抗战》载，中条山战役时，日军第三十六师团师团长为井关仞，第三十七师团师团长为安达二十三，第十六旅团旅团长为若松平治。由此可知，坂垣师团根本未参与此战。《抗日英烈谱》二书纯为想当然耳。

③ 郭雄等编写：《抗日战争国民党正面战场重要战役介绍·王竣》云："5月7日下午，敌军集中炮火向王竣师所在阵地张店镇猛轰。"穆西彦主编的《陕西黄埔名人·王竣》亦云："日寇……集中炮火向师部所在地张店镇猛轰。"此说谬甚。须知王俊师部驻地一直在张店镇以东的黄家庄，从未在张店镇。新二十七师左翼尚有王治岐一六五师。《抗日战争国民党正面战场重要战役介绍·梁希贤》说："1941年5月……7日，日军第三十六师团主力、第三十七师团及独立第十六旅团各一部向张店镇以东猛攻，突破第三军与第八十军衔接处……"王俊和梁希贤同在一个师，怎么驻地不同？由此可知，前说谬甚！

由于我三营阵地被敌炮轰毁殆尽，三营被迫退守二线阵地。下午2时许，八十团明增慧团长命令王庭月带工兵连一部保护山炮连向老爷岭阵地转移。下午5时，山炮连进入新阵地，向进攻的鬼子狠狠开炮轰击，打得鬼子鬼哭狼嚎。天有不测风云。此时风云突变，西北风呼啸，沙土弥漫，天昏地暗，接着大雨倾盆而下，影响视线，对我军极为不利。晚上，日军发射照明弹，其步兵乘着对我不利的恶劣天气向前猛攻。下午7时半左右，与我二线守军遭遇，经过激烈血战，终因寡不敌众，八十团一、二营转移到老爷岭。

8日凌晨4时许，日军进到老爷岭下。因各通道被我火力封锁，日军无法前进，双方暂时相互对峙。此时，王俊将军电询战况，明团长回答："一、二线阵地已失守，现在扼守老爷岭。"王师长问："杜营长在哪里？"明团长回答："没有下来。"王俊厉声命令："下来就地枪毙！你们退守老爷岭，不能再退，再退以军法论处，杀头！"明增慧团长接命令后，身先士卒，督率全团官兵拼死抵御，经过一日夜酷战，全团官兵大部为国捐躯。中校团附周英灿、少校团附陈思亮先后以身殉职。二营营长戴琨（云南人）身上中了17枪，住院治疗时换了狗肠子。明团长下落不明。八十团预备队朱飞①搜索连157人，只剩下37人。一排长李德福（陕西韩城人）、二排长王庭佐（陕西临潼相桥人）先后壮烈牺牲。三排长胡秦安负伤。八一团第二营营长傅廷栋（中共党员，陕西临潼交口人）在一个破庙前与鬼子肉搏时以身殉职。七九团少校团附张亚东（陕西咸阳人）阵亡。此时，七九团团长王宪斌请假回西安。八一团团长刘恩荫擅离职守。加之敌我装备悬殊太大，日军终于突破了新二十七师右翼八十团的阵地，全线动摇。"战斗之惨

① 朱飞，今西安市临潼区人。20世纪八九十年代任西安市莲湖区政协副主席。

烈，为抗战数年来所未有。每日自拂晓起至黄昏止，平均无一分钟天空不见敌机活动；阵地所在，无尺寸不为敌炮烟、毒气所笼罩。”①

面对如此严峻的不利战局，王俊将军再三命令全师官兵死守山头、要道，节节奋力抗击。要求“剩一个人也要抵抗！”此时有人劝他向军长孔令恂请示转移阵地，王俊斩钉截铁地说：“未歼敌耻耳！何面目见长官？军人不成功便成仁，当与诸君死此。”参谋长陈文杞也振臂大呼：“有敌无我，有我无敌，不成功便成仁，此其时矣。”遂督率部属，继续奋勇杀敌。

8日上午，鬼子的步、炮、空部队向新二十七师阵地不断猛攻。王俊将军与副师长梁希贤、参谋长陈文杞等仍坚守在黄家庄高地观察所指挥。王俊将军不断地向在羊皮岭、老爷岭与敌军血战的八十团、八一团下达命令：“血战到底，与阵地共存亡！”“师部决不离开黄家庄，官兵都要鼓足勇气，与来犯之敌决一死战！”“七九团向羊皮岭增援！”下午3时许，敌重炮猛轰黄家庄。我炮兵轰击羊皮岭之敌，掩护我步兵团向两侧转移，对敌进行夹击。下午4时许，奉孔令恂军长命令新二十七师师部退往马泉沟、娘娘庙一线。当师部撤离黄家庄时②，王俊将军把坐骑交卫士王志渊牵着顺大道走，他却与副师长梁希贤、参谋长陈文杞、副官主任郭则温等沿小道边走边商议抗敌方略。20时许，师部到达马泉沟。顾不得饥饿与疲劳，王俊师长立即在西门外麦场里召开干部会，他命令余部当夜反攻，夺回失去的山头。并令

① 卫立煌致蒋介石密代电《抗日战争正面战场》下，江苏古籍出版社1987年版，第1010页。

② 王俊新二十七师师部何时撤离黄家庄，其说不一。特务连长张亮伯回忆为5月9日12点前后。工兵连代连长王庭月回忆为5月8日下午4时。特务连战士唐毓昌回忆为5月8日。卫士王志渊回忆为5月8日黄昏师部到马圈沟。黄家庄距马圈沟约30里，马圈沟距太寨约30余里。三四个小时，估计走不了60多里山路。故从王庭月之说。

王庭月带工兵连配合河北民军一个团扼守新二十七师兵站马泉沟，师部与其余直属连队驻娘娘庙。9日清早，尽管工兵连代连长王庭月在马泉沟指挥其连把日军先头部队一个连大部击毙，但仍挽不回战局。8点多，师部带特务连且战且退。

下午三四点，转战到台砦村（今改名为太寨）西北，敌机多架狂轰滥炸，加上鬼子追兵迫近，形势危如累卵。王俊将军虽经受着饥饿、干渴、疲惫、无援的折磨，但仍镇静自若，从容收拾散兵游勇，商量抗敌方略。王俊将军与陈文杞、郭则温、赵燕海走在前面，张亮伯率特务连断后。他反复对张亮伯讲道："咱们决不能过黄河，等天黑，绕到山下去。人家（指八路军）能在敌后打游击，咱们也去敌后打游击……"此时恰好王庭月带工兵连也赶了上来，报告鬼子追兵迫近，请求师首长首先离开火线。王俊师长对陈文杞参谋长说："情况紧急，不能退避。你我带特务连、梁师长带工兵连，奋力死战。只能在战斗中求生存。万一不行，大家都为国献身！"工兵连走后，正研究在台寨如何布防时，敌机3架一群，5架一群，低空盘旋，追击扫射，呼啸着扔下几颗炸弹。大家不约而同地赶快就地卧倒①。炸弹响过，张亮伯与其传令兵魏子明从土中钻出，魏子明惊呼："师长负伤了！"二人跑到跟前一看，王俊将军、陈文杞参谋长、副官主任郭则温、随从副官

① 穆西彦主编的《陕西黄埔名人·王竣》云："正准备布防时，敌机多架轮番在空中盘旋，追击扫射，呼啸着扔下几颗炸弹。王竣大喊："大家快趴下！"刘福谦主编的《蒲城县志·王竣》也采用其说。但王俊师特务连长张亮伯则矢口否认，说王俊当时并未大喊而是大家不约而同地爬下。可见此二书乃虚构也。

中条山战役示意图(1941年5月)

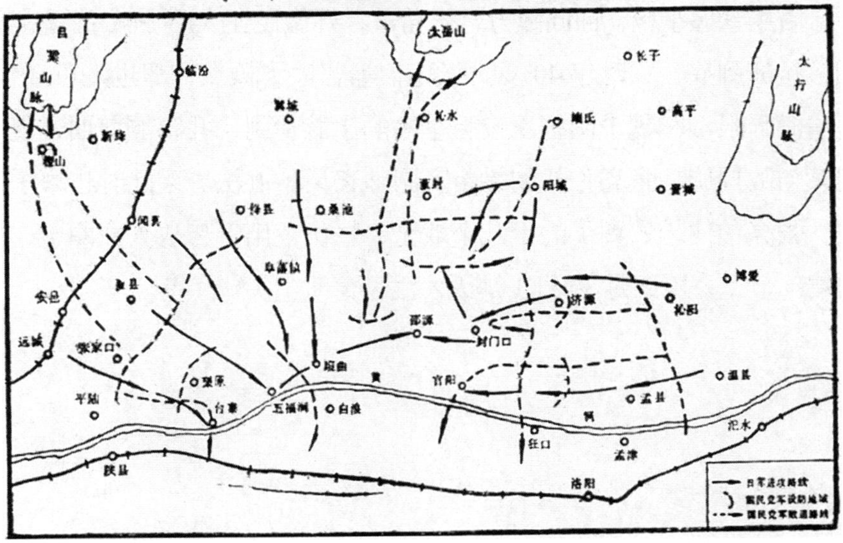

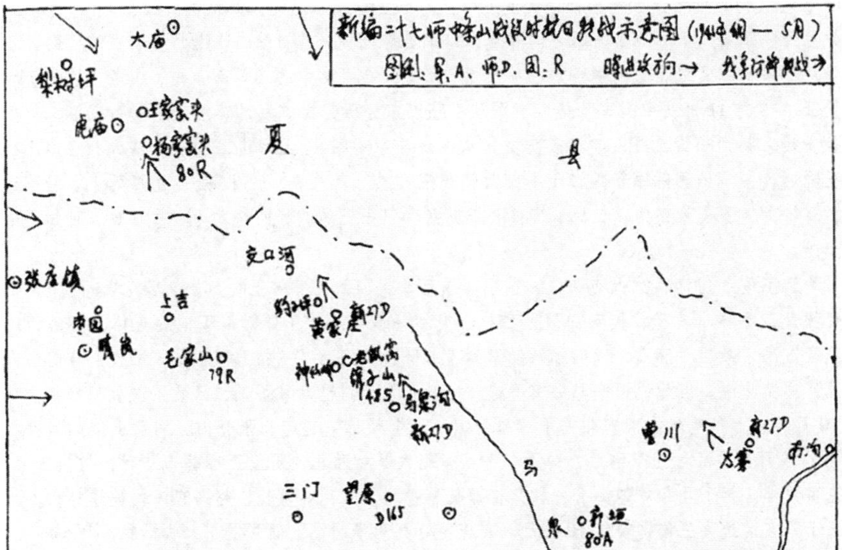

赵燕海全倒在血泊中，以身殉国[①]。王俊将军背中弹片穿胸，左臂被炸断，右手紧握手枪，面向敌方，张着口，好像还在大声呼喊："杀敌报国，抗战到底！"时年40岁。张亮伯等悲愤到极点，却也无可奈何，含着满眶眼泪和魏子明把王俊将军等的忠骸抬到一孔窑洞前面，就去继续与敌周旋。张亮伯找到梁希贤副师长请示办法。梁此时也束手无策。张亮伯便带领剩下的十几个战士，昼伏夜出，与敌人兜圈子，直到端午节（公历5月30日）那天才渡过黄河。

---

①王俊何时牺牲，如何牺牲，其说不一。赵丰主编:《国民党抗战纪实》云:日军"于7日晚首先撕开守军第八十军与第三军之间阵地，守军英勇抵抗，其新编二十七师师长王竣，副师长梁希贤，参谋长陈文杞等均于激战中以身殉国。"《晋绥会战》中的《晋南会战（中条山战役）大事记》云："5月11日，中国军队第八十军从平陆以东经历苦战，渡过黄河，该军新编第二十七师师长王竣、副师长梁希贤、参谋长陈文杞均在战斗中殉国。"上两说，均与史实大相径庭。1942年王陆一《中华民国陆军新编二十七师故师长王君杰三之墓表》说："是月九日死于台砦阵地。"目击者特务连连长张亮伯、工兵连代连长王庭月和卫士王志渊等回忆均为5月9日。可知两书之说为误。

关于王俊如何牺牲？也有新说。前引《陕西军民抗战纪事·王峻烈士》云："激战中，王峻离开掩体，手持卡宾枪，挺身向敌军扫射。突然一串罪恶的子弹射中了他的身体，英雄为国家为民族流尽了最后一滴血，以实际行动做到了与阵地共存亡。"《抗日英烈谱·王峻》与前书大同小异，亦持此说。但此说根本与史实不符。当时有无卡宾枪姑且不说，只看王俊如何牺牲。1988年10月4日上午笔者在西安北关采访原新编二十七师特务连连长张亮伯。问及王俊如何牺牲？他说："5月9日经过马泉沟后，约下午3点多到太寨村西北，王俊正准备布防时，敌机3架、5架轮番轰炸，扔下几颗炸弹，有一颗落在师长身旁。师长、参谋长、赵副官一块被炸身亡。我带二三十人在后边离王俊师长约10公尺。我连传令兵魏子明在前面先发现，告诉我，师长阵亡了。我们把师长、参谋长抬到一个窑洞旁边，就去找副师长。"1941年10月28日卫立煌致蒋介石密代电也说："申刻，敌窜台寨以北高地，前窑亦发现敌情，新二十七师师长王竣、参谋长陈文杞等均在曹家川附近，先后被炸身死。"申刻，为午后3点钟至5点钟。曹家川在台寨村西北二三里处。由此可知张亮伯回忆与卫立煌密代电不谋而合，此两说可信无疑矣。

为国捐躯　历史铭记

张亮伯等回到家乡大荔后，受到乡亲们的批评，深感内疚，便和魏子明一同前往潼关，打算再渡黄河，把王俊将军忠骸找回。他俩走到三河口（黄河、渭河、洛河交汇处），与运输营第二连连长宁建亚相遇。宁建亚说他也愿同去。

宁建亚

宁建亚，今西安市临潼区人。赋性侠义！1932年参加杨虎城将军部队。后在陕西警备第一旅第一团通讯排当兵。1934年毕业于西安绥靖公署步兵训练班第四期。永济血战时，任陕西警备第一旅第一团三营八连连附。1939年秋所部改编为新编第二十七师后，升为输送营第二连连长。1940年10月随部开赴中条山抗战。1941年5月9日王俊师长牺牲后月余，曾与特务连传令兵魏子明一起返回中条山把王俊忠骸背回。1949年任临渭警备区司令部韩国璋警卫团营长。后在地下党组织策动下，与另一营长姚世民一同率部投诚。后于家中去世。

宁自告奋勇，愿和张、魏一块前去寻回王俊忠骸。张亮伯哥哥从安全考虑，便对张亮伯说："既然宁连长愿去，你就不要去了。"宁建亚和魏子明两人化装成割麦的农民，明知山有虎，偏向虎山行，置个人生死于不顾，找到王俊将军忠骸。令他俩不可思议的是，尽管时间已过去了一个多月，王俊将军的忠骸不仅未被狗啃狼咬，遗体也未腐烂，反而风干了，就像埃及的木乃伊似的。难道是有神灵保佑？他俩把王俊将军的忠骸用麻袋背到黄河岸边，运到河南省洪洞坡。在陈村一个庙里，由王正斌（王俊同村老乡，时为门耀武通讯连战士）和商州一

中華民國三十年五月二十一日

工商日報

今日出版一張零售七分

第二七〇三號

中條犯敵被殲數萬

我大軍向敵後轉進

師長王竣壯烈殉職

格魯訪松岡

戴高樂決以武力對付法叛

嚴厲指責維琪

个战士给王俊将军擦洗遗体后穿好衣服，买棺木装殓开吊后，即由火车运回西安，时为7月初。

王俊将军壮烈殉职后，西安《工商日报》于5月21日头版头条报道了这一噩耗。这一年7月7日，在蓝田县整补的新二十七师官兵曾召开纪念全民抗战爆发4周年和王俊师长、梁希贤副师长、陈文杞参谋长等殉职追悼大会。蓝田县于7月7日下午6时在公共体育场，特搭棚一座，设有王俊师长及各阵亡将士之灵位。各界送挽联甚多，近万人冒雨参加大会。追悼会由史县长主持，刘恩荫团长报告各将士史略及战斗经过。王宪斌团长等作了悼念讲话①。王俊将军忠骸运回西安，停放在大兴善寺，7月9日开吊。王俊将军是陕西省牺牲在抗日疆场上的第一位师长，噩耗传开，全省悲悼，前往吊唁者络绎不绝②。8月1日下午4点，西安各界在崇廉路动员总指挥部举

①《西安晚报》中华民国三十年（1941年）七月十二日。

②《西北文化日报》与《工商日报》中华民国三十年（1941年）七月四日至六日同时刊登如下启事：

报　丧

先夫陆军新编第二十七师师长王竣字杰三于五月七八九日率部血战中条山壮烈殉职。忠骸业经寻获运省停西安城南大兴善寺。谨订于七月九日上午十二时即在该处开吊哀此讣闻

西京　英

王阎灏率子　女凤鸣

继志　莲

行了隆重的“王故师长暨阵亡将士追悼会”[①]。全省各界还在大荔、朝邑等地先后举行了隆重的追悼。胡宗南等要人送了挽联。8 月 29 日安葬于长安县甘河乡（今西安市长安区郭杜镇）。

1942 年王陆一撰文、于右任书丹、白廷锡刻字的墓表竣工于陵园。遗憾的是王俊将军之墓和墓表“文革”中被毁坏。

据保藏的碑帖，可知墓表全文如下：

中华民国陆军新编第二十七师故师长王君杰三之墓表

君原名俊后易为竣蒲城王氏世业农幼时凝重苦读既肄业同州师范学校[②]思从革命军致力国家潜贷资赴广东[③]入黄埔中央陆军军官学校以第三期毕业洊历行间迭奏功绩二十九年君以师长奉命率部渡黄河守永济年余[④]大小数十战屹然为一方重三十年五月倭聚新锐犯中条山君率部迎击喋血数日夜身亦创犹激励部下毋稍却或劝见军长请后命君愤然谓未歼敌何面目见人不成功便成仁耳于是月九日死于台砦阵地年四十政府得报明令褒

---

①《西京日报》中华民国三十年（1941 年）七月二十三日至三十一日登载的《王故师长竣暨阵亡将士追悼会启事》云：

故陆军新编□□□师王师长竣，本年五月七、八、九日于中条山黄家庄台柴一带阵地率部迎击大举进犯之倭寇，浴血杀敌，壮烈殉国。计同时慷慨捐躯者有该师梁副师长希贤、陈参谋长文杞、郭副官主任则温，营长傅廷栋、张子麟等将士□□余。谨于八月一日午后四时在西安崇廉路动员总指挥部举行追悼大会。敬乞锡以鸿文表扬忠烈。用昭激励。

（收文处西安小湘子庙街 28 号）

② 非肄业，为毕业。当事人王硕哉、刘宗宽均认为与史实不符，确是毕业。另外，当时学校名叫陕西省立第二师范学校，校址在同州，今大荔县。1934 年始改名为陕西省立同州师范学校，此时王俊已毕业 10 年了。

③ 王俊非贷资赴广东，而是先投奔杨虎城将军部队，由杨虎城将军出资保送去黄埔军校学习的。

④“守永济年余”之说，与史实不符。1940 年 10 月中旬至 1941 年 5 月王俊率所部一直在平陆县张店之东扼守中条山一段，根本未守永济，此时永济已经沦陷。守中条山一段，时间只有 6 个多月。

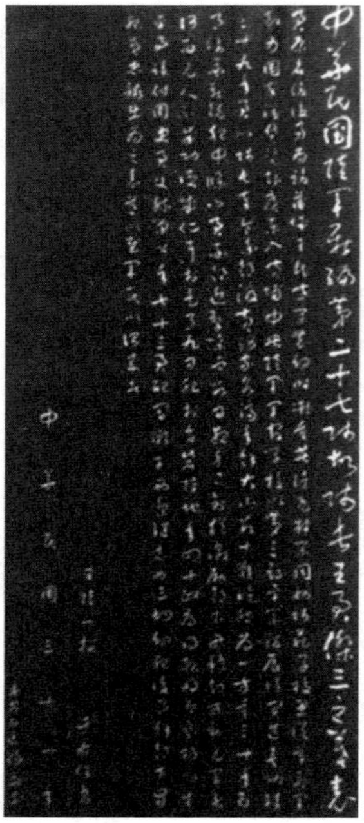

扬以生平事迹付国史君父毓荣公年七十三君配阎灏[①]子西京继志女三均幼死后月余部下冒死负忠骸出是年八月二十九日葬长安甘河乡因为之墓表以慰军民以昭来者

王陆一撰　于右任书

中 华 民 国 三 十 一 年

长安白廷锡刻字

1941 年 10 月第一战区司令长官卫立煌将中条山会战要报以密代电补呈蒋介石后，为了表彰王俊将军誓扫倭奴不顾身的功绩，国民政府追赠他为中将。相继颁发了《恤金给与令》、入祀忠烈祠令和《荣哀状》。抗日战争胜利后，西安革命公园忠烈祠设有王竣烈士灵位，西安莲湖公园建碑纪念。其事迹收入国民政府国防部史政局 1948 年编印的《抗战军人忠烈录》第一辑[②]。

中条山会战是抗日战争相持阶段为抵抗日寇在华北向国民党战场发动的规模最大的一次进攻，扼守中条山的国民党军队所进行的一次重大战役。在抗日战争史上有着重要地位。虽然国民党主要当权者推行消极的抗战方针，致使中国军队在中条山会战中丧师失地，遭到失败，成

---

① 王俊与阎灏结婚前，曾与本村李能巧结婚。生有 3 女，后均早夭。因李生产不幸去世，1933 年正月才与阎灏结婚。

②《抗战军人忠烈录》第一辑，为“战史丛刊第 12 种”。是中华民国三十七年（1948 年）三月，由曾国杰编辑，由国民政府国防部史政局出版。序言为参谋长陈诚撰写。全书共收上校以上阵亡军官 162 名。北京中国革命博物馆研究室收藏该书。该书有无二、三辑，无从知晓。

为“抗战史中最大的耻辱”。但是广大爱国将士敢于同极其凶恶的具有先进武器装备的日本侵略者搏斗，尤其是第三军军长唐淮源、第十二师师长寸性奇、新编第二十七师师长王俊、副师长梁希贤、参谋长陈文杞和副官主任郭则温等爱国将领与阵地共存亡的悲壮行动，更是我们中华民族不怕牺牲，勇于反抗外来侵略的光荣传统的继承和发扬。

中条山会战中，4万余名爱国将士的鲜血洒在保卫自己神圣国土的疆场上，他们的献身壮举，可歌可泣，永远值得全中国人民纪念。正因为如此，党的十一届三中全会以后，历史的本来面目得以逐渐恢复。1983年中华人民共和国民政部《关于对辛亥革命、北伐战争、抗日战争中牺牲的国民党人和其他爱国人士追认为革命烈士的通知》发出后，1984年《团结报》率先披露了王俊等国民党抗战阵亡将领姓名。遂后《抗日战争时期国民党正面战场重要战役介绍》《国民党抗战殉国将领》《抗日战争国民党阵亡将领录》《中国抗日阵亡将士传》等书，均为王俊将军立了传。鉴于此，王俊将军之子天仇上下求索，不停奔波。经过第六届全国政协委员刘宗宽、李慕愚和米暂沉提出议案，陕西省人民政府于1987年5月7日追认王俊将军为革命烈士[①]。李约祉

---

①王俊何时追认革命烈士，说法不一。李振民等主编的《陕西近现代名人录》(续集)、中共陕西省委党史研究室编的《陕西军民抗战纪事·王峻烈士》和中共中央党史研究室科研管理部编的《抗日英烈谱·王峻》均云，新中国成立后，人民政府追认他为革命烈士。此说严重失实。事实是，新中国成立后，王俊儿子天仇即请求人民政府追认其父为革命烈士，但当时因“左”的政策的左右，未能如愿。1976年粉碎“四人帮”后，特别是党的十一届三中全会后，倡导实事求是，历史的本来面目逐渐得以恢复。1983年中华人民共和国民政部《关于对辛亥革命、北伐战争、抗日战争中牺牲的国民党人和其他爱国人士追认为革命烈士的通知》发出后，王天仇不断上访，四处奔走。后经第六届全国政协委员刘宗宽、李慕愚和米暂沉提出议案，陕西省人民政府于1987年5月7日追认王俊为革命烈士。此距新中国成立已近38年矣！不久，1987年6月19日《陕西日报》登载了贾新运写的《省府追认抗日爱国将领王俊为革命烈士》一文中说：“今年5月，省政府追认在抗日战争中为国捐躯的抗日爱国将领王俊为革命烈士。”

革命烈士证明书

王竣同志　在抗日战争中　壮烈牺牲，经批准为革命烈士，特发此证，以资褒扬。

中华人民共　　部

一九八七年　　十七日

王竣为革命烈士 省府追认抗日爱国将领

西安鼓乐饮誉京华

陕西日報

SHAANXI RIBAO

主编的《蒲城县志稿》、刘福谦主编的《蒲城县志》、李斌主编的《渭南军事志》和姜继业主编的《渭南市志》（第五卷）、牟玲生主编的《陕西省志》均为王俊将军立了传。中国人民抗日战争纪念馆大理石墙上镌刻了王竣将军的英名。

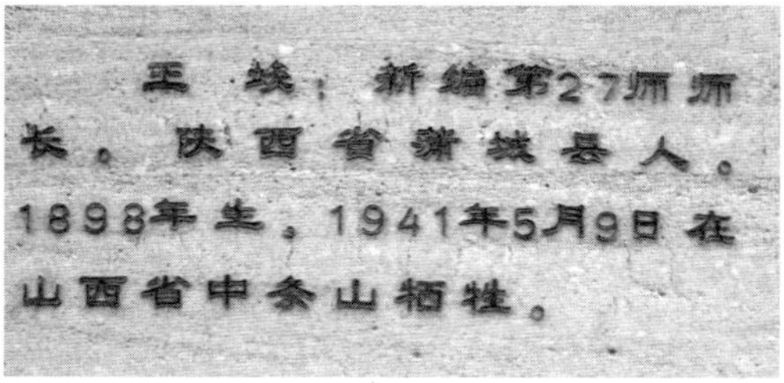

中国人民抗日战争纪念馆大理石墙上镌刻的王竣英名

2005年将军堂侄王水荣（陕西省农行行长，已离休）在家乡尧堡村学校内为将军和跟随将军抗日失踪的王俊荣、王李庚、李平定、李中科、李永财、李书娃、王永定、王戌羊、王钧娃、田章平和李海元

11 位先辈修建了纪念碑。8 月 15 日，全村数千人举行了纪念碑揭幕仪式，83 岁的将军卫士王志渊在会上讲了话。仪式刚一结束，天降大雨，地上的水竟有一寸多高，周围村子都未下雨。不知是巧合，还是英烈们在天有灵，被感动得“泪飞顿作倾盆雨”！此一奇异事件，王水荣老人给我讲过两遍。2014 年 9 月 1 日，民政部公布了 300 名著名抗日英烈和英雄群体名录。王俊名列其中第 140 位。在纪念抗战胜利 70 周年之际，中共中央、国务院、中央军委向王俊的遗属颁发了“纪念抗战胜利 70 周年”纪念章。

中共中央、国务院、中央军委给王俊遗属颁发的纪念章

王俊将军母亲早逝。父亲毓荣，将军殉职后数年病殁。王俊将军先与同村李能巧结婚，李因生产不幸英年早逝。生有 3 女：曰东翠、西翠（刘宗宽改其名为碧翠）、三女未命名，均先后夭折。1933 年 2 月由杨虎城将军主婚，与武功阎灏结为连理。生有二子：曰西京（为牢记日寇杀父之仇，改名天仇）、继志；三女：曰凤英（后改名淑婉）、凤鸣（又名东花）、凤莲。继志、凤鸣、凤莲均先后夭折。夫人阎灏数十年抚孤成立，艰苦备尝。淑婉先退休。天仇曾在西安市卫生学校工作，2011 年患脑梗医治无效去世。

附录一：刘宗宽先生 1988 年 8 月 4 日复本书作者信摘抄

“他（王俊——笔者注）是 1931 年春由河南开回陕西的，不是 1930 年。……杨将军于 1930 年秋即率主力乘追击刘汝明部而挺进洛阳。攻克洛阳就乘胜西进，攻克潼关，进入陕西。我这一团大部随杨将军入陕了。我只率领团的其余部队驻守邓县，后调回南阳。”“至于王俊在博望与匪一事，我现在也记不清了。我曾有这么一段记载，现抄如下：我正在等待接防部队时，因该部队不到，而非常着急。突然窜来一股土匪，为数不下一二千人，且有不少骑兵，头目叫做张老六。散布于柏树坟以东，以赊旗镇为中心方圆数十里之内，包围了驻该镇马文德收编的部队。形势危急，人心惶惶。而我身边所能使用的部队，只有我团一营半兵力，共步兵5连、机关枪1连、团迫击炮1连。此外姚丹峰1个营，系新成立。武器也不全，不能作战。其余皆为各部零星留守部队和人员。当时我必须尽力解除赊旗镇之围，否则，赊店驻军一旦被土匪裹胁而去，形势更不堪收拾。我盱衡全局，决心从我团抽编一个整营，由方城王明钦营抽两连，由保安王俊营抽两连，合编成一个营，由王俊率领，赶来南阳。由黄展云指挥两营，用重点突破，解赊之围。但这次作战，虽然给了土匪以极大杀伤，而王俊营一个连长阵亡，该连伤亡很大。王俊也因作战勇敢而腿部受伤。土匪并未远离该地区。王俊受伤留在南阳治伤。在治伤期间，我尽力把王俊损伤这一连为其补充好。王俊治好伤已是1931年春节之后。我即令王俊率所部回防，并押运师部所留一批物资（汽油、装具等），到达保安，即率全营开漯河回陕。不料王俊押送的辎重被土匪侦知。王俊一行夜宿穰东（与博望屯毗邻），次晨出发。走出穰东不远，即被土匪骑兵截击。王俊立即退回穰东，坚守土围即碉楼。终以弹少无援，土匪突入。王俊率少数士兵守在碉楼，弹无虚发。土匪不得接近。匪首张老六发现没有弹药，颇为失望，乃对王俊喊话说：‘我们侦知你们的大车载有木箱，以为是武器弹药。早知没有武器弹药，我们决不来。实在对不起，请你下来收拾收拾，放心走吧。我们决不再打扰你。’说罢率领群匪飞马呼啸而去。王俊遂率领残部及辎重车，平安到达保安。连夜准备，率全营及师部辎重，开漯河，乘火车回陕。由于时间长了，许多事也记不清了。入陕后，王俊和我很少见面，也再未重提此事。”“这就是实际情况。县志所写似是而非，并有些夸大。”

附录二：王俊营开回西安

陕西警备师第一旅一团第三营营长王俊，将耀县及小邱镇防务业已交骑兵团王泰吉接替，该营率领全部，于月之21日下午6时，开抵西安。

（《新秦日报》中华民国二十二年〔1933〕6月24日）

附录三：

中条犯敌被歼数万

我大军向后转进

师长王竣壮烈殉职

【中央社洛阳十八日电】自中条山大战开始以来，计已二周，战况之激烈与艰苦，为北战场各次战役所未有。据负责方面称，中条山敌寇死伤已达数万人。至敌方连日宣传谓我军某某部被围，某某部被歼，皆非事实，而为敌之一贯之造谣伎俩。据最近消息，中条山之我军，大部已转至敌外围作战。一周之沉闷状态，已逐渐打开……

【中央社洛阳十九日电】雄踞中条山敌后之我方大军，自此次战事发动以来，以运用得宜，除予敌寇以重大反击外，现陆续向敌后转进。此次我军神奇之行动，决非敌寇所料及，受我军莫大之打击云。

【中央社重庆二十日电】记者以连日敌方宣传，谓此次中条山之役我军伤亡甚大，阵亡军长二，师长一，又某□部师长一，又某部师长投降，× 军副参谋长被俘，并历举其名，若真有其事。记者深为疑惑，乃往访军委会发言人。承告此次敌人以八个师团之众，与我大军作殊死战于中条山，彼此互有伤亡，乃必然之事。惟敌鉴于此次伤亡过大，倘不捏辞宣传，不足以掩饰其败创，以欺骗其民众，二扰乱世界之观瞻。乃因我师长王竣之死职，敌寇不□真伪，乃今日谓甲战死，明日谓乙战亡，均为捕日捉影之实。实际除王师长阵亡外，赵军长世珍等仍在军中，且近日有电到中央，报告战况。又我副师长中无张奎赫其人，军中无副参谋长之设置，则其宣传又虚构捏造，不足置信，不辨自明云云。并自公文袋中拿各将领之来电，以相示证。

（《工商日报》中华民国三十年（ 1941 ）五月二十一日）

附录四：王竣等追悼会筹备中

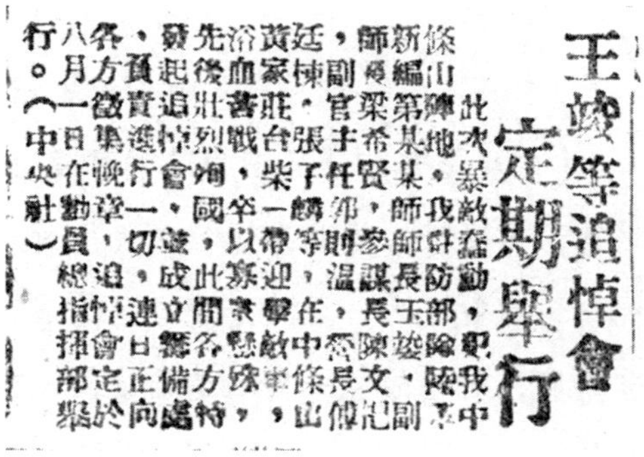
王竣等追悼會定期舉行

（中央社）消息：此次暴敌蠢动，犯我中条山阵地。我驻防部队陆军新编第 ×× 师师长王竣、副师长梁希贤、参谋长陈文杞，副官主任郭则温，营长傅廷栋、张子麟等，在中条山黄家庄台柴一带迎击敌军，浴血苦战，卒以寡众悬殊，先后壮烈殉国。此间各界特发起追悼会，并成立筹备处，负责进行一切，连日正向各方征集挽章。追悼会拟于 8 月 1 日在动员总指挥部举行。

（《西北文化日报》与《工商日报》中华民国三十年（1941 年）七月二十二日）

附录五：第一战区中条山会战要报

卫立煌致蒋介石密代电（1941年10月28日）

第一战区司令长官司令部代电　参字第21811号

重庆委员长蒋：○密。谨将此次中条山会战要报补呈如此：

（甲）豫北，晋南敌除原有第三五、第三六、第三七、第四一等师团，第三、第四、第九等独立旅团外，自4月中旬以来，先后由华北、华中抽调有【第】二一、第三三师团、骑四旅团、炮二旅团、独立山、野重炮兵共约5个联队、伪军第廿四师及张岚峰、刘彦峰、伪大汉义军等部，附飞机300余架，化学部队、空军陆战队各若干，以扫荡中条山国军、摧毁我晋南游击根据地之目的，窃〔采〕取闪击战法，以垣曲为目标，于5月虞午分5路，以第三五师团主力、廿一师团、骑四旅团各一部（附伪军张岚峰、刘彦峰等部），由温、沁向孟、济西犯；第三三师团，附独四旅团一部，分经阳城、沁翼大道向董封东西线南犯；第四一师团主力，附独立第九旅团及伪大汉义军，由绛、横向横皋大道南犯；第三六师团经沁水、侯马、闻喜、堰掌方面向东南犯；第三七师团附独三旅团一部及伪军第廿四师，分由夏县、张茅大道东犯，重点指向横皋大道及夏县方面。分下列步骤：（一）入犯之敌分编多数纵队，成广正面钻隙迂回，并利用汉奸、快速小部队，袭截我通讯联络及各级指挥部，打破我战斗组织，增大我指挥上之困难。（二）将重兵分置于各交通要点，构筑工事，遮断我军连络，各个击破之。（三）封锁山口、渡口，逐步紧缩包围圈，完成分进合击式歼灭战。本部与会战前经以辰东诚电令各部以交通线为目标，加紧游击，袭破妨害地之攻击准备及兵力集中，并以辰东诚电令呈报在案。会战开始第二日，因情况巨变，敌之来势极猛。当严令各部应力保现态势，粉碎敌蚀食中条山企图，诱敌于有利地带，转取攻势，而夹殄之。虞迄真日，战斗惨烈，为抗战数年来所未有。每日自拂晓起至黄昏止，平均无一分钟天空不见敌机活动；阵地所在，无尺寸不为敌炮烟、毒气所笼罩。本部鉴于中条山阵地战条件不健全，如续行决战，不仅各部给养无法解决，前岸胜利公算微渺，即南岸河防亦成问题。遂令接近河防之第九军主力、第八十军南渡，增强河防兵力；第五、第十四等集团转移外线，发展敌后游击。删日前各部主力已按预定计划，排除困难，向指定地区转进，一部留现地分散游击。惟在转进过程中，各部给养至为困难，通讯器材或为敌机炸毁，或为敌冲散遗失，指挥、连络、作战，均极困难。故续令各该集团，以最小限兵力保持前岸中条山游击，主力暂时分批南渡休整，俟补充竣事后，再北渡作战。综合全会战约达4星期，消灭敌约在3万以上，除黄河北岸各交通线及大渡口为敌控据外，其太行、太岳，固仍为我军掌握，即中条山亦仍为我各部游击队直接间接所控置领有。（乙）敌为造成本会战态势于有利，曾于3月微迄删日，发动两次局部攻势。（一）鱼辰，敌以三六师团主力、三五师团一部，配合炮、空，由壶关、荫城、高平、晋城会犯陵川，企图一举打破我范汉杰军，减轻会战时侧背威胁。卒被我范汉杰军长战术运用得宜（转变内线作战为外线作战），将敌击溃回窜，我获全胜。（二）灰日，敌以三七、四一等师团暨独立第九旅团各一部，附炮、空、化学、伪大汉义军等部队，已深夜袭占武庭麟军阵地两要点后，即展开大部兵力，分由中村、绛县、横岭关三方面，向我阵地猛攻，激战五昼夜。我虽将敌拒止，扼守杨家梁、上下官庄、山子上、陆家坪、芦圆山、天盘山、贾家山之线，惟第一线阵地要点松树掌、西堡、岭上、大晋堂、乾梁沟、庙上、南河、东西桑池等要点，悉先后沦陷敌手。因各方面均感防广兵单，抽转不易，虽几经规复，终未圆满达成。（丙）战斗经过。（子）裴昌会军方面。（本书作者按：略。

下同）（丑）刘茂恩集团方面（这儿略，附录于武士敏后）。（寅）曾万钟集团（附高桂滋军）方面（略）。（卯）孔令恂军方面。虞未，敌以三七师团（二二六、二二七等联队）主力，附伪二十四师，分多数纵队，成广正面法，集中机、炮火力，并以飞机诱导步兵，向我西村、辛梨园、王家窑头、杨家窑头王竣师右翼八十团（唐、孔两军接合部附近）阵地猛攻。另以独三旅附三七师团一部，向刘家沟、古王、计王王治岐师全面佯攻，牵制激战。迄戌，我右翼兵团王家窑头线阵地及观音殿、燕家坪、任家窑线阵地相继不守，且有局部遭敌包围，唐、孔两军连系被敌遮断。齐子，王竣师移守石头山一八〇〇高地、门坎山、将军岔、解垣、刘家沟线阵地，驰援之民军第一、三两团正行抵石头山、门坎山附近地区。丑刻，敌三千余复分三路向我石头山、刘家凹、将军岔附近突窜，当即展开激烈争夺战，刘家凹得而复失再，计殄敌中队长以下五百余。刘家凹失陷后，石头山阵地被包围，门坎山、上吉、窑头阵地先后被摧毁，王竣、王治岐两师连络中断，敌钻隙南进益猛，经我乔明礼部在核桃凹附近截击，毙伤敌甚多。遂令乔明礼部占领虎头山、神仙岭以北之线，掩护王竣师向黄家庄、羊皮岭、毛家山、解垣、刘家沟转移，并以王治岐主力向神仙岭方面转取攻势。部署甫定，敌七千余在飞机数十架掩护下，分由大石岭向毛家山，九眼窑向羊皮岭反复猛扑，经我各部奋勇击退，殄敌千余。旋敌大举增援，实施强烈毒攻。未刻，王治岐师黄家庄、羊皮岭阵地相继不守，各部被迫退守饿罗山、长权村、神仙岭一带激战。为维护王治岐对东之交通，当急令该师抽兵一部占领南北白山、老茨沟、淹底线阵地，防敌南窜。午刻，五龙庙仓库附近敌便衣队三四百，当经乔部派队击退。本部为调整战线，便利指挥起见，电话孔令恂军归曾总司令指挥。未刻，九眼窑之敌三千余向东山底、小坡、老茨沟王治岐师阵地进攻，高家嘴、古王、计王方面均有激战。槐下村、桥子村一带集结敌五六千。我以处境险恶，当调整部署，以乔明礼、王治岐主力移守五龙庙、俄罗山、西沟村、望原村迄黄河之线，力与唐淮源军谋取连系，王竣师残部抽控郭原以东地区休整（原文下注：原文如此，似有脱误。）申刻，王治岐师南北白川、老茨沟阵地遭敌二千余猛攻，益以飞机10余架低空轰炸。我官兵浴血苦战，当击毁敌轰炸机一架，落于毛家山以北地区。同时俄罗山迄望原【村】西北高地遭敌多数纵队强袭，数经击退，共歼敌七八百（内有指挥官一员）。卒已〔以〕敌增援不已，乔明礼阵地右翼被敌突破后，退守贺雨村。本部以该军孤立危险，乃令该军从第一线抽一部出击，掩护主力移守交家川、姚家坪、五里庵、师徒庙、柳树窊之线，加紧对唐军连系，并掩护白浪渡口。戌刻，长权村北敌骑二三百中我乔部伏击，悉数就歼。佳未，敌四五千在飞机廿余架掩护诱导下，分由祁家河、王家河、下涧来犯，马圈沟、望原之敌亦追踪而至。我官兵奋勇应战，敌我伤亡均重。申刻，敌窜至台寨以北高地，前窑亦发现敌情，新二十七师师长王竣、参谋长陈文杞均在曹家川附近，先后被炸身死。灰日拂晓，战斗益烈，敌机更番轰炸扫射，爆烟起处，血火横飞。幸赖我官兵咸抱有敌无我之决心，激战竟日，歼敌六百余，敌终未得逞。本部因中条山战况日益变化，桥头堡阵地渐失效用，南岸多数空防，在在堪虑，乃令该军南渡，增强河防兵力。真辰，我渡河掩护部队勉就交家川、孤书窊九,四六八高地之线。敌由大宽河窜陷交底沟，直扑南沟，我集结窑坪部队奋起应战，与敌搏战，卒将敌击退。旋敌大举增援，益以飞机数十架大肆狂炸，掩护步兵向我全线进扑，师家滩被陷落。午刻，密云四合，大雨滂沱我乘敌运动困难，猛力反攻，敌被重创后遁。迄文申，除乔明礼部向东北转进游击外，余均南渡。综计该军自虞申至文午，激战五昼夜，歼敌达五千余。

（丁）、（戊）、（己）、（庚）（4项均略）

谨闻。洛。卫立煌。申俭删。印。重发。

中华民国三十年十月

（取自《抗日战争正面战场》）

附录六：王故中将　竣

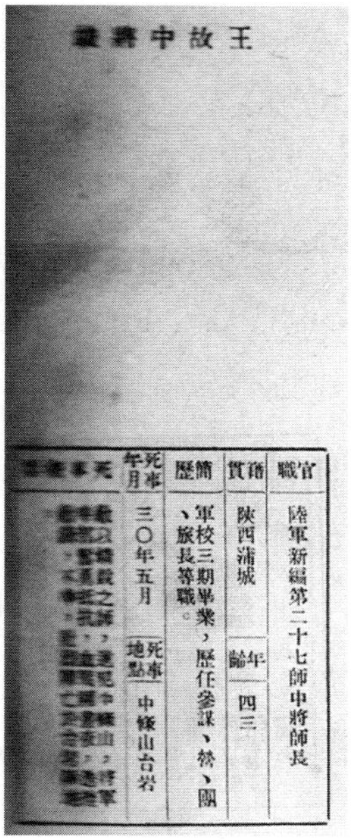

王故师长　竣，世居陕西蒲城县东乡，性好学，少有大志，民十三年贷资赴粤，投考黄埔军校第三期，毕业后，派陕西某军，任参谋，嗣以剿匪有功，擢任警备第一旅第一团团长，旋升旅长。久经战阵，夙著忠勤。抗战军兴，寇犯太原，奉令守黄河西岸，即令第一团渡河，东据永济，御敌一师团之众，全团牺牲至为壮烈。二十八年改编为陆军新编第二十七师任副师长，旋升师长。二十九年率全部渡河，守中条山之黄家庄、羊皮岭、门坎山、曹家川、马泉沟、台砦一带，背水而阵，磨砺以须，与寇大小数十战，敌未敢越雷池一步。三十年春，倭苏协定成立，调东北之生力军五师团之众，于五月七日悉力进犯中条山，我誓死抵抗，敌既集中炮火猛射，又以飞机数十架更番轰炸，将军益激励士气，保卫河山，血战两昼夜，当危急时，有劝其向军长请示，转移阵地者，将军慨然曰："未歼敌耻耳！何面目见人？军人不成功，便成仁，当与诸君死此！"遂于五月九日在台砦阵地壮烈殉职。三军堕泪，壮士按剑。将军之风，可与数千年立国精神永垂不朽。耗闻国府，追赠陆军中将。

（本附录取自曾国杰编辑：《抗战军人忠烈录》第一辑，中华民国三十七年三月，〔国民政府〕国防部史政局出版）

附录七：陕西省民政厅关于追认王竣为革命烈士的文件

西安市民政局：

你局《关于追认王竣为革命烈士的请示》收悉。原国民党陆军新编第二十七师师长王竣，一九四一年五月九日在山西中条山对日作战中牺牲，根据民政部民（1983）优46号《关于对辛亥革命、北伐战争、抗日战争中牺牲的国民党人和其他爱国人士追认为革命烈士问题的通知》规定精神，经省人民政府一九八七年五月七日批准，同意追认王竣为革命烈士，其家属享受烈属待遇。按规定，不发一次抚恤费。现随文寄去《革命烈士通知书》一份，请转寄碑林区人民政府填发《革命烈士证明书》。

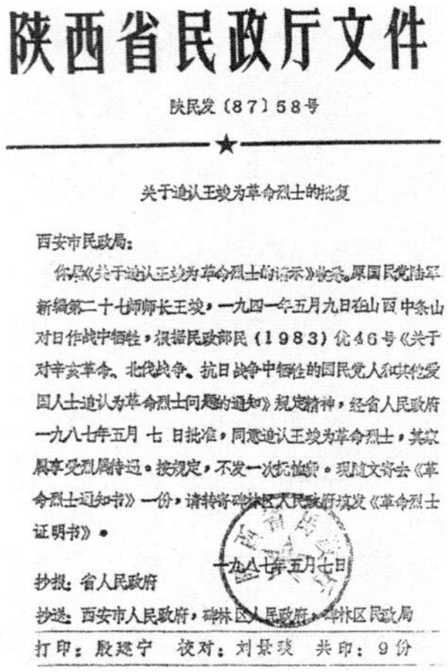
陕西省民政厅文件

陕民发〔87〕58号

关于追认王竣为革命烈士的批复

西安市民政局：

你局《关于追认王竣为革命烈士的请示》收悉。原国民党陆军新编第二十七师师长王竣，一九四一年五月九日在山西中条山对日作战中牺牲，根据民政部民（1983）优46号《关于对辛亥革命、北伐战争、抗日战争中牺牲的国民党人和其他爱国人士追认为革命烈士问题的通知》规定精神，经省人民政府一九八七年五月七日批准，同意追认王竣为革命烈士，其家属享受烈属待遇。按规定，不发一次抚恤费。现随文寄去《革命烈士通知书》一份，请转寄碑林区人民政府填发《革命烈士证明书》。

一九八七年五月七日

抄报：省人民政府

抄送：西安市人民政府，碑林区人民政府，碑林区民政局

打印：殷建宁　校对：刘景玫　共印：9份

一九八七年五月七日

陕西省民政厅印

附录八：誓扫倭奴不顾身

1941年5月，日寇向扼守晋南中条山的国民党军队发动了一次规模最大的进攻。我守军奋起抵抗，战斗至烈，惨绝人寰，有四万余名将士为国捐躯。其中不少是黄埔精英，新编第二十七师师长王竣将军便是其中一个。

王竣将军，陕西省蒲城县人。1924年底，他从省立第二师范毕业后立志投笔从戎。第二年春节刚过，即参加杨虎城部队，任支队文书。不久由杨虎城将军保荐考入黄埔军校第三期。其间，他受到孙中山新三民主义的熏陶，受到周恩来、恽代英等共产党人的教诲，参加了平定杨、刘叛乱和广州各界群众的反帝斗争。1926年毕业后即回杨部。

王竣长年追随杨虎城，思想认识不断提高。1936年在西安事变时，他爱憎分明，坚决拥护张、杨的革命义举。当西安事变和平解决后，他荣幸地出席了杨虎城将军为此举行的庆祝宴会，并见到了阔别10年的黄埔师长周恩来，并与周恩来、杨虎城等一起合影留念。

卢沟桥事变爆发后，全国军民掀起抗日热潮。王竣虽不能立即率部杀敌，却命令所部官兵厉兵秣马，随时准备奔赴抗日前线。为了向八路军学习，他秘密派遣魏一鹗、崔一民等7人持“差假证”赴延安抗大学习。这些干部后来都成了抗日骨干。

1938年3月，日寇攻占风陵渡，虎视西安，全陕震动。5月王竣奉命开赴陕东保卫黄河河防。6月蒋介石为了进一步瓦解杨虎城旧部，把三十八军改编为三十一军团，任命孙蔚如为军团长，命其率部开赴山西抗日，让王竣部留陕守河防，改归蒋鼎文指挥，遂脱离杨虎城十七路军序列。

7月，三十一军团在陕西各部开赴山西抗日。为了加强孔从洲陕西警备第二旅的力量，王竣奉命〔派遣其第一团一部〕东渡黄河，配属陕二旅，固守永济县城。8月日寇疯狂进攻，在永济与我军激战。17日下午，日寇在飞机、大炮掩护下，步骑两千多人，从三面向永济我守军猛烈进攻。我守城官兵奋力抗击，打退了敌人多次进攻，经过5小时激战，终因敌众我寡，永济沦陷。

1939年8月，王竣任新编第二十七师师长，开赴朝邑、平民两县，他兼任两县城防司令。他带领所部官兵，誓死保卫黄河，击退日军多次进攻，阻止了日寇西进。1940年夏收时，他派营长李自新率部到山西永济袭击日寇，李营长指挥所部击毁日寇汽车1辆，炸死鬼子4个，使其闻风丧胆。不久，他又派八十一团团长刘恩荫（1994年在台湾病逝）带领全团再渡黄河，在永济、临晋一带转战3个月，给敌人以重创。

1940年10月，王竣奉命开赴山西抗战。出发前一天，朝邑、平民两县各界近万人举行誓师大会。王竣代表全师官兵表示杀敌制胜的决心。随即涉渭水，出潼关，渡黄河，进入中条山抗日前线。在扼守中条山期间，他指挥所部打退日寇无数次进攻，并且多次主动出击，狠狠打击了鬼子。1941年4月，他亲临前线，指挥八十团二营攻占日寇梨树坪炮兵阵地，夺得大炮两门。

在王竣部抵达中条山前，我守军曾打退日寇13次进犯，日军称中条山是他们军事侵华的“盲肠炎”。1941年5月，日寇对中条山发动了最大的一次进攻。7日，日军约20万人，飞机300多架，重炮数万〔百〕门，分四路向中条山猛烈进犯，重点直指张店镇以东第三军与新二十七师八十团的接合部。日军的猛烈炮火摧毁八十团阵地，明增慧团长带领全团官兵拼死抵抗，经过一昼夜拼杀，伤亡大半。8日凌晨，王竣严令明团长：“不能再退，再退杀头！”但因敌我力量悬殊过大，日军终于突破该师右翼阵地，全线动摇。面对严峻的战局，王竣将军命令全师官兵坚守阵地，拼死抵抗，此时有人劝他向军长请示转移阵地，他斩钉截铁答道：“未歼敌，何面目见长官。军人不成功便成仁，当与诸君死此。”遂激励官兵，继续奋勇杀敌。

8日下午，战役为胶着状。这时敌炮、飞机对师部驻地滥炸不止。王竣将军置生死于度外，仍然在观察所指挥。他不断向与敌军鏖战的官兵下达命令：“血战到底，与阵地共存亡！”4时许，部队奉命撤退。黄昏，顾不得饥渴与疲劳的王师长召开干部会，命令当夜反攻，夺回阵地。

9日上午，尽管官兵奋勇杀敌，但仍挽不回战局。他们且战且走。下午到了台寨村西北，上有敌机狂轰滥炸，后有鬼子追兵迫近，前面不远处就是黄河。背水而战，为兵家所忌。此时全师官兵伤亡殆尽，但王竣将军镇静自若，他反复对特务连连长张亮伯等讲道："咱们绝不能过黄河！等天黑绕到山下，到敌后打游击……"这时突来数架敌机，低空扫射，〔呼啸着扔下几颗炸弹。〕当敌机飞走后，人们发现王竣将军等倒在血泊中，但他右手仍紧握手枪，面向敌方，张着嘴，仿佛在大声呼喊："杀敌报国，抗战到底！"时年40岁。

王竣将军是陕西省牺牲在抗日疆场上的第一位师长。噩耗传开，全省悲悼，前往吊唁者络绎不绝。8月1日，西安各界举行了隆重的"王故师长暨阵亡将士追悼会"。王竣将军是为挽救民族危亡，抗击日寇侵略而壮烈殉国的，他的英名永垂青史。国民政府追赠他为中将。其事迹收入国民政府史政局出版的《抗战军人忠烈录》。抗日战争胜利后，西安革命公园设有王竣烈士灵位，西安莲湖公园建碑纪念。1987年5月7日，陕西省人民政府追认王竣将军为革命烈士。

附记：此文原载《黄埔》杂志2004年第2期。原文3000多字，刊载时编辑作了许多删改，以致有些地方歪曲了史实。收入本书时，文中〔 〕号内文字为笔者根据原底稿作了补正。

附：本文主要参考资料

1. 王陆一撰：《中华民国陆军新编第二十七师故师长王君杰三之墓表》

2. 李约祉主编：《蒲城县志稿·王竣》

3. 曾国杰编辑：《抗战军人忠烈录》第一辑，1948年3月版

4. 郭雄等编写：《抗日战争时期国民党正面战场重要战役介绍·主要阵亡将领·王竣》

5. 茅海建主编:《国民党抗战殉国将领·王竣》
6. 党德信、杨玉文主编:《抗日战争国民党阵亡将领录》
7. 马齐彬等主编:《中国抗日阵亡将士传·王竣》
8. 王永均编著:《黄埔军校三百名将传》
9. 李振民等主编:《陕西近现代名人录·王竣》(续集)
10. 刘宗宽:《深情怀念杨虎城将军》
11. 任家骝:《具有特殊使命的将军——刘宗宽忆往》,《人物》1987 年第 6 期
12. 郭学旺、孟国祥:《中条山会战述评》,《近代史研究》1987 年第 4 期
13.《何应钦主持关于晋南会战作战准备之历次会议记录》,《抗日战争正面战场》(下),江苏古籍出版社
14.《第一战区中条山会战要报》,即《卫立煌致蒋介石密代电》,同上书
15.《新民主主义革命时期陕西大事记述》,陕西人民出版社 1980 年 9 月版
16. 米暂沉著:《杨虎城传》,陕西人民出版社 1979 年 8 月版
17. 米暂沉著:《杨虎城将军传》,中国文史出版社 1986 年 12 月版
18. 孔从洲:《孔从洲回忆录》,解放军出版社 1989 年 9 月版
19. 李紫山 :《杨虎城将军后期的军事活动及其部队建制的变更》,《西安文史资料》第五辑
20. 杨显:《蒋邦陕西省保安司令部活动始末》,《陕西文史资料选辑》第 8 辑
21.《新秦日报》中华民国二十二年(1933 年)六月
22. 牟玲生主编:《陕西省志》
23.《西京日报》中华民国二十七年(1938 年)八月
24. 1938 年 8 月 17 日和 8 月 19 日孙蔚如致蒋介石电
25. 1938 年 8 月 26 日国民政府军事委员会军令部电稿
26.《陕西警备第一旅第一团永济抗战阵亡将士纪念碑序》
27.《西北文化日报》中华民国二十八年(1939 年)六月
28.《工商日报》中华民国二十八年(1939 年)六月
29. 陈子坚 :《第四集团军中条山抗战概况》,《丹心素裹》(2),中国文史出版社 1989 年 4 月版
30.《工商日报》中华民国三十年(1941 年)五月、七月、八月
31.《西北文化日报》中华民国三十年(1941 年)六月
32.《西京日报》中华民国三十年(1941 年)七月、八月

33.《陕西省民政厅文件——关于追认王竣为革命烈士的批复》陕民发〔87〕58号

34. 杨觉天:《有关“双十二事变”的回忆片断》,《十七路军军史资料》(1)

35. 宋旭初 :《胡宗南和张坤生矛盾的内幕》,陕西省人民政府参事室编 :《文史资料》1990年第3辑

36. 王庭月:《回忆梁希贤将军》,《铜川郊区文史》第六辑

37. 访问刘宗宽、王子伟、刘威诚、崔一民、米暂沉、王硕哉、佘纪善、张亮伯、车飞程、刘守经、蔡逸民、陈洁生、朱飞、孙立功、雷承祖、董子平、张举才、梁鹏翙、王志英、王志渊、王俊田、王正斌、王正身、李有林、李万宝、唐毓昌、王庭月、姚景吾、邓振山、邓双定、李进财、韩明锁、樊作玉、王颖勤、阎灏、王天仇、王浩等同志的谈话记录或他们与作者的信。在写作过程中还得到贾新运、严安政、王晓龙与陕西省图书馆、陕西师范大学图书馆、陕西陇县县志办、蒲城县志办和大荔党史办等单位的大力帮助,特致谢意。

抗日英烈张亚东

张亚东

张亚东（1903—1941），清光绪二十九年（1903年）生于陕西省今咸阳市秦都区马庄乡克仕村（《咸阳百村》（秦都卷）写作“客侍”）。九岁入本村学校上学。后考入中学，1924年中学毕业后，因家境贫寒，不能继续上学，遂在咸阳县北杜乡卓邢村任教。1926年，刘镇华率镇嵩军围攻西安，使关中生灵涂炭，民不聊生。张亚东立志投笔从戎，由舅父郭英富介绍，到冯玉祥西北游击干部训练班学习。结业后，曾任排长、参谋等职。不久，又投奔到杨虎城将军麾下，曾随部转战豫、皖、鲁、豫等省。1930年11月，在杨虎城将军率领下，回到陕西。在孙蔚如第十七师任连长4年。1934年任咸阳保安团大队附两年。1936年，任临潼保安团大队附。不久，又回杨虎城将军部队，被分配到王俊陕西警备第一旅任营附，西安事变和平解决后，随部在西安城内维持治安至1938年春。

1938年2月山西日寇由太原沿同蒲铁路南犯，3月8日攻占风陵渡，觊觎西安，全陕震动。是年5月，在旅长王俊率领下，奉命随部开赴陕东朝邑、平民两县，扼守三河口至金水沟段黄河河防。1939年秋，所部被蒋鼎文改编为新编第二十七师。王俊任副师长，28天后任师长。该师划归孔令恂第八十军序列。所部改编时，张剑平第七九团少校团附韩循善改任师部军械处处长，张亚东升任七九团少校团附[①]。不久，张剑平调走，梁希贤任团长。是年冬，奉命随部再次开赴陕东，扼守河防。

1940年10月中旬，在师长王俊率领下，告别了家乡的热土，奉命随部渡渭水，出潼关，由白浪渡黄河，进入中条山抗日前线。其团扼守山西省平陆县毛家山地区。1941年春，团长梁希贤升任副师长。王宪斌升任团长。中校团附仍为秦颂仁。其团辖刘汉卿、王惠民、张志林3个营。在与日寇对垒的日日夜夜中，张亚东与团长、中校团附经常商议，不断派出小股游击队主动出击，打击日寇。

日寇经过密谋，于1941年5月7日，采用“中间穿透”和“四面包围”的战术，动用近20万大军，分五路向中条山我守军，发动了规模最猛烈的进攻。西路日寇把攻击的重点指向张店镇以东的八十军

① 陈虹主编的《咸阳百村》（秦都卷）说：“张亚东先生，抗日战争时期，任西北军孙毓茹部团长，中条山阻击战中为国捐躯。”此说有错，与史实不符。首先孙的名字错误，应是孙蔚如。其次抗日战争初期亚东确属孙部。1938年7月孙部改编为三十一军团后，亚东所在的王俊陕西警备第一旅改归成蒋鼎文部。1939年7月王俊部改编成新编二十七师，王俊任副师长时，仍属蒋鼎文部。28天后王俊任师长后，新编二十七师属胡宗南第八十军。张亚东殉职时，是胡宗南三十四集团军孔令恂第八十军王俊新编二十七师七九团少校团附，并非团长。已与孙蔚如部没有关系。这些，中国第二历史档案馆藏档案记载十分清楚。

与第三军的接合部。5 月 7 日中午 11 点，日寇以猛烈炮火轰击八十团阵地杨家窑头，接着又疯狂猛攻七九团阵地毛家山。在日寇大举进攻前夕，七九团团长王宪斌（陕西省扶风人），因其妻病故，请假回陕。张亚东马[1]即与中校团附秦颂仁（陕西临潼人）督率全团官兵，与日寇浴血拼杀。因敌众我寡，敌人终于突破了我第一线阵地，全线动摇。张亚东奉命率部且战且退，与敌周旋。经过两昼夜激战，官兵伤亡甚多。

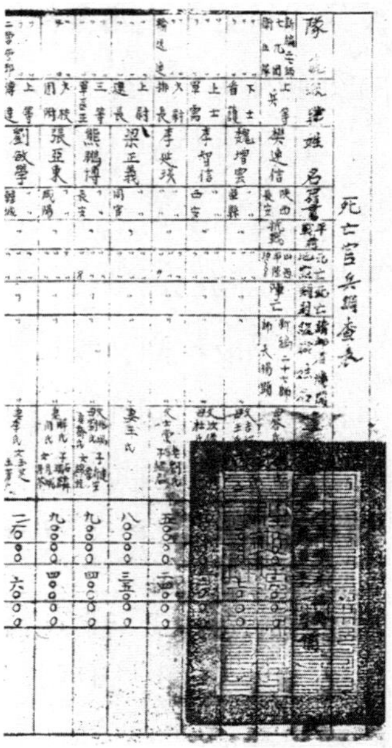

中国第二历史档案馆保存的张亚东等的档案

7 月 9 日下午，师长王俊、参谋长陈文杞等在太寨村西北被鬼子飞机炸弹击中要害，以身殉职。张亚东率余部继续与敌拼杀，不幸在 7 月 10 日[2]傍晚作战时，于太寨村附近，被敌机炸弹击中，壮烈牺牲。时年 38 岁。同时阵亡的还有他的两个侄儿张高远、张锁娃，梁高通（亚东的通讯员），梁元信。张亚东殉国后，其部属梁宏通等草草挖坑埋藏忠骸于山脚下。张亚东殉职查明详报后，经国民政府军事委员会抚恤委员会驻陕抚恤处 1942 年 3 月报请后，国

① 齐彬等主编的《中国抗日阵亡将士传·张亚东》说："1941 年 5 月，晋南会战开始，张任国民党陆军第八十军新编二十七师七十九团少校团附并代理团长职务。"此说值得商榷。因为当时尽管团长王宪斌请假回陕，但还有中校团附秦颂仁在，张不可能越俎代庖。最多是和中校团附一同指挥。

② 中国第二历史档案馆藏档案记载其牺牲时间为 5 月 8 日。马齐彬等主编的《中国抗日阵亡将士传·张亚东》说是 5 月 9 日。而亲历者说是农历四月十五日（公历 5 月 10 日），故从后说。

民政府特准晋为中校从优抚恤。一次恤金 900 元，年抚金 400 元①。中国第二历史档案馆藏档案记载了他的英名。马齐彬等主编的《中国抗日阵亡将士传》收录了他的抗日事迹。

因张亚东之妻解亚兰与其子张世林的多次申请，1985 年 7 月 3 日，咸阳市人民政府特上报陕西省人民政府，请求追认张为革命烈士②。陕西省人民政府于 1986 年 11 月 24 日批准追认张亚东同志为革命烈士③。其遗孀解亚兰当选咸阳市秦都区政协委员。

附：本文主要参考资料

1. 中国第二历史档案馆藏档案：全宗号和案卷号：一（14244）
2.《咸阳市秦都区人民政府关于追认张亚东为革命烈士的请示报告》
3.《中国抗日阵亡将士传·张亚东》
4. 梁宏通 1984 年 8 月 29 日写的《证明材料》
5. 原临潼县公安局保存的秦颂仁写的材料
6. 张文哲：《抗日烈士张亚东》（手稿）
7. 车飞程、梁鹏翙、解亚兰、张文哲的访问记录或他们与笔者的信

① 中国第二历史档案馆藏档案全宗号和案卷号：一（1）4244。
②《咸阳市秦都区人民政府关于追认张亚东为革命烈士的请示报告》。
③ 张亚东《革命烈士证明书》（陕烈字第 1237 号）。

抗日英烈傅廷栋

傅廷栋

傅廷栋（1906—1941），字子良，清光绪三十二年（1906年[1]）生于陕西省今西安市临潼区[2]交口镇渠底村。其父傅象贤是清末秀才，曾在武屯乡杨聚合东村坐馆授徒。辛亥革命后曾任交口镇自治会会长。他为人公正，乡人交口称赞。

傅廷栋在其父的教导下，孩童时即勤奋好学。高小毕业后，以优异成绩考入西安民治中学。他在努力学好各门功课的同时，特别喜爱体

① 新编《临潼县志》载傅廷栋"1905年生"，似有误，与《西安绥靖公署步兵训练班军官队第四期同学录》载，傅1934年29岁不符。县志记其名为"清栋"，也与同学录和中国第二历史档案馆藏档案不符。

② 军事委员会抚恤委员会驻陕抚恤处三十一年度五月份伤亡官兵调查表载，傅廷栋籍贯为"陕西蒲城"，明显有误。

育，曾多次参加省运动会，并获得奖项。毕业后，适逢军阀混战，民不聊生。他为了寻求救国之道，遂毅然投笔从戎。他与同学段斌（西安市人，新中国成立后，曾任陕西省人民政府高参。）跋山涉水，步行到兰州，考入冯玉祥将军兴办的西北军官学校[①]。毕业后，即参加了冯玉祥的军队，开始了他的戎马生涯，历任排、连长等职。

傅廷栋剿匪时眉县商会赠的奖品

1930年11月，杨虎城将军率领第十七路军回到西安，并任陕西省政府主席。不久，傅廷栋投奔杨虎城将军部队。被分配到刘文伯任司令的凤翔绥靖司令部一团二营任七连连长。其间由于剿匪有功，眉县商会及各机关曾赠送铜质奖品一枚。该奖品为圆形，上有八个圆柱形角。正上角内刻一“奖”字。正下角内刻一“品”字。右边三个角，从上到下刻“不怕死”三个字；左边三个角，从上到下刻“不爱钱”三个字，正中大圆内，刻着国民党党旗和中华民国国旗，上面由右到左刻有“拼命”两个字，下面由右到左刻有“杀贼”两个字。大圆外是个更大的圆圈。圈内上面，从右到左刻有“凤翔绥靖一团二营七连”十个字；下面从右到左刻有“郿县商会及各机关赠”九个字。

1933年，十七路军又成立了独立第一旅，旅长刘文伯，辖两个团，一个特务连。廷栋任该旅赵雨晴第一团任耕三（临潼人，中共党

① 张廷柱与鲁知方整理的《革命烈士傅廷栋》（手稿）一文说傅廷栋19岁时到兰州，考入冯玉祥办的西北军官学校，恐有误。傅19岁，即1924年，这时冯玉祥未在兰州，也不会在兰州办学。

员）第三营第七连连长。1934 年夏，被所部选派到西安绥靖公署步兵训练班军官队第四期学习①。年底毕业后，仍回所部。

1935 年 2 月（农历正月初一），红四方面军进占陕南宁强县城。独立第一旅二团守城的两个营被消灭，团长被俘杀。傅廷栋奉命随部前往救援，经几日夜激战，损失严重。战后，独立一旅被撤销，将余部缩编为一个团。部队番号改为陕西警备第一旅第三团，团长为赵雨晴②。同年 5 月 20 日③，十七路军总部调三十八军十七师五十旅九九团三营营长刘威诚（中共党员）为三团团长。因红二十五军进入陕南，奉蒋介石严令杨虎城将军坐镇蓝田派部追剿。傅廷栋随部开赴蓝田。后因陕西警备第一旅一、二团在山阳袁家沟被红二十五军打败。他即随部与杨虎城将军回到西安，驻西安西营房整训。因旅长唐嗣桐被俘杀，不久一团团长王俊升任陕西警备第一旅旅长。

1936 年春，在团长刘威诚带领下，曾奉命随部尾追不击红军七十四师陈先瑞部。2 月又奉命率部开赴潼关填防。旋又奉命随部维护西（安）汉（中）公路的安全，先后驻防宝鸡、凤县、留坝等地。是年八九月间，曾虚与委蛇，掩护红二方面军北上。这年 12 月 12 日西安事变爆发，奉命随部昼夜兼程“强行军”开回西安，接守城防。

1937 年 6 月，奉命随部开赴商县剿灭古鼎新匪部。不久，日寇制造卢沟桥事变，全国军民奋起抵抗。8 月，又随部移驻安康。

1938 年 3 月初，侵占了太原的日寇，沿同蒲铁路南犯，先后攻占了与陕东一衣带水的永济县城和风陵渡，觊觎关中。三秦震动。5 月初

① 《西安绥靖公署步兵训练班军官队第四期同学录》

② 崔一民:《回忆警一旅三团中共党支部工作》，熊美杰主编:《中国共产党在国民党第十七路军中的活动》（回忆资料卷 1923—1936），陕西人民出版社 1993 年 5 月版，第 450 页。

③ 刘威诚:《我在十七路军工作的片断回忆》，同上书第 155 页。

所部旅长王俊率领王子伟第二团离开安康，经西安，带领张剑平第一团和王子伟第二团（旋团长换为任耕三）开赴陕东平民县境，扼守黄河河防。8 月，日寇疯狂进攻。与我军在永济展开血战。一团少校团附刘天照和二营营长邓祥云共 308 位官兵在永济城保卫战中以身殉国。8 月下旬，傅廷栋随部离开安康，开赴陕东，扼守平民县大庆关至三河口黄河河防。旋升任三团二营营长。此时 1937 年 12 月赴延安抗大学习的崔育英（后改名为一民）结业归部。崔奉中共陕西省委之命在陕西警备第一旅建立党支部，崔任支部书记。崔于同年 9 月介绍傅廷栋参加中国共产党，与崔单线联系。

1939 年 1 月，蒋鼎文电令免去刘威诚团长职务，二团营长武靖尘升任三团团长。是年 5 月底，奉命率部移驻大荔城南休息训练。7 月所部被蒋鼎文改编为新编二十七师，傅廷栋其团改番号为八一团。王俊任副师长，旋王俊晋见胡宗南，升任师长。不久，所部改编完毕，刘恩荫任其团团长。是年冬，随部再次开赴平民，扼守黄河河防。

1940 年夏收后，奉命在团长刘恩荫的带领下，随全团东渡入晋，到永济、临晋一带打游击三个月，给日寇以狠狠地打击。有一次在永济栲栳镇附近与日军四五百人遭遇。适逢天下小雨，日寇突来围攻。日寇仗着大炮、机枪，猛烈进攻。团长刘恩荫要求转移，少校团附穆性珊坚主反击，认为下小雨，正是我们歼敌的好时机。由于全团上下一心，猛烈反击，结果打败了日寇，鬼子死伤甚多，抱头鼠窜。我军伤亡也很大。

1940 年 10 月中旬，奉命随部南渡渭水，东出潼关，由白浪渡过黄河，进入中条山平陆段抗日前线。其团扼守羊皮岭一带，打退日寇多次进犯。

1941 年 5 月 7 日，日寇经过充分准备，以近 20 万军队，并在 300

多架飞机和几百门大炮配合下，采用“中间穿透”和“四面包围”的战术，分四路向中条山我守军发动最猛烈的一次进攻。西路由夏县和张茅大道东犯，重点指向傅廷栋所部新编二十七师。在王俊师长的指挥下，傅廷栋督率其营奋勇杀敌，毙伤日寇甚多。经过数日血战，所部官兵伤亡殆尽。傅廷栋在一个破庙前与鬼子肉搏时，不幸以身殉国。时年36岁。其忠骸在中共地下党的保护下运回家乡安葬。

傅廷栋壮烈牺牲后，同年7月22日《西北文化日报》和《工商日报》等报纸均作了报道。7月7日和8月1日在蓝田和西安先后举行了追悼大会。其殉职查明1942年5月详报后，国民政府特准晋为中校从优抚恤。一次恤金900元，年抚金400元。烈士殉职时，家中尚有老母冯氏和一子一女，儿女仅四五岁。女儿不幸早夭。夫人王氏养老抚孤，艰苦备尝。其子作霖弱冠即参加教育工作，历任中小学校长、乡镇教育组组长等职。为家乡的教育事业献出了毕生的精力。1949年新中国成立后，1950

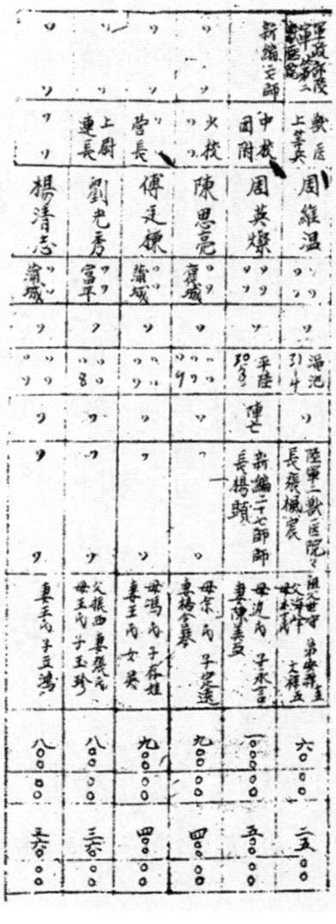

軍政部第二數医院	上等兵 數医	周維温	〃	〃	滬池 31.4	〃	陸軍第二數医院長張楓宸	祖父世甲 父海年 母木氏 弟安拜 文祥五	六〇〇	二五〇
新編二七師	中校 團附	周英燦	〃	〃	平陸 30.3	陣亡	新編二十七師師長楊𩔖	母沈氏 妻陳美女 子永言	一〇〇〇	五〇〇
〃	少校	陳思亮	蒲城	〃	〃	〃	〃	母宋氏 妻楊含琴 子定遠	九〇〇	四〇〇
〃	營長	傅廷棟	蒲城	〃	〃	〃	〃	母馮氏 妻王氏 子存娃 女吳	九〇〇	四〇〇
〃	上尉 連長	劉光秀	富平	〃	〃	〃	〃	父振西 母王氏 妻裴氏 子玉珍	八〇〇	三〇〇
〃	〃	楊清志	蒲城	〃	〃	〃	〃	妻王氏 子立鴻	八〇〇	三〇〇

中国第二历史档案馆藏的档案复印件

年陕西省人民政府给其遗属颁发了革命烈士证明书。并对其遗属生活给予抚恤。中国第二历史档案馆藏档案和新编《临潼县志》皆记载了他的英名。

附：本文主要参考资料

1.《西安绥靖公署步兵训练班军官队第四期同学录》

2.《军事委员会抚恤委员会驻陕抚恤处三十年度五月份伤亡官兵调查表》，中国第二历史档案馆藏档案：全宗号和档案号：一（1）4244

3. 崔一民：《回忆警一旅三团中共党支部工作》

4. 崔一民：《兹将傅廷栋同志的政治历史情况介绍如下》（1981 年 3 月 29 日手稿）

5. 刘威诚：《我在十七路军工作的片断回忆》

6. 刘威诚：《有关傅廷栋同志过去的政治历史情况》（1981 年 3 月 28 日的手稿）

7.《西北文化日报》《工商日报》，中华民国三十年（1941）7 月

8. 访问崔一民、佘纪善、刘守经、姚景吾、傅作霖和其遗属的谈话记录或他们与笔者的信

抗日英烈张子麟

张子麟（1906—1941），陕西省洋县人。早年投奔杨虎城将军部队。被分配在陕西警备第一旅历任多职。参加过西安事变。1938年5月随部开赴陕东，扼守黄河河防。1939年夏，所部被改编为新编第二十七师，他升任辎重营营长。1940年10月中旬，随部出潼关，开赴山西省平陆中条山抗日。1941年5月7日，日寇对中条山发动了最猛烈的一次进攻。在师长王俊将军督率下，全师官兵奋勇杀敌。但因敌我力量悬殊，所部伤亡殆尽。5月9日战至太寨村时，师长王俊、参谋长陈文杞、副官主任郭则温、随从副官赵燕海等不幸被日寇飞机炸弹击中，以身殉职。全师剩余官兵各自为战。5月14日，数百名官兵转战到清水河时，前有日军防堵，后有日军穷追不舍，当此危急关头，张子麟营长挺身而出，他把这些散兵游勇组织起来，让七九团第三营营长张志林带领许多官兵以几十挺机枪在前面开路，辎重营居中，工兵连代连长王庭月带领其连断后。经过殊死拼杀，终于冲出了重围。

在激战中张子麟营长不幸中弹牺牲。但1995年4月23日我到王庭月家中访问时，他却道出了张子麟营长牺牲的惊天秘密。他说，在这次突围时，张子麟营长不是中敌弹阵亡的，而是被丧尽天良的蒲城籍士兵同□□为了独吞新二十七师剩余的钱财和大烟乘突围混乱之机用黑枪杀害的。这个杀害张营长的败类1994年才寿终正寝。听完王庭月老人的讲述，令人气愤填膺！张子麟殉职查明上报后，国民政府军事委员会特准晋为中校从优抚恤，一次恤金900元，年抚金400元。陕西省档案馆藏档案记载了他的英名。

附录：王俊新编二十七师中条山战役时序列

师长：王　俊

副师长：梁希贤

参谋长：陈文杞

副官主任：郭则温

军械官主任：韩循善

输送营长：张子麟　连长：宁建亚　梁正义

特务连长：张亮伯

通讯连连长：门耀武

搜索连长：朱　飞

工兵连长：王化民

七九团长：王宪斌　营长：刘汉卿　王惠民　张志林

八十团长：明增慧　营长：穆性珊　戴　琨　杜诗伯

八一团长：刘恩荫　营长：□□□　傅廷栋　佘纪善（兼）

附：本文主要参考资料

1. 中华民国三十年（1941）七月《西京日报》
2. 陕西省档案馆藏档案
3. 临潼县公安局藏宁建亚的档案
4. 访问李青林、唐毓昌、王庭月谈话记录或他们给本书作者的信

热血沃太岳 英名耀青史

——抗日英烈武士敏将军传略

武士敏

武士敏（1892—1941）将军，字勉之[①]，清光绪十八年（1892 年）生于今河北省怀安县柴沟堡镇一个小商人家庭。柴沟堡镇位于长城脚下，地处京包铁路线边，交通便利，是当时河北和内蒙古地区粮食及羊皮、肉、蛋类等商品集散的中心。清末这儿又是屯兵之地，使童年的武士敏便熟悉了军事训练的活动。其父名杰，从小习商，经营粟店，在

① 武士敏的字为什么叫“勉之”，其说不一。一说其父武杰的一位朋友来到他家，对他非常赞赏……后来从军，还送给武士敏一箱新书，在附信中说“……开卷有益，对你思路有所帮助。望今后善自为之，日后恭聆佳音。勉之勉之。”武士敏的字“勉之”便由此而来。（《民国高级将领列传》第 46 页）一说私塾先生鼓励武士敏说：“你姓武，又爱武，敏捷灵活，想当兵抗敌，我勉励你长大再去吧。”便给他起名士敏，字勉之。（茅海建主编：《国民党抗战殉国将领》第 264 页）孰是，录以备考。

怀安县遐迩闻名。士敏是独生子，父母视他为掌上明珠，甚为钟爱。加之家中生活的优裕，养成了他倜傥不群的性格。这造成了他以后投身军旅、英勇善战的一个重要原因。

二

武士敏7岁入私塾读书，先生见他经常带领着一帮孩子跟在清兵后面学习训练，深以为异，便问他："你长大想干什么？"他不假思索地答道："当兵！到边防打敌人！"

武士敏的私塾学习结束后，当时科举童生考试已经取消。他为了获得更多的知识，便在父亲的支持下"自学"了两年。自学，使他更加热爱中华民族，把民族英雄岳飞、文天祥、戚继光等人作为自己学习的楷模，决心为祖国的独立富强作出应有的贡献。光绪三十四年（1908年）武士敏考入宣化府公立宣化中学堂。其间参加了征蒙先锋队。旋，考入天津法政专门学校，不久，加入了同盟会，参加了推翻腐朽的满清统治的革命活动。1911年的辛亥革命，建立了民国。由于革命果实被窃国大盗袁世凯所篡夺，结果是换汤不换药。士敏没有毕业，1915年便辍学回家。回到家乡不久，便跟随时任山西交城县警察所所长的族兄武士鉴到交城，任县烟厘局办事员。因与志向不合，不久，又到太原宪兵营任上士司书。

1915年底，袁世凯利令智昏公然宣布恢复帝制，立即激起"普天同愤"，全国各地迅速掀起讨伐袁世凯称帝、恢复民国的浪潮。武士敏决心参加反袁运动，适逢此时他结识了民党人士郭宗道，从此投身民主革命。

郭宗道，山西五台县人，早年追随孙中山参加反清活动。和阎锡山[①]、续桐溪、弓富魁等山西著名民党人士早有来往。护国军兴，郭宗道受唐继尧[②]的派遣，由云南偷偷回到太原，计划劝阎锡山参加反袁。当时阎觉得自己势单力孤，加之害怕山西巡按使金永的淫威，不敢轻举妄动，便把郭拘捕，关押在宪兵营中，暗中给以优待，观察事态发展。武士敏因此机遇得以结识郭宗道，二人志同道合，成了莫逆，他对郭关照得无微不至。郭释放后，士敏经他介绍，认识了山西民党人士弓富魁、李岐山、续桐溪等，还同他们组织了河东军，讨伐袁世凯。旋，随续桐溪经北京去广州，谒见了孙中山。

1917 年把持北洋政府的段祺瑞[③]解散国会，废除约法。孙中山在广州宣布护法。陕西民党人士坚决响应，成立了靖国军，讨伐段祺瑞及其在陕西的走狗督军陈树藩[④]。胡景翼、曹世英等邀请于右任[⑤]回陕，公推于为总司令。陕西靖国军一时声威大震。闻讯，1918 年武士敏从

---

① 阎锡山（1883—1960），山西五台人。字百川。日本士官学校毕业。1911 年辛亥革命时任山西都督，从此长期盘踞山西。1927 年“四一二”后，追随蒋介石反对共产党。1939 年发动十二月事变，进攻抗日决死队。抗日战争胜利后，积极参加反人民的内战。1949 年 12 月逃亡台湾。1960 年病死。

② 唐继尧（1882—1927），云南会泽人。日本士官学校毕业。1911 年任云南新军管带，旋在昆明参加起义，任云南军政府军政部次长。1912 年率滇军占领贵阳，称贵州都督。1913 年调任云南都督。1915 年与蔡锷通电护国讨伐袁世凯，他兼任第三军总司令。1927 年初，被龙云等威逼去职，不久病死。

③ 段祺瑞（1865—1936），安徽合肥人。北洋军阀皖系首领。北洋政府国务总理兼陆军总长。袁世凯死后，任国务总理兼陆军总长，并推为“讨逆军”总司令，讨伐张勋。1924 年出任临时执政。1926 年欲联合奉、直军阀进攻国民军，事泄，通电下野。1936 年 11 月 2 日病死。

④ 陈树藩，陕西安康人。1911 年参加陕西起义，任东路招讨使。1916 年，赶走陕西将军陆建章任陕西护国军总司令、陕西都督。袁世凯死后，被段祺瑞任命为陕西督军兼省长。督陕期间，背叛革命，克扣军饷，激起民军起义。1921 年，皖系失败，为直系阎相文、冯玉祥所驱逐，退到汉中。

⑤ 于右任，陕西三原人。1906 年在日本加入同盟会，在上海创办《神州日报》《民呼日报》等。1912 年任中华民国临时政府交通部次长。1918 年任陕西靖国军总司令。1926 年任国民联军副总司令。1927 年以后，历任国民政府委员、审计院院长、监察院院长等职。1964 年在台湾病逝。

远道奔陕，参加了靖国军。在这里，他结识了靖国军司令于右任、胡景翼、曹世英和著名将领杨虎城、冯钦哉等。这为他后半生在杨虎城麾下南征北战打下了伏笔。士敏在靖国军4年期间，没有带兵，为一般参谋，往来于联络各军。曾受总司令于右任的派遣，到广州谒见孙中山，汇报陕西情况，深得孙中山赞许。孙资助他800元，派他去苏联学习。回陕后，因故未能成行。

1921年靖国军解散，士敏回到察哈尔，省督军张锡元任命他为丰镇县①警察所所长。士敏到任后，与同人约法三章：不贪污、不嫖、不赌，秉公办事，不坑害群众。谁知他的清正廉洁竟遭到地头蛇们的反对诬陷，这是他始料未及的。无奈，他视事仅4个月，只得弃职他去。

陕西靖国军解体后，胡景翼②所部被陕西督军冯玉祥③改编为陕西陆军暂编第一师，胡任师长。1922年4月底，第一次直奉战争爆发。

---

①王成斌主编的《民国高级将领列传·武士敏》（七）云："1921年，冯玉祥任陕西督军……武士敏被推荐任丰镇县警察所长。……武士敏不得已辞职，回靖国军担任咨议。"此说有误。丰镇县不在陕西省，当时属察哈尔省。另因冯玉祥入陕，靖国军才解散，故云武回靖国军，亦有误。刘永端写的《抗日英雄武士敏生平》说得很对："1921年陕西靖国军解体。士敏经友人介绍到察哈尔省……丰镇县担任警察所长。"（《陕西民国人物》（二）第174页）

②胡景翼（1892—1925），字笠僧，早年号中山，陕西富平庄里人。毕业于西安健本学堂、日本成城学校。1910年加入同盟会，并积极投身反清的革命斗争。武昌起义时在陕西举兵响应。历任陕西陆军第四旅连长、营长。1916年3月，在渭北举事响应护国军。护国战争结束后，任陕西陆军第一混成旅第二团团长。1918年1月，与曹世英组织陕西靖国军，任右翼司令；8月，于右任为总司令后，任第四路司令。1920年任陕西靖国军副司令兼总指挥。1921年9月，解散靖国军，投冯玉祥麾下，所部改编为陕西陆军第一师，任师长。1922年，任陆军第二十四师师长。1924年10月，与冯玉祥、孙岳发动"北京政变"，任国民军副司令兼二军军长；11月，任河南军务督办。1925年4月病逝。

③冯玉祥（1882—1948），安徽巢县人。早年从军。武昌起义后，与王金铭等在滦州密谋响应，失败解职。1921年升任十一师师长，旋任陕西督军。1924年10月，与胡景翼、孙岳发动北京政变，改所部为国民军，任总司令兼一军军长。1926年赴苏联考察，9月回国，在五原誓师，参加北伐。1933年组织抗日同盟军，抗击日寇。抗战军兴，主张抗日。抗战胜利后，反对内战。1948年在黑海遇难。

胡景翼奉命率部出潼关，驻军河北顺德（今河北邢台）一带训练。士敏应邀到胡部，任咨议。

二

冯玉祥

1924 年 10 月 22 日，冯玉祥、胡景翼、孙岳[①]率部发动“首都革命”，囚禁总统曹锟。冯、胡、孙各部改组为中华民国国民军，推冯玉祥为总司令兼第一军军长，胡景翼、孙岳为副总司令兼任二、三军军长。武士敏在“革命”中发挥了积极作用，首都革命后，由续桐溪介绍，士敏到孙岳国民三军担任新编的第二支队司令。旋，他又改任国民三军骑兵旅旅长。1924 年底胡景翼任河南军务督办，旋，兼任河南省长，邀士敏担任省警察局局长，他婉言谢绝。

1926 年春，国民一军败走南口。武士敏同弓富魁一起，率部转战晋北一带。同年秋，士敏和国民军一道撤退到绥远西部。是年 9 月，冯玉祥由苏联回到绥远五原，会见了国民军各将领，宣布成立国民军联军，公推冯为总司令。17 日誓师后，挥军援陕，策应北伐。9 月 27

① 孙岳（1878—1928），河北高阳人。毕业于保定武备学堂，北京军官学堂。历任参谋官、管带等职。辛亥革命后，应江西都督之聘，参赞军务。1920 年，任陆军第十五混成旅旅长。1922 年，直奉战起，任直军西路司令；10 月，兼任冀南镇守使及右翼巡防队统领。1924 年，任京畿警备副司令兼北京戒严司令；10 月，孙与冯玉祥、胡景翼发动北京政变，所部改编为国民军，孙任副总司令兼第三军军长；11 月，任河南省省长。1925 年，任豫陕甘剿匪总司令；8 月，督办陕西军务善后事宜；冬，调任督办直隶军务善后事宜兼任直隶省长。1927 年 6 月，任河南省政府委员。1928 年 5 月 27 日病逝于上海。

日中国国民党联军代表大会召开，成立最高特别党部，方振武、刘伯坚、武士敏等 11 人被选为特别党部执行委员。10 月士敏与南汉宸等 32 人在鹿钟麟[①] 团长的率领下以观光团的名义赴苏，商讨冯玉祥在苏联所达成的援助国民军的协议的实施问题。到莫斯科后，按照苏联政府的安排，观光团一行赴比利时布鲁塞尔参加 1927 年 2 月 18 日召开的反帝同盟大会。回到莫斯科后，受到斯大林接见。会见时，取得苏联政府对国民军武器和财政援助。

三

1927 年春，武士敏从苏联参观回到西安，恰逢国民联军厉兵秣马准备东征之际。5 月，鹿钟麟就任国民联军东路军总司令，东路军前敌总指挥杨虎城率第十军开出潼关。武士敏和南汉宸等随鹿部到达开封。南汉宸作为鹿钟麟的代表同杨虎城时有联系，交谊日深。1927 年 11 月杨虎城因所部处境艰难，率部退向皖北，驻军太和休整。杨想改造军

---

① 鹿钟麟（1884—1966），河北定县人。早年入北洋常备军，历任副官、营附、参谋、营长等职。1918 年，任冯玉祥十六混成旅炮兵团团长。1921 年，任陆军第十一师炮兵第十一团团长。1922 年，任河南警务处长兼省会检察厅厅长。1923 年，授将军府将军。1924 年，任十一师二十二旅旅长；北京政变后，任国民第一军第一师师长、京畿警备司令、京师警察总监等职。1926 年，任国民第一军军长、察哈尔都统、革命军前敌总司令、国民联军总参谋长。同年秋，奉冯玉祥命，率南汉宸、武士敏等去苏联考察。1927 年春，回国后，任国民革命军第二集团军右路军司令、国民政府军事委员会委员。1928 年，任第二集团军第九方面军总指挥兼十八军军长、豫鲁剿匪总司令、军政部次长。1929 年，兼第二编遣区办事处主任委员、署理军政部部长。1930 年，任中华民国陆军第二方面军总司令兼前敌副司令。1932 年，任军事参议院参议，入陆军大学特三期。1936 年底，与李烈钧等会审张学良。抗战爆发后，任第三战区参谋长、第六战区副司令长官。1938 年，任军法执行总监部总监、河北省政府主席兼游击总指挥及河北省保安司令。1944 年，任兵役部长。抗战胜利后，任华北宣抚使。1947 年，任战略顾问委员会委员。中华人民共和国成立后，曾为全国政协委员、国防委员会委员。

队，请南汉宸帮助。南把杨的想法报告中共河南省委。入冬，河南省委派南到皖北组织皖北特委。南接到命令后，即装病请假、次日秘密动身。武士敏、刘子华、高敬轩等按照南汉宸的指示以开小差的方法与南一同起程，离开鹿钟麟部队，到达太和。杨虎城非常高兴，即任命南为第十军军事学校校长，武士敏、刘子华到军校任教官。从此武士敏在杨虎城部队开始了他近十年的戎马生涯①。军事学校在杨虎城的坚决支持下，很快从全军抽选思想进步的连排干部，又在当地招了一批优秀青年共500人编为4个大队，开始上课。除军事训练以外，还增加了政治教育课。武士敏和其他教官一起自编教材，向学生讲中共八七会议精神，革命知识、社会知识、第一国际、第二国际等。还散发了南汉宸和高望冬合写、以鹿钟麟署名发表的《游俄视察记》，宣传苏联革命和建设的情况，在军内和地方产生了很大影响。对此，第十军内旧派虽然反对，但却得到杨虎城的坚决支持②。

杨虎城第十军到太和后不久，所部冯钦哉第一师第二旅旅长王雨亭③即离去，杨将军任命武士敏为该旅旅长。时第一师驻亳州。旋，奉杨命在师长冯钦哉率领下，攻打危害地方的亳州地方团队首领张疯子，群众拍手称快。

1928年春，杨虎城因思想苦闷，去日本考察。是年7月全国军队

① 蓝叶写的《武士敏》云："武士敏随杨虎城部参加北伐。"此说与史实不符。南汉宸在《杨虎城部在太和与二次入陕》中说："1927年冬，……我接到命令后，即装病请假，次日秘密启程，并把武勉之……都带到皖北太和。""我们到太和，杨虎城……办起军事学校，我任校长，武勉之…当教官。"可见并未随杨部参加北伐。

② 南汉宸:《杨虎城部在太和与二次入陕》，熊美杰主编:《中国共产党在国民党第十七路军中的活动》，陕西人民出版社1993年5月版。

③ 王雨亭（1891—1967），又名玉柱。陕西合阳坊镇人。早年与杨虎城结为异姓兄弟，旋入杨部。历任连长、团长、旅长等职。于右任称其为"杨门虎将"。

整编，杨部被缩编为暂编第二十一师，辖三个旅。武士敏任冯钦哉一旅一团团长（二团团长柳彦彪[①]，三团团长于忠林）。同年 11 月所部移防山东临沂，杨虎城返部。当时胶东一带土匪刘桂堂、顾震危害地方，生灵涂炭，群众苦不堪言。中央命令杨部予以剿灭。刘桂堂匪部盘踞在莒县之大店镇。1927 年春杨虎城将军命令兵分三路进剿，正面由杨将军亲自督率，左面赵寿山支队，右面武士敏支队，同时进攻。双方激战竟日，于当晚攻克大店，刘匪大败溃逃。杨虎城将军以战胜刘匪余威，仅派冯钦哉率其旅进剿顾震。顾匪仓促抵抗，一战即溃。杨军势如破竹，进占诸城。顾匪在王台收拾余烬，翌日拂晓向冯部反扑，武士敏身先士卒，率部迎头痛击，激战数小时，顾匪残部被彻底打垮，溃不成军[②]。

1929 年 5 月杨部又改为新十四师，士敏仍任冯钦哉第一旅第一团团长。（二团团长柳彦彪，三团团长郭景唐[③]）是年冬，杨部奉命开赴南

① 柳彦彪（1884—1959），字子俊，陕西合阳人。20 岁时，投奔杨虎城将军王雨亭部，历任连长、营长、团长。后升任杨部四十二师一二六旅旅长。西安事变后升任二十七路军四十二师师长。抗战军兴，率部抗日。后升为九十八军副军长。

② 关于剿灭土匪刘桂堂、顾震的经过，孙蔚如在其所写的《自传》《回忆》与赵寿山所写的《与蒋介石二十年的斗争史》及李百朋等的回忆不尽一致，我取李等之回忆。

③ 郭景唐，字仰汾，陕西武功县代家乡郭家庄人。黄埔一期毕业。早年入杨虎城将军部队。从 1929 年起历任冯钦哉旅三团团长、四十二师副师长。西安事变后任二十七路军四十二师一二四旅旅长、一六九师师长、九十八军副军长等职。解放后由于历史问题在监狱服刑。“文革”时期自杀于劳改场所。

阳。时蒋介石与唐生智[①]大战，蒋与唐都拉杨虎城助己。杨命所部同时带着蒋军与唐军的袖章，看情况再定。12 月 31 日，杨得知唐军败局已定，遂令冯钦哉率其旅冒着漫天大雪进攻唐生智巢穴驻马店。士敏、彦彪和景唐督率所部，争先攻击前进，一举攻克了驻马店。此役柳彦彪亲自持枪射击，不指挥军队，遭到杨将军训斥。而士敏遵照命令，保证了战斗的胜利。是役士敏和冯钦哉受到蒋介石的嘉奖。

遂后，蒋介石又把杨部改编为陆军十七师，第一旅改为四十九旅，旅长冯钦哉，武士敏任四十九旅第九十七团团长。第二旅改为五十旅，旅长马青苑。第三旅改为五十一旅，旅长孙蔚如。3 月又奉令改为陆军第七军，军长杨虎城。此时，蒋介石正与冯玉祥、阎锡山进行中原大战。蒋介石为了让杨虎城帮助自己打败冯、阎，7 月，又委任杨虎城为讨逆军第十七路军总指挥，防御漯河北舞渡一带。旋，武士敏随部连克龙门、洛阳，10 月攻克潼关，底定三秦。杨将军将五十一旅改编为十七师，孙蔚如任师长；将五十旅改编为五十八师，旋改为警备师，马青苑任师长；将四十九旅改编为七十一师，旋又改为四十二师，冯钦哉任师长。四十二师辖一二四和一二六两个旅。柳彦彪任一二六旅旅长。

---

① 唐生智（1890—1970），字孟潇，湖南东安人。保定陆军军官学校第一期步兵科毕业。毕业后，曾在湘军中历任排、连、团、旅、师长。1926 年任湖南省议会议长兼代省长；6 月，任国民革命军第八军军长；7 月，任北伐军前敌总指挥，兼任湖南省主席，率部攻克武昌。1927 年 3 月，任驻武汉国民革命军总司令；9 月，任特别委员会委员；10 月，被南京政府解除一切职务；11 月，去日本。1928 年秋回国，策动反对白崇禧的兵变。1929 年 6 月，任军事顾问委员会主任、编遣会议组织部主任；11 月，任国民政府委员；第四方面军总指挥。12 月 5 日，通电反蒋，任汪精卫的护党救国第四路军总指挥。蒋下令南北夹攻，唐军惨败。1930 年 1 月，流亡香港。1931 年春，任广东国民政府军委会常委；10 月，当选为国民党中央执行委员会候补委员，并任军事参议院院长。1934 年 12 月，任训练总监。1937 年，任南京卫戍司令长官，指挥了南京保卫战。南京沦陷后，避居湖南，后任军事委员会委员。1949 年，唐在湖南参加和迎接了湖南的和平解放。中华人民共和国成立后，历任湖南省人民政府副主席、湖南省副省长，湖南政协副主席、全国人大常委、全国政协常委、民革中央常委、国防委员会委员等职。1970 年逝世。

武士敏任一二四旅旅长，兼任潼关警备司令，辖二四七团（团长行海亭①）、二四八团（团长王宏业②）、二四九团（团长景行之）。

1933 年冯玉祥在察哈尔组织抗日同盟军抗击日寇进犯长城。武士敏旅曾奉令随部开赴察哈尔前线，5 月与日军在长城交战。是年 9 月，因“何梅协定”签订，热、察问题暂时解决，士敏遂率部同四十二师回到陕东。1934 年，奉令开赴陕北，驻防洛川等地，参与“围剿”刘志丹领导的陕北红军。其间，曾去黄帝陵祭拜轩辕黄帝，并在登阶西面树碑留念。碑上镌刻着武将军题词“桥陵圣境”4 个大字。1935 年元月，士敏曾随部在陕南堵截入陕的红二十五军程子华部，以失败告终。1936 年 2 月 3 日，国民政府令：武士敏、柳彦彪、赵寿山晋升陆军少将③。

冯钦哉

1936 年秋，杨虎城将军保送士敏到南京陆军大学深造。1936 年 12 月 12 日西安事变爆发后，南京政府知道武士敏倾向中央，又听说

① 行海亭（1890—1945），陕西合阳人。绰号“行长眉”。早年随王雨亭参加杨虎城部，曾参加驻马店战役。1930 年返陕后，任杨部四十二师团长。西安事变后，升为二十七路军一六九师五〇五旅旅长。抗战军兴，曾率部转战河北、山西，给日军以重创。武士敏殉职后不久回乡。

② 王宏业（？—1944）字勤轩，陕西省蒲城县人。1926 年随杨虎城坚守西安，驻防东关。城中粮食告罄，军民争食。他却能约束部下，严守纪律，受到广大商民拥护。1930 年后，先后任杨部四十二师二四九、二四八团团长。西安事变后，升任冯钦哉二十七路军一六九师五〇七旅旅长兼政治部主任。卢沟桥事变后，随部奔赴河北抗日前线，曾兼任石家庄警备司令。先后参加了完县大河凹、滹沱河上游大小金山、娘子关、子洪口、中条山诸战役。1939 年冬在山西夏县战斗中，臂背受伤，勇不少衰。沁河战役后，任九十八军四十二师师长，后晋升九十八军副军长。1944 年病殁于家。

③ 刘永端《抗日英雄武士敏生平》说，武士敏“1934 年……晋升陆军少将。”而《国民革命军将领全名录》却记为：“1936 年 2 月 3 日，国民政府令：武士敏、柳彦彪和赵寿山等晋升陆军少将。”孰是，待考。

冯钦哉态度暧昧，便委派武士敏回大荔说服冯钦哉。武回大荔，路上与杨虎城将军派到大荔说服冯钦哉的军法处长张依中的车驾相逢。武到大荔后即以此事告冯。冯当晚即派人把张活埋。由于武士敏和副师长郭景唐不断来往于潼关、大荔之间，冯钦哉终于率部投向南京[1]，离杨附蒋。因冯钦哉拥护南京政府，即被任命为“讨逆军”第三纵队指挥官。1937 年 1 月 5 日南京政府在对“杨虎城撤职留任西安绥靖公署主任”的当日，并对在西安事变中支持南京的冯钦哉晋升为“第十七路军总指挥”。10 日，南京政府任命冯为第二十七路军总指挥，3 月陈诚把该路扩编为两个丙种师：以第四十二师第一二六旅为基干扩编为第四十二师，柳彦彪任师长（一说冯兼），郭景唐仍任副师长兼第一二四旅旅长，王明钦任第一二六旅旅长；以原第一二四旅为基干扩编为第

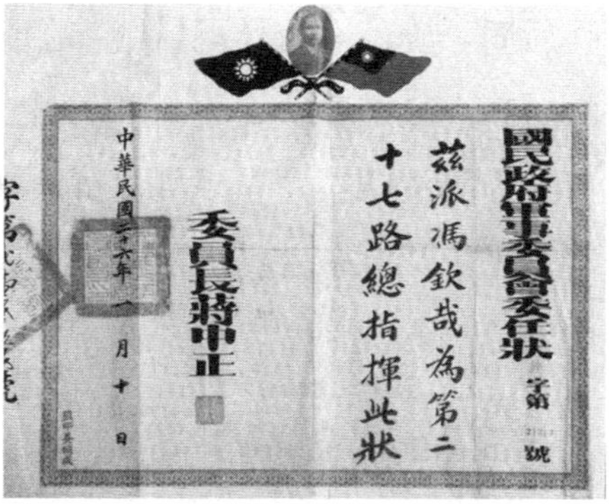
國民政府軍事委員會委任狀 字第 號
茲派馮欽哉為第二十七路總指揮此狀
委員長蔣中正
中華民國二十六年一月十日

① 党德信等主编的《抗日战争国民党阵亡将领录·武士敏》云：“西安事变前，武士敏正任陕军第一六九师师长，他积极帮助张、杨搞救国义举、坚持国共两党合作共同抗日救国的主张，为西安事变的和平解决做了一些工作……”山西长治市太行太岳烈士陵园武士敏墓碑也主此说。但此说纯属杜撰。西安事变时，武正在南京陆军大学深造。怎能帮助张、杨？再说张、杨兵谏，可谓绝密，岂能让部属尽知？1936 年 12 月 16 日杨虎城致冯钦哉函说：“此次西安事件，仓促发动，未及通知，良深谦然。事前无有一人知者，良以时机迫切，事件机密，不获从容考虑耳。”相反，正如武部王明钦所写的《西安事变时，冯钦哉部叛变的经过》说：“不久武勉之由南京也回到大荔，武也倾向中央，此次归来是受中央委托来说服冯的。……”

一六九师，武士敏任师长[①]，辖第五〇五和第五〇七旅，旅长由行海亭、王宏业担任，共辖四个团。

四

武士敏长期受杨虎城将军的影响与教育，思想进步，爱国心切。7月7日日军进攻卢沟桥东的宛平城，发动了全面的侵华战争。武士敏闻讯后，与冯钦哉等领衔致电二十九军抗日官兵，表示声援，誓作坚强后盾。旋，奉命与冯钦哉率部由大荔，徒步行军，到华阴、潼关集中。8月29日乘火车经郑州[②]北上，到达石家庄抗日前线。所部划归卫立煌第十四集团军战斗序列，扼守平汉路上的第四线——石家庄西北的平山和以东的藁城附近，第五〇七旅旅长王宏业担任石家庄警备司令。一六九师曾先后在满城、保定、完县大郭村和滹沱河上游东西金山重创日军。

10月10日攻占了石家庄和获鹿的日军川岸文三郎第二十师团，即由石家庄沿正太路西进。同日，第二十七路军（第十四军团）总

① 武士敏何时升任何部一六九师师长，也是众说纷纭。前引《抗日战争国民党阵亡将领录•武士敏》说："西安事变前，武士敏正任陕军一六九师师长"。《民国高级将领列传•武士敏》说："1937年5月，武士敏升任第十七路军（后改第九十八军）第一六九师师长。"《抗日英烈谱•武士敏》云，抗日战争爆发后，"时任西北军杨虎城部下第一六九师师长的武士敏将军"。武士敏任一六九师长师长应是1937年春，而非西安事变前。武士敏任一六九师师长，为冯钦哉二十七路军部属，而非杨虎城十七路军的部属了。因冯钦哉离杨附蒋，此时十七路军总部已被南京政府撤销，所属部队缩编为第三十八军，并非改为第九十八军。

② 党德信等主编的《抗日战争国民党阵亡将领录》说，卢沟桥事变爆发后，"武士敏……率领第一六九师出陕西，渡过黄河，挥师北上，开赴山西、河北抗日前线。"说先开赴山西与事实不符。亲历者时任一六九师译电员石中立在《上下盘石之战》中说："七七事变后，我师由陕西大荔徒步行军到潼关……然后乘车到达石家庄"。

指挥冯钦哉率第二十七路军、第三军、第十七师和第三十八军教导团向娘子关预定阵地推进。(《晋绥抗战》第730页)武士敏奉命率部快速向井陉附近的贾庄转进。贾庄在井陉近郊，是一个重要的山口，一六九师至此一可防御滹沱河北岸之敌渡河南进，二可阻截正太路敌之西进。翌日清晨武士敏命令部分有战斗力的一部留在此地，其余向西占领恋庄。此时日军骑兵突至，占领沟北高地山梁，并用机枪向村西口正集合的一六九师猛烈扫射。武师长即令特务连卧倒以轻机枪还击。并令刘禹干机枪连架起重机枪将河滩敌马匹大部击毙。敌企图包围我军，经过激战，终被特务连击退。经过30多里的急行军，到达恋庄。旋武士敏奉令率部配合友军扼守娘子关。

娘子关位于晋、冀两省交界之处，为由东部进入太原的咽喉。日军如攻占娘子关，则可西进太原盆地，切断山西的南北交通，而且可以保障其沿平汉路南下侧翼的安全。因此娘子关成为中日双方必争的战略要地。为确保太原和解除忻口我作战部队的后顾之忧，第二战区决定组织娘子关保卫战。武士敏所部第十四军团（是年9月由二十七路军改编）和第三军等部队奉命扼守娘子关，阻遏日军西进，统由第二战区副司令长官黄绍竑指挥。其防御线位于井陉以西正太路南北两侧。武士敏率所部扼守北侧由滹沱河边的洪子店向南至西板山一线，所部柳彦彪四十二师为预备队。10月13日，第十四军团刚到栾庄，洪子店就被日军攻占。10月22日，十四军团在臭水、桃林坪、观音特山一带构筑阵地。10月25日奉令向阳泉集结。10月26日，日军攻占娘子关。(《晋绥抗战》第732页)同日由旧关攻入关内的日军，正巧在上下磐石以东沟道内，接近武士敏一六九师的后面部队五〇七旅。该旅旅长王宏业当即命令部队占领沟道两侧山地，封锁沟道，阻止敌人西进，与敌展开激战。敌人由东向西，东面山势较高，地势对敌有利。

王宏业旅长和武士敏师长都亲在下磐石前线指挥督战。敌人凭借有利地形，向武部疯狂猛攻。北山坡部队抵不住敌人火力，有的士兵往下撤退。武士敏师长命令王宏业旅长，用手枪逼令后退的士兵返回阵地抵抗，没有命令，不许有一人后退。在此与敌人拼杀了一日又半夜。虽然敌占地势较高，但在山地作战，敌人的重武器不能很好发挥作用，飞机、战车、野炮，甚至骑兵也不能或很少使用了。因此一六九师阻遏住日军推进，给敌以沉重打击。敌我双方均有很大伤亡。战至深夜，武士敏师长方令第五〇五旅及各团由萌营翻过刘备山，五〇七旅也由火线撤下速至萌营翻过刘备山。因其师损伤较重，武士敏奉令率部经寿阳以北段王、宗艾镇、太原，渡过汾河到晋西大宁整补[①]。

五

在大宁整补时，两个师併编为一个师，四十二师整编为薛如兰二五一团，拨归武士敏一六九师，归卫立煌指挥。武士敏奉令率领斗志昂扬的张、潘、黄、薛四个团离开吴村，于 12 月 15 日，到达沁县北之漳源镇以北地区，归汤恩伯指挥。师部驻在南关。在这里欢度了 1938 年春节。所部驻防在盘陀、东西团城铺、来远镇、北关、马羚关和分水岭一带。一六九师的防地为北起子洪口南至沁县城的山区地段，任务是固守晋东南主要通道，防御太原、榆次、太谷、祁县、平遥一带的日寇进犯太岳山区。在此武士敏利用相对安定的大好机会认真组训部队。一六九师左面的友军是薄一波的山西青年决死队，右面友军

① 石中立：《第一六九师在晋东南抗日》，全国政协《晋绥抗战》编写组编：《晋绥抗战》，中国文史出版社 1994 年 4 月北京版，第 493 页。

是朱怀冰部的第八十五师。所部接受朱德和彭德怀的领导，决死队剧团经常到一六九师防地慰劳演出，宣传抗战，鼓动山区人民抗敌情绪。八路军星火剧团也来一六九师防地作示范演出，宣传抗战意义。武士敏也派了数十名青年官兵到十八集团军总部参加军事政治学习，并派了一些青年学习文艺节目，还在来远镇开办了军士训练班，轮流培训连以上干部，部队面貌焕然一新，战斗力大大提高。

2 月第二战区司令长官部计划收复太原，组织东西两路军进行会战。西路军以阎锡山、卫立煌为正副总指挥，所辖均为国民党军队。东路军以朱德、彭德怀为正副总指挥，辖八路军及部分国民党军队，武士敏部归东路军。在收复太原会战中，西路军首先失利，其原因是因为指挥不统一，作战不力，这给东路军中国民党军队将领造成恐慌，导致整个收复太原会战失败。武士敏也受到影响，认为国民政府抗战不力，同时自己又是杂牌军，饱受歧视，对抗战前途产生了疑虑。3 月 24 日至 28 日，武士敏参加了第二战区副司令长官、东路军总指挥朱德和副总指挥彭德怀召开的军事会议，聆听了朱总司令的精辟论述，坚定了粉碎日寇进犯的决心。遂后又应朱德、彭德怀的特意邀请于 3 月 31 日观看了八路军响堂铺伏击战。此战是八路军一二九师主力设伏于东阳关与涉县之间的响堂铺。上午 9 时，日军汽车 180 辆，由黎城经东阳关开往涉县。当日军进入我伏击地区后，我即猛烈突击，经两小时激战，歼敌 400 余人，焚毁全部汽车。武士敏对八路军这种游击战的战略战术和指挥艺术赞叹不绝，决心向八路军学习，把日寇消灭。

是年 4 月 4 日，日寇以第一〇八师团为主力，纠集了在晋东南各地的日军共 3 万多人，分九路向晋东南太行抗日根据地大举围攻。武士敏将军遵照朱总司令的命令，率部扼守子洪口要隘，阻敌一路进攻。敌主力部队一〇九师团一个联队由榆次、太谷、祁县、平遥等地向

潘禹九

冯汉英

一六九师扼守的子洪口至盘陀、团城一带主要阵地进行围攻。敌骑兵进入子洪口潘禹九[①]一〇一〇团防地，潘团立即进入阵地，与敌展开激战。敌战车亦陆续开进公路，敌步兵也蜂拥而来，敌人占领了沟口小高地，利用战车及炮兵掩护进攻。从西路祁县来的敌人，也从潘禹九团和冯汉英一〇〇九团左翼山上猛攻。由洪善、平遥、张兰来敌，与王宏业五〇七旅黄维华一〇一三团发生战斗，阻敌于东泉一带，几处同时展开激战。武士敏师长带领参谋长、蔡处长和几位参谋副官，由刘家垴师部赶至来远镇东唐河底指挥作战。潘禹九、冯汉英两团在盘陀、团城以北两旁阵地上，予敌以沉重打击。击毁敌战车十余辆，歼敌近千人。黄维华团阻击由西山进犯之敌，将敌阻击于东泉一带，毙敌甚多。经

① 潘禹九（1904—1958），名锡畴，字禹九。陕西合阳县人。其家祖居洽川，祖辈务农，兼营小商，家计小康。合阳中学第一届毕业生。少有志气，处事交友异于常人。在合中毕业后，民国十二三年间，因其父被土匪绑票，家中花钱甚多，他也被匪拘留拷打，受了很大刺激，乃毅然从戎，投奔杨虎城将军麾下王玉亭（合阳人）部，不久任连长。1927年春，随部出潼关，与北伐军会师中原，转战豫、皖、鲁、豫。1930年冬，在杨虎城将军率领下，打回陕西。他升任杨部冯钦哉第四十二师工兵营长。西安事变爆发后，随部离杨附蒋，他任武士敏一六九师一〇一〇团团长。卢沟桥事变后，随部开赴华北抗日前线。转战河北、山西。经过大宁整补，1938年春节前，随部开赴晋东南，扼守子洪口一带。先后粉碎日寇九路、十三路围攻。1939年冬，开赴中条山。1941年5月中条山战役后，所部突围到太岳根据地。9月底，日军对其部发动猛攻，全军几近覆没。禹九因在洛阳受训，未遇难。1942年，九十八军驻防宝鸡。他升任四十二师副师长。不久弃职归里。先后任韩城、合阳县长。1949年1月率部起义。后曾任西北解放军某团副团长、西北军政大学解放军官大队大队长，西北军区司令部参谋，陕西省人民政府参事室参事等职。

3日夜血战，武师亦伤亡数百人。为诱敌深入聚歼于子洪沟中，武师长遵照朱德总司令的命令，令全师作反包围战。一六九师深夜将部队撤至唐河底，并为截击东路之敌，向东南云簇、石盘转进，由石盘又折向西至南关以南一带再向西北迂回，经侦察敌已狼狈退出子洪口。武士敏率部回驻来远、子洪防地，在来远镇村西为此役殉国的官兵修建了烈士墓。此役由于和八路军并肩作战，至4月27日，彻底粉碎了敌之9路围攻，共消灭敌军4000余人，收复长治、沁县等18座县城，巩固和扩大了晋冀豫边抗日根据地。粉碎日军九路围攻以后，武士敏在来远又集训了部队，并恢复组织了军士训练班。在此欢度了抗战后的第二个春节。由于日军很久不敢轻易进犯，武士敏便不断派出便衣队小部游击队到山外游击，在山外各村群众的大力协助下，破坏了多处公路，并割断敌架设的电线，使得日军不得安宁。先后俘敌翻译官田敏、金桂玄2人，士兵北风政治1人，还有投诚的小队长金森进1人，全部送往八路军总部转送后方。

1939年4月中旬，日军以万余步兵、骑兵、炮兵，分13路向子洪口扑来，扬言要坚决消灭一六九师，对武士敏部形成三面包围，形势极为险恶。敌人的这次进攻，早在武士敏的预料之中，他事先做了准备和周密的安排，首先将师部由来远镇迁回刘家垴，准备以刘家垴为基点。后考虑到这次转进范围较大，他将师部各处非战斗人员及全部辎重等统一由副官处长张天聪率领转移到沁县附近安全地带。自己同秦参谋长、蔡处长、段参谋和师部译电员石中立带一个无线电排亲往前线指挥作战。他率部以机动灵活的游击战术，避敌之锋芒，转移到外线作战。武士敏指挥所部在来远镇以东的唐河底集结，掩护辎重等撤走以后率部向东转进，决定首先打击最薄弱的由太谷、白圭方向南来的日军。而此时洪善向来远东进之敌已尾随在武师后面，当至温风岭时，背后敌人赶来追击，武士敏当即命令一个连迅速占领两侧高地，待敌向我射击，我两侧高地机枪同时猛烈开火，击毙敌人大半，残敌仓皇逃窜。与此同时，潘禹九指挥一〇一〇团经过激战，将由南北来之敌击退。在故城镇，其师武兆元骑兵连也与南来之敌拼杀一天。当武士敏率部到达白狐窑以北一带时，由王和、王陶一线之来敌向我以瓦斯弹轰击，漫山遍野黄烟滚滚，但我毫无损伤。一六九师后续部队，同仇敌忾给敌以痛击，该敌仓皇逃回山外。一六九师经过连日转战，后到李城村集中。在此休整3日后，向沁源转进，此时沁源之敌也向一六九师扑来。武士敏当即令部队进入东沟，在交口附近山上与敌相遇展开激战。他令两个团的迫击炮连，用12门82迫击炮向敌猛轰，将南来两路之敌打得狼狈逃窜。这时天降大雨，武师长毅然决定把山炮连的两门大正6年式山炮扔掉，部队才顺利翻过二里丰山梁，沿沁水至府城镇南下，胜利粉碎了敌人的13路合围进击。一六九师此次的反扫荡作战，是武师长以八路军为榜样，采用灵活的游击迂回，打掉敌人就走，不同敌人长时间硬拼，因此与粉碎敌九路围攻时比较，一六九师伤亡甚微。当武士敏率部沿沁水向南转进之时，后续部队在沁源县贾岩沟附近发现一股敌军尾随在后，武士敏即令一个连布置在贾岩沟两侧山头，两个连布置在沟内两侧高地，营部带一个连由沟口引敌尾随跟进沟内。当日军全部进入沟内后，我军立即向敌开火，打得敌人晕头转向，来不及抵抗。敌欲占领两侧山地，这时两侧我两个连立即给敌以毁灭性打击，将敌大部击毙，未死者也无路可逃，相互残杀。骡马也被全部击毙。整个一个中队的敌人无一逃脱。经过这次设伏歼敌，使敌人再未敢轻易对一六九师进行追击。遂后全师转移到长子以西的道场沟，师部即驻扎在该处。

是年6月，日军再次集结一〇九师团与独立第九旅团主力，从平遥豹突山侧面袭击驻在太岳区的武部一六九师，形势极为险恶。一六九师三面遇敌，武士敏师长沉着指挥，于7月4日秘密将全师重火力集中转移到沁源的天神山上。第二天清晨，日寇刚进到天神山脚下，武将军一声令下，大炮、机枪争先开火，把日寇压制在马家峪沟湾，打得敌人哭爹叫娘。旋，日军组织反击，但武师居高临下，打退了日军的一次又一次进攻，日军只好狼狈逃跑。

1939年秋天，冯钦哉调任第一战区副司令长官，武士敏升任第九十八军军长，带了秦逸民参谋长和其他部分人员往军部到职，军辖王明钦第四十二师和郭景唐第一六九师。同年冬天率部开赴中条山抗战。

1939年国民党顽固派掀起第一次反共高潮，12月，阎锡山在晋西、晋西北、晋东南勾结日伪军夹击决死纵队及八路军；在太行山区，蒋介石指令国民党第九十七军朱怀冰部，并纠合庞炳勋、张荫梧等部，在日伪军配合下，于1940年2月进攻八路军总部。当此之时，阎锡山还企图利用九十八军夹攻决死一、三纵队，武士敏置之不理。他反而在官兵中宣讲“抗日高于一切，坚持抗战到底”的道理。武士敏将军在朱德、彭德怀的鼓励帮助下，始终与八路军保持了亲密的友谊与精诚合作，模范地执行了团结抗战到底的正确方针。1940年2月，朱德、彭德怀正副司令在沁县召开国共两党的东路军将领会议共商团结抗日大计。武将军在会后说：“我当了几十年兵，真正懂得为国报效是在小东岭会议上听了彭副总指挥的教诲后才认识的。从此，我才懂得怎样做一个真正的军人。”

九十八军在武将军的领导下，与八路军肝胆相照、荣辱与共、密切配合，打退了日军对我抗日根据地的多次疯狂进犯，坚持了山西的抗日战争，为稳定全国的抗日局势，争取抗战胜利，作出了重大贡献。

六

1939年冬天，武士敏将军奉令率部开赴中条山抗日。王明钦四十二师为先头部队驻防胡家峪东峪沟一带，归曾万钟第五集团军指挥。军部驻李圪塔。郭景唐率一六九师在三九大雪纷飞中也由道场沟向南，经阳城县以西的董封镇往南开上雪泉岭。师部驻在雪泉岭的西庄，在此欢度了1940年的春节。

王明钦师立足未稳，日军于12月3日向中条山地区发动第10次进犯。自11月下旬以来，闻喜、夏县、运城、安邑一带，日军调动频繁。到12月初，日军在横岭关、镇风塔迄老泰庙一带集中4000余人，在闻、夏、运、安一带集中万余人，伺机发动对中条山地区的第10次进犯。12月3日，日军主力荒木、重松两联队附骑炮兵，约8000余人，在飞机20余架，战车10余辆掩护下，分路向上下阴里大峪沟之线及闻喜、夏县各山口我第五集团军阵地进犯。第五集团军与敌展开激战。至4日，五集团军逐段后撤诱敌深入，大军转移到第二线阵地。武士敏九十八军之先头部队王明钦第四十二师奉令增加于胡家峪东峪沟一带。5、6两日，敌继续推进，数度猛攻，均被击退。7日，第十七、九十八两军各一部由右翼向西出击，在上下横榆清山村及以北高地毙敌近千人。8、9两日激战更烈。8日，二战区副司令长官、南路军总司令卫立煌亲临前线督战。经激战，至11日，敌严重受挫，全线崩溃。是役血战九昼夜，共毙敌2000余，联队长重松受重伤，大队长江岛被击毙。12日后，第五集团军各军逐渐恢复原态势后，奉令扫荡各山背之敌及向铁道沿线出击。武士敏指挥所部与第三军第七师向山口进击，围袭堰掌镇、尉郭镇各据点，并猛力向敌后方伸展接袭，将各该据点外围各小据点之敌次第肃清。

九十八军到中条山的主要任务是：阻击日军从晋南沿黄河北岸山区向东进犯，占领沿河据点截断我后方补给线。敌曾由夏县一带不断向山区进犯，一度攻上了中条山的最高点唐王山，并占领了附近关帝梁等山头。日军的强大炮火把山头上的关帝庙完全轰平，交通壕都被击成高低的坑或丘。刘戡九十三军两个团拼死抵抗，几乎全部阵亡。武军长奉命令一六九师派两个团夺回唐王山。接到命令后，郭景唐师长同参谋处长蔡画一及石中立率领两个团，并配有曾万钟两个团，即日向唐王山发起进攻。郭师长令一个团占领唐王山以东高地，用迫击炮向敌据点轰击，一个团向山上进攻，经过激战终于夺回了唐王山并占领了高地，守据点之敌百余人大部被击毙。两个团遂各派一个营向敌游击。一个营游击至埝掌附近，一个营游击于夏县附近，并击毁敌开进村中的坦克一辆，消灭敌数百名，逼使敌退回铁路线。在此次战斗中师部中校参谋朱建中带便衣谍报人员与敌搏击以身殉职。在夺回唐王山之战时，一六九师部队驻于徐家沟、岔车、大爻、唐王山附近，监视敌之行动。军部也开来大寺坪驻扎。后因敌无甚行动，一六九师仍回西庄，武军长也回李圪塔军部驻地。

山西到河南的黄河上，有个垣曲渡，为军事要地，历来为兵家必争，已被日寇攻占，并派重兵把守。1940 年秋，第一战区司令部决定收复垣曲渡，以九十八军为主攻，其他友军配合。战前，全军都做了动员。武军长令王明钦、郭景唐两位师长告喻全体官兵：陕西冷娃（九十八军多为陕西人）这次作战要给鬼子一些厉害；要不怕牺牲，奋勇杀敌，一定要把垣曲渡夺回来；一为国家争光，二使官兵能吃上洋面，三从缴获中可以补充我军装备。全军上下斗志昂扬、厉兵秣马，决心打好这一仗。此役十分激烈，双方投入兵力都在 5000 人以上。敌人仗着猛烈的炮火和坚固的工事，拼死顽抗。九十八军将士在武士敏将军的指挥下，冒着日军的猛烈炮火英勇冲杀！喊杀声震动了黄河和中条山！二五一团直插敌腹，奋勇杀敌。尤其是杨荫民营长率领的三营官兵，个个勇猛，和鬼子进行了摔跤战、拉锯战，抡起大刀肉搏。此役前后经过12天，其中激战7日，终于收回垣曲渡，缴获很多战利品。敌人弃尸数百，残敌狼狈逃窜。这次战斗胜利结束后，国民政府和陕西、河南等省，先后派遣慰问团到中条山慰问参战的九十八军将士。

一六九师在西庄度过了1941年的春节。

1941年春，在夏县东南和九十八军联防的三十四师[①]，在一次战斗中丢失了阵地，被第一战区严厉责斥，命令该师限期将失地收回，否则军法严处。三十四师师长公秉藩慌了手脚，不知所措。他深知所部士气低落，战斗力差，要夺回失地，实不可能。经过再三考虑，公师长向九十八军求援。武军长从全局考虑，立即命令四十二师薛汝兰（陕西渭南人）二五一团[②]杨荫民第三营前往援助。杨营长接令后，日夜兼程，迅抵前沿。经过勘察地形，杨做了周密布置和战前动员。全营官兵满腔怒火，同仇敌忾，冲向敌穴。杨营长身先士卒，一马当先，带头冲

杨荫民

① 廉洁写的《追忆杨荫民先生抗日战斗中的二三事》说："1938年春，在夏县东南和九十八军联防的友军国民党第三十五师……三十五师师长龚秉藩……"此回忆4处有误：1.师长姓"公"，不姓"龚"。2.公秉藩师番号是三十四师，不是三十五师。3.公秉藩回忆其师是1940年11月才上中条山接防的，九十八军怎能在1938年春帮助三十四师呢？4.1938年春，冯钦哉部还不是九十八军，1939年春才改为第九十八军。

② 廉洁写的《追忆杨荫民先生抗日战斗中的二三事》说：二五一团属一六九师，此说有误。一六九师没有二五一团的编制，应是第四十二师。

锋；战士们奋不顾身，奋勇杀敌。飞扬跋扈、不可一世的鬼子，被三营打得晕头转向、狼狈不堪。经过两昼夜激战，敌人伤亡惨重，弃尸数十具溃逃，龟缩到铁路沿线的巢穴里去了。此役，九十八军三营取得很大胜利，不仅收复了三十四师丢失的阵地，还拔掉了敌、伪、顽10多个据点，生俘鬼子6人。三十四师公师长带领慰问团亲来慰问九十八军，抚恤伤亡官兵。

中条山位于山西省南部，横亘在黄河北岸，东北西南走向，东西约170公里，南北约50公里。东北接太行山、太岳山，俯控豫北；西南隔黄河与秦岭相望，西可屏障潼关、西安，扼秦晋之要冲；南可屏障洛阳，向北俯控同蒲路，是华北、中原和西北的战略枢纽地带。可见中条山地位异常重要，如为日寇占领，则陇海路不独深感威胁，且洛阳恐亦难保，而西安亦危。太原沦陷后，日军接着占领了晋南各个县城。中国军队为了减少损失，不以扼守城镇为目的，分散在晋南山地进行游击作战，建立了以中条山为依托的抗日根据地，对华北日军构成了极大威胁。

日寇为了踏平豫陕，饮马巴蜀，一直视中条山为华北治安的盲肠，必欲拔除而后安。因此，从1938年秋季之后，就不断对中条山抗日根据地发动大规模的进攻。截至1941年4月，已先后进行过13次大规模进攻，但在我守军的顽强抵抗下，来犯之敌均以失败告终。

1941年2月25日，日本华北方面军司令部在北平召开有各军、各师团参谋长参加的治安肃正作战会议，会上确定了年度第1号作战计划。其内容为集中方面军主力，歼灭在晋南中条山第一战区的两个集团军。

敌中国派遣军，为了确保这次作战获胜，调其第十一军驻南昌附近安义的樱井省三中将的第三十三师团（即二一三、二一四步兵联队，二一五联队仍留于安义地区）参加作战；又调在徐州的第二十一师团及在开封的第三十五师团、在商丘的骑兵旅团，均至晋南执行作战任务。为增加此次作战的空中力量，日本大本营于4月19日，调关东军第七飞行团驻勃利县杏树机场的相京正夫中佐轻轰炸第三十二战队；驻海林县机场第二飞行团二田原宪治郎大佐的侦察第八十三战队，参加此次作战。敌这次对东西长约为150公里、南北宽仅有55公里的中条山区，竟动用了6个师团又3个旅团的兵力，这在武汉作战以后是少见的。

第一战区在黄河以北的中条山地区，部署了7个军。这7个军背靠黄河，以中条山为依托，形成半圆形东西约170公里、南北50多公里的防区。

5月7日，日军在中条山西部和东部的6个师团又3个旅团（骑兵第四旅团，仍归第三十五师团指挥）20余万，在300架飞机、数百门大炮的配合下，分五路按计划同时开始采用分割和作向心猛攻。敌分编多数纵队，成广正面钻隙迂回，封锁山口、渡口，逐步紧缩包围圈。战斗之惨烈，为抗战数年来所未有。每日自拂晓至黄昏止，平均无一分钟天空不见敌机活动；阵地所在，无尺寸不为敌炮烟、毒气所笼罩。其中日军三十三、四十一等师团及独立四、九旅团为基干向武士敏九十八军扼守的防地猛攻。8日中村敌猛攻九十八军王明钦四十二师交口村阵地，王师遵照武士敏将军的命令拼死抗击，激战一日夜，打退日军多次疯狂进攻。东部董封东西线的中国军队第九十八军顽强抗击进犯日军，在董封东南围歼日军一个大队。同时日军一股猛攻九十八军与第十师接合部二里腰，经过激战，因敌众我寡，武士敏命令所部转移到董封以南游击，旋雪泉岭阵地陷落。接第一战区命令，让全军突围。武将军率领全军，经过浴血苦战，于12日冲破日军重围，突过封锁线北进。九十八军两师到东乌岭、沁水间。18 日郭景唐一六九师潘禹九一〇一〇团和赵子章一〇一四团经过苦战于 19 日晚突围北进。王明钦师于西苑村与敌激战竟日，将敌击溃。梗日武士敏率军部及王明钦师继续北进，有卯抵宋家岭。25 日军部与郭师在小寺庄与追敌激战，大挫敌锋后，继续北进。27 日将长子、田家沟阻路的日军击溃。6 月 1 日后，九十八军终于冲破重围，陆续到达太岳抗日根据地——沁源东的东沟，后南移于王村、郭庄一带整理。薄一波回忆说："1941 年 5 月 7 日，日军发动中条山战役，……5 月下旬国民党十四集团军因众寡悬殊，被敌追击，进入安泽县唐城镇。28 日我和陈赓同志与十四集团军副总司令刘戡谈判，达成协议。根据协议，刘戡、武士敏率九十三、九十八军转移到太岳腹地，由我们供给粮食。我们并派队四出游击活动，牵制敌人，予友军以休整补充的机会。九十三军是蒋介石的嫡系，不久就奉命西渡黄河，进入陕西韩城境内。武士敏的九十八军是'杂牌军'，无处可去。我们同情他们的处境，让他们留在岳南，一切供给由我们解决。我们和武士敏建立了真正的统战关系，当地人们曾称之为'真正统一战线'。……我们和九十八军建立了合作抗日的良好关系……"①

七

太岳山南段地区——岳南抗日根据地，是中条山战役后，八路军、决死队和武士敏将军率领的第九十八军共同开辟并巩固起来的。该区包括冀氏、襄陵、临汾、曲沃、翼城、浮山、沁水、高平、长子等 9

---

① 薄一波:《七十年奋斗与思考》，中共党史出版社 1996 年 3 月北京第 1 版，第 331 页。

县之各一部，沁河流贯该区南北，又以沁河为界分为河东河西。该区四周都是日军占据的点线，东为白晋线，西为同蒲线，南为曲（沃）高（平）公路，北为洪（洞）屯（留）公路。因此岳南根据地的巩固，不但直接威胁日军在晋东南与晋西南的两大据点——长治与临汾，并且附晋南三角地带之侧背。因此，当日军企图策应进攻郑州之役，渡河进击西北之先，为了摧毁太岳区的抗日力量，从1941年9月22日至10月5日半个月之内，就反复进行了三次残酷的“扫荡”。

在这次“扫荡”中，同蒲白晋各线前后出动之敌，共在两万以上，包括第三十六、第四十一及第八师团之各一部，第四混成旅团之高木大队与二二四联队全部。9月22日，日军以8000之众，首先出动“扫荡”河西八路军、决死队的作战防地——浮山、翼城、隆化、沁水、四十里铺、府城、良马、鲍店、草峪地一带，以九大路27小股的“梳形”队形，乘黑夜奔袭冀氏、马壁、西范村三地，企图一举消灭驻防在该区的八路军三八六旅旅部及决死一纵队之一部，但我军早有准备，当即转移村外，占领高地，与敌军展开了包围与反包围之战。23日，敌我激战竟日，至下午4时，长子敌复来增援，对我军作层层封锁，企图歼灭我军主力。可是我军却乘黄昏时分，迎着进犯之敌，平行突出重围，粉碎了敌人的围歼毒计。此役，敌军除伤亡400余人和消耗大批弹药外，一无所得。我军则仅伤亡连级以下指战员60余人。

日军此次对岳南的进攻，不只是军事的，而且是政治的。敌人自始至终没有放弃对九十八军与八路军的挑拨离间。当22日敌发动对河西地区“扫荡”时，即在河东各据点大肆宣传“不打中央军，专打八路军”和“请九十八军与皇军协力消灭共产党”等口号。并制造种种谣言，极力挑拨中央军与八路军、决死队的团结。武士敏将军洞悉敌人这种各个击破的奸计，便以积极备战的行为，打击了敌人挑拨离间的企图。25日，日军第一次合击失败后，就面向河东一带的郑庄、端氏、马村、寺庄、长子等据点，各增兵千余，扬言出发“扫荡”，一面采用各种政治阴谋；几次派飞机到九十八军驻地投掷欺骗传单：第一次要求九十八军“不配合共产党作战”；第二次要求九十八军“投降”；第三次要求九十八军“协同消灭共产军”。交换的条件是将陵川、晋城、高平等县划给九十八军，委任武士敏将军为“白晋线自卫军总司令”，限26日前答复，否则即行“消灭”。“这是污辱我武士敏！……”敌人得到的是武士敏将军愤怒地痛骂：“我要投降就不在敌后坚持四年抗战，咱们是吃饭长大的，不是吓大的。”当武将军看到敌人的无耻信件时，立刻作了这样英勇而果断的答复，下令全军积极准备，坚持斗争到底。同时严禁其部属阅读敌人散发的传单，并向八路军、决死队表示愿共同作战，和敌人拼到底。26日过去了，敌人的诱降失败。27日敌即采取各个击破的方式，一面仍继续向九十八军师级以上的军官诱降，一面出动兵力5000余，分由马璧、端氏、云首向古堆村合击，驻该村的八路军即连夜向北突围。从王璧、郑庄出犯之敌，28日在飞机掩护下合击沙庄时，也扑了一个空。敌人两次扑空后，即以全力集结于沁河沿岸及洪屯公路上，企图封锁沁河，把我军压缩到河东地区，聚而歼灭。我八路军三八六旅指挥员识破其毒计后，当即通知九十八军武士敏军长，并留下一个营掩护其转移；一面即于当天晚上，以极秘密迅速的行动向西转进，突破敌人严密布防之沁河封锁线。当我军向西转进时，马璧、狼寨两股敌军也同时从西面向石槽平行东犯，我军即交错穿行于两股敌人之间，双方相距只不过三五里路远。不幸的是，九十八军当晚竟未及突围。

29日，敌从冀氏、南北孔庄、卫寨、狼寨、马璧、王璧、郑庄、端氏、马村、张店、寺庄、鲍店、丰仪、良马以及高平、长子等地出

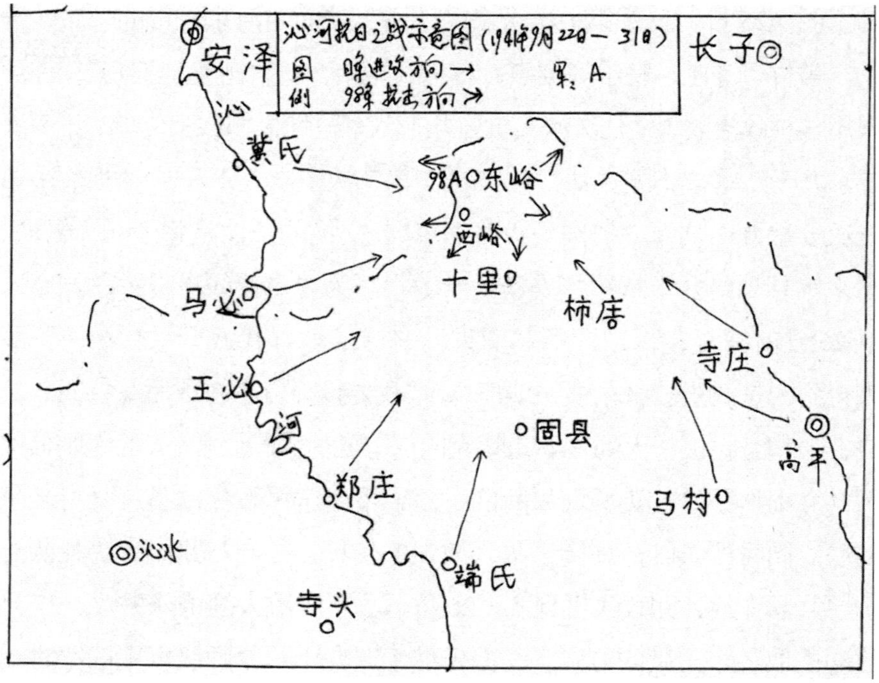

动兵力数十股共约万余，在18架飞机的配合下，对九十八军防区东西峪一带开始了总合击，我预留在河东担任掩护九十八军转移之八路军某部，首先在将军岭展开阻击，与数千敌军奋战达半日之久，敌军开始进至东西峪附近与九十八军正式接触。

“拼到底！”这是武士敏将军的号召。“拼到底！”也成了九十八军数千将士的一致誓言。在数十股敌军疯狂围攻之下，全体将士在东西峪与十里村之间的西梁山上筑成了一座血肉堡垒，抗拒着敌军大炮的猛轰与飞机的轰炸。在武士敏将军英勇而坚定的指挥下，九十八军全体将士沉着应战，他们反复冲杀，他们浴血苦战，他们壮烈牺牲！在西梁山上，他们为国家和民族流了宝贵的鲜血。他们在“拼”，在向敌人索取最高代价。自上午以迄下午，武将军虽身负重伤，犹奋勇指挥，特务营长杨安民背着武士敏军长，四十二师师长王明钦的勤务兵郭春荣背着王明钦向外突围，不幸日军的一颗枪弹击中了武军长的头部，子弹从脸后腭打进，由嘴边出来，因失血过多，竟以身殉职！“九十八军永远以国家民族利益为第一”，“九十八军永远不为敌人所利用”，“我的志愿未完成，请为我继续完成！”“永远不要忘记八路军，决死队是我们的好朋友”。这是武将军临危时，在西梁山上留给其部下的四句知心话。武士敏军长殉职后，忠骸被安葬在潞安府（今长治市）东南城墙外拐角。

直至10月2、3日，敌人仍集结于东西峪一带，继续搜索九十八军零星抵抗之官兵。先后殉职的还有四十二师参谋长王儒钦、一六九师一〇〇九团团长冯汉英、四十二师二四八团第一营营长刘中义。四十二师师长王明钦和许多官兵被俘。九十八军几乎全军覆没。

紀念「一二八」十週年
本區軍民五千集會
沉痛追悼武士敏將軍
劉師長號召學習武將軍等忠貞精神
楊主席表揚朝義鮮士臨難不苟傳統

武士敏将军以身殉职，噩耗传开，举国悲悼。当时《新华日报》专门发表过社论和纪念文章。晋冀鲁豫边区政府曾通令追认武士敏将军为革命烈士，并决定把武将军殉职的沁水县东，改名为士敏县。

1943年竣工的素有“小中山陵”之称的南岳忠烈祠，是国内建筑最早、规模最大的纪念抗日阵亡将士陵园。享堂内竖立的武士敏将军纪念碑，在武将军的遗像下简介了将军的生平：字勉之，河北怀安人。早年在天津法

政专科学校读书时加入同盟会。一九一七年投靖国军。后赴苏联考察。回国后历任西北军旅长、潼关警备司令等职。「九·一八事变」后，参加长城抗战。后升任一六九师师长。抗战爆发后，一九三九年升任九十八军中将军长，率部参加中条山战役。一九四一年九月在沁水县与日军激战殉国，年四十九岁。

1948 年 3 月，曾国杰编辑的《抗战军人忠烈录》第一辑收录了他的英雄事迹。国民政府还给遗属颁发了荣哀状。

1981 年中华人民共和国民政部给武将军颁发了《革命烈士证明书》。

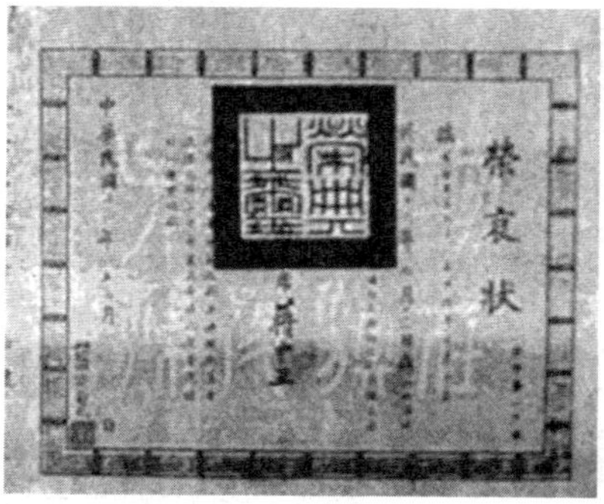

1984 年 9 月 29 日山西省人民政府在武士敏将军殉国四十三周年忌日把将军的忠骸迁葬到长治市太行太岳烈士陵园，并在墓前建碑。墓碑正面右上角镌刻着“国民革命军九十八军军长”11 个字，正中镌刻着“武士敏将军之墓”7 个大字，左下角镌刻着“山西省人民政府一九八四年九月廿九日”。碑阴碑文镌刻着武将军一生的丰功伟绩。其文为：

爱国名将武士敏烈士　字勉之　一八九二年生于河北怀安县柴沟堡

镇　早年加入同盟会　袁世凯称帝时　力主倒袁　一九一八年投身靖国军　结识于右任　胡景翼　杨虎城诸将军　交谊甚笃　同年谒见孙中山先生　谈论国事　颇得其赞许　一九二四年参加国民军起义　多所贡献次年　经冯玉祥先生之鼓励①　与南汉宸　刘仲华等赴苏深造　一九二七年返国　在西北军中任旅长②　西安事变时　襄助张学良　杨虎城将军举义③　擢升为师长④　武将军素具爱国热忱　卢沟桥事变发生后　赞同

---

①说“次年，经冯玉祥先生之鼓励……赴苏深造”。此说与史实不符。武士敏赴苏是1926年“五原誓师”以后，怎能说是“次年”呢？赴苏是冯玉祥因武器弹药缺乏，决定派总参谋长鹿钟麟以观光团的名义，率领团员南汉宸、武士敏等32人赴苏，商讨冯玉祥在苏达成的援助国民军协议的实施问题。并非“鼓励”“深造”。

②“西北军”易产生歧义，是冯玉祥的“西北军”，还是杨虎城的“西北军”？不如写成“在杨虎城部任旅长”较为准确。

③说“西安事变时，襄助”张、杨“举义”，此说与史实大相径庭。西安事变是绝密的，事先知道的人极少，此时武士敏正在南京高教班学习，杨虎城不可能通知他。不仅如此，据其部王明钦写的回忆，事变发生后，武士敏是倾向南京的，所以南京派他回陕西，说服冯钦哉离杨附蒋。冯终于率部附蒋。史实应做到“文直，事核，不虚美，不隐恶”，不回避英烈一生的多面性，一切用事实说话。

④说“擢升师长”，不是因为襄助张、杨举义，而升师长。而是因为所部在西安事变中倾向南京有功，才被升编。冯升二十七路军总指挥，武升师长。

中国共产党团结抗日主张　毅然提旅拒敌　跃马前线　初出娘子关　后转战太行　太岳　中条山等地　先有子洪口之役　继有天神山之捷　将军亲历数十战　忠勇奋发　声名益振　晋升为九十八军军长　一九三八年春　武部受东路军节制　与八路军并肩作战　深得朱德总指挥　彭德怀副总指挥之教诲　抗日信心愈增　决心益坚　一九四一年中条山战役二十余万国民党军慑敌南渡黄河　独武将军率师北向　抗击日军　是年九月下旬　日军频袭将军防区　均被击退　廿九日　日军集三万余众分兵十四路　合围沁水县东峪　西峪　武将军指挥所部　浴血奋战　毙敌甚多　后终因寡不敌众　壮烈殉国　时年四十九岁　其时晋冀鲁豫边区政府　为褒奖武将军爱国主义崇高精神　通令全区举行悼念仪式　并改武将军殉难地区　沁水县东部　为士敏县　今山西省人民政府追念先烈　于一九八四年十一月廿九日　在长治市太行太岳烈士陵园举行了隆重安葬仪式　并建碑墓前　以彰将军爱国情操　浩然正气

中国人民抗日战争纪念馆大理石墙上镌刻了武士敏将军的英名。

后来还拍了4集电视剧《武士敏》，宣传将军的功绩。

2014年9月1日，民政部公布了第一批300名著名抗日英烈和英雄群体名录。武士敏名列第165位。这是杨虎城将军旧部的骄傲！

电视剧《武士敏》DVD 封面图

附录一：南汉宸：《杨虎城部在太和与二次入陕》[1]

1927年3月间，我们从苏联参观回到西安。后来蒋介石拉拢冯玉祥开始反共“清党”，把已公开的党员押送出武胜关。我只好随鹿钟麟到开封。鹿任河南省代理主席时，我当他的秘书，除处理日常事务外，还有在敌人的耳目下千方百计地安排、掩护和营救党内的同志，并侦察收集，向省委汇报冯玉祥等情况。那时鹿钟麟是冯部下，冯知道我和杨虎城关系不错，所以这次派我到皖北做杨的工作。

我回去后，除向冯讲明杨军在太和休整外，并把杨的想法报告给河南省委。1927年冬，省委派我到皖北组织特委（指组织中共第十军特别委员会，中共河南省委指定于基〔即南汉宸〕为书记），指定我任书记，十军政治部主任魏野畴负责组织，秘书长蒋松听负责宣传，归河南省委领导。我接到命令后，即装病请假，次日秘密起程，并把武勉之、刘子华、高敬轩及东路军总司令部参谋吕绍先、谢祥荫都带到皖北太和。

我们到太和，杨虎城很欢迎。因为他要和冯脱离关系，又不想归蒋，正在苦闷之际，我们来了，他当然高兴。他叫我们从全军中抽选四五百名无嗜好，思想进步的、有希望的连、排干部和地方上招收的一批青年，集中起来训练，办起军事学校。我任校长，武勉之、刘子华当教官。这500人相当一个营的兵力，共编4个大队，第一大队长吕绍先（“四九”起义后，任皖北工农红军指挥），第二大队长谢祥荫，第三大队长先是王汉秋，后是吴岱峰，第四大队长是高敬轩。是年年关，我们找一个当铺，把墙拆了做教室，开始上课。课程设置分两个方面，一是

---

[1] 本附录摘取自《中国共产党在国民党第十七路军中的活动》（中共陕西省委党史研究室编，陕西人民出版社1993年5月版）一书的有关部分。

军事训练；二是政治教育。我们打破过去军人不问政治的状况。讲八七会议精神，讲革命知识、社会知识，讲第一国际、第二国际等。没有课本，自编教材，计划每期训练6个月。杨部内旧派虽反对，但杨很支持我们。

附录二：王明钦：《西安事变时，冯钦哉部叛变的经过》①

1936年夏，我团驻防延长，于12月13日接到四十二师师长冯钦哉电令："西安事变，命该团长率部即日开回大荔，所有防地交由地方团队接守。"我接到电令后，一面保密，一面和团附宋萃文研究怎么办？经过研究，决定了撤退计划：扬言军队要前进，一面在街巷张贴欢迎前进队伍的标语；一面准备整装出发。但运输工具缺乏。适15日就是延长的大集市，我们利用集市机会，假意买柴草为名，将驮草的驴子五六十头，一概扣留在团部，以备运输行李、军物之用。15日晚，候城门封锁后，即将电令向全部官兵、城内各机关和群众宣布，并说我军奉令调回大荔，定今晚出发。但各机关和群众一听军队要开走，城内武力空虚，秩序难保，惊慌异常，要求跟军队一同走。还有省上派来办事的人员也要走。当时没有理由拒绝他们，最后只得同意，让他们先行出城。我已预先派出第一营到城外东山上布置，掩护渡河。到12点钟以后，所有机关、学校、群众已经完全渡过了河。

我向大家宣布电令后，把杜县长和民团团长朱子明招来商量交代防地的事宜，他们表示坚决要跟上军队走。当时，我们只知道"西安事

① 本附录摘取自《十七路军军史资料》(2)(西安市政协等编，陕西宏伟印务有限公司2008年12月印刷)。原文较长，笔者摘取了有关部分。

变”，但不知道什么事变，无理由说服他们留在延长，也没有理由拒绝他们一起撤走，只得答应一同走。经过两天的行程，到达宜川，才略知“西安事变”内容是张、杨合作扣蒋抗日。21日行军途中奉命进驻澄县，令我本人即乘师部派来的专车到大荔。我到大荔后即住在潘禹九营部（工兵营）。我在营部遇见了景子勤，据景说：“西安事变后，杨先生忙得很，日日不回家，夜间穿着大衣睡在办公室的躺椅上。”又说：“张、杨这次举动是为了响应共产党‘停止内战，一致抗日’的号召，这是中国兴旺的一个转折点，对于中国人民的前途很大。”“你和谁来的？做什么来了？”我问。“我和张依中一块由西安来的，过了蒲城。就分了路，张依中往朝邑去了，我来看看你们。”他又说：“行长眉（行海亭的绰号）把张依中扣在朝邑了。”他接着说：“我到大荔，即住在潘禹九营部，忽然冯先生（指冯钦哉）派人来招我，我吃了一大惊。恐有意外，先把身上带的手枪塞到被窝里，同派来的人去司令部。到司令部门口，又吃一大惊，因为司令部门口站着一排武装兵，好像要枪毙人的样子，我怀疑是要枪毙我了，把我吓了一头的汗。我见了冯师长只是打哆嗦。冯问我：‘你干什么来了？’我说：‘我来看看大家。’冯说：‘是不是杨先生派你来分化我的队伍来了。’说着就叫人将我押送到工兵营。我走到司令部门口听见士兵们说，派一排人是往朝邑去接张依中的。这时我才放了心。”（按：景子勤原来是四十二师第六团团长，先一年因在南山里与红军作战，军纪太坏，蹂躏人，被杨撤职带回西安。）我当时认为冯之所以不杀景，是念旧部之情，因而把他押在工兵营。景在工兵营押了一个星期，就释放了。

景子勤将话说毕，到别室休息以后，我和潘禹九开始谈话，潘说：“西安事变后，杨先生给冯先生打电话，叫迅速派兵一团，开往潼关布防。冯因大荔附近没有队伍，只有一个补充团驻防朝邑（距潼关65

里），当时很着急，即给补充团团长李子清下命令着即日率全团向潼关前进布防。不料李子清不执行命令，反而亲来大荔面冯，对冯说：‘我原先当团长时，就给你说我不能打仗，现在一到潼关，就有打仗，我如何能打了仗呢？’又说：‘咱们如何能抗拒过中央。杨先生背叛中央，以小而犯上，大逆不道，这是很不对的，我们岂盲从。’冯一看李坚决不开赴潼关，因为是老同学也没办法。这是 12 日下午的事。

于是冯只得给驻防蒲城的王勤轩团长打电话，着王团速开潼关布防。王平常就怕打仗，行动缓慢，队伍第二天下午才到大荔。王和李子清见了面，不知李给王说了些什么话，王的态度表示消极，迟迟不前，第二天（14 日）早晨才开走。冯此时很着急，催王速进。王部 14 日下午才到三河口的北岸。此时中央军董钊部已经占领了三河口。王一看三河口为董军所占，不敢渡河。当时将此情况向冯报告后，就驻在渭河北岸未动。

当时冯因潼关已失守，董军占领了三河口，很生气，很难受。虽然有点泄气，但思想上仍倾向西安，积极集中兵力，准备作战。以后董芝轩（山西人，陕西省政府咨议）还有郭紫竣（山西人）、荆献生（湖北人）、刘青原（安徽人）都是国民党陕西省党部委员，还有刘孚若（山西人，国民党中央委员），由西安、南京先后来到大荔，情况有些转变。郭等是国民党的重要人物；董是冯的同学，刘是冯的老友，和冯都有着深厚的友谊关系。冯在山西人（包括李子清、景行之等）和郭等包围之中，思想动摇，态度暧昧，但表面上仍然很坚定。因此何应钦来电威胁，要冯表示态度，否则，即派空军轰炸大荔。冯接电大怒，要电骂何应钦，在刘等面前说：“任他轰炸，要轰炸，就轰炸。还有什么说的。”但结果电报并未发出。不久武勉之由南京也回到大荔，武也倾向中央，此次归来是受中央委托来说服冯的。武由南京过潼关，行至朝邑、大荔之间与张依中车驾相逢，看见张坐了轿车向朝邑方向前进，张瞭见武，躲在车内，但武看得很清，武到大荔即以此事告冯。当晚冯即将张由朝邑解到大荔。当时冯怒不可遏，倒卧床上，反复辗转，放声大哭，说杨手段毒辣，对不起朋友。再加上这一伙山西人同恶相济，煽风点火，坚决促冯叛杨，以达到他们过去欲脱离杨部、独树一帜的阴谋，由此冯心大变。现在冯已倾向中央，决定反杨，已将一、三两团调到羌白布防；又令王明钦团在澄县布防，都是准备对付西安。现在冯已将叶荣编成游击队，归中央部队指挥，和西安方面在官道镇、来华〔化〕镇的前哨部队已有接触。”

到了22日，冯召开军事会议，团长以上军官一律参加。开会后，冯先发言说：“我和老杨是20多年的朋友，我现在已给老杨写信，从此断绝关系。因为老杨派我的对头张依中收拾我来了，要分化我的部队，老杨这种作风，令我十分伤心。我前天给他打电话说：咱要合作，你必须先将委员长放了。老杨没有答应。”冯接着又说：“这样大的事情，事前没有和我商量，这就把我没当人。看来，从今以后要和老杨割断关系，我们直接归中央也是一样的。看大家还有啥意见，都说一说。”停了半晌，没有人说话。旅长柳彦彪说：“师长看咋办，就咋办，我们还有啥意见。”冯离开会场后，大家说了些闲话就散了。开会后我在大荔住了六七天。我看见刘孚若、董芝轩、郭紫竣都在司令部常常陪着老冯说话。国民党中央这时和大荔信使不断，由潼关送来大量水果——橘子等成堆地堆放在司令部办公室。郭仰汾、王焕章、武勉之不断来往于潼关、大荔之间。当时南京来的代表人物很多，但我都不认识，听说还有胡逸民。

据我知道，冯早有叛杨之心。远在1933年，冯率领部队出关北上抗日时即有叛杨归向国民党中央的打算，以刘孚若为首的一派山西人专搞这个活动。冯常说："我将来要把这个部队交给山西人。"冯总想将四十二师弄成山西人的四十二师，例如：柳彦彪旅长谁都看他不称职。杨虎城屡次提出：要以王明钦团长取代柳的职务。因为王是陕西人，但冯却提出山西人景行之。冯并说景比王有学问，有知识。但一方面杨不同意，另一方面第二旅全部官兵反对，因此，柳钻了空子，结果还当了师长。

……

冯投向国民党中央后，定编制时，据冯说，陈诚当面给他说："你不要想中央给你拨队伍，按你自己的原摊子给你编个师，自己好指挥，枪支武器中央可以给你补充，再给你一六九师的番号和原来的四十二师统称二十七路军。"新编制后，冯钦哉任总指挥，柳彦彪（子俊）任四十二师师长，武勉之任一六九师师长。郭仰汾任四十二师副师长兼该师第一旅旅长，王明钦任第二旅旅长，一六九师第一旅旅长是行海亭，第二旅旅长是王勤轩。

附录三：中国第二历史档案馆藏档案

陆军第一百六十九师战斗详报

战斗经过

师於民国26年7月7日芦沟桥事变发生时，适在陕西之大荔合阳韩城一带佈防。於8月20日奉 总指挥冯号电令要旨如次：

"奉西安行营主任蒋电令，着本路军开至河南新乡附近待命等因，着该师於俭日前集中潼关待命发车。"

师遵於俭日先后到达潼关华阴附近，集中完毕。於29日开始登车，陆续输送。旋奉 总指挥冯电令如次：

“本路军改在石家庄下车，接第四十七师裴昌会部防务，着该师迳开石家庄下车。”

师遵於9月2日先后到达石家庄高迁下车。奉 军委会驻石办事处主任林命令要旨如次：

“在冯总指挥未到石庄以前，着该师暂在高迁以北地区至石庄之东南地区集结待命。”

师遵令第五〇五旅驻高迁以北地区，第五零七旅驻石庄之东南地区。师部及直属各连驻石庄。於3日复奉 军委会驻石办事处主任林电令要旨如次：

“着该师即接替第十一路刘茂恩部石门警备及滹沱河南岸之工事构筑。”

师遵即令第五零七旅王旅长宏业率兵两营先接替石门之警备并由该旅另派1营以上兵力接替西至陈村东至小奉村工事线之构筑。第五〇五旅行旅长海亭率部进驻获鹿县，星夜接替东至陈村西至近掌线工事之构筑。於3日又奉 总指挥冯东申电令要旨如次：

师遵即通报第四十二师柳师长彦彪派队接替小奉村以东至藁城东之张村线工事之构筑，统限於本日星夜接替完毕。於本月4日 总指挥冯抵石家庄，变更部署如下：

“沿滹沱河南岸工事线，铁路以东归四十二师之第一二四旅担任，铁路以西归一六九师第五〇五旅担任，第五零七旅担任石家庄之警备，并派兵1团分驻正定县。第四十二师之第一二六旅着驻高迁以北集结。总部驻石门阜康路。”

……

於11月15日到达大宁县北之罗曲镇附近整理。於22日奉总指挥冯命令要旨如次：

“本路两师併编为1师，该师併编为两个团。第四十二师编併1个团，拨归该师长指挥。着於23日由现驻地出发，开到黑龙关附近，归总司令卫直接指挥。”

师遵於26日到达黑龙关附近奉 总司令卫电令着师开到吴村镇待命。於12月8日奉 总司令卫电令要旨如次：

“着师开至沁县北之漳源镇以北分水岭以南地区，归汤军长恩伯指挥，限铣日到达。”

师遵於15日到达漳源镇以北地区，於16日奉 军长汤电令要旨如次：

“着该师即接第八十九师吴旅子洪口南关镇及马羚关一带防务，限巧日前接替完毕。”

师遵於17日黄昏前将八十九师吴旅防务接替完毕，兹部署如次：

1. 第五零五旅之一〇〇九张菘廷团担任盘陀黄贝山鸭儿岩北庄南庄及路家坡东支一带。

3. 第一〇一三团（欠1营）担任北关史庄乔家岭及井家山前庄百万村北龙垴石灰窑一带。

4. 第二五一团薛如兰团以1营在马羚关一带，其余控制於南关镇即分水岭附近。

师於12月20日奉 总司令卫命令要旨如次：

“第十三军调豫，着该师改归第三军曾军长万钟之指挥。”

师现仍在盘陀来远南北关分水岭亘马羚关辉教一带原防与敌对峙中。关于此间战斗情形，容后续报。……

中华民国二十七年一月　日　　师长　武士敏　呈

（此件为冯寄宁提供）

附录四：第一战区中条山会战要报[①]

卫立煌致蒋介石密代电（1941 年 10 月 28 日）

第一战区司令长官司令部代电　参字第 21811 号

（丙）战斗经过……（丑）刘茂恩集团方面。敌以第三三、第四一师团及独立第四、第九旅团为基干，虞晚由东西桑池南犯。敌约 5000 余，附炮廿余门，分向赵世铃军垣曲、北木耳河，贾家山猛攻。激战至齐日拂晓，继增敌三千余，飞机数十架，更番轰炸，并放射大量瓦斯，阵地遂被突破。旋敌分两股，一续南犯，一突过十八盘，直趋望仙庄。本部得报后，当严令该集团转饬赵军竭力固守现阵地，另速抽集有力部队向西出击，协力曾集团夹歼入犯之敌。巳刻，望仙庄不守，大南沟（同善镇西北）继陷，其南进之股，午刻已窜抵王茅镇，激战至烈。敌复以降落伞部队于王村镇以南降落，协力快速部队，戌陷垣曲。本部鉴于情况变化甚速，增援不易，当一面急令曾集团注意右翼，防敌钻隙迂回；一面严令刘集团竭力保持现态势，诱敌于有利地带，转取攻势夹歼之。另阳城、北贾□，虞晚到敌千余。齐辰，分两路，一由天掌村向北次营，一由陶河向董封前进。同日，中村敌千余窜至交口村，与我武士敏军王克敬师接触，激战至佳丑，将敌击退。是时，该集团照本部电令要旨，作如下部署：（一）九三军（欠第十师）应即以主力南下，打破高、沁之封锁线，直捣刘村镇，威胁阳城、董封。（二）第十师确保现阵地，以有力一部向阳城东、西、南积极活动侦袭流窜之敌。（三）九十八军附毕梅轩纵队确保现阵地，并竭力恢复已失阵地。（四）十五

①本附录取自《抗日战争正面战场》（下）（中国第二历史档案馆编，江苏古籍出版社 1987 年 8 月版）。原文甚长，这里摘取与武士敏部的有关部分。

军与四十三军连系，确保现阵地，并拒止敌东犯。部署甫下达，佳辰，河头村、侯井、苏村一带增敌至三千余。午刻，刘戡军以刘希程师，附马叔明师一个团（附铁道破坏队一分队），攻袭东邬岭敌据点，主力攻取沁水，一部对屯留、张店、良马、古县敌匪警戒。马师主力集结于端氏附近机动，并派有力一部，对仙翁山、刘村镇之敌攻牵。本部鉴于中条山战况日益紧张，戌刻，以电话命令该集团注意北进道路侦选。灰日，各方战况继续演变，济源、垣曲间各主要渡口渐次被敌封锁，该集团整个补给中断，兼阳城、南山贫瘠，不适于大部队生存。遂以电话命令该集团阳城以西部队主力，迅向沁翼公路以北分路转移，以旋回钻隙战法，打击敌人侧背。卯刻，该集团全面与敌发生激战。申刻，交口之敌陆续增至三四千，窜陷清风圪塔、煤坪。同时，第十师与九八军接合部之二里腰，亦被约两千余之敌突破。而陷邵源之敌，亦向西北紧迫，此时该集团三面有受敌顾虑。遂遵照本部电令，以第十师一部在阳城以南、以西积极游击，抑牵当面之敌；主力于润城以东地区，掩护总部突过封锁线北进，尔后集结于云首村、壁底、将军岭一带，归还九三军建制。以九八军一部，在董封、南阳以南积极游击，抑牵当面之敌；主力经董封、沁水以西地区北进。十五军之六五师（欠一团）以横河镇为核心，积极游击，抑牵当面之敌；该军主力由董封、沁水以东北进。以毕纵队于张马以南、同善镇以西、横垣大道以东地区，向南北外围扩大游击。九三军力保现态势，掩护主力北进。四十三军任务照旧。入夜，刘戡军（欠第十师）向沁水、刘村镇猛攻，甚为得手。文拂晓，各部未能与敌脱离，二里腰之敌约一联队续陷吉德、白庙，直扑横河镇。当经第十师陈师长亲率野补团等部反攻，将敌完全击溃，毙敌七八百，获步枪200余支，轻重机枪数十挺，文件及军品甚多，敌攻势稍挫。惟突入九八军方面之敌，集中飞机、毒气猛攻，雪泉岭阵地岌岌可危，十五军东移部队亦多加入作战。是晚，总部附第十师经横河、析城山东进。元辰，到达桑林封。未刻，武庭麟、武士敏两军仍与敌胶着。寒辰，总部折回西庄凹，以便就近指挥。各部突围到达后，得悉九八军、四二师、一六九师（欠两团）已于文至元辰突过封锁线北进。十五军主力文晚于牛沟被敌二千余所阻，乃折向南转进。元寅，毕梅轩部自动以一部留原地游击，主力随九十八军越沁翼公路北进（该部通过封锁线后，毕梅轩本人只身离队，故大部离散游击）。同日，武庭麟率直属队、姚北辰率该师一部，进抵析城山麓老苗坡、泉西、圈头一带，又被横河之敌千余尾击。寒晚，该部率六十四师一部到达石窑上，六五师主力在茨滩河、李圪塔、后文堂附近，与敌对战。刘戡军刘、马两师仍与敌对战，九八军王、郭两师已到达东郇岭、沁水间。删夜，东冶到敌二千余，第十师廿九、卅两团分由阳城以东北进，陈师长因掩护总部，在西冶之敌续占桑林。巧日，武庭麟率队移上下土圈，姚北辰率一部移黄家门，拟向南突围，绕道北进。适桑林之敌攻我益烈，另一部敌约三千余分由析城山、凤山岭、老君堂向西庄凹包围。该总司令因大部不易行动，乃分总部为两组，由刘总司令亲率之一组，计有陈师长率两团及六五师一九二团，东渡沁河，由符参谋长率领之一组，计有十五军野补团、一九四团及郭景唐师之潘、赵两团等部北进，于皓晚分别突围。同日晚，本部电令北上各部队，在刘总司令未到达太岳区前，悉归副总司令刘戡指挥。刘总司令组号抵龙岩底（距沁河八里），被约千余之敌截击尾击，激战竟日，敌我伤亡均重，适值大雨，方打开进路。本部鉴于各该部迁延时日太大，北上殊多危险，留置现地游击，给养困难，将士疲劳，遂于马日电令刘总司令，除留必要兵力保持阳城南山游击根据地，发展游击外，即率在阳城以南之武庭麟军主力、武士敏及陈牧农师各一部，分期分组南渡。梗子，行抵西承留附近，与武山之敌六七百、战车二辆遭遇，当予迎击，毙伤敌百余，毁战车一辆，余敌溃散。敬抵坡头，击退敌千余后，陆续经西河清渡过南岸。符参谋长组及陆续收容九四师、八五师约一团，在阳城西南与敌游击约两周，于六月江日由桑林、凤山岭分组分路，于微迄齐等日，乘夜突过封锁线，由柿林村、西河清、小狼地及塔地等处渡过南岸。以武士敏军王师养寅于西范村与由浮山来袭敌千余激战后，东渡沁河。梗日，军部及王师继续向北进。有卯，抵宋家岭附近地区，遇追敌二千余、飞机卅余架来攻，被迫以团为单位，取捷径北进。敬午，军部、郭师于小寺庄与追敌一部二千余、飞机廿余架接触激战，迄申，大挫敌锋。我当以一部抑留该敌，主力续向北突进。感日，长子，田家沟敌千余阻我进路，当予击溃。六月东日后，军及各部陆续到达东沟（沁源东）。旋以敌大部西窜，我南移于王村、郭庄一带整理，并抚辑流亡，恢复政权中。综计自虞日起，大小战斗数十次，共毙伤敌九千余，缴获步、机枪百余支。

附录五 :《新华日报》报道

本区军民五千集会

沉痛追悼武士敏将军

刘师长号召学习武将军等忠贞精神

杨主席表扬朝鲜义士临难不苟传统

本报特讯：“一二八”十周年纪念日，边区各界在太北某地，联合召开五千余人之群众大会，纪念“一二八”十周年纪念，并隆重追悼为国捐躯之中央军九十八军军长武士敏将军、中条山战役阵亡将士及光荣牺牲之朝鲜四志士、与冀南本年□县长赵选烈士。同时全区普遍开展国民宣誓运动。在涉县之国民宣誓大会上，到会群众逾四千余人。兹将追悼武士敏将军、朝鲜义勇队四志士、本年□县长赵选烈士大会及涉县一地所□□之国民宣誓并大会详情，分誌于后。

《新华日报》1942 年 1 月 30 日

附录六：沁河之战时第九十八军序列

军　长：武士敏

副军长：柳彦彪

四十二师师长：王明钦

副师长：薛如兰

参谋长：王儒钦

副官长：刘寿安

二四七团长：楚宪曾　营长：关　超

二四八团长：郝兢生　营长：刘忠义　丁志轩　宋英贤

二五一团长：薛如兰　营长：杨荫民

二五二团长：扆久哉　营长：边□□　张□□　畅□□

一六九师长：郭景堂

一〇〇九团长：冯汉英　营长：杨云波　席怀德

一〇一〇团长：潘禹九　营长：李步霄

一〇一三团长：黄维华　营长：任信忠

一〇一四团长：赵子章　中校团附：孙百珍　少校团附：张怀明

一营长：刘禹干　二营长：刘秉元　后戴正卿

附录七：武故中将士敏[①]

武故军长士敏，察省怀安人，性敦厚，豪爽有胆识，曾卒业于天津北洋法政学校，陆大特别班肄业，历任团、旅、师长、参议等职。将军早岁从戎革命，随诸先进游，护法讨逆，迭著勋劳；北伐剿匪，尤具战功。治军严明，能与士卒同甘苦，每战必身先士卒，故攻城略地，所向披靡。抗战军兴，于九十八军军长任内，请缨杀敌，率部转战娘子关等地，予敌重创，于开予〔子〕洪口一带，保卫白晋路，作晋东南之屏障，击破敌寇九路围攻之毒计，在沁源沁县间，利用山地，实行大迂回战，敌受重大打击且退，我安渡沁水，在洪屯阳沁地带，奠定太岳政权根据地，旋移防中条，适值闻夏东北之告急，率部驰援，亲临指挥，分令所部截击，出奇兵以绕敌后，寇溃退后，跟踪追击，斩获甚众。中条山之役，敌大举来攻，阵地始终固若磐石，血战7日，毙敌千余，奉令移动，突出重围，接替太岳区防务，布置部队，树立政权，作敌后根据地，军政并重，成效特著，因遭敌忌，图将军益急。

卅年9月敌调集临汾等县主力部队，及阳沁各处之敌，共两万五千之众，携大炮40余门，向太岳区包围进攻，所部英勇奋战，双方伤亡惨重，讵敌挟其优势火力，节节进逼，将军以势孤援绝，遂向外线转移，形势益见紧张。激战之余，虽已受伤，尤亲率步兵两营，冲杀争夺重要据点，得而复失者再，愈战愈奋，浴血指挥，敌终不逞，遂以飞机10余架，连合炮10余门，向我猛烈轰击，响震山谷，将军腿部复受伤，犹力战不已，毙敌300余，官兵弹尽，继以白刃，肉搏10余次，头腰

① 本附录取自《抗战军人忠烈录》第一辑（曾国杰编辑，中华民国三十七年〔1948〕三月〔国民政府〕国防部史政局出版）。

两部又负重伤，将军大呼拼到底，不成功，便成仁！迨官兵伤亡殆尽，敌逼近时，犹以手枪毙数敌，始力竭殉职，其英勇壮烈，永留史册。

附录八：沁河作战（9月29日—10月20日）[①]

第一军在中原会战结束后，又讨伐了晋南各地的残敌，并向新占领地区配备了警备兵力，努力进行肃正工作。但是由于地区广大，我兵力显得不足，特别是晋察冀边区肃正作战开始后，这方面的兵力就更感薄弱。在此期间，晋南的共军加强了沁源地区附近的根据地，并迅速向南方马璧村（沁水东北约30公里）附近扩大了势力。另一方面，在中原会战中对日军进行最顽强抵抗的重庆第九十八军（军长武士敏）全军幸免溃灭，退却到原第九十三军的地盘。但因给养无着，战斗力逐渐衰退（最初兵力约20000，到9月仅有7000至8000），在与共军对抗中，又被压缩到东山峪村（马璧村东方约26公里）附近，因此未能采取任何积极行动。（注：据说因第九十八军是陕西军，第一战区司令长官卫立煌曾将过重任务强加于该军。）

对此，第一军曾命令第三十六师团对九十八军进行劝降，第九十八军表面应允，实际观望不前，态度暧昧。

在此期间，我军企图“击溃沁河河畔的共军，威慑第九十八军，使其归顺，从而将该地区加以肃清”。为此作出以下计划，并进行准备。关于开始作战时间，参照晋察冀边区肃正作战进度，预定为9月下旬。

---

① 本附录取自《华北治安战》（上）（日本防卫厅战史室编天津政协编译组，天津人民出版社1982年6月版）。

第一 方针

军决定歼灭扫荡沁源及马壁村附近，沁河河畔之共军。对敌之中央军则采取谋略活动使之归顺，或保持中立，不得已时亦将其歼灭。

第二 指导要领

一、首先歼灭府城镇、马壁村、谭村附近的共军主力。为此，移民严加保密，一面在另外地方进行作战准备，俟机迅速机动急袭敌军。

二、其次调转一部兵力，歼灭绵上镇、沁源、松交附近的共军，各兵团开始进攻的时机由方面军统一掌握。

三、击败敌军集团部队后，分驻于原敌盘踞的地区继续搜查、歼灭残余敌匪，消灭敌军根据地，扫清其勢力。

四、对中央军（第九十八军）继续谋略活动，使之归顺或保持中立。为此，对中央军只继续警戒、监视，不进行攻击。

如果敌人主动向我进攻，可于击败马壁村附近共军之后，将其歼灭。

五、命浮山南方的山西军，在翼城、临汾平地阻止共军逃脱，协助我军作战。

六、作战开始为 y 月 x 日，作战期间预定约 4 周。（以下笔者略）

此次作战，由第三十六、第四十一师团及独立混成第十六旅团的各主力，独立混成第四、第九旅团各一部参加。

各兵团于 9 月 20 日在严格保密之下，向预定地点集结兵力，于 22 日开始一致行动。第三十六师团由南方及东方、第四十一师团由洪洞、临汾前进，当各军进入马壁村各目标地点附近时，共军似已察觉我方意图而隐匿无踪，各队几乎均未遭遇敌人。以上两师团到 26 日为止，彻底扫荡了马壁村附近一带，在此期间，独立混成第十六旅团，在灵石、介休、南关镇一线构成阻截线，防备敌人逃脱。

另一方面，中央军第九十八军对我方工作未予答复，而且采取了反抗态度，以其一部向我石哲镇警备队进攻。因此，我军决定于27日将其歼灭。第三十六、第四十一两师团于结束马壁村的扫荡后，逐步向东方转进，于28日将九十八军彻底包围，29日开始进攻。

第九十八军企图向东方突围，但未成功。因司令部遭到突然袭击，指挥机关已被击溃，仓促之下未及抵抗，即陷入混乱状态，全军溃灭。在此次战斗中，俘虏敌军长武士敏以下3007人，遗弃尸体1348具。（注：武士敏由于重伤，收容于潞安医院后，于10月1日死亡。）

我军歼灭第九十八军后，除以一部兵力对东峪村周围地区残敌进行扫荡外，调转主力拟搜索久据东峪村周围地区的共军决死第一纵队及新编第六旅主力进行歼灭。至10月5日左右，判明敌准备向包围圈外突围，或分散潜伏。于是，各讨伐队于6日一齐开始前进，7日各队进入沁源附近，到10日为止，对该地区周围进行了搜索扫荡之后，返回原驻地。在此次作战中，对共军战果很小，未达预期成果。

附：本文主要参考资料

1. 刘永端：《抗日英雄武士敏生平》，《陕西民国人物》（二），陕西人民出版社1991年7月第1版。

2. 王明钦：《西安事变时，冯钦哉部叛变的经过》，《十七路军军史资料》（2）。

3. 蓝叶：《武士敏》，载《民国高级将领列传》，解放军出版社1993年11月第1版。

4. 党德信：《真诚与八路军合作抗战——记武士敏烈士》，《抗日战争国民党阵亡将领录》，解放军出版社1987年8月第1版。

5. 刘庆：《武士敏》，载《国民党抗战殉国将领》，河南人民出版社，1987年6月第 1 版。

6. 师文华 :《武士敏——坚持合作抗战的国民党将领》，中共党史出版社，1995 年 10 月北京第 1 版。

7. 薄一波 :《七十年奋斗与思考》上卷，中共党史出版社 1996 年 3 月北京第 1 版。

8. 薄一波:《追怀先烈武士敏将军》，载 1985 年 2 月 28 日《人民日报》。

9. 石中立 :《上下盘石之战》,《晋绥抗战》，中国文史出版社 1994 年北京第 1 版。

10. 石中立:《第一六九师在晋东南抗日》，同上。

11. 石中立:《中条山战役后突围记》，同上。

12. 肖银成:《武士敏》，载《中国抗日阵亡将士传》。

13. 中国第二历史档案馆有关档案。

14. 任信忠:《中条山国共合作抗战事略忆》(打印稿)。

15. 访问朱明鑫、薛西禄、郭春荣、屈田郎、张志德、廉洁、刘承典和吴平印的谈话记录。在写作时杨正全、白秉义、武铁、冯寄宁和中国革命博物馆还给了许多帮助，特致感谢。

出师未捷身先死 常使英雄泪满襟

——抗日英烈王儒钦

王儒钦

王肃哉（1893—1941），字儒钦[①]，清光绪十九年（1893年）[②]10月生于陕西省蓝田县泄（当地读ye音）湖镇泄湖村一个贫苦农民的家里。他出生时，家中仅有薄田数亩，房屋两间，加之清末各级官吏的横征暴敛，其祖父王万庆尽管早出晚归，辛勤劳作，全家人还是过着饥无饱食的日子。这对他以后寻求救国救民的道路，起到了一定的作用。稍长，他受业于芸阁学舍，拜当时关中著名学者本

---

①《蓝田县志》上为“王肃哉”，用其名；北京中国人民抗日战争纪念馆大理石墙上镌刻为“王儒钦”，用其字，实为一人也。

② 王儒钦生于何年？其说不一。中国人民抗日战争纪念馆说是1889年，而其子王继文却说是1893年。孰是？录以备考。

县人牛兆濂为师。肃哉聪颖过人，学习勤奋，刻苦钻研，深得老师的赞赏。

当儒钦十八九岁时，辛亥革命爆发，满清封建王朝虽被推翻，中华民国建立，但各地军阀混战不息，民不聊生。他为寻求救国之道，毅然投笔从戎，考入了陆军小学，旋升入陆军中学。由于学习成绩优异，被学校保送到保定军官学校学习。

儒钦 1919 年开始了戎马生涯。当他任混成旅旅长在陕西省蒲城县境驻军时，适逢久旱不雨，禾苗奄奄一息，人心惶惶。他便带领官兵，帮助农民引水灌溉，获得了当年秋田大丰收。加之其部军纪严明，关心人民疾苦，敢同横行乡里的坏人作斗争，因而获得人民的拥戴。当部队移防时，群众依依不舍，赠给了所部一个“万民伞”和“除暴安良”的牌匾，以表示敬意。

1930 年冬，杨虎城将军率部回陕，任西安绥靖公署主任。委任儒钦为张飞生陕西警备第二旅兼安康区绥靖司令部参谋长。1934 年他随部驻防蓝田县城时，每次回家，与群众相见，均着便服，不带卫士，平易近人。他一生艰苦朴素，清廉直爽，和气待人，被乡亲们誉为没有官势的好官。他同时关心家乡的教育事业，有一次回家，和家乡的士绅贾英轩、薛雅轩等人一起协商，自愿捐资，兴办一所小学——“进德小学”（即今洩湖小学）。校址设在洩湖仓，招收了县北乡洩湖、华胥、冯家村 3 个区的学生前来就读，解决了贫苦学生上学难的问题，对家乡教育事业的发展做出了一定的贡献。

1936 年，随部参加了西安事变。

卢沟桥事变爆发后，日本帝国主义发动了全面的侵华战争，全国军民奋起抗击。作为爱国军人的王儒钦决心早日奔赴前线杀敌。此时他任冯钦哉第二十七路军柳彦彪第四十二师参谋长。奉命率部由大荔到华阴、潼关，乘火车到达华北抗日前线石家庄。先后在灵寿、南甸镇、滹沱河、山头村抗击日军。由于冯部伤亡减员甚多，奉令到大宁下茹村整编，将整编之薛如兰二五一团拨归一六九师指挥。俊儒与师长柳彦彪带领四十二师其余官兵到荣河整补。

1938 年秋所部整补完成后，重新开赴山西抗日前线，先后转战于荣河、晋城等地。1939 年冬，武士敏接替冯钦哉升任九十八军军长，柳彦彪升任副军长。王明钦升任四十二师师长，儒钦随部开赴中条山，打退日寇多次进犯。

1941 年 5 月 7 日，日寇对中条山发动了最大的一次猛攻，儒钦随部与日寇苦战 20 多日夜，直到 6 月 1 日后，终于冲破重围，陆续到达太岳抗日根据地——沁源东的东沟，后南移于王村、郭庄一带整理。

是年 9 月，乘九十八军整补之机，日寇对武士敏部发动了猛烈围攻。儒钦与师长王明钦在山西长子县明家沟督率全师官兵与敌激战时，不幸被日机炸弹炸成重伤，经抢救无效以身殉国。忠骸就地安葬。他在临终前，曾对师长王明钦说："我死不足惜，只恨日寇未灭，抗战未胜，看不到将来全国人民获得解放，过着美好的幸福生活了。"

为民族解放而牺牲的英烈，永远为人民所怀念。抗日战争胜利后，西安革命公园内曾建有一座约 4 米高的"抗日阵亡烈士纪念碑"，碑上

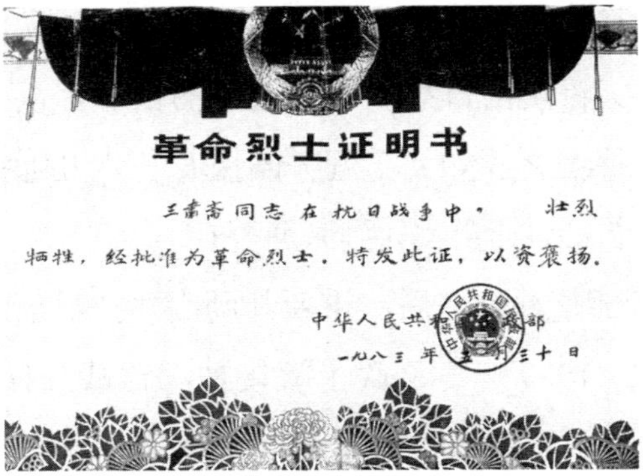
革命烈士证明书

王肃斋同志 在抗日战争中 壮烈

牺牲，经批准为革命烈士，特发此证，以资褒扬。

中华人民共和国民政部

一九八三年五月三十日

镌刻着王儒钦等抗日殉国的英烈们的英名。

1949 年中华人民共和国成立后，在土地改革时曾按烈士留给了土地，并给其家中悬挂了光荣烈属牌。年年春节，有关部门都到其家慰问遗属。在中共十一届三中全会后，经陕西省人民政府批准，追认王儒钦为革命烈士，1983 年 5 月 30 日补发了革命烈士证明书。中国人民抗日战争纪念馆大理石墙上镌刻着王儒钦的英名。其子王继文从事教育工作，已退休多年。

2015 年 8 月 24 日经中共中央、国务院、中央军委批准，民政部公布的第二批 600 名著名抗日英烈和英雄群体名录有其英名。

附录：中国第二历史档案馆藏档案：四十二师《战斗详报》

陆军第四十二师於 26 年 8 月 26 日在陕西大荔县奉　总指挥冯命令要旨如左

第四十二师於 8 月 30 日前由现地开拔潼关华阴车站登车向石家庄前进

30 日师部暨第一二四旅到达潼关，第一二六旅到达华阴。31 日各部队发别由潼关华阴两处车站登车，向指定地点前进。9月3日，车行抵平汉铁道之窦妪车站奉 令下车转向蒿城县岗上镇一带集中接替六十五师所遗西至平汉铁道东迄蒿城以东张村沿滹沱河构筑工事之任务。4日集中完竣，即分配工作区。开始作工。20日奉 总指挥冯命令要旨如左

柳师长彦彪即率第一二四旅移驻获鹿县。第一二六旅旅长王克敬率所部移驻石家庄担任石门警备及防空事宜。

……

官兵多遭伤亡。当晚11时渡汾河至大小王村收容并向陈副总指挥报告转移情形。是役人马伤亡武器弹药器材损耗较灵寿忻口为惨重如（附表第八）。6日本路军由晋东转进至此奉 总指挥冯命令归还建制，向大宁转进。

15日到达大宁下茹古村，奉令整编，将整编之团营拨归第一六九师指挥。拨归之人员武器弹药等如（附表第九）。其余各官兵奉令率至荣河补充。现有人员武器如（附表第十）。此以上为本师参加北战场抗战之经过，谨将战斗详报、经过清形，连同每次战役附表呈报。

右谨呈

总指挥冯

陆军第四十二师师长柳彦彪（柳印章）

（此件为冯寄宁供稿）

附：本文主要参考资料

1. 王继文：《王肃斋烈士回忆录》(1990年8月25日手稿)

2. 陕西原十七路军党史资料征集编写小组：《原十七路军序列沿革》,《十七路军军史资料3》(内部资料)

3. 九十八军和四十二师抗日的有关资料

4. 访问王继文与其子王红军的谈话记录

抗日英烈刘寿安

刘寿安（1896—1945），名钧福，字寿安，以字行。清光绪二十二年（1896）生于陕西省高陵县魏家庙村。其家世代业农。其父经商，家境较为宽裕。寿安小时在高陵县私塾就读，稍长进入西安中学堂学习。其间，因受孙中山民主革命思想的熏陶和辛亥革命的感召，从学校肄业投笔从戎，参加了陕西早期民主革命领导人之一的曹世英[①]部队，从事文秘工作，随部转战陕东各地。1916年参加了“反袁（世凯）逐陆（建章）”的战斗。

---

① 曹世英（1885—1942），字俊夫，陕西省白水县人。1911年辛亥革命爆发后，陕西宣布独立，世英与高峻等在白水成立了共和政权。1913年留学日本，参加了孙中山的革命党。1916年参加了“反袁（世凯）逐陆（建章）”的战斗。后受编于陈树藩，任陈部骑兵团长。1918年1月与胡景翼在陕西三原树靖国军旗帜。任左翼军总司令。后任第三路司令。1921年年陕西靖国军濒临解体，胡景翼部队被直系时任陕西督军的冯玉祥改编为陕西陆军暂编第一师，曹世英部被改编为胡师补充旅。1930年杨虎城将军主持陕政后，世英先后任省政府顾问、参议员。1942年病卒于西安。

1917 年陕西靖国军兴起，掀起“反段（祺瑞）驱陈（树藩）”斗争。此时寿安被所部先后保送到四川讲武堂和韶关讲武堂学习军事。毕业后仍回曹部，任见习官。

1921 年陕西靖国军濒临解体，胡景翼部队被直系时任陕西督军的冯玉祥改编为陕西陆军暂编第一师，曹世英被改编为胡师补充旅[①]，寿安任该旅参谋。

1926 年 11 月刘镇华围困西安近 8 个月，被冯玉祥部解围后，寿安投奔杨虎城将军的国民联军第十路（军），任该军冯钦哉第一师幕僚。翊年 5 月随部东出潼关，策应北伐，转战于河南、安徽太和、山东诸城、河南南阳等地。1929 年 12 月底在进攻唐生智巢穴驻马店的战役时，他腿部受重伤，被送回家乡休养。

1930 年 4 月，蒋、冯、阎中原大战爆发，蒋介石先后委任杨虎城将军为第七军军长、讨逆军第十七路总指挥。杨虎城奉命率部克洛阳、占潼关，于 11 月进占西安。国民政府任命杨兼陕西省政府主席。旋兼任西安绥靖公署主任。冯钦哉任第七军军长兼第四十二师师长，驻防大荔。寿安伤愈后仍回冯部。先后任四十二师副官、副官主任、师随军剧团——牖民学社社长等职。

西安事变爆发后，冯钦哉率部离杨附蒋。1937 年元月 10 日冯部被国民政府军事委员会升编为第二十七路军。冯任总指挥。下辖第

---

① 1921 年陕西靖国军濒临解体时，曹世英部队被冯玉祥改编后番号为何？众说纷纭。马力勇等主编《高陵县志》说：“1922 年陕西靖国军解体，胡笠僧部被隶属直系的陕督冯玉祥改编陕西独立第一师，曹世英部改编为该师补充第一旅。”张保智主编的《白水县志》说：“世英受编，就任陕西陆军第二混成旅旅长。”中共陕西省委党史资料征集研究委员会编的《陕西靖国军·大事年表》说：“一九二一年（民国十年·辛酉）”“十一月，受直系改编，陕西靖国军第四路胡景翼部为陕西陆军暂编第一师，胡任师长；第三路曹世英部为暂编第一师补充旅，曹任旅长。”我们取陕西靖国军大事年表之说。

四十二和一六九两个师，由柳彦彪和武士敏分任师长。寿安升任柳彦彪四十二师上校副官长

同年 7 月 7 日，日寇炮轰卢沟桥东的宛平城，发动了全面的侵华战争，全国军民奋起抗击。寿安随部由陕西大荔徒步行军到潼关，然后乘火车经郑州到达石家庄。9 月，所部改编为十四军团，先后在灵寿、南甸镇、滹沱河、山头村抗击日军。由于冯部伤亡减员甚多，奉令到大宁下茹村整编，将整编之薛如兰二五一团拨归一六九师指挥。寿安与师长柳彦彪带领四十二师其余官兵到荣河整补。

1938 年①秋所部整补完成后，重新开赴晋东南抗日前线，在晋城等地抗击日寇。

---

① 马力勇等主编《高陵县志》说："'七七'事变后，随军移驻韩城、宜川一带，守卫河防，阻击日寇侵犯。1938 年底，该军开赴河南渑池一带，旋即北渡黄河，抵抗日寇，先后转战于河北保定、山西晋城、中条山等地……"此说与史实不符。当事人石中立在其写的《上下盘石之战》中说："一九三七年上半年，第四十二师第一二四旅奉命扩编为第一六九师，旅长武士敏升任师长。……七七事变后，我师由大荔徒步行军到潼关……然后乘车到达石家庄……"。柳彦彪四十二师同样由潼关乘车到达石家庄。并非 1938 年底转战于河北保定，此时保定已成沦陷区。9 月 13 日，冯钦哉部又升编为第十四军团，参加了娘子关保卫战。时任娘子关保卫战总指挥黄绍竑在 1937 年 10 月 12 日致蒋介石密电中说："一、预定向西转进各部，于灰日由冯总指挥命令实施。其部署概要：以第三军担任九龙关，十七师担任井陉，卅师担任曹泉以北至胡仁一带，百六十九师担任洪子店，四十二师为预备队……"由此可知，柳彦彪四十二师七七事变后已开赴华北抗日，随后又参加了娘子关保卫战。

1939 年 10 月 23 日，武士敏升任九十八军军长[①]后，奉命率所部王明钦四十二师和郭景堂一六九师开赴中条山抗日。寿安随部开赴中条山，打退日寇多次进犯。

1941 年 5 月 7 日，日寇对中条山发动了最大的一次猛攻，寿安随部与日军苦战 20 多日夜，直到 6 月 1 日后，终于冲破重围，陆续到达太岳抗日根据地——沁源东的东沟，后南移于王村、郭庄一带整理。

9 月下旬，日寇对九十八军所在的岳南抗日根据地发动了数次猛攻，均被我军击退。29 日，敌从冀氏、南北孔庄、卫寨、狼寨、马璧、王璧、郑庄、端氏、马村、张店、寺庄、鲍店、丰仪、良马以及高平、长子等地出动兵力数十股共约万余，在 18 架飞机的配合下，对九十八军防区东西峪一带开始了总合击。在武士敏将军督率下，全体官兵与敌进行了艰苦卓绝的血战。九十八军伤亡殆尽！

自上午以迄下午，武将军虽身负重伤，犹奋勇指挥，特务营长杨安民背着武士敏军长，四十二师师长王明钦的勤务兵郭春荣背着王明钦向外突围，不幸日军的一颗枪弹击中了武军长的头部，子弹从脸后腭打进，由嘴边出来，因失血过多，竟以身殉职！

---

① 马力勇等主编《高陵县志》说："1939 年，冯钦哉部扩编，武士敏升任九十六军军长，柳彦彪升任副官长兼四十二师师长，寿安升任该师上校副官长。"此说错误甚多。

其一冯钦哉部扩编，不在 1939 年，而是 1937 年春。因冯钦哉在西安事变时，"反对张杨，拥护蒋介石"，事变和平解决后，蒋介石于 1937 年元月 10 日即把冯钦哉的第七军（只有一个四十二师）扩编为第二十七路军，冯任总指挥。冯部一二四旅扩编为一六九师，旅长武士敏升任师长。冯部一二六旅扩编为四十二师，旅长柳彦彪升任师长。同年 9 月 13 日冯部又升编为第十四军团，仍辖柳彦彪四十二师和武士敏一六九师。

其二，武士敏升任的是第九十八军军长，而不是九十六军军长。据中国第二历史档案馆编：《抗日战争正面战场》（下）附录的《抗日战争时期中国军队序列表》载，当 1939 年 10 月 23 日武士敏升任九十八军军长时，柳彦彪已于 10 月 22 日升任该军副军长，而不再担任四十二师师长了，师长由王明钦接任。同样一六九师师长也由郭景堂接任了。

直至10月2、3日，敌人仍集结于东西峪一带，继续搜索九十八军零星抵抗之官兵。先后殉职的还有四十二师参谋长王儒钦、一六九师一〇〇九团团长冯汉英、四十二师二四八团第一营营长刘中义。寿安和四十二师师长王明钦、副师长薛如兰等许多官兵被俘，先后被押解到太原、北平监狱，后又送往东北抚顺煤矿做苦役。

寿安赋性耿直，刚正不阿，被日寇俘虏后，虽经严刑讯问，他坚贞不屈，从不吐真情。被迫在煤矿苦役时，消极怠工，伺机破坏敌人生产，资助被俘战友脱敌逃跑。后事败复被入狱，生活条件极度恶劣，有病不给医治，不幸于1945年秋病死狱中，时年47岁。同难好友在悲痛中，将忠骸就地安葬。

抗战胜利后，国民政府军事委员会以抗日烈士对其遗属给以抚恤。

附：本文主要参考资料

1. 刘永端整理的《抗日烈士刘寿安》
2. 马力勇、程勇主编《高陵县志》，西安出版社2001年8月版
3. 中国第二历史档案馆藏档案：四十二师《战斗详报》
4. 访问刘永端的谈话记录

宁为玉碎　不作瓦全

——抗日英烈冯汉英

冯汉英

冯汉英（1900—1941[①]），字含初，清光绪二十六年（1900年）出生于陕西省宝鸡市岐山县青化镇青化村一个农民的家里。昆仲5人，汉英居次。先后在私塾和小学读书。有幸得到具有进步思想的张维汉先生的教导，加之他刻苦攻读，又以古代英雄为榜样，抱负远大，深得老师的喜爱。汉英的家乡是西周的发祥地——周原。《诗经·大雅·

① 冯汉英的生卒年，《岐山县志》记载为1894—1939，似有误。冯1941年牺牲，毋庸置疑，因为沁河之战发生在1941年9月下旬。陕西省档案馆藏档案：陕西省岐山县政府民国三十一年十二月十日查填的《抗敌伤亡官民褒恤状况调查表》载："冯汉英，别字含初，四十二岁，陕西省岐山县人，九十八军上校团长，于三十年在山西中条山作战，因全团覆没，被敌俘虏，但其志终不屈，为敌所杀。拟请依法抚恤办法给恤。"据此可知，其1941年牺牲。时42岁，则生年应是1900年。

绵》用“周原膴膴，堇荼如饴”（沮漆之间的周原真肥美，苦野菜堇荼也有甜滋味）的歌词来赞美周原的肥美富饶。直至近代周原仍是关中的富庶之乡。辛亥革命虽然推翻了封建皇帝，但军阀混战，人民仍处于水深火热之中。陕西尤甚。为了寻求救国救民之道，小学结业后，汉英毅然投笔从戎，到渭北三武军官学校①学习。学习期满，参加了于右任为司令的陕西靖国军，历任排长、连长等职。后来又投奔到杨虎城将军麾下，被分配到冯钦哉第四十二师，历任排、连长等职。先后被保送到庐山、洛阳接受军事训练。后升任某部营长。在杨虎城将军爱国思想的长期熏陶感染下，面对九一八后日寇的步步进逼，他忧心如焚。

西安事变爆发后，所部四十二师师长冯钦哉“反对张、杨，拥护蒋介石”，率部离杨附蒋。1937年元月10日，四十二师被南京政府升编为第二十七路军，冯钦哉任总指挥，辖四十二师（由其部原一二六旅升编，旅长柳彦彪升为师长）和一六九师（由其部一二四旅升编，旅长武士敏升为师长）。冯汉英升任一六九师行海亭五〇五旅中校团附②。

卢沟桥事变爆发后，汉英决心早日奔赴前线杀敌。他经常对其团官兵讲：“我们绝不能当亡国奴！大丈夫宁可死在战场，而不愿死在炕上。”不久，他随部由陕西大荔徒步行军到潼关，然后乘火车经郑州奔赴石家庄抗日前线。先后在于庄、东西金山里与日军激战，官兵伤亡900多。因日寇已攻占石家庄，沿正太路西犯。9月13日所部又改为

①冯汉英上的军事学校，究竟为何校？《岐山县志》载为“渭北三武军官学校”。王宗宏整理的《抗日英烈冯汉英》说是“渭北三民军官学校”。其说不一，孰是？但不知三武军官学校为何人，在何地办的？

②朱德钧主编的《岐山县志·冯汉英》说“抗日战争初期，在十七路军任中校团副”。此说与史实不符。抗日战争初期，已没有十七路军的番号了。1937年5月7日，南京政府已撤销了十七路军总部，把所剩部队全部编入孙蔚如第三十八军。冯汉英任的是冯钦哉第二十七路军的中校团附。

第十四军团，冯钦哉任军团长，指挥所部扼守娘子关。汉英随部向井陉附近的贾庄转进。9 月 11 日 在贾庄与日军遭遇后，随部奉命配合友军扼守娘子关，翻过太行山，到达山西的岔口。日军跟踪而至，所部在旧关西面的常家坪与日军激战①半日，给敌以极大的杀伤。其部也有很大的伤亡。因所部损伤较重，减员很多，其师奉令于 11 月 15 日到大宁罗曲镇整补。26 日开赴吴村整理。两个师併编为一个师，四十二师整编为一个团，拨归武士敏一六九师。汉英随部在武士敏率领下离开吴村，于 12 月 15 日，到达沁县北之漳源镇以北地区。其团担任盘陀黄贝

① 朱德钧主编的《岐山县志》说："民国二十六年（1937 年）八月在娘子关，他率部参加雪花山战役，冲锋陷阵，屡立战功。"此说与史实大相径庭。雪花山之战发生在 1937 年的 10 月 13 日夜，8 月日军还没有打到石家庄呢。另外，雪花山之战与冯汉英部无关，此战是赵寿山十七师打的。赵寿山在《陆军第十七师井陉县附近抗战战役战斗详报》（见《赵寿山将军》第 466 页）中对雪花山之战的经过叙述颇详。

山一带防务[1]。在这里度过了抗战后的第一个春节。所部的防地是北起子洪口南至沁县城的山区地段，任务是扼守晋东南的北大门要道子洪口一带，防御太原、榆次、太谷、祁县和平遥一带的鬼子进犯太岳山区。汉英在这里协助团长张蕊廷积极集训官兵，并请薄一波决死队的剧团给官兵们演出，也常派其团官兵到决死队学习。国共军队关系融洽，合作抗日。

1938年春，汉英升任第一〇〇九团团长。

乘一六九师立足未稳之际，日寇的主力部队一〇九师团，由榆次、太谷、祁县、平遥等地分9路向我子洪口至盘陀、团城一带主要阵地围攻。潘禹九一〇一〇团首先在子洪口与进犯的鬼子展开激战。由洪

① 朱德钧主编的《岐山县志》说："民国二十七年（1938年）春，冯汉英升任九十八军一六九师一〇一团团长，驻防山西阳城东西峪一带。"

此说有三点根本与史实不符。首先，1938年春，根本没有九十八军的编制。从中国第二历史档案馆编的《抗日战争正面战场》(下)的附录：《抗日战争军队序列表》可知，1937年全国只有八十六个军和1个新四军及6个骑兵军。1938年6月才有了第九十八军的编制，而此九十八军与冯汉英部队毫无关系。6月21日才任命汤恩伯兼任军长，7月27日才任命张刚为军长。冯汉英部此时是第十四军团，冯钦哉任军团长。

其次说冯汉英升任一〇一团团长，此时武士敏是一六九师师长，而该师从未有过一〇一团的番号。该师辖两个旅：五〇五旅，旅长行海亭，辖两个团：一〇〇九团，团长先张蕊廷，后冯汉英；一〇一〇团，团长潘禹九。五〇七旅，旅长王宏业，辖两个团：一〇一三团，团长黄维华；一〇一四团，团长赵子章。王宗宏整理的《抗日英烈冯汉英》(《岐山文史资料》第四辑第10页，1989年8月编印)说："1938年春，冯汉英升任为九十八军一六九师一〇〇九团团长"，九十八军有误，一〇〇九团团长说得很对。不知为什么又说成一〇一团？有何根据？

最后说1938年春"驻防山西阳城东西峪一带"，也与史实不符。第一，东西峪根本不在阳城，而在阳城北面的沁水十里乡，与长子县、安泽县毗邻。第二，1938年春，冯汉英团根本未在阳城或东西峪驻防。时任第十四军团一六九师师部译电员石中立在《第一六九师在晋东南抗日》(全国政协编写组编：《晋绥抗战》第493页)中说："通过在大宁县整补，我第一六九师……接到出发命令，着即开赴白晋公路北段，扼守晋东南的北大门要道子洪口一带……经洪洞县、唐城……至沁县的南关镇，师部即驻在南关。""1938年夏初……我潘锡畴(禹九)、冯汉英两团在盘陀、团城以北两旁阵地上，与敌以严重打击。"沁县到阳城，中间还有沁源、安泽县和沁水。

善、平遥、张兰来敌，猛攻黄维华一〇一三团，被黄团阻击在东泉一带。同时从西路祁县来的敌人，也从潘禹九和冯汉英两团左翼山上猛攻。在师长武士敏的指挥下，冯汉英身先士卒督率其团与潘禹九团同仇敌忾在盘陀、团城以北阵地，奋勇杀敌，展开血战。给敌以沉重打击。击毁鬼子战车10余辆，歼敌近千人。黄团也毙敌甚众。经三昼夜血战，我也伤亡数百人。为了诱敌深入，聚歼于子洪口沟内，遵照朱总司令命令，一六九师作反包围战。狡猾的鬼子知道了我军的意图，狼狈逃出了子洪口。日寇的9路围攻被粉碎①。

粉碎日寇9路围攻后，其师又回到了来远镇一带，汉英遵照武师长的安排，积极集训部队，还不断派出便衣队到山外游击，破坏公路，使鬼子不得安宁。同时在此欢度了抗战后的第二个春节。

1939年2月7日冯钦哉升任第十四集团军副总司令，与此同时第十四军团改为第九十八军，冯兼军长。冯汉英团改名为冯钦哉九十八军武士敏一六九师第一〇〇九团。4月中旬，日寇步、骑、炮兵万余分十三路向子洪口扑来，扬言要坚决消灭一六九师，对武部实行三面包围。汉英督率其团，遵照武师长的安排，和兄弟团齐心协力，奋勇反击，与八路军一道，终于粉碎了日寇的十三路围攻。

同年10月21日，冯钦哉升任第一战区副司令长官。10月23日武士敏升任第九十八军军长，四十二师师长柳彦彪升任副军长。郭景

---

① 王宗宏整理的《抗日英烈冯汉英》(《岐山文史资料》第四辑)说，1938年春，汉英所部“受十八集团军朱德总司令的指挥。”又说：“是年春，日寇进逼河津，为完成九十八军的战略部署，冯汉英率团黎明前埋伏在河津东边狭道中，待机伏击。……这是抗日战争初期，九十八军使日寇在山西伤亡最大，损失最惨的一次战役。”云云。此说是否真实，值得商榷。此时没有九十八军的编制。朱德是东路总司令，管不到晋西。第十四军团一六九师译电员石中立写的《第一六九师在晋东南抗日》说冯汉英团此时正在晋东南的沁县、祁县一带粉碎日寇的九路围攻，怎么能跑到河津伏击日寇呢？难道他有分身术？

堂升任一六九师师长，王明钦升任四十二师师长。

同年冬天，武士敏将军奉令率部开赴中条山抗日。冯汉英带领其团在郭师长的率领下，在三九大雪纷飞中由道场沟向南，经阳城县西面的董封镇往南开上了雪泉岭。师部驻在雪泉岭的西庄。全师在此欢度了 1940 年的春节。不久，在郭师长督率下，其师夺回了被鬼子攻占的中条山最高峰唐王山。

日寇一直视中条山是华北治安的盲肠炎，必欲攻占而后安。因此，从 1938 年秋季以后，不断对中条山抗日根据地发动大规模的进攻。汉英带领其团与其他兄弟部队同仇敌忾，先后粉碎了日寇多次大规模进攻。

1941 年 5 月 7 日，20 余万日军，在 300 多架飞机，数百门大炮的配合下，分五路对中条山我守军发动了最大的一次猛攻。中条山战役开始后，在武军长的指挥下，汉英带领其团与敌血战数日夜。因敌我众寡悬殊，接第一战区命令，让九十八军突围。在武将军带领下，经过浴血苦战，于 12 日冲破日军重围，向北转进。直到 6 月 1 日后，汉英团终于冲破重围，与全军剩余官兵先后到达太岳抗日根据地——沁源东的东沟、郭庄一带整理。一切供给由薄一波和陈赓所部解决。

太岳山南段地区——岳南抗日根据地，是中条山战役后，八路军、决死队和九十八军共同开辟并巩固起来的。这对日军有极大的威胁。因此，日寇从 9 月 22 日开始，在半月之内，就反复进行了三次残酷的“扫荡”。

日军此次对岳南抗日根据地的进攻，不只是军事的，而且是政治的。敌人始终没有放弃对九十八军与八路军的挑拨离间。

当日寇挑拨离间、拉拢诱降的企图落空后，鬼子恼羞成怒，29

日[①]从冀氏、南北孔庄、马壁、王壁、端氏、高平、长子等地出动兵力数十股共计万余，在18架飞机的配合下，对九十八军防区沁水县东西峪[②]一带开始了总疯狂合围。在武士敏将军的指挥下，冯汉英身先士卒督率其团官兵与全军将士遵照武将军"拼到底"的指示，奋勇杀敌，反复冲杀，浴血苦战！但因敌我众寡悬殊，全军伤亡殆尽。武军长不幸中弹，以身殉职！四十二师师长王明钦、副师长薛如兰、副官主任刘寿安、二四八团第一营营长刘忠义和冯汉英等许多官兵不幸被俘。

汉英被俘后，押在一个小房内。半夜，他挣脱绳索，乘看守鬼子熟睡之机，抽出敌人佩刀，砍死鬼子联队长和副队长各1人。后被敌卫兵发现，将他枪杀于屋檐下。

汉英等官兵殉国后，西安各界在新山寺为九十八军抗日英烈举行了隆重的追悼大会。其殉职查明详报后，国民政府军事委员会抚恤委员会特准晋为少将从优抚恤。一次恤金1500元，年抚金500元[③]。当年

① 朱德钧主编的《岐山县志·冯汉英》说："民国二十八年（1939年）九月十三日晚，日军九路围攻太岳山区，军长武士敏壮烈殉国，几个师长、团长相继阵亡。"此说与史实严重不符。首先，此战发生的时间不是1939年，而是1941年，因为中条山战役是1941年5月7日至6月15日，而此战在中条山战役之后。陕西省档案馆藏档案说得很对："于三十年在山西中条山作战……被敌俘虏，但其志终不屈，为敌所杀。"其次，此战不是9月13日，而是9月29日。最后，说几个师长、团长相继阵亡，也与史实不符，两个师长王明钦、郭景堂并未阵亡，王明钦被俘。团长也没有谁阵亡。

② 朱德钧主编的《岐山县志》和王宗宏整理的《抗日英烈冯汉英》皆说，东西峪在阳城县，也与事实不符。东西峪在沁水县东北的十里乡，与长子、安泽两县接壤。与南面的阳城相距甚远。扼守中条山时九十八军的确驻防在阳城。

③ 王宗宏整理的《抗日英烈冯汉英》说："冯汉英被追认为陆军少将，内务部发了抚恤金，以每年2900元予以资抚。"此说与史实有许多出入。首先是否追认少将？应有确证。我省渭南市临渭区在山东曹县阵亡的石杰三，中国第二历史档案馆藏他的档案的确写着"上校晋少将"。但邱铁生和李家骥档案上却没有这样的记载。其次抚恤费的发放当时由军事委员会抚恤委员会发，并未有什么内务部。最后，上校阵亡后的抚恤金发放标准是：一次恤金1500元，年抚金500元。邱铁生生前是副旅长，阵亡后一次恤金才1500元，年抚金500元。冯汉英遗属不可能得到特殊待遇。

岐山县政府为其遗属赠挂了“为国捐躯”的金字大匾。新中国成立后，岐山县青化乡人民政府仍在其家门前赠挂了“光荣烈属”牌子。

陕西省档案馆藏档案和《岐山县志》均记载了他的英名。陕西省档案馆藏的民国三十一年（1942 年）十二月十日陕西省岐山县政府查填的“抗敌伤亡官民褒恤状况调查表”载：“冯汉英别字含初四十二岁陕西省岐山县人九十八军上校团长于三十年在山西中条山作战因全团覆没被敌俘虏但其志终不屈为敌所杀拟请依法抚恤办法给恤”。

中国人民抗日战争纪念馆大理石墙上镌刻着他的英名。

2020 年 9 月 2 日，退役军人事务部公布的第三批 185 名著名抗日英烈，冯汉英名列第 89 位。

附：本文主要参考资料

1. 陕西省档案馆藏档案
2. 石中立：《上下磐石之战》《第一六九师在晋东南抗日》
3. 石中立：《中条山战役后突围记》
4. 朱德钧主编：《岐山县志》
5. 王宗宏：《抗日英烈冯汉英》
6. 张象珊：《十八集团军热情支持我们抗击日寇》
7. 任信忠：《中条山国共合作抗战事略忆》（打印稿）
8. 日本防卫厅战史室编、天津政协编译组：《华北治安战·沁河之战》
9. 中国第二历史档案馆藏档案
10. 冯德新通话记录

抗日英烈刘忠义

刘忠义

刘忠义[①]（1912—1941），字景春，民国元年（1912年）出生在陕西省今渭南市韩城市（县）龙亭镇马陵庄一个穷苦农民的家里，靠父亲在大路边卖粥维持生活。这激起他对当时社会的不满。在象山上中学时，由于学习了新知识，慢慢接受了革命思想，频繁与中共地下党人接近，成了共青团员，引起了国民党反动派的怀疑。有一天，驻军包围了马陵庄前来逮他。无巧不成书，恰遇忠义戴了个草帽，提了个草笼，便向他打问刘忠义在家没有。忠义见他们并不认识自己，便机智地告诉他们，刘忠义在家里。待军队

① 贾珉主编的《韩城市志》将其名写成“中义”，有误，1934年12月编印的《西安绥靖公署步兵训练班军官队第四期同学录》的姓名为“刘忠义”，此应为正。

进了村，他急忙冲出村子，把草笼一扔，上到柏树上躲了起来。待逮他的一伙走后，他才下来跑到另一个村。

他十七八岁时，便到洛川，不久又到西安，参加了杨虎城将军的部队，被分配到孙辅丞特务一团团部[①]。1934年夏天，被保送到西安绥靖公署步兵训练班第四期步炮队学习。12月毕业后，先后任排长、连长等职。因他关心士兵，团结同事，深为部属拥戴。

抗日战争爆发后，他到冯钦哉二十七路军（1937年9月升编为十四军团）柳彦彪四十二师郭景堂一二四旅郝兢生二四八团参加抗日。随部由大荔徒步行军到潼关，乘火车抵达石家庄。先后转战滹沱河和娘子关地区。由于冯部伤亡减员甚多，四十二师奉令到大宁下茹村整编，将整编之薛如兰二五一团拨归一六九师指挥。其余官兵由师长柳彦彪带领到山西荣河整补。

1938年秋所部整补完成后，忠义随部重新开赴山西抗日前线，先后转战于荣河、晋城等地。1939年秋，武士敏接替冯钦哉升任九十八军军长，柳彦彪升任副军长。王明钦升任四十二师师长。由于刘忠义在各次战斗中带头冲锋，作战勇敢，屡立战功，被提升为四十二师郝兢生（陕西省临潼人）二四八团第一营营长。[②]旋随部开赴中条山抗日。其师为先头部队，驻防在胡家峪一带。归第五集团军指挥。

① 贾珉主编的《韩城市志》说刘忠义"入杨虎城部警备第三旅任文书、排长等职。"此说与史实不符，前引同学录记载他是从特务一团团部到步兵训练班第四期步炮队受训的。警备第三旅是以后的番号。

② 刘忠义在四十二师任何职？其说不一。贾珉主编的《韩城市志》载：刘忠义"升任四十二师二四八团团长"。但1940年春天跟刘忠义到山西阳城抗日的薛西录（陕西省韩城市龙亭镇东范家人，1940年仅16岁）却说，刘忠义时任郝兢生二四八团第一营营长。辖一、二、三和机枪连4个连。他深为师长王明钦所器重，准备提拔团长，未提拔就牺牲了。陕西省渭南市临渭区双王人朱明鑫也说当时二四八团团长是郝兢生。不言而喻，刘忠义时任营长为正，说任二四八团团长，为误。

所部在中条山期间，先后打退了日寇多次猛攻。

1941 年 5 月 7 日日寇对中条山发动了最大的一次进攻。在军长武士敏和师长王明钦的督率下，刘忠义率部与日寇进行了殊死的血战。到 6 月 1 日，终于冲出日寇的包围圈，到达太岳山区沁源东部的东沟，旋南移于王村、郭庄一带整补。

中条山战役后，八路军、决死队和武士敏将军率领的第九十八军共同在太岳山南段地区开辟了岳南抗日根据地。是年 9 月下旬，乘武士敏部整补尚未完成，日寇调动数万兵力对岳南抗日根据地反复进行扫荡。这次扫荡不仅是军事的，而且是政治的，日寇要求武部不配合八路军作战、要求武部投降，均遭到武士敏军长的断然拒绝。武军长命令全军积极备战，与日寇拼到底！

9 月 29 日日寇对武部驻地东西峪发动了猛攻。九十八军全军官兵与鬼子展开激战。经过两昼夜血战，全军伤亡殆尽，武军长不幸中弹以身殉职。刘忠义①营长带领其营与敌人在西峪白刃肉搏，两次冲破敌人包围，第三次突围时，第一连全连牺牲，他不幸被俘。先后被俘的还有其师师长王明钦、副师长薛如兰、副官长刘寿安、一六九师团长冯汉英等许多官兵。

刘忠义被俘后觉得无法逃出虎口，正走时他要求喝水。喝水时，趁鬼子疏忽，他夺得一把刺刀，刺死了一个鬼子。其他鬼子恼羞成怒，一起把他杀害。刘忠义以身殉职。时年 30 岁。

刘忠义殉国查明详报后，国民政府军事委员会特准晋一级从优抚恤。韩城县政府曾举行追悼大会，表彰英烈。

① 贾珉主编的《韩城市志》说：刘忠义“民国 30 年在中条山与日寇作战，大破敌兵。突围中不幸被俘。”此说有误。亲历者薛西录说，忠义被俘，不是在 5 月中条山战役时，而是 9 月底在岳南抗日根据地沁水县东西峪率部突围时被俘的。

刘忠义的胞兄刘平录曾由他带入部队抗日，在山西稷山县盐店与日军作战时不幸壮烈牺牲。

附：本文主要参考资料

1.《西安绥靖公署步兵训练班军官队第四期同学录》

2. 贾珉主编：《韩城市志》

3. 有关四十二师的抗战资料

4. 访问刘建成、薛西录、朱明鑫等的谈话记录

抗日英烈杨江永

杨江永

杨江永（1911—1937），清宣统三年(1911年)九月初生于山西省河津县小梁村。家中殷实。年轻时在西安上学。1931年日寇侵占东北后，全国一片抗日呼声，刚过弱冠之年的杨江永毅然投笔从戎，投奔了杨虎城将军的部队，被分配到冯钦哉的四十二师。冯钦哉见其年轻好学，便送他到军校深造。学成归部后历任多职。

西安事变爆发后，冯钦哉率部离杨附蒋。1937年初南京政府将冯部扩编为国民革命军第二十七路军，辖柳彦彪四十二师和武士敏一六九师。杨江永升任冯部直属工兵营上尉营附。

卢沟桥事变爆发后，在冯钦哉将军的带领下，江永随部从大荔步行到潼关，然后乘火车经郑州开赴华北抗日前线。先后参加了滹沱河等战斗，迟滞了日军南进。

日寇侵占石家庄后，分兵两路，一路沿平汉铁路继续南侵，为策应忻口会战，川岸第二十师团沿石太铁路向西进攻，企图夺取太原。

按照第二战区的部署，命令冯钦哉部在太原东大门娘子关与友军一道阻遏日军西进。冯将军奉命后，告诉工兵营10月13日日军已逼近了旧关，并威胁新关，眼下没有别的部队阻敌，只能派工兵营前去抗击。杨江永二话不说带领特务连小跑步赶了十几公里山路，直接冲向日军，与鬼子进行了一场血战。我军伤亡甚大。江永的警卫员头部中弹牺牲。江永身先士卒，带头冲杀，在与日军激战时不幸中弹，脊椎骨被打断，当即倒下不能动弹。他被辎重连救下，送上火车和其他伤员一同运到太原。在太原中央第廿九路后方医院经过抢救治疗，终因伤势过重，于民国二十六年(1937年)10月29日晚10时牺牲。安葬于太原小北门外西北角义坟。

附录：冯钦哉：《第二十七路军河北山西抗日战斗详报》（摘录）

本路工兵营旧关战斗经过：据该营长丁志轩报称，于10月13日晨奉命占领旧关，阻敌西进。当于5时半到达。以第二连占领旧关北之山头，以第三连占领南面山头，特务连占领旧关城，以第四连为预备队。部署方毕，当面即发现敌步炮兵千余名，伪骑兵百余，向我阵地进犯，并以猛烈炮火集中向旧关城内轰击。其步兵在炮火飞机掩护下，遂进迫我各阵地。守兵沉着应战，激战半日。乃命第四连由凹道侧击，双方相持至日没。后以旧关地形低洼，四周皆山，形如釜，于我不利。遂将阵地向西移至山头，并将通娘子关之捷径堵塞。于各阵地前遍以麻袋伪装。至14日拂晓，令第一连出击，夺获敌之防毒面具、旗帜等多件。

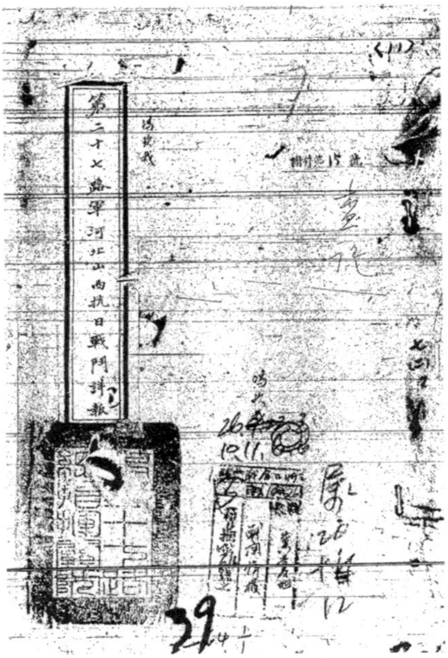
第二十七路軍河北山西抗日戰鬥詳報

相持至16日午，敌又以飞机掩护，步炮连合，猛冲我第二连阵地，工事摧毁为敌突破。连长负伤数处，士兵伤亡殆尽。职即率预备增援，战更烈，右臂负伤。同时特务四连连长连附先后阵亡。杨营附亦受重伤。全营官兵伤亡过半。然经此残酷更加悲愤，喊杀连天，终将该敌歼灭殆尽。综计坚守旧关阵地6昼夜之久，冲锋肉搏者数十次，敌之主力消灭大半，由于后路被我友军截断，已成瓮鳖，仅赖飞机输送弹糈耳。至19日奉命交防。

附：本文主要参考资料

1. 冯寄宁：《追祭血战娘子关的抗日先烈》

2. 冯钦哉第二十七路军有关抗日资料

杀身成仁流热血　铭碑立墓仰忠魂

——抗日英烈陈良璧

陈良璧

陈良璧[①]（1907—1941），字连成，清光绪三十三年（1907年）出生于甘肃省固原县（今宁夏回族自治区原州区）七营乡八营村柴家梁一个农民家里。1923年他从黑城镇“固原第二高等小学”毕业后，又进入陇东讲武堂学习军事。

1926年9月冯玉祥由苏联回国，9月17日行至五原，就任国民联军总司令，率领全军誓师，并决定“固甘援陕，联晋图豫”的方针，旋派所部经由五原、银川、平凉等地开赴陕西，解杨虎城被刘镇华围困近8个月之围。当冯

① 陈良璧的名字是何，其说不一。元泽信写成“良璧”，其战友们的回忆均为“良弼”。中国第二历史档案馆藏档案的名字为“良璧”。宁夏区党委党史研究室和固原党史研究室皆为“良璧”。可知“良璧”为正。

玉祥国民军路过固原时，良璧毅然参加了冯部，历任排长、连长。随部参加了解西安之围的战斗。1927 年 5 月随部东出潼关，与武汉国民政府领导的二次北伐军会师中原。1930 年蒋介石与冯玉祥、阎锡山进行中原大战，结果冯、阎败北。良璧返回家乡。

1935 年良璧投奔杨虎城将军麾下，被分配到孙蔚如第三十八军第十七师王劲哉[①]四十九旅，任某部连长。同年奉命随部驻防洛川、富县、延安等地，"围剿"红军。在驻防期间，贯彻杨虎城将军联红抗日的意图，和红军互不侵犯，并将一些物资送给红军。

西安事变爆发后，他奉命随部开回西安，旋开赴临潼赶筑工事，准备迎击亲日派中央军的进犯。

西安事变和平解决后，因张学良将军被蒋介石扣留，杨虎城将军被撤职留任，良璧其旅旅长王劲哉感到十七路军前途未卜。在 1934 年离杨附蒋的杨部原四十九旅旅长杨渠统的鼓动收买下，便于 2 月 4 日晚带领所部李俊彦九十八团和补充团一部分官兵近 2000 人，开往子午镇，离杨附蒋[②]。良璧作为下级军官，随从大流。不久，所部即遵蒋介石命令开赴河南杞县整训。后经河南绥靖公署主任刘峙检阅，所部被

① 王劲哉（1897—1968），陕西省渭南市今临渭区人。早年入杨虎城部，历任排、连、营、团长等职。1932 年秋，在平定马青苑叛乱时勇猛冲杀，战功卓著，军中称其为"王老虎"。1935 年，升任杨部孙蔚如第十七师第四十九旅旅长。驻防陕北时，曾与红军达成一定程度的谅解与合作。西安事变时，开始力主杀蒋；但"二二"事件后，他认为十七路军没有前途了，带领部分部队离杨附蒋，被改编为新编第三十五师，他任师长。1938 年春，参加兰封会战后，率部参加了武汉保卫战。所部改为第一二八师，王劲哉任中将师长。后率部进入敌后，在湖北沔阳一带建立抗日根据地，不听蒋介石的指挥，也不与共产党合作，只打日本。在四年多时间，与日军屡次激战，斩获颇多。1943 年 8 月下旬，兵败被日军俘虏，宁死不投降。抗战胜利后，辗转到延安，毛泽东委任王劲哉为陕西自卫军司令，并为中共特别党员。解放后，曾任渭南军分区副司令员等职。

② 王子义：《王劲哉旅叛杨纪实》，《西安事变亲历记》，中国文史出版社 1986 年 12 月版，第 563 页。

改编为陆军新编第三十五师。

所部改编后不久，日寇发动卢沟桥事变，向我国全面进攻。良璧奉命随部扼守郑州以北黄河铁桥。1938 年夏初，他随部参加了豫东会战。在反攻巢县战斗中，其师一团团长石杰三和许多官兵不幸阵亡。旋随部开赴兰封。

同年 5 月 19 日，日寇攻占徐州后，6 月 5 日攻占开封，进攻的矛头直指武汉。豫东会战结束后，所部拨归三十一集团军汤恩伯指挥，他随部开赴江西丰城县集结。不久为保卫武汉，随部开赴九江西边的瑞昌县山区阻击进攻武汉的日寇。他与战友们坚守和尚脑山地达百日之久，击退日军进攻十余次，有力地配合了武汉保卫战①。汤恩伯在一次军事会议上，再三称赞良璧所部新三十五师打得好。鉴于此，汤报请统帅部将其师改编为国民革命军第一二八师。

武汉会战结束后，随部开赴长江北岸湖北省的沔阳县境，坚持抗日战争。良璧与战友们同仇敌忾一起先后粉碎了日寇无数次的猛攻。

1939 年秋，日寇以飞机掩护，从武汉溯襄江而上，猛攻沔阳。所部反击失利，遂南渡东荆河，将师部移驻峰口。沔阳县政府也迁到距离施家港 5 里的姜家口。仙桃镇、张家沟、沔阳城相继沦陷，日寇分兵盘踞，伺机南渡东荆河，企图一举消灭心腹之患——王劲哉一二八

---

① 宁夏区党委党史研究室、固原党史研究室和元泽信写的关于陈良璧的材料，都说陈良璧部队“先后参加过保卫上海、南京、九江、武汉等战役。”此说与史实不尽相符，的确参加过九江和武汉保卫战，但并没有参加过上海和南京保卫战。王劲哉师的官兵们写的回忆录，均说其师参加过豫东会战和武汉保卫战，根本没有参加过上海和南京保卫战。

师。此时良璧升任七六三团[①]中校团附。

东荆河南岸成了抗日前沿阵地，良璧奉命率部与其他官兵一起赶筑工事，据河扼守。打退了鬼子的多次猛攻。双方在施家港屡次进行激战。

施家港位于东荆河南，是日寇进攻王劲哉和县府的必经之路。王劲哉倚东荆河天堑，在施家港下筑起两座相距4里左右的土堡垒，派七六七团扼守。

1940年春，日寇发动猛攻，驻守官兵与敌血战，全部殉国。施家港失守。日寇攻占施家港后，抓夫抢粮，拆房伐树，在街头筑起营房，营房四周架设电网。鬼子们白天下乡骚扰，晚上龟缩在营房内。

王劲哉得知施家港失守，命令陈良璧率部夺回施家港。良璧二话不说，立即带领其团二营伍万云六连奔赴柳口、严家桥一带。他为了摸清敌情，先采取“声东击西”的战术，命令战士在敌人东南方向猛烈射击，牵引鬼子的火力，自己则带兵潜入敌人营房的西北面，将电网割掉。半夜，他又来了个“声西击东”，命令东南方向停止攻击，而转到西北方向射击佯攻，他又将东南方向的电网全部割掉，接着将敌营房团团包围，从四面猛攻。一时间，枪炮声大作，子弹如暴雨而下。鬼子失去赖以驻防的安全设施，只好连夜逃跑，施家港光复。

不久，日寇派出飞机3架，掩护野坂队长率领的“白虎队”（敢死队）和“黄卫军”熊剑东部，先后攻占了沔阳的沙湖、张家沟、白庙

① 陈良璧在一二八师在沔阳抗日时，任何职务，其说不一。赵正祥在《施家港据点》一文中说：“王劲哉……令陈良弼团夺回施家港”。“陈良弼率领七六八团……”“陈团长”，据此陈良弼是七六八团团长。肖国录在《崔家拐角痛歼日寇纪实》中说：“王劲哉，命令镇守沔城之独立六团副团长陈良弼”。这里良弼是独立六团副团长。政协峰口镇文史组写的《一二八师忠烈第一园》又说是“陈良弼副团长”，没有说部队番号。中国第二历史档案馆藏档案记载为：“陆军一二八师七六三团中校团附”。我们取后说。

等地，陈兵于东荆河两岸，直接威胁沔阳县城和沔南重镇——峰口等地。王劲哉师长命令驻防沔城的时任独立六团中校团附陈良璧在东荆河南岸选择有利地形，构筑工事迎敌。当陈团附带领一个营和数百民工在陶家坝抢筑工事时，朱新场的日寇派出重兵，偷袭我陶家坝尚未竣工的阵地。陈良璧团附身先士卒奋不顾身，亲率官兵奋勇抵抗，终因寡不敌众，陈团附不幸中弹以身殉职[①]。此役我阵亡官兵60余名，牺牲民工20余名，被俘民工50余名。

陈良璧团附牺牲后，忠骸被安葬在峰口"一二八师忠烈第一园"。陵园约10亩余，历时半年，1940年农历腊月落成。1941年正月初三，师长王劲哉在陵园召开大会，以告别词代替了竣工典礼。

陵园坐西朝东，东西长百米，南北宽约80多米。围墙用青砖砌成，高3米，间有墙墩108座。

陵园正面宽约15米，分3间，正中一间宽约10米，安两扇黑漆大门。其上修有门楼，门楼面呈三角形，上书"忠烈第一陵园"六个大字。正门两旁的砖柱上用水泥浮雕成一副对联，上联是："禀天地正气以生生岂甘作奴隶"，下联是："为国家民族而死死有重如泰山"。正门两旁围墙上面，用石灰粉成长宽约两米的10个方块，从右至左用水泥雕出10个大字："已以身报国愿生者争气"。

陵园内距正门约15米处，修一座明三暗五的中式建筑，高5米，宽15米，进深10米，鳌脊翘垛，雄伟庄严。这就是灵堂和享殿。享

①陈良璧何时牺牲，说法不一。政协峰口文史组写的《一二八师忠烈第一陵园》说："1939年冬在陶家坝反击日寇战斗中阵亡"。肖国禄在《崔家拐角痛歼日寇纪实》中说是"1940年农历正月初四日"以后，日寇"陈兵于东荆河两岸"，良璧在东荆河南岸构筑工事时反击日寇偷袭时阵亡。中国第二历史档案馆藏档案记载阵亡时间为："30 12 1"，当是1941年12月1日。孰是？应以档案为准。

殿正中有三合雕花隔门，左右还有对开着的两扇侧门。正门上方屋檐下高悬一块木质横匾，上书“浩气长存”。两旁檐柱上各挂一块木质抱柱挂匾，北侧上书“骏骨长埋百里寒光身浴血”，南侧上书“精神不死千秋正气仰忠魂”。屋内墙上还有许多挽联，其中一联是：“波涛秋八月风雨夜三更”。右边隔门旁挂一竖式大木牌，白底黑字，上书“中国陆军第一百二十八师烈士陵园”。灵堂内正中墙上悬挂着中华民国国旗和国民党党旗，当中有孙中山先生遗像。两旁墙上分别有烈士们的姓名、籍贯、职务及简要事迹。

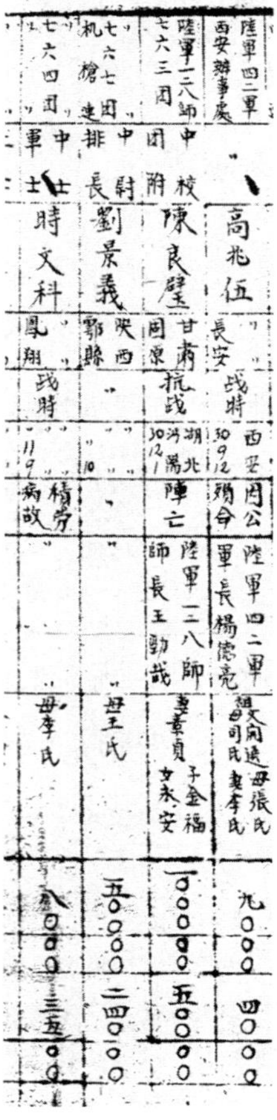

陸軍四二軍西安辦事處	陸軍一二八師七六三團	七七七團機槍連	七六四團
	中校團附	中排長	中士
高桂伍	陳良壁	劉景義	時文科
長安	甘肅固原	陝西鄠縣	鳳翔
戰時	抗戰	〃	戰時
西安 30.9.12	湖北 30.12.1	〃 10	〃 11.9
因公殉命	陣亡	〃	積勞病故
陸軍四二軍軍長楊德亮	陸軍一二八師師長王勁哉	〃	〃
[illegible]	妻董貞 子金福 女永安	母王氏	母李氏
九〇〇〇	一〇〇〇〇	五〇〇〇	[illegible]
四〇〇〇	五〇〇〇	二四〇〇	三五〇〇

灵堂内一字排列三座碑亭，居中一座最高，3米余，砖砌，水泥粉刷，山字形顶，石碑嵌在正中，其上镌刻着“永垂不朽”，旁镌刻“纪念碑”，其上镌刻碑文：“暴日封豕长蛇，荐食上国，芦沟衅起，迫中华民族于生死存亡之最后关头，抱我铁血卫国之精神与决心，参战以来，转战万里，南越长江，北抵长城……劲哉不敏，购地辟园以慰忠魂，为文以记之。”碑文列叙了日本帝国主义侵略中国的罪行，一二八师驻峰口的战斗历程，官兵浴血抗战的英勇事迹和建园的经过与意义。其余两座碑亭的式样与中间的相仿，只是略小一些。碑文由参谋长李德新、旅长任兰圃等人题词。碑亭两旁各有两座为在战斗中牺牲的几位军官修建的基碑。在陶家坝反击日寇战斗中殉国的陈良璧中校团附陈良弼的墓碑上镌刻着“杀身成仁流热血铭碑立墓仰忠魂”的挽联。后来陵园被毁，令人惋惜。

陈良璧以身殉职，军事委员会抚恤委员会驻陕抚恤处查明上报后，国民政府军事委员会抚恤委员会特准晋为上校从优抚恤，一次恤金1000元，年抚金500元。中国第二历史档案馆藏档案记载了他的英名。前几年共青团中央、中央党史研究室和国家档案局主办的“抗日英烈纪念馆•英名永存”对其抗日的英雄事迹作了记叙。

附：本文主要参考资料

1. 中国第二历史档案馆藏档案：全宗号和案卷号：一（1）4244
2. 侯若愚:《记王劲哉先生》,《抗日战争中的王劲哉》第1页
3. 许中和:《抗战中的一二八师》，同上书第21页
4. 李钰亭《战斗在敌后战场》，同上书第36页
5. 赵正祥:《施家港争夺战》，同上书第42页
6. 肖国禄:《崔家拐角痛歼日寇纪实》，同上书第46页
7. 政协峰口镇文史组:《一二八师第一忠烈陵园》，同上书第237页
8. 宁夏自治区党委党史研究室:《陈良璧》
9. 宁夏固原党史研究室:《陈良璧》
10. 元泽信:《陈良璧》
11. 访问原一二八师团长李钰亭的谈话记录

英 名 录

傅兴才（1908—1937），陕西省佛坪县人。孙蔚如第三十八军赵寿山十七师上等兵。1937 年 10 月在河北省与日寇作战时阵亡。时年 30 岁。其牺牲查明上报后，国民政府特准晋一级从优抚恤。一次恤金 100 元，年抚金 50 元。陕西省档案馆藏档案记载了他的英名。

刘开贵（1916—1937），陕西省佛坪县人。孙蔚如第三十八军赵寿山十七师上等兵。1937 年 10 月在河北省与日寇作战时阵亡。时年 22 岁。其牺牲查明上报后，国民政府特准晋一级从优抚恤。一次恤金 100 元，年抚金 50 元。陕西省档案馆藏档案记载了他的英名。

高指陞（1912—1937），陕西省岐山县人。孙蔚如第三十八军赵寿山十七师陈硕儒五十一旅程鹏九一〇一团八连上尉连长。1937 年 10 月在河北省与日寇作战时，不幸阵亡。时年 26 岁。其牺牲查明上报后，国民政府特准晋一级从优抚恤。陕西省档案馆藏档案记载了他的英名。

焦鸿远（1912—1937），陕西省西安市今长安区人 ,1937 年秋任孙蔚如第三十八军赵寿山第十七师连长，同年 10 月在山西省雪花山与日军作战时阵亡。时年 26 岁。陕西省档案馆藏档案记载了他的英名。

左宪民（1907—1937），字焕章。陕西省乾县人。参加杨虎城将军部队后，被分配在绥靖公署补充一团团部。1931 年于西安绥靖公署步兵训练班军官队第一期毕业。卢沟桥事变后，任孙蔚如三十八军李兴中一七七师许权中五二九旅韩子芳一〇五八团二营少校营长。1937 年 10 月 30 日在山西省忻县忻口镇与日寇作战时，不幸阵亡。时年 32 岁。其牺牲查明上报后，国民政府特准晋为中校从优抚恤。一次恤金 900 元，年抚金 360 元。陕西省档案馆藏档案记载了他的英名。

王新民（1911—1937），陕西省今渭南市合阳县王村镇窑头村人。孙蔚如三十八军[①]赵寿山十七师耿志介四十九旅陈际春九十八团第七连战士。抗战军兴，所部开赴华北抗日前线，转战河北、山西，11 月初在太原对日作战时不幸牺牲。白锡录主编的《合阳县志》记载了其英名。

王有成（？—1938），陕西省扶风人。

徐生果（？—1938），热河灵燕人。

二英烈生年均不详，皆为冯钦哉第十四军团武士敏一六九师某部□□班长。1938 年 4 月，在山西省祁县子洪口带领全班与日寇血战时不幸牺牲。战后，其部在祁县来远镇西面修建了烈士公墓，并建了石碑五座。其中《陆军第一六九师子洪口抗日战役阵亡将士纪念碑》上镌刻着他们的英名。

刘禄胜（？—1938），河南省禹城人。

① 白锡录主编的《合阳县志》说王新民“1937 年 11 月随杨虎城部十七师……战于太原，阵亡。”此说与史实不符。此时杨部已改编成孙蔚如三十八军，只能称为杨虎城将军旧部了。

梁启章（？—1938），河南省睢阳人。

二英烈生年均不详。皆为冯钦哉第十四军团武士敏一六九师某部下士班长。1938 年 4 月，在山西省祁县子洪口带领全班与日寇血战时不幸阵亡。战后，其部在祁县来远镇西面修建了烈士公墓，并建了 5 座石碑。其中《陆军第一六九师子洪口抗日战役阵亡将士纪念碑》上镌刻着他们的英名。

王永福（？—1938），陕西省澄城县人。

蒋银魁（？—1938），山西省解县人。

苏有云（？—1938），陕西省朝邑人。

张得胜（？—1938），陕西省合阳人。

薛松林（？—1938），河南省偃师人。

刘福安（？—1938），河南省民权人。

王春明（？—1938），山西省万泉人。

七英烈生年皆不详。均为冯钦哉第十四军团武士敏一六九师某部□□列兵。1938 年 4 月在山西祁县子洪口与日寇血战时不幸阵亡。战后，其部在祁县来远镇西面修建了烈士公墓，并建了 5 座石碑。其中《陆军第一六九师子洪口抗日战役阵亡将士纪念碑》上镌刻着他们的英名。

任天玉（？—1938），河北省蒲阳人。

胡彦喜（？—1938），河南省禹城人。

郭彦武（？—1938），陕西省武功人。

韩志杰（？—1938），陕西省蓝田人。

贾得胜（？—1938），绥远东胜（今属内蒙古自治区）人。

王国成（？—1938），河南省西平人。

田生荣（？—1938），甘肃省庆阳人。

徐清泉（？—1938），江苏省同山人。

曹振英（？—1938），陕西省今西安市长安区人。

曹国志（？—1938），河北省大名人。

李生杰（？—1938），陕西省今西安市临潼区人。

十一英烈生年皆不详。均为冯钦哉第十四军团武士敏一六九师□□□兵。1938 年 4 月在山西祁县子洪口与日寇血战时不幸阵亡。战后，其部在来远镇西面修建了烈士公墓，并建了 5 座石碑。其中《陆军第一六九师子洪口抗日战役阵亡将士纪念碑》上镌刻着他们的英名。

陈新发（？—1938），陕西省合阳县人。

张德祥（？—1938），河南省南召人。

刘世明（？—1938），山西省晋城人。

刘顺立（？—1938），河南省通许人。

张发才（？—1938），陕西省泾阳县人。

赵金清（？—1938），河南省嵊县人。

谢得云（？—1938），河南省灵宝人。

何明德（？—1938），河南省遂平人。

孙生才（？—1938），陕西省合阳县人。

九英烈生年皆不详，均为冯钦哉第十四军团武士敏一六九师某部一等列兵。1938 年 4 月在山西祁县子洪口与日寇血战时不幸阵亡。战后，其部在来远镇西面修建了烈士公墓，并建了 5 座石碑。其中《陆军第一六九师子洪口抗日战役阵亡将士纪念碑》上镌刻着他们的英名。

孟金鳌（？—1938），山西省祁县人。

郝明江（？—1938），山东省曹县人。

江英山（？—1938），河南省遂平人。

马秋轩（？—1938），河南省方城人。

王保兴（？—1938），河南省淯川人。

王俊杰（？—1938），陕西省今渭南市临渭区人。

□清林（？—1938），河南省郾城人。

李光海（？—1938），河南省开封人。

程世昌（？—1938），山西省太谷人。

李永祥（？—1938），山西省安邑人。

十英烈生年均不详。皆为冯钦哉第十四军团武士敏一六九师二等列兵。1938 年 4 月在山西祁县子洪口与日寇血战时不幸阵亡。战后，其部在来远镇西面修建了烈士公墓，并建了 5 座石碑。其中《陆军第一六九师子洪口抗日战役阵亡将士纪念碑》上镌刻着他们的英名。

周新和（？—1938），河南省郾城人。生年不详。冯钦哉第十四军团武士敏一六九师炊事兵。1938 年 4 月在山西祁县子洪口与日寇血战时不幸阵亡。战后，其部在来远镇西面修建了烈士公墓，并建了 5 座石碑。其中《陆军第一六九师子洪口抗日战役阵亡将士纪念碑》上镌刻着他的英名。

贾新民（？—1938），陕西省商县人。

周锡山（？—1938），河南省永城人。

二英烈生年皆不详。均为冯钦哉第十四军团武士敏一六九师上等列兵。1938 年 4 月在山西祁县子洪口与日寇血战时不幸阵亡。战后，其部在来远镇西面修建了烈士公墓，并建了 5 座石碑。其中《陆军第一六九师子洪口抗日战役阵亡将士纪念碑》上镌刻着他俩的英名。

郝凤麟（？—1938），甘肃省永昌人。生年不详。冯钦哉第十四军团武士敏一六九师□等列兵。1938 年 4 月在山西祁县子洪口与日寇血战时不幸阵亡。战后，其部在来远镇西面修建了烈士公墓，并建了 5 座石碑。其中《陆军第一六九师子洪口抗日战役阵亡将士纪念碑》上镌刻着他的英名。

周金牢（？—1938），陕西省商县人。生年不详。冯钦哉第十四军团武士敏一六九师某部准尉特务长。1938年4月在山西祁县子洪口与日寇血战时不幸阵亡。战后，其部在来远镇西面修建了烈士公墓，并建了5座石碑。其中《陆军第一六九师子洪口抗日战役阵亡将士纪念碑》上镌刻着他的英名。

赵思祥（1915—1938），陕西省今渭南市华县沙尖村人。王劲哉新编三十五师[①]某部中尉副官，1938年春在河北对日作战时不幸牺牲。周涛主编的《华县志》记载了其英名。

吴金安（？—1938），陕西省渭南市华县人，生年不详。孙蔚如三十八军赵寿山十七师担架排列兵，1938年在山西晋城对日作战时不幸牺牲。《华州史话》记载了他的英名。

王子贤（1922—1938），陕西省商县启化乡人。孙蔚如第三十一军团李振西教导团步炮连中士班长。1938年8月在山西省永济县王家坟与日寇血战，奋勇杀敌时，不幸牺牲。时年仅17岁。其牺牲查明上报后，国民政府特准晋一级从优抚恤。陕西省档案馆藏档案记载了他的英名。

阎春和（1915—1938），陕西省今西安市长安区人。孙蔚如第三十一军团李振西教导团第四连上等兵，1938年8月在山西〔永济〕[②]与日寇作战时阵亡。时年仅24岁。其牺牲查明上报后，国民政府特准晋一级从优抚恤。陕西省档案馆藏档案记载了他的英名。

范振邦（？—1938），生年不详。陕西省洋县人，孙蔚如第三十一

---

①周涛主编的《华县志》说赵思祥牺牲于河北，又说所部番号为一二八师。此说与史实不符。如在河北牺牲，此时所部应是新编三十五师。

②原档案没有记载阎春和阵亡在何地？根据阵亡时间，应是在永济阵亡。与日寇作战时阵亡。

军团教导团便衣队上尉中队长。1938年8月在山西省永济县辛店与日寇作战时不幸阵亡，其牺牲查明上报后，国民政府军事委员会特准晋为少校从优抚恤，一次恤金800元，年抚金360元。中国第二历史档案馆藏档案记载了他的英名。

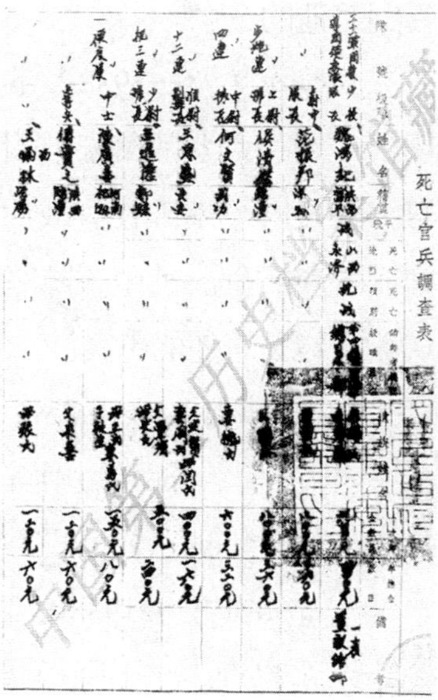
死亡官兵調查表

中国第二历史档案馆藏档案

侯清□（？—1938），生年不详。陕西省西安市今临潼区人，孙蔚如第三十一军团教导团步炮连上尉排长。1938年8月在山西省永济县辛店与日寇作战时不幸阵亡，其牺牲查明上报后，国民政府军事委员会特准晋为少校从优抚恤，一次恤金800元，年抚金360元。中国第二历史档案馆藏档案记载了他的英名。

何文贤（？—1938），生年不详。陕西省武功人，孙蔚如三十一军团教导团四连中尉排长。1938年8月在山西省永济县与日寇作战时不幸阵亡，其牺牲查明上报后，国民政府军事委员会特准晋为上尉从优抚恤，一次恤金600元，年抚金320元。中国第二历史档案馆藏档案记载了他的英名。

王东盛（？—1938），生年不详。陕西省西安市今长安区人，孙蔚如第三十一军团教导团十二连准尉副排长。1938年8月在山西省永济县辛店与日寇作战时不幸阵亡，其牺牲查明上报后，国民政府军事委员会特准晋为少尉从优抚恤，一次恤金400元，年抚金160元。中国第二历史档案馆藏档案记载了他的英名。

王进隆（？—1938），生年不详。陕西省西安市户县人，孙蔚如第三十一军团教导团机三连少尉副排长。1938 年 8 月在山西省永济县辛店与日寇作战时不幸阵亡，其牺牲查明上报后，国民政府军事委员会特准晋为中尉从优抚恤，一次恤金 500 元，年抚金 240 元。中国第二历史档案馆藏档案记载了他的英名。

陈广善（？—1938），生年不详。河南省人，孙蔚如第三十一军团教导团便衣队中士。1938 年 8 月在山西省永济县辛店与日寇作战时不幸阵亡，其牺牲查明上报后，国民政府军事委员会特准晋为上士从优抚恤，一次恤金 150 元，年抚金 80 元。中国第二历史档案馆藏档案记载了他的英名。

傅贵之（？—1938），生年不详。陕西省西安市今临潼区人。

王西林（？—1938），生年不详。陕西省泾阳人。

二英烈皆孙蔚如第三十一军团教导团便衣队上等兵。1938 年 8 月在山西省永济县辛店与日寇作战时不幸阵亡，其牺牲查明上报后，国民政府军事委员会特准晋为下士从优抚恤，一次恤金 120 元，年抚金 60 元。中国第二历史档案馆藏档案记载了他的英名。

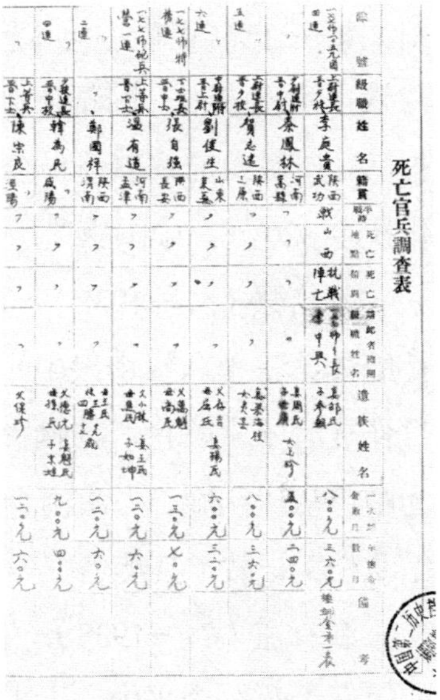
死亡官兵調查表

中国第二历史档案馆藏李庭贵等档案

李庭贵（？—1938），生年不详。陕西省武功人。1938 年春任孙蔚如第三十八军李兴中一七七师任云章五三〇旅孙洁生一〇五九团二营四连上尉连长。同年夏在山西对日作战时不幸阵亡。其牺牲查明上报后，国民政府军事委员会特准晋为少校从优抚恤，一次恤金 800 元，年抚金 360 元。中国第二历史档案馆藏档案记载了其英名。

秦凤林（？—1938），生年不详。河南嵩县人。1938 年春任孙蔚如第三十八军李兴中一七七师任云章五三〇旅孙洁生一〇五九团二营四连少尉连附。同年夏在山西对日作战时不幸阵亡。其牺牲查明上报后，国民政府军事委员会特准晋为中尉从优抚恤，一次恤金 500 元，年抚金 240 元。中国第二历史档案馆藏档案记载了其英名。

贺志远（？—1938），生年不详。陕西省三原县人。1938 年春任孙蔚如第三十八军李兴中一七七师任云章五三〇旅孙洁生一〇五九团二营五连上尉连长。同年夏在山西对日作战时不幸阵亡。其牺牲查明上报后，国民政府军事委员会特准晋为少校从优抚恤，一次恤金 800 元，年抚金 360 元。中国第二历史档案馆藏档案记载了其英名。

刘俊生（？—1938），生年不详。山东省莱芜人。1938 年春任孙蔚如第三十八军李兴中一七七师任云章五三〇旅孙洁生一〇五九团二营六连中尉连附。同年夏在山西对日作战时不幸阵亡。其牺牲查明上报后，国民政府军事委员会特准晋为上尉从优抚恤，一次恤金 600 元，年抚金 320 元。中国第二历史档案馆藏档案记载了其英名。

张自强（？—1938），生年不详。西安市今长安区人。1938 年春任孙蔚如第三十八军李兴中一七七师特务连下士班长。同年夏在山西对日作战时不幸阵亡。其牺牲查明上报后，国民政府军事委员会特准晋为中士从优抚恤，一次恤金 130 元，年抚金 70 元。中国第二历史档案馆藏档案记载了其英名。

温有道（？—1938），生年不详。河南省孟津人。1938 年春任孙蔚如第三十八军李兴中一七七师孙芾棠炮兵营一连上等兵。同年夏在山西对日作战时不幸阵亡。其牺牲查明上报后，国民政府军事委员会特准晋为下士从优抚恤，一次恤金 120 元，年抚金 60 元。中国第二历史档案馆藏档案记载了其英名。

郑国祥（？—1938），生年不详。陕西省今渭南市临渭区人。1938 年春任孙蔚如第三十八军李兴中一七七师孙芾棠炮兵营二连上等兵。同年夏在山西对日作战时不幸阵亡。其牺牲查明上报后，国民政府军事委员会特准晋为下士从优抚恤，一次恤金 120 元，年抚金 60 元。中国第二历史档案馆藏档案记载了其英名。

韩为民（1909—1938），字少文，陕西省今咸阳市泾阳县南垣韩家人。参加杨虎城将军部队后，被分配在总部炮兵团特务机枪连。1932 年于西安绥靖公署步兵训练班军官队第二期毕业。1938 年春任孙蔚如第三十八军李兴中一七七师孙芾棠炮兵营四连少校连长。同年夏在山西对日作战时不幸阵亡。其牺牲查明上报后，国民政府军事委员会特准晋为中校从优抚恤，一次恤金 900 元，年抚金 400 元。中国第二历史档案馆藏档案记载了其英名。

陈宗良（？—1938），生年不详。陕西省泾阳县人。1938 年春任孙蔚如第三十八军李兴中一七七师孙芾棠炮兵营四连上等兵。同年夏在山西对日作战时不幸阵亡。其牺牲查明上报后，国民政府军事委员会特准晋为下士从优抚恤，一次恤金 120 元，年抚金 60 元。中国第二历史档案馆藏档案记载了其英名。

吕廷桢（？—1938），生年不详。陕西省扶风人。1938 年春任孙蔚如第三十八军李兴中一七七师杨复震补充团三营八连准尉特务长。同年夏在山西对日作战时不幸阵亡。其牺牲查明上报后，国民政府军事委员会特准晋为少尉从优抚恤，一次恤金 400 元，年抚金 160 元。中国第二历史档案馆藏档案记载了其英名。

刘长林（？—1938），生年不详。陕西省凤翔人。1938 年春任孙蔚如第三十八军李兴中一七七师杨复震补充团一营一连少尉连附。同年夏在山西对日作战时不幸阵亡。其牺牲查明上报后，国民政府军事委员会特准晋为中尉从优抚恤，一次恤金500元，年抚金240元。中国第二历史档案馆藏档案记载了其英名。

王昭宪

王昭宪（1912—1938），陕西省富平县老庙笃祜村人。幼时就读于蒲城孝通中学，因喜读进步书籍，曾被校方列名监视。弱冠投笔从戎，参加了杨虎城将军部队。先后在孙辅臣（友仁）特务一团、陕西警备第三旅任职。西安事变和平解决后，因其旅旅长孙辅臣被在蒲城反叛的东北军骑兵第十师师长檀自新扣留。杨虎城将军即电“旅长职务，暂由九团团长王镇华代理”。因王镇华与八团团长杨复震发生误会，故在部队缩编时，把杨复震八团编为李兴中一七七师补充团。王昭宪任孙蔚如第三十八军李兴中一七七师杨复震团机枪一连上尉连长。卢沟桥事变爆发后不久，随部开赴陕东平民县（新中国成立后，并入朝邑县，后朝邑又并入大荔县）扼守黄河河防。同年仲冬曾赴京受训。归部后仍在平民坚守河防。1938年春，日寇沿同蒲路南犯，3月初相继攻占了与陕东一衣带水的永济县城和风陵渡。全陕震动！昭宪在带领全连官兵赶筑阵地工事、随时准备粉碎日寇进犯的同时，于农历二月二十三日曾给双亲写过一封感人至深的家书，现转抄如下：

父母亲大人万福：

敬禀者儿。

前由平民县郝家报寄之函，谅已书矣！现在敌人已到山西永济（即蒲州）于大庆关隔河相望；并到风陵渡于潼关相望。形势很为严重。飞机每日数十架轰炸西安，我国人民财产生命，横遭蹂躏。国家存亡，危在旦夕。敌人到了永济县，听说杀了两千多人。此地把敌人挡不住，消灭不了。试问：我们的家乡，还能免了遭殃吗？你想到那时候，我们的财产任人抢夺，我们的妇女，任人奸淫，我们的生命，任人残杀。儿身为军官，职在保国卫民，能甘心看着，被敌人把我们的乡党、邻里、亲戚朋友、父母兄弟、妻子、生命财产，任人奸淫、掳掠、残杀抢夺。那我还算什么男儿大丈夫，国家还要这种军官干什么？祖先要我这子孙干什么？我要拿我生命保国家，救人民。为国家、人民、祖先争光！

父母亲：我明知道你听到我上火线，把心都操烂了，把眼都哭坏了。如果你儿子守到你面前，能保得住日本人不杀我吗？我现在能打死一个日本人，我死也甘心。如果光是人家杀自己，死了多冤枉。父母亲：大义所在，不容反顾，望二位大人接到信后，大放宽心，尽天由命吧！这封信接到后，给我重英兄也看一遍，教他把秉性改一下，到二老上边孝顺孝顺。现在全当没有我这兄弟。父母百年之后，祖宗香烟全要靠他了。并对我妻说，他如果和我是一心，叫他全当没我，替我孝敬二老就完了。父母亲呀，儿27岁，我现在觉得，人生必有死，不流芳百世，便遗臭万年。儿我要做留芳千古的大事。就在这几天，上自师部营团以至各位长官，都说我的阵地工事做得好，非常夸奖，自上至官长朋友都对你儿——非常佩服敬仰。

父母亲呀，这种现象是不是你儿替祖宗争光呢？你不要把这回看成瞎事，儿认为是成功立业、英雄出头的日子到了。就看祖先有德没德，你二老有福没福，你儿有命没命。有古云：御侮平乱，安百姓，立功万里外。把我这封信，不要随便失遗，并可叫乡里亲友，有名有识之人都看一遍，知你儿绝不是甘心愿作亡国的奴隶，不作丧家之犬。如果都是有志气的大丈夫男儿汉，要作和儿一样的光荣大事，那国家绝不能亡，决能复兴。

今兑大洋一百元，聊表报父母大人养育之恩。大人想吃什么，想穿什么，权当你儿买的。国亡了，都保不住了，要他作什么用。儿部现住平民县，恐怕不久移动，无事不要来信。长此敬颂，福安！全家平安！

儿　昭宪二　月二十三日

（此信系王学敏提供，取自《富平文史》第二十辑）

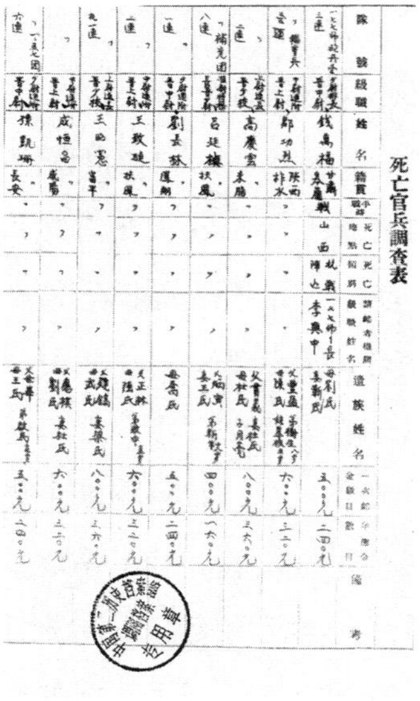
死亡官兵調查表

隊號	級職	姓名	籍貫	一次卹金數目	年撫金數目
一七七師補充團三連	[illegible]	钱禹福	甘肅秦安	五〇〇元	二四〇元
〃	晉上尉	郎功照	[illegible]	六〇〇元	三二〇元
二連	晉少校	高慶雲	[illegible]	八〇〇元	三六〇元
八連	[illegible]	吕廷棟	扶風	四〇〇元	一六〇元
一連	晉中尉	劉長林	[illegible]	五〇〇元	二四〇元
一連	晉上尉	王致璉	扶風	六〇〇元	三二〇元
九連	晉少校	王昭憲	富平	八〇〇元	三六〇元
〃	晉上尉	成恒昌	咸陽	六〇〇元	三二〇元
六連	晉中尉	孫凱琳	長安	五〇〇元	二四〇元

中国第二历史档案馆藏王昭宪等档案

同年5月4日随部东渡，到晋南寻机歼敌。在晋南三角地带对日作战时不幸阵亡。其牺牲查明上报后，国民政府军事委员会特准晋为少校从优抚恤，一次恤金800元，年抚金360元。中国第二历史档案馆藏档案和《富平县志》记载了其英名。

王致琏（？—1938），生年不详。陕西省扶风人。1938年春任孙蔚如第三十八军李兴中一七七师杨复震补充团一营二连中尉连附。同年夏在山西对日作战时不幸阵亡。其牺牲查明上报后，国民政府军事委员会特准晋为上尉从优抚恤，一次恤金600元，年抚金320元。中国第二历史档案馆藏档案记载了其英名。

成恒昌（？—1938），生年不详。陕西省咸阳人。1938年春任孙蔚如第三十八军李兴中一七七师杨复震补充团机枪一连中尉连附。同年夏在山西对日作战时不幸阵亡。其牺牲查明上报后，国民政府军事委员会特准晋为上尉从优抚恤，一次恤金600元，年抚金320元。中国第二历史档案馆藏档案记载了其英名。

孙凯珊（？—1938），生年不详。西安市今长安区人。1938年春任孙蔚如第三十八军李兴中一七七师杨觉天五二九旅阎揆要一〇五七团二营六连少尉连附。同年夏在山西对日作战时不幸阵亡。其牺牲查明上报后，国民政府军事委员会特准晋为中尉从优抚恤，一次恤金500元，年抚金240元。中国第二历史档案馆藏档案记载了其英名。

黄崇虎（1918—1938），陕西省乾县人。孙蔚如三十一军团赵寿山三十八军孔从洲独立四十六旅冯迩革七三六团三营九连中尉连附。1938年10月8日在山西省平陆县与日寇作战时，不幸阵亡。时年21岁。其牺牲查明上报后，国民政府特准晋为上尉从优抚恤。一次恤金600元，年抚金320元。陕西省档案馆藏档案记载了他的英名。

陈彦喜（？—1938），陕西省兴平市人。

刘贵芳（？—1938），陕西省南郑县人。

王炳森（？—1938），陕西省渭南市富平县人。

三英烈1938年秋皆为孙蔚如第三十一军团李兴中九十六军陈硕儒一七七师任云章五三〇旅王云山一〇六〇团卢松轩第三营中士军士，同年10月在山西省中条山1581.7高地与日军作战时阵亡。战后所部将他们与斯役为国捐躯的20多位英烈安葬于高地南麓的平陆县常乐镇王峙[1]沟村，并修建了“陆军第一百七十七师五百三十旅一千零六十团三营殉国烈士纪念碑”，其上镌刻着他们3人的英名。

郭文华（？—1938），甘肃省永登县人。1938年秋为孙蔚如第三十一军团李兴中九十六军陈硕儒一七七师任云章五三〇旅王云山一〇六〇团卢松轩第三营下士军士，同年10月在山西省中条山1581.7

① 该村抗战时写为“王峙”，新中国成立后曾写为“王氏”，后又写为“王寺”。

高地与日军作战时阵亡。战后所部将他与斯役为国捐躯的20多位英烈安葬于高地南麓的平陆县常乐镇王峙沟村，并修建了“陆军第一百七十七师五百三十旅一千零六十团三营殉国烈士纪念碑”，其上镌刻着他的英名。

马玉平（？—1938），甘肃省平凉人。

徐秀德（？—1938），山西省猗氏（今临猗）县人。

吴德荣（？—1938），甘肃省皋兰人。

徐科成（？—1938），陕西省今渭南市华县人。

四英烈1938年秋皆为孙蔚如第三十一军团李兴中九十六军陈硕儒一七七师任云章五三〇旅王云山一〇六〇团卢松轩第三营上等兵，同年10月在山西省中条山1581.7高地与日军作战时阵亡。战后所部将他们与斯役为国捐躯的20多位英烈安葬于高地南麓的平陆县常乐镇王峙沟村，并修建了“陆军第一百七十七师五百三十旅一千零六十团三营殉国烈士纪念碑”，其上镌刻着马玉平、徐秀德、吴德荣和徐科成的英名。

樊思明（？—1938），陕西省今渭南市富平县人。

樊希海（？—1938），陕西省今渭南市大荔县人。

侯永□（？—1938），陕西省今渭南市白水县人。

许寿全（？—1938），安徽省桐城人。

关云胜（？—1938），山西省安邑人。

蒋怀英（？—1938），河北省隆平人。

王喜胜（？—1938），河南省渭川人。

七英烈1938年秋皆为孙蔚如第三十一军团李兴中九十六军陈硕儒一七七师任云章五三〇旅王云山一〇六〇团卢松轩第三营一等兵，同年10月在山西省中条山1581.7高地与日军作战时阵亡。战后所部将他们与斯役为国捐躯的 20 多位英烈安葬于高地南麓的平陆县常乐镇王峙沟村，并修建了“陆军第一百七十七师五百三十旅一千零六十团三营殉国烈士纪念碑”，其上镌刻着他们 7 人的英名。

宋中立（？—1938），陕西省郑安①人。

王世万（？—1938），陕西省今安康市紫阳县人。

刘占海（？—1938），陕西省商县人。

王运国（？—1938），山西省安邑人。

四英烈 1938 年秋皆为孙蔚如第三十一军团军李兴中九十六军陈硕儒一七七师任云章五三〇旅王云山一〇六〇团卢松轩第三营二等兵，同年 10 月在山西省中条山 1581.7 高地与日军作战时阵亡。战后所部将他们与斯役为国捐躯的 20 多位英烈安葬于高地南麓的平陆县常乐镇王峙沟村，并修建了“陆军第一百七十七师五百三十旅一千零六十团三营殉国烈士纪念碑”，其上镌刻着他们的英名。

郭逢春（？—1938），陕西省西乡县人。

鲁开贵（？—1938），河南省龙山人。

韩尚武（？—1938），河北省平山人。

孙青连（？—1938），陕西省渭南市临渭区人。

梅丁口（？—1938），湖北省郑西人。

戴志宽（？—1938），陕西省镇安县人。

六英烈 1938 年秋皆为孙蔚如第三十一军团军李兴中九十六军陈硕儒一七七师任云章五三〇旅王云山一〇六〇团卢松轩第三营战士，同年 10 月在山西省中条山 1581.7 高地与日军作战时阵亡。战后所部将他们与斯役为国捐躯的 20 多位英烈安葬于高地南麓的平陆县常乐镇王峙

① 陕西省没有郑安这个地方。

沟村，并修建了“陆军第一百七十七师五百三十旅一千零六十团三营殉国烈士纪念碑”，其上镌刻着他们的英名。

范生贵（1910—1939），民国时为陕西省岐山县东南乡二保二甲人。孙蔚如第四集团军李兴中九十六军陈硕儒一七七师任云章五三〇旅孙洁生一〇五九团张玉亭第三营中士。1939年元月23日，芮城县日寇并伪军2000余人，经风圪塔分三路向张玉亭驻防的磨凹、朱家窑等地猛攻。张玉亭营长督率全营官兵奋起反击。经过一日激战，击毙敌人数百名，残余敌人逃窜。在激战中，范生贵与27位官兵不幸阵亡。为安慰死难先烈英灵，淬励未来，三营把28位捐躯战友安葬于平陆县今洪池乡西郑村，并为他们立碑（即今人所称的“后死碑”），其上镌刻着范生贵的英名，以志不忘。

王明义（1913—1939），山东省河吉简家集人。

袁冠武（1918—1939），陕西省□城郑家营人。

二英烈生前均为孙蔚如第四集团军李兴中九十六军陈硕儒第一七七师任云章五三〇旅孙洁生一〇五九团张玉亭第三营下士。1939年元月23日，在山西省平陆县磨凹、朱家窑等地与日军作战时，不幸阵亡。三营将他们安葬于平陆县今洪池乡西郑村，并为他们立碑（即今人所称的“后死碑”）。其上镌刻着王明义和袁冠武的英名，以志不忘。

韩根元（1918—1939），陕西省□城南街人。孙蔚如第四集团军李兴中九十六军陈硕儒一七七师任云章五三〇旅孙洁生一〇五九团张玉亭第三营上等兵。1939年元月23日，在山西省平陆县磨凹、朱家窑等地与日军作战时，不幸阵亡。三营将他与一起牺牲的战友们安葬于平陆县今洪池乡西郑村，并为他们立碑（即今人所称的“后死碑”），其上镌刻着韩根元的英名，以志不忘。

任兴福（1913—1939），陕西省商南县王家庄（今富水镇王家庄）人。实际是其父任丙杨替他去抗日。孙蔚如第四集团军李兴中九十六军陈硕儒一七七师任云章五三〇旅孙洁生一〇五九团张玉亭第三营一等兵。1939年元月23日，在山西省平陆县磨凹、朱家窑等地与日军作战时，不幸阵亡。三营将他与一起牺牲的战友们安葬于平陆县今洪池乡西郑村，并为他们立碑（即今人所称的“后死碑”），其上镌刻着任兴福的英名，以志不忘。2013年3月28日陕西省人民政府批准追认他为革命烈士。

徐治帮（1919—1939），陕西省商县治安乡徐家村（今商洛市商州区陈塬街道办西村）人。孙蔚如第四集团军李兴中九十六军陈硕儒一七七师任云章五三〇旅孙洁生一〇五九团张玉亭三营一等兵。1939年元月23日，在山西省平陆县磨凹、朱家窑等地与日军作战时，不幸阵亡。三营将他与一起牺牲的战友们安葬于平陆县今洪池乡西郑村，并为他们立碑（即今人所称的“后死碑”），其上镌刻着徐治邦的英名。结婚5个月后，他被抓了壮丁。其妻子在苦等一年后，在得不到他的任何音信后就改嫁了。徐治帮没有子女。其弟徐志云委托他的侄儿徐安民给哥哥徐治帮申报烈士。2013年3月28日陕西省人民政府批准追认他为革命烈士。

汪家强（1921—1939），陕西省柞水县凤翔河村二保（今柞水县曹坪镇中庙村）人。孙蔚如第四集团军李兴中九十六军陈硕儒一七七师任云章五三〇旅孙洁生一〇五九团张玉亭三营一等兵。1939年元月23日，在山西省平陆县磨凹、朱家窑等地与日军作战时，不幸阵亡。三营将他与一起牺牲的战友们安葬于平陆县今洪池乡西郑村，并为他们立碑（即今人所称的“后死碑”），其上镌刻着汪家强的英名。汪家强被抓了壮丁后，不久，家强的父亲去世了。他的母亲带着弟弟汪家和和一个智障妹妹，开始了长达 10 年的乞讨。汪家和说，他妈生前曾说饿死也不走，害怕汪家强回来找不到家。2000 年汪家和带着家人移民搬迁到泾阳县云阳镇张屯村四组。2013 年 3 月 28 日陕西省人民政府批准追认汪家强为革命烈士。

郝兴泗（1915—1939），陕西省雒南北良乡五保四甲（今洛南县石坡镇南坪村）人。孙蔚如第四集团军李兴中九十六军陈硕儒一七七师任云章五三〇旅孙洁生一〇五九团张玉亭第三营一等兵。1939 年元月 23 日，在山西省平陆县磨凹、朱家窑等地与日军作战时，不幸阵亡。三营将他与一起牺牲的战友们安葬于平陆县今洪池乡西郑村，并为他们立碑（即今人所称的“后死碑”），其上镌刻着郝兴泗的英名。他被拉壮丁时结婚不到一年。他走后一直杳无音讯，一年多后妻子改嫁。没有子女。2013 年 3 月 28 日陕西省人民政府批准追认郝兴泗为革命烈士。

吴京口（1919—1939），陕西省柞水县东乡九间房人。

杨金禄（1918—1939），河北省无极县礼上村人。

谭清海（1915—1939），陕西省城固县大盆坝原家坪人。

赵天彦（1918—1939），陕西省蒲城县东乡姚堡人

王生才（1918—1939），陕西省礼泉县安镇（今叱安镇□村）人。2011 年已追认革命烈士。

李祥中（1914—1939），陕西省耀县北雷家岩村人

魏瑞生（1919—1939），陕西省商南县二乡四保人

张金根（1910—1939），陕西省安康安海乡四保二甲人。

周盛泰（1921—1939），陕西省商南县东广乡一保人。

王善文（1915—1939），陕西省商南县白家□□麻沟人。

冯振祥（1915—1939），陕西省商县南家乡□增村人。

陈光有（1916—1939），陕西省长安县（今西安市长安区）三兴乡七保人。

李树云（1913—1939），陕西省商县西二乡张三村人。

李兴明（1915—1939），陕西省岚皋县南乡五保一甲人。

傅青山（1916—1939），陕西省安康红口镇人。

口高智（1914—1939），陕西省商南县大口乡一保人。

侯谙银（1920—1939），陕西省商县上沙十村人。

孙志成（1916—1939），陕西省安康一口中保人。

王振峻（1914—1939），甘肃省天水北乡一保四甲人。

以上19位英烈均为孙蔚如第四集团军李兴中九十六军陈硕儒一七七师任云章五三〇旅孙洁生一〇五九团张玉亭三营一等兵。1939年元月23日，在山西省平陆县磨凹、朱家窑等地与日军作战时，不幸阵亡。三营将他们与一起牺牲的战友们安葬于平陆县今洪池乡西郑村，并为他们立碑（即今人所称的“后死碑”）。其上镌刻着他们的英名。

郑继周（1917—1939），西安市今长安区人，孙蔚如第四集团军赵寿山三十八军孔从洲独立四十六旅七三六团二营五连中士班长，1939年[①]1月在山西省绛县对日作战时不幸阵亡，时年23岁。陕西省档案馆藏档案记载了他的英名。

孙学义（1917—1939），西安市今长安区人。孙蔚如第四集团军李兴中九十六军王振华独立四十七旅少尉通讯员。1939年元月下旬在中条山玉泉寺一带与日军作战时阵亡，时年仅23岁。其牺牲查明上报后，国民政府特准晋为中尉从优抚恤。一次恤金500元，年抚金240

① 陕西省档案馆藏档案记载为“民27年1月在山西绛县阵亡”，此说明显有误。民27年1月孔部尚在陕西泾阳驻防，怎么能到绛县呢？此时孔部番号还是陕西警备第二旅，民27年七八月间，孔部才改编为独立第四十六旅。故笔者改时间为民28年。

元。中国第二历史档案馆和陕西省档案馆藏档案均记载了他的英名。

赵敏达（？—1939），生年不详。陕西省华县人。孙蔚如第四集团军李兴中九十六军王振华独立四十七旅少尉通讯员。1939年元月下旬在中条山玉泉寺一带与日军作战时阵亡。其牺牲查明上报后，国民政府特准晋为中尉从优抚恤。一次恤金500元，年抚金240元。中国第二历史档案馆藏档案《死亡官兵调查表》记载了他的英名。

何作舟（？—1939），生年不详。河南省灵宝县人。孙蔚如第四集团军李兴中九十六军王振华独立四十七旅准尉司书。1939年元月下旬在中条山玉泉寺一带与日军作战时阵亡。其牺牲查明上报后，特准晋为少尉从优抚恤。一次恤金400元，年抚金160元。中国第二历史档案馆藏档案《死亡官兵调查表》记载了他的英名。

张鸿儒（？—1939），生年不详。陕西省渭南市华县人。孙蔚如第四集团军李兴中九十六军王振华独立四十七旅张英三七三九团一等军医佐。1939年元月下旬在中条山玉泉寺一带与日军作战时阵亡。其牺牲查明上报后，特准晋为少校军医从优抚恤。一次恤金800元，年抚金360元。中国第二历史档案馆藏档案《死亡官兵调查表》记载了他的英名。

王兆魁（？—1939），生年不详。今西安市临潼区人。孙蔚如第四集团军李兴中九十六军王振华独立四十七旅张英三七三九团二等兽医佐。1939年元月下旬在中条山玉泉寺一带与日军作战时阵亡。其牺牲查明上报后，特准晋为一等兽医佐从优抚恤。一次恤金600元，年抚金320元。中国第二历史档案馆藏档案《死亡官兵调查表》记载了其英名。

马振芳（？—1939），生年不详。陕西省彬县人。孙蔚如第四集团军李兴中九十六军王振华独立四十七旅张英三七三九团准尉司号长。

1939年元月下旬在中条山玉泉寺一带与日军作战时阵亡。其牺牲查明上报后，特准晋为少尉从优抚恤，一次恤金400元，年抚金160元。中国第二历史档案馆藏档案《死亡官兵调查表》记载了他的英名。

崔承杰（？—1939），生年不详。陕西省今铜川市耀州区寺沟乡崔家坡人。孙蔚如第四集团军李兴中九十六军王振华独立四十七旅张英三七三九团少校团附。1939年元月下旬在中条山玉泉寺一带与日军作战时阵亡。同年5月间耀县县政府为此役阵亡的耀县抗日英烈邱铁生、崔承杰和白珪城等举行了"追悼邱副旅长暨晋南抗日阵亡烈士大会"。其牺牲查明上报后，特准晋为中校从优抚恤。刘文韬主编的《耀县志》记载了他的英名。

白珪城

白珪城（1911—1939），字瑞玉。陕西省今铜川市耀州区下高埝乡白家堡人。1934年底毕业于杨虎城将军举办的西安绥靖公署步兵训练班军官队第四期。1939年初任孙蔚如第四集团军李兴中九十六军王振华独立四十七旅张英三七三九团一营上尉营附。1939年元月下旬在中条山玉泉寺一带与日军作战时阵亡。同年5月间耀县县政府为此役阵亡的耀县抗日英烈邱铁生、崔承杰和白珪城等举行了"追悼邱副旅长暨晋南抗日阵亡烈士大会"。其牺牲查明上报后，特准晋为少校从优抚恤。一次恤金800元，年抚金360元。中国第二历史档案馆藏档案《死亡官兵调查表》和刘文韬主编的《耀县志》均记载了他的英名。

乌凌霄（？—1939），生年不详。甘肃平凉人。孙蔚如第四集团军李兴中九十六军王振华独立四十七旅李家骥七四一团担架排少尉排长。1939年1月26日在山西省中条山玉泉寺一带对日作战时阵亡。其牺牲查明详报后，特准晋为中尉从优抚恤。一次恤金 500 元，年抚金 240 元。中国第二历史档案馆藏档案记载了他的英名。

罗经正（1914—1939），民国三年（1914 年）生于陕西省礼泉县。孙蔚如第四集团军李兴中九十六军王振华独立四十七旅李家骥七四一团二营上尉营附。1939 年 1 月在山西省虞乡南扶窑与日寇血战三四个小时，不幸中敌弹阵亡。时年 26 岁。其牺牲查明详报后，特准晋为少校从优抚恤。一次恤金 800 元，年抚金 360 元。中国第二历史档案馆和陕西省档案馆藏档案均记载了他的英名。

鲁志汉（？—1939），生年不详。陕西省兴平人。孙蔚如第四集团军李兴中九十六军王振华独立四十七旅李家骥七四一团二营六连中尉排长。1939 年 1 月 26 日在山西省中条山玉泉寺一带对日作战时阵亡。其牺牲查明详报后，特准晋为上尉从优抚恤。一次恤金 600 元，年抚金 320 元。中国第二历史档案馆藏档案记载了他的英名。

魏镇世（？—1939），生年不详。山东省濮县人。孙蔚如第四集团军李兴中九十六军王振华独立四十七旅李家骥七四一团担架排上等兵。1939 年 1 月 26 日在山西省中条山玉泉寺一带对日作战时阵亡。其牺牲查明详报后，特准晋为下士从优抚恤。一次恤金 120 元，年抚金 60 元。中国第二历史档案馆藏档案记载了他的英名。

沈华玉（？—1939），生年不详。河南省西华人。孙蔚如第四集团军李兴中九十六军王振华独立四十七旅李家骥七四一团担架排二等兵。1939 年 1 月 26 日在山西省中条山玉泉寺一带对日作战时阵亡。其牺牲查明详报后，特准晋为一等兵从优抚恤。一次恤金 100 元，年抚金 50 元。中国第二历史档案馆藏档案记载了他的英名。

周士杰（？—1939），生年不详。山西省解县人。

张长胜（？—1939），生年不详。河南省许昌人。

二英烈皆为孙蔚如第四集团军李兴中九十六军王振华独立四十七旅李家骥七四一团二营六连二等兵。1939 年在山西省平陆县阵亡。其牺牲查明详报后，特准晋为一等兵从优抚恤。一次恤金 100 元，年抚金 50 元。中国第二历史档案馆藏档案记载了他两人的英名。

花兰生（？ —1939），生年不详，河南省南阳人。孙蔚如第四集团军李兴中九十六军王振华独立四十七旅七三九团团长张英三夫人。1939 年 1 月 26 日在山西省中条山玉泉寺战役时阵亡。（张英三卫士杨振中口述）

高丙山（？ —1939 年），生年不详。陕西省今西安市临潼区人。1939 年 1 月任孙蔚如第四集团军李兴中九十六军王振华独立四十七旅张英三七三九团团部担架排排长。1939 年 1 月 26 日在山西省中条山玉泉寺战役抢救伤员时不幸中弹阵亡。（张英三卫士杨振中口述）

舒隆兴（1912—1939），陕西省宁强县人。孙蔚如第四集团军赵寿山三十八军耿子介十七师九十八团一营便衣队上等兵，1939 年 3 月在山西省与日军作战时不幸阵亡，时年 28 岁。陕西省档案馆藏档案记载了其英名。

寇怀信（1904—1939），字子实，山东省安丘金线庄人。参加杨虎城将军部队后，被分配在十七师五十旅一百团一营机枪一连。1933 于年西安绥靖公署步兵训练班军官队第三期毕业。1939 年春任孙蔚如第四集团军赵寿山三十八军耿子介十七师补充团第五连上尉连长，是年 3 月在山西省平陆县茅津渡与日军作战时阵亡，时年 36 岁。陕西省档案馆藏档案记载了其英名。

王子英（1911—1939），陕西省乾县人。孙蔚如第四集团军李兴中九十六军陈硕儒一七七师任云章五三〇旅孙洁生一〇五九团路振华步炮连下士班长。卢沟桥事变爆发后，随部开赴陕东合阳扼守黄河河防。1938 年 5 月随部东渡，参加了永济张营镇对日作战。后进入中条山。1939 年 2 月奉命随部扼守平陆西部之西郑村，与久踞中条山风圪塔之日寇时相对峙。3 月 28 日日军突然以大部兵力由芮城猛攻我大沟南，企图渡河，截断我陇海交通。在路连长督率下，全连官兵奋勇杀敌，血战三昼夜，毙伤敌数百。敌无力可支，便于 4 月 1 日抽调二十里岭、风圪塔之敌步骑炮联合 500 余，沿芮属之东西大道向我西郑村阵地猛攻，意在由此南下支援大南沟之困敌，便以火炮向我猛烈轰击。王子英班长带领全班战士，和全连官兵一起以大无畏之精神奋勇抗击，在敌机轰炸、机枪扫射之下，置生死于不顾，身先士卒，冲锋陷阵，与敌短兵肉搏者数次，打退日寇数次猛攻。正在血战时忽中敌弹，不幸壮烈牺牲，时年仅 29 岁。全连官兵极为悲痛，抚尸备棺，将他的忠骸与其他牺牲的战友合葬于平陆县坑底村寺圪塔东，并立碑历述牺牲始末，其上镌刻着他的英名。此碑经 75 年之日晒雨蚀，至 2014 年 5 月笔者前往拜谒时仍巍然屹立于原址，好像要和烈士精神一样永垂不朽!

魏子俊（1917—1939），陕西韩城市人。孙蔚如第四集团军李兴中九十六军陈硕儒一七七师任云章五三〇旅孙洁生一〇五九团路振华步炮连上等兵。卢沟桥事变爆发后，随部开赴陕东合阳扼守黄河河防。1938 年 5 月随部东渡，参加了永济张营镇对日作战。后进入中条山。1939 年 2 月奉命随部扼守平陆西部之西郑村，与久踞中条山风圪塔之日寇对峙。3 月 28 日日军突然以大部兵力由芮城猛攻我大沟南。在路连长督率下，全连官兵奋勇抵抗，血战三昼夜，将敌打退。敌于 4 月 1 日抽调二十里岭、风圪塔之敌步骑炮联合 500 余向我西郑村阵地猛攻，以火炮向我猛烈轰击。魏子俊和全连官兵一起奋勇抗击，在敌机轰炸、机枪扫射之下，置生死于不顾，与敌短兵肉搏者数次。正在激战时忽中敌弹，不幸阵亡，时年仅23岁。其连将他的忠骸与其他牺牲的战友合葬于平陆县坑底村寺圪塔东，并立碑历述牺牲始末，其上镌刻着他的英名。

李如林（1918—1939），陕西蓝田人。

刘明显（1918—1939），山东曹县人。

二英烈均为孙蔚如第四集团军李兴中九十六军陈硕儒一七七师任云章五三〇旅孙洁生一〇五九团路振华步炮连一等兵。卢沟桥事变爆发后，随部开赴陕东合阳扼守黄河河防。1938年5月随部东渡，参加了永济张营镇对日作战。后进入中条山。1939年2月奉命随部扼守平陆西部之西郑村，与久踞中条山风圪塔之日寇对峙。3月28日日军突然以大部兵力猛攻我大沟南。在路连长督率下，全连官兵奋勇抵抗，血战三昼夜，将敌打退。敌于4月1日抽调步骑炮联合500余向我西郑村阵地猛攻，以火炮向我猛烈轰击。他俩和全连官兵一起奋勇杀敌，与敌短兵肉搏者数次。正在激战时忽中敌弹，不幸阵亡，时年仅22岁。其连将他俩的忠骸与其他牺牲的战友合葬于平陆县坑底村寺圪塔东，并立碑历述牺牲始末，其上镌刻着他俩的英名。

孙孝先（？—1939），生年不详。名念宗。陕西省今渭南市合阳县黑池镇申庄村人。冯钦哉第九十八军武士敏一六九师上尉副官，抗战军兴，随部开赴华北，转战河北山西，1939年在山西[①]对日作战时不幸牺牲。白锡录主编的《合阳县志》记载了其英名。

唐文治（1915—1939），今西安市长安区人。孙蔚如第四集团军李兴中九十六军王振华独立四十七旅少尉副官。1939年5月在山西省

① 白锡录主编的《合阳县志》说孙孝先“1939年在山西运城战役中阵亡”。此说恐有误，1939年一六九师没有进行过运城战役。

平陆与日军作战时阵亡，年仅 25 岁。陕西省档案馆藏档案记载了他的英名。

李遇春（1910—1939），陕西省户县木家堡人。1939 年任孙蔚如第四集团军李兴中九十六军陈硕儒一七七师师部书记。同年 6 月 6 日在山西中条山对日作战时牺牲。崔乃谦总编《户县志》记载了他的英名。

张　治（1909—1939），陕西省户县文义村人。中国共产党党员。1939 年任孙蔚如第四集团军赵寿山三十八军某部营长。同年在中条山对日作战中牺牲。崔乃谦总编《户县志》记载了他的英名。

杨世五

杨世五（1906—1939），清光绪三十二年（1906 年）出生于西安市今长安区东大乡太平河一个农民家里。孙蔚如第四集团军赵寿山三十八军孔从洲独立四十六旅七三六团二营四连上尉连长，1939 年六六战役在山西省平陆县步官臣与日军作战时不幸阵亡。时年 34 岁。中国第二历史档案馆和陕西省档案馆藏档案记载了其英名。2005 年陕西省人民政府批准追认杨世五为革命烈士。

奥天笃

奥天笃（1912—1939），又名薛喜，1912 年生于陕西省渭南市蒲城县孙镇白起寺村一个农民家中。1920 年到钟家寨初小上学。1924 年考入杨虎城将军故里甘北村高小，1926 年毕业。同年秋考入陕西省立第二师范学校。弱冠后，参加杨虎城将军部队。西安事变和平解决后，1937 年 5 月 7 日南京政府撤销了十七路军总部，把所剩部队编入第三十八军。奥天笃被编入孙蔚如三十八军王振华陕西警备第三旅。同年 8 月随部由耀县开赴陕东韩城，坚守

黄河河防。1938年6月蒋介石又把三十八军改编为三十一军团，警备第三旅，改编为李兴中九十六军独立四十七旅，奥天笃任该旅七四一团（团长先为樊雨农，后换为李家骥，李阵亡后，为冯迩革）三营中尉副官。同年7月12日随部东渡黄河入晋抗日。1939年6月在山西省平陆县对日作战时阵亡。其牺牲查明详报后，国民政府军事委员会特准晋一级从优抚恤，一次恤金600元，年抚金320元。1946年7月令颁入祀忠烈祠。中国第二历史档案馆藏档案和1947年李约祉主编的《蒲城县志稿》皆记载了其英名。2014年6月20日陕西省人民政府批准追认他为革命烈士。

柳乃夫（1910—1939），原名赵宗麟。四川省荣昌县路礼乡人。中共党员。作家。抗战前在上海任生活书店编辑，从事救亡活动。卢沟桥事变后，任上海内地服务团团长。1938年受中共长江局派遣到三十八军工作。1939年春到一七七师任师部秘书，同年在六六战役对日作战时不幸牺牲。

解风岭（1903—1939），陕西省咸阳市秦都区双泉村人。中国共产党党员。杨虎城将军旧部[①]。1939年于昌邑抗日阵亡。李景含主编《咸阳市秦都区志》记载了他的英名。

王连山　李中才　任昌俊　胡海山　王振国　胡彦林　胡广俊

① 李景含主编《咸阳市秦都区志》说解风岭为“杨虎城队”。此说不确。此时杨虎城将军已被囚禁。解风岭阵亡时部队为杨虎城旧部孙蔚如第四集团军。

七英烈生年籍贯均不详。孙蔚如第四集团军李兴中九十六军陈硕儒一七七师某部战士。1939 年 6 月在山西省平陆县对日军作战时不幸牺牲。其殉国后，所部曾在该县张村镇西张裕村为英烈修建了纪念碑。该碑现存于该村张秀婵家。由于年代久远，惜其只能辨认到这 7 位英烈的姓名。《平陆抗日斗争纪实》记载了他们的英名。

吕文涛（1906—1939），陕西省渭南市华县辛庄乡辛庄村人。孙蔚如第四集团军司令部参谋处附员[①]，在山西省平陆县与日军作战时阵亡。中国第二历史档案馆藏档案、原十七路军党史资料征集编写小组编写的《原十七路军序列沿革》、阎涛主编的《华县志》与吴新亚总编的《华州史话》均记载了其英名。

吉振刚（1909—1939），陕西今渭南市华县南吉村人。孙蔚如第四集团军李兴中九十六军陈硕儒一七七师[②]少校军医主任，1939 年在山西平陆与日寇作战时不幸牺牲。阎涛主编的《华县志》与吴新亚总编的《华州史话》均记载了他的英名。

白起甲（1911—1938[③]），陕西省今渭南市澄城县醍醐乡圪涝村人。孙蔚如第四集团军赵寿山三十八军孔从洲独立四十六旅七三六团战士，在山西中条山与日寇作战时阵亡。周秦主编的《澄城县志》记载了他

① 吕文涛在孙部任何职，说法纷纭。阎涛主编《华县志》和吴新亚总编《华州史话》均载为："一七七师中校副官"。中国第二历史档案馆藏档案记载为"第四集团军司令部参谋处附员"。但陕西原十七路军党史资料征集编写小组编的《原十七路军序列沿革》载，吕文涛从 1938 年 7 月孙部升编为三十一军团后，即任王振华独立第四十七旅参谋长。孰是，我从档案。

② 吉振刚究竟在何部，说法不一。《华县志》说是"一七七师少校军医"，属李兴中九十六军；《华州史话》说是"四十六旅医务主任"。录以备考。

③ 周秦主编的《澄城县志》载，白起甲，是孔从洲独立四十六旅战士，1937 年在中条山作战时牺牲。此说明显有误，1937 年孔从洲部番号还是陕西警备第二旅，这一年日军还没有打到中条山，孔部也未去中条山。孔部是 1938 年 7 月才奉命改编为独立四十六旅后，才到中条山参加抗战的。

的英名。

李伯林（？—1939），生年不详。今西安市临潼区人。孙蔚如第四集团军李兴中九十六军陈硕儒一七七师一〇六〇团三营上尉营附。1938年5月随部东渡黄河开赴晋西南抗日前线，先后参加了永济张营镇和平陆1581.7高地的抗日战斗。1581.7高地战斗结束后，他被吸收加入中国共产党。1939年6月6日拂晓，日军牛岛二十师团四个联队、三十七师团一个联队，二十八骑兵联队，二十六野炮联队，独立山炮第一联队，二十工兵联队，山口集成飞行大队飞机38架，共计3万余人，疯狂猛攻中条山第四集团军阵地。李伯林所部一七七师遭到日寇最猛烈的进攻。李伯林营营长卢劲节（后改名松轩）6月3日被调往洛阳战区长官部训练团学习。李伯林督率全营官兵奋勇抗击。在激战中不幸中弹，以身殉国。卢松轩在《抗战期间我在一七七师基层的活动》一文中对李伯林的殉国作了深切怀念。中国第二历史档案馆藏档案记载了其英名。

寇存业（？—1939），生年籍贯不详。中共党员。孙蔚如第四集团军李兴中九十六军陈硕儒一七七师一〇六〇团三营战士。1938年5月随部东渡黄河开赴晋西南抗日前线，先后参加了永济张营镇和平陆1581.7高地的抗日战斗。1939年6月6日，山西省日军调集两个师团的兵力，疯狂猛攻中条山第四集团军阵地。在抗日激战中他不幸阵亡。

刘清云（？—1939），生年籍贯不详。中国共产党党员。孙蔚如第四集团军李兴中九十六军陈硕儒一七七师一〇六〇团机枪连战士。1938年5月随部东渡黄河开赴晋西南抗日前线，先后参加了永济张营镇和平陆1581.7高地的抗日战斗。1581.7高地战斗结束后，机枪连中共党小组只剩下他一人，经一〇六〇团中共党支部研究决定，把他编入一〇六〇团支部。1939年6月6日，山西省日军调集两个师团的兵力，疯狂猛攻中条山第四集团军阵地。在抗日激战中他不幸阵亡。

王现斌（？—1939），生年不详。陕西省今渭南市合阳县伏六乡太里村人。孙蔚如第四集团军李兴中九十六军王振华独立第四十七旅[①]战士。1939年在中条山“六六战役”对日作战时不幸牺牲。白锡录主编的《合阳县志》记载了他的英名。

张大禄（？—1939），生年与籍贯不详。孙蔚如第四集团军赵寿山三十八军耿子介十七师陈际春四十九旅张恒英九十八团范文英第二营连长。1939年6月在中条山六六战役坚守古王南端高地与日军肉搏时不幸阵亡。姚杰在《抗日战争中的第十七路军》一书中对其以身殉国作了记述。

王宝财（1910—1939），陕西省蒲城县兴镇人。中共党员。孙蔚如第四集团军赵寿山三十八军孔从洲独立四十六旅某部上尉连长，1939年在山西平陆对日作战时不幸牺牲。刘福谦主编的《蒲城县志》记载了其英名。

王子兴（？—1939），陕西省蒲城县苏坊人，生年不详。冯钦哉第九十八军四十二师二四八团一连中士，1939年8月在山西对日作战时不幸牺牲。1946年7月国民政府令颁其英名入祀忠烈祠。1947年李约祉主编的《蒲城县志稿》记载了其英名。蒲城县档案馆藏民国档案103号有记载。

王德新（？—1939）

耶占奎（？—1939）

二英烈生年与籍贯不详。均为孙蔚如第四集团军李兴中九十六军

---

① 白锡录主编的《合阳县志》说王现斌是“警三旅战士”，此说与史实不符。1938年7月陕西警备第三旅已改编为独立第四十七旅了。

陈硕儒一七七师一〇五八团下士军士。1939 年在山西平陆对日作战时不幸牺牲。同年 10 月吉日师长陈硕儒为他们敬立了纪念碑，碑上镌刻了他俩的英名。

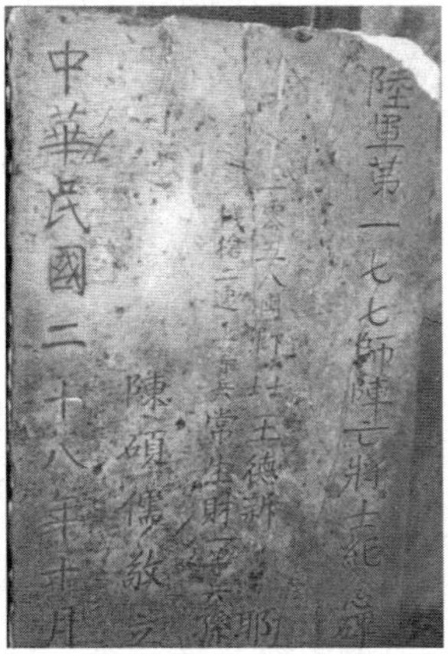

常生财（？—1939）

孙玉洁（？—1939）

二英烈生年与籍贯不详。均为孙蔚如第四集团军李兴中九十六军陈硕儒一七七师一〇五八团机枪二连上等兵。1939 年在山西平陆对日作战时不幸牺牲。同年 10 月吉日师长陈硕儒为他们敬立了纪念碑，碑上镌刻了他俩的英名。

刘福海（？—1940），陕西省蒲城县苏坊人，生年不详。孙蔚如第四集团军赵寿山三十八军孔从洲新编三十五师[1]尚武杰一〇四团二营六连列兵，1940 年在山西平陆四一七战役对日作战时不幸牺牲于北马村。1947 年李约祉主编的《蒲城县志稿》未记载其英名，但蒲城县档案馆藏民国档案 103 号记载了其简况。

李元正（1919—1940），陕西省留坝县人。孙蔚如第四集团军赵寿山三十八军耿子介十七师孙子坤五十一旅殷锐敏一〇二团一营二连二等列兵。1940 年 4 月 21 日在山西省平陆县淹底村与日寇作战时，不幸阵亡。时年 22 岁。其牺牲查明详报后，国民政府特准晋一级从优抚恤。陕西省档案馆藏档案记载了他的英名。

王成远（1920—1940），陕西省留坝县人。孙蔚如第四集团军赵寿山三十八军耿子介十七师李维民四十九旅张复震九十七团二营机枪二

① 四一七战役时，孔从洲部还未由独立四十六旅改编为新编三十五师。

连上等列兵。1940 年 4 月 25 日在山西省平定县陆庙凹与日寇作战时，不幸阵亡。时年 21 岁。其牺牲查明详报后，国民政府特准晋一级从优抚恤。一次恤金 120 元，年抚金 60 元。陕西省档案馆藏档案记载了他的英名。

于兴荣（1911—1940），陕西省岐山县人。武士敏第九十八军王明钦四十二师二四七团一营上尉连长。1940 年 4 月 29 日在山西省闻喜县与日寇作战时，不幸阵亡。时年 30 岁。其牺牲查明上报后，国民政府特准晋一级从优抚恤。陕西省档案馆藏档案记载了他的英名。

颜效曾（1919—1940），籍贯不详。中国共产党党员。孙蔚如第四集团军赵寿山三十八军耿子介十七师孙子坤五十一旅九十八团二营六连连长。是年 4 月 17 日日寇对坚守中条山的第四集团军发动了第 11 次大进攻和扫荡。25 日拂晓，步、空、炮联合的日寇向我山西省平陆县毛家山、狮子沟、窑头、上吉和萝卜沟等地大举进攻。我十七师九十八团和一〇一团官兵奋起反击，战况至烈。下午 3 时许，我庙凹、狮子沟阵地被敌突破，毛家山阵地被敌包围，工事大部被毁，官兵伤亡甚多。九十八团二营 400 余人，伤亡大半。六连连长颜效曾率部坚守阵地，与敌拼杀时不幸中弹壮烈牺牲。年仅 22 岁。

马勤动（1919—1940），陕西省渭南市大荔县步昌乡伏坡村人。1935 年毕业于陕西省立第二师范学校。1937 年参加中国共产党。同年秋奔赴陕西省泾阳县的斗口镇由中国共产党领导的西北青年救国联合会（简称“西青救”）主持开办的战时青年短期训练班（即安吴青训班的前身）学习。1938 年春，去陕西省三原县投考赵寿山十七师教导大队（后称为三十八军教导队第一期）。被录取后，住在三原县的文庙，安安静静地进行军政训练。在此期间，他与 300 多学员一起经常举行军民联欢，唱进步歌曲，帮助群众夏收，搞抗日宣传。这些进步活动，引起国民党当局的不满。西安行营主任蒋鼎文下令撤销教导大队。在此情况下，教导队根据师长赵寿山的指示，1938 年 6 月秘密离开三原。由胡振家带领，于夜间步行到渭南，乘火车到河南渑池，由白浪渡过黄河，经垣曲（今古城镇）到阳城县的横河镇，与十七师的前方部队会合①。这一阶段，过着流动生活，未能好好学习。遂后 9 月又奉命随部到平陆县的茅津渡。因生活条件艰苦，一些不坚定者大部分离去，留下者不足百人。勤动克服困难，随教导队进驻茅津渡。此时孙蔚如第三十八军已改编为第三十一军团，孙任军团长。赵寿山升任三十八军军长，教导队亦随之改名为三十八军教导队。教导队进驻茅津渡后，经过整顿，恢复了正常的军政训练。同年 12 月教导队按照预定计划，完成了全部训练科目。1940 年春勤动升任孙蔚如第四集团军赵寿山三十八军耿子介十七师孙子坤五十一旅一〇一团二营七连三排排长。是年 4 月 17 日日寇对坚守中条山的第四集团军发动了第 11 次猛攻和扫荡。25 日拂晓，步、空、炮联合的日寇向我山西省平陆县毛家山、狮子沟、窑头、上吉和萝卜沟等地大举进攻。我十七师九十八团和一〇一团官兵奋起反击，战况至烈。马勤动在坚守窑头阵地与日军激战时同全排官兵一起壮烈牺牲。时年仅 22 岁。马勤动牺牲查明详报后，国民政府军事委员会特准晋一级从优抚恤。王小民主编的《大荔县志》记载了其英雄事迹。

朱建中（？—1940），生年与籍贯不详。早年投奔杨虎城将军部队，被分配到冯钦哉部，历任多职。随部由河南打回陕西后，驻防大荔。1931 年升任冯钦哉第七军四十二师武士敏一二四旅景行之二四九

---

① 王小民主编的《大荔县志》说：1938 年 6 月马勤动到阳城县的横河镇与三十八军军部会合，似与史实不尽相符，此时赵寿山尚未升任三十八军军长。

团中校团附，同年 8 月任其师在大荔创办的《四二周刊》的编辑委员。1933 年奉命随部支援察哈尔抗日同盟军抗日。西安事变爆发后，冯钦哉率部离杨附蒋。1937 年元月 10 日，所部被南京政府升编为第二十七路军，冯钦哉任总指挥。辖两个师。柳彦彪升任四十二师师长，武士敏升任一六九师师长。朱建中升任一六九师师部中校参谋。卢沟桥事变爆发后，奉命随部由大荔步行到潼关乘火车奔赴华北抗日前线。先后在滹沱河、娘子关等地抗击日寇。因部队伤亡过多，开赴山西大宁整补。1938 年春，随部开赴晋东南抗日，先后参加了粉碎日寇 1938 年春的九路围攻和 1939 年夏的十三路围攻的战斗。1939 年 10 月下旬，九十八军军长冯钦哉升为第一战区副司令官。武士敏升为九十八军军长。郭景唐升任一六九师师长。不久，在严冬大雪纷飞中所部由道场沟出发，经阳城西面的董封镇向南上了雪泉岭。师部驻在雪泉岭的西庄。在西庄欢度了 1940 年的春节。其师到中条山的任务是：阻击日寇由晋南沿黄河北岸山区向东进犯后占领沿河据点截断我军后方补给线。日军大部兵力集中在侯马、运城一带，曾由夏县一带不断向中条山区猛攻。九十三军刘戡等部损失了两个团，皆未能守住阵地，致使日寇攻占了中条山的最高点唐王山，并占领了附近关帝梁等山头。鉴于此，一六九师奉命由师长郭景唐率领两个团，在曾万钟部两个团的配合下，经过激烈战斗，消灭了驻守的鬼子，夺下了唐王山高地。在这次战斗中，朱建中身先士卒，带领便衣谍报人员在与敌拼杀时不幸中敌弹以身殉国。一六九师师部译电员石中立在其写的《中条山战役后突围记》一文中对朱中校参谋的殉职作了深切地怀念。

何海彦（？—1940），陕西省蒲城县高阳乡洼里村人。1939 年冬投奔孙蔚如第四集团军赵寿山三十八军孔从洲独立四十六旅后，驻防山西省平陆县沙口镇。1940 年 4 月 17 日，日寇以陆空联合猛攻沙口。

所部伤亡惨重。何海彦在与日寇搏斗时不幸中弹壮烈牺牲。其族兄海潮用自己大衣包裹掩埋。抗日战争胜利后，海潮与海彦胞兄海鹏，不顾数百里之遥，历尽周折，将英烈忠骸搬回家乡安葬。惜《蒲城县志》未记载其英名。（王仲谋:《何海潮生平事略》手稿改写）

周广福（？—？），生卒年不详。陕西省西安市今长安区人，孙蔚如第四集团军赵寿山三十八军孔从洲独立四十六旅七三六团某部下士班长，在山西省平陆县与日军作战时阵亡，时年 24 岁。陕西省档案馆藏档案记载了他的英名。

申天增（？—？），生卒年不详。河南省南阳人，孙蔚如第四集团军赵寿山三十八军孔从洲独立四十六旅旅部上尉书记，在山西省平陆县与日军作战时阵亡。中国第二历史档案馆藏档案记载了他的英名。

贾玉亭（1909—？），卒年不详。1909 年生于陕西省三原县。投奔杨虎城将军部队后，被分配到独立第二旅三团三营七连。1934 年底毕业于西安绥靖公署步兵训练班军官队第四期步兵第一队。抗战爆发，任孙蔚如第四集团军赵寿山三十八军孔从洲独立四十六旅七三六团团部上尉军械官，在山西省平陆县与日军作战时不幸阵亡。中国第二历史档案馆藏档案记载了他的英名。

贾玉亭

王树芬（？—？），生卒年不详。西安市今长安区人。孙蔚如第四集团军赵寿山三十八军孔从洲独立四十六旅旅部一等军医佐，在山西省平陆县与日军作战时阵亡。中国第二历史档案馆藏档案记载了他的英名。

杨逢泰（？—？），生卒年不详。陕西省扶风人，孙蔚如第四集团军赵寿山三十八军孔从洲独立四十六旅通讯排中尉排长，在山西省平陆县与日军作战时阵亡。中国第二历史档案馆藏档案记载了他的英名。

薛子玉（？—？），生卒年不详。陕西省户县人，孙蔚如第四集团军赵寿山三十八军孔从洲独立四十六旅通讯排准尉技士，在山西省平陆县与日军作战时阵亡。中国第二历史档案馆藏档案记载了他的英名。

刘子介（？—？），生卒年不详。陕西省泾阳县人。

史心安（？—？），生卒年不详。山西省襄陵（今襄汾县）人。

二英烈均为孙蔚如第四集团军赵寿山三十八军孔从洲独立四十六旅七三六团一营一连中尉连附，在山西省平陆县与日军作战时阵亡。中国第二历史档案馆藏档案记载了他的英名。

张海义（？—？），生卒年不详。陕西省靖边县人。孙蔚如第四集团军赵寿山三十八军孔从洲独立四十六旅七三六团机枪一连中尉连附，在山西省平陆县与日军作战时阵亡。中国第二历史档案馆藏档案记载了他的英名。

白占德（？—？），生卒年不详。陕西省扶风县人。孙蔚如第四集团军赵寿山三十八军孔从洲独立四十六旅七三六团二营四连中尉连附，在山西省平陆县与日军作战时阵亡。中国第二历史档案馆藏档案记载了他的英名。

陈元甫（？—？），生卒年不详。西安市今长安区人。第九十八军四十二师二百四十八团二营第一连少尉连附，在山西省绛县横岭关与日军作战时阵亡，时年 29 岁。陕西省档案馆藏档案记载了他的英名。

宋家猷（？—？），生卒年不详。陕西省今铜川市耀州区人。孙蔚如第四集团军李兴中九十六军王振华独立四十七旅张英三七三九团担架排二等兵。在中条山与日军作战时阵亡。刘文韬主编的《耀县志》记载了他的英名。

刘尚仁（？—？），生卒年不详。西安市今长安区人。孙蔚如第四集团军赵寿山三十八军耿子介十七师中尉连附，在山西省芮城县马石窑与日军作战时阵亡。陕西省档案馆藏档案记载了他的英名。

方焕民（？—？）

魏炳春（？—？）

二英烈生卒年不详。同为西安市今长安区人。孙蔚如第四集团军赵寿山三十八军孔从洲独立四十六旅上等兵，在山西省平陆县马村与日军作战时阵亡。陕西省档案馆藏档案记载了他俩的英名。

张英俊（？—？），生卒年不详。西安市今长安区人。孙蔚如第四集团军赵寿山三十八军孔从洲独立四十六旅上尉书记，在山西省平陆县东坪头与日军作战时阵亡。中国第二历史档案馆和陕西省档案馆藏档案记载了他的英名。

雷益山（？—？），生卒年不详。西安市今长安区人。孙蔚如第四集团军赵寿山三十八军孔从洲独立四十六旅上等兵，在山西省平陆县东坪头与日军作战时阵亡。陕西省档案馆藏档案记载了他的英名。

余金璋（？—？），生卒年不详。西安市今长安区人。孙蔚如第四集团军赵寿山三十八军孔从洲独立四十六旅上尉连长，在山西省平陆县杜村与日军作战时阵亡。陕西省档案馆藏档案记载了他的英名。

王鸿宾（？—？），生卒年不详。西安市今长安区人。孙蔚如第四集团军赵寿山三十八军孔从洲独立四十六旅看护兵，在山西省平陆县与日军作战时阵亡。陕西省档案馆藏档案记载了他的英名。

罗九俊（？—？），生卒年不详。西安市今长安区人。孙蔚如第四集团军赵寿山三十八军孔从洲独立四十六旅准尉司书，在山西省平陆县与日军作战时阵亡。陕西省档案馆藏档案记载了他的英名。

陈克俭（？—？），生卒年不详。西安市今长安区人。孙蔚如第四集团军赵寿山三十八军孔从洲独立四十六旅通讯中士，在山西省平陆县与日军作战时阵亡。陕西省档案馆藏档案记载了其英名。

雷惠农（？—？），生卒年不详。西安市今长安区人。孙蔚如第四集团军李兴中九十六军陈硕儒一七七师上等勤务兵，在山西省平陆县与日军作战时阵亡。陕西省档案馆藏档案记载了其英名。

雷怀玉（？—？），生卒年不详。西安市今长安区人。孙蔚如第四集团军李兴中九十六军陈硕儒一七七师一等勤务兵，在山西省平陆县与日军作战时阵亡。陕西省档案馆藏档案记载了其英名。

杨治民（？—？），生卒年不详。西安市今长安区人。孙蔚如第四集团军李兴中九十六军陈硕儒一七七师准尉特务长，在山西省平陆县黄草坡与日军作战时阵亡。陕西省档案馆藏档案记载了其英名。

李生茂（？—？），生卒年不详。西安市今长安区人。孙蔚如第四集团军李兴中九十六军陈硕儒一七七师传令兵，在山西省平陆县西吴村与日军作战时阵亡。陕西省档案馆藏档案记载了其英名。

郭金生（？—？）

李培芳（？—？）

二英烈生卒年阵亡地均不详，皆为西安市今长安区人。孙蔚如第四集团军李兴中九十六军王振华独立四十七旅上等兵，与日军作战时阵亡。陕西省档案馆藏档案记载了他俩的英名。

段长治（？—？），生卒年不详，西安市今长安区人。孙蔚如第四集团军李兴中第九十六军王振华独立第四十七旅上尉军医，在山西省平陆县与日军作战突围时阵亡。陕西省档案馆藏档案记载了其英名。

胡纪盈（？—？），生卒年不详，西安市今长安区人。孙蔚如第四集团军李兴中九十六军王振华独立四十七旅二等炊兵，在山西省平陆县沙口与日军作战时阵亡。陕西省档案馆藏档案记载了其英名。

郭远明（？—？），生卒年不详，西安市今长安区人。孙蔚如第四集团军李兴中九十六军王振华独立四十七旅一等兵，在山西省平陆县南坡与日军作战时阵亡。陕西省档案馆藏档案记载了其英名。

李生茂（？—？），生卒年不详，西安市今长安区人。孙蔚如第四集团军李兴中九十六军王振华独立四十七旅下士班长，在山西省平陆县张裕镇与日军作战时阵亡。陕西省档案馆藏档案记载了其英名。

任建民（？—？），生卒年不详，西安市今临潼区人。孙蔚如第四集团军李兴中九十六军王振华独立四十七旅七百四十一团团部上尉军械员，在山西省平陆县与日军作战时阵亡。其牺牲查明详报后，国民政府军事委员会特准晋一级从优抚恤，一次恤金 800 元，年抚金 360 元。中国第二历史档案馆藏档案记载了其英名。

纪俊卿（？—？），生卒年不详，河南省杞县人。孙蔚如第四集团军李兴中九十六军王振华独立四十七旅七百四十一团团部三等军需正，在山西省平陆县与日军作战时阵亡。其牺牲查明详报后，国民政府军事委员会特准晋一级从优抚恤，一次恤金 900 元，年抚金 400 元。中国第二历史档案馆藏档案记载了其英名。

傅忠彦（？—？），生卒年不详。今西安市临潼区人。孙蔚如第四集团军李兴中九十六军王振华独立四十七旅七百四十一团团部二等军需佐，在山西省平陆县平高村与日军作战时阵亡。其牺牲查明详报后，国民政府军事委员会特准晋一级从优抚恤，一次恤金 600 元，年抚金 320 元。中国第二历史档案馆藏档案记载了其英名。

姚君祥

姚君祥（1911—1938），1911 年出生于陕西省今渭南市澄城县。1930 年冬，经于右任推荐参加了杨虎城将军部队，任军需。抗日战争爆发后，1938年秋任孙蔚如第四集团军李兴中九十六军王振华独立四十七旅七百四十一团团部一等军需佐①，在山西省平陆县与日军作战时阵亡②。其牺牲查明详报后，国民政府军事委员会特准晋一级从优抚恤，一次恤金800元，年抚金360元。中国第二历史档案馆藏档案记载了其英名。2004年4月27日陕西省人民政府追认他为革命烈士。

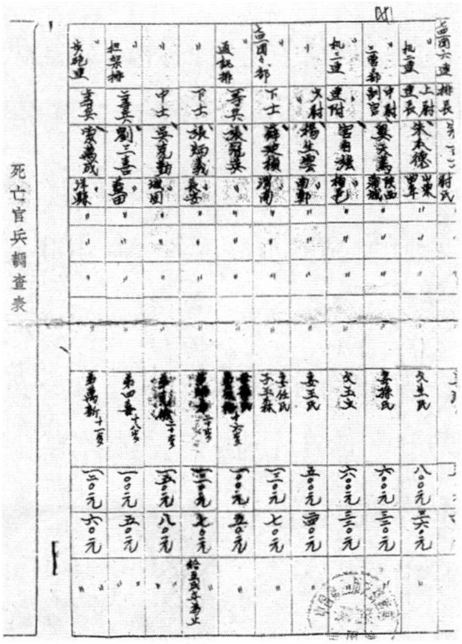

中国第二烈士档案馆藏档案复印件

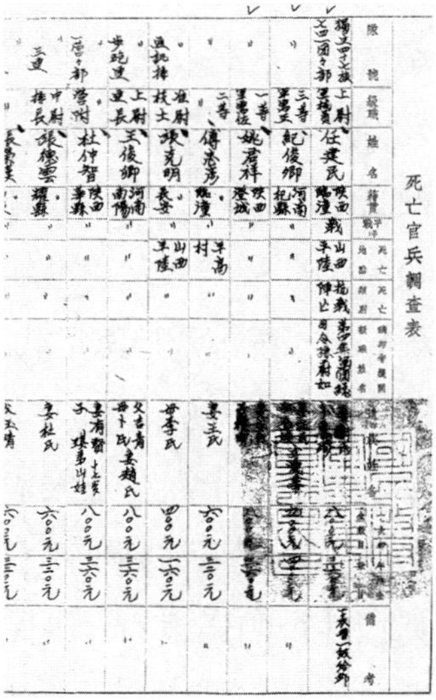

中国第二历史档案馆藏档案复印件

① 宋严主编的《光辉历程难忘岁月——原十七路军将士纪念册》说姚君祥生前“任741团军需主任”，似有误。中国第二历史档案馆藏档案记载其为“七四一团团部一等军需佐”。以档案为准较好。

② 上书说姚君祥“参加了‘永济战役’‘六六战役’。”又说是1938年牺牲。“六六战役”发生在1939年6月6日。他怎能参加“六六战役”呢？

张克明（？—？），生卒年不详。今西安市长安区人。孙蔚如第四集团军李兴中九十六军王振华独立四十七旅七百四十一团团部通讯排准尉技士，在山西省平陆县与日军作战时阵亡。其牺牲查明详报后，国民政府军事委员会特准晋一级从优抚恤，一次恤金400元，年抚金160元。中国第二历史档案馆藏档案记载了其英名。

王俊卿（？—？），生卒年不详。河南省南阳人。孙蔚如第四集团军李兴中九十六军王振华独立四十七旅七百四十一团步炮连上尉连长，在山西省平陆县与日军作战时阵亡。其牺牲查明详报后，国民政府军事委员会特准晋一级从优抚恤，一次恤金800元，年抚金360元。中国第二历史档案馆藏档案记载了其英名。

杜仲智（1910—1939），字立峰，陕西省今渭南市华县人。参加杨虎城将军部队后，被分配在绥署二团团医务所。1931年于西安绥靖公署步兵训练班军官队第一期毕业。抗战开始后，任孙蔚如第四集团军李兴中九十六军王振华独立四十七旅七百四十一团第一营营附，在山西省平陆县与日军作战时阵亡。其牺牲查明详报后，国民政府军事委员会特准晋一级从优抚恤，一次恤金800元，年抚金360元。中国第二历史档案馆藏档案和周涛主编的《华县志》均记载了其英名。

张德云（？—？），生卒年不详。陕西省铜川市今耀州区孙原人。孙蔚如第四集团军李兴中九十六军王振华独立四十七旅七百四十一团一营三连中尉排长，在山西省平陆县与日军作战时阵亡。其牺牲查明详报后，国民政府军事委员会特准晋一级从优抚恤，一次恤金600元，年抚金320元。中国第二历史档案馆藏档案和刘文韬主编的《耀县志》皆记载了其英名。

张荣汉（？—？），生卒年不详。陕西省汉中市沔县人。孙蔚如第四集团军李兴中九十六军王振华独立四十七旅七百四十一团一营四连中尉排长，在山西省平陆县与日军作战时阵亡。其牺牲查明详报后，国民政府军事委员会特准晋一级从优抚恤，一次恤金 600 元，年抚金 320 元。中国第二历史档案馆藏档案记载了其英名。

朱本德（？—？），生卒年不详。山东省曲阜人。孙蔚如第四集团军李兴中九十六军王振华独立四十七旅七百四十一团机二连上尉连长，在山西省平陆县与日军作战时阵亡。其牺牲查明详报后，国民政府军事委员会特准晋一级从优抚恤，一次恤金 800 元，年抚金 360 元。中国第二历史档案馆藏档案记载了其英名。

宫自强（？—？），生卒年不详。陕西省旬邑县人。孙蔚如第四集团军李兴中九十六军王振华独立四十七旅七四一团机枪三连中尉连附，在山西省平陆县与日军作战时阵亡。其牺牲查明详报后，国民政府军事委员会特准晋一级从优抚恤，一次恤金 600 元，年抚金 320 元。中国第二历史档案馆藏档案记载了其英名。

杨生云（？—？），生卒年不详。陕西省南郑县人。孙蔚如第四集团军李兴中九十六军王振华独立四十七旅七四一团机枪三连少尉连附，在山西省平陆县与日军作战时阵亡。其牺牲查明详报后，国民政府军事委员会特准晋一级从优抚恤，一次恤金 500 元，年抚金 240 元。中国第二历史档案馆藏档案记载了其英名。

薛廷桢（？—？），生卒年不详。陕西省渭南市今临渭区人。孙蔚如第四集团军李兴中九十六军王振华独立四十七旅七四一团团部下士，在山西省平陆县与日军作战时阵亡。其牺牲查明详报后，国民政府军事委员会特准晋一级从优抚恤，一次恤金 130 元，年抚金 70 元。中国第二历史档案馆藏档案记载了其英名。

张冠英（？—？），生卒年不详。陕西省渭南市今临渭区人。孙蔚如第四集团军李兴中九十六军王振华独立四十七旅七四一团通讯排一等兵，在山西省平陆县与日军作战时阵亡。其牺牲查明详报后，国民政府军事委员会特准晋一级从优抚恤，一次恤金 100 元，年抚金 50 元。中国第二历史档案馆藏档案记载了其英名。

张炳义（？—？），生卒年不详。西安市今长安区人。孙蔚如第四集团军李兴中第九十六军王振华独立第四十七旅第七四一团通讯排下士，在山西省平陆县与日军作战时阵亡。其牺牲查明详报后，国民政府军事委员会特准晋一级从优抚恤，一次恤金 130 元，年抚金 70 元。中国第二历史档案馆藏档案记载了其英名。

吴克勤（？—？），生卒年不详。陕西省城固县人。孙蔚如第四集团军李兴中九十六军王振华独立四十七旅七四一团通讯排中士，在山西省平陆县与日军作战时阵亡。其牺牲查明详报后，国民政府军事委员会特准晋一级从优抚恤，一次恤金 150 元，年抚金 80 元。中国第二历史档案馆藏档案记载了其英名。

刘三喜（？—？），生卒年不详。西安市今蓝田县人。孙蔚如第四集团军李兴中九十六军王振华独立四十七旅七四一团担架排二等兵，在山西省平陆县与日军作战时阵亡。其牺牲查明详报后，国民政府军事委员会特准晋一级从优抚恤，一次恤金 100 元，年抚金 50 元。中国第二历史档案馆藏档案记载了其英名。

索万成（？—？），生卒年不详。陕西省汉中市洋县人。孙蔚如第四集团军李兴中九十六军王振华独立四十七旅七四一团步炮连上等兵，在山西省平陆县与日军作战时阵亡。其牺牲查明详报后，国民政府军事委员会特准晋一级从优抚恤，一次恤金 120 元，年抚金 60 元。中国第二历史档案馆藏档案记载了其英名。

郑赓成（？—？），生卒年不详。安徽省巢县人。孙蔚如第四集团军司令部军械处少校处员，在山西省平陆县与日军作战时阵亡。中国第二历史档案馆藏档案记载了其英名。

吕任远（？—？），生卒年不详。山东省蓬莱人。孙蔚如第四集团军司令部参谋上尉军械官，在山西省平陆县与日军作战时阵亡。中国第二历史档案馆藏档案记载了其英名。

杨升堂（？—？），生卒年不详。陕西省渭南市潼关县人。孙蔚如第四集团军司令部二等军需佐，在山西平陆与日军作战时阵亡。中国第二历史档案馆藏档案记载了其英名。

张金印（？—？），生卒年不详。陕西省渭南市华阴市人。孙蔚如第四集团军司令部一等军医佐，在山西平陆与日军作战时阵亡。中国第二历史档案馆藏档案记载了其英名。

樊延龄（？—？），生卒年不详。今西安市高陵县人。孙蔚如第四集团军司令部二等司药佐，在山西省平陆县与日军作战时阵亡。中国第二历史档案馆藏档案记载了其英名。

吴本深（？—？），生卒年不详。河南省夏邑人。孙蔚如第四集团军李兴中九十六军陈硕儒一七七师一〇六〇团一营三连中尉连附，在山西省平陆县与日军作战时阵亡。中国第二历史档案馆藏档案记载了其英名。

李建国（？—？），生卒年不详。河南省内乡人。孙蔚如第四集团军李兴中九十六军陈硕儒一七七师一〇六〇团一营一连少尉连附，在山西省平陆县与日军作战时阵亡。中国第二历史档案馆藏档案记载了其英名。

曾纪圣（？—？），生卒年不详。河南省新野人。孙蔚如第四集团军李兴中九十六军陈硕儒一七七师一〇六〇团一营三连上尉连长，在山西省平陆县与日军作战时阵亡。中国第二历史档案馆藏档案记载了其英名。

赵敬修（1909—？），字勉之，卒年不详。陕西省今渭南市华阴市吴村西堡人。弱冠参加杨虎城将军部队。1932年于西安绥靖公署步兵训练班军官队第二期毕业。孙蔚如率部东渡后，任孙部第四集团军李兴中九十六军陈硕儒一七七师一〇六〇团机枪一连上尉连长，在山西省平陆县与日军作战时阵亡。中国第二历史档案馆藏档案记载了其英名。

乔俊峰（？—？），生卒年不详。陕西省今渭南市富平县人。孙蔚如第四集团军李兴中九十六军陈硕儒一七七师一〇六〇团一营二连准尉特务长，在山西省平陆县与日军作战时不幸阵亡。中国第二历史档案馆藏档案记载了其英名。

郗文焕（？—？），生卒年不详。西安市今长安区人。第一六九师上尉连长，在山西省沁源县崔庄与日军作战时阵亡，时年32岁。陕西省档案馆藏档案记载了其英名。

李振才（？—？），生卒年不详。西安市今长安区人。第四十二师五等列兵，在山西省上宝丰与日军作战时阵亡。陕西省档案馆藏档案记载了其英名。

张志亮（？—？），生卒年不详。西安市今长安区人。孙蔚如第四集团军赵寿山三十八军耿子介十七师四十九旅一等兵，在山西省平陆县南坡与日军作战时不幸阵亡。陕西省档案馆藏档案记载了其英名。

岳生城（？—？），生卒年不详。西安市今长安区人。孙蔚如第四集团军赵寿山三十八军耿子介十七师中尉连附，在山西省平陆县窑头与日军作战时不幸阵亡。陕西省档案馆藏档案记载了其英名。

贾　萍（？—？），生卒年不详。西安市今长安区人。孙蔚如第四集团军赵寿山三十八军耿子介十七师少尉排长，在山西省芮城县与日军作战时不幸阵亡。陕西省档案馆藏档案记载了其英名。

曹延如（？—？），生卒年不详。西安市今长安区人。孙蔚如第四集团军李兴中九十六军陈硕儒一七七师上士文书，在山西省平陆县太阳渡与日军作战时不幸阵亡。陕西省档案馆藏档案记载了其英名。

赵文彦（？—？），生卒年不详。陕西省今铜川市耀州区孙原五台坡头村人。孙蔚如第四集团军赵寿山三十八军孔从洲独立四十六旅七三六团一营一连一等兵，在山西省平陆县与日军作战时不幸阵亡。刘文韬主编的《耀县志》记载了他的英名。

张树德（？—？），生卒年不详。陕西省今铜川市耀州区孙原人。孙蔚如第四集团军赵寿山三十八军孔从洲独立四十六旅七三八团二营六连下士，在山西省平陆县与日军作战时不幸阵亡。刘文韬主编的《耀县志》记载了他的英名。

王新海（？—？），生卒年不详。陕西省今铜川市耀州区人。孙蔚如第四集团军教导团一营二连上等兵，在山西省安邑与日军作战时不幸阵亡。刘文韬主编的《耀县志》记载了他的英名。

崔彦武（？—？），生卒年不详。陕西省今铜川市耀州区寺沟乡崔家坡人。第九十八军一六九师黄维华一〇一三团机枪一连上等兵，在山西省平遥县与日军作战时不幸阵亡。刘文韬主编的《耀县志》记载了他的英名。

李加宽（？—？），生卒年不详。陕西今铜川市耀州区人。

兰生福（？—？），生卒年不详。陕西省今铜川市耀州区楼村兰家村人。

二英烈均为孙蔚如第四集团军赵寿山三十八军孔从洲新编三十五师一〇五团一营一连上等兵，在河南省温县与日军作战时不幸阵亡。刘文韬主编的《耀县志》记载了他们的英名。

刘新才（？—1941），陕西省今铜川市耀州区下高埝乡袁家堡人。

孙蔚如第四集团军赵寿山三十八军孔从洲新编三十五师一〇五团一营一连一等兵，在河南广武县与日军作战时阵亡。刘文韬主编的《耀县志》记载了他的英名。

雍占奎（？—1941），陕西省今铜川市耀州区人。孙蔚如第四集团军赵寿山三十八军耿子介十七师一〇二团一营三连一等兵，在河南省广武县与日军作战时阵亡。刘文韬主编的《耀县志》记载了他的英名。

孙　盛（？—1941），陕西省今铜川市耀州区人。孙蔚如第四集团军赵寿山三十八军耿子介十七师九十八团二营七连一等兵，在河南省广武县与日军作战时阵亡。刘文韬主编的《耀县志》记载了他的英名。

张思功（？—？），生卒年不详。陕西省今铜川市耀州区下高埝乡人。第九十八军四十二师二五二团一营一连上等兵，在山西省垣曲与日军作战时不幸阵亡。刘文韬主编《耀县志》记载了他的英名。

雷景民（？—？），生卒年不详。陕西省今铜川市耀州区稠桑乡小王人。孙蔚如第四集团军李兴中九十六军陈硕儒一七七师一〇五七团机枪一连下士，在山西省平陆县与日军作战时不幸阵亡。刘文韬主编《耀县志》记载了他的英名。

谭建疆（？—？），生卒年不详。陕西省今铜川市耀州区城内西街人。孙蔚如第四集团军李兴中九十六军陈硕儒一七七师五三〇旅旅部少校参谋，在山西省平陆县与日军作战时不幸阵亡。刘文韬主编《耀县志》记载了他的英名。

宋子孝（？—？），生卒年不详。陕西省今铜川市耀州区孙原河东北堡人。孙蔚如第四集团军李兴中九十六军陈硕儒一七七师补充团四连二等兵，在山西省平陆县与日军作战时不幸阵亡。刘文韬主编《耀县志》记载了他的英名。

刘金声（？—1939），生年与籍贯不详。1938 年春任孙蔚如三十八军一七七师一〇六〇团三营九连少尉连附。是年6月16日奉命率领突击队1排，在运城西北南北李村，伏击日军抢粮队，毙敌30多名，击毁汽车3辆。敌逃回运城。孙蔚如以快邮代电报告蒋介石，说刘金声“忠勇杀敌之精神，足为抗战军人之楷模”，请求奖励，同时指令“遇连长缺即时提升”。蒋介石复电说：“希先行传令嘉奖”。后升任其团卢松轩三营连长，1939年在中条山六六战役坚守1581.7高地对日作战时不幸壮烈牺牲。姚杰在《抗日战争中的第十七路军》书中记载了其英雄事迹。

焦甫佐（？—？），生卒年不详。陕西省今铜川市耀州区孙原人。孙蔚如第四集团军赵寿山三十八军耿子介十七师九八团二营五连二等兵，在山西省平陆县与日军作战时不幸阵亡。刘文韬主编《耀县志》记载了他的英名。

王秀山（？—？），生卒年不详。陕西省今铜川市耀州区人。孙蔚如第四集团军赵寿山三十八军孔从洲新编三十五师一〇三团二营六连下士班长，在河南省洛宁县与日军作战时不幸阵亡。刘文韬主编《耀县志》记载了他的英名。

余福生，生卒年和籍贯均不详，孙蔚如第四集团军赵寿山三十八军孔从洲独立四十六旅某部上尉连长，1940年10月以前在山西平陆与日寇作战时奋不顾身，英勇杀敌，不幸壮烈牺牲。孔从洲将军在《独立四十六旅平陆抗敌》一文中对其以身殉国作了崇高的评价。

刘笃丞（？—？），生卒年不详。陕西省商县治安乡人。第四十二师薛如兰二五一团第一营第一连中尉连附。在山西省平遥与日寇血战时不幸阵亡。时年仅33岁。其牺牲查明详报后，国民政府特准晋为上尉，从优抚恤。陕西省档案馆藏档案记载了他的英名。

杨宽振（？—？），生卒年不详。陕西省商县龙驹寨镇后坪村人。

武士敏第九十八军郭景唐一六九师一〇〇九团二营六连班长。在山西省阳城黄龙山与日寇作战时不幸阵亡。时年仅24岁。其牺牲查明详报后，国民政府特准晋一级从优抚恤。陕西省档案馆藏档案记载了他的英名。

樊长治（？—？），生卒年不详。陕西省商县启化乡东北街人。孙蔚如第四集团军赵寿山三十八军孔从洲独立四十六旅七三六团二营五连一等兵。在山西省平陆县部官臣与日寇血战时，不幸阵亡。时年仅28岁。其牺牲查明详报后，国民政府特准晋为上等兵从优抚恤。陕西省档案馆藏档案记载了他的英名。

周志祥（？—？），生卒年不详。陕西省商县民仁乡周家磨村人。孙蔚如第四集团军赵寿山三十八军耿子介十七师五十一旅一〇二团二营四连下士军士。在山西省平陆县下牛村与日寇血战时奋勇杀敌，不幸阵亡。时年仅20岁。其牺牲查明详报后，国民政府特准晋为中士军士，从优抚恤。陕西省档案馆藏档案记载了他的英名。

刘全福（？—？），生卒年不详。陕西省勉县人。第十七师一〇一团三连二等兵。在山西省与日寇作战时不幸阵亡。其牺牲查明上报后。国民政府特准晋一级从优抚恤。一次恤金100元，年抚金50元。陕西省档案馆藏档案记载了他的英名。

王官保（？—？），生卒年不详。陕西省勉县人。第一七七师五二九旅一〇五七团一营一连中士。在山西省与日寇作战时不幸阵亡。时年29岁。其牺牲查明上报后，国民政府特准晋一级从优抚恤。一次恤金150元，年抚金80元。陕西省档案馆藏档案记载了他的英名。

刘彦林（？—？），生卒年不详。陕西省勉县人。第十七师一〇二团三连列兵。在山西省与日寇作战时不幸阵亡。时年25岁。其牺牲查明上报后，国民政府特准晋一级从优抚恤。一次恤金120元，年抚金

60 元。陕西省档案馆藏档案记载了他的英名。

何世哲（？—？），生卒年不详。陕西省勉县人。孔从洲独立四十六旅七三六团二营五连上士。在山西省与日寇作战时不幸阵亡。时年 29 岁。其牺牲查明上报后，国民政府特准晋一级从优抚恤。一次恤金 300 元，年抚金 120 元。陕西省档案馆藏档案记载了他的英名。

陈刚凤（？—？），生卒年不详。陕西省渭南市华县人。孙蔚如部第十七师通讯排战士，在山西风陵渡对日作战时不幸牺牲。《华州史话》记载了他的英名。

赵转窝（？—？），生卒年不详。陕西省渭南市华县人。孙蔚如第四集团军李兴中九十六军军部列兵，在山西临晋对日作战时不幸牺牲。《华州史话》记载了他的英名。

齐栓栓（？—？），生卒年不详。陕西省渭南市华县人。李兴中第九十六军陈硕儒一七七师五〇一团[①]某部上等兵，在山西河津对日作战时不幸牺牲。《华州史话》记载了他的英名。

罗振荣（？—？），生卒年不详。陕西省渭南市华县人。第一七七师辎重营中士，在山西河津对日作战时不幸牺牲。《华州史话》记载了他的英名。

白吉娃（？—？），生卒年不详。陕西省渭南市华县人。孙蔚如第四集团军赵寿山三十八军耿志介十七师赵伟如特务连二等兵，在山西运城对日作战时不幸牺牲。《华州史话》记载了他的英名。

邢水娃（？—？），生卒年不详。陕西省渭南市华县人。孙蔚如第四集团军李兴中九十六军陈硕儒一七七师五二九旅一〇五七团战士，

①《华州史话》载，齐栓柱在一七七师五〇一团抗日，但一七七师从未有过五〇一团的番号。不知其根据为何？

在山西虞乡对日作战时不幸牺牲。《华州史话》记载了他的英名。

李志德（？—？），生卒年不详。陕西省华县人。孙蔚如第四集团军赵寿山三十八军耿志介十七师某部列兵，在山西夏县对日作战时不幸牺牲。《华州史话》记载了他的英名。

赵毛子（？—？），生卒年不详。陕西省渭南市华县人。孙蔚如第四集团军赵寿山三十八军耿志介十七师上官树德辎重营列兵，在山西夏县对日作战时不幸牺牲。《华州史话》记载了他的英名。

李成娃（？—？），生卒年不详。陕西省渭南市华县人。孙蔚如第四集团军赵寿山三十八军耿志介十七师李维民四十九旅张复振九十七团战士，在山西夏县对日作战时不幸牺牲。《华州史话》记载了他的英名。

温孝清（？—？），生卒年不详。陕西省渭南市华县人。第一七七师辎重营下士，在山西风白塔对日作战时不幸牺牲。《华州史话》记载了他的英名。

赵茂泰（？—？），生卒年不详。陕西省渭南市华县人。第一七七师辎重营上等兵，在山西风白塔对日作战时不幸牺牲。《华州史话》记载了他的英名。

雷步兴（？—？），生卒年不详。陕西省渭南市华县人。第一七七师辎重营二等兵，在山西风白塔对日作战时不幸牺牲。《华州史话》记载了他的英名。

何东计（？—？），生卒年不详。陕西省渭南市华县人。孙蔚如第四集团军李兴中第九十六军陈硕儒一七七师孙洁生五二九旅一〇五七团上士，在山西东家村对日作战时不幸牺牲。《华州史话》记载了他的英名。

王克兴（？—？），生卒年不详。陕西省渭南市华县人。孙蔚如第四集团军李兴中九十六军陈硕儒第一七七师李锦峰辎重营战士，在山西垣曲对日作战时不幸牺牲。《华州史话》记载了他的英名。

张风异（？—？），生卒年不详。陕西今渭南市华县人。孙蔚如第四集团军赵寿山三十八军耿志介十七师九旅①战士，在山西稷王山对日作战时不幸牺牲。《华州史话》记载了他的英名。

王全水（？—？），生卒年不详。陕西省渭南市华县人。第十七师二营②列兵，在山西平陆对日作战时不幸牺牲。《华州史话》记载了他的英名。

车耀光（？—？），生卒年不详。陕西省渭南市华县人。孙蔚如第四集团军李兴中九十六军陈硕儒一七七师某部战士，在山西平陆对日作战时不幸牺牲。《华州史话》记载了他的英名。

史丙寅（？—？），生卒年不详。陕西省渭南市华县人。孙蔚如第四集团军李兴中九十六军陈硕儒一七七师某部列兵，在山西平陆对日作战时不幸牺牲。《华州史话》记载了他的英名。

张水娃（？—？），生卒年不详。陕西省渭南市华县人。孙蔚如第四集团军李兴中九十六军陈硕儒一七七师贾振中副官处上等兵，在山西平陆对日作战时不幸牺牲。《华州史话》记载了他的英名。

王许江（？—？），生卒年不详。陕西省今渭南市华县人。孙蔚如第四集团军赵寿山第三十八军孔从洲独立四十六旅③上等兵，在山西平陆对日作战时不幸牺牲。《华州史话》记载了他的英名。

①《华州史话》载，张风异是在“十七师九旅”抗日牺牲，但十七师从未有九旅的编制。

②《华州史话》载，王全水是“一七师二营列兵”，一七师在平陆时辖五个团五个二营，不知是哪个二营？

③《华州史话》载，王许江在“四六旅”参加抗日，不知此“四六旅”是否是独立四六旅。根据牺牲地，笔者猜想应是独立第四六旅。

史冬至（？—？），生卒年不详。陕西省渭南市华县人。孙蔚如第四集团军李兴中九十六军陈硕儒一七七师孙洁生旅五七团[①]某部战士，在山西夏县对日作战时不幸牺牲。《华州史话》记载了他的英名。

王志德（？—？），生卒年不详。陕西省渭南市华县人。孙蔚如第四集团军李兴中九十六军陈硕儒一七七师某部机枪连[②]战士，在山西平陆对日作战时不幸牺牲。《华州史话》记载了他的英名。

屈彦隆（？—？），生卒年不详。陕西省渭南市华县人。孙蔚如第四集团军赵寿山三十八军耿志介十七师孙子坤五十一旅殷锐敏一〇二团某部战士，在山西平陆对日作战时不幸牺牲。《华州史话》记载了他的英名。

吉周龙（1915—1939），陕西省今渭南市华县北吉村人。

张官娃（1922—1939），陕西今渭南市华县李家什字人。

王怀信（1921—1939），陕西省今渭南市华县王楼人。

三英烈均为孙蔚如第四集团军李兴中九十六军陈硕儒一七七师看护兵，1939年在山西平陆与日作战时不幸牺牲。阎涛主编的《华县志》和吴新亚总编的《华州史话》记载了他们的英名。

吕回新（1912—1939），陕西今渭南市华县吕家庄人。孙蔚如第四集团军李兴中九十六军陈硕儒第一七七师某部士兵，1939年在山西平陆对日作战时不幸牺牲。阎涛主编的《华县志》和吴新亚总编的《华州史话》记载了他的英名。

蔺太运（1914—1938），陕西省渭南市华县洪水村人。孙蔚如第四集团军李兴中九十六军陈硕儒第一七七师某部代理连长，在山西平陆

---

①《华州史话》载，史冬至“一七七师五七团”服役。此说与史实不符。一七七师没有五七团的编制。

②《华州史话》载，王志德是“一七七师机枪连”战士，但一七七师没有直属机枪连。

对日作战时不幸牺牲。阎涛主编的《华县志》和吴新亚总编的《华州史话》记载了他的英名。

白志中（1917—1939），陕西省今渭南市澄城县醍醐乡圪崂村人。孙蔚如第四集团军赵寿山三十八军孔从洲独立四十六旅七三六团战士，在山西中条山与日军作战时不幸牺牲。周秦主编的《澄城县志》记载了他的英名。

郑毅忠（1907—1940），字德琦，陕西省今渭南市澄城县寺前镇北街人。参加杨虎城将军部队后，被分配在特务一团一营二连。1931 年于西安绥靖公署步兵训练班军官队第一期毕业。1940 年任孙蔚如第四集团军李兴中九十六军陈硕儒一七七师某部连长，同年在山西中条山与日寇作战时不幸牺牲。周秦主编的《澄城县志》记载了他的英名。

关广生（1917—1940），陕西省今渭南市澄城县庄头乡宋家庄人。孙蔚如第四集团军赵寿山三十八军某部战士，在山西茅津渡与日军作战时不幸牺牲。周秦主编的《澄城县志》记载了他的英名。

关永明（？—1940），生年不详。陕西省今渭南市临渭区人。王劲哉一二八师特务营平炮连上士排附。1940 年 12 月在湖北省监利因积劳病故。关永明病殁查明详报后，国民政府特准晋为少尉从优抚恤。一次恤金 90 元，年抚金 40 元。中国第二历史档案馆藏档案记载了他的英名。

李金全，陕西省渭南市华县人，生卒年不详。第一七七师辎重营上等兵，在山西中条山对日作战时不幸牺牲。《华州史话》记载了他的英名。

寇永笃（1909—1940），字子敬。湖北省人。王劲哉第一二八师第七三六团第一营营长，1940 年 7 月在中条山与日军作战时阵亡[①]。时年 32 岁。陕西省档案馆藏档案记载了其英名。

郭则温（？—1941），字厚之，甘肃省导河（今临夏）人。保定陆军军官学校第一期步兵科第六连毕业。早年投奔杨虎城将军部队，历任多职。1933 年任陕西警备师第一旅参谋长，曾随部到蓝田追剿刘志丹率领的红二十六军主力红二团。后任陕西警备第一旅参谋主任。参加过西安事变。1938 年 5 月随部开赴陕东，扼守黄河河防，参赞戎机。1939 年所部改编为新编二十七师，他任该师副官主任。1940 年 10 月中旬，随部开往山西平陆县中条山抗日。1941 年 5 月 7 日，日寇对中条山发动了最猛烈的一次进攻。郭则温协助师首长督率全师官兵与敌拼杀周旋。5 月 9 日战至台寨村时和师长王俊等不幸被日军飞机炸弹击中，以身殉职。

赵燕海（？—1941），甘肃省人。早年投奔杨虎城将军部队。被分配在陕西警备第一旅一团任职。参加过西安事变。后随部在西安城内维持治安。1938 年 5 月随部开赴陕东，扼守黄河河防。7 月中旬，随部东渡，赴山西抗日。所部奉命“死守永济”县城。时任一团号长，参加了永济城血战。所部改编为新二十七师后，他升任师长随从副官。1940 年 10 月随部开赴中条山抗日。1941 年 5 月 9 日，在台寨村和师长王俊等被日军飞机炸弹击中，以身殉职。

于铁吾（1912—1941），又名锡令、松柏，民国元年（1912 年）11

---

① 陕西省档案馆藏档案说寇永笃 1940 年牺牲于中条山，明显有误，此时王劲哉一二八师在湖北抗日，根本未在中条山。不仅如此，据曾任王劲哉部副旅长侯若愚在《记王劲哉先生》一文中说，寇永笃是因抽大烟，1939 年在湖北沔阳峰口一二八师司令部附近被王劲哉“在操场边的稻田中用刺刀杀死的。”“寇营附是因吸鸦片烟被检举，劲公为贯彻禁毒重型的命令，将他杀死的。”（政协湖北省荆州地区联络组王劲哉史料征编组编：《抗日战争中的王劲哉》，内部发行，1987 年第一次印刷，第 11 页。）

月 24 日生于陕西省今西安市临潼区斜口镇于李村。卢沟桥事变发生后，铁吾追随共产党员、陕西著名抗日县长吕向辰先生（新中国成立后曾任陕西省民政厅厅长），积极投身抗日救亡运动，到华阴县组织抗日义勇军。不久，经吕推荐保送到黄埔军校西安分校军官训练班第八期（军官大队第二期）学习。1939 年 8 月毕业后，被分派到孔令恂八十军王俊新编二十七师任上尉副官等职。1940 年 10 月中旬奉命随部开赴山西省中条山抗日。驻防期间，先后粉碎日军多次进犯。1941 年 5 月 7 日，日寇对中条山我守军发动空前的猛攻。铁吾跟随师长王俊，随部与敌拼杀周旋。5 月 9 日在台砦阵地和师长王俊等不幸身中日军飞机炸弹，以身殉国。党的十一届三中全会后，拨乱反正。于铁吾的独子再隆多方寻找证据，并向有关部门提出申请追认其父为革命烈士。1993 年 11 月 10 日陕西省人民政府批准追认于铁吾为革命烈士。

周英灿（？—1941），字雄伯，生年不详。浙江省诸暨县安华镇人[①]。1929 年春，入中央陆军军官学校武汉分校第七期，被分到周振强步兵第二大队岳岑第四中队。1930 年 7 月毕业。后到孔令恂八十军王俊新编二十七师任八十团中校团附。1941 年 5 月 8 日在山西省平陆县与日军作战时以身殉国。周英灿殉职查明详报后，国民政府军事委员会特准晋为上校从优抚恤。一次恤金 1000 元，年抚金 500 元。中国第二历史档案馆藏档案记载了他的英名。

陈思亮（？—1941），生年不详。陕西省褒城人。孔令恂八十军王俊新编二十七师少校团附。1941 年 5 月 9 日在山西省平陆县与日军作战时以身殉国。陈思亮殉职查明详报后，国民政府特准晋为中校从优

① 中国第二历史档案馆藏档案记载其籍贯为“陕西长安”，有误。亲历者朱飞回忆是浙江人。黄埔军校第七期同学录也载是浙江省诸暨县安华镇人。

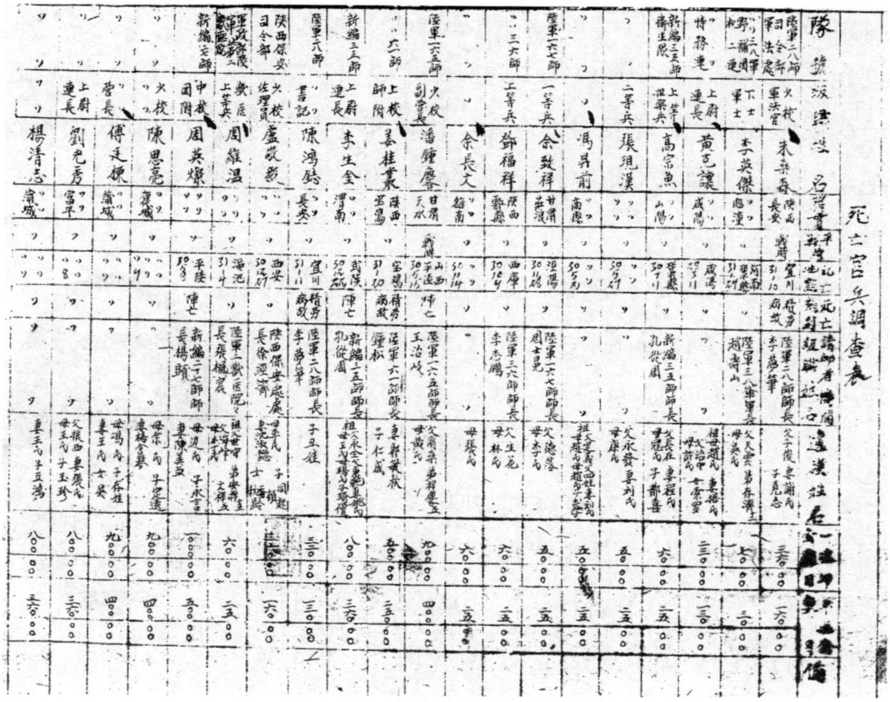
死亡官兵調查表

中国第二历史档案馆藏周英灿等的档案

抚恤。一次恤金900元，年抚金400元。中国第二历史档案馆藏档案记载了他的英名。

刘光秀（1910—1941），陕西省蒲城县[1]兴镇人。早年投奔杨虎城将军部队。被分配到特务三团团部。1931年毕业于西安绥靖公署步兵训练班军官队第一期。后调入王俊陕西警备第一旅。1939年夏，所部改编为新二十七师，光秀任孔令恂八十军王俊新编二十七师王宪斌七九团团部机枪连连长。1940年10月中旬，随部开赴平陆县中条山抗

① 中国第二历史档案馆藏档案记载刘光秀籍贯为“陕西富平”，明显有误，应是蒲城兴镇。

日。1941 年 5 月 8 日在山西省平陆县对日作战时不幸阵亡，时年 32 岁。刘光秀牺牲查明详报后，国民政府军事委员会特准晋为少校从优抚恤。一次恤金 800 元，年抚金 360 元。1946 年 7 月国民政府令颁其英名入祀忠烈祠。中国第二历史档案馆藏档案和李约祉主编的《蒲城县志稿》皆记载了他的英名。

杨清志

杨清志（1906—1941），陕西省蒲城县兴镇人。投奔杨虎城将军部队后，被分配到独立第二旅三团。1934 年 12 月毕业于西安绥靖公署步兵训练班军官队第四期。后调入王俊陕西警备第一旅。1939 年所部改编为新二十七师后，任该师王宪斌七九团张志林三营九连连长。1940 年 10 月随部开赴平陆中条山抗日前线。1941 年 5 月 9 日在山西省平陆县谭玉对日作战时不幸阵亡，时年 36 岁。杨清志牺牲查明详报后，国民政府特准晋为少校从优抚恤。一次恤金 800 元，年抚金 360 元。1946 年 7 月国民政府令颁其英名入祀忠烈祠。中国第二历史档案馆藏档案和李约祉主编的《蒲城县志稿》皆记载了他的英名。

樊连信（？—1941），陕西省今西安市长安区人。孔令恂八十军王俊新编二十七师王宪斌七九团卫生队上等兵。1941 年 5 月 8 日在山西省平陆县对日作战时不幸阵亡。樊连信牺牲查明详报后，国民政府特准晋为下士从优抚恤。一次恤金 120 元，年抚金 60 元。中国第二历史档案馆藏档案记载了他的英名。

魏增云（？—1941），陕西省今渭南市华县人。孔令恂八十军王俊新编二十七师王宪斌七九团卫生队下士看护。1941 年 5 月 8 日在山西省平陆县与日军作战时阵亡。魏增云牺牲查明详报后，国民政府特准晋为中士从优抚恤。一次恤金 130 元，年抚金 70 元。中国第二历史档案馆藏档案记载了他的英名。

李智信（？—1941），陕西省西安市人。孔令恂八十军王俊新编二十七师王宪斌七九团上士军需。1941 年 5 月 8 日在山西省平陆县与日军作战时不幸阵亡。李智信牺牲查明详报后，国民政府特准晋为少尉从优抚恤。一次恤金 300 元，年抚金 120 元。中国第二历史档案馆藏档案记载了他的英名。

李延琰（？—1941），陕西省西安市人。孔令恂八十军王俊新编二十七师王宪斌七九团输送连少尉排长。1941 年 5 月 9 日在山西省平陆县与日军作战时不幸阵亡。李延琰牺牲查明详报后，国民政府特准晋为中尉从优抚恤。一次恤金 500 元，年抚金 240 元。中国第二历史档案馆藏档案记载了他的英名。

梁正义（？—1941），陕西省同官（今铜川市）人。孔令恂八十军王俊新编二十七师输送营上尉连长。1941 年 5 月 9 日在山西省平陆县与日军作战时不幸阵亡。梁正义牺牲查明详报后，国民政府特准晋为少校从优抚恤。一次恤金 800 元，年抚金 350 元。中国第二历史档案馆藏档案记载了他的英名。

熊鹏博（？—1941），陕西省今西安市长安区人。孔令恂八十军王俊新编二十七师王宪斌七九团三等军医正。1941 年 5 月 8 日在山西省平陆县与日军作战时不幸阵亡。熊鹏博牺牲查明详报后，国民政府特准晋为中校从优抚恤。一次恤金 900 元，年抚金 400 元。中国第二历史档案馆藏档案记载了他的英名。

刘敏学（？—1941），陕西省今渭南市韩城市人。孔令恂八十军王俊新编二十七师王宪斌七九团二营营部上等传达。1941 年 5 月 9 日在山西省平陆县与日军作战时阵亡。刘敏学牺牲查明详报后，国民政府特准晋一级从优抚恤。一次恤金120元，年抚金60元。中国第二历史档案馆藏档案记载了他的英名。

李德福（？—1941），生年不详。陕西省今渭南市韩城市人。孔令恂八十军王俊新编二十七师朱飞搜索连一排排长，1941年5月在中条山战役对日作战时不幸阵亡。朱飞在回忆中条山战役时对其以身殉国深感敬佩。

王庭佐（？—1941），生年不详。陕西省今西安市临潼区相桥人。孔令恂八十军王俊新编二十七师朱飞搜索连二排排长，1941年5月在中条山战役对日作战时不幸阵亡。朱飞在回忆中条山战役时对其以身殉国深感敬佩。

严玉祥（1910—1941），陕西省永寿县人。某部[①]中尉排长。1941年5月在山西省平陆县太寨村对日作战时不幸阵亡。其牺牲查明上报后，国民政府特准晋一级从优抚恤。一次恤金600元，年抚金320元。当时规定发够20年为止。陕西省档案馆藏档案记载了其英名。

刘润晖（1913—1941），民国二年（1913年）生于陕西省蒲城县城。1929年参加革命。中共党员。孙蔚如第四集团军赵寿山三十八军耿志介十七师某部战士。1941年在河南[②]对日作战时不幸牺牲。1946年7月国民政府令颁其英名入祀忠烈祠。李约祉主编的《蒲城县志稿》和刘福谦主编的《蒲城县志》皆记载了其英名。

江尚文（1916—1941），别号雅夫，陕西省岐山县人。王俊新编

---

① 原档案没有记载部队番号，根据阵亡地点，可能是王俊新编第二十七师。

② 刘福谦主编的《蒲城县志》说，刘润晖在十七师当兵，又说“1941年在山西对日战斗中牺牲”。有误。1941年十七师在河南抗日，已不在山西。

二十七师[①]司令部上尉军需。1941年4月在山西省中条山与日寇作战时，不幸阵亡。时年26岁。其牺牲查明上报后，国民政府特准晋一级从优抚恤。陕西省档案馆藏档案记载了他的英名。

王文秀（？—1941），陕西省渭南市华县人，生年不详。胡宗南第三十四集团军孔令恂八十军王俊新编二十七师王宪斌七九团某部少尉。1941年5月在山西平陆中条山对日作战时不幸牺牲。《华州史话》记载了他的英名。

王培之（？—1941），陕西省蒲城县人，生年与阵亡地不详。胡宗南第三十四集团军孔令恂八十军王俊新编二十七师某部上尉，1941年5月在中条山战役对日作战时不幸牺牲。1946年7月国民政府令颁其英名入祀忠烈祠。1947年李约祉主编的《蒲城县志稿》记载了其英名。

李荣贵（？—1941），陕西省蒲城县人，生年不详。胡宗南第三十四集团军孔令恂八十军王俊新编二十七师某部中尉，1941年5月在中条山战役对日作战时不幸牺牲。1946年7月国民政府令颁其英名入祀忠烈祠。1947年李约祉主编的《蒲城县志稿》记载了其英名。

张高远（？—1941）

张锁娃（？—1941）

二英烈皆陕西省咸阳市秦都区马庄乡克仕村人，生年不详。王俊新编二十七师王宪斌七九团战士，均是七九团少校团附张亚东的侄儿。1941年5月10日在中条山战役对日作战时阵亡。

梁富勇（？—1941），陕西省咸阳市礼泉县阡东镇梁家村人，生年

① 原档案记载为二十七师，根据阵亡时间应是王俊新编第二十七师。又朱德钧主编《岐山县志》载“江尚文，凤鸣镇天柱村人。1916年1月生。国民军三十八军二十七师少校军需，1938年8月在中条山对日作战中牺牲。”县志与省档案馆藏档案说法不一，是县志有误，还是有两个江尚文？待考。

不详。王俊新编二十七师七九团战士，七九团少校团附张亚东的通讯员。1941 年 5 月 10 日在中条山战役对日作战时阵亡。

梁元信（？—1941），生年不详，陕西咸阳市礼泉县阡东镇梁家村人。王俊新编二十七师七九团战士。1941 年 5 月 10 日在中条山战役对日作战时阵亡。

张六柱（1918—1941），陕西省佛坪县人。孙蔚如第四集团军赵寿山三十八军耿志介十七师李维民四十九旅九七团一等传达兵。1941 年 11 月在与日寇作战时阵亡。阵亡地不详。时年 24 岁。其牺牲查明上报后，特准晋一级从优抚恤。一次恤金 100 元，年抚金 50 元。陕西省档案馆藏档案记载了他的英名。

李生金（？—1941），陕西省今渭南市临渭区人。孙蔚如第四集团军赵寿山三十八军孔从洲新编三十五师上尉连长。1941 年在河南省武陟县与日军作战时不幸阵亡。李生金牺牲查明详报后，国民政府特准晋为少校从优抚恤。一次恤金 800 元，年抚金 360 元。中国第二历史档案馆藏档案记载了他的英名。

傅峻德（1908—1941），陕西省岐山县人。孙蔚如第四集团军李兴中九十六军陈硕儒一七七师李振西五三〇旅张兆祥一〇五九团少尉连附。1941 年 11 月在河南省广武县与日寇作战时，不幸阵亡。时年 34 岁。其牺牲查明上报后，国民政府特准晋一级从优抚恤。陕西省档案馆藏档案记载了他的英名。

李运兴（？—1940）

贾金珠（？—1940）

二英烈生年皆不详，均为陕西省今渭南市合阳县人。孙蔚如第四集团军李兴中九十六军王振华独立四十七旅[1]战士。1940 年在中条山二十里岭对日作战中阵亡。白锡录主编的《合阳县志》记载了他俩的英名。

荆海山（1910—1941），陕西省安康县人。孙蔚如第四集团军李兴中九十六军陈硕儒一七七师孙洁生五二九旅孙芾棠一〇五八团八连上尉连长。1941 年 12 月 2 日在河南省广武与日寇作战时不幸阵亡。时年 32 岁。其牺牲查明上报后，国民政府特准晋为少校从优抚恤。一次恤金 800 元，年抚金 360 元。领至 20 年为止。陕西省档案馆藏档案记载了他的英名。

刘景义（？—1941），陕西省户县人。王劲哉一二八师七六七团机枪连中尉排长。1941 年 12 月 10 日在湖北省沔阳与日军作战时阵亡。刘景义牺牲查明详报后，国民政府特准晋为上尉从优抚恤。一次恤金 500 元，年抚金 240 元。中国第二历史档案馆藏档案记载了他的英名。

时文科（？—1941），陕西省凤翔人。王劲哉一二八师七六四团机枪连中士军士。1941 年 11 月 9 日在湖北省沔阳因积劳病故。时文科病殁查明详报后，国民政府特准晋为上士从优抚恤。一次恤金 80 元，年抚金 35 元。中国第二历史档案馆藏档案记载了他的英名。

王培吉（？—1941），陕西省户县人。王劲哉一二八师七六四团机枪连一等兵。1941 年 7 月 23 日在湖北省监利因积劳病故。王培吉病殁查明详报后，国民政府特准晋为上等兵从优抚恤。一次恤金 50 元，年抚金 25 元。中国第二历史档案馆藏档案记载了他的英名。

---

① 白锡录主编的《合阳县志》说，李运兴和贾金珠均是“警三旅战士，1941 年在中条山二十里岭战役中阵亡”。此说有两处与史实不符。首先，1941 年已无警三旅的番号，警三旅 1938 年 7 月已改编为独立第四十七旅。其次 1941 年，四十七旅已不在中条山，已于 1940 年 10 月调到黄河南岸的河南去了。二英烈如真在中条山阵亡，那最迟应在 1940 年。故笔者改阵亡时间为 1940 年，部队番号改为独立四十七旅。

石怀俊（？—1941），陕西商县人。王劲哉第一二八师第七六八团三连一等兵。1941 年 11 月 14 日在湖北省沔阳因积劳病故。石怀俊病殁查明详报后，国民政府特准晋为上等兵从优抚恤。一次恤金 50 元，年抚金 25 元。中国第二历史档案馆藏档案记载了他的英名。

高宗鱼（？—1941），陕西省山阳县人。孙蔚如第四集团军赵寿山三十八军孔从洲新编三十五师卫生队上等担架兵。1941 年 7 月 11 日因积劳成疾殁于河南省巩县军中。病殁查明详报后，特准晋为下士从优抚恤。一次恤金 60 元，年抚金 25 元。中国第二历史档案馆藏档案记载了他的英名。

张现汉（？—1941），陕西省山阳县人。孙蔚如第四集团军赵寿山三十八军孔从洲新编三十五师卫生队二等担架兵。1941 年 5 月 27 日因积劳成疾殁于河南省巩县军中。病殁查明详报后，特准晋为一等兵从优抚恤。一次恤金 50 元，年抚金 25 元。中国第二历史档案馆藏档案记载了他的英名。

冯昇前（？—1941），陕西商县人。孙蔚如第四集团军赵寿山三十八军孔从洲新编三十五师卫生队二等担架兵。1941 年 5 月 20 日因积劳成疾殁于河南省巩县军中。病殁查明详报后，特准晋为一等兵从优抚恤。一次恤金 50 元，年抚金 25 元。中国第二历史档案馆藏档案记载了他的英名。

刘振涛（1910—1942），陕西省今西安市长安区人。孙蔚如第四集团军李兴中九十六军杨复震独立四十七旅王训成七三九[①]团二营六连连长。1942 年 6 月 3 日在河南省温县单庄村与日寇作战时不幸阵亡。陕

① 陕西省档案馆藏档案由陕西省会警察局民国三十二年查填的《抗敌伤亡官民褒恤状况调查表》第 69 页记载刘振涛部队番号为“三九团”有误，当时独立第四十七旅有七三九团，无三九团。

西省档案馆藏档案记载了他的英名。

李英杰（？—1942），陕西省今西安市临潼区人。孙蔚如第四集团军赵寿山三十八军野补团机枪二连下士军士。1942年因积劳成疾殁于河南省巩县军中。病殁查明详报后，特准晋为中士从优抚恤。一次恤金70元，年抚金30元。中国第二历史档案馆藏档案记载了他的英名。

郝俊峰（1914—1942），陕西省户县崔村人。中国共产党党员。孙蔚如第四集团军赵寿山三十八军十七师一〇二团一营二连副连长。1942年9月在河南省[①]对日作战时不幸牺牲。崔乃谦总编的《户县志》记载了他的英名。

杨俊鹤（1923—1944），陕西省户县庄元堡人。孙蔚如第四集团军张耀明三十八军孔从洲新编三十五师[②]某部班长。1944年在河南中原战役对日作战中牺牲于巩县南山红河村。崔乃谦总编的《户县志》记载了他的英名。

梅生信（1911—1944），陕西省户县联庄人。中国共产党党员。1944年任张耀明三十八军某部连长。同年在河南中原战役[③]对日作战中不幸牺牲于洛宁县韩城镇北边山坡。崔乃谦总编的《户县志》记载了他的英名。

李葆萼（？—？），生卒年不详。陕西省商县龙驹寨人。王劲哉第一二八师七六七团一营上尉营附。在湖北省蒲圻县身先士卒督率所部攻击日寇时，不幸中敌弹壮烈牺牲。时年仅34岁。其殉国查明上报

---

① 崔乃谦总编辑的《户县志》云。郝俊峰1942年9月于中条山牺牲。此说恐有误。这时该部已到河南，不在山西中条山了。

② 崔乃谦总编辑的《户县志》云，杨俊鹤1944年任“新三一五师班长”，恐有误。应为新三十五师。

③ 崔乃谦总编辑的《户县志》云，中原战役应为1944年，1945年为误。

后，特准晋为少校从优抚恤。陕西省档案馆藏档案记载了他的英名。

卢靖中（？—？），生卒年不详。陕西省商县龙驹寨人。王劲哉第一二八师七六七团三连上尉连长。在湖北省蒲圻县陈家堋身先士卒督率全连攻击日寇时，不幸中敌弹壮烈牺牲。时年仅25岁。其殉国查明上报后，特准晋为少校从优抚恤。陕西省档案馆藏档案记载了他的英名。

房尚智（？—？），生卒年不详。陕西省商县上秦乡人。王劲哉第一二八师三八四旅七六八团少校团附。在湖北省蒲圻县陈家祠陈家岭子身先士卒督率所部与日寇血战时，不幸中敌弹壮烈牺牲。时年仅28岁。其殉国查明上报后，特准晋为中校从优抚恤。陕西省档案馆藏档案记载了他的英名。

姜作城，陕西省渭南市华县人，生卒年不详。三十八军教导团某部上等兵，在山西中条山对日作战时不幸牺牲。①《华州史话》记载了他的英名。

郝女子　张田娃

二英烈皆为陕西省渭南市华县人，生卒年不详。李兴中九十六军陈硕儒一七七师五〇一团②某部上士，在山西中条山对日作战时不幸牺牲。《华州史话》记载了他俩的英名。

①《华州史话》载，姜作城是“三十八军教导团”“上等兵”，又说在“山西中条山”对日作战牺牲。此说有误，与史实不符。须知，1938年7月以前，教导团属孙蔚如第三十八军领辖。但没有到中条山抗日。7月以后，到中条山抗日，却不叫三十八军教导团了。1938年7月孙部升编为第三十一军团后，教导团随之改为第三十一军团教导团。同年11月孙部又升编为第四集团军，教导团随之改为第四集团军教导团。1938年7月以后，赵寿山第十七师虽然升编为第三十八军，但其军没有教导团的编制。

②《华州史话》载，郝女子、张田娃在一七七师五〇一团抗日，但一七七师从未有过五〇一团的番号。不知根据为何？

刘纪中，陕西省渭南市华县人，生卒年不详。孙蔚如第四集团军赵寿山三十八军耿志介十七师担架排战士，在山西中条山对日作战时不幸牺牲。《华州史话》记载了他的英名。

王阆伏　郝三娃　史来运

三英烈陕西省渭南市华县人，生卒年不详。李兴中第九十六军陈硕儒一七七师五〇一团[①]某部一等兵，在山西中条山对日作战时不幸牺牲。《华州史话》记载了他们的英名。

张进义　刘圪塔

二英烈皆为陕西省渭南市华县人，生卒年不详。均为孙蔚如第四集团军李兴中九十六军李振西一七七师张镜白五三一团某部下士，在山西中条山[②]对日作战时不幸牺牲。《华州史话》记载了他俩的英名。

李天有，陕西省渭南市华县人，生卒年不详。第一七七师辎重营上士，在山西中条山对日作战时不幸牺牲。《华州史话》记载了他的英名。

姬长财　毛水生

二英烈皆为陕西渭南市华县人，生卒年不详。均为李兴中九十六军陈硕儒一七七师五〇一团[③]某部下士，在山西中条山对日作战时不幸牺牲。《华州史话》记载了他俩的英名。

---

①《华州史话》载，王阆伏、郝三娃、史来运在一七七师五〇一团抗日。但一七七师从未有过五〇一团的番号。不知其根据为何？

②《华州史话》载，张进义和刘圪塔均为“一七七师五三一团”“下士”，又说他们在“山西中条山”牺牲。此说与史实不符。在“山西中条山”抗日时，一七七师没有五三一团的编制。1942年春，第四集团军奉命整编，一七七师才有五三一团的编制。而1940年10月一七七师已奉命离开山西中条山，南渡黄河，在河南进行抗日了。

③《华州史话》载，姬长财、毛水生在一七七师五〇一团抗日。但一七七师从未有过五〇一团的番号。不知其根据为何？

龙中娃，陕西省渭南市华县人，生卒年不详。李兴中九十六军陈硕儒一七七师五〇一团[①]某部列兵，在山西中条山对日作战时不幸牺牲。《华州史话》记载了他的英名。

龙善娃　李改成

二英烈皆为陕西省渭南市华县人，生卒年不详。李兴中九十六军陈硕儒一七七师五〇一团[②]某部上等兵，在山西中条山对日作战时不幸牺牲。《华州史话》记载了他俩的英名。

雷彦堂，陕西省渭南市华县人，生卒年不详。第十七师五〇三团[③]一等兵，在山西中条山对日作战时不幸牺牲。《华州史话》记载了他的英名。

李玉水，陕西省渭南市华县人，生卒年不详。第一七七师五〇二团[④]下士，在山西中条山对日作战时不幸牺牲。《华州史话》记载了他的英名。

杜坤娃，陕西省渭南市华县人，生卒年不详。孙蔚如第四集团军李兴中九十六军陈硕儒一七七师孙洁生五二九旅一〇五七团战士，在山西中条山对日作战时不幸牺牲。《华州史话》记载了他的英名。

吕思望，陕西省渭南市华县人，生卒年不详。孙蔚如第四集团军

---

①《华州史话》载，龙中娃在一七七师五〇一团抗日。但一七七师从未有过五〇一团的番号。不知其根据为何？

②《华州史话》载，龙善娃和李改成在一七七师五〇一团抗日。但一七七师从未有过五〇一团的番号。不知其根据为何？

③《华州史话》载，雷彦堂是“十七师五〇三团”“一等兵”，此说与史实不符，十七师没有五〇三团的编制。

④《华州史话》载，李玉水是“一七七师五〇二团”“下士”，此说与史实不符，一七七师没有五〇二团的编制。

李兴中九十六军陈硕儒一七七师一〇五团[①]战士，在山西中条山对日作战时不幸牺牲。《华州史话》记载了他的英名。

张志明，陕西省渭南市华县人，生卒年不详。孙蔚如第四集团军李兴中九十六军陈硕儒一七七师孙洁生五二九旅一〇五七团战士，在山西中条山对日作战时不幸牺牲。《华州史话》记载了他的英名。

史有财，陕西省渭南市华县人，生卒年不详。孙蔚如第四集团军李兴中九十六军陈硕儒第一七七师孙洁生五二九旅一〇五七团列兵，在山西中条山对日作战时不幸牺牲。《华州史话》记载了他的英名。

郭春麦，陕西省渭南市华县人，生卒年不详。孙蔚如第四集团军李兴中九十六军陈硕儒一七七师某部战士，在山西中条山对日作战时不幸牺牲。《华州史话》记载了他的英名。

同福生，陕西省渭南市华县人，生卒年不详。孙蔚如第四集团军李兴中第九十六军某部列兵，在山西中条山对日作战时不幸牺牲。《华州史话》记载了他的英名。

王维发，陕西省渭南市华县人，生卒年不详。孙蔚如第四集团军李兴中九十六军陈硕儒一七七师五三一团战士，在山西中条山[②]对日作战时不幸牺牲。《华州史话》记载了他的英名。

梁治尖，陕西省渭南市华县人，生卒年不详。孙蔚如部第一七七师某部战士，在山西中条山对日作战时不幸牺牲。《华州史话》记载了他的英名。

郭兆武，陕西省渭南市华县人，生卒年不详。孙蔚如第四集团军

---

①《华州史话》载，吕思望在“一七七师一〇五团”抗日牺牲，此说与史实不符，一七七师没有一〇五团的编制。

②《华州史话》载，王维发在“一七七师五三一团”于“山西中条山”抗日牺牲。此说有误。在中条山时，一七七师没有五三一团的编制。

李兴中九十六军陈硕儒一七七师孙洁生五二九旅一〇五七团某部战士，在山西中条山对日作战时不幸牺牲。《华州史话》记载了他的英名。

曹生桂，陕西省渭南市华县人，生卒年不详。孙蔚如第四集团军赵寿山三十八军耿志介十七师一〇二三团[①]某部战士，在山西中条山对日作战时不幸牺牲。《华州史话》记载了他的英名。

陈稳山，陕西省渭南市华县人，生卒年不详。孙蔚如第四集团军李兴中九十六军陈硕儒一七七师一〇五团[②]某部班长，在山西中条山对日作战时不幸牺牲。《华州史话》记载了他的英名。

侯忍娃，陕西省渭南市华县人，生卒年不详。孙蔚如第四集团军李兴中九十六军陈硕儒一七七师一〇五七团某部一等兵，在山西中条山对日作战时不幸牺牲。《华州史话》记载了他的英名。

李福智，陕西省渭南市华县人，生卒年不详。孙蔚如第四集团军李兴中九十六军陈硕儒一七七师宋克敬工兵营一等兵，在山西中条山对日作战时不幸牺牲。《华州史话》记载了他的英名。

李文川，陕西省渭南市华县人，生卒年不详。孙蔚如第四集团军李兴中九十六军陈硕儒一七七师师部一等兵，在山西中条山对日作战时不幸牺牲。《华州史话》记载了其英名。

董洋洲，陕西省渭南市华县人，生卒年不详。武士敏第九十八军王明钦四十二师薛如兰二五一团某部战士，在山西中条山对日作战时不幸牺牲。《华州史话》记载了他的英名。

弥七女，陕西省渭南市华县人，生卒年不详。孙蔚如第四集团军

①《华州史话》载，曹生桂是“十七师一〇二三团”士兵，牺牲于“山西中条山”。此说有误，据有关史料记载，十七师没有一〇二三团的编制。

②《华州史话》载，陈稳山在“一七七师一〇五团”抗日牺牲，此说有误，一七七师从未有过一〇五团的编制。

李兴中九十六军陈硕儒一七七师宋克敬工兵营上士，在山西中条山对日作战时不幸牺牲。《华州史话》记载了他的英名。

董戌娃，陕西省渭南市华县人，生卒年不详。孙蔚如第四集团军李兴中九十六军陈硕儒一七七师宋克敬工兵营战士，在山西中条山对日作战时不幸牺牲。《华州史话》记载了他的英名。

李渭海，陕西省渭南市华县人，生卒年不详。孙蔚如第四集团军李兴中九十六军陈硕儒一七七师宋克敬工兵营八连①上士，在山西中条山对日作战时不幸牺牲。《华州史话》记载了他的英名。

张来运，陕西省渭南市华县人，生卒年不详。孙蔚如第四集团军李兴中九十六军陈硕儒一七七师通讯排②战士，在山西中条山抗日时不幸牺牲。《华州史话》记载了他的英名。

李根江，陕西省渭南市华县人，生卒年不详。孙蔚如第四集团军李兴中九十六军陈硕儒一七七师一〇四团③某部上等兵，在山西中条山对日作战时不幸牺牲。《华州史话》记载了他的英名。

何春发，陕西省渭南市华县人，生卒年不详。孙蔚如第四集团军李兴中九十六军陈硕儒第一七七师谍报队战士，在山西中条山对日作战时不幸牺牲。《华州史话》记载了他的英名。

张狗娃　李新科　李升子

三英烈皆陕西省渭南市华县人，生卒年不详。均为孙蔚如第四集团军李兴中九十六军陈硕儒一七七师某部战士，在山西中条山对日作

①《华州史话》载，李渭海是“一七七师工兵八连”“上士”。此说与史实不符。每营最多只有4个连，怎么会有“八连”？

②《华州史话》载，张来运在“一七七师通讯排”参加抗日牺牲。此说不确，据有关史料记载，一七七师在中条山时，没有通讯排的编制。1937年和1942年曾有通讯连的编制。

③《华州史话》载，李根江是“一七七师一〇四团”“上等兵”，此说与史实不符。据有关史料记载，一七七师没有一〇四团的编制。

战时不幸牺牲。《华州史话》记载了他们的英名。

李志建，陕西省渭南市华县人，生卒年不详。孙蔚如第四集团军李兴中九十六军陈硕儒一七七师某部二等兵，在山西中条山对日作战时不幸牺牲。《华州史话》记载了其英名。

李安仓，陕西省渭南市华县人，生卒年不详。孙蔚如第四集团军李兴中九十六军陈硕儒一七七师某部下士，在山西中条山对日作战时不幸牺牲。《华州史话》记载了他的英名。

李相梨，陕西省渭南市华县人，生卒年不详。第三十八军教导团一等兵①，在山西中条山对日作战时不幸牺牲。《华州史话》记载了他的英名。

吴新顺，陕西省渭南市华县人，生卒年不详。第三十八军教导团下士②，在山西中条山对日作战时不幸牺牲。《华州史话》记载了他的英名。

余三保　李甲升

二英烈皆陕西省渭南市华县人，生卒年不详。均为第一七七师辎重营上士，在山西对日作战时不幸牺牲。《华州史话》记载了他俩的英名。

郝双林，陕西省渭南市华县人，生卒年不详。李兴中九十六军

---

①②《华州史话》载，李相梨在“三十八军教导团”抗日，于“山西中条山”牺牲。此说与史实相悖。1937年7月以前，教导团属于孙蔚如三十八军所部，没有到中条山抗战。7月以后，孙部升编为第三十一军团（11月升编为第四集团军），教导团随之改名为三十一军团或第四集团军教导团，才开赴中条山抗战。在中条山，就不叫三十八军教导团了。叫三十八军教导团，就没到中条山。7月后赵寿山任军长的三十八军，没有教导团的编制。

陈硕儒一七七师五〇一团[①]某部上等兵，在山西对日作战时不幸牺牲。《华州史话》记载了他的英名。

东忠心，陕西省渭南市华县人，生卒年不详。孙蔚如第四集团军李兴中九十六军陈硕儒一七七师孙洁生五二九旅五三三团[②]列兵，在山西对日作战时不幸牺牲。《华州史话》记载了他的英名。

王麦冬，陕西省渭南市华县人，生卒年不详。孙蔚如第四集团军李兴中九十六军陈硕儒一七七师一三七团[③]某部战士，在山西对日作战时不幸牺牲。《华州史话》记载了他的英名。

刘发元，陕西省渭南市华县人，生卒年不详。孙蔚如第四集团军李兴中九十六军陈硕儒一七七师杨复震五三〇旅杨异青一〇五九团某部战士，在山西对日作战时不幸牺牲。《华州史话》记载了他的英名。

刘从福，陕西省渭南市华县人，生卒年不详。孙蔚如第四集团军李兴中九十六军陈硕儒一七七师一〇五九团某部排长，在山西对日作战时不幸牺牲。《华州史话》记载了他的英名。

蔺亚隆，陕西省渭南市华县人，生卒年不详。孙蔚如第四集团军李兴中九十六军陈硕儒一七七师孙洁生五二九旅一〇五七团某部上尉，在山西对日作战时不幸牺牲。《华州史话》记载了他的英名。

郭六女，陕西省渭南市华县人，生卒年不详。孙蔚如第四集团军军部供职，在河南对日作战时不幸牺牲。《华州史话》记载了他的英名。

---

①《华州史话》载，郝双林在“一七七师五〇一团”抗日。此说与史实不符。一七七师从未有过五〇一团的编制。

②《华州史话》载，东忠心是“一七七师五三三团”“列兵”，但据史料记载，一七七师从未有过五三三团的编制。

③《华州史话》载，王麦冬是“一七七师一三七团”战士，牺牲于“山西”。此说有误，据有关史料记载，一七七师从未有过一三七团的编制。

刘景华，陕西省渭南市华县人，生卒年不详。孙蔚如第四集团军赵寿山三十八军孔从洲独立四十六旅[①]医务所战士，在河南张茅镇对日作战时不幸牺牲。《华州史话》记载了他的英名。

牛自顺，陕西省渭南市华县人，生卒年不详。李兴中第九十六军李振西一七七师李润轩五三〇团某部下士，在河南郑州对日作战时不幸牺牲。《华州史话》记载了他的英名。

解五女　孙丁时

二英烈皆陕西省渭南市华县人，生卒年不详。均为孙蔚如第四集团军李兴中九十六军李振西一七七师李润轩五三〇团某部战士，在河南郑州对日作战时不幸牺牲。《华州史话》记载了他的英名。

党开柱，陕西省渭南市华县人，生卒年不详。孙蔚如第四集团军李兴中九十六军李振西一七七师李润轩五三〇团某部一等兵，在河南郑州对日作战时不幸牺牲。《华州史话》记载了他的英名。

崔天财（？—1941），陕西省渭南市华县人。孙蔚如第四集团军李兴中第九十六军李振西一七七师张玉亭五二九团上等兵，在河南光武对日作战时不幸牺牲。《华州史话》记载了他的英名。

吕建有（？—1941），陕西省渭南市华县人。孙蔚如第四集团军李兴中九十六军陈硕儒一七七师孙洁生五二九旅一〇五七团一等兵，在河南光武对日作战时不幸牺牲。《华州史话》记载了他的英名。

蒋　维（？—1941），东北人，抗大毕业。

武　俊（？—1941），籍贯不详。

二英烈皆为中共党员，孙蔚如第四集团军赵寿山三十八军耿子介

①《华州史话》载，刘景华在“四六旅”参加抗日，不知此“四六旅”是否是独立第四十六旅。根据牺牲地，笔者猜想应是独立第四十六旅。

十七师一〇二团某部连长，1941年在河南巩县一带扼守黄河河防时，奉团长刘威诚命令，带领其连多次北渡黄河，到温孟一带打游击，伏击日伪军，缴获颇多。在一次激战中，不幸中敌弹以身殉职。刘威诚在《抗战期间我在三十八军的活动情况》一文中，对他们的殉国深深怀念。

李兴顺，陕西省渭南市华县人，生卒年不详。李兴中九十六军陈硕儒一七七师张玉亭一〇五七团某部上士，在河南洛阳对日作战时不幸牺牲。《华州史话》记载了他的英名。

孔双刚，陕西省渭南市华县人，生卒年不详。李兴中九十六军陈硕儒一七七师五〇三团[①]某部上等兵，在河南巩县对日作战时不幸牺牲。《华州史话》记载了他的英名。

刘堂娃，陕西省渭南市华县人，生卒年不详。李兴中九十六军陈硕儒一七七师五〇一团[②]某部上等兵，在河南巩县对日作战时不幸牺牲。《华州史话》记载了他的英名。

李三书，陕西省渭南市华县人，生卒年不详。李兴中九十六军陈硕儒一七七师五〇一团[③]某部下士，在河南孟津对日作战时不幸牺牲。《华州史话》记载了他的英名。

张振华，陕西省渭南市华县人，生卒年不详。孙蔚如第四集团军李兴中九十六军陈硕儒一七七师孙洁生五二九旅一〇五七团战士，在河南孟津对日作战时不幸牺牲。《华州史话》记载了他的英名。

---

①《华州史话》载，孙双刚在一七七师五〇三团抗日，但一七七师从未有过五〇三团的番号。不知其根据为何?

②《华州史话》载，刘堂娃在“一七七师五〇一团”抗日。此说与史实不符。一七七师从未有过五〇一团的编制。

③《华州史话》载，李三书在“一七七师五〇一团”抗日。此说与史实不符。一七七师从未有过五〇一团的编制。

刘生彦，陕西省渭南市华县人，生卒年不详。孙蔚如第四集团军李兴中九十六军陈硕儒一七七师孙洁生五二九旅一〇五七团某部战士，在河南孟津对日作战时不幸牺牲。《华州史话》记载了他的英名。

东振华，陕西省渭南市华县人，生卒年不详。孙蔚如第四集团军李兴中九十六军陈硕儒一七七师某部战士，在河南孟津对日作战时不幸牺牲。《华州史话》记载了其英名。

刘守基，陕西省渭南市华县人，生卒年不详。孙蔚如第四集团军李兴中九十六军陈硕儒一七七师孙洁生五二九旅张玉亭一〇五七团准尉，在河南登丰对日作战时不幸牺牲。《华州史话》记载了他的英名。

韩梆娃，陕西省渭南市华县人，生卒年不详。第一七七师二团[①]列兵，在河南渑池对日作战时不幸牺牲。《华州史话》记载了他的英名。

李申生，陕西省渭南市华县人，生卒年不详。孙蔚如第四集团军李兴中九十六军陈硕儒一七七师三团[②]某部战士，在河南渑池对日作战时不幸牺牲。《华州史话》记载了他的英名。

王有年，陕西省渭南市华县人，生卒年不详。李兴中九十六军陈硕儒一七七师苏济吾补充团某部上士，在河南陕州对日作战时不幸牺牲。《华州史话》记载了他的英名。

支光林，陕西省渭南市华县人，生卒年不详。李兴中九十六军陈硕儒一七七师张玉亭一〇五七团某部战士，在河南陕州对日作战时不幸牺牲。《华州史话》记载了他的英名。

王中娃（？—1941），陕西省渭南市华县人，生年不详。胡宗南

---

①《华州史话》载，韩梆娃是“一七七师二团”“列兵”，此说与史实不符，一七七师没有二团的编制。

②《华州史话》载，李申生在“一七七师三团”抗日牺牲，但一七七师没有三团的编制，可能是一〇五九团。

第三十四集团军孔令恂八十军王俊新编二十七师王宪斌七九团某部中士。1941 年夏在河南陕州对日作战时不幸牺牲。《华州史话》记载了他的英名。

刘金牛，陕西省渭南市华县人，生卒年不详。孙蔚如第四集团军李兴中九十六军陈硕儒一七七师孙洁生五二九旅一〇五七团某部列兵，在河南会兴镇对日作战时不幸牺牲。《华州史话》记载了他的英名。

李玉成，陕西省渭南市华县人，生卒年不详。孙蔚如第四集团军李兴中九十六军苏济吾补充团战士，在河南渑池对日作战时不幸牺牲。《华州史话》记载了他的英名。

杨化民（？—1943），生年与籍贯不详。孙蔚如第四集团军赵寿山三十八军参谋处谍报队队员。1943 年住在河南省修武县的河北省皇协军总司令佐藤（中国名字叫左剑龙），加紧了对国民党的劝降、诱降活动。日寇对国民党的诱降活动十分频繁，手段也很狡猾，经常派遣汉奸、特务偷渡黄河，送密信、发密电，侦察我三十八军情况。为了挫败日寇的诱降阴谋，打击特务活动，杨化民奉三十八军参谋处情报科科长梁布鲁的命令，以卖纸烟作掩护，与形迹可疑的人拉关系，交朋友，收集情报，进行针锋相对的斗争。在河防线上，先后查获日伪诱降电报、公文 10 余份。有一次，化民与三个农民打扮、偷渡黄河的人拉上了关系，同他们一起吃、住、抽大烟，乘他们夜间睡熟时，从他们身上搜出一份五个字一组的绝密电报。梁布鲁当即将电报送给工委范明。范明叫来译电员，没有译出，遂将原电文发到延安党中央。梁布鲁把这三个特务关押起来，审讯多时，死不招供。在此期间，敌人凶狠地进行报复，暗杀了杨化民同志。①

① 梁布鲁：《三十八军谍报队截获日军诱降文电的经过》，吴长翼等编：《丹心素裹》（2），中国文史出版社 1989 年 4 月版，第 436 页。

侯建明，陕西省渭南市华县人，生卒年不详。孙蔚如第四集团军李兴中九十六军陈硕儒一七七师一〇五团[①]某部上等兵，在河南对日作战时不幸牺牲。《华州史话》记载了他的英名。

支继华（1915—1945），陕西省今渭南市华县支家村人。孙蔚如第四集团军李兴中九十六军李振西第一七七师某部士兵，在河南对日作战时不幸牺牲。阎涛主编的《华县志》和吴新亚总编的《华州史话》记载了他的英名。

赵松岁，陕西省渭南市华县人，生卒年不详。第一七七师特务营[②]上等兵，在对日作战时不幸牺牲。《华州史话》记载了他的英名。

王福生，陕西省渭南市华县人，生卒年不详。孙蔚如第四集团军李兴中九十六军陈硕儒一七七师某部战士，在对日作战时不幸牺牲。《华州史话》记载了他的英名。

王改明，陕西省渭南市华县人，生卒年不详。三十八军二二团列兵，在湖北荆门对日作战时不幸牺牲。[③]《华州史话》记载了他的英名。

张秉仓，陕西省渭南市华县人，生卒年不详。第十七师辎重营列兵，在江西上高[④]对日作战时不幸牺牲。《华州史话》记载了他的英名。

吉永生，陕西省渭南市华县人，生卒年不详。第一六九师第三团

---

①《华州史话》载，侯建明在“一七七师一〇五团”抗日牺牲。此说有误，一七七师从未有过一〇五团的编制。

②《华州史话》载，赵松岁为“一七七师特务营”“上等兵”。此说与史实不符，不管是1937年7月以前李兴中任师长的一七七师，还是7月以后陈硕儒任师长的一七七师，都没有过特务营的编制，师只有特务连的编制。

③《华州史话》载，王改明为“三十八军二二团列兵”，并牺牲在“湖北荆门”。此两说与史实不符，三十八军，从未有二二团的编制，也从未到湖北荆门抗日。

④《华州史话》载，张秉仓是“十七师辎重营列兵”，在“江西上高”抗日牺牲。此说恐有误。抗战中。十七师没有去过江西。

班长，在浙江[1]对日作战时不幸阵亡。《华州史话》记载了他的英名。

郭女子，陕西省渭南市华县人，生卒年不详。武士敏九十八军郭景堂一六九师任职，在河南光山[2]对日作战时不幸牺牲。《华州史话》记载了他的英名。

郭根忙，陕西省渭南市华县人，生卒年不详。孙蔚如第四集团军李兴中九十六军陈硕儒一七七师三团（张镜白为五三一团）某部上等兵，在湖北[3]对日作战时不幸牺牲。《华州史话》记载了他的英名。

李进喜，陕西省渭南市华县人，生卒年不详。孙蔚如第四集团军李兴中九十六军陈硕儒第一七七师第一〇五九团某部战士，在对日作战时不幸牺牲。《华州史话》记载了他的英名。

王俊英，陕西省今渭南市华县人，生卒年不详。孙蔚如第四集团军赵寿山三十八军耿志介十七师某部战士，在对日作战时不幸牺牲。《华州史话》记载了他的英名。

梁炎娃，陕西省渭南市华县人，生卒年不详。武士敏九十八军郭景堂一六九师某部战士，在对日作战时不幸牺牲。《华州史话》记载了他的英名。

郭兆富，陕西省渭南市华县人，生卒年不详。孙蔚如第四集团军李兴中九十六军陈硕儒第一七七师某部战士，在对日作战时不幸牺牲。《华州史话》记载了他的英名。

王民忠（1917—1940），陕西省今渭南市华县下庙乡王巷人。孙

①《华州史话》载，吉永生是“一六九师三团”“班长”，在浙江牺牲。此说恐有误。抗战期间，一六九师一直在河北、山西抗日，从未去过浙江。

②《华州史话》载，郭女子是在“一六九师”抗日，又说于“河南光山”牺牲。似与史实不符。一六九师未去光山抗日。

③《华州史话》载，郭根忙是“一七七师三团”“上等兵”，在“湖北”牺牲。此说有误，一七七师从未有三团编制，也未去湖北抗日。

蔚如第四集团军李兴中九十六军陈硕儒第一七七师某部士兵，在对日作战时不幸牺牲。阎涛主编的《华县志》和吴新亚总编的《华州史话》记载了他的英名。

张 锷，陕西省蒲城县人，生卒年与阵亡地不详。第十七师中校，在对日作战时不幸牺牲。1946 年 7 月国民政府令颁其英名入祀忠烈祠。1947 年李约祉主编的《蒲城县志稿》记载了其英名。

孙亮斋，陕西省蒲城县人，生卒年与阵亡地不详。第十七师上尉，在对日作战时不幸牺牲。1946 年 7 月国民政府令颁其英名入祀忠烈祠。1947 年李约祉主编的《蒲城县志稿》记载了其英名。

傅天锡（？—？），陕西省蒲城县人，生卒年与阵亡地不详。第十七师中尉，在对日作战时不幸牺牲。1946 年 7 月国民政府令颁其英名入祀忠烈祠。1947 年李约祉主编的《蒲城县志稿》记载了其英名。

王义虎 郭子俊 王鸿才 王镇东 曹发祥 许瑞璋

六英烈皆陕西省蒲城县人，生卒年与阵亡地不详。均为第十七师士兵，在对日作战时不幸牺牲。1946 年 7 月国民政府令颁其英名入祀忠烈祠。1947 年李约祉主编的《蒲城县志稿》记载了其英名。

潘德良（？—？），陕西省蒲城县人，生卒年与阵亡地不详。抗日战争时，任第一七七师上尉，在对日作战时不幸牺牲。1946 年 7 月国民政府令颁其英名入祀忠烈祠。1947 年李约祉主编的《蒲城县志稿》记载了其英名。

权子厚（1909—？），陕西省蒲城县兴镇人。卒年与阵亡地不详。参加杨虎城将军部队后，被分配在安康司令部三团团部。1933 年于西安绥靖公署步兵训练班军官队第三期毕业。抗日战争

时，任一七七师上尉，1940 年 4 月 2 日在山西中条山对日作战时不幸牺牲。1946 年 7 月国民政府令颁其英名入祀忠烈祠。1947 年李约祉主编的《蒲城县志稿》记载了其英名。经家属申请，党和国家功勋荣誉表彰工作委员会办公室于 2019 年 9 月 30 日为其遗属颁发了《烈士光荣证》。

马　骉　王正春　张周禧　杨金联　王锡屏

五英烈皆陕西省蒲城县人，生卒年与阵亡地不详。均为第一七七师中尉，在对日作战时不幸牺牲。1946 年 7 月国民政府令颁其英名入祀忠烈祠。1947 年李约祉主编的《蒲城县志稿》记载了其英名。

丁子健，陕西省蒲城县人，生卒年与阵亡地不详。第一七七师准尉，在对日作战时不幸牺牲。1946 年 7 月国民政府令颁其英名入祀忠烈祠。1947 年李约祉主编的《蒲城县志稿》记载了其英名。

赵东举　武均启　殷长顺　万水平　张义成　武清高　权有成
杜纯厚　王立山　田高吉　王学智　殷金昌　连水起　米子清
袁德仁　牛书田　杨守义　房自荣　耿文治

十九英烈皆陕西省蒲城县人，生卒年与阵亡地不详。均为第一七七师士兵，在对日作战时不幸牺牲。1946 年 7 月国民政府令颁其英名入祀忠烈祠。1947 年李约祉主编的《蒲城县志稿》记载了其英名。

王毓武，陕西省蒲城县人，生卒年与阵亡地不详。孔从洲独立四十六旅上尉，在对日作战时不幸牺牲。1946 年 7 月国民政府令颁其英名入祀忠烈祠。1947 年李约祉主编的《蒲城县志稿》记载了其英名。

李振北，陕西省蒲城县人，生卒年与阵亡地不详。孔从洲独立四十六旅少尉，在对日作战时不幸牺牲。1946 年 7 月国民政府令颁其英名入祀忠烈祠。1947 年李约祉主编的《蒲城县志稿》记载了其英名。

何玉明　渊继忠　王宽之　胡林泰　党鸿年　张云标　孙兆瑞

王得禄　贺学善　常州顺　米志诚

十一英烈皆陕西省蒲城县人，生卒年与阵亡地不详。均为孔从洲独立四十六旅士兵，在对日作战时不幸牺牲。1946 年 7 月国民政府令颁其英名入祀忠烈祠。1947 年李约祉主编的《蒲城县志稿》记载了其英名。

刘景寿，陕西省蒲城县人，生卒年与阵亡地不详。王振华独立四十七旅上尉，在对日作战时不幸牺牲。1946 年 7 月国民政府令颁其英名入祀忠烈祠。1947 年李约祉主编的《蒲城县志稿》记载了其英名。

王万福，陕西省蒲城县人，生卒年与阵亡地不详。王振华独立四十七旅少尉，在对日作战时不幸牺牲。1946 年 7 月国民政府令颁其英名入祀忠烈祠。1947 年李约祉主编的《蒲城县志稿》记载了其英名。

王得才　刘克禄　李生发

三英烈皆陕西省蒲城县人，生卒年与阵亡地不详。王振华独立四十七旅士兵，在对日作战时不幸牺牲。1946 年 7 月国民政府令颁其英名入祀忠烈祠。1947 年李约祉主编的《蒲城县志稿》记载了其英名。

李文学，陕西省蒲城县人，生卒年与阵亡地不详。孔从洲新编三十五师某部中尉，在对日作战时不幸牺牲。1946 年 7 月国民政府令颁其英名入祀忠烈祠。1947 年李约祉主编的《蒲城县志稿》记载了其英名。

张殿信　钟天理　杨起云　王福宽　王金尧　索耀德　何喜顺
黄生花　张万经　张永瑞　王新尧　王锡刚　骞庚戌　王志铣
常万荣　杜福荣

以上 16 位英烈皆陕西省蒲城县人，生卒年与阵亡地不详。孔从洲新编三十五师某部士兵，在对日作战时不幸牺牲。1946 年 7 月国民政府令颁其英名入祀忠烈祠。1947 年李约祉主编的《蒲城县志稿》记载了其英名。

王恒俊，陕西省蒲城县人，生卒年与阵亡地不详。第九十八军一六九师某部中尉，在对日作战时不幸牺牲。1946 年 7 月国民政府令颁其英名入祀忠烈祠。1947 年李约祉主编的《蒲城县志稿》记载了其英名。

陈得功，陕西省蒲城县人，生卒年与阵亡地不详。第九十八军一六九师某部士兵，在对日作战时不幸牺牲。1946 年 7 月国民政府令颁其英名入祀忠烈祠。1947 年李约祉主编的《蒲城县志稿》记载了其英名。

赵天兴（？—1942），生年与籍贯不详。王劲哉一二八师李钰亭七六七团史耀先三营第七连连长。1942 年 5 月在湖北今洪湖市陶家坝与日寇武汉警备司令何野部血战时不幸牺牲。其团长李钰亭于《战斗在敌后战场》一文中对其殉职深表怀念。

赵永武（？—1944），生年与籍贯不详。1944 年春任孙蔚如第四集团军李兴中九十六军李振西一七七师李润轩五三〇团路云亭三营林树梓七连排长。是年日寇为挽救覆灭命运，于 4 月 18 日发动河南战役，攻占郑州后，一部西犯，集中主力欲攻占洛阳。路云亭奉命带领其营据守去洛阳的要道咽喉荥阳西南的虎牢关。路营长督率全营官兵死守关隘，打退了日军多次猛攻。22 日入暮，敌又增援进攻，赵永武排长遵令带领步兵 4 个班，重机枪 1 班，出敌不意由红沟东岸进行反击，将敌压迫在大庙沟附近，击毙甚多。敌继续增援猛攻，赵排长身先士卒，带头冲杀 4 次，不幸重伤壮烈牺牲。姚杰在《抗日战争中的第十七路军》书中记载了其英雄事迹。

张鸿烈（？—1944），生年与籍贯不详。1944 年春任孙蔚如第四集团军三十八军孔从周新三十五师程舟靖一〇五团二营六连连长。是年日寇于 4 月 18 日发动河南战役，攻占郑州后，一部西犯，在虎牢关与我守军发生激战，我军打退了日军多次猛攻。5 月 2 日上午 8 时许，日军五六百，在强大炮火掩护下，向右翼孔从周新三十五师阵地猛攻。我 1064.1 高地等主阵地先后失陷。13 时，一〇三团一营营长刘宪承督率全营，经过血战，夺回了 1064.1 高地。17 时许，敌增至千余，向我 1064.1 高地猛攻。一〇五团二营伤亡重大，高地又陷敌手。20 时，敌又向我猛攻，一〇五团二营六连奋力反击，激战彻夜，连长张鸿烈不幸中弹壮烈牺牲。姚杰在《抗日战争中的第十七路军》书中记载了其英雄事迹。

余得水（？——1945），生年与籍贯不详。1945 年春任孙蔚如第四集团军李兴中九十六军陈子坚新十四师殷义盛四十团某部排长。是年 5 月日军发动豫西战役，新十四师在豫西官道口与日军展开血战。在向大石山之敌反攻时，四十团伤亡较大，余得水排长不幸阵亡。陈子坚和殷义盛在所写《官道口阻击战》中对其牺牲作了深切怀念。

附录一：番号不明、阵亡地确切的英烈

皮国义（1908—1937），陕西省凤县人。某部一等兵。在河北省保定阜河与日寇作战时，不幸阵亡。时年 30 岁。其牺牲查明详报后，国民政府特准晋一级从优抚恤。陕西省档案馆藏档案记载了他的英名。

刘新有（1912—1937），陕西省凤县人。某部中士。在河北省保定阜河与日寇作战时，不幸阵亡。时年 26 岁。其牺牲查明详报后，国民政府特准晋一级从优抚恤。一次恤金 150 元，年抚金 80 元。陕西省档案馆藏档案记载了他的英名。

王忠孝（1908—1931），陕西省凤县人。某部一等兵。在河北省井

陉雪花山与日寇作战时，不幸阵亡。时年30岁。其牺牲查明详报后，国民政府特准晋一级从优抚恤。一次恤金100元，年抚金50元。陕西省档案馆藏档案记载了他的英名。

邓车金（1900—1937），陕西省凤县人。某部一等兵。在河北省井陉雪花山与日寇作战时，不幸阵亡。时年38岁。其牺牲查明详报后，国民政府特准晋一级从优抚恤。一次恤金100元，年抚金50元。陕西省档案馆藏档案记载了他的英名。

孙志成（1913—1937），陕西省凤县人。某部一等兵。在河北省保定漕河与日寇作战时，不幸阵亡。时年25岁。其牺牲查明详报后，国民政府特准晋一级从优抚恤。一次恤金100元，年抚金50元。陕西省档案馆藏档案记载了他的英名。

高永成（1907—1937），陕西省凤县人。某部上等兵。在河北省保定阜河与日寇作战时，不幸阵亡。时年31岁。其牺牲查明详报后，国民政府特准晋一级从优抚恤。一次恤金120元，年抚金60元。陕西省档案馆藏档案记载了他的英名。

辛志明（1914—1937），陕西省凤县人。某部二等兵。在河北省保定阜河与日寇作战时，不幸阵亡。时年24岁。其牺牲查明详报后，国民政府特准晋一级从优抚恤。一次恤金100元，年抚金50元。陕西省档案馆藏档案记载了他的英名。

熊克有（1921—1937），陕西省凤县人。某部一等兵。在河北省保定漕河与日寇作战时，不幸阵亡。时年17岁。其牺牲查明详报后，国民政府特准晋一级从优抚恤。一次恤金100元，年抚金50元。陕西省档案馆藏档案记载了他的英名。

王德善（1920—1937），陕西省凤县人。某部一等兵。在河北省井陉乏驴岭与日寇作战时，不幸阵亡。时年18岁。其牺牲查明详报后，国民政府特准晋一级从优抚恤。一次恤金 100 元，年抚金 50 元。陕西省档案馆藏档案记载了他的英名。

张德发（1920—1937），陕西省凤县人。某部一等兵。在河北省井陉乏驴岭与日寇作战时，不幸阵亡。时年 18 岁。其牺牲查明详报后，国民政府特准晋一级从优抚恤。一次恤金 100 元，年抚金 50 元。陕西省档案馆藏档案记载了他的英名。

王林学（1916—1937），陕西省凤县人。某部一等兵。在河北省井陉雪花山与日寇作战时，不幸阵亡。时年 22 岁。其牺牲查明详报后，国民政府特准晋一级从优抚恤。一次恤金 100 元，年抚金 50 元。陕西省档案馆藏档案记载了他的英名。

陈宗德（1915—1937），陕西省礼泉县人。某部下士班长。在河北省乏驴岭与日寇血战时，不幸头部中敌弹阵亡。时年 23 岁。其牺牲查明详报后，国民政府特准晋一级从优抚恤。陕西省档案馆藏档案记载了他的英名。

蔺定邦（？—？），陕西省礼泉县人。生卒年不详。某部连附。在山西省永济风陵渡与日寇血战时，不幸阵亡。时年 28 岁。其牺牲查明详报后，国民政府特准晋一级从优抚恤。陕西省档案馆藏档案记载了他的英名。

李清泉（？—？），陕西省礼泉县人。生卒年不详。某部中士。在山西省永济县桃坡里袭击日寇时，不幸阵亡。时年 26 岁。其牺牲查明详报后，国民政府特准晋一级从优抚恤。陕西省档案馆藏档案记载了他的英名。

张志忠（？—？），陕西省礼泉县人。生卒年不详。某部中士班长。在山西省永济与日寇血战时，不幸中敌弹阵亡。时年 26 岁。其牺牲查明详报后，国民政府特准晋一级从优抚恤。陕西省档案馆藏档案记载了他的英名。

冯英才（？—？），陕西省略阳县城东关人。生卒年不详。某部中尉连附。在山西省永济县与日寇作战时，不幸阵亡。时年32岁。其牺牲查明详报后，国民政府特准晋一级从优抚恤。陕西省档案馆藏档案记载了他的英名。

刘占彪（？—？），陕西省礼泉县人。生卒年不详。某部列兵。在山西省平陆县黄龙岭与日寇血战时，不幸胸部中敌弹阵亡。时年25岁。其牺牲查明详报后，国民政府特准晋一级从优抚恤。陕西省档案馆藏档案记载了他的英名。

解振安（？—？），陕西省礼泉县人。生卒年不详。某部列兵。在山西省平陆县太阳渡与日寇作战，因守死地，不幸敌弹击中腰部阵亡。时年28岁。其牺牲查明详报后，国民政府特准晋一级从优抚恤。陕西省档案馆藏档案记载了他的英名。

刘彦峰（？—？），陕西省礼泉县人。生卒年不详。某部特务长。在山西省平陆县禹庙村与倭奴作战时坚守阵地，不幸敌弹击中头部阵亡。时年28岁。其牺牲查明详报后，国民政府特准晋一级从优抚恤。陕西省档案馆藏档案记载了他的英名。

韩耀武（？—？），陕西省礼泉县人。生卒年不详。某部连附。在山西省平陆县沙口村与日寇血战时，不幸敌弹击中胸部阵亡。时年32岁。其牺牲查明详报后，国民政府特准晋一级从优抚恤。陕西省档案馆藏档案记载了他的英名。

裴长云（？—？），陕西省礼泉县人。生卒年不详。某部列兵。在山西平陆县沙口村北垣与日寇作战中，不幸阵亡。时年23岁。其牺牲查明详报后，国民政府特准晋一级从优抚恤。陕西省档案馆藏档案记载了他的英名。

陈玉生（？—？），陕西省略阳县城南街人。生卒年不详。某部一等列兵。在山西平陆县马庙村与日寇作战时，不幸阵亡。时年 24 岁。其牺牲查明详报后，国民政府特准晋一级从优抚恤。陕西省档案馆藏档案记载了他的英名。

王芝川（1916—1940），陕西省白水县人。某部一等列兵。1940 年 4 月 1 日在山西省平陆县居士庄与日寇作战时，不幸阵亡。时年 25 岁。其牺牲查明详报后，国民政府特准晋一级从优抚恤。陕西省档案馆藏档案与张宝智主编的《白水县志》皆记载了他的英名。

任栓柱（1918—1939），陕西省白水县人。某部列兵。1939 年 6 月 6 日在山西平陆县风口与日寇作战时，不幸阵亡。时年 22 岁。其牺牲查明详报后，国民政府特准晋一级从优抚恤。陕西省档案馆藏档案与张宝智主编的《白水县志》皆记载了他的英名。

杜成荣（1918—1939），陕西省白水县人。某部一等兵。1939 年 6 月 6 日在山西省平陆县黄龙岭与日寇作战时，不幸阵亡。时年 22 岁。其牺牲查明详报后，国民政府特准晋一级从优抚恤。陕西省档案馆藏档案记载了他的英名。

郑廷辉（？—？），陕西省礼泉县人。生卒年不详。某部二等兵。在山西省平陆县与日寇激战时，不幸阵亡。时年 19 岁。其牺牲查明详报后，国民政府特准晋一级从优抚恤。陕西省档案馆藏档案记载了他的英名。

张文友（？—？），陕西省礼泉县人。生卒年不详。某部列兵。在山西省平陆县杜村与日寇血战时，不幸阵亡。时年 27 岁。其牺牲查明详报后，国民政府特准晋一级从优抚恤。陕西省档案馆藏档案记载了他的英名。

李存才（？—？），陕西省礼泉县人。生卒年不详。某部一等兵。

在山西省平陆县马村与日寇血战时，不幸阵亡。时年 26 岁。其牺牲查明详报后，国民政府特准晋一级从优抚恤。陕西省档案馆藏档案记载了他的英名。

张怀德（？—？），陕西省礼泉县人。生卒年不详。某部中尉连附。在山西省平陆县东祁村与日寇进行血战。当时十冬腊月，冰天雪地，张连附冒雪杀敌，带头冲锋，不幸中敌弹阵亡。时年 29 岁。其牺牲查明详报后，国民政府特准晋一级从优抚恤。陕西省档案馆藏档案记载了他的英名。

石西峰（1921—1940），陕西省白水县人。某部一等列兵。1940 年 4 月 22 日在山西省平陆县过村与日寇作战时，不幸阵亡。时年 20 岁。其牺牲查明详报后，国民政府特准晋一级从优抚恤。陕西省档案馆藏档案与张宝智主编的《白水县志》记载了他的英名。

权德成（1922—1940），陕西省白水县人。某部二等列兵。1940 年 4 月 18 日在山西省平陆县古王村与日寇作战时，不幸阵亡。时年 19 岁。其牺牲查明详报后，国民政府特准晋一级从优抚恤。陕西省档案馆藏档案与张宝智主编的《白水县志》记载了他的英名。

张纪才（？—1939），陕西省白水县张家河人。生年不详。某部列兵。1939 年在山西省平陆县与日寇作战时，不幸阵亡。其牺牲查明详报后，国民政府特准晋一级从优抚恤。张宝智主编的《白水县志》记载了他的英名。

史福堂（？—？），陕西省长武县人。生卒年不详。某部下士军士。在山西省平陆县与日寇作战时，杀敌心切，带头冲锋，不幸阵亡。时年 35 岁。其牺牲查明上报后，国民政府特准晋一级从优抚恤。陕西省档案馆藏档案记载了他的英名。

黄天命（？—？），陕西省长武县人。生卒年不详。某部一等兵。

在山西省平陆县与日寇作战时，杀敌心切，带头冲锋，不幸阵亡。时年 30 岁。其牺牲查明上报后，国民政府军事委员会特准晋一级从优抚恤。陕西省档案馆藏档案记载了他的英名。

高纪英（？—？），陕西省长武县人。生卒年不详。某部上等兵。在山西省平陆县与日寇作战时，杀敌心切，带头冲锋，不幸阵亡。时年 28 岁。其牺牲查明上报后，国民政府军事委员会特准晋一级从优抚恤。陕西省档案馆藏档案记载了他的英名。

尚振武（？—？），陕西省长武县人。生卒年不详。某部一等兵。在山西省平陆县与日寇作战时，不幸阵亡。时年 33 岁。其牺牲查明上报后，国民政府特准晋一级从优抚恤。陕西省档案馆藏档案记载了他的英名。

樊兴汉（？—？），陕西省长武县人。生卒年不详。某部上等兵。在山西省平陆县与日寇作战时，不幸阵亡。时年 28 岁。其牺牲查明上报后，国民政府特准晋一级从优抚恤。陕西省档案馆藏档案记载了他的英名。

刘喜荣（？—？），陕西省长武县人。生卒年不详。某部上等兵。在山西省平陆县与日寇作战时，不幸阵亡。时年 33 岁。其牺牲查明上报后，国民政府特准晋一级从优抚恤。陕西省档案馆藏档案记载了他的英名。

万有昌（？—？），陕西省长武县人。生卒年不详。某部一等兵。在山西省平陆县与日寇作战时，不幸阵亡。时年 33 岁。其牺牲查明上报后，国民政府特准晋一级从优抚恤。陕西省档案馆藏档案记载了他的英名。

君治礼（？—？），陕西省长武县人。生卒年不详。某部二等兵。在山西省平陆县与日寇作战时，奋勇杀敌，不幸身中数弹阵亡。时年

23 岁。其牺牲查明上报后，国民政府军事委员会特准晋一级从优抚恤。陕西省档案馆藏档案记载了他的英名。

梁楼之（？—？），陕西省长武县人。生卒年不详。某部一等兵。在山西省平陆县与日寇作战时，忠勇侠义，临阵不退，勇猛冲杀，不幸阵亡。时年 33 岁。其牺牲查明上报后，国民政府特准晋一级从优抚恤。陕西省档案馆藏档案记载了他的英名。

苏志正（？—？），陕西省澄城县人。生卒年不详。某部一等军需佐。在山西省平陆县南沟与日寇作战时不幸阵亡。时年 31 岁。其牺牲查明上报后，特准晋一级从优抚恤。一次恤金 800 元，年抚金 360 元。陕西省档案馆藏档案记载了他的英名。

程顺德（？—？），陕西省澄城县人。生卒年不详。某部上等兵。在山西省平陆县与日寇作战时不幸阵亡。时年 26 岁。其牺牲查明上报后，特准晋一级从优抚恤。一次恤金 100 元，年抚金 50 元。陕西省档案馆藏档案记载了他的英名。

雷福祥（？—？），陕西澄城县人。生卒年不详。某部上等担架兵。在山西省平陆县太寨与日寇作战时不幸阵亡。时年 22 岁[①]。其牺牲查明上报后，特准晋一级从优抚恤。一次恤金 120 元，年抚金 60 元。陕西省档案馆藏档案记载了他的英名。

万进福（？—？），陕西省柞水县人。生卒年不详。某部列兵。在山西省平陆县南沟与日寇作战时不幸阵亡。时年 34 岁。其牺牲查明上报后，国民政府特准晋一级从优抚恤。陕西省档案馆藏档案记载了他的英名。

毕友德（？—？），陕西省淳化县人。生卒年不详。某部中士。在

① 根据阵亡地，雷福祥当是王俊新编二十七师的担架兵。

山西省平陆县与日寇作战时不幸阵亡。时年23岁。其牺牲查明上报后，国民政府特准晋一级从优抚恤。陕西省档案馆藏档案记载了他的英名。

路玉山（？—？），陕西省淳化县人。生卒年不详。某部二等列兵。在山西省平陆县与日寇作战时不幸阵亡。时年19岁。其牺牲查明上报后，国民政府特准晋一级从优抚恤。陕西省档案馆藏档案记载了他的英名。

杨志华（？—？），陕西省淳化县人。生卒年不详。某部一等列兵。在山西省平陆县连家与日寇作战时不幸阵亡。时年26岁。其牺牲查明上报后，国民政府特准晋一级从优抚恤。陕西省档案馆藏档案记载了他的英名。

徐玉祥（1908—1939），陕西省平民县（今大荔县）人。某部上等兵。1939年6月8日在山西省平陆县张裕与日寇作战时不幸阵亡。时年32岁。其牺牲查明上报后，国民政府军事委员会特准晋一级从优抚恤。陕西省档案馆藏档案记载了他的英名。

陈玉奎（1907—1939），陕西省平民县（今大荔县）人。某部上等兵。1939年6月6日在山西省平陆县连家湾与日寇作战时不幸阵亡。时年33岁。其牺牲查明上报后，国民政府特准晋一级从优抚恤。陕西省档案馆藏档案记载了他的英名。

孙克功（1915—1940），陕西省平民县（今大荔县）人。某部一等兵。1940年3月在山西省平陸县与日寇作战时不幸阵亡。时年26岁。其牺牲查明上报后，国民政府特准晋一级从优抚恤。陕西省档案馆藏档案记载了他的英名。

雷生云（？—？），陕西省礼泉县人。生卒年不详。某部列兵。在山西晋城碗城村与倭奴作战，不幸阵亡。时年36岁。其牺牲查明详报后，国民政府特准晋一级从优抚恤。陕西省档案馆藏档案记载了他的英名。

李逢信（？—？），陕西省礼泉县人。生卒年不详。某部少尉连附。在山西省夏县白头村被日寇团团包围，与敌激战半月。不幸飞弹穿腰阵亡。时年36岁。其牺牲查明详报后，国民政府特准晋一级从优抚恤。陕西省档案馆藏档案记载了他的英名。

范振海（？—？），陕西省礼泉县人。生卒年不详。某部列兵。在山西省夏县白师村与日寇血战时，不幸中敌弹阵亡。时年21岁。其牺牲查明详报后，国民政府特准晋一级从优抚恤。陕西省档案馆藏档案记载了他的英名。

王俭业（？—？），陕西省礼泉县人。生卒年不详。某部列兵。在山西省阳城匠村与日寇血战时，不幸中敌飞机炸弹阵亡。时年28岁。其牺牲查明详报后，国民政府特准晋一级从优抚恤。陕西省档案馆藏档案记载了他的英名。

高维兴（？—？），陕西省礼泉县人。生卒年不详。某部列兵。在山西省夏县与日寇血战时，不幸胸部中敌弹阵亡。时年23岁。其牺牲查明详报后，国民政府特准晋一级从优抚恤。陕西省档案馆藏档案记载了他的英名。

赵俊才（？—？），陕西省礼泉县人。生卒年不详。某部少尉连长。在山西省沁县道德沟与日寇血战时，不幸阵亡。时年30岁。其牺牲查明详报后，国民政府特准晋一级从优抚恤。陕西省档案馆藏档案记载了他的英名。

侯瑞麟（？—？），陕西省礼泉县人。生卒年不详。某部上等兵。在山西省闻喜县赵家岭与日寇作战时，不幸中敌弹阵亡。时年24岁。其牺牲查明详报后，国民政府特准晋一级从优抚恤。陕西省档案馆藏档案记载了他的英名。

王得功（？—？），陕西省礼泉县人。生卒年不详。某部上等兵。在山西省蒲县化乐镇与日寇巷战时，不幸腹部中敌弹阵亡。时年20岁。其牺牲查明详报后，国民政府特准晋一级从优抚恤。陕西省档案馆藏档案记载了他的英名。

徐万才（1917—1941），陕西省洵阳县人。某部上等兵。在河南省广武上沟王与日寇作战时，不幸阵亡。时年25岁。其牺牲查明详报后，国民政府特准晋一级从优抚恤。一次恤金120元，年抚金60元。陕西省档案馆藏档案记载了他的英名。

陈先杰（？—？），陕西省洵阳县人。生卒年不详。某部一等兵。在山西省晋城与日寇作战时，不幸阵亡。时年25岁。其牺牲查明详报后，国民政府特准晋一级从优抚恤。一次恤金100元，年抚金50元。陕西省档案馆藏档案记载了他的英名。

阎万发（1914—1941），陕西省洵阳县人。某部二等兵。在河南省广武与日寇作战时，不幸阵亡。时年28岁。其牺牲查明详报后，国民政府特准晋一级从优抚恤。一次恤金100元，年抚金50元。陕西省档案馆藏档案记载了他的英名。

梁延风（1921—1941），陕西省洵阳县人。某部一等兵。在河南省广武与日寇作战时，不幸阵亡。时年21岁。其牺牲查明详报后，国民政府特准晋一级从优抚恤。一次恤金100元，年抚金50元。陕西省档案馆藏档案记载了他的英名。

童新会（1919—1941），陕西省洵阳县人。某部一等兵。在河南省广武与日寇作战时，不幸阵亡。时年23岁。其牺牲查明详报后，国民政府特准晋一级从优抚恤。一次恤金100元，年抚金50元。陕西省档案馆藏档案记载了他的英名。

阮英斗（1915—1941），陕西省洵阳县人。某部一等兵。在河南省广武与日寇作战时，不幸阵亡。时年27岁。其牺牲查明详报后，国民政府特准晋一级从优抚恤。一次恤金100元，年抚金50元。陕西省档案馆藏档案记载了他的英名。

宋应先（1917—1941），陕西省洵阳县人。某部一等兵。在河南省广武与日寇作战时，不幸阵亡。时年25岁。其牺牲查明详报后，国民政府特准晋一级从优抚恤。一次恤金100元，年抚金50元。陕西省档案馆藏档案记载了他的英名。

马兴汉（1916—1941），陕西省洵阳县人。某部一等兵。在河南省广武与日寇作战时，不幸阵亡。时年26岁。其牺牲查明详报后，国民政府特准晋一级从优抚恤。一次恤金100元，年抚金50元。陕西省档案馆藏档案记载了他的英名。

赵喜林（？—？），陕西省略阳县人。生卒年不详。某部一等列兵。在山西省绛县与日寇作战时，不幸阵亡。时年18岁。其牺牲查明详报后，国民政府特准晋一级从优抚恤。陕西省档案馆藏档案记载了他的英名。

郭占标（？—？），陕西省略阳县郭镇人。生卒年不详。某部一等列兵。在山西省绛县与日寇作战时，不幸阵亡。时年21岁。其牺牲查明详报后，国民政府特准晋一级从优抚恤。陕西省档案馆藏档案记载了他的英名。

王宝山（1908—1938），陕西省白水县器休人。某部二等兵。1938年6月1日在山西省曲沃县西高村与日寇作战时，不幸阵亡。时年31岁。其牺牲查明详报后，国民政府特准晋一级从优抚恤。陕西省档案馆藏档案与张宝智主编的《白水县志》均记载了他的英名。

王邦彦（1906—1940），陕西省白水县西固人。某部二等兵。1940

年 5 月 1 日在山西省闻喜县东镇车站与日寇作战时，不幸阵亡。时年 35 岁。其牺牲查明详报后，国民政府特准晋一级从优抚恤。陕西省档案馆藏档案与张宝智主编的《白水县志》均记载了他的英名。经家属申请，党和国家功勋荣誉表彰工作委员会办公室于 2019 年 9 月 30 日为其遗属颁发了《烈士光荣证》。

孙原禄（1921—1939），陕西省白水县西固人。某部上等列兵。1939 年 12 月 3 日在山西省闻喜县白水滩与日寇作战时，不幸阵亡。时年 19 岁。其牺牲查明详报后，国民政府特准晋一级从优抚恤。陕西省档案馆藏档案与张宝智主编的《白水县志》均记载了他的英名。

张生锁（1916—1940），陕西省白水县人。某部上等列兵。1940 年 4 月 26 日在山西省晋城南门外与日寇作战时，不幸阵亡。时年 24 岁。其牺牲查明详报后，国民政府特准晋一级从优抚恤。陕西省档案馆藏档案与张宝智主编的《白水县志》均记载了他的英名。

高得胜（1913—1939），陕西省白水县人。某部上等列兵。1939 年 7 月 5 日在山西省绛县蟒牛蛋与日寇作战时，不幸阵亡。时年 27 岁。其牺牲查明详报后，国民政府特准晋一级从优抚恤。陕西省档案馆藏档案记载了他的英名。

侯望运（1917—1939），陕西省白水县人。某部上等传达兵。1939 年 7 月 5 日在山西省绛县蟒牛蛋与日寇作战时，不幸阵亡。时年 23 岁。其牺牲查明详报后，国民政府特准晋一级从优抚恤。陕西省档案馆藏档案记载了他的英名。

孙福才（1913—1940），陕西省白水县人。某部二等列兵。1940 年 4 月 23 日在山西省夏县郭家坪与日寇作战时，不幸阵亡。时年 28 岁。

其牺牲查明详报后，国民政府特准晋一级从优抚恤。陕西省档案馆藏档案与张宝智主编的《白水县志》记载了他的英名

任有平（1910—1939），陕西省白水县和苏村人。某部二等军需作课员。1939 年 4 月 22 日在山西省安泽县北平镇南水桥村与日寇作战时，不幸阵亡。时年 30 岁。其牺牲查明详报后，国民政府特准晋一级从优抚恤。陕西省档案馆藏档案与张宝智主编的《白水县志》均记载了他的英名。

孙瑞亭（1915—1939），陕西省白水县西固人。某部一等列兵。1939 年 4 月 13 日在山西省闻喜县小泽村与日寇作战时，不幸阵亡。时年 25 岁。其牺牲查明详报后，国民政府特准晋一级从优抚恤。陕西省档案馆藏档案与张宝智主编的《白水县志》均记载了他的英名。

陈炳顺（？—1939），陕西省白水县洼里卓人。生年不详。某部列兵。1939 年在山西省绛县与日寇作战时，不幸阵亡。其牺牲查明详报后，国民政府特准晋一级从优抚恤。张宝智主编的《白水县志》记载了他的英名。

牛武昌（？—？），陕西省长武县人。生卒年不详。某部一等兵。在河南安阳与日寇作战时阵亡。时年 34 岁。其牺牲查明上报后，国民政府特准晋一级从优抚恤。陕西省档案馆藏档案记载了他的英名。

庞积胜（？—1937？），陕西省白水县小洼底村人。生年不详。某部列兵。1937 年在山西省绛县与日寇作战时，不幸阵亡①。其牺牲查明详报后，国民政府特准晋一级从优抚恤。张宝智主编的《白水县志》记载了他的英名。

①《白水县志》说庞积胜 1937 年在山西绛县与日寇作战时牺牲，与史实不符，1937 年日军还没打到绛县。

杨志明（1918—1941），陕西省长武县人。某部下士军士。1941 年在河南省广武与日寇作战时，不幸阵亡。时年 24 岁。其牺牲查明上报后，国民政府特准晋一级从优抚恤。陕西省档案馆藏档案记载了他的英名。

马世英（？—？），陕西省长武县人。生卒年不详。某部上等兵。在山西省晋城与日寇作战时，不幸阵亡。时年 36 岁。其牺牲查明上报后，国民政府特准晋一级从优抚恤。陕西省档案馆藏档案记载了他的英名。

张复兴（？—？），陕西省长武县人。生卒年不详。某部一等兵。在山西省晋城与日寇作战时，不幸阵亡。时年 34 岁。其牺牲查明上报后，国民政府特准晋一级从优抚恤。陕西省档案馆藏档案记载了他的英名。

王友才（？—？），陕西省长武县人。生卒年不详。某部中士军士。在山西省夏县与日寇作战时，“杀敌致果，一能当十，其气概卓绝，堪为表率”（长武县政府查填的《抗敌伤亡官兵褒恤状况调查表》的赞语），不幸阵亡。时年 33 岁。其牺牲查明上报后，国民政府特准晋一级从优抚恤。陕西省档案馆藏档案记载了他的英名。

郭占奎（？—？），陕西省长武县人。生卒年不详。某部一等兵。在山西省夏县与日寇作战时，“杀敌奋勇，为国捐躯”。时年 34 岁。其牺牲查明上报后，国民政府特准晋一级从优抚恤。陕西省档案馆藏档案记载了他的英名。

韩有才（？—？），陕西省周至县人。生卒年不详。部队番号不详。在山西省壶关与日寇作战时，不幸阵亡。其牺牲查明上报后，国民政府特准晋一级从优抚恤。陕西省档案馆藏档案记载了他的英名。

焦新发（？—？），陕西省澄城县人。生卒年不详。某部下士。在山西省阳城北岭与日寇作战时不幸阵亡。时年 29 岁。其牺牲查明上报后，特准晋一级从优抚恤。一次恤金 130 元，年抚金 70 元。陕西省档案馆藏档案记载了他的英名。

党正清（？—？），陕西省澄城县人。生卒年不详。某部上等兵。在山西省与日寇作战时不幸阵亡。时年 20 岁。其牺牲查明上报后，特准晋一级从优抚恤。一次恤金 100 元，年抚金 50 元。陕西省档案馆藏档案记载了他的英名。

杨新顺（1915—1941），陕西省澄城县人。某部上等兵。1941 年在河南省广武部沟与日寇作战时不幸阵亡。时年 27 岁。其牺牲查明上报后，特准晋一级从优抚恤。一次恤金 120 元，年抚金 60 元。陕西省档案馆藏档案记载了他的英名。

李培前（1915—1941），陕西省淳化县人。某部上士。1941 年在河南省广武与日寇作战时不幸阵亡。时年 27 岁。其牺牲查明上报后，国民政府特准晋一级从优抚恤。陕西省档案馆藏档案记载了他的英名。

常凤州（1899—1941），河北省清苑县人。某部准尉。1941 年在河南省广武与日寇作战时不幸阵亡。时年 43 岁。其牺牲查明上报后，国民政府特准晋一级从优抚恤。陕西省档案馆藏档案记载了他的英名。

郭　新（1907—1942），陕西省平民县（今大荔县）人。某部上等兵。1942 年 3 月在山西省侯马与日寇作战时不幸阵亡。时年 36 岁。其牺牲查明上报后，国民政府特准晋一级从优抚恤。陕西省档案馆藏档案记载了他的英名。

刘森林（1919—1940），陕西省平民县（今大荔县）人。某部列兵。1940 年 6 月 11 日在山西省长治县与日寇作战时不幸阵亡。时年 22 岁。其牺牲查明上报后，国民政府特准晋一级从优抚恤。陕西省档案馆藏档案记载了他的英名。

张斗焕（1913—1937），陕西省平民县（今大荔县）人。某部一等兵。1937 年 11 月 3 日在山西省太原与日寇作战时不幸阵亡。时年 25 岁。其牺牲查明上报后，国民政府特准晋一级从优抚恤。陕西省档案馆藏档案记载了他的英名。

再树芳（1916—1937），陕西省平民县（今大荔县）人。某部二等兵。1937 年 9 月 23 日在河北省保定阜河与日寇作战时不幸阵亡。时年 22 岁。其牺牲查明上报后，国民政府军事委员会特准晋一级从优抚恤。陕西省档案馆藏档案记载了他的英名。

张仰白（1912—1937），陕西省平民县（今大荔县）人。某部下士。1937 年 11 月[①] 在山西省临晋东载村与日寇作战时不幸阵亡。时年 26 岁。其牺牲查明上报后，国民政府特准晋一级从优抚恤。陕西省档案馆藏档案记载了他的英名。

张金盛（1922—1941），陕西省平民县（今大荔县）人。某部上等兵。1941 年 1 月在河南省渑池与日寇作战时不幸阵亡。时年 20 岁。其牺牲查明上报后，国民政府特准晋一级从优抚恤。陕西省档案馆藏档案记载了他的英名。

李方田（1918—1942），陕西省平民县（今大荔县）人。某部上等兵。1942 年 2 月在山西省夏仁镇与日寇作战时不幸阵亡。时年 25 岁。其牺牲查明上报后，国民政府特准晋一级从优抚恤。陕西省档案馆藏档案记载了他的英名。

王文朴（1909—1942），陕西省平民县（今大荔县）人。某部少尉排长。1942 年 2 月在山西省临晋与日寇作战时不幸阵亡。时年 34 岁。其牺牲查明上报后，国民政府特准晋一级从优抚恤。陕西省档案馆藏

---

① 说张仰白 1937 年 11 月在山西临晋与日寇作战时阵亡，与史实不符，此时日军还未打到临晋。

档案记载了他的英名。

刘玉林（1922—1939），陕西省平民县（今大荔县）人。某部列兵。1939 年 8 月在山西省清靖屯与日寇作战时不幸阵亡。时年 18 岁。其牺牲查明上报后，国民政府特准晋一级从优抚恤。陕西省档案馆藏档案记载了他的英名。

刘志谅（？—？），陕西省礼泉县人。生卒年不详。某部中士班长。在山西省中条山与日寇鏖战时，不幸中敌弹阵亡。时年 24 岁。其牺牲查明详报后，国民政府特准晋一级从优抚恤。陕西省档案馆藏档案记载了他的英名。

刘占清（？—？），陕西省礼泉县人。生卒年不详。某部特务长。在山西省中条山与日寇鏖战时，不幸中敌弹阵亡。时年 27 岁。其牺牲查明详报后，国民政府特准晋一级从优抚恤。陕西省档案馆藏档案记载了他的英名。

徐振山（？—？），陕西省礼泉县人。生卒年不详。某部上尉中队长。在山西省中条山与日寇鏖战时，不幸中敌弹阵亡。时年 38 岁。其牺牲查明详报后，国民政府特准晋一级从优抚恤。陕西省档案馆藏档案记载了他的英名。

赵子祥（？—？），陕西省礼泉县人。生卒年不详。某部下士班长。在山西省中条山与日寇鏖战时，不幸中敌弹阵亡。时年 30 岁。其牺牲查明详报后，国民政府特准晋一级从优抚恤。陕西省档案馆藏档案记载了他的英名。

王文轩（？—？），陕西省礼泉县人。生卒年不详。某部中士班长。在山西省中条山与日寇鏖战时，不幸中敌弹阵亡。时年 25 岁。其牺牲查明详报后，国民政府特准晋一级从优抚恤。陕西省档案馆藏档案记载了他的英名。

李学子（？—？），陕西省长武县人。生卒年不详。某部一等兵。在山西省中条山与日寇作战时，不幸阵亡。时年 31 岁。其牺牲查明上报后，国民政府特准晋一级从优抚恤。陕西省档案馆藏档案记载了他的英名。

张嘉才（？—1941），陕西省周至县人。生年不详。部队番号不详。1941 年 5 月在中条山战役与日寇作战时，不幸阵亡。其牺牲查明上报后，国民政府特准晋一级从优抚恤。陕西省档案馆藏档案记载了他的英名。

刘文玉（1918—1939），陕西省平民县（今大荔县）人。某部列兵。1939 年 12 月在山西省中条山与日寇作战时不幸阵亡。时年 22 岁。其牺牲查明上报后，国民政府特准晋一级从优抚恤。陕西省档案馆藏档案记载了他的英名。

附录二：陆军第一六九师子洪口战役抗日阵亡烈士纪念碑

1938 年春，武士敏率领其部一六九师驻防山西祁县，任务是固守晋东南的北大门子洪口一带。4 月初，日寇主力部队一〇九师团数千人，由太谷、祁县、平遥等地分九路向我盘陀、团城一带主要阵地围攻。一六九师采用诱敌深入的战术，主动撤出盘陀镇，将主力埋伏在易守难攻的谷峪口马鞍山。四月八日，日军占领子洪口和盘陀镇。十日，日军骄横跋扈，向前推进，十时许，埋伏在四面高地的一六九师将士全线出击，敌人知中计，组织部队反扑。一六九师严守阵地，寸土不让。邻近的八路军闻讯，迅速派出部队增援。国共双方军队并肩作战。日军凭借武器装备优势，激战六天，一六九师始终坚守阵地，未退一步。十五日，日军在伤亡九百多人和损失汽车十余辆的情况下，狼狈逃走。日军退走后，一六九师回到来远镇。在镇西修建了烈士墓和纪念碑。

纪念碑是用当地的红色砂页岩阴刻而成。纪念碑面向东北，碑身通高262cm，其中碑座高40cm，宽55cm，厚约30cm；碑身高222cm，宽90cm，厚11cm。

1938年4月一六九师建于祁县来远镇子洪口战役抗日阵亡烈士纪念碑

纪念碑为方座笏首碑，正面碑额上镌刻着国民党党旗，其下正中镌刻着"陆军第一六九师子洪口战役抗日阵亡烈士纪念碑"21个大字，左边镌刻着"中华民国二十七年四月本师全体官兵敬立"。

碑阴分12排，由右向左竖向镌刻着阵亡英烈的姓名及籍贯，由于70多年风雨的剥蚀，名录的上部8排已经脱落无存，幸存下部4排，残留英烈名录46位，他们是：

□□班长王有成陕西扶风　□□班长徐生果热河灵燕

□等列兵郝凤麟甘肃永昌　□□□兵任天玉河北蒲阳

□□□兵王国成河南西平　□□□兵曹振英陕西长安

□□□兵胡彦喜河南禹城　□□列兵苏有云陕西朝邑

□□列兵刘福安河南民权　□□列兵王永福陕西澄城

□□列兵张得胜陕西合阳　□□列兵薛松林河南偃师

□□□兵郭彦武陕西武功　□□□兵田生荣甘肃庆阳

□□□兵曹国志河北大名　□□□兵韩志杰陕西蓝田

□□□兵徐清泉江苏同山　□□□兵李生杰陕西临潼

□□□兵贾得胜绥远东胜

□□列兵王春明山西万泉

二等列兵马秋轩河南方城

下士班长刘禄胜河南禹城

一等列兵赵金清河南崤县

一等列兵刘顺立河南通许

二等列兵孟金鳌山西祁县

二等列兵程世昌山西太谷

炊事兵周新和河南郾城

□□列兵蒋银魁山西解县

二等列兵□清林河南郾城

上等列兵贾新民陕西商县

一等列兵陈新发陕西合阳

一等列兵谢得云河南灵宝

二等列兵王保兴河南淆川

二等列兵郝明江山东曹县

二等列兵王俊杰陕西渭南　准尉特务长周金牢陕西商县

下士班长梁启章河南睢阳　上等列兵周锡山河南永城

一等列兵何明德河南遂平　一等列兵张德祥河南南召

一等列兵张发才陕西泾阳　一等列兵孙生才陕西合阳

一等列兵刘世明山西晋城　二等列兵李光海河南开封

二等列兵李永祥山西安邑　二等列兵江英山河南遂平

（据中国国保的博客：清明踏青——一块纪念碑整理）

附录三：

一七七师一〇六〇团三营建于平陆王寺村的抗日烈士纪念碑

一七七师一〇六〇团三营建于平陆王寺村的抗日烈士纪念碑

山西省平陆县常乐镇王峙[1]沟村保存的“陆军第一百七十七师五百三十旅一千零六十团三营殉国烈士纪念碑”

碑座北向南，高103cm，宽46cm，厚10cm，碑榫长10cm，石质较好，字迹较为工整，图案也比较精致。碑正面上部为国民党的党旗与青天白日国旗图案，正中镌刻着“陆军第一百七十七师五百三十旅一千零六十团三营殉国烈士纪念碑”。

碑上空余部分镌刻着29位烈士的军衔、姓名和籍贯。右上方自右至左镌刻着4位英烈的英名：

一等兵　樊思明　陕西富平人

一等兵　樊希海　陕西大荔人

上等兵　马玉平　甘肃平凉人

二等兵　侯永□　陕西白水人

侯永□的下边镌刻着：二等兵　常中立　陕西郑安人

正中大字“纪念碑”下自右至左镌刻着3位英烈的英名：

梅丁□　湖北郑西人

戴志宽　陕西镇安人

二等兵　王运国　山西安邑人

大字左边上部自右至左镌刻着7位英烈的英名：

一等兵　许寿全　安徽桐城人

上等兵　徐秀德　山西猗氏人

中尉连附　王耕田　甘肃会宁人

中尉连附　吴俊德　陕西扶风人

少尉连附　殷海山　陕西扶风人

---

① 该村村名，卢松轩回忆为王氏村，新中国成立后写为王峙村，近年又写成王寺村。

中尉连附 许快明 陕西扶风人

上等兵 吴德荣 甘肃皋兰人

左边中间自右至左镌刻着7位英烈的英名：

下士军士 郭文华 甘肃永登人

二等兵 王世万 陕西紫阳人

中士军士 陈彦喜 陕西兴平人

二等兵 刘占海 陕西商县人

郭逢春 陕西西乡人

鲁开贵 河南龙山人

一等兵 关云胜 山西安邑人

左边下部自右至左镌刻着7位英烈的英名：

上等兵 徐科成 陕西华县人

一等兵 蒋怀英 河北隆平人

中士军士 刘贵芳 陕西南郑人

一等兵 王喜胜 河南渭川人

韩尚武 河北平山人

孙青连 陕西渭南人

中士军士 王炳森 陕西富平人

右下方则刻着烈士坟茔和碑文人名对应情况的“说明”：

说明本碑烈士姓名系按坟中次序排出坟中由后向前由西至东碑上则由上向下由左向右排列碑上最下排即坟中最前列是由右向左则碑坟两相对照也

碑的背面上端镌刻着“民族先锋”四个大字。下边碑文为：

人类本互尊互助之精神方能求得社会之和平与改进乃倭寇魑魅外貌枭獍居心效青蛙之怒吼装嵎虎之身尊罔顾国际正义破坏人类和平张大

血口意欲一下啖食亚洲进而吞并世界于是甘冒不韪穷兵黩武戮我人民奸我妇女焚我房屋掠我财产寇迹所至凄心酸目我许先烈快明等是用气奋风云志安社会担天地之正气抱马革之裹尸或抛锄头或投笔砚挺胸攘臂齐赴前线东渡以还与寇周旋恶战几度冲锋陷阵英勇靡冠搴旗执戟挫敌烽焰拟扫霾阴霾奏唱凯还拯我弱小民族登彼道岸恨昊天不吊于晋南中条山一五八一•七高地战役促骐寿算此诸先烈均为时代硕彦今遭殄殒国家胡堪民族胡堪呜呼痛哉

吾人留后死之躯一息尚存当步诸先烈血迹拼命迈进决歼彼恶魔以树立中华民族之真正自由独立而慰诸先烈在天忠魂未来实果诸先烈拭仙目以静观

七律籍申悼怀

月茫霜白夜色昏　风声鹤号□□□

□□□□□□□　梅花□□俱精神　卢劲节撰

碧血写就自由魂，青山筑成独立门。苗振海刻

浩气翻出新世界，粉碎恶魔侵略心。王伏波书

中华民国二十八年二月下浣立

附录四：

一七七师一〇五九团三营建于平陆西郑村的阵亡将士纪念碑

山西省平陆县洪池乡西郑村一〇五九团三营烈士纪念碑

碑坐北向南，为长方形，其正面顶端镌刻一个“为”字，其下正中镌刻着：

陆军第一百七十七师五百三十旅第一千零五十九团第三营阵亡将士纪念碑

右上方镌刻着：大中华民国二十八年元月吉日

左下方镌刻着：营长张玉亭暨全营官兵敬立

碑的右侧顶端镌刻1个“国”字，其下分两排镌刻着十四位英烈的军阶、姓名、年龄和籍贯。

上排自右至左镌刻了7位英烈：

一等兵　杨金禄　年二二岁　河北无极礼上村

下　士　王明义　年二七岁　山东河吉简家集

中　士　范生贵　年三十岁　陕西岐山东南乡二堡二甲

下　士　袁冠武　年二二岁　陕西□城郑家营

一等兵　徐治邦　年二一岁　陕西商县治安乡徐家村

上等兵　韩根元　年二二岁　陕西□城南街

一等兵　谭清海　年二五岁　陕西城固大盆坝原家坪

下排自右至左镌刻了7位英烈：

一等兵　赵天彦　年二三岁　陕西蒲城东乡姚堡

一等兵　王生才　年二二岁　陕西醴泉安镇堡□村

一等兵　李祥中　年二六岁　陕西耀县北雷家岩

二等兵　王俊发　年二七岁　山西晋城县

一等兵　魏瑞生　年二一岁　陕西商南南二乡四保

一等兵　张金银　年三十岁　陕西安康安海乡四保二甲

一等兵　周盛泰　年一九岁　陕西商南东广乡一保

碑的背面顶端镌刻1个“捐”字，其下镌刻的碑文为：

民国念八年春本营奉命扼守中条山南之磨凹坛道朱家窑等地元月二十三日芮城县之倭寇以步骑炮兵联合二千余经风圪塔向我三路进犯我全营官

兵英勇奋战坚守阵地奋勇抵抗酣战终日歼敌数百战果辉煌致敌终于胆怯而逃窜是役我英勇将士二十八人俱以大无畏的的精神为国家民族而壮烈牺牲其浩气诚足以激励国人光耀千古精神不死同人因于备棺安葬之外列叙英名勒石纪念以示家属云尔

碑的左侧顶端镌刻 1 个“躯”字，其下分两排自右至左镌刻着十四位英烈的军阶、姓名、年龄和籍贯。

上排自右至左镌刻了 7 位英烈：

一等兵　汪家强　年二十九岁　陕西柞水凤翔河村二保

一等兵　王善文　年二十五岁　陕西商南白家□□麻沟

一等兵　郝兴泗　年二十五岁　陕西雒南北良乡五保四甲

一等兵　冯振祥　年二十五岁　陕西商南南家乡□增村

一等兵　陈光有　年二十四岁　陕西长安三兴乡七保

一等兵　李树云　年二十七岁　陕西商县西二乡张三村

一等兵　李兴明　年二十五岁　陕西岚皋南乡五保一甲

下排自右至左镌刻了 7 位英烈：

一等兵　傅青山　年二十四岁　陕西安康江口镇

一等兵　□高智　年二十六岁　陕西安康江口镇

一等兵　侯培银　年二十五岁　陕西商县上沙十村

一等兵　孙志成　年二十四岁　陕西安康一□中保

一等兵　任兴福　年二十七岁　陕西商南王家庄

一等兵　王振俊　年二十六岁　甘肃天水北乡一保四甲

一等兵　吴京□　年二十一岁　陕西柞水东乡九间房

附录五：

陆军第一七七师五三〇旅一〇五九团步兵炮连阵亡烈士纪念碑

此碑坐北向南，正面顶端竖刻：为国成仁，两边刻着国民党的党旗和中华民国国旗

其下右边镌刻：大中华民国二十八年四月吉日

正中镌刻：陆军第一七七师五三〇旅一〇五九团步兵炮连阵亡烈士纪念碑

左边偏下刻着：连长路振华暨全连官兵敬立

碑背面顶端竖刻：气壮河山，右边刻一大“日”字，左边刻一大“月”字

一七七师一〇五九团步炮连建于平陆坑底村的烈士纪念碑

其下镌刻着碑文：

语云兵以气制胜气者何即先贤亦或谓浩然之气也质言之亦即大无畏之精神耳盖战斗以精神为主未有精神散涣而获战局之全胜者知乎此始可言战民国二十八年春二月本连奉命扼守晋南平陆西部之西郑村与久踞中条山风圪塔之倭寇时相接触及三月廿八日敌骤以大部由芮直犯我大沟南企图渡河截断我陇海交通经我军奋勇抵抗协力夹击三日夜歼敌数□敌无力可支遂于四月一日抽调廿里岭风圪塔之敌步骑炮联合五百余沿芮属之东西□□□大道向我西郑村阵地进犯意在由此南下支援大沟南之困敌耳乃以炮向我猛烈轰射我全连官兵即本其大无畏之精神英勇痛击毙敌百余激战一日敌连犯数次卒未能越我阵地一

步及翌晨皆狼狈退去

是役也我英勇士兵壮烈牺牲者四人深知精神为战斗之主尤能与敌大轰炸机枪扫射之下置生死于不顾忠勇奋发冲锋陷阵与敌短兵肉搏者数次杀敌数十卒□□战尽之全胜其浩气亦云壮矣第其饮弹冒刃之余血肉横飞肝脑涂地以个人之骨肉争取国家民族之生存残酷悲壮之牺牲成功成仁之伟烈诚千古不可泯灭者也我全连官兵□□痛抚尸备棺合厝于坑底村北郊寺圪塔东并历述始末列叙英名勒诸贞珉以垂永久云尔

一等兵　李如林　年廿二岁　陕西兰田

下士班长　王子英　年廿九岁　陕西乾县

上等兵　魏子俊　年廿三岁　陕西韩城

一等兵　刘明显　年廿二岁　山东曹县

附记：此碑经70余年之日晒雨蚀仍巍然屹立于平陆县洪池乡坑底村北原址

附录六：

陆军第一七七师阵亡将士纪念碑

一〇五八团　下士军士王德新　耶占奎

机枪二连　上等兵　常生财　一等兵　孙玉洁

陈硕儒敬立

中华民国二十八年十月吉日

（该碑保存于常乐镇顺头村贺甲科家中）

史实考证

关于对王竣等几个问题的质疑

中国人民抗日战争纪念馆研究部：

看了贵馆镌刻在大理石墙上的抗日英烈简介和刘晨主编的《中国抗日将领牺牲录》，其中收录的王竣、武士敏、梁希贤、陈文杞、薛如兰等，这些人的生平介绍不少地方与史实出入较大，特提出质疑，与各位作者商榷。

一、《中国抗日将领牺牲录·武士敏》中多处有误。

首先，该文说："1921年，冯玉祥出任陕西督军，重新任命地方政官，武士敏被推荐担任丰镇县警察所长。"此说有误。1921年8月冯玉祥的确出任陕西督军，但并未推荐武士敏担任丰镇县警察所长。原因是丰镇县历史上并不属陕西省管辖。1913年设置察哈尔特区，丰镇县属其管辖。1928年察哈尔置省后，丰镇县划入绥远省。正因为如此，刘永端在其所写的《抗日英雄武士敏生平》一文中正确写道："1921年陕西靖国军解体。士敏经友人介绍到察哈尔省……丰镇县担任警察所长。”[①]

其次，该文又说：1927年“从苏联回国后，武士敏随杨虎城部参加北伐”。此说与史实不符。

武士敏如何到杨虎城部队？当事人南汉宸1940年11月28日在其所写的自传中说：“1927年3月间，我们从苏联参观回到西安。……我只好随鹿钟麟到开封。……那时鹿钟麟是冯部下，冯知道我和杨虎城关系不错，所以这次派我到皖北做杨的工作。我回去后，除向冯讲明杨军在太和休整外，并把杨的想法报告给河南省委。1927年冬，省委派我到皖北组织特委……我接到命令后，即装病请假次日秘密启程，并把武勉之、刘子华、高敬轩……都带到皖北太和。

我们到太和，杨虎城很欢迎。……他……办起军事学校。我任校长，武勉之、刘子华当教官。”[②]这就是武士敏到杨虎城部队的过程。

不言而喻，从苏联回国后，武士敏并未随杨虎城部参加北伐。他们到太和杨虎城部队时，杨虎城部参加北伐已经结束，已移师太和休整。

最后，该文还说：武士敏“1937年5月，升任第十七路军（后改第九十八军）第一六九师师长”。这里有两点说的与史实不符。

其一，武士敏1937年5月升任的不是第十七路军第一六九师的师长。西安事变前杨虎城的第十七路军辖孙蔚如第三十八军（实际只有孙任师长的1个第十七师）和冯钦哉的第七军（实际只有冯任师长的1个第四十二师）及王竣陕西警备第一旅、孔从洲陕西警备第二旅、孙辅臣陕西警备第三旅等部队。西安事变爆发后，冯钦哉即率部“反对张、

---

①《陕西民国人物》㈡，陕西人民出版社1991年4月版。

②南汉宸：《杨虎城部在太和与二次入陕》，中共陕西省委党史研究室《中国共产党在国民党第十七路军中的活动》，陕西人民出版社1993年5月版，第57页。

杨，拥护蒋介石”[①]。西安事变和平解决后，蒋介石回到南京，在扣押张学良将军的同时，于1937年1月5日先对杨虎城将军“撤职留任”，接着又逼迫杨将军出国考察，并于5月7日撤销西安绥靖公署、十七路军总部，杨部缩编为第三十八军，辖赵寿山第十七师和李兴中第一七七师与三个警备旅等部队，仍由孙蔚如任军长。皮之不存，毛将焉附？5月7日，十七路军总部都被撤销，武士敏5月怎能升任第十七路军第一六九师师长呢？何况第十七路军从未有过第一六九师的番号。

与此同时，蒋介石对在西安事变中勤王救驾有功的冯钦哉则加官进爵，把冯的第七军（第四十二师）扩编为第二十七路军，冯升任总指挥。所部“第四十二师扩编为2个丙种师”[②]。所部第一二六旅升编为第四十二师，旅长柳彦彪升任师长；第一二四旅升编为第一六九师，旅长武士敏升任师长。可见，1937年5月，武士敏升任的是第二十七路军的第一六九师师长，而非第十七路军的第一六九师师长。

其二，第十七路军从未改为第九十八军。冯钦哉的第二十七路军，1937年9月改为第十四军团，9月13日冯钦哉任第十四军团军团长，后又改番号为第九十八军。如前所述，杨虎城的第十七路军，因为参加发动了西安事变，先被迫缩编为第三十八军。1938年夏天，改编为第三十一军团，孙蔚如任军团长。同年11月又改编为第四集团军，孙蔚如任总司令。不言而喻，第十七路军从未改为第九十八军。这是不争的历史事实。

二、《中国抗日将领牺牲录·梁希贤》中也几处有误。

1. 该文说：“1936年，调任孙蔚如部第八师少将副师长，驻防

① 冯钦哉：《西安事变时我反对张、杨，拥护蒋介石的经过》，吴福章编：《西安事变亲历记》，中国文史出版社1986年12月版，第556页。

② 孔宅巍：《陈诚对西安事变的态度》，《民国春秋》1996年第5期，第45页。

韩城。”

不知此说根据为何？杨虎城将军旧部李紫山在《杨虎城将军后期的军事活动及其部队建制的变更》一文中说："1936 年杨将军对全军人事又作了一次较大的变动，首先派李兴中代替韩威西任参谋长。……接着对总部及三十八军、第七军的人事又进行了重新安排：

（1）总部（略）

（2）三十八军：

军长兼十七师师长　孙蔚如

……

四十九旅旅长　王劲哉

五十旅旅长　耿子介

五十一旅旅长　赵寿山……”

（3）第七军（略）①

孙蔚如部只有一个第十七师，根本没有第八师。1936 年，梁希贤怎能调任孙蔚如部第八师少将副师长呢？

2. 该文又说："1937 年七七事变后，梁希贤随孙蔚如部在平汉、同蒲线抗击日军。"

此说也与史实不符。1937 年七七事变后，孙蔚如部第十七师、第一七七师的五二九旅和教导团的确奉命在平汉、同蒲线抗击日军。但并未有梁希贤部。孙蔚如在其所写的《第四集团军抗日战争概略》一文中说："民国二十六年（1937 年）七月七日，卢沟桥战起，余时任陕西省主席，兼卅八军军长，军辖部队为第十七师、第一七七师，师长赵寿山、李兴中，陕西第一、二、三 3 个警备旅，旅长王竣、孔从洲、

①《西安文史资料》第五辑（内部发行），1984 年 3 月版，第 92—95 页。

王振华，教导、骑兵两团，团长李振西、孟庆鹏。初期第十七师、第一七七师之五二九旅（旅长许权中）和教导团奉命次第参加抗战。第十七师在井陉口苦战七日夜……教导团守井陉南之旧娘子关，与敌铃木旅团激战两日夜，卒击退强敌……五二九旅守忻口正面者十四日……曾蒙阵地指挥官卫立煌五次嘉奖。”①哪里有什么梁希贤部呢？

3. 该文又说：“1940 年，孙部奉命到晋南对日作战。”

此说亦与史实不符。前引孙蔚如所写《第四集团军抗日战争概略》中说：“二十七年（1938 年）第十七师及五二九旅调高平、晋城一带，任游击；第一七七师（缺五二九旅）由合阳之夏阳渡黄河，经旬日之苦战，克复永济、虞乡、临晋、猗氏等县。

是年 7 月省政府改组，余调任第卅一军团军团长，所部编第卅八、九十六两个军……参谋长陈子坚。……余率在陕各部由朝邑大庆关渡黄河，驻永济属之六官村……8 月间敌即大举犯我永济阵地……”②

可见，孙部奉命到晋南对日作战，并非 1940 年，而是 1938 年 7 月，若按第十七师到晋东南算起，应是 1938 年春。实际上，1940 年 10 月孙部已经离开晋南。前引孙蔚如所写《第四集团军抗日战争概略》中说：1940 年“10 月，本军奉命调豫西，计本军守备中条山三年之久……敌先后进犯者共 11 次，皆予敌甚重打击”。③

4. 该文还说：“9 日下午，日机数架低空盘旋，轮番轰炸，并施放毒气，梁希贤仍坚持在前线亲自指挥不幸中弹，壮烈殉国。”

梁希贤如何殉职，这是一个揭不破的谜。

① 靳英辉、李长林编著《孙蔚如将军》，陕西人民出版社 1996 年 1 月版，第 266 页。
② 靳英辉、李长林编著《孙蔚如将军》，陕西人民出版社 1996 年 1 月版，第 267 页。
③ 靳英辉、李长林编著《孙蔚如将军》，陕西人民出版社 1996 年 1 月版，第 269 页。

首先看，是不是中弹殉职？回答是否定的。时任新编第二十七师工兵连代连长的王庭月（今尚健在）在1988年6月所写《回忆梁希贤将军》中说：5月9日“下午1时许……凶恶的敌机又呼啸而来，低空扫射和轰炸。突然，一颗炸弹落在三位首长附近，‘轰’的一声爆炸了，王竣师长、梁副师长和参谋长壮烈牺牲。”[①] 但当1995年4月23日笔者到其家中访问时，他对中弹殉职又不敢肯定。问题是，时任特务连连长的张亮伯不同意王的说法。张亮伯讲，5月9日上午8点多，他带特务连保护师部且战且退。下午三四点，走到台寨村西北，敌机多架狂轰滥炸，加上鬼子追兵逼近，形势危如累卵。此时恰好王庭月带工兵连也赶了上来，报告鬼子追兵迫近，请求师首长首先离开火线。王竣师长对陈文杞参谋长说：“情况紧急，不能退避。你我带特务连，梁副师长带工兵连，奋力死战。只能在战斗中求生存。万一不行，大家都为国献身！”梁副师长带工兵连走后，正研究在台寨如何布防时，敌机多架，低空盘旋，追击扫射，呼啸着扔下几颗炸弹。大家不约而同地赶快卧倒。炸弹响过，张亮伯与其传令兵魏子明从土中钻出。魏子明惊呼：“师长负伤了！”二人跑到跟前一看，王竣将军、陈文杞参谋长、郭则温副官主任、赵燕海随从副官全倒在血泊中，以身殉国。王竣将军等牺牲后，张亮伯找到梁希贤副师长请示办法，梁此时亦束手无策。由此可见，5月9日下午梁希贤并未与王竣等一块儿牺牲。

梁希贤不是中弹牺牲也被1941年10月28日卫立煌致蒋介石密代电所证实：“佳未（笔者按：9日13—15时。下同。），敌约四五千……来犯……我官兵奋勇应战，敌我伤亡均重。申刻（按：15—17时）敌窜据台寨以北高地，前窑亦发现敌情，新二十七师师长王竣、参谋长

---

①《铜川郊区文史》第六辑（1989年5月），第93页。

陈文杞均在曹家川附近，先后被炸身死。”[①] 不言而喻，梁希贤并非与王竣等一同被炸身死。

那梁希贤是如何牺牲的呢？

党德信、杨玉文主编的《抗日战争国民党阵亡将领录·梁希贤》一文说：“1941 年 5 月……日军层层追击堵截，我军将士拼命厮杀，伤亡殆尽，梁将军见事不可为，不肯被俘受辱，乃只身投入黄河，自杀殉国。”[②]

王永均编著的《黄埔军校三百名将传·梁希贤》也主此说。1990 年 6 月 11 日笔者访问梁希贤部第七九团第三营第八连连长梁鹏翙时他也说：“刘恩荫与梁希贤一块儿过河，梁掉进黄河淹死。”但此说却遭到时任刘恩荫（中条山之战时任梁部八一团团长。1949 年去台湾，任装甲兵团中将副司令。1994 年 6 月 1 日因病去世。）八一团上尉书记姚景吾的否认。姚 1996 年 4 月 11 日复笔者信说：“后来我到西安见过刘团长。刘问我梁的情况。我说：‘听说你们一块儿渡河了么。’刘说：‘没有这事实’。梁之死，炸死的事实，占最大成分。”

由以上考析可知，梁希贤如何殉职，确是一个揭不破的谜。

三、《中国抗日将领牺牲录·陈文杞》中也有小小的差错。

1. 该文开头说：陈文杞是“国民革命军第八十军新编第二十七师少将参谋长。”而后边却说：“他被任命为陆军第二十七师少将参谋长”。

陈文杞究竟是新编第二十七师参谋长，还是第二十七师参谋长？该文把读者弄糊涂了。此意见似乎有点吹毛求疵。但著书立说难道不应该严谨吗？

---

① 中国第二历史档案馆编：《抗日战争正面战场》下，江苏古籍出版社 1987 年 8 月版，第 1021 页。

②《抗日战争国民党阵亡将领录》，解放军出版社 1987 年 8 月版，第 270 页。

2. 该文又说 :“在中条山战役中，陈文杞奉命跟随第二十七师在山西闻喜、夏县等地与敌作战。”

新编第二十七师，从 1940 年 10 月下旬进入中条山抗日前线一直扼守在平陆县境，师部一直在黄家庄。在中条山战役中，新编第二十七师师部从黄家庄到马泉沟到台寨一直在平陆县境指挥与敌作战，并未到闻喜、夏县与敌作战。这是不争的事实。再说，在中条山战役中，陈文杞是协助王竣师长和梁希贤副师长指挥新编第二十七师与敌拼杀，而非“奉命跟随第二十七师”作战，这把一个师参谋长的作用淡化了。

3. 该文还说 :“5 月 7 日，陈文杞在日机狂轰滥炸之下身先士卒……最终因寡不敌众，中弹阵亡。”陈文杞阵亡的时间，并非 5 月 7 日，而是 5 月 9 日下午与师长王竣一起阵亡的。前引 1941 年 10 月 28 日卫立煌致蒋介石密代电明确说 :“佳未（按 : 9 日 13—15 时。)，敌约四五千……来犯……我官兵奋勇应战，敌我伤亡均重。申刻（按: 15—17 时）敌窜据台寨以北高地，前窑亦发现敌情，新二十七师师长王竣、参谋长陈文杞均在曹家川附近，先后被炸身死。”陈文杞牺牲的目击者、时任新编第二十七师特务连连长的张亮伯十分肯定地说，陈文杞是 5 月 9 日下午和王竣师长被日机一颗炸弹炸死的。5 月 7 日日军尚未打到师部驻地黄家庄，陈文杞怎会中弹阵亡?

四、《中国抗日将领牺牲录 • 王竣》一文有许多问题值得商榷。

1.《中国抗日将领牺牲录 • 王竣》一文开头说“王竣（1902—1941)”，下边又说“1898 年出生于陕西省蒲城县东乡尧堡村。”该文最后又说以身殉国“时年 39 岁”。前后矛盾！怎么竟相差 4 年？究竟以哪个为准呢?

抗日战争纪念馆大理石墙上镌刻的是“1898 年生”。

王竣生于何年？此说较为纷纭。

黄埔军校资料载年龄为“22”岁。若是1925年入校时填写，当生于1904年；若是1926年毕业时填写，当生于1905年。

1937年1月15日国民党特务机关参谋处第二科调制的《张杨逆军团长以上主官姓名简历及个性能力调查表》载：王竣“32”岁①。当生于1906年。

1948年3月出版的曾国杰编辑的《抗战军人忠烈录》第一辑载：王竣殉国时年龄为“43”岁②，当生于1899年。

徐友春主编的《民国人物大词典·王竣》开头说：“王竣（1901—1941）”……后边却说：“1941年5月9日，在台寨地区与日军作战阵亡。年40岁”③。

王永均编著的《黄埔军校三百年名将传》称；“王竣（1902—1941）”。

首先有一个概念必须明确，现在人们说年龄有时说虚岁，有时说周岁；过去人们说年龄习惯说虚岁。讨论王竣的生年，应以虚岁为准。

王竣的生年只能有一个，而哪个为正，哪些为误呢？

笔者以为王竣的生年，1902年为正，其他为误。其证据如此：

第一，1988年6月11日笔者访问曾任王竣陕西警备第一旅副旅长兼第二团团长的王子伟。他告诉笔者，我“八十三，王竣比我大4岁，属虎。在，今年八十七。他的小名叫小虎”。同年10月1日他手写寄给笔者的《我所知之王竣生平》说：“王竣，字杰三，1902年生于陕西省蒲城县……”

第二，1988年8月21日笔者访问曾与王竣高小同学3年，后与

---

①《陕西地方志通讯》1986年第5期，第50页。

② 曾国杰编辑：《抗战军人忠烈录》第一辑，国防部史政局出版，中华民国37年3月。

③ 徐友春主编：《民国人物大辞典》，河北人民出版社1991年版，第28页。

王竣同在杨虎城将军部队共事11年，曾任王竣陕西警备第一旅第三团团长3年多的刘威诚。他告诉笔者："我今年八十五岁。王竣比我大两岁。在，今年八十七岁。我属龙，他属虎，小名叫虎娃。"由此可知，王竣生于1902年。

第三，1988年3月8日与王竣同村、同学的王志英（后来曾在王竣部队当兵数年）告诉笔者，他87岁，王竣与他同岁。由此可知，王竣生于1902年。1902年为农历虎年。王竣乳名虎娃。1988年村中有些老人，只知虎娃，不知王竣。

第四，1988年3月7日笔者到王竣家乡陕西省蒲城县尧堡村王竣故居访问王竣堂弟王俊田（与王竣乃一爷之孙，时年80岁）时，他斩钉截铁地说，王竣属虎，比他大7岁。农历三月十九日生。可知王竣生于1902年。

第五，1988年10月28日访问王竣遗孀阎灏时，她告诉笔者，她时年七十三岁，属龙。"王竣比我大14岁。"由此可知王竣生于1902年。

第六，1942年曾任国民党中央执行委员的王陆一撰、于右任书的《中华民国陆军新编第二十七师故师长王君杰三之墓表》说："三十年五月倭聚新锐犯中条山君率部迎击喋血数日夜身已创犹激励部下毋稍却……于是月九日死于台砦阵地年四十……"由此可知，王竣生于1902年。

第七，刘福谦主编:《蒲城县志》载:"王竣（1902—1941）"[①]，说明王竣生于1902年。

第八，李斌主编:《渭南市军事志》载:"王竣（1902—1941）"[②]，说明王竣生于1902年。

---

① 刘福谦主编:《蒲城县志》，中国人事出版社1993年7月版，第738页。

② 李斌主编:《渭南市军事志》，陕渭新出批（2003）字第21号2003年6月版，第402页。

通过以上考析可知，王竣的生年应是 1902 年，而非其它。

2.《中国抗日将领牺牲录 • 王竣》说：王竣“少年时就读于蒲城县高等小学，后考入陕西省同州师范学校。”此说不确，王竣考入的是陕西省立第二师范学校，当时该校还不叫同州师范学校。张青山主编：《大荔县志 • 大事记》载：“〔民国〕三年（1914 年）在同州实业中学堂（府贡院）旧址，设立陕西省立第二师范学校（今县人民武装部）”。[①]“二十四年（1935）省立第二师范改为同州师范。”[②]由此可知，王竣毕业 11 年后学校才改名为同州师范，15 年前怎能叫同州师范呢？

3.《中国抗日将领牺牲录 • 王竣》又说：“1924 年毕业后，适值杨虎城部在陕西招收青年学生，遂赴耀县投奔杨虎城部。”

此记叙比其他有关王竣的记述较贴近了史实，正确指出王竣先投奔杨虎城部，然后由杨虎城将军保送考入黄埔军校。但这里有两个问题还值得商榷。

首先，王竣究竟何时赴耀县投奔杨虎城部？

要弄清这一问题，先看看王竣何时从二师毕业？据与王竣在二师同班的王硕哉 1988 年 8 月 16 日在其家中告诉笔者：“我在咱县立高小乙班插班上学时，就与他俩（按：指王竣和刘宗宽）同学，但与他们不同级，时间不长。民国八年（1919 年）我又到大荔县陕西省立第二师范附小甲班学习。1920 年夏天毕业后，考入省立第二师范。王竣与刘宗宽也同时考上。我们三个都在一班。……当时学校规定，连预科共 5 年，预科 1 年，本科 4 年。我因小学毕业时成绩优秀，按规定只上半年预科。王竣与刘宗宽因升学考试成绩优秀，也只上了半年预科。第

①②张青山主编：《大荔县志 • 大事记》，陕西人民出版社 1994 年 6 月版，第 15 页。

二年（1921 年）春，我们 3 个都转入本科，为师范第 5 级。民国十三年（1924 年）阴历十一月毕业。”

1924 年农历十一月初五，已是公历 12 月 1 日。由此可见，1924 年赴耀县投奔杨虎城部，从时间上已来不及。

王竣究竟何时赴耀县投奔杨虎城部？请看当事人王硕哉怎么讲的。王硕哉接着说：“师范毕业后，我们三个都先回到家里。春节前，我们三人经常在一起商量过年后干什么？准备投奔岳维峻或杨虎城，最后决定北上耀县，过了‘破五’（正月初五）一块儿去。结果他二人把我撩掷（陕西方言，欺骗、扔下的意思。）了，没叫我，却去了耀县杨部。”由此可见，王竣投奔杨虎城部在 1925 年，而不是 1924 年。

其次，由以上考析可知，王竣赴耀县投奔杨虎城部，完全是他们的自我决定，并非“适值杨虎城部在陕西招收青年学生”的原因。

4.《中国抗日将领牺牲录·王竣》又说：“1929 年，到陆军第三十四师任职，后又调入杨虎城部任总指挥的第十七路军，任营长。”

这里有两处说得与史实不符。

首先，王竣到岳维峻部的时间不是 1929 年，同时 1929 年王竣在岳维峻部任职时，岳部番号还不叫陆军第三十四师。

1926 年黄埔毕业后，刘宗宽先回到西安，任杨虎城将军的侍从副官。王竣后回到西安，被杨虎城将军委派为第三师师部副官处上尉副官，参加了近 8 个月的坚守西安的斗争。11 月 28 日西安解围。杨虎城将军面对满目疮痍的古都西安，内心深感痛苦，于 12 月初只带曹润华团长一人秘密离开西安，避居富平县一个好友孙五洲家中，表示向西安军民引咎。一时群龙无首。王竣、刘宗宽等经过商议，成立了“陕西游击纵队”，公推刘宗宽为司令。王竣等任高参。后因刘宗宽被捕，昙花一现的“陕西游击纵队”烟消云散。1927 年 2 月 9 日杨将军回到西安，即任命王竣接替刘宗宽当了他的侍从副官。

刘宗宽不好意思见杨将军，经人介绍到卫定一国民军第十二路（军）党海楼第三师当了副官长，旋又升任参谋长。刘一时名声大振。加之王竣与刘宗宽乃莫逆之交，因此王竣于1927年春末，便也离开杨部到了党海楼第三师。经刘宗宽推荐，王竣被任命为第三师蒋占朝（蒲城人）第二旅军法官。1927年夏初，第十二路拨归南路军岳维峻指挥，奉命经蓝田、商洛开往南阳一带，准备参加武汉国民政府领导的二次北伐。因为准备工作一时未完，直到冬天，蒋占朝才率领第二旅开到蓝田待命。1928年春，第二旅仍在蓝田待命。这时，冯玉祥的大部分部队开出潼关，而李虎臣的第八军却在关中暗里进行反冯活动。1928年5月，王竣所部参加了反冯活动。反冯失败后，王竣受命去南阳找岳维峻请示办法。经过许多周折，才找到岳维峻，被岳任命为新编第一师某部营附。

关于这一段历史，1988年5月12日刘宗宽复笔者信说：王竣“从黄埔回到杨部时，我已任杨的侍从副官，他在副官处任上尉副官。城围解后，杨将军离开部队时，我们一同去组织队伍。组军失败后，杨将军回来了，他就接替我当了杨的侍从副官。我因组军失败，不敢见杨，给杨写了封信，由王竣面呈杨，嘱王观察杨的神色。杨看后无任何表情……如无其事。我摸不着深浅，不敢回去。适国民军十二路（军）第三师到西安请军事专家，邓宝珊的参谋长尚天初便介绍我前去。我去当了该师副官长，随后又当了参谋长……于是王竣也来到这里，我把他介绍到第二旅当了少校军法官，实际负责军事训练。陕西反冯战争失败后，我们把部队遣散了，派他去南阳见岳维峻请示办法。该部后来改编，他就在岳部当了营附。我去南京去找工作……适杨将军从日本回来，我去见他。他说他也回部队去，问我怎么办？我答：我们是你的部下。你回部队，我也跟你回部队，这样在杨的精心安排下，我又回了部队，当了第三旅第九团团长。我便向杨将军建议把王竣召回来去当营长。杨答应后，我便给他写信。回到山东，当了第二旅第五团第一营营长。”

1988 年 8 月 4 日刘宗宽在复笔者信中又说：“1927 年夏末秋初，第十二路军拨归岳维峻节制。奉命经蓝田、商洛，开往河南南阳一带集中，准备参加北伐。由于准备工作来不及，直到是年冬，第三师前敌指挥官蒋占朝才率领第二旅开到蓝田，又在这停止待命。直至 1928 年春，党海楼师长率领第一旅经蓝田、商洛开往南阳，而第二旅及补充旅仍在前敌指挥下在蓝田待命。这时，冯玉祥部队大部分开出潼关……而岳维峻等陕西部队却在暗中进行反冯活动，他们进行了所谓商洛会议。李虎臣的参谋长刘季衡于会后专程回关中一带进行传达……刘季衡到蓝田传达了会议情况后，蒋占朝和陈发荣师和我（我去年冬回家葬祖母后，被蒋占朝留住任为前敌指挥部的参谋长）开会研究如何对待。……决定参加这次反冯战争（按：据《新民主主义革命时期陕西大事记述》一书说：‘1928 年 5 月上旬，李虎臣乘冯玉祥主力不在陕西，发动了反冯战争。……不久，为冯军所败。1928 年 7 月，冯玉祥……为了巩固后方，便退而肃清陕、甘、豫之杂牌军队，派张维玺等部入陕围攻凤翔党海楼及其他陕军残部。不久，党海楼部被……消灭。’）。……我们两师只得沿西兰公路向甘肃进发。我们行军到了礼泉县附近（越过店张镇），忽与由甘肃东下援陕的冯玉祥部陈玉耀旅遭遇。我们对其进行了阻击之后，认为形势不利，立即撤出战场，把队伍拉到武功附近，南渡渭水到了周至……我们立即将队伍拉出周至开往眉县，与许元凯部会合。到这里之后，我们与陈发荣、许元凯立即开会研究今后如何行动？在会上，我鉴于大势已去，劝陈发荣率全师入南山翻山越岭向河南南阳进发，力求与主力部队会合。我又劝蒋占朝将部队武器收缴了，送给许元凯，请他给我们些现款，把部队遣散了。派王竣化装由大道去南阳找卫定一、岳维峻，报告情况，请示办法，再作重整旗鼓。就这样我们这个部队就遣散。王竣奉令去了南阳（笔者按：时间当在1928年七八月间。）。我和蒋占朝及师部人员分别化装回家了。王竣去后无消息。我于是年（1928年）冬，去南京另谋工作。不久，适杨虎城将军由日本回国，说他奉命回部队去，问我们（我同唐嗣桐一同去的）怎么办？我答，我们是你的部下，你回部队，我们也跟你回部队。……我于1929年二三月奉命回到部队，即被任命为第三旅第九团团长。此时我已与王竣有书信来往，知他已在新编三十四师（笔者按：在这封复信中，刘又对此说不敢肯定，说：'关于岳维峻部改编的番号，现在有些混淆不清了。'）任副营长。所以我就向杨将军建议，将王竣叫回，去二旅五团当营长。杨将军同意后，我就立即给王竣去了信。这样王竣很快就来到山东，被任为五团一营营长了。"

关于王竣何时离开岳维峻部重回杨虎城将军部队，刘宗宽在这封信中说："……王竣去山东是1929年春夏之交。……王竣大约是五月间到山东出任营长的。"

1988年8月24日访问刘威诚时，他说，王竣"去岳部在陕西各军反冯失败后"。当问到王竣何时又到杨虎城将军部任职时？刘威诚回答："我记得是1929年秋。部队从山东往南阳开，到半路（驻马店以北），在火车上碰见米暂沉。米告诉我：'王竣来了，任二旅五团二营营长。'……王好像未到山东。"

再说，1929年3月27日在编遣会议上，何应钦才宣布岳维峻为新一师师长（见《中华民国事件人物传》）。

关于陆军第三十四师的成立情况，戚厚杰等著的《国民革命军沿革实录》说："第三十四师该师原属第三集团军，师长徐永昌，后随阎锡山参加反蒋，被取消番号。1930年蒋介石将国民二军一部收编成第三十四师。1926年国民二军在河南失败，岳维峻入晋，被阎锡山扣留1927年冯玉祥率第二集团军入豫，岳维峻回豫，招集旧部编为第二集团军第五方面军。1929年初，缩编为新编第一师，岳维峻任师长。5月改以曹万顺为师长。9月该师在鄂西被张发奎消灭一部，大部溃散。是年冬岳维峻任陕西招抚使，招集旧部，称为讨逆军中央纵队。不久改称第三十四师，岳维峻仍任师长，辖2个旅，旅长由张万信、王俊杰分任。"不言而喻，第三十四师是1930年初才成立的，此时王竣已经离开岳部。

由此可见，当1929年春或秋王竣离开岳维峻部时，第三十四师尚未重组。怎能说，王竣"1929年，到陆军第三十四师任职"呢?

毋庸讳言，王竣在岳维峻部只能是任新一师某部营附。说王竣"1929年，到陆军第三十四师任职"，与史实不符。

其次王竣并非"后调入杨虎城部任总指挥的第十七路军，任营长"。这句令人费解！应是"后调入杨虎城任总指挥的第十七路军"。但并非调入。前引刘宗宽复笔者信称，王竣离陕赴豫，杳无音信。刘宗宽于1928年冬，去南京另谋工作。恰好碰上杨虎城将军由日本归国，便于1929年春重回杨部，即被任命为第三旅第九团团长。此时刘宗宽亦知王竣在岳维峻新编第一师任营附，便向杨将军建议将王竣召回。杨将军同意后，刘宗宽即给王竣去信。接刘信后，王竣于1929年春或秋来到山东，被杨将军任命为新编第十四师马青苑第二旅严沛霖第五团第一营营长。可见王竣乃重回杨虎城将军部队，并非调入。

5.《中国抗日将领牺牲录·王竣》中说："1930年王竣随第十七路军入陕。"

此说与史实不符。

前引当事人刘宗宽1988年8月4日复笔者信说：王竣"他是1931

年春由河南开回陕西的，不是卅年。……杨将军于 1930 年秋率主力乘追击刘汝明部而挺进到洛阳。攻克洛阳就乘胜西进，攻克潼关，进入陕西。我这一团大部随杨将军入陕了。我只率领团的其余部队驻守邓县，后调回南阳。因接防部队未到不能交防。在等待接防部队期间，著名土匪张老六率众窜到南阳以东赊旗店一带地区，并围困了驻该镇新收编的部队，属马文德部。我当时是杨部正规部队级别最高的实权人物。所有后方留守部队人员都向我要主意。在这种情势下，奉杨将军命令以后方留守总指挥统一指挥后方一切。当时王竣全营驻方城、舞阳间的保安镇。我令王竣率两个连，并令方城王明钦营抽两连归王竣指挥开来南阳剿匪。我第一营营长黄展云指挥连同王竣部共两营进剿围攻赊旗店之土匪。王竣因剿匪受了伤，部队也有损失。我令他在南阳把伤养好，并给把部队补充完好后，于 1931 年率部回保安驻地，并令押运一些军用品，到达保安后，连同驻保安部队一起开回陕西。不料行至博望屯，在该镇宿营后第二天出发后不久，即被张老六率部截击。王竣立即退回博望屯，据寨与匪对战。因兵力悬殊，所部伤亡殆尽，土匪攻入寨内。竣率卫兵数人据守一高阁，沉着应战，弹无虚发。土匪无法攻夺该阁。一方面匪首钦佩王竣的神勇，另一方面发现所押车辆并无子弹等物，感到后悔。亲登高阁，向王竣表示钦佩和后悔之意，请与王竣结盟，共举大事。王竣晓以大义，拒其所请。匪首折服，表示请王竣放心上路，他决不再做蠢事，干扰他的行动。这样王竣就率残余人员开回保安，率全营开回陕西了。先到漯河乘火车回陕。……这就是实际情况。〔蒲城〕县志所写似是而非，并有些夸大。”

由此可知，1930 年王竣并未随第十七路军入陕，而是 1931 年春率全营回陕的。

6.《中国抗日将领牺牲录 • 王竣》中说：“1933 年，升任陕西警备第一旅第一团团长。”

1933 年秋，王竣的确升任第一团团长，但不是陕西警备第一旅的第一团，而是陕西警备师第一旅的第一团。1933 年 6 月 24 日《新秦日报》登载:“陕西警备师第一旅第一团第三营营长王俊……于月之 21 日下午 6 时，开抵西安。”可见 1933 年 6 月 21 日前，王俊根本未升任团长。因为此前陕西警备第一旅旅长为王志远，第一团团长为李嵩山。

要弄清这个问题，须先了解杨虎城十七路军的编制概况。李紫山在《杨虎城将军前期的军事活动及其部队建制的变更》中说：1930 年杨虎城率部进入西安，“部队由原来的 1 个师和 5 个补充旅扩编为 3 个师——十七师、四十二师、五十八师，蒋介石表面给了两个军——三十八军、七军的名义，却把五十八师改为警备师，划归地方部队，1 个军仅有 1 个师，军部等于虚设。”(《西安文史资料》第三辑，第 89 页）李紫山在他所写：《杨虎城将军后期的军事活动及其部队建制的变更》中又说：遂后杨将军“把驻宁、沔、略地区的王志远部队改编为陕西警备第一旅，仍驻原地不动。……把安康地区的张鸿远部队改编为陕西警备第二旅兼安康地区绥靖司令。……新编警备第三旅旅长唐嗣桐驻凤翔、凤县。”[①] 可见杨虎城将军的主要部队就是这 3 个师和 3 个警备旅。

1932 年 9 月 4 日，警备师师长马青苑发动“天水事变”，兵败后叛杨投蒋。

杨将军在整顿警备师时，提升严沛霖为第一旅旅长兼第一团团长。1933 年 7 月 21 日杨部骑兵团团长王太吉（中共党员）率部在耀县举行起义，陕西警备师第一旅旅长兼第一团团长严沛霖因与王太吉至好，不愿率部围剿而神经失常，私离队伍。鉴于此杨虎城将军即对警备师

① 西安文史资料》第五辑第 84 页。

第一旅作了整顿，调陕西警备第三旅旅长唐嗣桐为陕西警备师第一旅旅长①，并提升王竣为该旅第一团团长。

王竣任陕西警备师第一旅第一团团长时，其团军需韦若愚遗属至今珍藏着韦任军需的委任状。其上书：

西安绥靖公署委任状　绥字第五〇号

委任韦若愚为陕西警备师第一旅第一团上尉军需此状

绥靖主任杨虎城（印）

中华民国二十二年九月十一日

由此可知，王竣1933年升任的是陕西警备师第一旅第一团团长，而不是陕西警备第一旅第一团的团长。

无巧不成书。1933年6月21日《新秦日报》载："宁羌讯：该邑驻军警备第一旅旅长王志远，突于本月6日晚，驰骑抵县，至7日下午3时，即令其第二团李清涵部开出县城，往川边奔去。"由于陕西警备第一旅旅长王志远于1933年6月7日带李嵩山和李清涵一、二团叛杨逃蜀。留下了陈际春三团1个团，后来被编为赵寿山第五十一旅独立团。陕西警备第一旅解体。经过"天水事变"，陕西警备师也名存实亡。在这种情况下，杨虎城将军，撤销了陕西警备师的编制，重建了陕西警备第一旅。曾在陕西警备第一旅第三团任团长3年又8个月的刘伟诚在所写《我在十七路军工作的片段回忆》中说："警一旅是以刘文伯的独一旅和其他部队为基础，于1935年初组建的。旅长唐嗣桐，辖3个

①1933年9月27日《新秦日报》载："军息，陕西警备师第一旅旅长严沛霖氏，前因病辞职，业经照准。绥署杨主任以该旅长遗缺重要，未便久悬，特电上峰任命唐嗣桐接充，闻已照准。于日前已将任命状等发出，并训令该师副师长韩世本遵照云。"

团，一团团长王俊，二团团长毋润生，三团原来的团长赵雨晴（我到职后调走）。”① 据《西安绥靖公署步兵训练班第四期同学录》载，1934 年夏陕西警备第一旅已组建。

不言而喻，王竣 1933 年秋，升任的是陕西警备师第一旅的第一团团长，而 1934 年夏担任的才是陕西警备第一旅的第一团团长。

7.《中国抗日将领牺牲录 • 王竣》中说：王竣“1936 年 12 月 12 日，跟随杨虎城参加西安事变，承担西安城的城防任务”。

此说也与史实不尽相符。

时任陕西警备第一旅副旅长兼第二团团长的王子伟寄给笔者他所写《我所知之王竣生平》（手稿）中说，西安事变前，王竣陕西警备第一旅旅部与第二团驻防周至，第一团驻防户县。前引刘威诚《我在第十七路军工作的片段回忆》中说，第三团驻防宝鸡、凤县、留坝等地。

前引王子伟所写《我所知之王竣生平》中又说：西安事变爆发后，“12 月 12 日午后，杨将军令办公厅主任韩光琦打电话：令警一旅强行军回西安。……13 日深夜才到西安西郊……次日经南郊到大雁塔东北观音庙村构筑工事，以防中央军进攻。过几日警一旅又移凤翔，旅部和第二团驻凤翔，第一团开汧阳、陇县，向甘肃清水县方面警戒，因中央军李及兰之第四十九师在清水，随时可能东进。……又过多日，警一旅奉命撤退，要回西安，但李及兰之四十九师乘机进逼。……王竣和我联名函李，望其缓进，避免冲突。信中有‘骊山烽火，震惊元戎，弟等深感痛心，但张杨两将军主张停止内战，一致抗日，别无他意，当为国人所共谅……’等语。信由县政府派人送去，幸两部未发

---

① 中共陕西省委党史研究室编：《中国共产党在国民党第十七路军中的活动》，陕西人民出版社 1993 年 5 月版，第 159 页。

生战斗。……警一旅开回西安曾担任城防。……西安事变期间，马青苑由南京到潼关，秘密派人给王竣送信，冀王离杨归蒋，王将马来信送呈杨将军。”

血战永济捐躯的王竣部第一团卫生队下士看护杨茂森家中至今珍藏的西安事变后1937年2月杨茂森写给父母的信，真实反映了王竣部第一团在西安事变中的活动概况。其信摘要如下：

父

亲大人膝下敬禀者拜别

母

慈颜△未曾奉函△瞬将数月△自拾月廿九日△（按：1936年农历十月二十九日，即公历的12月12日）西安事变△当日队伍由户县到西安△不久数日由西安乘火车到陇州△年终（按：当年农历除夕为1937年2月10日）由陇州到西安△队伍现在西安居住△特地写信告诉大人△……现在西安平定△大人勿念△……伏乞温凊

珍重禀请 二月日

金安不一 儿正印（按：茂森奶名）敬禀

王俊部刘伟诚第三团在西安事变中的情况，该团上尉书记崔一民在《回忆警一旅三团中共党支部工作》中说：“西安事变前，我们三团驻防凤县、留坝县张良庙一带。西安事变时杨虎城电令我们三团星夜返回西安，接守城防。”[①]

① 中共陕西省委党史研究室：《中国共产党在国民党第十七路军中的活动》，陕西人民出版社1993年5月版，第452—453页。

2月2日清晨，王竣从凤翔回到西安，刚到火车站，就被王劲哉等硬拉到孙铭九家。孙铭九要求在场的孔从洲、许权中、王竣等人在《反对和平宣言》上面签名。因事出突然，孔从洲当即严词拒绝。王竣等亦以各种理由推脱，没有签字，也没有戴袖章。关于此事《孔从洲回忆录》有详细记述。

西安事变和平解决基本告成。中央军宋希濂师于2月8日进入西安。王竣奉杨将军之命率部留守西安，维持城内治安。

从上举事例来看，王竣在西安事变当日并未在西安，后来并非单单"承担西安城的城防任务"。实际上说在西安事变中"承担西安城的城防任务"的还有孔从洲和李振西等部。

8.《中国抗日将领牺牲录·王竣》中说："西安事变后，杨虎城被迫出国，第十七路军在抗战爆发后被改编为陆军第三十一军团，由孙蔚如指挥。1937年9月，孙蔚如部被调遣到平汉、同蒲线抗击日军，王竣任旅长的陕西警备第一旅留守西安。"

这里有两点说得与史实不符。

首先，第十七路军并非"在抗战爆发后被改编为第三十一军团"。

西安事变和平解决后，蒋介石回到南京，先扣留了张学良将军，接着又对杨虎城将军撤职留任。由于杨虎城部冯钦哉第七军离杨附蒋，在蒋介石的压迫下，杨虎城第十七路军被迫缩编为第三十八军，军长仍为孙蔚如担任。时任孙蔚如部参谋长的陈子坚在所写《第四集团军在中条山抗战概况》中说："蒋介石于1938年6月免去孙〔蔚如〕的陕西省主席职务并把孙的部队以命令改编为第三十一军团……军团长孙蔚如，参谋长陈子坚。"[①] 由此可见，第十七路军，1937年春，先被缩编

① 全国政协《晋绥抗战》编写组编：《晋绥抗战》，中国文史出版社1994年2月版，第417页。

为第三十八军。而改编为第三十一军团是 1938 年 6 月，此时抗战开始已近整整 1 年了。

其次，1937 年 9 月，孙蔚如部并非全部被调遣到平汉、同蒲线抗击日军。前边在有关梁希贤部分已经指出，1937 年七七事变后，孙蔚如部只有第十七师、第一七七师的五二九旅和教导团奉命在平汉、同蒲线抗击日军。

另外，王竣任旅长的陕西警备第一旅并非全部留守西安。前引时任陕西警备第一旅第二团长的王子伟在其所写《我所知之王竣生平》中说："1937 年 6 月，王竣率第二、第三两团（第一团留西安暂由军部直接指挥）赴商县清剿古鼎新股匪，端阳节到商县。……警一旅又奉命接二十六军萧之楚的安康防地……第二团先到安康，旅部和第三团继至。……1938 年……小麦吐穗时，我旅奉命回关中……"

时任王竣陕西警备第一旅第三团团长的刘威诚在其所写的《抗战期间我在三十八军的活动情况》一文中说："1937 年 6 月，西安事变和平解决后，蒋介石的西安行营主任顾祝同，命令陕西警备第一旅开赴商县剿灭古鼎新匪部。当时我在警一旅任第三团团长。旅长是王俊。……8 月，我旅移驻安康地区，这时卢沟桥事变已经爆发……1938 年 5 月，旅部及第二团调回西安，唯留我第三团仍驻安康。"①

二、三团去安康后，第一团邓祥云第二营开赴商县驻防，直至 1938 年 5 月上旬。留守西安的仅剩张剑平第一团的王宪斌的第一营和马生晖的第三营。

不言而喻，说"1937 年 9 月，……王竣任旅长的陕西警备第一旅

① 十七路军中共党史资料征编领导小组主编:《丹心素裹》2，中国文史出版社 1989 年 4 月版，第 142—143 页。

留守西安。”与史实不尽相符。

9.《中国抗日将领牺牲录·王竣》中说："1937年全国抗战爆发后，……11月，太原失守，日军沿同蒲路南犯，相继攻占平遥、榆次等地。奉命率部开抵黄河西岸的王竣，担负警戒黄河河防的任务。”

此说与史实相去甚远。

前引王子伟和刘威诚文中均说，1937年全国抗战爆发后，王竣正率所部第二、三团由商县开赴安康驻防。直到1938年5月，旅部及第二团才调回西安。王子伟在所写《我所知之王竣生平》中又说：1938年“小麦吐穗时，我旅奉命回关中……到西安休息数日，即开朝邑担任河防，因此时日寇已侵入晋南。我奉命率第三营赴二华剿匪……第二团其余部队均由团附佘纪善带往朝邑。”

不仅如此，王竣殉国后，继任新编第二十七师师长的杨显在所写《蒋帮陕西省保安司令部活动始末》中说："1937年9月……省主席孙蔚如和保安处长张坤生……对我作了两点指示：一是陕西财政困难，先编6个保安团……这6个保安团，大约在1937年11月分别在西安、渭南、商县、宝鸡、汉中、洛川等地先后编成。……当保安第一团和第二团刚刚编好待命拨补的时候，适逢日寇打到了山西风陵渡。陕西情况突然紧张。……保安一、二团……临时指定归我指挥，开往安康，接替陕西警备第一旅王竣部的防务，调出王旅去守河防。”①

1939年6月《西北文化日报》登载的平民县各机关各联保主任《恭颂陕西警备第一旅旅长王公杰三暨团长张公剑平任公耕三武公靖尘德政》中说："自去岁晋南失守，我警备第一旅旅长王公杰三暨团长张公剑平任公耕三武公靖尘率部驻防本县以来……”②

①《陕西文史资料选辑》（第八辑），陕西人民出版社1980年11月版，第147—148页。

②《西北文化日报》，中华民国二十八年6月。

由以上几个证据可知，王竣“奉命率部开抵黄河西岸的”时间不在1937年，而是1938年夏天。

10.《中国抗日将领牺牲录·王竣》中说：“在山西的中国正面战场军队受阻，中国共产党领导的八路军开辟抗日根据地，山西、河北、山东等地人民抗日武装相继建立并开展游击战的同时，王竣指挥其部第一团东渡黄河，配合友军坚守永济”。

这里有两点值得商榷。

首先，王竣部第一团因何东渡黄河，坚守永济？笔者以为说是“在山西的中国正面战场军队受阻，中国共产党领导的八路军开辟抗日根据地，山西、河北、山东等地人民抗日武装相继建立并开展游击战的同时”，王竣才指挥其第一团东渡黄河。

此说尽管冠冕堂皇，但实在大而不当。

事实是，1938年2月日寇沿同蒲铁路南犯，3月6日日寇第一次攻占了永济县城。在徐州会战期间，由于日寇调用了驻山西省的兵力，晋南空虚，“1938年4月底，一七七师奉西安行营主任蒋鼎文、三十八军军长孙蔚如及第二战区副司令长官卫立煌电令，要师长李兴中督率全师东渡黄河至晋南三角地带寻机歼敌，策应徐州会战。”[①] 经旬月苦战，“侯马以南晋南三角地带13县完全收复”。[②] 5月29日一七七师韩子芳第一〇五八团第二营收复永济县城。如前所述，此时王竣部已开抵陕东，扼守金水沟至三河口黄河河防。

“1938年6月蒋介石将三十八军改编为三十一军团……原属孙部的警备第一旅，留陕守河防，改归西安行营主任蒋鼎文指挥。实际上，

① 苏济吾:《一七七师收复晋南十三县》,《丹心素裹》(2)，第316页。

② 苏济吾:《一七七师收复晋南十三县》,《丹心素裹》(2)，第316—320页。

蒋利用改编部队，减去了孙部 1 个旅的兵力。”[①] 孙蔚如奉命率三十一军团东渡后，于 7 月 18 日急电蒋介石说“职以现有兵力及上陈部署，委实无力派队扼守。”请求增兵。在此情形下，王竣才奉命派遣所部张剑平率第一团一部（实为 6 个连）东渡黄河，扼守永济县城。

其次，并非“王竣指挥其部第一团东渡黄河，配合友军坚守永济”。而是王竣派遣其部张剑平第一团一部东渡黄河。张剑平率其团 6 个连东渡，坚守永济县城。王竣率旅部和任耕三第二团及张剑平第一团步炮连、马生晖第三营营部与其营张举才第七连在河西扼守黄河河防。

关于永济城血战当年最具权威的有两篇文章：一是《永济血战经过报告》，一是建在原陕西省朝邑县的《陕西警备第一旅第一团永济抗战阵亡将士纪念碑序》。

《永济血战经过报告》说：“自今年晋南战事开展后，永济为敌我必争之军事重地。自从长江会战开展后，敌为策应进攻武汉计，遂有二次‘扫荡’晋南，进扰豫陕之企图。永济随战事情势之演变，又为我固守晋南，保卫豫陕之重要据点。我□□□旅□团张团长剑平，即于此次晋南吃紧时，奉命率兵 6 连，进驻永济。”[②]

1938 年 12 月 18 日建于朝邑的《陕西警备第一旅第一团永济抗战阵亡将士纪念碑序》中说：“当寇入据太原后，旋复引兵南下，于是临汾不守，晋南告急，并骎骎然有企图渡河入陕之势。我陕西警备第一旅王旅长杰三统率全部扼守黄河，保卫西北。其第一团团长张君剑平……即躬率部队 6 连慷慨东渡，以遏寇焰。”

由以上证据可知，其第一团一部东渡黄河，并非王竣指挥。从纪

① 陈子坚：《第四集团军中条山抗战概况》《丹心素裹》（2），第 322—323 页。

② 1938 年 8 月 27 日《西京日报》《西北文化日报》。

念碑序也可知，王竣“奉命率部开抵黄河西岸的”时间不在1937年，而是在“临汾不守，晋南告急”的1938年夏天。东渡的原因是为了策应武汉会战。

11.《中国抗日将领牺牲录·王竣》中说：“由于进攻受阻，恼羞成怒的日军派出1个师团的兵力围攻永济的中国守军。”

此说与史实相去甚远。要弄清日军当时究竟派出多少兵力围攻永济城的中国守军。首先须闹清当时的真实情况。

1988年5月3日，当年永济血战主阵地总指挥孔从洲将军复笔者信说：“8月15日驻运城之川岸（笔者按：后复信改正为牛岛）师团七七联队3000余人，配有炮兵4个中队、坦克3个中队、装甲车10余辆、飞机6架，兵分3路，向永济围攻。”

孔从洲在其撰写的回忆录中说：“驻运城之敌牛岛师团以一个旅团的兵力，配有炮兵4个中队，坦克3个中队，伪军一部，共3000余人，以10余架飞机掩护，分兵3路向我进攻。”①

当年8月16日孙蔚如致蒋介石电云：“永济方面，据孔旅长从周铣（笔者按：16日）电称，今晨4时，二十师团七七联队约3000人，炮20余门，装甲车10余辆，飞机6架，向我永济主阵地进攻……至下午9时，敌我仍在相持中。”②

1938年8月18日《西京日报》发表的中央社潼关17日下午3时电：“敌约二三千，飞机六架，于昨（16日）拂晓起，迄下午8时，向我永济猛攻。”8月19日《新华日报》也发表了此消息。8月19日《西京日报》发表的中央社潼关18日电：“犯我永济之敌二千六百余人，附

① 孔从洲：《孔从洲回忆录》，解放军出版社1989年9月版，第229页。

② 咸阳军分区副政委姚杰抄中国第二历史档案馆档案。

炮20余门，自在尧王台、东姚温、西姚温一带，经我军包围发生激战后，敌死伤1100余人……旋，敌增援400余名。”8月20日《新华日报》与《大公报》也发表了此消息。

上引数证据，指明了日寇进攻永济主阵地兵力约3000余人，但均未说明进攻永济县城兵力有多少。只有8月18日《西京日报》和8月19日《新华日报》透露了一点信息："其一部约千余人，于今（17日）上午窜抵永济东北关外，与我某部激战中。”但也未说明攻城敌数。因为如前所论，此时日军尚未攻城。

说到日军攻城准确人数的证据有三：

其一为《陕西警备第一旅第一团永济抗战阵亡将士纪念碑序》说："寇复以数千之众蜂拥而来，激战终夜，直至拂晓，已将县城三面包围。”“数千”说得含混，叫人仍不明确。

其二为《永济血战经过报告》说："进犯永济之敌，共约二千数百人，附炮20余门，飞机6架，联合向永济三面猛犯。”

其三为1941年国民政府军事委员会政治部编印出版的《抗战特殊忠勇军民题名录·马俊杰》第一辑说："是日，敌以步兵3000余，大炮20余门，骑兵300余，并配合空军攻城。”①

《血战永济》秦腔戏第九出“肉搏”作了一定的艺术夸张，才说“倭寇以陆空5000之众向我猛犯”。

不言而喻，日寇猛攻永济城的兵力最多不过4000。

其次须明确日军当时1个师团有多少兵力?

陈小功《抗日战争中的国民党战场》一书中说："日军步兵常设战

① 国民政府军事委员会政治部编印:《抗战特殊忠勇军民题名录·马俊杰》第一辑，中华民国30年1月出版，第126页。

时编制为两旅团四联队制，编制人员两万余人（为国民党调整师人数的一倍），作战时加上其他特种兵配属，在兵力、兵器对比上，其战斗力约 4 倍于国民党的调整师。”[①]

耿成宽等编著的《抗日战争时期的侵华日军》一书写道：从 1938 年 6 月 25 日至 7 月 15 日，日军大本营对华北方面军的战斗序列作了如下改变……第二十师团下辖三十九、四十旅团、骑兵第二十八联队、野炮兵第二十六联队、工兵第二十联队、辎重兵第二十联队、通信队、卫生队、第一至第四野战医院[②]。根据该书附录“中国派遣军师团、旅团编制概况”介绍：常设四单位輓马师团 25000 人，驮马师团 28500 人。1 个师团按 2 万人算，也比 4000 人多了 4 倍多。

由以上考析可知，8 月 17 日日寇猛攻永济县城的兵力为 3000 多人。“1 师团”之说过于夸张，严重失实，不可相信。

12.《中国抗日将领牺牲录•王竣》中说：血战永济时“王竣指挥第一团将士奋勇杀敌”云云。

此说也与史实不符。如前所述，血战永济时，王竣仅奉命派遣其部张剑平第一团一部（6 个连）东渡黄河，按照孙蔚如将军的部署，张团担任左翼防务——死守永济县城，前引《纪念碑序》明确说：“其第一团团长张君剑平……即躬率部队 6 连慷慨东渡，以遏寇焰，迨至永济奉命归陕西警备第二旅孔旅长郁文（笔者按：孔从洲字郁文）指挥。”王竣并未过河，他率部在黄河西岸扼守黄河河防，怎能越俎代庖指挥第一团将士奋勇杀敌呢？

13.《中国抗日将领牺牲录•王竣》中说：“西安易俗社当即编写了

① 陈小功：《抗日战争中的国民党战场》，第 19 页。

② 耿成宽、韦显文编：《抗日战争时期的侵华日军》第 44—45 页。

《血战永济》秦腔戏，广为传唱和宣扬。”

《血战永济》秦腔戏，并非当即编写。8 月 17 日下午，团长张剑平听说东城指挥官邓祥云阵亡，吓得魂不附体，“出西门乘坐早已预备好的渔船逃过黄河”，[①] 于当晚回到朝邑，受到旅长王竣的严厉责斥。张剑平深感内疚，带着忏悔的心情到西安易俗社找到樊仰山，又送蜂蜜，又说好话，请其编一部秦腔戏。据民国二十八年五月十二日《国风日报》报道 :“樊仰山氏最近搜集某军血战永济史实，编为写实国防史戏剧《血战永济》……闻已交易俗社选派甲乙丙三班优秀学生加紧排练，拟于端阳节公演。”又民国二十八年七月十五日《工商日报》消息 :“《血战永济》今晚上演。”由以上考析可知，西安易俗社并非当即编写了《血战永济》秦腔戏。

14.《中国抗日将领牺牲录•王竣》中说 :“1939 年，陕西警备第一旅因抗日作战有功，国民政府军事委员会将其改编为陆军新编第二十七师，归胡宗南部第一军指挥，王竣任副师长，不久提升师长……”此说纯为臆断。

关于王竣部陕西警备第一旅如何改编为陆军新编第二十七师，王竣又是因何升任师长，其中情况极为复杂，并非三言两语可以讲清。

党德信等主编的《抗日战争国民党阵亡将领录•王竣烈士》云 :“1938 年，陕西警备第一旅因抗日作战有功，被国民政府军事委员会编为陆军新编第二十七师，王竣将军被提升为副师长，不久，又升为师长。”[②]

此说与史实相去甚远，纯为臆断。

在王竣部队改编半年前曾任陕西警备第一旅第三团团长的刘威诚

---

① 李振西:《风陵渡保卫战》《晋绥抗战》，中国文史出版社 1994 年 2 月版，第 432 页。

② 党德信等主编:《抗日战争国民党阵亡将领录》，解放军出版社 19878 月版，第 247 页。

在《我所知道的任耕三烈士》一文中说："西安行营蒋、胡帮对我旅早有并吞阴谋。"① 前引他写的《抗战期间我在三十八军的活动情况》一文中又说："……蒋鼎文……并用师长一职引诱旅长王竣，将警一旅改编为第二十七师，使它与孙蔚如部脱离关系。"② 由此可知，王竣部陕西警备第一旅并非国民政府军事委员会把它改编为新编第二十七师，而是蒋鼎文的意图。

在王竣部队改编前曾任陕西警备第一旅第三团团部中尉书记、上尉书记的□□□在复笔者信中则认为："1939 年后半年，这时候国内形势有所变化，出现了反共高潮。在这一形势下，王竣的思想也在变化，积极投靠胡宗南。积极活动想当师长。"又说，胡宗南"撤销刘威诚的陕警一旅第三团团长职务（威诚与王竣是蒲城同乡、同学，王为了升官当师长，不惜出卖刘威诚！）"

以上诸说，究竟那种说法符合史实呢？为了弄清这个问题，只要了解了这个问题的前因后果与来龙去脉，结论是不难得出的。要弄清此问题的真相，还得从头说起。

1938 年 6 月，为了达到借抗日之名，进一步瓦解杨虎城旧部之实，蒋介石把隶属于胡宗南十七军团的三十八军改编为第三十一军团，任命孙蔚如为军团长。却把王竣的"第一旅，留陕守河防，改归西安行营主任蒋鼎文指挥。实际上，蒋利用改编部队，减去了孙部 1 个旅的兵力。以后孙蔚如虽向蒋介石、蒋鼎文一再申请把警一旅调中条山增加抗战力量，都未获准"。③ 致使王竣所部被迫脱离了三十一军团序列。

---

①《西安文史资料》第四辑，第 50 页。

②《丹心素裹》(2)，中国文史出版社 1989 年 4 月版，第 145 页。

③ 陈子坚:《第四集团军中条山抗战概况》《丹心素裹》(2)，中国文史出版社 1989 年 4 月版，第 323 页。

蒋鼎文把王竣所部留陕守河防，这就是刘威诚所说的“西安行营蒋、胡帮对我旅早有并吞阴谋”。但这只是第一步。有了第一步，就有第二步。

1939 年 5 月间，王竣奉命率部移驻大荔城南休息训练。蒋鼎文、胡宗南的吞并阴谋接踵而来。蒋鼎文、胡宗南都是蒋介石的心腹，但他们在争权夺利时尔虞我诈、明争暗斗，一点也不相让。在吞并陕一旅上均使出浑身解数。

前引杨显所写《蒋帮陕西省保安司令部活动始末》中说：西安事变和平解决后，“孙蔚如当了陕西省政府主席，张坤生仍蝉联了保安处长职位。抗战开始第二年，即 1938 年夏，孙被调为军团长，陕西省主席一职由蒋鼎文接替。不久，胡宗南的第十七军团由河南信阳调到陕西，改编为三十四集团军，蒋鼎文兼任该集团军总司令，胡任副总司令，但实权却操在胡的手中。蒋鼎文既不甘心，又无办法，只好回过头来，给自己编组新的部队。恰好这时第十六军董钊部也由河南调到陕西，全军仅有 1 个第二十八师。董要求蒋鼎文为他设法编补，这正是瞌睡碰见了枕头。蒋鼎文就利用他的军政职权，很快地给董编成了预备第一师和预备第三师，两个师长是谢辅三、周开勋，均系蒋鼎文任第九师师长时的老部下，从此董钊的第十六军就成了蒋鼎文的基本，再不是从前的空头总司令了。当编这两个师的时候，张坤生曾秉承蒋鼎文的意图，出了不少力气。预一师的大部分士兵，多是由陕西省保安团队拨补的，因而蒋对张非常器重。但这样一来，使野心勃勃的胡宗南对蒋鼎文产生了极大的妒忌与不满，争权夺利的矛盾更深刻化了。

胡认为蒋鼎文之所以能够编组部队，主要是由于他掌握了保安处这个机构。因而就计划从更换保安处长下手，把保安处控制到自己手里。因此，遂于 1939 年元月保荐徐经济代替张坤生任陕西省保安处长。（笔者按：回忆时间有误。据1939年2月2日西安《工商日报》消息：陕西全省保安处长张坤生已另调军职，遗缺由军委会特任命徐经济继任。徐氏奉令后，遵命于昨日下午到处先行视事。）徐系陕西临潼人，黄埔军校第一期毕业，与胡宗南同期同队，与胡关系甚密。

张坤生原以为他的这个保安处长是一顶铁纱帽。自西安事变后，中央派在陕西地区的各单位主官如邵力子、马志超等都换了人，唯他没有更动。何况他是替蒋鼎文编组部队的有功之臣。徐经济一来，真是如同晴天霹雳，事出意外，始终想不到岔子出在哪里！蒋鼎文也感到非常诧异！不久才知道了是胡宗南捣他的鬼，很不服气。为了表现他的力量，遂将陕西警备第一旅王竣部扩编为新编第二十七师，保荐张坤生任了师长，王竣为副师长，并叫张坤生带了1个保安第五团作为该师的基干。这样一来，张虽失之东隅，但收之桑榆，便兴致冲冲地带了保安处的一批亲信干部到朝邑该师驻地（笔者按：此说有误，当时王竣师部驻地在大荔城东南的大王庙）走马上任了。岂知胡宗南更不甘心示弱，在张坤生就任师长仅28天，就明升暗降调张坤生为徒有其名的副军长，以王竣升任师长，另派了他的老部下梁希贤为副师长。不但如此，还将张带去的保安五团团长李忠以克扣军食、士兵死亡过多的罪名，撤职关押到西安警备司令部军法处，另派第七分校军事教官刘恩荫接替了李的团长（笔者按：这里有误。刘接替的是武靖尘的团长，明增慧接替了李的团长）。这一场争权夺利的丑剧，就这样以胡宗南的胜利告一段落。”①

胡宗南、张坤生、徐经济同是黄埔军校第一期毕业，私交甚厚，

① 杨显：《蒋帮陕西省保安司令部活动始末》，《陕西文史资料选辑》第八辑，陕西人民出版社1980年11月版，第144—145页。

那胡宗南为什么要厚此薄彼呢？

要弄清此中缘故，是张坤生爱睡午觉惹的祸。宋旭初的《胡宗南和张坤生的矛盾内幕》一文把其来龙去脉叙述得颇为周详。有一次时任第一军军长的胡宗南由甘肃天水驻地因公来到西安，办完公事，知道同学张坤生任陕西省保安处长，特意到保安处看望张坤生。他兴致勃勃地进了传达室，掏出一张名片，递给传达，说明要见张处长。传达见胡宗南其貌不扬，以处长正睡午觉拒不传达。还把胡宗南推出了传达室。虽经田毅安多次调解，胡始终不愿与张和解。

现在来看王竣为何能在张坤生任师长 28 天后当上新编第二十七师师长？谁都知道，那时国民党部队，下一级正职升为上一级副职，一般谓之“明升暗降”；上一级副职调下一级正职，一般谓之“明降暗升”。这是因为军队正职，集中人、枪和经济实权于一身，副职一般只是个摆设。正因为如此，张坤生踌躇满志、兴致冲冲，王竣却满心沮丧、深感困惑。副师长等于降为副旅长，实际上等于被架空。连军队都无权控制了，怎能完成杨将军“要上下一心，全力杀敌”的最后叮嘱呢？这才是蒋、胡争权，殃及池鱼王竣！

为此王竣到西安谋求解决问题的办法。他回到西安，先与贾文郁、王子伟谈及受蒋鼎文排挤之苦衷，感到一筹莫展。王子伟建议，把队伍准备好，带上靠八路去。贾文郁建议王子伟一块去。王竣听后，作为一个旧军人，他怎敢为天下先呢！

王竣绞尽脑汁，百思不得其解，只好去找挚友刘宗宽想想办法。1988 年 5 月 12 日、8 月 4 日王竣的挚友、解放后曾任重庆市政协副主席的刘宗宽在两次复笔者信中都详细谈到了王竣如何当师长的情况。他在 5 月 12 日复信中说：“具体时间我想不起来，可能在 1939 年上半年。当时蒋鼎文想抓实力，便把警一旅改编成新二十七师，派陕西保安处长张坤生（黄埔一期）为师长，以王竣为副师长。这样一来，王竣便失去对军队一切控制权力，而且有可能被挤出该部队。王竣特此来西安找我诉苦，要我想办法，由我去当师长。我说那办不到，反而会把事情弄糟。我便利用蒋鼎文和胡宗南的矛盾，以及胡不满张坤生这些微妙关系，决定利用胡宗南想拉笼我为他效命的心理，向胡宗南吹嘘王竣为人如何忠厚、讲义气，作战勇敢等等。建议胡委王竣为师长，并引王竣晋见胡宗南（笔者按：1989 年 5 月 14 日刘宗宽复笔者信说，晋见的地方‘在王曲青龙岭，胡宗南在王曲居住和会客的地方。’）。因为这正中胡宗南的心愿，把蒋鼎文的兵权抢到他手中来。所以胡宗南在接见了王竣后，立即任命王竣为师长，调张坤生为第一军副军长，而把蒋鼎文刚刚抓到手的一点兵权，立即夺到他手中，独揽兵权，使蒋鼎文成为光杆，不得不受他支配。而对我们，在当时的情况，要不使新二十七师这一点力量失去，只有走此一着。尽管胡宗南对人事要插手的，但毕竟师长在王竣手中，便有翻转乾坤的大权。只要时机一到，便可相机行事。这就是新编二十七师改编的内幕。这一内幕，只有王竣和我二人知道。王竣也只知道我从中起了作用，而不知道为什么我能有这么大的力量。主要就是我深知当时的矛盾情况，而因势引导的。”

不言而喻，王竣升任师长，既非“因抗日作战有功”，也非“为了升官”“不惜出卖刘威诚”，实为蒋鼎文、胡宗南争权所促成。王竣任副师长时，为蒋鼎文所指挥；王竣升任师长后，才归胡宗南指挥，并非一开始就由胡宗南指挥。

15.《中国抗日将领牺牲录·王竣》中说：“1940 年秋，新编第二十七师改归第八十军指挥。”

此说易使人误解。须知孔令恂第八十军乃胡宗南所部，因此王竣从 1939 年 8 月任师长直至 1941 年 5 月 9 日殉国，所部一直归胡宗南指挥。

16.《中国抗日将领牺牲录•王竣》中说："1940 年 11 月，王竣奉命率新编第二十七师，经漯河、渭河出潼关……"

这里两处有误。

（1）王竣何时率新编第二十七师离开朝邑？不少旧部肯定是农历九月十六日。1940 年农历九月十六日是公历 10 月 16 日，因此王竣奉命率新编第二十七师离开朝邑应是 1940 年 10 月中旬，而非 11 月。

（2）"漯河"不对，应是"洛河"。洛河发源于陕北，到吴旗县始称洛河，从陕北东南流，经关中的白水、蒲城、澄城等县，到大荔县流入渭河。

17.《中国抗日将领牺牲录•王竣》中说："5 月 7 日，日军调集重兵……并集中炮火对第二十七师师部所在地张店镇发动猛烈攻击……"

此说有误。该文上一段已说"师部驻平陆县东北的黄家庄"，后边却说"对第二十七师师部所在地张店镇发动猛烈攻击……"孰是孰非？令读者从何？

中条山战役前，王竣所部第八十军扼守中条山西段。该战亲历者原八十军第一六五师第四九四团团长史镜清在所写《中条山战役中的第一六五师》一文中说："1940 年秋，第一六五师由陕西合阳县开往山西平陆县东北中条山张茅大道以东地区，接替第三十八军第十七师的防务。……部队开到后，由第四九四团担任从黄河北岸（含河面）经占庄、计王村到南北桥子之线（团部驻计王村）的防务；第四九三团担任庙湾、尧店、桥堡到中村之线（团部驻桥堡）的防务；第四九五团为师的预备队，位于过村、岳庄附近；师部及直属部队，位于望原村附近……。新编第二十七师的阵地为第一六五师的右翼。"①

① 全国政协《晋绥抗战》编写组编：《晋绥抗战》，中国文史出版社 1994 年 2 月版，第 544—545 页。

该战亲历者原第八十军第一六五师第四九三团副团长孙铁峰在所写《第一六五师第四九三团在中条山》一文中也是这么说的："1940 年农历九月九日，第一六五师接替第三十八军赵寿山部在中条山西段的防务，师部驻平陆望原村。当时我为第一六五师第四九三团中校副团长，我团驻守由庙凹经尧店、中村到坑东之线，团部驻桥堡。……新编第二十七师接我师右翼，第三军等部在新编第二十七师之右。"①

第一六五师尚在张店镇的东面，而在第一六五师右翼（东面）的新编第二十七师师部怎么却在张店镇呢?

当时不仅新编第二十七师师部不在张店镇，恰恰张店镇却是日军盘踞的地方。因此上引史镜清在所写《中条山战役中的第一六五师》一文中又说："1941 年 5 月 8 日凌晨，盘踞晋南张店、侯马等处之敌……由张茅大道向我全军及第三军第十二师之线发动进攻。"②

据新编第二十七师特务连连长张亮伯讲，新编第二十七师师部 1941 年 5 月 8 日前一直驻黄家庄。

该战亲历者原第八十军新编第二十七师工兵连代连长王庭月在《回忆梁希贤将军》一文中说："5 月 7 日中午 11 时半，张店镇之日军 1 个旅团在炮兵和空军掩护下，分三路向新二十七师阵地发动猛烈进攻，重炮火力集中轰击我八十团三营杨家窑头阵地。……"③

5 月 8 日下午"3 时许，敌重炮轰击黄家庄。下午 4 时许，八十军军长孔令恂电令炮兵连回军部，又令二十七师师部撤到马圈沟、娘娘

①全国政协《晋绥抗战》编写组编:《晋绥抗战》，中国文史出版社 1994 年 2 月版，第 549 页。
②全国政协《晋绥抗战》编写组编:《晋绥抗战》，中国文史出版社 1994 年 2 月版，第 545 页。
③《铜川郊区文史》第六辑，1989 年 5 月，第 85 页。

庙一线……”[①]

由以上考析可知，王竣部新编第二十七师师部一直驻在平陆县黄家庄，而张店镇当时为日军所盘踞。

18.《中国抗日将领牺牲录·王竣》中说：“王竣牺牲后……埋葬在长安郭杜镇烈士陵园……”

此说不确，郭杜镇当时和现在都没有烈士陵园，而是王竣墓。王竣牺牲后月余，其忠骸由所部运输营第二连连长宁建亚和特务连连长张亮伯的传令兵魏子明冒着生命危险背回。8月29日安葬于长安县甘河乡（今长安郭杜镇）。1942年王陆一撰文、于右任书写、白廷锡刻字的《中华民国陆军新编第二十七师故师长王君杰三之墓表》竣工于其陵园。其《墓表》中说：“死后月余部下冒死负忠骸出，是年8月29日葬长安甘河乡”。由此可知，王竣牺牲后，安葬在长安县甘河乡，并非烈士陵园。因为王竣是国民党军官，“文革”中其坟地被夷为平地。十一届三中全会后，王竣儿子王天仇长期上下求索，经过第六届全国政协委员刘宗宽、米暂沉和李慕愚提出议案，陕西省人民政府才于1987年5月7日追认王竣为革命烈士。其后王竣儿子王天仇多次请求、刘宗宽等又提出议案，要求给王竣修墓，至今未果。

附记：此文2008年11月21日已由电脑邮箱发送到中国人民抗日战争纪念馆研究部。

①《铜川郊区文史》第六辑，1989年5月，第89页。

对《中国共产党革命英烈大典·任耕三》一文几个问题的质疑

在纪念中国共产党成立90周年的一次书展上，看到了中共中央党史研究室科研管理部编的《中国共产党革命英烈大典》。拜读了陕西省的几个英烈生平，收获颇多。但其中几个英烈生平的史实有待商榷。

1. 该文云："1926年4月，在国民二军代理旅长暗中接受吴佩孚部改编，密谋进攻国民军时，任耕三率部在门头沟抢先宣布起义，与吴佩孚兵将激战三昼夜，歼敌千余人。"此说与史实不尽相符。诚如该文第二行所说，任"与革命志士许权中交谊甚厚"。许权中生于1893年，任耕三生于1897年，比许权中小4岁。许权中是陕西临潼交口人，任耕三是临潼雨金人。许权中1911年考入西安单级师范，旋又转入三原省立甲种工业学校。任耕三1915年考入三原省立甲种工业学校。此时许权中已离开该校。1926年4月，国民二军旅长史可轩（中共党员）去苏联考察学习，由陈冠三代理旅长。临行前，史可轩对团长许权中交代："我走后，部队由你接替。"5月中旬，陈冠三暗中接受了吴佩孚的改编，被任命为三十九旅旅长。在李大钊的指示下，7 月中旬，许权中抢先击毙了陈冠三派来的几个亲信，陈只身逃走，在门头沟宣布起义。吴佩孚派 5 个旅前来进攻。许权中率部且战且退，当退至妙峰山时，吴部被拖得疲惫不堪，许权中亲率一个营的兵力，与敌激战了三个昼夜，歼灭 1000 多名敌人。许权中 1942 年 7 月写的《行状》说：“权中自此参加南口之役，起义门头沟，独占妙峰山。京津报纸特大字发表，以少御众。”“许权中妙峰山一战，使吴佩孚不能及时南下，布置督战于汀泗桥。北伐战事得以顺利进行。”曾为任耕三团长的刘威诚在他所写《我所知道的任耕三烈士》一文中也说：1926 年“4 月……旅长史可轩准备去苏联参观，由陈冠三代理旅长。5 月中旬，陈冠三暗中接受了军阀吴佩孚的改编，被任为三十九旅旅长。6 月该旅驻防北京附近的涿州、门头沟一带。此时直、奉军阀密谋进攻国民军。权中为了恢复国民二军，联合国民一军，粉碎敌人的阴谋，准备率部起义，并得到中共北方区委和国民军总部的支持。这些活动被陈冠三发觉，准备镇压。权中当机立断，命令部下立即动手，耕三积极响应，抢先击毙了陈冠三的几个亲信，陈只身逃跑。在党的影响下，经过权中的说服和争取，部队在门头沟宣布起义，起义官兵达 2000 余人。起义成功后，吴佩孚非常恐惧，除下令通缉权中、耕三，还派田维勤师进攻许部。权中、耕三沉着应战，奋勇杀敌，转弱为强。战至妙峰山时，他俩亲率 1 营兵力与敌人激战 3 昼夜，歼敌千余人，敌军大败而退。京、津报纸以特大字报道此事。”(《西安文史资料》第四辑，第 46 页。) 由此可知，在门头沟抢先宣布起义，与吴佩孚兵将激战三昼夜，歼敌千余人。此乃是团长许权中所指挥，而非所部任耕三一人的功劳。任是许的部下，不过是参与者而已。

2. 该文云：任耕三“1927 年夏任团长，壮大力量，改善成分，整顿组织，自修自造武器，同陕东赤卫队和农民协会相互配合，摧毁地方反动政权，建立苏维埃政权”。此说令人感到莫名其妙！1927年夏任什么团团长？1927年夏，哪来陕东赤卫队？在何处建立苏维埃政权？

3. 该文云：任耕三“1933年在杨虎城部任职”。此说与史实不符。与他长期在一起共事的崔一民（中共党员，解放后曾任西安市副市长）在其所写的《回忆警一旅三团中共支部工作》中说：1930年冬杨虎城将军率部进陕，杨虎城的老朋友刘文伯“1931年任陕西省盐务局局长。盐务局有一缉私大队。大队长任耕三是大革命时期的老党员，参加过渭华暴动，是刘文伯、史可轩、许权中的老部下”。由此可知，任耕三从1931年起就在杨虎城部任职。从此以后，任一直在杨虎城部任职。上引崔文还说：“不久，杨虎城任命刘文伯为陕西商洛绥靖司令，辖两个团、一个特务营。把盐务局缉私大队改编为特务营，营长任耕三，营副唐建章。（笔者按：唐在缉私大队任大队副不久，经任耕三介绍参加了中国共产党。）为时不久。又把商洛绥靖司令部改编为凤翔绥靖司令部，部队移驻凤翔。……嗣后，十七路军总部决定撤销凤翔绥靖司令部，将张子厚团和任耕三的特务营合编为十七路军补充团，调赵雨晴（陕西省盐务局副局长、刘文伯的亲信）为团长，任耕三任三营营长。”崔文还说：“十七路军于1933年又成立了独立第一旅，旅长刘文伯，辖两个团、一个特务连。把十七路军补充团改编为该旅第一团，团长赵雨晴；将原警备师的杨竹荪团改编为该旅第二团；新组建了特务连。……任耕三、唐建章在一团三营分别任营长、营副。”“1935年2月（农历正月初一），红四方面军进占陕西宁强县城，把独一旅二团守城的两个营全部消灭，杨竹荪团长被俘枪杀。……战后，独一旅被撤销，将残余部队缩编为一个团。部队番号遂改为陕西警备第一旅第三团，团长赵雨晴，营长任耕三、刘致远、鲁瑞斋。……同年 5 月，十七路军总部调刘威诚（共产党员）任三团团长。”“陕西警一旅旅长唐嗣桐率该旅一、二团于 1935 年 3 月（笔者按：不是 3 月，应是 7 月）在秦岭山区与红二十五军作战失利，唐被红二十五军俘杀。三团进驻西安西营房整训。”由此可知，任耕三并非 1933 年才在杨虎城将军部队任职，而是早在 1931 年就在杨虎城部任职。

4. 该文说：“1936 年西安事变发生后，任耕三任杨虎城警备一旅二团团长，驻防宝鸡。”此说更与史实相去甚远。如前所述，1935 年 5 月，杨虎城陕西警备第一旅，旅长唐嗣桐，辖三个团：第一团团长王俊，第二团团长毋闰生，第三团团长刘威诚。几乎同时，杨虎城奉蒋介石命令率刘威诚团和王镇华团坐镇蓝田，指挥所部围堵入陕的红二十五军。7 月 2 日，警备一旅旅长唐嗣桐率王俊一团和毋闰生二团在陕南山阳县袁家沟进入徐海东红二十五军伏击圈，被红军打得溃不成军。二团团长毋闰生下落不明。旅长唐嗣桐和一团少校团附侯平州、两个营长何廷西、燕荫棠均被俘杀。

袁家沟战败后，王俊率残部回到西安，被杨虎城任命为陕西警备第一旅旅长，辖 3 个团：第一团团长申及智（营长刘世功、王宪斌、马生晖），将特务第三团拨入警一旅，改番号为陕西警备第一旅第二团，任命李家骥为团长（三个营长为王俊杰、孙立功、武靖臣），第三团团长刘威诚（三个营长为刘致远、鲁瑞斋、任耕三）。

1936 年春节过后，为了加强陕一旅的领导力量，杨虎城将军任命王子伟为陕西警备第一旅副旅长。是年 8 月，李家骥去南京高教班受训，杨虎城任命王子伟兼任二团团长。西安事变前，申及智一团驻防户县，王子伟二团驻防周至。前引崔文说：“1936 年西安事变前，我们三团驻防凤县、留坝县张良庙一带。西安事变时，杨虎城电令我们三团星夜返回西安，接守城防。”王竣旅一、二团奉命“强行军”开回西安，到东郊赶筑工事，准备迎击亲日派中央军的进攻。过了几天，王竣奉命亲率一、二团乘火车，急驰宝鸡地区，留三团在西安守卫城防。旅部和王子伟二团驻凤翔、一团驻防千阳、陇县，向甘肃清水方向警戒，掘壕备战，防止中央军李及兰之四十九师东犯。张学良将军送蒋介石回南京后，西安形势动荡不安。杨虎城电令王竣率一、二团速回西安，李及兰之四十九师乘机东犯。为了贯彻张杨兵谏初衷，避免内战，一致抗日。王竣与二团团长王子伟经过商量，联名函李，望其缓进，避免冲突。信的大意是，骊山烽火，震惊元戎，弟等深感痛心，但张杨两将军主张停止内战，一致抗日，别无他意，当为国人所共谅……信由凤翔县政府派人送去。两部未发生大的冲突。但也发生了一件令人不愉快的小小摩擦。王子伟二团一营营长王俊杰把四十九师一些兵的枪缴了。王竣在向李及兰说明情况的同时，也给王俊杰以严厉责斥。王俊杰不听忠告，反而不辞而别。王竣经杨虎城同意，便把刘威诚三团第三营营长任耕三调到二团，补王俊杰缺，任二团一营营长。时间约在 1937 年 2 月。1988 年 10 月 1 日，王子伟在写给笔者的《我所知之王竣生平》一文中说：张学良送蒋回南京后多日，警一旅奉命由凤翔地区，“开回西安后曾担任城防。在此期间……第二团第一营营长王俊杰免职，调第三团营长任耕三继任”。遂后任耕三一直在王子伟二团任职。在蒋介石的再三逼迫下，杨虎城于同年 5 月 27 日离开西安准备出国。是年 6 月中旬王竣率王子伟二团和刘威诚三团开赴商县剿灭古鼎新股匪。张剑平一团留西安。8 月，王竣奉命率二、三团开赴安康。12 月下旬，王竣、王子伟、刘威诚经过商议，秘密介绍魏一鄂、崔一民等中下级军官去延安抗大学习。后来此事被蒋鼎文西安行营侦知，行营即责问孙蔚如。孙即责问王竣、王子伟和刘威诚。是年

11 月，杨虎城回国，旋被蒋介石囚禁。

1938 年 3 月，日寇攻占风陵渡，觊觎陕西。5 月上旬，王竣奉命率王子伟二团和驻商县的一团邓祥云二营、驻西安的一团马生晖三营一同开赴陕东朝邑、平民，扼守黄河河防。6 月中旬，二团团长王子伟被免职，孙蔚如任命任耕三为二团团长。前引王子伟在写给笔者的《我所知之王竣生平》一文中还说："1938 年……小麦吐穗时，我旅奉命回关中……即开朝邑担任河防……二团军需主任李馨山忽由河防来西安，说我已被免职。""1938 年夏，第二团团长王子伟免职，遗缺由二团一营营长任耕三升任。"

由以上考析，不难得出如下结论：1936 年西安事变发生后，任耕三并未任杨虎城警备一旅二团团长，驻防宝鸡。西安事变前，任耕三任杨虎城警备一旅刘威诚三团第三营营长，曾随部驻防宝鸡。西安事变后，随部驻防西安。1937 年 2 月，因王子伟二团第一营营长王俊杰不告而去，王竣才把任耕三调到二团任一营营长，直至杨虎城出国考察、归国被囚，所部开赴陕东河防，任耕三一直任王子伟二团一营营长。只是 1938 年 6 月中旬，王子伟被免职，任耕三才升任陕西警备一旅二团团长，这已不是杨虎城的警备一旅了，而是孙蔚如三十八军所辖的陕西警备第一旅第二团了。任耕三任二团团长后，所部再也没有驻防过宝鸡了。

5. 该文说："1939 年 5 月，蒋介石、胡宗南以'西安事变中间（笔者按："间"乃别字，应为"坚"。）分子和延安有关系'的罪名免职，并布置特务，伺机暗杀。"此说也与史实不符。尽管时任陕一旅三团团长的刘威诚在其所写《抗战期间我在三十八军的活动情况》一文中曾说："1939 年 1 月，蒋鼎文即电令免去我的团长职务；5 月，又免去中共党员、二团团长任耕三的职务。"（《丹心素裹》(2)，第 145 页）但说5月免去任耕三团长职务，仍与史实不符。1939年5月，任耕三不仅未被免职；相反，是年6月的西安报纸还几次赞扬任耕三团长。1939年5月底，王竣所部三个团奉命移驻大荔城南休整。旅部驻大王庙。当王竣率部离开平民河防时，平民人民依依不舍。平民县各机关各联保主任曾在6月上旬《西北文化日报》颂扬其部。现摘抄全文如下：

恭颂陕西警备第一旅旅长王公杰三

暨团长张公剑平任公耕三武公靖尘德政

自去岁晋南失守，我警备第一旅旅长王公杰三暨团长张公剑平任公耕三武公靖尘率部驻防本县以来，鉴于地方穷苦，对民力物力备极爱护。其全部官兵与人民相处态度和蔼，感情融洽，无异家人父子。故能军民合作，共御暴敌。兹已奉命移防朝邑，人民身受厚恩无以为报，谨将德政登诸报端。邦人君子共垂察焉。

陕西省平民县各机关各联保主任同启

在大荔休整时，适逢夏收大忙季节，王竣旅长和其二团团长任耕三命令所部官兵帮助农民夏收，群众甚为感激。当时西安《工商日报》对此事曾作报道，全文如下：

朝邑大荔官兵壮丁

踊跃助民割麦

〔大荔通讯〕我守河防备受辛劳之××警备旅刻已奉令移防至大荔南之××村休息训练。值此麦秋，农人忙于收获。该旅王旅长深体 领袖军民合作之训，乃命令全部官兵，每日分批出发，代民众割麦，异常踊跃。全旅骡马亦借供农民拉卖碾场之用。因是人民感戴，叹为平生未睹。该村有某老媪，其子方从军在前方作战，家中并无他人。该旅第二团任团长耕三，除令士兵将该老媪所种之麦若干亩尽数割完外，并为之捆载送回其家，老媪亦感激不置云。（西京社）（中华民国二十八年六月二日《工商日报》）

由上面考析可知，1939年5月，任耕三并未被免职。

那任耕三何时被免职的呢？

此事说来，比较复杂。1938年6月，为了达到借抗日之名，进一步瓦解杨虎城将军旧部之实，蒋介石把孙蔚如的三十八军改编为第三十一军团，任命孙为军团长，却把王竣的“警备第一旅，留陕守河防，改归西安行营主任蒋鼎文指挥。实际上，蒋利用改编部队，减去了孙部1个旅的兵力。以后孙蔚如虽向蒋介石、蒋鼎文一再申请把警一旅调中条山增加抗战力量，都未获准”。（陈子坚：《第四集团军中条山抗战概况》，《丹心素裹》（2））致使王竣所部被迫脱离了三十一军团序列。这就是刘威诚在《我所知道的任耕三烈士》一文中说的：“西安行营蒋、胡帮对我旅早有并吞阴谋”的第一步。

有了第一步，就有第二步。1939年元月。蒋鼎文电令免去刘威诚三团团长之职，提拔二团三营营长武靖尘为三团团长。加给刘的罪名是“西安事变中坚分子，和延安有关系。”同年5月，王竣奉命率部移驻大荔城南休息训练。蒋鼎文的吞并阴谋接踵而至。蒋鼎文为了酬谢为自己扩充部队力量立下汗马功劳的张坤生，遂将已抓到手的陕西警备第一旅王竣部于1939年7月改编为新编第二十七师，保荐张坤生任师长，王竣任副师长。并叫张坤生带了驻虢镇的保安第五团（团长李忠）作为该师的基干。张坤生到任后，即对王竣部进行了大刀阔斧的改编。副旅长段森改任参谋主任，旅参谋长郭则温改任副官主任。第一团改为七九团，团长仍为张剑平；陕西保安第五团，改番号为八零团，李忠任团长；三团改为八一团，团长仍为武靖尘。原二团撤销，官兵分拨到其他两个团，周玉庆三营拨入七九团，其余拨入八一团。团长任耕三先为师副，后任新编第二十七师西安通讯处主任。

王竣部改编的时间，不少其部属回忆时间当在1939年7月以后。原一团军需、王竣同乡刘守经回忆，张坤生到大荔大王庙走马上任之日，洋洋得意，令勤务兵抱同州大西瓜招待来宾。谁知刚一进门，该兵失手，西瓜掉到地上，摔了个稀巴烂，真乃大煞风景。从迷信角度讲，可谓出师不利。这为他只当了28天师长，就被胡宗南调走，似乎预告了天机。

再看任耕三为什么被免职？该文说是，以“西安事变中间（笔者按：‘间’乃别字，应为‘坚’。）分子和延安有关系”的罪名免职。此说有些牵强附会。前引刘威诚文中说：“我被免职后，从陕西军管区某要人口中传出，说我是西安事变的中坚分子，和延安有联系。”并未说任耕三的免职，也是这个原因。可见该文这么说，似有移花接木，张冠李戴之嫌。

由以上考析可知，任耕三是1939年7月陕西警备第一旅被蒋鼎文改编为新编第二十七师时被蒋鼎文免职，既不是1939年5月，也与蒋介石、胡宗南无关。免职的原因也非以“西安事变中坚分子和延安有关系”。因为改编也把旅长王竣架空了。

6. 该文说：“1949年12月9日，中共西安市委举行了任耕三烈士遇难六周年追悼大会，西北军区派员参加，送‘革命先驱人民功臣’挽幛……”。此说也与史实有较大出入。

关于追悼大会的情况是这样，1949年12月，在许权中将军与任耕三遇难六周年时，西安、三原和临潼地区党政军民各界在临潼交口权中小学举行了隆重的追悼大会。

追悼大会前，即1949年12月1日，当时的《群众日报》(即《陕西日报》前身)，在第一版头条刊登了筹备会的如下启事：

许权中 遇 难

同志 筹备启事：

任耕三 六周年——

许权中、任耕三两位同志，不幸于1943年12月9日在眉县槐芽镇洪水沟被胡匪暗害，为革命牺牲业已六载。本会定于今年12月9日在临潼交口镇权中小学举行许、任两位同志逝世六周年纪念，希二同志生前相友及社会贤达前往参加〈在本市者，请来本市委会总务科接洽〉。

如有祭诔挽及有关二同志生前革命书札遗墨，请于12月7日惠寄中共西安市委、临潼县委、渭南县委及临潼交口镇权中小学、陕西省军区、三原军分区司令部为感。

1949年12月25日《群众日报》又报道了这次追悼大会的情况：

革命烈士永垂不朽！

西安

各界追悼许权中

. 临潼

〈本报讯〉为纪念六年前十二月九日被胡匪暗杀之陕西人民爱国将领中国共产党员许权中同志及任耕三同志，西安及临潼各界人士于本月九日在权中同志家乡交口区权中小学举行追悼大会。到会群众有五千人，会场周围布满了三百余幅白色挽联花圈，中共中央西北局书记习仲勋同志题词是："为人民解放事业牺牲的烈士永垂不朽！"陕甘宁边区政府及西北民盟的挽联上写着："为人民而死，虽死犹生！"

权中同志系临潼交口区辛理村人，生于1893年，……陕西人民对于国民党反动派匪帮杀害权中同志，无不愤慨万分。追悼大会在哀乐声中开始，并由临潼县委书记董实丰同志讲话，他说："权中同志在党的领导下，始终进行革命活动，从不计较个人得失，大家都知道他家庭的生活，一直是艰苦的。"三原军分区司令员谈国帆同志说："权中同志领导过的军队，是一支革命的武装，他的军队既能打仗，纪律又好，每行军过一地，当地老百姓常常来欢迎，称为'福星许旅'。"农民代表李玉星说："许旅长在家的时候，推土车，种地，和我在一起常谈庄稼怎样做。我们说起国民党苛捐杂税重，他就回答：'这样的世道，不久就要被打倒的。'"在追悼会中，许多农民都说："失掉了许旅长，对我们的损失太大了，要不然他还会替我们办许多事呢"。追悼会进行呼口号时，会场激动地高呼："活捉胡宗南！活捉许子才！为许烈士报仇！"最后大家到许权中同志的墓前进行奠祭。许权中同志现有四子，均在革命队伍中参加革命工作。他们坚决地说："我们要在我们的岗位上努力工作，全心全意为人民服务，不辜负先父的期望，并为先父报仇！"

〈张光〉

由以上考析可知，该文说"1949年12月9日，中共西安市委举行了任耕三烈士遇难六周年追悼大会，西北军区派员参加，送'革命先驱人民功臣'挽幛……"的确与史实颇有出入。

以上所陈，仅是愚者千虑之一得，草草写成，仅供你们参考。

2011年8月10日

薛如兰并未牺牲

——关于薛如兰生平几个问题的考析

刘晨主编的《中国抗日将领牺牲录·薛如兰》一文说："薛如兰，陕西渭南人，1900 年生。陕西大荔行政督察保安副司令。1942 年 10 月在陕西牺牲。" ①

此说虽为全国各网站所附和，但并非事实！

薛如兰，陕西省今渭南市临渭区三张镇人。他早年投奔杨虎城将军部队，历任多职。1929 年在山东单县时，薛如兰先后任杨虎城新编第十四师冯钦哉第一旅柳彦彪第二团第三营营长和郭景唐第三团第一营营长。1930 年 10 月末杨虎城率部回到陕西，薛如兰任杨部冯钦哉第七军第四十二师柳彦彪第二旅第五团团长。② 薛如兰的儿子薛述周现保存杨虎城将军 1931 年 2 月赠送给薛如兰的照片右上角写着"薛如

① 刘晨主编:《中国抗日将领牺牲录》，北京：团结出版社 2007 年 6 月版，第 409 页。

② 李紫山 :《杨虎城将军前期的军事活动及其部队建制的变更》《西安文史资料》第三辑第 91 页。

薛如兰

兰团长存”，左下角写着“杨虎城赠二〇、二、二五”。

1934 年，薛如兰由部队派送南京中央陆军军官学校高等教育班第三期学习。其子至今保存的薛如兰的一张照片，上面盖有“中央陆军军官学校”的钢印。

曾任柳彦彪第二旅第四团团长的王明钦 1964 年 10 月所写《在陕南堵截红军历次战役的片段回忆》中说：“1934 年冬，红二十五军徐海东部由河南向陕西前进。四十二师（师长冯钦哉）奉命堵截，冯派柳彦彪旅长率兵三团：薛如兰团，景子勤团，刘云龙团进驻洛南一带。……第一次九间房战役，柳旅受挫。……是役柳旅损失很重，刘云龙团已残破不堪，开回后方。将景团和薛团编成一个团，驻在葛牌镇，等待后援部队。等到王明钦团到达后，王团轻装前进，负作战责任。柳旅长率旅部和薛团作为预备队，随后跟上[①]。”

李紫山在所写《杨虎城将军后期的军事活动及其部队建制的变更》中说：“1936 年杨虎城将军又对全军人事作了一次较大的变动，首先派李兴中代替韩威西任参谋长。……接着对总部及三十八军、第七军的人事又进行了重新安排。”薛如兰被任命为冯钦哉第七军第四十二师柳彦彪第一二六旅第二五一团团长[②]。

西安事变爆发后，所部师长冯钦哉当即召开会议率部反对张、

① 王明钦：《在陕南堵截红军历次战役的片段回忆》，《陕西文史资料》第十一辑，陕西人民出版社 1982 年 2 月版，第 250 页—263 页。

② 李紫山：《杨虎城将军后期的军事活动及其部队建制的变更》，《西安文史资料》第五辑第 92—95 页。

杨，拥护蒋介石[①]，加上遂后杨虎城将军又被逼辞职。1937 年春冯钦哉第四十二师扩编为两个师后，薛如兰任柳彦彪第四十二师王明钦第一二六旅第二五一团团长。卢沟桥事变爆发后，他奉命率部随部开赴华北抗日前线。先后转战河北、山西，给日军以重创。1938 年春，开赴晋东南太岳山区，与八路军合作，粉碎日军多次进犯。1939 年 10 月，武士敏升任第九十八军军长。柳彦彪升任副军长。王明钦升任第四十二师师长，薛如兰升任第四十二师副师长（李斌主编；《渭南市军事志》第 434 页载：薛如兰“国民党四十二师副师长”。）兼第二五一团团长。同年冬，奉命开赴晋南，扼守中条山。1941 年 5 月，中条山战役时，第九十八军在武士敏将军指挥下，与日寇进行了殊死拼杀，终于突出重围，进入太岳山区。是年 9 月下旬，日军对尚未恢复元气的第九十八军发动猛烈进攻。全军将士在武士敏将军指挥下，奋勇抵抗。因敌众我寡，武士敏将军、第四十二师参谋长王儒钦等先后以身殉职。全军伤亡殆尽。王明钦、薛如兰、冯汉英、刘中义等许多官兵被俘。

薛如兰何时脱离日军战俘营回到陕西？是否出任陕西大荔行政督察保安副司令？因薛如兰已经去世，笔者虽经过许多努力，没有得到有关单位的支持，至今未能看到薛如兰亲笔写的个人简历，使这个问题未能彻底弄清。但可以肯定，他并未牺牲。

薛如兰不仅没有牺牲，1949 年 5 月还为渭南的和平解放作出了一定贡献。陕西省军区政治部在粉碎“四人帮”后编印的《国民党部队起义投诚史料选编》（陕西境内）中“国民党渭潼警备司令部起义 • 概述”说：“渭潼警备司令部于 1949 年 3 月 1 日在渭南成立……警备司令

---

① 冯钦哉在所写《西安事变时我反对张、杨，拥护蒋介石的经过》中参加会议的团长不知因何没有薛如兰。

武纬。”5 月 15 日晚我党“召开了渭南县委扩大会议，……研究了解放渭南的具体办法。……在此期间，屈正平（渭潼警备司令部新闻室主任）和薛如兰（渭潼警备司令部参谋长）以武纬谈判代表名义，过河到上涨渡马渡村和权秉华、张恒英等同志进行过谈判。……20 日我渭华军分区司令员于占彪同志派联络员姜宏儒到渭南，通知武纬维持秩序，准备迎我军入城。武接通知后，当即命令参谋长薛如兰立即执行……”①

时任渭南县委副书记的权秉华在其所写的《对武纬起义情况的回忆》中说：

“5 月 20 日，渭潼警备司令部参谋长薛如兰过河来到马渡村，要求见我，因我当时有事，就派县委秘书王志敬和张恒英与他接谈。据张后来说，薛也是武纬派来的代表，我让他回去后，维持城市秩序，组织群众欢迎解放军。”“1949 年 5 月 23 日，中共渭南县委、县政府正式进城。进县城时，渭潼警备司令部参谋长薛如兰亲自带人敲锣打鼓到渡口欢迎我们。在县城，碰到武纬等人，我们即在城西关交通银行进行了谈判，参加的人有：张俊贤（中共渭南县委书记）、我（渭南县委副书记）、薛少龙、王志敬（渭南县委秘书）、武纬、张景骞、李杰三（……）、薛如兰（……）等人。谈判的中心问题有两个：一是我们对武纬等人的起义行动表示欢迎，赞扬他们在解放渭南中，表现得很好，鼓励他们再接再厉，配合我们做好工作……”②

关于武纬起义，薛如兰“文革”前写的《关于武纬起义》证明材料说：

---

① 陕西省军区政治部编:《国民党部队起义投诚史料选编》第 229—230 页。

② 权秉华：《对武纬起义情况的回忆》，陕西省军区政治部编：《国民党部队起义投诚史料选编》第 230—231 页。

解放前我担任渭潼警备司令部参谋长。渭南解放前一两天，武纬和韩国璋到西原上去了，当时武纬对我说，上西原截击伪三十六军，并要我也去，我因是地方人，怕走后地方乱了，因而未去。武纬上西原后打了一天（是否他们打的，我就不知道了），打的枪声在县上都能听到，第三天我过渭河北见到张恒英，张说进城还得将队伍整理一下，第二天解放军就进城了。我到渭河北去，没有受人的指示，因为欢迎解放军还怕什么。解放的当天，我和薛少农等打电话把武纬由西原上叫回县城，武回来后，解放军已进城，解放军由西关进城，武纬从南原下来由东门进城。

渭南化工厂　薛如兰　1964.11.8”[①]

不仅如此，1949年初，薛如兰还筹建了渭南电灯股份有限公司。到1950年先后有一台80千瓦和125千瓦的发电机运行，供城区照明和小型动力用电。杨树民主编的《渭南县志》和《渭南地区志》对于薛如兰的这一功绩均作了记载。

鉴于薛如兰是起义人员，又对渭南工业发展有所贡献，新中国成立后，渭南县人民政府曾任命薛如兰为渭南县化工厂副厂长。前引薛如兰所写《关于武纬起义》后注2为："薛如兰，渭南市三张乡人，解放前任渭潼警备司令部参谋长，解放后曾任渭南县化工厂副厂长。已故。"

粉碎“四人帮”后，各条战线拨乱反正，1987年清明节，其子述周等在其墓前立碑纪念。其碑上横额镌刻着“正气长存”四字。碑右边镌刻着“仗人民大义起义渭南城”，碑左边镌刻着“秉民族气节血战

① 中共渭南市（笔者按：今临渭区）委党史资料征集研究办公室：《党史资料通讯》（第29期），第55—56页。

太行山”。碑石正中镌刻着“国民革命军第十七路军[1]四十二师陆军少将副师长讳茹蘭薛公之墓”。其右上角刻着“公元一九八七年清明立”，其左下方刻着“不孝男述周等树石”。

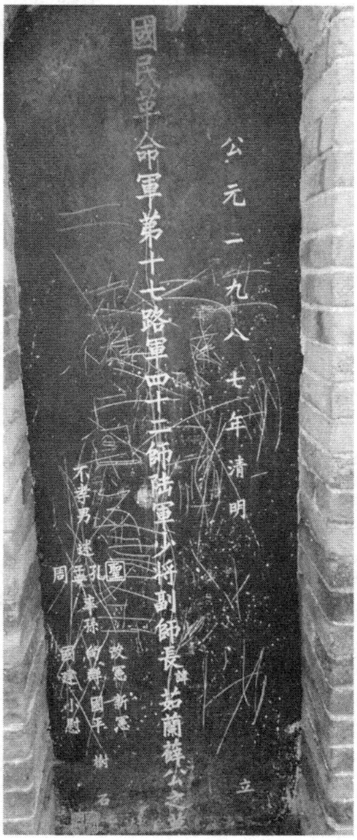

因为薛如兰顺应历史潮流，参加了起义，使渭南得以顺利和平解放，党的十一届三中全会后，历史的真正面目得以恢复。中国人民解放军兰州军区给薛如兰颁发了《起义人员证明书》。

其上写道：

起义人员证明书

兰字 2—8071 号

薛如兰同志，原系国民党渭潼警备司令部参谋长，于一九四九年五月二十三日在渭南参加所属部队起义，特此证明。

中国人民解放军兰州军区（印）

一九八九年元月九日

发证机关盖章栏内加盖

渭南市人民政府

一九八九年二月十四日

① 碑上刻为第十七路军，有误。薛如兰任副师长时，应是武士敏第九十八军王明钦第四十二师，与十七路军已无任何关系。

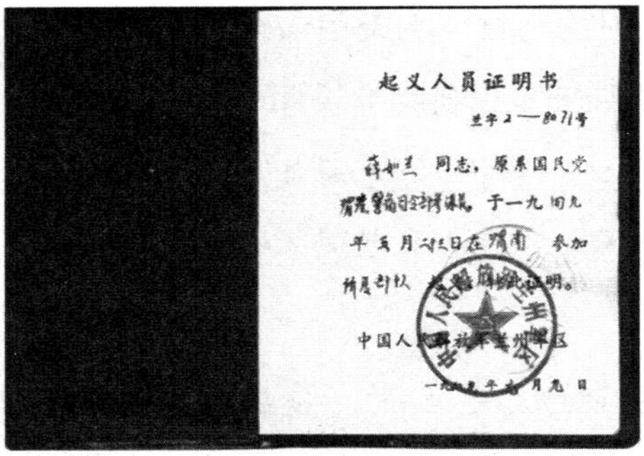

由以上考析可知，《中国抗日将领牺牲录·薛如兰》一文说：薛如兰“1942 年 10 月在陕西牺牲”，实在是天大的笑话！

2008 年 12 月 16 日　2015 年 10 月 17 日再修改

对《渭南市军事志》的一些疑问

李斌主编的《渭南市军事志》，浏览后收获颇多，但该志亦有些美中不足之处，特提出拙见，与编者商榷。

一、《渭南市军事志》有不少疏漏。

1. 如第九章“军事人物”的第四节“烈士名录”中的抗日烈士栏，临渭区的石杰三（阵亡时为团长）、田景华（阵亡时为中校团附），富平县的魏鸿纪（阵亡时为少校团附，中共党员）均未收录；蒲城县只收录 29 人，实际上据李约祉 1947 年编的《蒲城县志稿》上记载有近百余英烈，像邓祥云、邓继忠、邓正保等均未收录；白水县的杨茂森（陕西省档案馆有档案）未收录；华阴市的焦文杰等均未收录。同在山西省永济城同一天抗日牺牲，澄城县的孙榜奎（机枪连战士）被收录，而蒲城县的邓祥云（营长）、华阴市的焦文杰（团部上尉副官）等却未收录，为什么？令人费解！

2. 该志“附录”七“碑石文献”收录了华阴的《抗战阵亡将士纪

念碑》和大荔的《平民县渡河壮士纪念碑碑文》等碑文，却未收录建于原朝邑大寨子村外的《陕西警备第一旅第一团永济抗战阵亡将士纪念碑》碑文。为什么？该碑因极“左”思潮的影响，1958 年被破坏，但烈士后代仍保存该碑的碑帖。1990 年，笔者把此信息告诉了大荔政协的张青山，他曾派孙国植把该碑帖拿到大荔观赏。听说准备复原该碑。后来不知什么原因，竟不了了之。直到 2005 年 8 月《永济报》才把笔者介绍该碑碑文登载出来。

3. 重大战役有遗漏，如金粟山阻击战。该志第三章“兵事战事”的第八节“中华民国”（二）收录了一些著名的大战役，如“荔北战役”“冬季战役”等，也收录了一些规模较小的战斗，如“白水起义”“平民起义”等。而金粟山阻击战是蒲城永丰战役后一次规模较大的战斗或战役。1948 年 12 月 1 日（农历十一月初一）晚上，国民党第一军、第九十军和第六十五军（广东兵），向蒲城金粟山南面猛烈进攻，我人民解放军给以迎头痛击。至 12 月 2 日，我一、四纵后退至金粟山西侧分水岭一带高地，敌第六十五军打头阵，第一军督战，在 3 架红头轰炸机和大炮的配合下，猛烈进攻。敌我双方枪弹炮弹从岭下的东、西山怀村呼啸而过，村民全部跑到安全的外村躲避。敌机不断对我军阵地狂轰滥炸，一架飞机竟飞到 10 余里的高城村新庄西面，把给解放军运粮车上的两头牛打死，但我军斗志昂扬，居高临下狠狠反击，激战竟日，杀伤敌军甚多。直到太阳落山，我军才陆续撤出阵地，乘着夜色转移到白水河以北。

对于此战，富平县民政局编纂的《四八年冬季康庄战斗资料汇编》摘抄的《1948 年冬季康庄战斗第四军战史初稿》透露了一些端倪。其中写到：“1948 年 11 月 21 日至 11 月 22 日，我一、四纵（相当于军）为配合洛河以东战斗，28 日东进，到达蒲城东北之卧虎山、金粟山一带地区，担任阻击敌援任务。后友军于永丰战斗胜利结束，我军向金粟山进攻之敌六十五军予以重大杀伤后，12 月 4 日转移集结于五里镇地区进行休整。”惜其语焉不详。

12 月 3 日国民党第一军、第九十军和第六十五军进占金粟山以北地区。其第一军军部住西苇村徐家村徐金科家；第一师师部住高城村王保荣家。第六十五军住上王、雷鸣和白堤村。第九十军住龙山村一带。直到春节前才撤走。

二、该志一些地方欠客观、公正。如同是抗日战争时期扼守平民县河防的国民党军队，对率部扼守平民河防仅数个月的陕西警备第二旅旅长孔从洲将军则颂扬备至，而对率部扼守平民河防两年零 5 个月的陕西警备第一旅旅长王竣将军（且兼任平民和朝邑两县城防司令）却只字未提。仅在第二章“军队组织”的第八节“驻军”中提了一下“1938 年……第十六军……陕西警备一、二旅，驻大荔、朝邑、平民等县”。接着就是对孔从洲的颂扬。

据笔者所知，王竣（1902—1941），蒲城县尧堡村人。其生命的六分之一是在大荔度过的。

1920 年秋至 1924 年底在陕西省立第二师范上学 4 年半。

1938 年 5 月率部开赴平民和朝邑两县扼守河防，旅部先后驻丰图义仓内阎丹初祠堂、大王庙和吴家洼。7 月派所部第一团一部（6 个连）东渡黄河，“死守永济”县城，8 月 17 日日军数千人在飞机、大炮配合下猛攻永济县城。所部奋勇抵抗，激战 5 小时，少校团附刘天照、少校营长邓祥云以下 308 名官兵为国捐躯。

同年 11 月 11 日大荔、朝邑、平民三县各界在朝邑广场召开了隆重的追悼大会；按照王竣将军的意见，又在丰图义仓斜背面，大寨子村外西南角修建了永济抗战烈士纪念陵园。12 月 18 日在园内建成了陕西警备第一旅第一团永济抗战阵亡将士纪念碑，林森、于右任均有题词。碑阴刻有308位烈士的英名。碑阴全文如下：

陕西警备第一旅第一团永济抗战阵亡将士纪念碑序

中华民国二十六年七月七日倭寇无端挑衅酿成卢沟桥事变遂冒天下大不韪悍然调集寇兵数十万分途进扰我全国各重要城邑当寇入据太原後旋复引兵南下于是临汾不守晋南告急并骎骎然有企图渡河入陕之势我陕西警备第一旅王旅长杰三统率全部扼守黄河保卫西北其第一团团长张君剑平杀敌报国夙怀此志即躬率部队六连慷慨东渡以遏寇焰迨至永济奉命归陕西警备第二旅孔旅长郁文指挥未几以其所部两连调防城东峨嵋原城中仅留四连支持危局张团长同各官长每日督饬军民修葺城防组织民众匝月之间未得一日宁息而士兵奋勇作工更无不以一当百其不避艰险忠于保卫国家民族之精神盖实有足多者部署方毕寇已迫临我峨嵋原孔旅阵地我军当出而迎击嗣因战略关系我军大队转入中条山一带独留张部苦守永济于二十七年八月十六日夜天色黑黝寇复以数千之众蜂拥而来激战终夜直至拂晓已将县城三面包围炮声震天寇机又凌空肆虐但我守城官兵虽知众寡不敌均各抱城存与存城亡与亡之决心俟寇攀登城埤手出枪刃剸其胸脰尸满濠沟卒不得逞寇无奈以大炮轰毁城垣冒弹越尸而入此时我军与寇肉搏巷战终因弹尽援绝城遂陷于寇手时为八月十七日薄暮比杀出重围仅存张团长剑平暨秦团附颂仁等十数人余皆为国捐躯呜呼烈矣事闻我最高统帅蒋公特电嘉奖以旌其功并令优恤诸烈士遗族然张团长追念袍泽痛定思痛乃择吉建碑于朝邑畀余纪其事并书诸烈士之姓名刻诸贞珉以彰其忠礼也余与张团长忝属知交又曾参加斯役缅怀先烈中心悼伤虽不能文又何敢辞爰为之铭曰

巍巍太华炳炳日星人维以杰地赖以灵髦俊辈出车驷雄风原为国难齐作干

城嗟彼倭寇咨肆鲸吞驰突中原迭陷三京黎庶涂炭妖氛纵横桓桓勇士衔命东征聿进弗退斩杀若陵慷慨成仁激昂尽忠老如绛叟幼如汪童并力同心登埤拒戎援绝犹斗身死怒冲生为国士殁亦鬼雄顽廉懦立闻者振兴名垂青史万代钦崇馨香奉祀勒石铭功用昭来世鉴此元贞

阵亡将士题名录

少校团附　刘耀堂

少校营长　邓祥云

上尉副官　焦文杰

上尉连长　冯民安　王继纯

中尉军需　韦和亭

中尉副官　吴仁贵

中尉排长　周生龙　耿青山

少尉排长　王振邦　王恩兰　王有才　马俊杰

准尉特务长　郝德荣　李玉亭

上士文书　张卓铮　段墨岑　张鸿钧　杨兆荣　李德全

上士军需　邓继忠

上士看护　陈永保

上士班长　杨春周

中士班长　郭鹿鸣　张新山　杜玉田　雷伯英　张鸿源　贠华芳
袁得胜　郑吉元　张德茂　侯子玉　李文盛　张志忠

下士看护　杨茂森　赵世华

下士班长　范金荣　强克信　张文修　杨高才　何步荣　张效骞
郭凤仪　张永来　傅志华　王金中　姜子万　李怀印
许振兴　钟金阁　闵绍先

上等号兵　谭振新　赵保山

上等兵	吴明亮	陈保泰	孙振忠	姬汝林	李汉臣	何占华
	康景成	张仲亭	王志成	邹立春	韩公锡	贾经国
	唐青云	陈占元	王德明	李朝阳	张洪勋	李振山
	张贵海	傅金文	毕月恩	梁春茂	冯积德	惠克忠
	刘鸿德	冯满栋				
一等兵	李如松	刘汉义	唐六仪	石璧成	徐生财	李全德
	张武学	蓝宝田	王汉章	李文胜	李玉玺	蒲树升
	张生财	刘文祥	孙占元	贾生祥	陈双奎	韦生杰
	张书乾	曾宪德	阎志忠	张甲连	詹运至	傅万保
	张胜恒	王光明	常义昌	薛忠祥	刘忠海	杨主信
	萧全升	王志桢	赵生贵	程长江	宋兴林	吴青龙
	李鸿斌	夏耀臣	许开国	陈登玉	郑松和	王福生
	邓长恺	王世兴	王彦杰	李树荣	张振文	张光厚
	欧金山	任万杰	杨天成	张国栋	孙宪章	齐建钧
	王维云	赵光明	赵智荣	李长荣	王明胜	罗志明
	侯世录	王振才	王志保	康喜成	李德法	齐作文
	张孔林	燕世勋	雷亮荣	杨天云	韩朝显	高光济
	辛金耀	焦中祥	安国祥	高明贵	刘世杰	耿廷录
	王金山	周生财	吴吉昌	郭志敬	范毓伸	杨振河
	刘守忠	龚得元	杨志明	王瑞华	张光进	牛　芳
	刘玉亭	郝玉贵	席实信	马金福	杨九成	王永德
	梁学安	向可山	陈长发	刘振祥	刘宪章	王有富
	宋青山	傅　俭	张民权	孙邦奎	文敬轩	孔祥林
	孙世界	马升堂	苏鸿彬	孟水鱼	张道清	刘世杰

	王山虎	姬焕成	叶光生	任仕和	张和礼	贾五生
	毛富忠	康福堂	单书林	阎聚宝	李连枝	靳生华
二等兵	李生文	任学礼	王玉明	聂随善	白玉杰	杨松林
	郭本义	张明成	梁照明	徐得明	邓正保	辛进元
	杨志明	冉森瞭	刘成河	顾有钧	祈彦民	景秀山
	王生发	郭世英	陈世昌	孙家成	朱兆勤	李丁茂
	鲁志勉	宋振刚	苗青云	李维和	贾可忠	张志锡
	傅凤鳞	朱富中	张金财	杨宗梧	郭怀山	刘焕中
	王芝兰	谭蔚扬	王永成	张清臣	姚树清	孟占杰
	张占荣	夏廷海	王致民	姚华年	方子尚	杨天有
	任克俭	戴茂林	刘治远	张忍谦	王正才	王富贵
	冯有林	刘志春	黄青刚	张应海	史怀玉	贾鸿运
	翟文海	黄英杰	张瑞信	李得功	白志强	刘志谦
	任铁成	郑克俭	刘治法	贺廷海	阎子贵	史秉真
	宋国祥	何起吕	高培之	王生杰	王建邦	陈道真
	刘桂生	席学礼	马成海	李崇学	张玉保	吕保兰
	曹明升	朱金銮	张宪琛	张志道	丁忠宽	郝保善
	刘怀林	杨发堂	耿庆堂	牟志杰	石碧沉	赵福科
	崔占海	翁永魁	白锡武	汤殿魁	吴中山	严世英

临 潼 王 铁 夫 谨 譔

朝 邑 李 宝 珩 敬 书

中 华 民 国 二 十 七 年 十 二 月 十 八 日

因历史的原因，1958年前后308位英烈血铸的丰碑被破坏，令人痛心！

遂后易俗社又以这次战斗编演了秦腔《血战永济》，歌颂邓祥云等抗日英雄。

关于王竣部扼守河防的情况，时任陕西警备第一旅第三团团长的刘威诚（中共老党员）在所写《我所知道的任耕三烈士》一文中说："1938 年夏，日寇疯狂进攻，在晋南与我军酷战。十七师一部在奋力战斗中，共产党员杨法震壮烈牺牲。继又永济沦陷，我第一团营长邓祥云牺牲，部队微受损失。敌人侵占黄河东岸匼河、韩阳镇、风陵渡，不时隔河炮击我潼关、平民——三河口之线阵地。5 月任耕三率第二团接守河防，防敌偷渡。8 月我第三团……增加河防朝邑——三河口之线阵地，耕三二团阵地即向左延伸。兄弟团左右为邻，团结比较紧密。为了加强战斗力，首先搞宣传教育，提高抗日情绪，一部党员和延安抗大学生工作积极，深入连队，深入附近民众，以收军民合作之成效。在抗敌扩大宣传军民大会上，任耕三是大会主持的成员。……在河防阵地上，不时受敌炮击，受敌飞机轰炸，但部队官兵抗日意志毫不退缩，誓死保卫黄河，连续击退日军多次进攻，阻止了日寇的西进。"（《西安文史资料》第四辑，1983 年 6 月第一版，第 50—51 页）

据笔者所知，兴平的杨法震是 1938 年 8 月 15 日在永济的一个村子牺牲的，其英名和事迹都上了陕西省志和《中国抗日阵亡将士传》，上了国家级的"血铸中华"网和"抗日英烈纪念馆"网，中共中央党史研究室主编的《中国共产党革命英烈大典》也收录了杨法震，并把歌颂邓祥云的秦腔《血战永济》桂冠都张冠李戴给了杨法震，而我市的抗日英烈邓祥云、魏鸿纪等连《渭南市军事志》都上不了，实在令人遗憾。

1939 年 5 月末，当王竣奉命率部离开平民时，平民人民依依不舍。平民县各机关各联保主任曾在 1939 年 6 月《西北文化日报》颂扬其旅。全文如下：

恭颂陕西警备第一旅旅长王公杰三

暨团长张公剑平任公耕三武公靖尘德政

自去岁晋南失守，我警备第一旅旅长王公杰三暨团长张公剑平任公耕三武公靖尘率部驻防本县以来，鉴于地方穷苦对民力物力备极爱护。其全部官兵与人民相处态度和蔼，感情融洽，无异家人父子。故能军民合作，共御暴敌。兹已奉命移防朝邑，人民身受厚恩无以为报，谨将德政登诸报端。邦人君子共垂察焉。

陕西省平民县各机关各联保主任同启

所部在大荔城南休整时，适逢夏收大忙季节，王竣将军命令全旅官兵，每日分批帮助农民割麦。全旅骡马亦借供农民拉麦碾场之用。尤其是第二团团长任耕三（中共老党员），除令战士帮助一军属老大娘割麦外，还为之捆好送回家中。这一举动，群众甚为感激。1939 年 6 月 2 日《工商日报》对此曾作报道，全文如下：

朝邑大荔官兵壮丁踊跃助民割麦

〔大荔通讯〕我守河防备受辛劳之 ×× 警备旅刻已奉令移防至大荔南之 ×× 村休息训练。值此麦秋，农人忙于收割。该旅王旅长深体　领袖军民合作之训，乃命令全部官兵，每日分批出发，代民众割麦，异常踊跃。全旅骡马亦借供农民拉麦碾场之用。因是人民爱戴，叹为平生未睹。该村有某老媪，其子方从军在前方作战，家中并无他人。该旅第二团任团长耕三，除令士兵将该老媪所种之麦若干亩尽数割完外，并为之捆载送回其家，老媪亦感激不置云。（西京社）

1939 年 8 月王竣所部陕西警备第一旅被改编成新编第二十七师后，王竣升任师长（师部驻大荔城南大王庙）。旋，奉命率部再次开赴平民河防，并兼任平民和朝邑两县城防司令，师部驻朝邑吴家洼。

1940 年夏收前后又两次派遣所部东渡黄河，到永济一带打击日寇。第一次派八一团第三营营长李自新（蒲城马湖乡人）带领百余人东渡黄河，在永济张营村设伏，炸毁鬼子汽车 1 辆，打死鬼子 4 个。此事《永济文史资料》第二辑有记载。又收入永济市老区建设促进会编:《永济革命老区》。

时隔不久，王竣又派八一团团长刘恩荫（陕西省洋县人，1949 年去台，任装甲兵团中将副司令，1994 年 6 月 1 日去世。）带领全团东渡黄河，到永济、临晋打游击 3 个月。有一次在永济栲栳镇附近与日军四五百人遭遇。日军仗着大炮、机枪，疯狂进攻。我军拼死抵御，伤亡很大，仅佘纪善（铜川人，后定居大荔朝邑镇北寨子村）第三营就阵亡五六十人。九连 9 个班长全部牺牲。

直到 1940 年 10 月中旬，王竣将军才奉命率部开赴中条山抗战。出发之前，在朝邑广场召开了朝邑、平民两县军民各界近万人的欢送大会。国民党朝邑县党部书记长董子平等代表各界致欢送词。最后王竣将军代表全师官兵表示杀敌制胜的决心，他在最后发出了气壮河岳的誓言“不成功，便成仁”！果然，1941 年 5 月 9 日在中条山战役时以身殉国。1987 年 5 月 7 日被陕西省人民政府批准追认为革命烈士。

王竣将军是我市蒲城县人，在抗日战争中曾率部在朝邑、平民扼守黄河河防两年半时间，既是对曾养育他数年的大荔父老的报答，也是有功于抗日战争的。《渭南市军事志》虽然照例为王竣将军立了传，但对其扼守黄河河防的功绩未作记述，实在有些厚此薄彼了！当然有个冠冕堂皇的理由，没有现成的资料。笔者以为还是“左”的思潮作怪！

以上所陈，乃属愚者千虑之一得，身微言轻，仅供编者修订时参考。

附记：此文曾载丁德科主编的《秦东历史文化研究》（2013 年卷），收入本书时又作了一些修订。

2008 年 12 月 18 日

2013 年 6 月 10 日修改

附：本文主要参考资料

1. 李斌主编：《渭南市军事志》，陕渭新出批（2003）字第 21 号，渭南邮电印刷厂印刷，内部使用，2003 年 6 月第一版。

2. 中国第二历史档案馆档案，卷宗号一（1）4139。

3. 李约祉编纂：《蒲城县志稿》（手写本），1947 年。

4.《陕西警备第一旅第一团永济抗战阵亡将士纪念碑序》。

5.《西北文化日报》中华民国二十八年（1939 年）6 月 3—5 日第二版启事栏。

6.《工商日报》中华民国二十八年（1939 年）6 月 2 日。

7. 刘威诚：《我所知道的任耕三烈士》，政协西安市委员会文史资料研究委员会编：《西安文史资料》第四辑（内部发行），西安市总工会机关印刷厂印刷，1983 年 6 月第一版，第 50—51 页。

8. 永济市老区建设促进会编：《永济革命老区·李自新伏击粮秣车》（内部资料），永济市西厢印刷有限责任公司印刷，2003 年 4 月第一版，第 249 页。

对《李家骥壮烈殉国》一文几个问题的质疑

拜读了李家骥女儿李国玺转寄给我的周骥良先生发表在2004年5月17日《老年时报》上的《李家骥壮烈殉国》一文，颇受教益，但该文中的若干说法却与史实不符，我不敢苟同，特提出质疑，与周先生商榷。

一、周文说：李家骥“17岁时就考进保定军官学校。”“走出校门之后……而是走进曹锟的队伍做个连长。”又说，冯玉祥1924年发动“首都革命”后，“李家骥受到极大震动。但他却无缘民主革命，只能回到天津，在西头如意庵胡同买了一间小屋，后来穷得只靠他妻子杨淑贞缝缝连连糊口。”但此说却与75前中共党员宋绮云在西安主办的《西北文化日报》的有关报道根本不符。该报中华民国二十八（1939）年2月21日登载的《李家骥忠骸昨抵省》说：

独立××旅××团团长李家骥，于2〔1〕月27日敌兵数千猛犯中条山时……身竟殉职。……李氏忠骸……已于日前运抵西安……（按：李团长家骥系河北静海人，年40岁。弱冠即富革命思想，曾参加讨袁护法及国民军首都革命诸役。……）

从此报道可知，李家骥生于1900年，弱冠（1919年）即富革命思想。讨袁是1916年，家骥17岁。护法是1917年，家骥18岁。似与“弱冠”矛盾，参加与否，难以确定。国民军首都革命发生于1924年，家骥25岁，参加此次革命，毋庸置疑。据其子李国权对笔者讲，1925年7月下旬李家骥随孙岳到西安，时任孙部骑兵营营长，是年11月上旬，孙岳率部离陕。李家骥营奉命留陕，监督改投孙部的杨虎城第三师。不言而喻，说李家骥“却无缘民主革命”，与史实不符。

二、周文说：杨虎城因“坚守西安8个半月成为名将”。此说也与史实不尽相符。事实是杨虎城坚守西安不足8个月。原政协陕西省委员会文史资料研究委员会办公室主任刘永端等编写的《国民革命在陕西大事记》（上）说：1926年“4月12日镇嵩军前锋进抵灞桥，15日兵临西安城下”。“4月16日杨虎城师姬汇伯旅由三原急进入西安，并即投入东郊的阻刘战斗。”“4月18日杨虎城率幕僚及卫队等由三原抵达西安。”“11月27日国民军联军援陕军向镇嵩军发起全线总攻击。……刘镇华下令各部退却。”“11月28日被困近8个月的西安城围解除，民见天日。”（中共陕西省委党史研究室编：《国民革命在陕西》上卷第875—880页）杨虎城部1926年4月16日进入西安（杨虎城率后卫各部4月18日进入西安）。11月冯玉祥派部解围，27日夜刘镇华部全线溃退，28日困守近8个月之西安城围始解。可见，二虎守西安的时间是7个月零11天。

三、周文说：杨虎城“在中原大战中抢进西安，任陕西省政府主席。作为杨的膀臂，孙伯琦任民政厅厅长，李家骥任交际处处长，做联络工作再适合不过”。

说杨“抢进西安”，与史实不符。当杨部在洛阳打败冯玉祥部队后，蒋介石指示杨“不攻克潼关，讨逆军事不算彻底胜利”。可见，杨是奉命攻占西安的。

说孙伯琦、李家骥是杨虎城的膀臂，有些言过其实。杨任陕西省政府主席后，可以说，猛将如云，谋臣如雨。要说左右膀，应是手握实权的第三十八军军长孙蔚如和第七军军长冯钦哉。其他文武大员谁也不敢说自己是杨的膀臂。

说“孙伯琦任民政厅厅长”，与史实不符。杨虎城任陕西省政府主席不到 3 年，1933 年就被蒋介石以突然袭击的方式撤免。1931 年杨任陕西省政府主席后，“在民政厅的人选上，蒋介石也要插手，最后以杨虎城本人兼任民政厅长而暂时妥协下来”。[①]1932 年夏，陕西发生了大规模的霍乱传染。按照国民党政府的制度，各省的医卫工作，由民政厅主管。“当时陕西正由杨虎城兼任民政厅长，于是他亲自挂帅……逐渐遏止了传染病的扩散。”[②] 杨虎城 1930 年 12 月在《对民政厅职员的训话》一开口就说：“各位同志：兄弟兼任民政厅长，已近两月，迄未在本厅和大家见面，很抱歉。”（《杨虎城将军言论选录》第 22 页）不言而喻，杨虎城任陕西省政府主席时，孙伯琦并未任陕西民政厅长。

说“李家骥任交际处处长”，李家骥儿子李国权也对笔者如是说。但找不到有力的证据。陕西原十七路军党史资料征集编写小组编写的《原十七路军序列沿革》（1916—1946）记载：1930 年以前，没有交际

---

① 米暂沉：《杨虎城将军传》，中国文史出版社 1986 年 12 月版，第 55 页。
② 米暂沉：《杨虎城将军传》，中国文史出版社 1986 年 12 月版，第 70 页。

处处长。1930 年杨部为十七师时交际处长为田华堂。十七路军时交际处长先后为：连瑞琦、温良儒、郭叔蕃、申伯纯、傅剑目。却没有李家骥。

四、周文说：李家骥交际处长调离后，“任副官主任、警备团团长、警备旅副旅长，然后少将军衔调任南京陆军学校深造”。

前边已经说过，李家骥任交际处长，找不到有力的证据。

1. 是否担任过副官主任呢？与李家骥熟悉的苏济吾在其所写的《记李家骥同志生前事迹片断》中曾说：李家骥“历任十七路军中校主任副官，总部直属特务第二团第一营中校营长，总部直属特务第三团上校团长，陕西警备第一旅第二团团长，警备第三旅副旅长，九十六军独立第四十七旅七四一团团长等职。”

说李家骥任过副官主任，同样找不到有力的证据。前引《原十七路军序列沿革》（1916—1946）记载：杨虎城部 1928 年秋在山东时的副官处长侯修天。1929 年杨部为新编第十四师时的副官处长为田晋卿。1930 年杨部为陆军第十七师时的副官处长仍为田晋卿。1930 年杨部为第十七路时的副官处长为慕哲夫（先）、薛道五（后）。从上引资料中找不到李家骥任副官主任的记载。苏济吾还参加了征集讨论会。

2. 是否任过警备团团长？西安事变前杨虎城部队从未有警备团的编制。李家骥怎能当此团的团长呢？

那么，李家骥在杨虎城部队都担任过什么职务呢？

西安事变前，前引《原十七路军序列沿革》（1916—1946）记载：1930 年杨虎城任十七路军总指挥时，李家骥任王镇华特务第二团第一营营长。1935 年春李家骥任张汉民陕西警备第三旅第八团团长。1935 年夏李家骥任王俊陕西警备第一旅第二团团长。除此之外，据李家骥部下回忆，1934 年 12 月杨部特务第三团团长刘子潜因追剿红二十五军不力，被撤职法办，杨虎城任命李家骥为该团上校团长。旋，1935 年 2 月杨虎城又将李家骥团拨入新成立的张汉民陕西警备第三旅，改番号为第八团。

3. 是否以“少将军衔调任南京陆军学校深造”？

到南京陆军大学高教班学习，在 1936 年 8 月任王俊陕西警备第一旅第二团团长时。同时去学习的还有苏济吾、王炳南，并有东北军的吕正操。据苏济吾回忆，李家骥与吕正操编在第二组。李家骥学习前，任陕西警备第一旅二团团长，只能是上校。旅长王俊才报批少将哩。1939 年元月李家骥殉国后，孙蔚如上报的调查表上写的是上校团长，抚恤时才晋一级，但没有写明少将。1948 年 3 月国民政府国防部史政局出版的《抗战军人忠烈录》第一辑的标题是“李故上校家骥”。不知周文根据什么说是以“少将军衔”去的?

李家骥从南京学习结束，第十七路军已被撤销，杨虎城已在蒋介石的再三逼迫下出国考察，杨的部队已被缩编为第三十八军。他回到西安，被孙蔚如任命为王镇华陕西警备第三旅副旅长。1938 年 8 月①，其旅第八团团长樊雨农被免职后，他才接任该团团长。此时，其团番号已改为孙蔚如第三十一军团（同年 11 月又改称第四集团军）李兴中第九十六军王镇华独立第四十七旅第七四一团了。这些任职情况，前引《原十七路军序列沿革》（1916—1946）都有记载。

五、周文说：“抗日军兴，杨虎城的十七路军全部调到山西迎战日军。”如前所说，1937 年 5 月 7 日，南京政府撤销西安绥靖公署及十七路军总指挥部，将所剩部队缩编为第三十八军，军长仍为孙蔚如兼任。

---

① 苏济吾回忆，樊雨农在韩城扼守河防时因训练部队不力，五六月被免职。此时李家骥已接任八团团长。录以备考。

抗日军兴后，孙蔚如第三十八军，只能叫做杨虎城旧部。而且三十八军并未全部调到山西迎战日军。看看孙蔚如写的《第四集团军抗日战争概略》就一清二楚了。该文中说："民国二十六年（1937年）七月七日，卢沟桥战起，余时任陕西省主席，兼三十八军军长……初期第十七师，第一七七师之五二九旅（旅长许权中）、教导团奉命次第参加抗战。第十七师在井陉口苦战7日夜……教导团守井陉南之旧娘子关，与敌铃木旅团激战两日夜……五二九旅守忻口正面者14日……"不言而喻，杨虎城旧部并未全部调到山西迎战日军。而只是部分部队，而且开始还是在河北抗日。五二九旅也是先在河北抗日，后才奉命驰往山西忻口。一直到1938年7月，三十八军改编为第三十一军团，孙蔚如升任军团长，才率领全部东渡黄河，开到山西迎战日军。

六、周文说："李家骥以独立团的编制，指挥六千兵接连打了两个硬仗。"此说乃天方夜谭。李家骥从高教班毕业后，回到西安。此时抗战已经爆发。第三十八军"军辖部队为第十七师、第一七七师、师长赵寿山、李兴中，陕西第一、二、三三个警备旅，旅长王竣、孔从洲、王振华，教导、骑兵两团，团长李振西、孟庆鹏。"（孙蔚如《第四集团军抗日战争概略》）

"是年7月省政府改组，余调任第三十一军团军团长，所部编第三十八、九十六两个军，赵寿山任三十八军军长，属第十七师，师长耿景惠，独立第四十六旅，旅长孔从洲，李兴中任第九十六军军长，属一七七师，师长陈硕儒（式玉），独立第四十七旅，旅长王振华。教导、骑兵两个团仍属军团部。"这次改编，还把王俊陕西警备第一旅改归蒋鼎文指挥。由此可见，孙蔚如部哪里有个独立团呢？一个团，哪里有6000官兵呢？教导团编制较大，才有2800多人。孔从洲一个旅还不到5000人。

七、周文说：李家骥"1938年在郿阳战役中，他以步枪、手榴弹和机关枪沉着应战直到日军扑到战壕面前了这才动手，在近距离重创日军，为稍后收复晋东南十三县的大胜仗奠定基础”。

此说把两件事情弄混淆了。“收复晋东南13县”有误，应是“收复晋西南13县”。而且收复晋西南13县在前。嵋阳镇之战在后。

李家骥从南京回到西安，被孙蔚如任命为王振华陕西警备第三旅副旅长，此时该旅驻防陕西耀县。七七事变后，9月所部奉命开赴陕东韩城扼守黄河河防。

1938年春，侵占了太原的日军集结主力沿同蒲铁路南犯，3月6日川岸文三郎二十师团一部攻占了与陕东一衣带水的永济县城，3月8日攻占风陵渡。接着不断进犯陕东河防阵地，飞机也频频轰炸西安和关中各县。并以一部兵力侵占了大庆关，大有强渡黄河，进犯关中之势。一时全陕震动!

在徐州会战期间，由于日寇调用了驻山西省的兵力，晋西南空虚，我军乘机入晋打击日军。5月初，陕西警备第三旅奉命派遣其旅张英三第七团和李兴中第一七七师（欠五二九旅）东渡黄河，进入晋西南，寻机歼敌。“经旬日之苦战，克复永济、虞乡、临晋、猗氏等县”。（孙蔚如：《第四集团军抗日战争概略》）当年任一七七师参谋处长的苏济吾在他写的《一百七十七师收复晋南十三县》一文中说：“1938年5月3日，一七七师主力部队分别由夏阳渡、榆林渡、芝川镇、朝邑等处东渡黄河。”经过旬月苦战，“侯马以南晋南三角地带13县完全收复”。这次5月东渡入晋，李家骥旅旅部和第八团仍在河西韩城扼守河防，他并未参加收复晋西南13县。军人以服从命令为天职。对这一点李家骥当然是知道的。他怎能脱离部队，擅自行动呢？周文说收复晋东南13县，明显有误。因为李家骥旅从未去过晋东南抗日。一直到1938年7月其旅改番号为独立第四十七旅后，“四十七旅7月文日〔12日〕渡河作战”(《孙蔚如 1938 年 9 月 25 日致蒋介石电》)。这时，李家骥才真正投身到抗日战场。按照三十一军团的部署，“以警三旅机动使用于汾河以南，同蒲路以西，中条山以北 9 县间地区内，并依情况策应永济、中条山各守备之作战”。(《孙蔚如 1938 年 7 月 18 日致蒋介石电》)可见，其旅根本未到晋东南。

“郿阳”应为山西省今临猗县“嵋阳镇”。称“郿阳战役”太夸大了。嵋阳镇之战，发生在 1938 年 7 月 20 日，与李家骥关系不大。李家骥任副旅长的陕西警备第三旅（7 月改名为独立第四十七旅），辖张英三第七团和樊雨农第八团两个团。如前所述，其旅张英三第七团 5 月初与李兴中第一七七师，东渡入晋，团部驻临晋县城，其团谢济民第一营驻防猗氏县之嵋阳镇。

日寇攻占徐州后，晋南驻运城的日寇二十师团（6 月下旬师团长换为牛岛实常）“逐渐做好一切准备，在 7 月 5 日转为攻势”，卷土重来。7 月 20 日拂晓，日寇步骑炮兵千余人，炮八九门，向我第三十一军团九十六军独立四十七旅第一营驻防的嵋阳镇猛烈进攻。谢济民营长即督率全营奋勇反击。但以敌众我寡，致陷包围。敌并集中火力，将该镇寨墙轰毁数处，乘机抢入，遂发生激烈巷战，谢济民营长身先士卒，督率全营官兵反复肉搏白刃冲杀十余次，毙敌极多，但谢营亦伤亡殆尽。薄暮我张英三团一部援兵赶到，反攻该镇，至为激烈。我樊雨农第八团某营亦迂回至水头镇以东抄袭敌炮兵阵地，毙敌甚多。至夜 11 时，敌终不支，向牛杜镇溃退。此次战斗计 19 小时，营长谢济民在激战中不幸以身殉国。营附吴伟如、连长党澄涛、薛开山、壮烈牺牲。一位连长负重伤。士兵除运回 20 余名外，余皆阵亡。计毙敌上尉 1 名、士兵 300 余人，伤者敌已运回猗氏，共载 13 汽车。另外以担架抬回者，尚不知确数。

关于嵋阳镇之战，中共党员宋绮云主办的《西北文化日报》1938年7月27日有详细报道，特转抄于此。

【中央社永济23日下午6时电】20日拂晓，敌步骑炮兵千余人，炮八九门，向猗氏县之嵋阳镇我□军团□旅□团一营攻击。该营长即率部迎战，但以敌众我寡，致陷包围。敌并集中炮火将该镇寨墙轰毁数处，乘机抢入，遂发生激烈巷战。该营反复肉搏白刃冲杀十余次，毙敌极多，但我亦伤亡殆尽。薄暮，我□团一部援兵赶到，反攻该镇，至为激烈。我□团某营亦迂回至水头镇以东抄袭敌炮兵阵地。因炮笨重，无法携带仅获骡马数十匹，杀敌甚多。至夜11时，敌终不支，向牛杜镇狼狈溃退。此次战斗计19小时，坚守该镇之我营长及该营连长2员阵亡，连长1员负重伤，士兵除运回20余名外，余均壮烈殉国。计毙敌上尉1员，士兵300余人，伤者已运回猗氏，计载13汽车。另外以担架抬回者，尚不知确数。

由此报道可知，嵋阳镇之战主要是李家骥独立第四十七旅张英三第七三九团谢济民第一营与日寇打的，与任副旅长的李家骥关系不大。尽管姚杰在他所著的《抗日战争中的十七路军》中说："七四一团团长李家骥率部迂回敌后，减弱了敌之攻势。"（该书第30页）但7月20日七四一团团长究竟是樊雨农还是李家骥，尚待考证。李家骥若未任团长，带七四一团迂回敌后的还应是樊雨农。不言而喻，周文说李家骥"1938年在郿阳战役中，他以步枪、手榴弹和机关枪沉着应战直到日军扑到战壕面前了这才动手，在近距离重创日军，为稍后收复晋东南十三县的大胜仗奠定基础"只是想当然耳。

八、周文说："1939年日军再次进犯晋东南，李家骥率所部在中条山西段拦起一道防线……日军在飞机大炮轰鸣之外，又大量使用毒气弹，六千健儿全部阵亡。”

日军进犯晋东南，李家骥扼守中条山西段，双方怎么能发生激战呢？

要了解这次战斗的情况，看看当年报纸便一清二楚了。

报道之一：

玉泉寺血战

邱副旅长等殉职

王旅长亲突围

【潼关十六日电】10〔元〕月27日，我王旅于中条山玉泉寺一带，与三倍之敌，激战4昼夜，毙敌700余人。我亦伤亡惨重。邱副旅长李团长俱为国殉职。翟参谋主任负伤。当突围时，距敌仅数百米。王旅长镇华身先士卒，正当有敌三十余，向之包围。王旅长亲持自来得向敌射击。当连毙敌14名，余皆逃去。敌赞为神枪手。（中央社）

（中华民国二十八年二月十七日《西北文化日报》）

报道之二：李家骥忠骸昨抵省

独立××旅××团团长李家骥，于2〔元〕月27日敌兵数千猛犯中条山时，在玉泉寺一带，以少击众，鏖战4昼夜，身竟殉职。战事平息后，该部派员寻觅李氏忠骸，因战地零乱，未能获得。嗣由家人遍历群山，冒险探寻，始将李氏忠骸发见，已于日前运抵西安。闻关于安葬哀荣，及抚恤等事，该部正着手筹划，以慰忠魂。……

（《西北文化日报》中华民国二十八年（1939年）二月二十一日）

报道之三：忠勇义烈李团长殉国经过

【军息】元月26日，敌酋中〔牛〕岛亲率步骑炮五六千，藉飞机炮火掩护，分向中条山西我×××军××师玉泉寺、王官峪、黄家窑、苍陵峪、宝玉台、五老峰一带阵地猛犯。战事激烈，空前未有。该×××团李团长家骥，亲冒炮火驰驱指挥。身负重伤数处，尚忍痛督战，誓死固守。血战三昼夜，毙敌无算。阵地失而复得者再。乃以援军被阻，致阵地被突破。是时李团长只有随从一人，犹复振臂奋起，以手枪毙敌十余，敌终未敢进。最后仅余一弹，遂举枪自戕壮烈殉职。（中央社）

（《西北文化日报》中华民国二十八年（1939年）二月二十二日）

1941年国民政府军事委员会政治部编印出版的《抗战特殊忠勇军民题名录》第一辑和1948年3月国民政府国防部史政局编印出版的《抗战军人忠烈录》第一辑收录的李家骥英雄事迹与上面的报道基本相同。

说“六千健儿全部阵亡”，严重失实。如前所述，李家骥当时所在的王振华独立第四十七旅，只有他和张英三两个团，充其量不会超过4000官兵。据中国第二历史档案馆藏一（1）4225号档案“准军事委员会二十九年4月22日函送故员兵邱铁生等160员名请恤调查表呈请鉴核给恤”记载，这次战斗，其旅副旅长邱铁生、七四一团团长李家骥、中校团附田景华、七三九团少校团附崔承杰等160余名官兵阵亡。怎能说“六千健儿全部阵亡”？八年抗战中，孙蔚如部从没有过哪次战役时，“六千健儿全部阵亡”的史实。

对《他把败仗打成胜仗》一文几个问题的质疑

拜读了李家骥女儿李国玺转寄给我的周骥良先生发表在 2005 年 8 月 6 日《今晚报》上的《他把败仗打成胜仗》一文，颇受教益，但该文中的若干说法却与史实不符，我不敢苟同，特提出质疑，与周先生商榷。

一、周文说：李家骥“17 岁时他考入保定军官学校，走出校门只在北洋军阀曹锟卫队里做一名连长。冯玉祥在二次直奉战争中回师北京，软禁曹锟，解散卫队。他面对着民主革命的飞跃，受到极大的震动，但却无缘革命，只能回到天津，在如意庵胡同买了一间小屋，夫妻俩一个缝穷，一个靠写个对联为生”。但此说却与 75 前中共党员宋绮云在西安主办的《西北文化日报》的有关报道根本不符。该报中华民国二十八（1939）年 2 月 21 日登载的《李家骥忠骸昨抵省》说：

独立 ×× 旅 ×× 团团长李家骥，于 2〔1〕月 27 日敌兵数千猛犯中条山时……身竟殉职……李氏忠骸……已于日前运抵西安……（按：李团长家骥系河北静海人，年40岁。弱冠即富革命思想，曾参加讨袁护法及国民军首都革命诸役。……）

从此报道可知，李家骥生于1900年，弱冠（1919年）即富革命思想。讨袁是1916年，家骥17岁。护法是1917年，家骥18岁。似与"弱冠"矛盾，参加与否，难以确定。冯玉祥发动的首都革命发生于1924年，家骥25岁，参加此次革命，毋庸置疑。据其子李国权对笔者讲，1925年夏李家骥随孙岳到西安，时任孙部骑兵营营长，是年冬，孙岳率部离陕。李家骥营奉命留陕，监督改投孙部的杨虎城第三师。

周文说：李家骥"走出校门只在北洋军阀曹锟卫队里做一名连长"。其实连孙岳也曾是曹锟的麾下。据姜克夫编著的《民国军事史略稿》（第一卷）披露，辛亥革命爆发，孙岳与滦州驻军密谋响应，事泄，将被处决；赖统制官曹锟掩护得脱，与何遂逃至南京，被黄兴派至前方。二次革命，由黄兴任为北伐军第一军司令，失败后被通缉。曹锟素重孙才，1918年召至军中办军官教导团，任团长。直、皖战起，任直隶义勇军总司令。战后任第十五混成旅旅长。第一次直、奉战争，任西路军总司令，率领直系各军击败奉军张景惠部，建立战功，更获得曹锟的信任。战后，兼任冀南镇守使。二次直奉战争前，任北京卫戍副总司令。冯玉祥古北口班师，孙将冯军放入城内，囚禁曹锟，直系一败涂地。北京政变成功后，孙任国民军副总司令兼第三军军长。1925年，孙率部长驱入陕，7月30日进入西安，驱逐吴新田，8月29日被段祺瑞任命为陕西军务督办。11月上旬，孙岳留杨虎城师于陕西，率国民三军其他各部离陕。

不言而喻，说李家骥“却无缘民主革命”，与史实不符。

二、周文说：“杨虎城因坚守西安城八个半月成为名将”。此说与史实不尽相符。原政协陕西省委员会文史资料研究委员会办公室主任刘永端等编写的《国民革命在陕西大事记》（上）说：1926年“4月12日镇嵩军前锋进抵灞桥，15日兵临西安城下”。“4月16日杨虎城师姬汇伯旅由三原急进入西安，并即投入东郊的阻刘战斗。”“4月18日杨虎城率幕僚及卫队等由三原抵达西安。”“11月27日国民军联军援陕军向镇嵩军发起全线总攻击。……刘镇华下令各部退却。”“11月28日被困近8个月的西安城围解除，民见天日。”（中共陕西省委党史研究室编：《国民革命在陕西》上卷第875—880页）不言而喻，杨虎城等坚守西安城前后共7个月11天，怎能说8个半月呢？

三、周文说：李家骥投奔杨虎城将军部队后，后来杨虎城把他“以陆军少将衔调往陆军大学深造”。

到南京陆军大学高教班学习，时在1936年8月。同时去学习的还有苏济吾、王炳南、武士敏，并有东北军的吕正操。据苏济吾回忆，李家骥与吕正操编在第二组。李家骥学习前，任王俊陕西警备第一旅第二团团长，只能是上校。旅长王俊才报批少将哩。1939年元月李家骥殉国后，孙蔚如上报的调查表上写的是上校团长，抚恤时才晋一级，但没有写明少将。1948年3月国民政府国防部史政局出版的《抗战军人忠烈录》第一辑的标题是“李故上校家骥”。接任李家骥陕西警备第一旅二团团长的王子伟，与李家骥一同去陆军大学高教班学习的苏济吾，在谈到家骥去南京学习时均未说李是以陆军少将衔去的。不知周文根据什么说是以“少将军衔”去的？

四、周文说：“家骥在学习期间，得到杨虎城的密电，要他托病请假，潜回西安，他到西安第二天，‘西安事变’就爆发了。他奉命指挥从西安城至机场的警戒线。如果说‘西安事变’是导致抗战序幕的话，那么这就是他对抗战立下的第一功。”

此说是否真实呢？笔者认为疑点甚多。杨虎城为人深藏不露，即使在西安的高级将领事前都不知道他的计划。怎可能把远在南京的团长李家骥召回西安呢？这一情况，连与李家骥在一起学习的苏济吾在回忆文章中也只字未提。

至于说，西安事变时，李家骥“奉命指挥从西安城至机场的警戒线”，更与史实相悖。看一看事变的亲历者是怎么说的。

孙蔚如说：“事变中，我兼西安戒严司令，负附城50里内军事责任。”

赵寿山在《西安事变前后的回忆》中说：

1936年10月，我回到陕西……我先后和杨谈过几次话……在最后一次和杨谈话中，我看情况愈急，便对杨说：“……是否可以考虑蒋如果来西安，必要时我们把他扣起来逼他联共抗日。”杨听了，显得有些惊异，望着我说：“天大的事，我们敢干？”……杨看起来不反对我的意见，但是他却以深沉而又带责备的态度对我说：“你在外面转了一圈，回来脑子发热了，这样的大事，要很好考虑，不能轻举妄动，随便乱说。”最后杨很严肃地对我说：“你这些话只能对我说，绝对不能对其他任何人讲。”……他当时对形势和他自己以及十七路军的出路问题，已经心中有些底了，只是由于他处事慎重，又机密，事先不会向我讲。

到了1936年12月8日，张、杨已商定准备扣蒋，并作了适当分工，大体是：临潼归东北军负责，西安归十七路军负责，待机行动。

11日晚9时许，杨派车接我到他的住所，我在外室见了王菊人和孔从洲（陕西警备第二旅旅长）。王说：“主任有话要亲自对你讲。”我便想今晚可能要行动，又见孔从洲在一旁低头沉思，便向孔说："从洲，请你给我找一张西安市的地图来。"他说："我这里有。"随手就从衣袋里掏出一张地图给我。我正在看地图，杨就唤我"快来"。到内室后，杨对我说："今晚要行动，叫你来商量作准备。"我问杨是否已通知冯钦哉，杨说没有，来不及。我又问孙蔚如（三十八军军长）、李兴中（绥靖公署参谋长）是否已经知道。杨说没有通知他们。我说："冯远在大荔，来不及可另派人通知，孙蔚如、李兴中是否现在可以约来，予以说明，共举大事。"杨问我："把他们请来，他们如果不同意怎么办？"我说："孙与你在一起多年，他心里也许不同意你的主张，但是你下了干的决心以后，他会跟着你走的。把他找来在你左右商量些大事有好处。"谈到李兴中时，我说："时甫（李兴中）比我还激烈。我这次回陕以后，跟他谈过多次，曾和他谈到蒋逼我们'剿共'是要消灭我们，我们必要时可以扣蒋。他听了非常高兴，积极表示赞同。我看他是真心赞同的，没有问题。"杨听了很诧异地说："时甫还是这样！"表示很高兴，随即把孙、李接到绥署。他们到后，我们就分了工。杨与孙在绥署掌握全局，军事方面交给我和李商定。杨命我与李提出一个军事计划。我即到李的办公室，并把孔从洲请来，三人共同商议。

根据十七路军和蒋系在西安的兵力情况，我们的部署是：命陕西警备二旅孔从洲担任解除宪兵团、保安司令部，警察大队、省政府长驻的宪兵连和西关飞机场驻军的武装，并占领飞机场（当时蒋系在西安机场停有数十架战斗机和轰炸机）的任务，并以一部担任西安各街巷口（东南一隅归东北军）的警戒，每一街巷口有一武装警察时，我们即派武装士兵一名监视。为了加强警备二旅的领导力量，增派许权中为副旅长。命炮兵营归孔从洲指挥，炮兵位置在北城门楼上，对西安车站方面警戒，准备轰击外来的蒋军。命西安绥署卫士队（两个队共200人）担任绥署及杨将军公馆的警戒。命特务营营长宋文梅率特务营及卫士队各一部分士兵负责逮捕住在西京招待所的蒋系军政高级官员，特务营其余部队作为预备待命。派绥署参谋处长王根僧去教导营监视李振西，该营归我直接指挥，担任警戒新城城防及解除新城东北几个警察大队的武装。

12月12日早晨，约5时许，听到临潼已有枪声，我向张、杨请示后，即放了信号枪，各部队同时开始行动。约到7点半钟，已将大部分敌人解除武装，枪声也停了下来……到8时，西安的军事行动全部结束，我即向张、杨报告，全部顺利完成任务。(《回忆杨虎城将军》第230页)

再看看孔从洲将军是怎样执行任务的。孔从洲在他的回忆录中说：

张、杨10日已经决定11日晚行动。一切准备工作在紧张地进行。……

11日晚的宴会散场以后，杨先生打电话叫我去，这时已经10点多钟。……见面后，杨先生严肃地说："蒋介石不顾国家民族的危亡，一意孤行，坚持内战，竭力挑拨东北军和我们的关系。这次到西安来，表面上是要打共产党，实际是一箭双雕。也要干掉十七路军和东北军。为了挽救国家民族的危亡，也为了部队的前途……我和张汉卿一起，多次向蒋介石痛切陈词，反复说明停止内战，一致抗日，要求他放弃打内战的政策，领导全国抗战。可以说已做到仁至义尽，当面建议，面谏，苦谏，甚至苦苦哀求，哭谏，他都不听。……不得已，只好采取兵谏。我和张学良共同决定采取行动，把他抓起来，逼他抗日。……我们和东北军有明确的分工，具体行动计划是：东关以东，由东北军负责，西安市内，包括火车站、西郊机场和西京招待所，解除国民党军、警、宪、特的武装，扣留国民党的大员，扣留飞机，统由我们负责。我们决定，就在今晚动手。你的任务是西安城防，担子是很重的。”

这次行动的准备工作极端保密，事前只有少数直接参与行动的军事负责人知道，调动部队下达的命令，也只是告诉做某种必要的准备，真实意图丝毫不露。

约摸11点来钟，看到赵寿山匆匆忙忙走进门来……说着就到杨主任的住室去了。赵寿山进去不久，孙蔚如也到了……接着。我便跟孙进去了。等我们坐定，杨先生把刚才对我讲的话，大致又重说了一遍。说罢，他转向孙、赵两位："你们二位是什么意见？”他俩一致表示，坚决拥护张、杨的主张。杨先生又照他和张先生早已商定好的分工原则，同我们一起研究了行动计划。由我汇报蒋介石集团在西安的兵力分布情况，又研究了十七路军的行动部署。

警备二旅的任务主要是解除宪兵团、公安局、保安处、交警大队、常驻省政府的宪兵连和西郊飞机场驻军，并占领飞机场，扣留飞行人员（当时蒋方在西安机场停有50架战斗机和轰炸机）；占领火车站，并以一部兵力担任西安各街道巷口（东南隅归东北军）的警戒。蒋方每一街道设有1名警察，我们即派2名武装士兵监视。炮兵团的任务是占领省政府，解除驻在省政府那个宪兵连，并负责对西安火车站方向警戒。炮兵阵地设在北门城楼上，准备轰击外来的蒋军。特务营宋文梅营长率领特务营及卫士队各一部，负责扣留住在西京招待所的蒋方军政大员，解除中央宪兵二团团部……西安绥署的两个卫士队，一个队担任绥署及杨主任公馆的警戒，一个队担任新城临时指挥部的警卫。由赵寿山直接指挥的教导营，负责担任警戒与守护新城，解除别动队和蒋方各部队留守处、办事处。

任务明确后，杨又说："我们负责西安城里，同时决定成立戒严司令部，任命孙蔚如担任戒严司令，并负责拟定十七路军所属各部队的布防及向西安集结的计划；赵寿山兼公安局长；从周仍任城防司令，负责西安城防。指挥警二旅和炮兵团。”

1936年12月12日凌晨，举世震惊的西安事变爆发了。……这天凌晨4点，我打电话问杨主任："现在几点钟了？"杨说："时间已到，发信号开始行动！"我放下话筒，命令司令部立即按规定信号，打出红、绿各一发信号弹。西安城内的行动和临潼华清池方面的行动，是在张、杨统一指挥下同时开始打响的。

西安事变的信号一经打响，我就指挥部队马上行动。由于这次行动极为重要，为了便于指挥与掌握部队，胜利完成任务，我特意将指挥所设在市内西仓门户县会馆原炮兵团团部，这里位置适中。战斗，是在我们事先经过充分准备、敌人完全意料不到的情况下打响的。由于计划周到，部署恰当，部队以迅雷不可掩耳之势，突然发起猛烈攻击，经过两三个小时的战斗，便痛快淋漓地解除了城内绝大部分敌人的武装，圆满地完成了任务。

当我回到司令部时，东方已经发白，玻璃窗上露出了朦胧曙光。几部值班电话机的铃声，连续不断地响着，各部队指挥官，都以激动的语调，一个接着一个地向我报告战况。

第四团占领公安局，解除了公安大队的武装，接管了西关飞机场，并扣留了作战飞机及飞行人员。

第五团除在西安南、北、西城（东城门由东北军负责）各设一个连担任城防守备任务外，其第一营一部已解除了北大街警察局、派出所的武装，另一部控制了中正门外火车站，并解除了护路队的武装；第二营一部已解除中央宪兵二团二营营部及第四连的大部武装，另一部以机枪连占领钟楼。用重机枪封锁西大街，并支援步兵解除钟楼附近警察保安团第三大队的武装；第三营一部已解除中央宪兵二团第五连的武装，另一部解除了西大街公安分局、派出所的武装。

第六团已解除军警联合督查处以及保安团的武装。

旅直特务连，解除了公安第一分局的武装。

旅直属军士训练队以一部配合特务连解除公安第一分局的武装，其余解除了保安训练大队和长安县政府的武装。

炮兵团已解除了省政府常驻的宪兵连的武装。炮兵营两个连在北城门楼上，对付东来的火车，另一连设在西城门楼上，对付西来的火车。

在各部报告战况的同时，特务营营长宋文梅也来电话说：他们已经按照名单将西京招待所的国民党军政大员都捉住了。

……主要的行动八点前基本结束了。

西安事变史领导小组编写的《西安事变简史》（中国文史出版社，1986年12月版）这样写道：

张学良、杨虎城12月8日再次会商，初步确定兵谏计划：东北军负责执行华清池扣蒋和西安到临潼沿线的警戒任务；十七路军负责执行西安城内拘禁南京政府军政要员，解除蒋系军、警、宪、特的武装，扣留机场的作战飞机及控制火车站等任务。具体执行日期要根据形势和准备情况再定。

……

自8日决定实行兵谏后，张、杨分别进行了紧张的准备。……十七路军方面，以十七师五十一旅旅长赵寿山为行动总指挥，特务营营长宋文梅所部主要担任扣留住在西京招待所等处的蒋系军政要员的任务；孔从洲的警备第二旅和李振西的教导营负责解除宪兵一团、省保安处、警察大队、省政府常驻的宪兵连和飞机场驻军的武装，并占领飞机场，扣留作战飞机，以及担任西安各街巷口的警戒；炮兵团负责车站方面的警戒。为保证行动的准确、迅速，孔从洲部还在西安城内按蒋系军、警、宪、特驻地的位置，进行了军事演习。以上所有准备工作都是高度保密的。……

张学良回公馆立即召集有关人员，宣布12日凌晨举行兵谏。……

杨虎城当晚也召集十七路军在西安的主要将领十七师师长孙蔚如，绥靖公署参谋长李兴中、五十一旅旅长赵寿山、警备第二旅旅长孔从洲举行紧急会议。杨虎城宣布了兵谏计划，……大家都表示同意。随即按计划分头部署，待命行动。此外，还决定成立戒严司令部，孙蔚如任戒严司令；赵寿山兼公安局长；孙蔚如并负责拟定十七路军所属各部队的布防及向西安集结的计划；命令驻大荔的四十二师冯钦哉部迅速袭占潼关；警备三旅袭占咸阳，解除中央军万耀煌部两个团的武装。

……

临潼方面枪响以后，城内十七路军各部队也按原定计划开始行动。特务营营长宋文梅率部队包围了西京招待所，将住在那里的南京政府的军政部次长陈诚……等高级军政人员，连同他们中一些人的家属，全部扣留起来。……孔从洲指挥的警备第二旅和李振西指挥的教导营迅速解除了中央宪兵一团、省保安处、警察大队和其他零散部队的武装；占领了飞机场，扣留所有作战飞机和飞行人员；还拘留了陕西省政府主席邵力子和西北“剿匪”总司令部参谋长宴道刚等人。午前8时，西安城内的军事行动全部结束。（以上引自该书第36—44页）

由以上所引资料可知，西安事变事前是“高度保密的”，连杨虎城将军的左右膀臂孙蔚如和冯钦哉都未告知。冯钦哉正是以事前未与他商量为借口而率部离杨附蒋的。怎能把远在南京学习的李家骥召回呢？

再说，因为兵谏事前是“高度保密的”，西安城内的任务全由当时在城内的陕西警备第二旅孔从洲部、特务营宋文梅部和教导营李振西部完成。即使李家骥回到西安，他指挥哪个部队呢？周文说，西安事变时，李家骥“奉命指挥从西安城至机场的警戒线”，不知其根据是什么？那李家骥“对抗战立下的第一功”也就无法落实了。

五、周文说：“抗战军兴，杨虎城的所部被分别调往山西。李家骥率领一个独立团，以六千人的兵力……1938 年在鄘阳战役中……重创日军。为稍后收复晋东南 13 县奠定基础，他立了第二功。”

1. 抗战军兴，杨虎城所部被分别调往山西否？回答是否。1937 年 5 月 7 日南京政府撤销西安绥靖公署及十七路军总指挥部，将所剩部队缩编为第三十八军，军长仍为孙蔚如兼任。不言而喻，抗战军兴时，部队已非杨虎城所部，而是孙蔚如第三十八军，充其量只能叫杨虎城旧部了。

另外，抗战军兴后，孙蔚如第三十八军也未被分别调往山西。看看孙蔚如写的《第四集团军抗日战争概略》就一清二楚了。该文中说：“民国二十六年（1937 年）七月七日，卢沟桥战起，余时任陕西省主席，兼三十八军军长……初期第十七师，第一七七师之五二九旅（旅长许权中）、教导团奉命次第参加抗战。第十七师在井陉口苦战 7 日夜……教导团守井陉南之旧娘子关，与敌铃木旅团激战两日夜……五二九旅守忻口正面者 14 日……”不言而喻，杨虎城旧部并未全部调到山西。而只是部分部队，并且开始还是在河北抗日。五二九旅也是先在河北抗日，后才奉命驰往山西忻口。一直到 1938 年 7 月，三十八军改编为第三十一军团，孙蔚如升任军团长，才率领全部东渡黄河，开到山西抗日。

周文说："李家骥率领一个独立团，以六千人的兵力……接连打了两个硬仗。"此说乃天方夜谭。李家骥从高教班毕业后，回到西安。此时抗战已经爆发。第三十八军"军辖部队为第十七师、第一七七师、师长赵寿山、李兴中，陕西第一、二、三三个警备旅，旅长王竣、孔从洲、王振华，教导、骑兵两团，团长李振西、孟庆鹏。"（孙蔚如《第四集团军抗日战争概略》）

"是年7月省政府改组，余调任第三十一军团军团长，所部编第三十八、九十六两个军，赵寿山任三十八军军长，属第十七师，师长耿景惠，独立第四十六旅，旅长孔从洲，李兴中任第九十六军军长，属一七七师，师长陈硕儒（式玉），独立第四十七旅，旅长王振华。教导、骑兵两个团仍属军团部。"这次改编，还把王俊陕西警备第一旅改归蒋鼎文指挥。由此可见，孙蔚如部哪里有个独立团呢？一个团，哪里有6000官兵呢？教导团编制较大，才有2800多人。孔从洲一个旅还不到5000人。

2. 至于说，李家骥"1938年在郿阳战役中……重创日军，为稍后收复晋东南13县奠定基础，他立了第二功"。

此说把两件事情弄混淆了。"收复晋东南13县"有误，应是"收复晋西南13县"。而且收复晋西南13县在前。嵋阳之战在后。

李家骥从南京回到西安，被孙蔚如任命为王振华陕西警备第三旅副旅长，此时该旅驻防陕西耀县。七七事变后，9月所部奉命开赴陕东韩城扼守黄河河防。

1938年春，侵占了太原的日军集结主力沿同蒲铁路南犯，3月6日川岸文三郎二十师团一部攻占了与陕东一衣带水的永济县城，3月8日攻占风陵渡。接着不断进犯陕东河防阵地，飞机也频频轰炸西安和关中各县。并以一部兵力侵占了大庆关，大有强渡黄河，进犯关中之势。一时全陕震动！

在徐州会战期间，由于日寇调用了驻山西省的兵力，晋西南空虚，我军乘机入晋打击日军。5月初，陕西警备第三旅奉命派遣其旅张英三第七团和李兴中第一七七师（欠五二九旅）东渡黄河，进入晋西南，寻机歼敌。“经旬日之苦战，克复永济、虞乡、临晋、猗氏等县”。（孙蔚如：《第四集团军抗日战争概略》）当年任一七七师参谋处长的苏济吾在他写的《一百七十七师收复晋南十三县》一文中说：“1938年5月3日，一七七师主力部队分别由夏阳渡、榆林渡、芝川镇、朝邑等处东渡黄河。”经过旬月苦战，“侯马以南晋南三角地带13县完全收复”。这次5月东渡入晋，李家骥旅旅部和第八团仍在河西韩城扼守河防，他并未参加收复晋西南13县。军人以服从命令为天职。对这一点李家骥当然是知道的。他怎能脱离部队，擅自行动呢？周文说收复晋东南13县，明显有误。因为李家骥旅从未去过晋东南抗日。一直到1938年7月其旅改番号为独立第四十七旅后，“四十七旅7月文日〔12日〕渡河作战”（《孙蔚如1938年9月25日致蒋介石电》）。这时，李家骥才真正投身到抗日战场。按照三十一军团的部署，“以警三旅机动使用于汾河以南，同蒲路以西，中条山以北9县间地区内，并依情况策应永济、中条山各守备之作战”。（《孙蔚如1938年7月18日致蒋介石电》）可见，其旅根本未到晋东南。

“郿阳”应为山西省今临猗县“嵋阳镇”。称“郿阳战役”太夸大了。嵋阳镇之战，发生在1938年7月20日，与李家骥关系不大。李家骥任副旅长的陕西警备第三旅（7月改名为独立第四十七旅），辖张英三第七团和樊雨农第八团两个团。如前所述，其旅张英三第七团5月初与李兴中第一七七师，东渡入晋，团部驻临晋县城，其团谢济民第一营驻防猗氏县之嵋阳镇。

日寇攻占徐州后，晋南驻运城的日寇二十师团（6 月下旬师团长换为牛岛实常）“逐渐做好一切准备，在 7 月 5 日转为攻势”，卷土重来。7 月 20 日拂晓，日寇步骑炮兵千余人，炮八九门，向我第三十一军团九十六军独立四十七旅第一营驻防的嵋阳镇猛烈进攻。谢济民营长即督率全营奋勇反击。但以敌众我寡，致陷包围。敌并集中火力，将该镇寨墙轰毁数处，乘机抢入，遂发生激烈巷战，谢济民营长身先士卒，督率全营官兵反复肉搏白刃冲杀十余次，毙敌极多，但谢营亦伤亡殆尽。薄暮我张英三团一部援兵赶到，反攻该镇，至为激烈。我樊雨农第八团某营亦迂回至水头镇以东抄袭敌炮兵阵地，毙敌甚多。至夜 11 时，敌终不支，向牛杜镇溃退。此次战斗计 19 小时，营长谢济民在激战中不幸以身殉国。营附吴伟如、连长党澄涛、薛开山、壮烈牺牲。一位连长负重伤。士兵除运回 20 余名外，余皆阵亡。计毙敌上尉 1 名、士兵 300 余人，伤者敌已运回猗氏，共载 13 汽车。另外以担架抬回者，尚不知确数。

关于嵋阳镇之战，中共党员宋绮云主办的《西北文化日报》1938 年 7 月 27 日有详细报道，特转引于此。

【中央社永济 23 日下午 6 时电】20 日拂晓，敌步骑炮兵千余人，炮八九门，向猗氏县之嵋阳镇我□军团□旅□团一营攻击。该营长即率部迎战，但以敌众我寡，致陷包围。敌并集中炮火将该镇寨墙轰毁数处，乘机抢入，遂发生激烈巷战。该营反复肉搏白刃冲杀十余次，毙敌极多，但我亦伤亡殆尽。薄暮，我□团一部援兵赶到，反攻该镇，至为激烈。我□团某营亦迂回至水头镇以东抄袭敌炮兵阵地。因炮笨重，无法携带仅获骡马数十匹，杀敌甚多。至夜 11 时，敌终不支，向牛杜镇狼狈溃退。此次战斗计 19 小时，坚守该镇之我营长及该营连长 2 员阵亡，连长1员负重伤，士兵除运回20余名外，余均壮烈殉国。计毙敌上尉1员，士兵300余人，伤者已运回猗氏，计载13汽车。另外以担架抬回者，尚不知确数。

由此报道可知，嵋阳镇之战主要是李家骥独立第四十七旅张英三第七三九团谢济民第一营与日寇打的，与任副旅长的李家骥关系不大。尽管姚杰在他所著的《抗日战争中的十七路军》中说："七四一团团长李家骥率部迂回敌后，减弱了敌之攻势。"（该书第30页）但7月20日七四一团团长究竟是樊雨农还是李家骥，尚待考证。李家骥若未任团长，带七四一团迂回敌后的还应是樊雨农。不言而喻，周文说李家骥在嵋阳之战中重创日军，"他立了第二功"也无法落实。

六、周文说："1939年日军再次进犯晋东南，李家骥率所部六千兵拦起一道防线……六千勇士仍然守住阵地不退，终于全部阵亡。"

日军进犯晋东南，李家骥扼守中条山西段，双方怎么能发生激战呢？说"1939年日军再次进犯晋东南"明显有误，应是进犯晋西南。

要了解这次战斗的情况，看看当年报纸便一清二楚了。

报道之一：

玉泉寺血战

　邱副旅长等殉职

　　王旅长亲突围

【潼关十六日电】2〔1〕月27日，我王旅于中条山玉泉寺一带，与三倍之敌，激战4昼夜，毙敌700余人。我亦伤亡惨重。邱副旅长李团长俱为国殉职。翟参谋主任负伤。当突围时，距敌仅数百米。王旅长镇华身先士卒，正当有敌三十余，向之包围。王旅长亲持自来得向敌射

击。当连毙敌14名，余皆逃去。敌赞为神枪手。（中央社）

（《西北文化日报》中华民国二十八年（1939）二月十七日）

报道之二：李家骥忠骸昨抵省

独立××旅××团团长李家骥，于2〔1〕月27日敌兵数千猛犯中条山时，在玉泉寺一带，以少击众，鏖战4昼夜，身竟殉职。战事平息后，该部派员寻觅李氏忠骸，因战地零乱，未能获得。嗣由家人遍历群山，冒险探寻，始将李氏忠骸发见，已于日前运抵西安。闻关于安葬哀荣，及抚恤等事，该部正着手筹划，以慰忠魂。……

（《西北文化日报》中华民国二十八年（1939）二月二十一日）

报道之三：忠勇义烈　李团长殉国经过

【军息】元月26日，敌酋中〔牛〕岛亲率步骑炮五六千，藉飞机炮火掩护，分向中条山西我×××军××师玉泉寺、王官峪、黄家窑、苍陵峪、宝玉台、五老峰一带阵地猛犯。战事激烈，空前未有。该×××团李团长家骥，亲冒炮火驰驱指挥。身负重伤数处，尚忍痛督战，誓死固守。血战三昼夜，毙敌无算。阵地失而复得者再。乃以援军被阻，致阵地被突破。是时李团长只有随从一人，犹复振臂奋起，以手枪毙敌十余，敌终未敢进。最后仅余一弹，遂举枪自戕壮烈殉职。（中央社）

（《西北文化日报》中华民国二十八年（1939年）二月二十二日）

1941年国民政府军事委员会政治部编印出版的《抗战特殊忠勇军

民题名录》第一辑和1948年3月国民政府国防部史政局编印出版的《抗战军人忠烈录》第一辑收录的李家骥英雄事迹与上面的报道基本相同。

说“六千健儿全部阵亡”，严重失实。如前所述，李家骥当时所在的王振华独立第四十七旅，只有他和张英三两个团，充其量不会超过4000官兵。据中国第二历史档案馆藏一（1）4225号档案“准军事委员会二十九年4月22日函送故员兵邱铁生等160员名请恤调查表呈请鉴核给恤”记载，这次战斗，其旅副旅长邱铁生、第七四一团团长李家骥、中校团附田景华、第七三九团少校团附崔承杰等160余名官兵阵亡。怎能说“六千健儿全部阵亡”？孙蔚如部8年抗战，从未有哪一仗“六千健儿全部阵亡”的史实?

报纸宣传，应该言而有据，尽量贴近史实。若对史实不加考证核实，像写小说那样，随意虚构情节，尽管生动，却只能误导读者。

2015年元月6日

对《大荔移民志》一个问题的质疑

2014 年国庆长假，因大荔县朝邑镇大寨子村 1938 年修建的陕西警备第一旅第一团永济抗战阵亡将士纪念碑，有人在网上爆出一则信息，我们便再次驱车前往考察。到大寨子村后，方知信息有误。在 3 组赵武先生的引导下，我们又到了高发俊家。与高交谈时，说到了《华商报》上登载的杨托写的《陕军抗战遗迹有望重建》一文。我说其文说，1941 年修建了“抗建公园”，与史实不符。发俊马上拿出一本书，说：“这书上有记载。”我一看，竟说是 1941 年秋，我说，这更错了。回渭南后，我以为是《大荔县志》，找了县志一查，没有。便给发俊打电话，问是什么书？他竟回答，没有书。经过提示，他才说是《大荔移民志》。我让他把有关部分扫描后发到我电脑邮箱。晚上他让女儿把有关内容发到我 Q 上。我恐怕有疏漏，又到渭南市移民局打问他们那里有无《大荔移民志》，一大荔同志告诉我，没有。该同志是个热心人，他立即给大荔县志办打电话，让把《大荔移民志》的封面、主编人、和第28页扫描通过电脑邮箱发过来。我等了一会儿，《大荔移民志》的有关部分发了过来。该同志还给我打印了1份。方知该书为内部资料，陕渭新出批〔2001年〕字第25号，人文印刷制作中心2001年9月印制。由陈永庚主编。看了有关部分，庐山真面目完全显露出来。

原来，《大荔移民志》第一篇的第四章文物名胜古迹的第四节移民时拆毁的古建筑的（六）抗建公园这样写道：

抗日战争时期，国民革命军新编27师师长王俊（蒲城人）因率部队从朝邑出发去黄河东岸的中条山作战中牺牲，邑人于民国三十年（1941年）秋在县城西关外马鞍桥路北的高台阶上修建一处“抗战建国公园”（简称抗建公园）。占地不到一亩，内竖一碑正面碑文是“抗日阵亡将士纪念碑”，以纪念王俊及其牺牲的部属。背面碑文记述中条山战役经过（详文无考），纪念碑两边以对联形式刻有16字：“华岳苍苍，黄河泱泱；烈士之风，山高水长。”（据知情者介绍，此四句系邑人学者、书法家李善楚撰写）园内建一小亭，有石桌石凳，供参谒者休息，还将“八棱碑”移此。1959年，移民拆迁后，八棱碑又移存于北寨子学校，纪念碑去向不明。

这段短文，其中的几处说法与史实极为不符，我不敢苟同，特提出质疑，与作者商榷。

该文说：“抗日战争时期，……新编二十七师师长王俊（蒲城人）因率部队从朝邑出发去黄河东岸的中条山作战中牺牲，邑人于民国三十年（1941年）秋在县城西关外马鞍桥路北的高台阶上修建一处‘抗战建国公园’（简称抗建公园）。……内竖一碑正面碑文是‘抗日阵亡将士纪念碑’，以纪念王俊及其牺牲的部属。背面碑文记述中条山战役经过

（详文无考）”又说“1959年，移民拆迁后，……纪念碑去向不明。”

首先来看纪念碑究竟是何年所建？是为谁而建？是否“详文无考”？只要找到了纪念碑，一切问题都会迎刃而解。

1987年我因搜集在山西永济抗日血战牺牲的邓祥云的资料，邓祥云村（蒲城县上王镇张王村）中有一老人告诉我，祥云牺牲后，在朝邑修了个冲天塔。同年9月30日，我访问祥云所部其团军需刘守经老人（蒲城县马湖三山页庄），他告诉我永济血战后，在朝邑南寨子附近的确修了个阵亡将士纪念碑。得此信息，我于10月8日从渭南专程乘汽车到大荔县朝邑镇大寨子考察抗日阵亡将士纪念碑。无巧不成书。那天下午，在南寨子西边田地里碰到一位老人。经过交谈，得知老人叫雷承祖，是大寨子村人，1938年曾在南寨子小学任教。我大喜过望。即向老人请教。他娓娓告诉我，纪念碑建在大寨子村外西南角十字路口（当地人把这里叫做马鞍桥）西北角（苏天运、雷秃子庄基西边），约2亩大小。门口两根石柱，东边其上刻着：河洛泱泱华镰苍苍；西边其上刻着：烈士之风山高水长。他害怕自己记忆不准确，还让我再问问村中其他老人。有人说，不是“河洛”，而是“黄河”，也不是“华镰”，而是“华嶽”（繁体“嶽”字许多人不认识，由此知道确是华嶽）。他又告诉我，碑楼正面横额上刻着“为国捐躯林森题”，下面碑石上刻着大字：陕西警备第一旅第一团血战永济阵亡将士纪念碑。碑楼背面横额上刻着“民族之光于右任题”，下面碑石上刻着碑文与阵亡将士姓名。但纪念碑已不知在何处。询问了村中好多人，都不知纪念碑的下落。因天色将晚，我从大寨子北行到连家庄，住我院严安政老师家。第二天，我们两人又到大寨子村询问了好多人，也都不知道纪念碑的下落。有人说，可能是原朝邑公社铁业社主任侯德狮1958年大炼钢铁时砸的烧了石灰。为此，我曾拜托严老师给侯德狮去信询问。

结果是泥牛入海无消息。后来我还到北寨子访问王俊部三团中校团附佘纪善老人，又到大寨子村问过一些村民，也不知道纪念碑的下落。

纪念碑去向不明，我还是不死心。总想知道纪念碑上到底写的什么？后来刘守经又告诉我，当时曾拓过几百张碑帖，他多年保存一帧。“文革”时，烧了。白水县雷村永济城血战阵亡的杨茂生家中，也曾保存一帧，“文革”时，给队上交了，后来不知下落。时任王俊部一团三营七连连长张举才复信告诉我，阵亡的四连连长王继纯家中可能保存碑帖，并说王继纯是三原县北 40 多里的门家村。得此信息，我即写信联系，信被退回，说没有此村。我又给我院调到三原空军导弹学院的赵选民老师，请他帮忙打听该村。他复信说，问过许多人，都说没有此村。1989 年 11 月 18 日我专程到岐山县祝家庄乡岐阳村张举才家中访问。原来西府人把“蒙”读为“门”。张说应是靠富平的西蒙家村。回渭南后，我即给蒙家村两委会写了一封信，询问王继纯家的情况。

皇天不负苦心人，不久得到了天大的喜讯。1990 年元月 13 日蒙家村党支部与村委会复信告知：“烈士王继纯的直属只有一个女儿名叫王应勤现住富平县教师进修学校任教工作。……烈士家庭现存烈士碑文影件一份，保存完整。”得此信息，我万分高兴，深深感谢蒙家村两委会的负责同志。

2 月 4 日接元月 18 日王颖勤来信告知说，我家现存抗日时期为我父立碑的碑文一份……你若要史料，那便是铁证如山的材料……望你们抽空来我家索取。

2 月 22 日，我在蒲城面授结束后，冒着雨雪到富平老城访问了王颖勤老师，尚未见到碑帖。她给了我一个抄件。

后来接到王继纯弟弟王启宗 3 月 27 日来信告知：“关于……要我富平送去碑贴一事，我与 3 月 10 号已经送去颖勤家中，望你和我侄女协同拍照和复印。”

为了我早点看到碑文，王颖勤丈夫张震龙，又请人拍了照片先捎给我看。

因我当时工作繁忙，抽不出时间再去富平。我有事到大荔，便到城西政协百户5巷58号张青山（陕西人民出版社1994年6月版《大荔县志》主编）家，告诉他，我一下去不了富平，请他们派人去富平拿一下碑帖。张对我说，若拿来，可复制一个纪念碑。

这年的6月1日，有一中年男同志到学院（当时我院尚在渭河滩，今铁路二十局技校处）找我。经过交谈，才知他是大荔政协的孙国植（后任王小民主编《大荔县志》的副主编之一），张青山让他到富平去借纪念碑碑帖。他返回时，遵照王颖勤夫妇的叮嘱，先把碑帖拿到我家，让我看后，再拿回大荔。孙国植的品格，令我十分感动。他拿着王颖勤丈夫张震龙的亲笔信。张在信中说："你需要看的碑文，今天特请大荔县政协孙同志专程给你送来，请你看一下。如果需要再复印由你决定办理。你看后将原件仍交孙同志代回大荔。他们回去后商量一下，看怎样处理好。他们用后，我已经给他们说好，叫及时给我送来富平。”当时没有大型复印机，无法复印。我让国植先拿回大荔，看能否复制。谁知，直到张青山1997年不幸离世，复制梦也未实现。同年9月16日，国植给我来信说："碑文我已完璧归赵，送给富平，以后如要复印，就来找你帮助。”308位抗日英烈血铸的纪念碑，因历史的原因被毁坏，令人深感遗憾！先后两次出版的《大荔县志》对纪念碑只字未提，令人费解！

可能是抗日英烈们的英灵不愿泯灭吧，经过两年多的苦苦寻觅，纪念碑的碑文终于被找到。庐山的真面目终于显露在我们的面前。不能自秘，现将纪念碑碑文转抄如下：

陕西警备第一旅第一团永济抗战阵亡将士纪念碑序

中华民国二十六年七月七日倭寇无端挑衅酿成芦沟桥事变遂冒天下大不韪悍然调集寇兵数十万分途进扰我全国各重要城邑当寇入据太原後旋复引兵南下于是临汾不守晋南告急并骎骎然有企图渡河入陕之势我陕西警备第一旅王旅长杰三统率全部扼守黄河保卫西北其第一团团长张君剑平杀敌报国夙怀此志即躬率部队六连慷慨东渡以遏寇焰迨至永济奉命归陕西警备第二旅孔旅长郁文指挥未几以其所部两连调防城东峨嵋原城中仅留四连支持危局张团长同各官长每日督饬军民修葺城防组织民众匝月之间未得一日宁息而士兵奋勇作工更无不以一当百其不避艰险忠于保卫国家民族之精神盖实有足多者部署方毕寇已迫临我峨嵋原孔旅阵地我军当出而迎击嗣因战略关系我军大队转入中条山一带独留张部苦守永济于二十七年八月十六日夜天色黑黝寇复以数千之众蜂拥而来激战终夜直至拂晓已将县城三面包围炮声震天寇机又凌空肆虐但我守城官兵虽知众寡不敌均各抱城存与存城亡与亡之决心俟寇攀登城埤手出枪刃剸其胸脰尸满濠沟卒不得逞寇无奈以大炮轰毁城垣冒弹越尸而入此时我军与寇肉搏巷战终因弹尽援绝城遂陷于寇手时为八月十七日薄暮比杀出重围仅存张团长剑平暨秦团附颂仁等十数人余皆为国捐躯呜呼烈矣事闻我最高统帅蒋公特电嘉奖以旌其功并令优恤诸烈士遗族然张团长追念袍泽痛定思痛乃择吉建碑于朝邑畀余纪其事并书诸烈士之姓名刻诸贞珉以彰其忠礼也余与张团长忝属知交又曾参加斯役缅怀先烈中心悼伤虽不能文又何敢辞爰为之铭曰

巍巍太华炳炳日星人维以杰地赖以灵髦俊辈出车驷雄风原为国难齐作干城嗟彼倭寇咨肆鲸吞驰突中原迭陷三京黎庶涂炭妖氛纵横桓桓勇士衔命东征聿进弗退斩杀若陵慷慨成仁激昂尽忠老如绛叟幼如汪童并力同心登埤拒戎援绝犹斗身死怒冲生为国士殁亦鬼雄顽廉懦立闻者振兴名垂青史

万代钦崇馨香奉祀勒石铭功用昭来世鉴此元贞

阵亡将士题名录（共308位英烈姓名略）

临 潼 王 铁 夫 谨 撰

朝 邑 李 宝 珩 敬 书

中 华 民 国 二 十 七 年 十 二 月 十 八 日

由此碑文可知，此碑乃“张团长追念袍泽痛定思痛乃择吉建碑于朝邑”。不仅如此，时任警一团上尉军需的刘守经老人1987年10月28日复笔者信说：“一团团长张剑平得到这电文（笔者按：即永济城血战后国民政府传令嘉奖电）后，着手设计纪念碑，这当然得到旅长王竣同意的。这笔钱是从一团经费内‘截旷’开支的。这‘截旷’是永济战役，官兵死伤惨重。但伪十战区司令长官部对警一旅经费仍按编制照发的，旅部全部发给一团，用这钱完成烈士碑。”不言而喻，此碑并不是“邑人”所建。建碑时间是“中华民国二十七年（1938年）12月18日”，也不是“民国三十年（1941）秋”。该碑是王俊将军为所部第一团永济抗战阵亡将士而建，并不是“纪念王俊及其牺牲的部属”。碑文记述的是“陕西警备第一旅第一团永济抗战阵亡将士”，而不是“记述中条山战役经过”。碑文完完整整，怎能视而不见，说“详文无考”呢？

其次，该文说，纪念碑两边以对联形式刻有16字：“华岳苍苍，黄河泱泱；烈士之风，山高水长。”这16字究竟刻在何处？1938年在南寨子学校任教的雷承祖先生说，纪念园门口有两根石柱，东边刻着“华岳苍苍黄河泱泱”；西边刻着“烈士之风山高水长”。雷先生是亲见者，几乎可以说是亲历者。他的说法是毋庸置疑的。

《大荔移民志》把纪念碑完全记错了，可能会说，我们没有看到碑文。毛主席有句名言："没有调查，没有发言权。"又说："一切结论产生于调查情况的末尾，而不是在它的先头。"其实，尽管纪念碑不知去向，但在《大荔移民志》编印的前10年间碑文早已公诸书报了。如前所述，1990年6月1日，后任王小民主编《大荔县志》的副主编之一孙国植先生已把纪念碑碑帖拿回大荔观赏，直到9月才送回富平。

1989年夏天，我应陕西黄埔同学会之约写了邓祥云材料。1991年6月由陕西人民出版社出版发行的《陕西黄埔名人》一书采用了我写的邓祥云材料。该书首次公开披露了朝邑纪念碑的情况。书中第297页至298页这样写道：

1938年，国民政府（笔者今按：此处有错。编者歪曲了作者原意。）为陕一旅一团阵亡官兵在朝邑县大寨子村修建了烈士陵园。在烈士碑正面镌刻着林森题词"为国捐躯"、于右任题词"民族之光"和刘天照、邓祥云等阵亡官兵300余人的名字。（笔者今按：这里该书编者，为了节省篇幅对拙文又乱删乱改了一通，歪曲了笔者原意。）

1995年在纪念抗日战争胜利50周年时，8月26日《渭南日报》头版头条刊登了我的拙文《一场阻日入陕的激战——渭南群英血战永济纪实》，又一次公开披露了朝邑纪念碑的信息。拙文说："血战永济后不久，陕一旅旅长王竣命在朝邑镇大寨子村为该旅阵亡官兵修建了陵园，《陕西警备第一旅第一团永济抗战阵亡将士纪念碑》上镌刻着邓祥云等308名阵亡官兵的英名。"

最后，再来看看"抗建公园"，是不是"邑人于民国三十年（1941年）秋"所修建的呢？回答是否定的。

1995年4月23日，我叫妻侄曹养厚用摩托车带着我，从蒲城县山东村到八九十里远的铜川市广阳镇武王村访问王俊新编二十七师工兵连排长王庭月老人。在交谈中，他说，1939年8月王俊陕西警备第一旅改编为新编二十七师后，9月又由大荔大王庙一带重新开赴朝邑、平民，扼守河防。1940年春夏，他们工兵连（连长王化民，咸阳人）驻大寨子村（1988年10月11日我在王俊故里尧堡村访问其旧部工兵连王庭月排战士李有林时，他说其连曾驻大寨子村。1990年6月13日我访问当年曾任朝邑县国民党县党部书记长董子平也说工兵连驻在大寨子村）时，在朝邑西门外公路北修了个小公园，王俊将军题名“抗建公园”，并为公园大门两侧亲笔写了一副对联，右边为：“抗击日寇复国土”，左边为：“建设祖国重民生”。王庭月时任工兵连排长，他亲自参加了修建，其所谈应是相当可靠的。

不言而喻，“抗建公园”不是“邑人”修建的，而是新编二十七师王化民工兵连修建的。修建时间也不是1941年秋，而是1940年春夏。

王俊将军1938年5月上旬率部驻防朝邑、平民河防前线，1940年10月中旬率部开赴平陆中条山抗日前线，司令部先后驻阎公祠、吴家洼、大王庙，并兼任两县城防司令，扼守河防两年零5个月。纪念碑是他担任陕西警备第一旅旅长时修建的，当时其旅归蒋鼎文指挥。抗建公园是他升任新编第二十七师师长，并兼任朝邑、平民两县城防司令时修建的，此时其师归胡宗南指挥。

由以上考析可知，抗建公园和纪念碑并非“邑人”所建。相反，新中国成立后，由于历史的原因，未到“文化大革命”，抗建公园和308位抗日英烈用血铸成的纪念碑却被“邑人”早早地毁坏了，令人遗憾！纪念碑碑帖被找到后，纪念碑不仅未被复制（当时大荔县有关部门曾向王俊儿子天仇去信，说准备复原纪念碑），两次主编出版的《大荔县志》，对纪念碑竟然一字未提，就更令人费解和遗憾！

那“邑人”就对曾近两年半驻防平民、朝邑（后皆归入大荔），坚守河防，保卫陕西和西北的王俊将军没有表示过感激之意吗？

有。1938年11月11日，大、朝、平3县各界曾为王俊陕西警备第一旅第一团及孔从洲陕西警备第二旅在山西永济抗日阵亡诸先烈在朝邑举行了追悼大会。1939年5月底，当王俊奉命率部移驻大荔城南休整，离开平民河防时，平民人民依依不舍，平民县各机关各联保主任曾在《西北文化日报》上“恭颂陕西警备第一旅旅长王公杰三暨团长张公剑平任公耕三武公靖尘德政”。旋，在大荔城南休整时，适逢夏收大忙季节，王俊将军命令全旅官兵，每日分批帮助农民割麦，全旅骡马也借供农民拉麦碾场之用，因是人民感戴，叹为平生未睹。此事1939年6月初《工商日报》曾作报道，把将军的功绩永远记录在案。

附记：2015年大荔的同志从邑人姚水朝先生处觅得1940年元旦6个军人参谒陕西警备第一旅第一团永济抗战阵亡将士纪念碑时的照片，进一步揭开了此碑的真相，更加证实了《大荔移民志》对此碑的记述确是道听途说，以讹传讹。

在“纪念抗战胜利70周年缅怀杨虎城将军旧部抗日先烈先贤座谈会”上的发言

各位先生、各位女士、各位朋友：

大家好！今天荣幸被邀参加西安事变研究会召开的“纪念抗战胜利70周年缅怀杨虎城将军旧部抗日先烈先贤座谈会”，与大家互相学习交流。我感到十分高兴。

再过18天，就是中国人民抗日战争胜利70周年纪念日，而今天又是日本侵略者宣布投降的日子。我借今天这个有特殊历史意义的吉日，把拙著《杨虎城将军旧部抗日烈士述略及史实考证》向大家推介。其实是把写作概况和主要内容，向大家作一汇报。也是献给座谈会的一个礼物。

先谈谈我们为什么会写这本书?

从宏观来说，因对“千古功臣”杨虎城将军及其旧部抗日英烈的崇敬。杨虎城将军是国民党著名的爱国将领，也是中国共产党的真诚朋友。在我国民主革命的过程中，他先后参加了辛亥革命、护法运动、

北伐战争，进行了艰苦卓绝的斗争。特别是九一八事变发生后，杨虎城将军对日本侵略极其愤慨。第5天他即泣告全国："尤祈我举国上下，一致团结，共御外侮。"日寇侵占东北、热河后，杨将军多次请缨杀敌。1934年"九一八"国难纪念，杨将军在西安绥靖公署操场检阅部队。绥署大门上的横额为"摒绝内战，统一意志，以图救亡"。1935年秋，杨将军看了中共中央发表的《八一宣言》后，他十分兴奋。从1935年11月开始，杨将军四次与共产党商谈联合抗日。

在多次对蒋介石"苦谏"、"哭谏"无效的情况下，杨虎城将军首先向张学良将军提出"硬干"，在万般无奈之下，他与张学良将军才发动了震惊中外的"兵谏"。西安事变的发动与和平解决，使国共两党的10年内战停止了。全国的人力、财力和物力开始全面转向抗日，奠定了全民族抗日御侮局面的基础，成为中国近代历史的一个伟大转折。

杨虎城将军与张学良将军发动西安事变是为了逼迫蒋介石"发动

全国之整个抗战”。但蒋介石回到南京，却背信弃义，在扣押张学良将军的同时，对杨虎城将军先是撤职留任，接着又逼迫他辞职出国考察。全面抗战开始后，杨将军返国参加抗日，竟被蒋介石长期囚禁直至杀害。周恩来于1946年在纪念西安事变十周年的大会上说“张、杨两将军是有大功于抗战事业的。”1956年西安事变二十周年时，周恩来总理再次高度评价了张、杨两将军的爱国主义思想和自我牺牲精神，指出他们是我国的“千古功臣”。

西安事变爆发后，杨将军缔造的第十七路军，在蒋介石和国民党的收买和策动下，出现了极大的分化。但不论是西安事变一爆发就离杨附蒋的冯钦哉第四十二师，还是西安事变后离杨附蒋的王劲哉第四十九旅，抑或是1938年夏被蒋鼎文和胡宗南扣留改编的王俊陕西警备第一旅，其部的绝大多数官兵由于长期受杨虎城将军的反复教育与爱国思想的熏陶和中国共产党的影响，都先后奔赴抗日前线，同仇敌忾，共赴国难。在转战河北、山西、河南等抗日战斗中，不惜以血肉之躯抗击日寇的飞机大炮，以数万官兵的伤亡谱写了一曲又一曲的抗日壮歌。他们的英雄事迹感天地、泣鬼神，催人泪下。可以说没有他们的捐躯赴国难，就不会有抗日战争的伟大胜利。

由于历史的原因，杨虎城将军旧部抗日的史实，没有全部写进抗日战争史中，仅散见于一些书中。1997年，姚杰先生写的《抗日战争中的第十七路军》出版，是第一本全面记述杨虎城将军旧部抗日的专著，实为难能可贵。但此书主要写孙蔚如部八年抗日的概况，对许多战事和英烈基本是概述。不仅如此，对孙部以外的冯钦哉、王劲哉、王俊等部的抗日史实，或轻描淡写，或只字不提。这不能不说是一个很大的缺憾！

我每每被杨将军旧部的抗日英雄所感动，决心为他们写一本书，为他们树碑立传。我是一个普通教员，写杨将军旧部抗日英烈这一大题本是我难以胜任的事，只是因为一股强烈的使命感和对“千古功臣”杨虎城将军及其旧部抗日英烈的崇敬之情才使我班门弄斧，勉为其难。

从微观来说，是因天时地利人和所促成。我10个月慈母病逝。二舅母田凤英用她的奶水救下我一条小命。我孩提时几乎是在舅舅家长大。我刚刚懂事时，经常听二舅母她们说什么“血战永济”。长大后才知道二舅父邓俊生是从永济城抗日血战时突围生还的。1939年夏收前后，三舅父邓新春又被征上了抗日前线，至今杳无音信。新中国成立后，因历史的原因，国民党部队的抗日成了史学的禁区。党的十一届三中全会后，历史的本来面目逐渐得以恢复，国民党部队的抗日也慢慢得到国人的认可与敬仰。这是我萌生写抗日英雄邓祥云的“天时”。

1982年我调渭南教育学院。渭南离晋南较近，这给我多次去永济、平陆、高平、长治寻访调查提供了“地利”之便。渭南离西安也较近，又给我们多次去省图书馆、陕西师大图书馆、省档案馆查找资料提供了“地利”之便。如果不调渭南，此书根本无法写成。

当我拟写抗日英烈邓祥云搜集资料无从下手时，1987年6月19日《陕西日报》登载了贾新运写的《省府追认抗日爱国将领王俊为革命烈士》的报道，其中说，王俊“曾派部队渡河至山西永济，袭击日寇，毙敌百余人。”得此信息，我即通过陕报给贾去信询问。贾回信让问张亮伯。我即去信询问，张说是车飞程告诉他的。我访问车老，他告诉我陈洁生、蔡逸民、刘守经皆是永济城血战的亲历者。经过访问这3位老人，并得到孔从洲将军的多次远赐教言。斯役庐山真面目终于显露。如果贾新运不回信，调查就无法进行，那要写抗日英雄邓祥云的想法只能泡汤。后来又到省图书馆查阅有关资料，并得到中国第二历史档案馆朱琪同志和许多热心人的帮助。终于写成了拙著的发轫之作。

因搜集邓祥云资料，又涉及张希文、魏鸿纪、王俊、田景华、李家骥等，像滚雪球一样，越滚越大。慢慢的，一个想法逐渐形成，写一本《杨虎城将军旧部抗日阵亡将士传》。因这些人和事都发生在半个世纪之前，众说纷纭，真假难辨，加上笔者尤好考证，同时也写了多篇考证文章。为了得到经费资助出版，在交大靳英辉教授的指导下，书名改为《杨虎城将军旧部抗日烈士述略及史实考证》。在已说不清多少人的帮助下，经过近30年的四处奔走，没有报酬，没有组织保障，艰辛地自费走访考察，搜集资料，才使拙著上册于2013初敬以问世。因此可以说，拙著是一部集体创作。我只是一个笨拙的整理者而已。这便是“人和”。没有这么多人帮助，此书根本无法写成。

拙著写作的目的。正如习近平同志去年7月7日所讲的：“就是要缅怀在争取民族独立和自由过程中英勇献身的烈士们”，就是要“铭记历史、缅怀先烈、珍视和平、警示未来”，发扬抗战精神，万众一心，不怕牺牲，实现中华民族的伟大复兴。

下边对拙著内容作简单介绍。

拙著分上下两册。上册已于2012年底出版。下册书稿已交中国文史出版社排版印刷，不久即可面世。

拙著由书名可知，包含烈士述略和史实考证两部分。

烈士述略，杨将军旧部在8年抗日战争中究竟有多少官兵牺牲？现在没有一个准确答案。上册仅收录杨将军旧部在抗日战争中为国捐躯的482位英烈，下册收录663位，共1145位（其中含109位所在部队不详）。依据收集到资料的多少，为石杰三、呼品一、谢济民、杨法震、张希文、刘天照、邓祥云、马俊杰、蒋士城、魏鸿纪、邱铁生、李家骥、田景华、翟家骐、范文英、王俊、傅廷栋、武士敏、冯汉英、陈良璧20位英烈写述略。写述略原则是少校以上，事迹突出者例外。

为袁致亮、许乐善、李登先、李伯俊、冯民安、王继纯、张赓良、许快明、殷海山、吴俊德、王友宾、袁振亚、葛天民、张鸿谋、张亚东、张子麟、王儒钦、刘寿安、刘忠义、杨江永20位英烈写概略。其余1105位是英名录。因资料极缺，只能如此。

要把40位英烈事迹简要介绍，时间不允许，只简介几位：

先说孙蔚如部。

杨法震，陕西兴平市人。1931年入杨虎城部，历任多职。西安事变后杨部缩编为三十八军。法震任赵寿山十七师一〇二团中校团附。1938年4月奉命东渡，在当地游击队配合下迫使日军退出荣河县城后，返回韩城。7月再次东渡，率其团二营与敌周旋，后驻防永济上、下高市。8月15日，敌步骑炮千余分3路猛攻。法震督率二营奋起反击，毙伤敌人甚多。法震不幸受伤，他坚持不下火线。鬼子发现他是指挥官，集中火力朝他猛射，法震不幸以身殉国。

张希文，陕西渭南市今临渭区人。曾参加渭华起义。1934年参加杨虎城将军部队，在教导营任连长，率部参加了西安事变。西安事变后杨部缩编为三十八军。希文任教导团中校团附。卢沟桥事变后，随部开赴华北抗日。参加了滹沱河和旧关之战，重创了日军。所部整补后，他兼三营营长。1938年夏，随部东渡，扼守永济辛店第二线阵地。8月中旬，日寇疯狂进攻，与孙蔚如部在永济展开血战。16日晨，日军攻占我第一道防线制高点尧王台。为了击退突破我防线的日军，希文请缨率其营由韩阳镇驰援前线。当晚午夜，在进攻西姚温时，中敌埋伏。他带领全营与敌展开激烈巷战，以大刀、手榴弹，奋勇杀敌，反复肉搏，达五六次，毙敌甚多。在率余部突围时，希文中弹受重伤，卫士要背他突围，他拒之。在与敌激战时，不幸中弹英勇牺牲。

李家骥，今天津静海人。1929年参加杨虎城部队，历任多职。被杨将军保送南京中央军校高教班学习。卢沟桥事变后，任陕警三旅副旅长。随部开赴韩城，扼守河防。1938 年 7 月奉命东渡，进入晋南抗日。8 月任八团团长。后所部进入中条山，先后打退日军三次进犯。1939 年元月，日寇二十师团长牛岛亲率步骑炮五六千向其旅阵地猛攻，重点指向其团，战况至烈。他督率全团官兵奋勇拼杀。终因敌众我寡，阵地被毁，官兵伤亡殆尽。他用手枪毙敌 10 余后，用最后一弹自戕，壮烈殉国。

翟家骐，西安市人。1929 年参加杨虎城部队，历任多职。被杨将军保送到中央军校洛阳分校学习。卢沟桥事变后，任陕警三旅中校参谋主任。旋随部开赴韩城，扼守河防。1938 年 7 月东渡黄河，开赴晋南抗日。后随部开赴中条山，击退日军数次进攻。1939 年 6 月 6 日，日寇出动 3 万余人，对孙蔚如部发动了最大的一次进攻，战斗极其惨烈，孙部伤亡惨重。翟家骐 8 日在圪塔村突围时，不幸中弹牺牲。

其次说冯钦哉部。

武士敏，河北怀安人。1927 年参加了杨虎城部队，历任多职。后升任冯钦哉四十二师一二四旅旅长。西安事变前他参与了与红军建立交通站的活动。1936 年 8 月杨将军保荐他到南京陆军大学深造。西安事变后武士敏升任二十七路军第一六九师师长。卢沟桥事变爆发后，他率部开赴抗日前线，转战河北、山西。大宁整补后，1938 年春士敏率部开赴晋东南，任务是防御日军进犯太岳山区。在此他与八路军来往密切。观看了八路军响堂铺伏击战。决心向八路军学习。由于和八路军并肩作战先后粉碎了日军的 9 路围攻、13 路合围。1939 年秋，士敏升任九十八军军长。同年冬天，率部开赴中条山抗战，先后打退日军多次进犯。1941 年 5 月 7 日，日军向中条山我守军发动了规模最大的一次进攻。武将军督率全军拼死抗击，打退日军多次疯狂进攻。所部伤亡甚大。后奉命率领全军，经过浴血苦战，终于冲出重围，到达太岳根据地，在八路军的帮助下，进行整补。

武部还未得到充分休整，日军又对所部休整的岳南抗日根据地进行新的残酷扫荡。日军此次对岳南的进攻，不只是军事的，而且是政治的。敌人自始至终没有放弃对九十八军和八路军的挑拨离间。大肆宣传“请九十八军与皇军协力消灭八路军”。后又要九十八军投降，限9月26日前答复。遭到武将军的严词拒绝。日军恼羞成怒，对九十八军发起了猛攻。武将军号召全军“拼到底！”在武将军坚定指挥下，全军官兵反复冲杀，浴血苦战，壮烈牺牲。武将军身负重伤，犹沉着指挥，特务营长背着他向外突围，不幸被日军的一颗枪弹击中头部，以身殉职。

因敌我众寡悬殊，全军伤亡殆尽。四十二师师长王明钦、副师长薛如兰、副官主任刘寿安、一六九师一〇〇九团长冯汉英和二四八团一营长刘忠义和等许多官兵被俘。汉英被俘后，押在一个小房内。半夜，他挣脱绳索，乘鬼子熟睡之机，抽出敌人佩刀，砍死两个鬼子。被敌卫兵发现，将他枪杀于屋檐下。刘忠义被俘后，要求喝水时，趁鬼子疏忽，他夺得一把刺刀，刺死一个鬼子。其他鬼子恼羞成怒，一起把他杀害。

再次说说王俊部。

邓祥云，陕西蒲城县人。三国名将邓艾后裔。先任何高候部连长。1927年随部参加北伐，转战河南、湖北。1931年所部参加杨虎城部。后任王俊部一团二营营长，参加了西安事变。1938年夏，随部扼守陕东黄河河防。7月随部东渡，“死守永济”县城。8月17日下午，日寇两千多人，在6架飞机、12门大炮配合下，从3面猛攻永济城。祥云扼守的东城，首当其冲。他再三要求官兵：永济在，我们在；永济亡，我们亡。他穿梭督巡，哪里吃紧了，就到哪里指挥杀敌。战况极其惨烈。他一面督率官兵，拼死抵御："一面率营部10余人，伏城缺口处，亲掷手榴弹3箱，炸毙敌军三四百。"下午7时，敌炮将东北城墙击毁数处。祥云闻讯后，怒不可遏，心中想的是如何尽快把上城之敌赶出去，完成"死守永济"的军令。他竟置自己生死于不顾，提着手枪，喊了声："跟我来！"带领邓俊生（祥云族弟，我二舅父，当时化名刘志英）等勤务兵，朝东北缺口冲去，想尽快把上城之敌驱逐出去。刚跑过东城门楼北边不远，邓俊生说："看枪！"说时迟，那时快。从城东北角爬上来的鬼子机枪已朝我指挥官射出一梭罪恶的子弹。邓祥云营长不幸身中数弹，倒在了邓俊生身旁，壮烈牺牲。后西安易俗社曾编演《血战永济》秦腔戏对他英勇杀敌进行歌颂。

马俊杰，陕西陇县人。西安事变期间，随部参加了杨虎城将军部队。任陕西警备第一旅一团三营九连四班班长。1938年5月随部开赴陕东，扼守黄河河防。7月随部东渡，"死守永济"县城。8月17日下午，日寇两千余猛攻永济城。其连在邓祥云营长督率下扼守东城北段，马俊杰奉邓营长命令带领全班死守东门城楼。下午7时，东北城墙被敌炮击毁，鬼子由缺口处冲进。马俊杰当机立断，指挥全班战士反击，经过短兵相接、白刃肉搏，全班战士先后阵亡。他也负伤，不能站立，但不后退一步。他将所剩手榴弹搜集一处，向敌扔去，毙敌10余。接着，他怀抱手榴弹7颗，由城上跳入鬼子密集处，拉响引信，炸死日寇多人，而马俊杰班长也与敌人同归于尽。

王俊，陕西蒲城人。1925年春节后，参加了杨虎城部队，旋被保送到黄埔军校三期学习。（诸书皆云，王俊毕业后即贷款赴粤，完全歪曲了史实。杨将军出资保送之功，功不可没。）归部后，任杨部师部上尉副官，参加了坚守西安8个月的战斗。后到卫定一、岳维峻部。

1929年重回杨部，任营长。归陕，所部改为警备师，仍任营长。1933年秋，升任警备师一旅一团团长。（诸书皆云，王俊1932年即任团长，与史实相去甚远。阎灏说，她与王俊1933年春结婚时，王是营长。1933年6月24日《新秦日报》载："陕西警备师第一旅一团第三营营长王俊，将耀县及小邱镇防务业已交骑兵团王泰吉接替，该营率领全部，于月之21日下午6时，开抵西安。"阎灏说，王俊是这年后半年才升任团长的，加之农历九月阎灏又生了个儿子。同事都和王俊开玩笑说，你今年是三喜临门。阎灏强调说，那年5月有个闰月，说明她怀胎10个月。）1934年任陕警一旅一团团长。1935年升任陕警一旅旅长。

1936年12月，西安事变爆发，王俊听命张、杨。期间，原警备师师长马青苑由南京到潼关，秘密送信给王俊，劝其离杨附蒋。他把信呈交杨将军处理。翌年春蒋介石逼杨出国，王俊曾与杨觉天到杭州见蒋。（见蒋后，王俊开门见山地说："大家不愿意让杨主任走，杨主任与大家相处的时间长，官兵们听说我们二人来见校长，就托意挽留杨主任……"开始听到王俊提到杨将军，蒋面孔就略带怒色，随即把视线转向窗外，待王俊的话未停顿，蒋转过脸来，怒冲冲地说："嗯！你是不是我的学生！你是不是我的学生！"杨觉天又说了几句，蒋不作声。他俩觉得再谈也不会有什么结果，便行礼告退。）后参加了杨将军举行的庆祝西安事变和平解决宴会，与阔别了10多年的黄埔师长周恩来等合影留念。

卢沟桥事变爆发后，他厉兵秣马，枕戈待命。与二、三团团长商议后，秘密派遣崔育英等7名军官到延安抗大学习。1938年5月王俊奉命率一、二团开赴朝邑，扼守河防。7月为增强孔从洲部在永济的抗日力量，他奉命派遣其一团6个连东渡，死守永济城。8月17日，日寇猛攻永济城，守军奋起抵抗，战况至烈，少校团附刘天照、营长邓祥云等 308 名官兵壮烈牺牲。是血战永济中最为惨烈悲壮的一幕。（此役，尽管团长张剑平“出西门乘早已预备好的渔船逃过黄河”，但刘天照、邓祥云等 308 名官兵为国捐躯，为陕西警备第一旅在抗战史上写下了最光辉的一页。邓祥云村中同去参加斯役者 5 人，除邓俊生 1 人突围泅渡生还外，其余 4 人邓祥云、邓正保——祥云侄儿，邓继忠、邓进元——皆祥云族弟，均以身殉国。陕西省蒲城县张王村邓艾后裔为国家付出了惨重代价！在抗日战争一次战斗中，同村同族同时为国捐躯者有 4 人之多，实不多见！）不久，在朝邑修建了永济抗战阵亡将士纪念碑。

1939 年夏，蒋鼎文把其旅改编为新二十七师，王俊任副师长，失去了对部队的控制权。经过一番努力，在刘宗宽引他见了胡宗南后，王俊任师长。不久，王俊奉命率部开赴朝邑、平民，兼任两县城防司令，扼守河防。1940 年夏收前后两次派遣部属东渡，到永济一带打击日寇。第一次是夏收时节，派遣八一团三营营长李自新（陕西蒲城人）率领其营百余人东渡后，在永济张营村东南路旁高崖上埋伏。待鬼子汽车进入伏击圈，把 10 余颗手榴弹扔上第一辆汽车。车上 4 个鬼子 3 个被炸死，1 个负重伤。伏击战士跳到车上，把那个鬼子的头割下来，放在牛搐里让群众观看。

1940 年 10 月，王俊奉命率部开赴中条山抗日。在出发前，朝邑、平民两县召开了军民各界近万人的誓师与欢送大会。最后王俊将军代表全师官兵表示杀敌致胜的决心。他在讲话结束时，发出了气壮河岳的誓言：“不成功便成仁”！（后因王俊殉国，一些人认为他这个表态不吉利。）在扼守期间，王俊将军组织多次出击，打击日军。为了改变敌我态势，他亲临前线，指挥八十团二营进攻日军梨树坪炮兵阵地，夺得大炮两门。1941年5月7日，日寇出动20万人，向中条山我军发动了规模最大的一次进攻。西面日军攻击的重点是王俊部与第三军的接合部。战况极为激烈，经过一日夜酷战，官兵伤亡甚多。面对如此严峻的不利战局，王俊将军再三命令全师官兵死守山头、要道，节节奋力抗击，要求“剩一个人也要抵抗！”“血战到底！与阵地共存亡！”8日下午接军长命令师部撤离黄家庄，且战且退。9日下午三四点，走到太寨村，日军飞机多架追击扫射，扔下几颗炸弹。王俊将军不幸被炸弹击中，以身殉国。王俊将军背中弹片穿胸，左臂被炸断，右手紧握手枪，面向敌方，张着口，好像还在大声呼喊：“杀敌报国，抗战到底！”此役牺牲的还有参谋长陈文杞、副官主任郭则温、师部副官赵燕海、中校团附周英灿、少校团附张亚东、陈思亮、营长傅廷栋、张子麟。新二十七师几乎伤亡殆尽。王将军是陕西省牺牲在抗日疆场上的最高爱国将领，噩耗传开，全省悲悼，西安、蓝田等地都举行了追悼大会。2005年，将军堂侄王水荣（陕西省农行行长，已离休）在家乡尧堡村学校内为王俊将军和跟随将军抗日失踪的王俊荣等11位先辈修建了纪念碑。8月15日，全村数千人举行了纪念碑揭幕式，84岁的将军卫士王志渊在会上讲了话。仪式刚一结束，天降大雨，地上的水竟有一寸多高，周围村子都未下雨。不知是巧合，还是英烈们在天有灵，被感动得“泪飞顿作倾盆雨”！此一奇异事件，王水荣老人给我讲过两遍。

最后来说王劲哉部。

石杰三，陕西今渭南市临渭区人。1927年参加杨虎城将军部队，被分配到十七师王劲哉四十九旅，后任营长。西安事变和平解决后，2月4日随部离杨附蒋，所部被升编为新编三十五师，王任师长，杰三升任第一团团长。卢沟桥事变后，奉命随部扼守郑州以北黄河铁桥两侧。1938年春，徐州会战时，奉命率部参加反攻曹县。从5月16日开始，与日军激战数日。18日在河北省东明县大黄集督率其团与日军血战时，在炮火连天中，他带头冲杀，不幸中弹，以身殉国。先后阵亡的还有王自忍、史海云、张辙、宋德元等官兵。

陈良璧，今宁夏原州区人。1926年参加冯玉祥部队，与二次北伐军会师中原。1935年投奔杨虎城将军部队，被分配到王劲哉四十九旅。西安事变和平解决后，王劲哉率部离杨附蒋。良璧随从大流。后王部改编为新三十五师。卢沟桥事变后，随部扼守郑州以北黄河铁桥两侧。1938年春，参加了豫东会战。后随部开赴江西，参加了武汉会战。武汉失守后，所部改为一二八师，随部开赴江北沔阳县境，坚持抗击日寇。他与战友们一起粉碎了日寇多次猛攻。1940年春，任七六三团中校团附，奉师长王劲哉命令，用声东击西的战术夺回了鬼子占据的施家港。后奉命在陶家坝抢筑工事。在与偷袭陶家坝阵地的日寇激战中，良璧不幸中弹以身殉职。他阵亡后，与四五百位牺牲的战友们被安葬在峰口“一二八师忠烈第一园”内。

前面提到的40位英烈，呼品一、杨法震、张希文、蒋士城、魏鸿纪、范文英、傅廷栋、袁致亮、许乐善、张赓良、许快明、殷海山和吴俊德等13位都是中国共产党党员。王俊和武士敏名列去年9月1日民政部公布的300名著名抗日英烈和英雄群体名录之中。1941年国民政府军事委员会政治部编印的《抗战特殊忠勇军民题名录》第一辑，收录了马俊杰、李家骥、翟家骐、王友宾和张鸿谋的忠勇事迹。1948年国民政府国防部史政局编辑出版的《抗战军人忠烈录》第一辑收录了王俊、武士敏和李家骥的忠烈事迹。王俊、武士敏、王儒钦、邱铁生和冯汉英的英名镌刻在中国人民抗日战争纪念馆大理石墙上。石杰三、呼品一、杨法震、张希文、邱铁生、李家骥、田景华、翟家骐、范文英、王俊、傅廷栋、武士敏、冯汉英、许乐善、李伯俊、王继纯、袁振亚、张亚东和王儒钦都已追认革命烈士。

因时间的限制，其他英烈，恕不一一作介绍了。书中都有较详细的记叙。

英名录中的一些官兵的事迹，也十分感人，催人泪下。如王子贤，陕西商县人。孙蔚如部教导团步炮连中士班长。1938 年 8 月在山西永济奋勇杀敌时不幸牺牲。时年仅 17 岁。还有赵喜林，陕西略阳人。某部一等兵，在山西绛县与日寇作战时不幸牺牲，时年仅 18 岁。还有不少 20 岁以下的爱国青年。看了这些资料，您能不动容吗？能不敬仰这些抗日英烈吗？

拙著中写的每位英烈，努力做到秉笔直书，“文直，事核，不虚美，不隐恶”。只求真切，不尚藻丽。不回避英烈一生的多面性，一切用事实说话。正像习近平主席 7 月 30 日所讲的，深入开展中国人民抗日战争研究，必须“让历史说话，用史实发言”。远的不说，从 1911 年 10 月的辛亥革命到抗日战争胜利，这 24 年间，中国发生了多少次大的历史事件。辛亥革命、五四运动、中国共产党诞生、国民革命、土地革命、西安事变、抗日战争。我们不能苛求先辈在每一次历史大变革时，都能站到正确的一面。金无足赤，人无完人。英雄并非个个都是“高大全”。众所周知，连毛主席晚年都犯过错误，何况一般人。书中秉笔直书的事例甚多，恕不列举。

下边谈“史实考证”。

上册收了 9 篇拙文。下册收了 10 篇拙文。这些文章对一些人物或事件，用史实发言，对不少谬误提出质疑。因时间所限，恕不一一介绍。举几篇看看，拙文是否有道理。

《史实应该无误》一文，对《中国共产党革命英烈大典 • 杨法震》

文中的几个问题提出质疑。特别是该文说："战后，西安易俗社以他（按：即杨法震）的事迹编演了秦腔戏《血战永济》，一时轰动西安。"笔者以为上述说法纯属不加考证，捕风捉影，以讹传讹，张冠李戴。

这一看《血战永济》的剧情，真相便大白于天下了。

该剧以邓祥云为主角，以保卫永济城血战为线索，塑造了我军指挥官邓祥云英勇杀敌、奋不顾身的高大形象。在12回剧中，就以7回歌颂了邓祥云。如第七回"布防"中写道，张团长正议军情时，受到西安各界送来书信2封、锦旗1面。张团长知是邓祥云家人所送，即用唱词赞扬邓祥云全家："令尊勉众将敌御，令正劳军绣锦旗，令郎修书励士气，一家大小都爱国。"如第九回"肉搏"，写邓祥云与马俊杰为国捐躯。借上校团长张建业之口赞扬："邓祥云真是个英雄好汉！"再如第12回"荣哀"，在张团长等合唱中赞扬诸烈士："邓营长字祥云秉性孤傲，与贼兵决死战不把城抛。刘团附名耀堂身中敌炮，可怜他在北城为国宣劳。冯连长名民安英雄年少，在东城与敌兵搏斗通宵。王连长名继纯年纪尚小，全连人尽死在北门城壕。……"由此可知，当时军中为什么有人称邓祥云为"血战永济的擎天柱"？为"全团精神支柱"？可以说，没有邓祥云血战永济城，就没有秦腔剧《血战永济》。

刘晨主编的《中国抗日将领牺牲录·薛如兰》一文竟说："薛如兰，陕西渭南人，1900年生。陕西大荔行政督察保安副司令。1942年10月在陕西牺牲。"

此说竟为全国各网站所附和，但与史实背道而驰，乃天方夜谭，令人惊诧！

事实是薛如兰在沁河之战虽被日军俘虏，但并未牺牲。他回到渭南后，1949年曾任渭潼警备司令部参谋长，5月还为渭南的和平解放做出了一定贡献。因为薛如兰顺应历史潮流，参加了起义，使渭南得以和平解放。曾任渭南化工厂副厂长。“文革”中曾被批斗。党的十一届三中全会后，历史的真正面目得以恢复。中国人民解放军兰州军区给薛如兰颁发了《起义人员证明书》。

1987 年清明节，其子述周等在其墓前立碑纪念。其碑上横额镌刻着“正气常存”4 字。碑左边镌刻着“秉民族气节血战太行山”；碑右边镌刻着“仗人民大义起义渭南城”。这是薛如兰一生最值得引以为荣的光辉业绩。

为了纠缪，我写了《薛如兰根本不是抗日英烈》一文。

李家骥二女儿李国玺转寄给我周骥良先生发表在天津《老年时报》和《今晚报》上关于李家骥的文章。其中说：“1939 年日军再次进犯晋东南李家骥率部拦起一道防线……六千勇士仍然守住阵地不退，终于全部阵亡。”

李家骥仅是独立四十七旅一个团长，怎能统领六千官兵？独立四十七率全旅，也没有六千官兵？孙蔚如部抗战 8 年，从未有哪一仗“六千健儿全部阵亡”。不知作者根据什么虚构出这一耸人听闻的情节？

我的汇报有些太长了。可能有点老王卖瓜，自卖自夸。不好意思。欢迎大家批评指正。谢谢大家。

王忙有

2015 年 8 月 15 日

在渭南市纪念中国人民抗日战争暨世界反法西斯战争胜利70周年座谈会上的发言

尊敬的各位领导、各位同志：

大家好！今天荣幸被邀参加我市召开的“纪念抗战胜利70周年座谈会”，与大家互相学习交流。我感到十分高兴。

纪念抗战胜利70周年，正如习近平总书记所讲的：“就是要缅怀在争取民族独立和自由过程中英勇献身的烈士们”，就是要“铭记历史、缅怀先烈、珍爱和平、开创未来”！

在14年的抗日战争中，我国有3500万同胞伤亡。据有关资料披露，其中八路军、新四军和地方游击队阵亡70余万人；国民党军队阵亡者达321万人。没有他们的悲壮业绩，就不会有抗日战争的伟大胜利。他们是反抗侵略的精英，民族革命的典型。

在14年艰苦卓绝的抗日战争中，我市也付出了巨大的牺牲，涌现出了成千英烈。

去年民政部公布的第一批300名著名抗日英烈和英雄群体名录，

我市有3位：蒲城的王俊和包森、富平的石嘉植。今年民政部公布的第二批600名，我市有4位：临渭区的武止戈、华县的雍济时、华阴的张同生、大荔的吕晓韬（平民县档案上的第一个）。

除了以上著名英烈外，我搜集到的杨虎城将军旧部还有团长石杰三、中校团附张希文、田景华，少校团附魏鸿纪、少校营长邓祥云、刘忠义，少校连长袁振亚，少校军医主任吉振刚，上尉连长许乐善、李伯俊、薛开山、杨清志、王昭宪等15名，上尉副官焦文杰，一等军医佐姚君祥等。他们是我市儿女的杰出代表，他们的不朽功勋永耀青史！值得我们永远铭记！因时间关系，今天只简介王俊的英雄事迹。

王俊，1925年春投奔杨虎城将军部队。1935年升任陕西警备第一旅旅长。卢沟桥事变爆发后，驻防陕南。曾与两个团长，秘密派遣崔育英等7名军官到抗大学习。1938年5月奉命率一、二团开赴朝邑、平民，扼守河防。为增强孔从洲部在永济的抗日力量，他奉命派遣一团6个连东渡，死守永济城。8月17日，日寇猛攻永济城，守军奋起抵抗，战况至烈，少校团附刘天照、二营营长邓祥云等308名官兵壮烈牺牲，是血战永济中最为惨烈悲壮的一幕。

1939年夏，其旅被改编为新二十七师，王俊任副师长，旋任师长，奉命率部再开朝邑、平民，兼任两县城防司令，扼守河防。1940年夏收前后两次派遣部属东渡，到永济一带打击日寇。同年10月，王俊奉命率部开赴中条山抗日。1941年5月7日，日寇出动20万人，向中条山发动了规模最大的一次进攻。经过一日夜鏖战，官兵伤亡甚多，战况极为激烈。面对不利战局，王俊命令全师官兵死守山头、要道，节节奋力抗击，要求“剩一个人也要抵抗！”“血战到底！与阵地共存亡！”9日下午，转战到平陆太寨村，日军多架飞机追击扫射，王俊不幸被炸弹击中，以身殉国。王俊殉国后，国民政府追认为中将。其事迹收入国民政府史政局编印的《抗战军人忠烈录》。1987年追认为革命烈士。王俊的英名镌刻在中国人民抗日战争纪念馆大理石墙上。最近中共中央向王俊的遗属颁发了“纪念抗战胜利70周年”纪念章。

最后，真切地期望大家都能以这次纪念活动为契机，铭记历史，缅怀先烈，珍爱和平，开创未来！发扬抗战精神，万众一心，实现中华民族的伟大复兴！

谢谢大家！

王忙有

2015年9月7日

后 记

在各方的的关怀和支持下，拙著《杨虎城将军旧部抗日烈士述略及史实考证》(下册)一书即将面世。

在拙著上册我已经坦言，我是一个普通教员，写杨虎城旧部抗日英烈本是难以胜任的事，只是由于天时地利人和的一些原因，才使我班门弄斧，勉为其难。

从1987年春夏开始，在许多人的帮助下先后写出邓祥云、张希文等抗日英烈的述略。因这些人和事都发生在五六十年以前，众说纷纭，真假难辨，加上笔者尤好考证，这时一个想法逐渐形成，写一本《杨虎城将军旧部抗日烈士述略及史实考证》，实际上只是杨虎城将军旧部极少部分抗日烈士。在已说不清多少人的帮助支持下，经过30年的四处奔走，自费走访、搜集资料，才使此书终于告成。因此可以说，此书是一部集体创作，我们只是一个笨拙的整理者而已。

下册同上册一样也分两大部分，第一部分为烈士述略，共收录抗日烈士663位(只是极少部分烈士)。其中10位写述略，原则为少校以上军官，个别英雄事迹突出者不受此限制。10位写概略。643位是英名录。因为时间久远，资料极缺，只能如此。第二部分10篇拙文为史实考证。书中的文章，非一时写成，又因场合或对象的不同，内容上有时前后重复，想读者必能理解。

在搜集资料时，曾得到中国第二历史档案馆、中国革命博物馆、中国人民抗日战争纪念馆、陕西省图书馆、陕师大图书馆、陕西省档案馆、十堰图书馆、永济市志办、铜川市耀州区志办、蒲城县志办、蒲城县档案馆、山西长治政协、山西高平政协、陇县县志办、陇县政协、山西平陆政协等单位和有关负责同志的大力支持与帮助。特别是，中国第二历史档案馆朱琪同志，永济市原县志办阎海燕主任，杨虎城研究会张振基副主任，西北大学同窗张连寿先生，原渭南教育学院院长杨正全、副院长聂光锐和王晓龙同志、严安政先生和白秉义、冯寄宁诸先生对我们帮助特多。尤其是山西平陆县政协赵旭光主席和文史办富平宁主任，对我们到贵县搜集史料给予了极大的支持。富平宁主任开着自己的轿车，冒着小雨路滑的危险，用了几乎一天时间，载我们参谒考察了5处抗日纪念碑。在拙著申请陕西省社科基金后期资助项目时，得到陕西省委党校刘宽民教授和渭南师院刘树友教授的美誉推荐，从而获批2014年陕西省社会科学基金项目的资助。在出版前，杨虎城将军嫡孙、西安事变研究会会长杨瀚先生对拙著给予好评，亲自阅读拙著下册，对内容做了不少修改，并在百忙中为拙著作序。渭南师院丁德科院长对拙著出版大力支持，责成院社科处按照院学术著作出版基金资助出版。2015年老年节时，院离退休管理处还授予我2015年度老有所为奉献奖。渭南师院党委委员、组织部杨小渭部长，院社科处李明敏处长，社科处科级秘书王有景先生，资深媒体撰稿人谢新发先生，渭南市移民局党建忠先生，大荔朝邑镇政协学习组副组长高发俊先生，临渭区丰原镇科员王廿一都对拙著的出版给予了极大的关怀和帮助。我们向给我们提供帮助的所有单位和所有前辈与同志们表示衷心地感谢。由于资料极缺，加之笔者水平所限，错误难免，敬请专家与读者不吝赐教。

作　者

2016年7月

图书在版编目（CIP）数据

杨虎城将军旧部抗日烈士述略及史实考证 / 王忙有，王晓征著 . -- 北京 : 中国文史出版社 , 2016.12

ISBN 978-7-5034-9517-5

Ⅰ . ①杨… Ⅱ . ①王… ②王… Ⅲ . ①国民党军—抗日战争—军事人物—生平事迹 Ⅳ . ① K825.2

中国版本图书馆 CIP 数据核字 (2017) 第 265843 号

责任编辑：梁　洁

出版发行：中国文史出版社

社　址：北京市西城区太平桥大街 23 号　邮编：100811

电　话：010-66173572　66168268　66192736（发行部）

传　真：010-66192703

印　装：廊坊市海涛印刷有限公司

经　销：全国新华书店

开　本：787×1092　1/16

印　张：54.25　插页：16

字　数：630 千字

版　次：2021 年 1 月北京第 1 版

印　次：2021 年 1 月第 1 次印刷

定　价：129.00 元（上下）
